MYTHOLOGIE

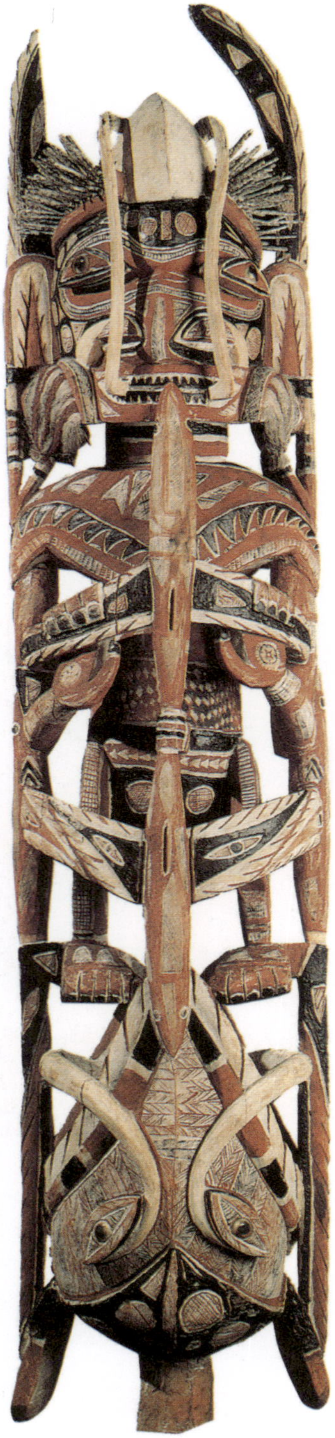

MYTHOLOGIE

Redactie: Roy Willis

Met een voorwoord door Robert Walter

Librero

Oorspronkelijke titel: *World Mythology*

© 2012 Librero b.v. (Nederlandstalige editie),
Postbus 72, 5330 AB Kerkdriel
WWW.LIBRERO.NL

© 1993 Duncan Baird Publishers
© 1993 Tekeningen en kaarten: Duncan Baird Publishers

Productie Nederlandstalige editie:
Textcase, Hilversum

Vertaling: Frits Smeets, Kees Helsloot, Leo Huisman,
Judith Boer en Bert van Rijswijk

Gedrukt in Maleisië

ISBN 978-90-5764-694-2

Alle rechten voorbehouden.

INHOUD

Voorwoord door Robert Walter 8

INLEIDING 10
Dr. Roy Willis

DE GROTE THEMA'S VAN DE MYTHEN 17
Dr. Roy Willis

De schepping/*De oorsprong van de wereld* 18
Kosmische architectuur/*De structuur van het universum* 20
Mythen over de mensheid/*Oorzaken van leven en dood* 22
Bovennatuurlijke wezens/*Goden, geesten en demonen* 24
Kosmische rampen/*Het einde van de wereld* 26
Helden en bedriegers/*Werktuigen van verandering* 28
Dieren en planten/*Energie, vormverandering en bloedverwantschap* 30
Lichaam en ziel/*De geest en het leven na de dood* 32
Huwelijk en familie/*Mythen over de sociale orde* 34

MYTHEN VAN DE WERELD 35

Egypte 36
PROFESSOR JOHN BAINES EN DR. GERALDINE PINCH

De eerste goden/*Orde uit de chaos* 38
De Enneade/*De Negen Goden van Heliopolis* 40
Osiris/*Handhaver van de orde* 42
Isis/*De toegewijde weduwe* 43
Horus en Seth/*De strijd om de troon van Osiris* 44
Zonnemythen/*De eeuwige cyclus van vernieuwing* 46
Mythe en magie/*De geheime naam van Ra; het Boek van Thot* 48
Slangen en schorpioenen/*De trawanten van de chaos* 49
Machtige godinnen/*Neith, Sechmet en Bastet* 50
Andere godinnen/*Anat, Astarte, Hathor en Taweret* 51
Koningen en de goden/*De gewijde rol van de farao's* 52
Priester-magiërs/*Setna Chaemwaset en Imhotep* 54
Leven na de dood/*De ziel in de onderwereld* 55

Het Midden-Oosten 56
PROFESSOR J.R. PORTER

Soemer en Babylon/*Mythen uit de eerste steden* 58
Gilgamesj/*Het grote epos van de sterfelijkheid* 60
Isjtar en Tammoez/*De afdaling in de onderwereld* 61
Scheppingsmythen/*Enki, Mardoek en de goddelijke decreten* 62
De zondvloed/*Vernietiging en overleving* 63
Oegaritische mythen/*Koningschap en opvolging* 64
Mythen van de Hittieten/*Draken en verloren goden* 66
Perzische mythen/*Ahoera Mazda en de strijd tussen goed en kwaad* 67

India 68
DR. JOHN BROCKINGTON

Oorsprong van de wereld/*Offer en conflict* 70
Indra/*Krijger en koning der goden* 72
Brahma/*De scheppende god* 74
Visjnoe/*Beschermer van de wereld* 75
Visjnoe's incarnaties/*De avatara's* 76
Rama/*De rechtvaardige avatara* 77
Krisjna, de beminnelijke/*De achtste avatara van Visjnoe* 78
Sjiva/*Een combinatie van erotiek en ascese* 80
Devi/*De veelvoudige godin* 82
De familie van Sjiva/*Sjiva, Parvati, Skanda, Ganesja* 84
Jaïnistische mythen/*Een reactie op het hindoeïsme* 85
De Verlichte/*Boeddhistische mythen* 86

China 88
DR. JOHN CHINNERY

Orde uit chaos/*Pan Gu en Hun Dun* 90
Nü Gua en Fu Xi/*De schepping van de mensheid; zondvloedmythen* 91
Zon, maan en sterren/*Mythen over de hemellichamen* 94
Het Chinese boeddhisme/*Amitabha en Guanyin* 96
Taoïstische mythen/*Goden en onsterfelijken* 98
Familiemythen/*Respect voor de ouders en de huisgoden* 101

Tibet en Mongolië 102
Dr. Martin Boord
Scheppingsmythen/*Straling, Zwarte Ellende en de karmische wind* 104
Mythen over oude koningen/*Heersers uit de hemel* 105
Koning Gesar/*De oorlogskoning* 106
Het temmen van de goden/*De invloed van het boeddhisme* 107
Mongools sjamanisme/*Ontmoetingen met het rijk der geesten* 108

Japan 110
Dr. C. Scott Littleton
Izanagi en Izanami/*Het oerpaar* 112
Amaterasu en Susano/*De wedstrijd tussen broer en zus* 115
De heilige crisis/*Amaterasu haalt de zon weg* 116
De Izumo-cyclus/*Susano gaat naar de aarde; Okuninushi en het Witte Konijn* 118
Goden, helden en demonen/*Inari, Hachiman en de Oni* 121
Het domein van de sagen/*De heldendaden van Jimmu-tenno en Yamato-takeru* 122
Boeddhistische mythen/*Drie personages van het mededogen* 123

Griekenland 124
Dr. Simon Goldhill
Mythe en maatschappij/*Openbare en particuliere ceremonies* 126
De geboorte der goden/*De opkomst van de Olympiërs* 128
De oorsprong van de mens/*Prometheus, Pandora, Deukalion, Pyrrha* 130
Zeus/*Koning der goden* 132
De liefdesrelaties van Zeus/*Menselijke en goddelijke partners* 133
Athena/*De maagdelijke godin* 136
Poseidon/*God van de zee* 137
Apollo/*De stralende god* 138
Artemis/*De kuise godin van de jacht* 139
Dionysos/*God van de wijn en de extase* 140
Godinnen van de aarde/*Demeter en Persephone* 142
Ares en Aphrodite/*Oorlog, liefde en seksualiteit* 143
Huis, haard en vuur/*Hermes, Hestia en Hephaistos* 144
De onderwereld/*Het rijk van Hades* 146
Helden en monsters/*De wonderwezens van de wereld* 147
Herakles/*De oerheld* 148
Theseus/*Atheense held en staatsman* 150
Iason/*De grote avonturier* 152
De Argonauten/*Iasons zoektocht naar het Gulden Vlies* 154
Perseus/*De doder van Medousa* 156
De Trojaanse oorlog/*Het strijdersepos van Homeros* 157
Na Troje/*Odysseus en Agamemnon* 160
Overtreders/*Verstoorders van de natuurlijke orde* 162
Kentauren en Amazonen/*Legendarische volken* 164
Gedaanteverwisselingen/*Mythen over metamorfosen; Orpheus* 165

Rome 166
Dr. Mary Beard
Goden en godinnen/*Het geleende pantheon; huisgoden en burgerdeugden* 168
De stichting van Rome/*De lotsbestemming van de Trojaan Aeneas* 172
Romulus en de koningen van Rome/*De wolvin en de mythen van het verleden* 174

De Keltische wereld 176
Dr. John MacInnes
Het Keltische pantheon/*Een mengeling van goden* 178
Mythen en goden van Ierland/*De Mythologische Cyclus* 180
De held van Ulster/*Verhalen over Cú Chulainn* 182
Finn en zijn krijgers/*De Feniaanse mythen* 184
Godinnen/*Moederschap, oorlog en soevereiniteit* 186
Reizen naar de Andere Wereld/*Conla, Mael Dúin en Bran* 187
Verhalen uit Wales/*De Mabinogion* 188
De legende van Arthur/*Arthur en zijn ridders* 189

Noord-Europa 190
Dr. Hilda Ellis Davidson
Vroege goden/*Fragmenten van de Noorse mythologie* 192
Kosmologie in de Vikingtijd/*De Wereldboom en zijn werelden* 193
Loki en Ragnarok/*De bedrieger, de wolf en de laatste grote veldslag* 195
Odin/*Heerser over Asgard* 196
Thor/*De dondergod* 198
Freyr en de Wanen/*Goden van hemel, zee en water* 200
Godinnen en vrouwelijke geesten/*Freyja, gouden appels, Walkuren en Norns* 202
De drakedoders/*Beowulf en Sigurd* 204

Midden- en Oost-Europa 206
Dr. Faith Wigzell
De Andere Wereld/*Het driemaal tiende koninkrijk* 208
De Baba Iaga en de Amazonen/*Vrouwelijke wezens in volksverhalen* 209
Voorouders en huisgeesten/*Ivan de Dwaas en de domovoi* 210
Zielegeesten van de doden/*De roesalka, vila en andere bezoekers* 211

Boosaardige geesten/*Bosgeesten,
weerwolven en vampiers* 212

Het Noordpoolgebied 214
Dr. David Riches en dr. Piers Vitebsky
Mythen van de Inuit/*Zee- en hemelgeesten* 216
Mythen van Siberië/*Dieren, bomen en sjamanen* 218

Noord-Amerika 220
Dr. Guy Cooper
Scheppingsmythen/*De Grote Geest en
de Aardeduiker* 222
De oorsprong van de mens 223
Goden en helden/*Scheppers en bestuurders
van de wereld* 224
Sjamanen/*Beschermgeesten en het zoeken
naar een visioen* 226
Bedriegers/*Grappenmakers en onruststokers* 227
Navajo-mythen/*Genezingsceremonies
en coyoteverhalen* 228
Mythen van de prairies/*Wakan Tanka en
de heilige pijp* 230
Dierenmythen/*De verwanten van de mensheid* 232

Meso-Amerika 234
Dr. Nicholas J. Saunders
De oude goden/*De jaguar en de vuurgod* 236
Scheppingen en natuurrampen/
De mythe van de zonnen 237
Tezcatlipoca/*Heer van de rokende spiegel* 239
Quetzalcoatl/*De gevederde slang* 240
Huitzilopochtli/*God van de zon en de oorlog* 242
Vruchtbaarheidsgoden/*Azteekse goden van de regen
en de maïs* 244
Goden van de heilige kalender/
Heilige en zonnecycli 246
Goden van de Maya's/
De drie niveaus van de kosmos 248

Zuid-Amerika 250
Dr. Nicholas J. Saunders
Oude religies/*Geesten, offers en heilige reizen* 252
Mythen van de Andes/*De Inka's en
hun voorgangers* 253
Het Inka-pantheon/*Viracocha, Inti, Mama Kilya
en Illapa* 256
Het heilige hemelgewelf/*Dierenconstellaties en heilige
lijnen* 258
Geestenwerelden/*Het getransformeerde universum* 260
De voorouders/*Oorsprongsmythen
van de woudvolken* 262

Afrika 264
Dr. Roy Willis
De oorsprong van de wereld 266
De omgekeerde wereld/*Het rijk van de levenden
en van de doden* 268
Dood en seks/*De verloren onsterfelijkheid* 269
Koningschapsmythen/*De goddelijke afstamming van
wereldse heersers* 270
Torenmythen/*De dwaasheid van de menselijke
arrogantie* 273
Esjoe de bedrieger/*De slimme bemiddelaar tussen hemel
en aarde* 274
Dierenmythen/*Bedriegers, uitvinders
en veranderaars* 276

Australië 278
Professor Robert Layton
De zondvloed/*Oorsprongsmythen* 280
Dood en rouw/*De oorsprong van de sterfelijkheid* 282
Het huwelijk/*Adelaarshavik en Kraai;
Wodoy en Djunggun* 284
Bedriegers/*Het verbreken van de
voorouderlijke orde* 285
Het landschap/*Mythen over zwervende voorouders* 286

Oceanië 288
Dr. James Weiner
Oorsprongsmythen/*Scheppingsgoden
en cultuurhelden* 290
Mythen over de hemel/*De mensenwereld en het
hemelrijk* 292
Voedsel en vruchtbaarheid/*Seks en de oorsprong van de
groenteteelt* 293
Mythen van de Maori/*Rangi, Papa en
het Polynesische pantheon* 294
Ku en Lono/*De rituele cyclus op Hawaii* 296
Maui/*De bedrieger en held van Oceanië* 297
Cargo cults ('Vracht-rituelen') 298
Mythe en magie/*Levende mythen op
Goodenough-eiland* 299

Zuidoost-Azië 300
Dr. Ing-Britt Trankell en dr. Roy Willis
Oorsprongsmythen/*De schepping van de wereld
en de mensheid* 302
Mensen, goden en geesten/*Het begin van
de beschaving* 304
Magie en tovenarij/*Barbaren, demonen en heksen* 306
De schenker van leven/*Mythen over rijst* 307

Bibliografie 308
Fotoverantwoording 310
Register 311

VOORWOORD

door Robert Walter
Directeur van de Joseph Campbell Foundation

'En wat denk je hiervan, C.J.?' vroeg ik terwijl ik mijn zoon van zeven het boek overhandigde dat ik uit de kast had getrokken. Hij bekeek het omslag. 'Zou het iets voor je zijn?'
'Ik weet al hoe het begint,' zei hij, zonder het boek open te slaan.
'Zo! Hoe dan?'
' "Er was eens..." Zo beginnen ze allemaal. Waarom is dat eigenlijk?'
'Omdat het verhalen over lang vervlogen dingen zijn.'
'Ja, maar die dingen gebeuren nu ook.'
'Soms.'
'Nou, goed dan,' zei hij en bladerde door de bladzijden.
'Maar weet je, Bob?'
'Nou?'
'Af en toe. Ik bedoel sommige verhalen... Volgens mij zijn ze niet echt gebeurd.'
'Waarschijnlijk niet.'
'Maar dat geeft niet,' haastte hij zich daaraan toe te voegen. 'Het zijn toch goede verhalen.'

* * *

Bijna iedereen houdt van een goed verhaal. Zeker kinderen. Ons zelfbewustzijn – ons begrip van wie we zijn, waar we vandaan komen en waar we naartoe gaan – wordt bepaald door de verhalen die we vertellen. In wezen zijn we degenen die we onszelf voorhouden te zijn. De verteller uit een recent verschenen roman verwoordt dat als volgt:

'Ik stond op de rots en keek rond en ik begreep het verhaal.
Dit is het verhaal: het leven is een droom.
Het is allemaal een verhaal dat we onszelf vertellen. Dingen zijn dromen, gewoon dromen die je niet voor je ogen staan. Wat nu recht voor je staat, waar je naar kunt uitreiken en wat je nu kunt aanraken, dat wordt een droom.
Het enige wat ons ervan weerhoudt met de wind weg te drijven, zijn onze verhalen. Zij geven ons een naam en een plek en stellen ons in staat om te blijven aanraken.'[1]

Verhalen stellen ons inderdaad in staat 'elkaar te blijven aanraken'. Ze zijn als het ware vensters die allemaal een specifiek uitzicht op verschillende landschappen omlijnen die we anders niet hadden gekend; en het lijkt een paradox, maar hoe uniek het perspectief ook is en hoe vreemd het panorama, als we aandachtig kijken, kunnen we iets over onszelf leren. Mijn vriend en mentor Joseph Campbell, die een geoefend verteller was en die een goed verteld verhaal kon waarderen, zegt er het volgende over:

'Het opnieuw vertellen van eeuwenoude verhalen, alleen al om hun "Er was eens...", is een kunst die tegenwoordig nog maar weinig wordt beoefend, tenminste in het Westen; en toch, als we (...) een kleurrijk specimen van die kunst (...) onder ogen krijgen, begint de betovering te werken en worden we in de fantasie meegenomen naar het sprookjesland dat we op een of andere manier al heel lang kennen. Hun fascinatie betreft levenswijzen die fundamenteel van de onze verschillen, maar die op de een of andere manier een deel van onszelf aanspreken waar we misschien niet op hebben gelet: het deel van de verbeelding en de droom dat tot inzicht kan leiden en daarna tot een of andere onthulling – is het niet over de wereld dan toch over onszelf.
Want in het verleden en ook in het heden hebben de mensen in de primitieve wereld, die zelfs in de verborgen uithoeken van de aardbol zo snel aan het verdwijnen is, geleefd vanuit die inzichten, hetzij van de grote leraren zoals de Boeddha, Mozes, Zarathoestra, Jezus, Mohammed, hetzij, in de minder ontwikkelde landen, van hun eigen dorpstovenaars en sjamanen. De (kunst)werken die uit hun handen kwamen, waren dan ook gevormd door de inzichten die hun leven hadden gevormd en die onbewust appelleren aan ons eigen vermogen tot inzicht; en die werken vertellen over levenskwaliteiten die verloren zijn gegaan of die weer gerealiseerd kunnen worden.'[2]

In Campbells opmerking schuilt een kritisch onderscheid: bijna elk goed verhaal fascineert en heeft ons wat te bieden, maar alleen bepaalde, verleidelijke visies, kunnen ons inspireren en, maar al te vaak, vernietigen. Hij zou volhouden dat alleen zulke machtige verhalen echt 'mythe' genoemd mogen worden. Mythologie is voor Campbell dus het onderzoek naar alle verhalen met een dergelijke kracht.

Maar daar is niet iedereen het mee eens; velen, zo niet de meesten, voelen zich beter thuis bij de beschrijvende definitie van Robert Graves:

'Mythologie is het onderzoek naar godsdienstige of heroïsche legenden die zo ver van de ervaring van de onderzoeker afstaan dat hij ze niet kan geloven. Vandaar dat het bijvoeglijk naamwoord "mythisch" ook "ongelooflijk" betekent; en vandaar dat Europese standaardwerken over mythologie – inclusief het onderhavige – de bijbelse verhalen niet opnemen, ook al zijn er duidelijke parallellen met Perzische, Babylonische, Egyptische en Griekse mythen; en evenmin hagiologische legenden.'[3]

Dat vraagt om een nadere beschouwing, zeker omdat in dit boek soortgelijke dingen zijn weggelaten; maar vanuit Campbells onbevooroordeelde gezichtspunt is geen enkele hagiologie, ook de Bijbel niet, de goddelijke openbaring van de onloochenbare Waarheid, want het zijn in werkelijkheid allemaal fantastische menselijke maaksels, wonderbaarlijke verhalen van 'er was eens', prachtige mythen:

'Vanuit elk orthodox gezichtspunt kan mythe gewoon omschreven worden als "de godsdienst van anderen": een analoge omschrijving van de godsdienst is dan "verkeerd begrepen mythologie", waarbij het verkeerd begrijpen slaat op de interpretatie van mythische metaforen als feitelijk verslag. (...)
Mythen zijn, net als dromen, een resultaat van de menselijke fantasie. Hun beelden komen weliswaar uit de stoffelijke wereld en haar veronderstelde geschiedenis, maar net als dromen openbaren ze de intense hoop, het verlangen en de angst, als ook de mogelijkheden en de conflicten van de menselijke wil – die op zijn beurt wordt bewogen door de krachten van de fysieke organen, die harmonieus met en tegen elkaar werken. Iedere mythe is, al dan niet opzettelijk, *psychologisch* gezien symbolisch. Haar verhalen en beelden moeten daarom niet letterlijk maar metaforisch worden gelezen.'[4]

Voor Campbell zijn alle mythen psychische metaforen die universele axioma's laten zien; maar voor veel mensen zijn hun mythen letterlijk feiten, terwijl die van anderen verzinsels zijn. Mocht u denken dat het hier om een puur academische kwestie gaat, bekijk dan eens het journaal of de krantekoppen. We vinden onszelf een intelligente soort en toch worden we aan de vooravond van de 21ste eeuw verscheurd door oude tribale vijandigheden, die voor het grootste deel gevoed worden door versimpelde interpretaties van exemplarische verhalen en heroïsche sagen, van mythen die van generatie op generatie zijn overgeleverd. En zoals Campbell keer op keer opmerkte, een dergelijke ellende is altijd het onontkoombare, tragische gevolg zijn van de letterlijke lezing van mythologische beelden of metaforen:

'In de nachtmerrie van de geschiedenis, waar lokale mythische beelden uitgelegd worden als feiten en niet als metaforen, hebben afschuwelijke oorlogen gewoed tussen partijen die de metaforen tegenstrijdig interpreteerden. (...)
Je kunt je alleen maar afvragen: kan zo'n letterlijke, tribale opvatting iets anders dan een kwelling betekenen voor een wereld met de interculturele en wereldomvattende einders als die van deze eeuw? Het komt allemaal doordat metaforen verkeerd begrepen worden, dat betekenis wordt verwisseld met gevoelswaarde, de boodschapper met de boodschap; de betekenisdrager wordt zo overladen met sentimentele betekenissen waardoor het leven en het denken beide uit balans raken. En de enige, algemeen geaccepteerde correctie daarop is metaforen af te doen als leugens (wat ze ook kunnen zijn). Dit betekent de ondermijning van de woordenschat van de taal der ziel (dat is een metafoor), die de mensheid heeft uitgetild boven de belangen van de voortplanting, de economie en "het hoogste goed van de meerderheid".'[5]

Dit is een boek over mythen, een boek over metaforen dus, het gereedschap van dichters en kunstenaars. De bladzijden komen tot leven door de stemmen en de inzichten van de mensen die ons zijn voorgegaan, ze leven door mythologische verhalen en beelden, door 'de taal der ziel'. Lees dit boek zoals je het verslag van een droom leest, want de taak van de moderne mens is zich de symboliek eigen te maken; zich te realiseren dat alle goden en duivels in ons zitten; te zien dat de hemel, de hel en die andere oorden niet ergens 'daarbuiten' zijn waar je na je dood naartoe gaat, maar dat het psychologische toestanden van ieder van ons zijn; kortom, te begrijpen dat alle mythologische beelden aspecten zijn van onze eigen onmiddellijke ervaring.

Robert Walter,
Pasen 1993

---

[1] Tom Spanbauer, *The Man Who Fell in Love with the Moon.* New York, Atlantic Monthly Press, 1991, p. 190.

[2] Joseph Campbell, 'Myths from West to East', in: Alexander Eliot, *Myths.* New York, McGraw-Hill, 1976, p. 31

[3] *New Larousse Encyclopedia of Mythology.* Londen, Hamlyn Publishing, 1959, p. V.

[4] Joseph Campbell, *The Inner Reaches of Outer Space: Metaphor as Myth and as Religion.* New York, Van der Marck Editions, 1985; Harper Perennial, 1988, p. 58.

[5] *The Inner Reaches of Outer Space.* p. 58

INLEIDING

Het Griekse woord *mythos*, waarvan de Nederlandse term mythe is afgeleid, betekende oorspronkelijk gewoon 'woord', 'gezegde' of 'verhaal'. Pas in de 4de eeuw n. Chr., na het werk van de Griekse schrijver Herodotos, met name zijn verhaal over de oorlog tussen de Grieken en de Perzen, ontstond in het Griekse denken het begrip van de historische feitelijkheid. *Mythos* ging toen dus 'fictie' betekenen en zelfs 'vervalsing', in contrast met *logos*, het 'woord der Waarheid'. Vanaf toen werd ook erkend dat *logos* altijd een auteur met naam en toenaam had, die in de joodse, christelijke en islamitische tradities God zelf kan zijn; terwijl *mythos* anoniem is, afkomstig uit een onkenbaar oude en verre bron.

Theorieën over mythen
Hoewel Herodotos de *mythos* neerbuigend afwees, hebben mythische verhalen de verbeelding door de eeuwen heen in hun greep gehouden en zijn er door wetenschappers en filosofen talloze pogingen gedaan om het geheim van hun aanhoudend succes te onthullen. In het begin van de moderne tijd beweerde de Italiaan Giambattista Vico in zijn *Scienza Nuova* (De nieuwe wetenschap) of 1725 dat mythen geen verdraaide versies van bijbelse verhalen waren, zoals toen in Europa algemeen werd aangenomen, maar eerder fantasierijke pogingen om de geheimen van het leven op te lossen. Als zodanig waren ze vergelijkbaar met moderne wetenschappelijke theorieën, maar dan in een eerder stadium van de menselijke ontwikkeling.

Latere wetenschappers probeerden één enkele verklaring voor het ontstaan van mythen te vinden. Een beroemde 19de-eeuwse vertegenwoordiger van die benadering was de Duitse folklorist Friedrich Max Müller, volgens wie alle mythen van de Indo-europese volken ontsproten uit symbolische verhalen of allegorieën over natuurverschijnselen zoals de zon of het ochtendgloren, voorzien van menselijke trekjes. Een voorbeeld was de oude Griekse mythe over Persephone, een meisje dat door Hades, de koning van de onderwereld, ontvoerd werd; twee derde deel van elk jaar mocht ze in de bovenwereld leven, maar in de winter moest ze naar de Hades. Müller dacht (wat achteraf gezien voor de hand ligt) dat het verhaal oorspronkelijk de seizoenswisseling op het noordelijk halfrond van winter en zomer symboliseerde.

Ook de Britse antropoloog J.G. Frazer was een invloedrijke onderzoeker. Zijn twaalfdelige werk *The Golden Bough* (1911-15) was een verzameling mythische verhalen uit de hele wereld over het thema van het goddelijke koningschap en over de rituele offering van koningen, die door hun opvolgers vermoord werden zodra ze te oud waren om nog te kunnen regeren. Een soortgelijke hypothese is onlangs door Walter Burkert gepresenteerd, een Duitse folklorist die in 1979 'zondebok-mythen' interpreteerde als overblijfselen uit de tijd van de primitieve mens die, naar men aanneemt, vaak genoodzaakt was een zwakker groepslid op te offeren aan vleesetende dieren die hem achtervolgden, zodat de anderen konden vluchten.

Bewustzijn en maatschappij
Anderen hebben ter verklaring van de aanhoudende aantrekkingskracht van bepaalde mythen, of van mythen in het algemeen, het innerlijk van de mens bestudeerd; zij meenden dat mythen in de pas liepen met vaste eigenschappen van de menselijke geest of de psyche. Een voorbeeld is Sigmund Freuds lezing van de Griekse mythe van Oidipous, waarin de held zonder het te weten zijn vader vermoordt en met zijn moeder trouwt. Volgens Freud geeft dit oude verhaal de onbewuste gevoelens weer die alle jonge mannen ten opzichte van hun ouders hebben. Freuds medewerker en latere tegenstander Carl Gustav Jung heeft een algemene theorie over mythen opgesteld. Volgens deze Zwitserse psychoanalyticus ontlenen de mythen hun geheimzinnige kracht aan het feit dat de belangrijkste figuren de belichaming zijn van primitieve archetypen die een grote invloed hebben uitgeoefend op de menselijke psyche, zoals de Oude Grijsaard of de Moeder.

J.G. Frazer was een echte kamergeleerde, maar een eeuw geleden waren antropologen al begonnen met de directe bestudering van stamculturen. Deze benadering bracht hen voor het eerst in aanraking met 'levende' mythen en met mythevorming en heeft ons begrip van de veelzijdigheid van het onderwerp aanzienlijk verdiept. Een van de belangrijkste bijdragen was van Bronislaw Malinowski, die aantoonde dat de scheppingsmythe van de Melanesische bewoners van de Trobriand-eilanden haar betekenis ontleende aan het onmiddellijke be-

SPOREN VAN MYTHEN

Onze kennis over mythen komt vooral uit de tweede hand: van reizigers, missionarissen, koloniale bestuurders en meer recent van het veldwerk van antropologen. Sommige stammen of volken hebben schrijvers die oude verhalen voor westerse lezers hebben opgeschreven, maar het is duidelijk dat we afhankelijk zijn van wat deze ons willen meedelen.

De geletterde beschavingen van de Oudheid hebben geschriften en inscripties nagelaten die getuigen van hun mythologische erfenis. Maar ook hier hebben we te maken met het eindprodukt van een lang selectie- en ordeningsproces van oorspronkelijk mondelinge verhalen.

Oude teksten hebben de archeologen voor enorme interpretatieproblemen gesteld. De hiërogliefen van het oude Egypte werden pas begrijpelijk nadat in 1799 nabij Alexandrië de drietalige Steen van Rosette ontdekt was. Zonder die nieuwe kennis zou de rijkdom van Toetanchamons graftombe, die in 1922 te voorschijn kwam, veel minder betekend hebben voor ons begrip van het Egyptische denken. De ontcijfering van het zogenaamde Lineair B in de jaren vijftig verschafte toegang tot de mythen van de oude Minoïsche cultuur op Kreta. Maar het schrift van de cultuur in de Indus-vallei, waar nu Pakistan en India liggen, is nog altijd niet ontcijferd.

Een muurschildering uit de tombe van Horemheb, heerser van Egypte van 1319 tot 1292 v. Chr., bij Thebe: hij staat tussen de god Horus met zijn valkehoofd en de koegodin Hathor.

De Gandhara-streek in India was een cultureel kruispunt, zoals deze beeldhouwstijl laat zien; boeddhistische iconografie is vermengd met Grieks-Romeinse motieven, in dit geval Herakles (Hercules) met zijn knots.

MYTHEN DOORGEVEN

Net als volksverhalen 'reizen' mythen gemakkelijk van de ene naar de andere groep mensen. Natuurlijk kunnen mythen ondertussen veranderen, en zelfs binnen een groep kunnen mythen zich ontwikkelen terwijl ze steeds opnieuw verteld woren.

Een bekend voorbeeld van een reizende mythe is het motief van de 'zondvloed', dat voorkomt in heel het Midden-Oosten, in het oostelijke Middellandse-Zeegebied, waaronder Griekenland, en ook in Zuid- en Oost-Azië en in Amerika. In heel Afrika komt het Semitische (en bijbelse) motief voor van de Toren van Babel en van 'het wijkende water' van de Rode Zee dat door een priester of koning gemanipuleerd wordt. En de verhalen over Prometheus en Iason en het Gulden Vlies maken ook deel uit van de plaatselijke mythologie van de Kaukasus-culturen in Georgië en Armenië.

Vaak is het onmogelijk om de oorsprong van een wijdverspreid motief terug te vinden. Er is meer zekerheid zodra de feiten wijzen op de inlijving van een stel plaatselijke mythen in een nieuwe schriftelijke traditie. Dat gebeurde bijvoorbeeld in Tibet, waar het officiële boeddhisme sjamanistische elementen uit de oorspronkelijke cultuur overnam.

In de mythologie die de Romeinen van de Grieken overnamen verving Bacchus (hier in een mozaïek uit de 1ste-2de eeuw n. Chr.) Dionysos als god van de wijn en de roes.

lang ervan voor de heersende sociale orde, terwijl de mythe ogenschijnlijk over een ver verleden gaat. Volgens dat verhaal zijn de voorvaders van de vier Trobriand-stammen bepaalde dieren geweest die bij de aanvang der tijden uit een gat in de grond te voorschijn kwamen. De mythische beesten kwamen echter niet allemaal tegelijk, maar in een volgorde die in alle versies van de mythe werd aangehouden. Malinowski toonde aan dat die volgorde precies overeenkwam met de bestaande sociale status van de vier stammen ten opzichte van elkaar: de dierlijke voorvader van de belangrijkste stam kwam als eerste uit het oergat, het tweede beest was voorvader van de stam die in de rangorde daarop volgde, enzovoort.

Opposities en contradicties
Het feit dat ogenschijnlijk archaïsche verhalen onmiddellijk kunnen verwijzen naar de manier waarop de samenleving in het heden is georganiseerd, betekent natuurlijk niet dat mythen geen andere betekenissen kunnen hebben die even belangrijk of zelfs belangrijker zijn. In de tweede helft van de 20ste eeuw is er geen geleerde geweest die meer heeft bijgedragen aan een fundamenteel begrip van de mythe dan de Franse antropoloog Claude Lévi-Strauss. In zijn diepgravende analyses van de mythen van de inheemse bevolking van Noord- en Zuid-Amerika heeft Lévi-Strauss geprobeerd aan te tonen dat de verhalen bedoeld zijn om contradicties in de menselijke ervaring op te lossen. Die kunnen onmiddellijk en zintuiglijk zijn (zoals het conflict tussen leven en dood, honger en verzadiging) of uiterst abstract (zoals het filosofische probleem van het Ene en het Vele). Volgens Lévi-Strauss proberen mythemakers allerlei contradicties op te lossen door een bepaald aspect van het leven aan zijn tegendeel te koppelen, of proberen te koppelen, in een keten van 'binaire opposities' – bijvoorbeeld jong en oud, droog en nat seizoen, mannelijk en vrouwelijk, cultuur en natuur, leven en dood.

In de Lévi-Straussiaanse analyse 'roept een mythe evenveel vragen op als ze beantwoordt'. In zijn interpretatie van ruim achthonderd mythen van de volken van Noord- en Zuid-Amerika, waarvan de meeste verschillende versies hebben, heeft Lévi-Strauss bijzonder gedetailleerd laten zien hoe de 'vragen' van de mythen door andere mythen worden opgepakt in een eindeloos proces dat voortdurend de geografische en stamgrenzen overschrijdt.

De theorie en de methode van Lévi-Strauss zijn met succes toegepast op de mythen van India, Australië, Afrika en Oceanië, en ook van het oude Griekenland (waaronder een baanbrekende analyse van de Oidipous-mythe in 1955 door Lévi-Strauss zelf). Maar er blijven nog veel vragen over. Een theoretische benadering die door Lévi-Strauss als gevolg van zijn preoccupatie met 'binaire opposities' werd verwaarloosd, is de kwestie van de verhaalstructuur, de wijze waarop scènes bij elkaar worden gevoegd en zo een 'verhaal' vormen. In zijn analyse van de Oidipous-mythe beweert Lévi-Strauss dat de volgorde van dergelijke scènes geen gevolgen heeft voor een begrip van de betekenis van het verhaal. Maar is dat wel zo?

In tegenstelling daarmee wordt in het werk van de Russische folklorist Wladimir Propp en zijn navolgers beweerd dat de verhaalstructuur van fundamenteel belang is voor de betekenis van alle traditionele vertellingen, inclusief 'mythen'. Propp onderscheidde in totaal 31 scènes of 'functies', die de elementaire bouwstenen vormen van alle Russische volksverhalen, waaronder Verbod, Negeren van het Verbod, Lafheid, Vertrek van Huis voor de Queeste, Gesprek met de Magische Helpers, Verschijnen van de Held, Vlucht, Achtervolging en Bevrijding van de Achtervolging. Ook al bevatten maar enkele van de honderd traditionele verhalen die Propp heeft geanalyseerd al die 31 'functies', de scènes die in een verhaal voorkomen, staan *altijd in dezelfde volgorde*. Het werk van de Amerikaanse folklorist Alan Dundes over inheemse Noordamerikaanse verhalen doet vermoeden dat ook hier een vaste volgorde wordt aangehouden, al is de lijst scènes aanzienlijk korter. Soortgelijke resultaten leverde onderzoek in Afrika op, waar een student van Dundes, Lee Haring, in een karakteristiek verhaal van de Kamba in Kenya een reeks van zes scènes heeft vastgesteld.

Mythe en volksverhaal
Niet alleen zijn de experts het oneens over het onderscheid tussen 'mythe' en 'volksverhaal', ze weten er ook verrassend weinig over te zeggen. In het algemeen is men het erover eens dat de ene verhaaltrant veel overeenkomsten vertoont met de andere: allebei zijn het collectieve produkten, wat betekent dat er geen aanwijsbare auteurs zijn en dat er diverse varianten zijn. Maar wat is hun eventuele verschil? Ofschoon de beide vormen elkaar overlappen, is er een invalshoek van waaruit anonieme verhalen als 'mythen' moeten worden bestempeld, indien ze over het ontstaan van de wereld gaan, inclusief de menselijke samenleving en cultuur. Aangezien het universele menselijke kwesties betreft, is het niet vreemd dat iedereen onmiddellijk een mythe als zodanig herkent, hoe ver weg of hoe vreemd de cultuur waar het verhaal is ontstaan ook is.

Onder welk soort sociale condities ontstaat de 'mythe' in deze kosmische betekenis? Het blijkt dat dergelijke verhalen een belangrijke plaats innemen in primitieve samenlevingen met ofwel een zeer eenvoudige sociale organisatie, ofwel een erg verfijnde. Enerzijds zijn ze te vinden in ongelaagde samenlevingen die af-

MYTHE, GESCHIEDENIS EN LITERATUUR

Mythen en geschiedenis zijn nauw verweven in de documenten van geletterde culturen. Een beroemd voorbeeld van een opzettelijk gecreëerde historische mythe is het gedicht *Aeneis* van de Romeinse dichter Vergilius, een epische bewerking van een ouder verhaal, waarin de stichting van het toekomstige Romeinse Rijk in verband wordt gebracht met de Trojaanse balling Aeneas (zie p. 172-3). Ontstaansmythen zijn vaak en in veel culturen gebruikt voor het gevoel van collectief prestige.

Aan het begin van de Nieuwe Tijd wordt het relatieve gemak waarmee de Spaanse avonturier Hernán Cortés in 1521 het machtige Azteekse rijk vernietigde, in verband gebracht met een Azteekse mythe die de komst van bebaarde vreemdelingen met goddelijke eigenschappen voorspelde. Dergelijke mythen moeten ook hebben bestaan bij de Inka's in Zuid-Amerika en ze zijn misschien van invloed geweest toen in de 16de eeuw het Inka-rijk instortte.

Zoals de mythe de geschiedenis kan bevestigen, zo kan omgekeerd de geschiedenis deel gaan uitmaken van het ruwe materiaal van de mythische fantasie. De waarschijnlijkheid wordt vaak tot immense proporties opgeblazen. De kroniekschrijver William van Newburgh (rond 1198) wijst erop dat Geoffrey van Monmouth in zijn *Geschiedenis van de koningen van Brittannië* de pink van koning Arthur nog dikker maakt dan de bovenbenen van Alexander de Grote. Harde feiten over Arthur ontbreken, al is het mogelijk dat hij de leider was die volgens Nennius de beslissende slag bij Mount Badon won in de strijd tegen de Saksen (ca. 500 n. Chr.).

Arthur en de dertig koninkrijken, zoals getoond in de middeleeuwse Kroniek van Peter Langtoft.

hankelijk zijn van jacht en verzamelen en die dus van alle menselijke maatschappijen het sterkst aangewezen zijn op de natuur. (Voorbeelden in dit boek zijn de jagers-verzamelaars van Noord- en Zuid-Amerika, Zuidoost-Azië, Australië en Afrika, alsook de Inuit op de Noordpool.) Anderzijds komen enkele van de gecompliceerdste mythologieën voor in primitieve maatschappijen die zich dermate bevrijd hebben van de afhankelijkheid van hun natuurlijke omgeving, dat ze een hiërarchie hebben ontwikkeld, met onder andere een bevoorrecht intellectueel priesterschap. (Voorbeelden in dit boek uit het oude India en Griekenland, China en Japan, in West-Afrika de volken Dogon, Bambara en Yoroeba, de Inka's van Zuid-Amerika, en de Maya's en Azteken uit Midden-Amerika, alsook de Keltische en Germaanse volken van Noord-Europa.)

Een 'volksverhaal' is het produkt van samenlevingen die gebaseerd zijn op landbouw en die qua complexiteit dan ook een positie innemen tussen de eenvoudige gemeenschappen van jagers-verzamelaars en de standenmaatschappijen. Kenmerkend voor de inhoud van het volksverhaal zijn sociale conflicten en problemen, meer dan de kosmische zaken van de mythe. (De anonieme en mondeling overgeleverde 'volksverhalen' moeten goed worden onderscheiden van 'sprookjes', de laatste zijn literaire produkten van de 19de-eeuwse romantiek.)

Een volksverhaal gaat, en dat is typerend, over een sociale kwestie: het spitst zich bijvoorbeeld toe op het conflict tussen jeugdige ondernemingslust en bejaarde autoriteit. Maar vaak klinken in dergelijke verhalen ook eerdere fases van de sociale evolutie als 'echo's' door. In Slavische volksverhalen weerspiegelt bijvoorbeeld de aanwezigheid van Baba Iaga, de reusachtige menseneetster, waarschijnlijk een godinnenverering geassocieerd met de dood en de onderwereld. Evenzo kunnen mythen over gouden appels, die ook in Slavische volksverhalen voorkomen, niet alleen in verband worden gebracht met een allang verdwenen zonneverering, maar waarschijnlijk ook met een nog ouder geloof dat verband houdt met tochten naar de onderwereld die de sjamanen ondernamen. Oude associaties met het sjamanisme komen ook vaak voor in volksverhalen uit Rusland en andere Europese landen, waarin mensen veranderen in dieren, en omgekeerd (zoals in het geval van de weerwolf). Een groot gedeelte van deze volksverhalen dateert uit een tijd lang voordat Russisch-sprekenden een eeuw of zeven, acht geleden een aparte etnische groep gingen vormen, en zelfs nog voordat in de 5de eeuw de Slaven op het toneel verschenen.

Eenvoudig gezegd zijn volksverhalen veredelde mythen: verhalen die uit mythische elementen zijn samengesteld met de bedoeling te vermaken en te vermanen.

Het maken van mythen
Een voordeel van het feit dat antropologen en folkloristen zich tegenwoordig bezighouden met veldonderzoek, is dat mythen en volksverhalen niet meer beschouwd worden als de primitieve evenknie van gedrukte teksten, zoals in de 19de eeuw het geval was. In plaats daarvan heeft het wereldwijde onderzoek naar veel samenlevingen op het platteland en in stamverband waar de mythen nog altijd 'in leven' zijn, ons bewust gemaakt van de dynamiek en van de voortdurend wisselende aard van het mondelinge verhaal. In zekere zin is elke nieuwe vertelling van een mythe of een volksverhaal een nieuwe creatie ervan. Het moment van de compositie valt samen met het vertellen: een mondeling verhaal wordt niet omwille van een opvoering gemaakt, het ontstaat tijdens een opvoering.

Dat betekent niet dat de mythe, het gedicht of het verhaal helemaal uit het niets ontstaat. Zij spruiten voort uit een grote voorraad ideeën en beelden van talloze eerdere opvoeringen die de verteller zich herinnert. En niet alleen in zijn of haar herinnering, ook in de herinnering van de toehoorders, want het tot stand komen van een mythe of volksverhaal tijdens het vertellen is typisch het werk van de groep en niet van een enkeling.

De deelname van het 'publiek' aan de creatie van een verhaal heeft bij voorkeur de vorm van vragen en commentaren die de fantasie en het geheugen van de verteller prikkelen. Ik ben dat pas goed gaan begrijpen toen ik meedeed aan het vertellen van verhalen met een groep leden van de Fipa-stam in Zuidwest-Tanzania, Oost-Afrika.

Mythen en legenden
Maar hoe zit het dan met legenden, die ook vaak met de mythen worden vergeleken? De geleerden zijn het erover eens dat een 'legende' oorspronkelijk een literair verhaal is, gebaseerd op een historische figuur of gebeurtenis, en met elementen of thema's van eerdere mythologische verhalen die zijn doorgegeven in een mondelinge verhaaltraditie. Legendarische verhalen komen overal ter wereld voor in culturen met een oude literaire traditie, zoals China, Japan, India, Mesopotamië, Egypte, Griekenland, Rome en het Keltische Brittannië. Een voorbeeld uit de Ierse Keltische traditie is het nationale heldendicht *Táin Bó Cuailgne*, 'De veeroof van Cooley', een vroeg literair meesterwerk boordevol mythische motieven.

Een beroemder voorbeeld van dat genre is de reeks legenden over Arthur van de 12de-eeuwse Engelse geleerde Geoffrey van Monmouth, gebaseerd op de wapenfeiten van Arthur, eertijds een leider van de Britten in de oorlogen tegen de Saksische invallers. De verhalen van koning Arthur en de ridders van de ronde tafel, zoals hun naam luidt, bevatten veel toespelingen op de prehistorische Keltische mythologie, zoals Arthurs zoektocht in het dodenrijk naar een toverketel (de heilige graal). Er wordt zelfs beweerd dat het verhaal over de koning en zijn gevolg nog veel ouder is dan het eerste historische optreden van de Kelten: verhalen met een opvallende gelijkenis zijn vastgelegd in de tradities van de oude Scythen (in het huidige Roemenië) en in de verhalen over de heldendaden van Jimmu-tenno, de mythische eerste keizer van Japan (p. 122).

De mythe, het volksverhaal en de legende zijn drie categorieën die, zoals we hebben gezien, elkaar overlappen en die in elkaar overvloeien: het volksverhaal en de legende zijn allebei waarschijnlijk gebaseerd op, of doorspekt met, mythische elementen en ofschoon het in dit boek over mythen gaat, zullen we er niet voor terugdeinzen om in te gaan op het volksverhaal (vooral van Midden- en Oost-Europa) en de legende (vooral van Japan, Rome en de Keltische streken).

De blijvende aantrekkingskracht van de mythe
We kunnen nu teruggaan naar de vraag die aan het begin van deze inleiding gesteld is: waardoor blijven mythen zo aantrekkelijk?

Een vruchtbare bodem voor het ontstaan van mythen is een kleine samenleving waar de mensen min of meer gelijk zijn en waar nauwelijks beroepsspecialisatie of klassenstructuur bestaat. Het is met name de sjamaan die in zo'n maatschappij nog het meest lijkt op een specialist; hij is de expert die de onzichtbare wereld boven en onder het menselijk domein verkent en die voor iedereen kennis en wijsheid mee terugbrengt. Het werk van de sjamaan lijkt in bepaalde opzichten op dat van de huidige wetenschapper, namelijk voor zover het gebaseerd is op het verzamelen van directe ervaringen door middel van experimenten; dat werk omvat tevens, net als dat van de priester, het spirituele domein. Maar de sjamaan beschikt daarnaast over een soort creatieve vrijheid die noch de wetenschapper noch de priester in onze maatschappij heeft en die eerder bij de kunstenaar hoort. De wereld van de mythe ontstaat in de wetenschappelijke en godsdienstige praktijk van de sjamaan, met het *spel* als opmerkelijkste aspect.

Die speelse geest wordt geïllustreerd door verhalen over verandering van het uiterlijk (bijvoorbeeld de verhalen van de Inuit waarin mensen ijsberen worden). Terwijl de mythologieën een groep goddelijke acteurs met aparte functies tot ontwikkeling brachten, werd het speelse element ofwel tot een algemene karaktertrek gemodelleerd (zoals bij diverse leden van het Griekse pantheon), of tot de aparte rol van de Bedrieger – de coyote of raaf bij de Indianen van Noord-Amerika, Loki bij de Noorse goden, Esjoe of Elegba bij de volken van West-Afrika. Elders in Afrika is de mythologische oplichter verfijnd tot een personage in volksverhalen, de slimme, immorele Haas, een figuur die terugkomt als Brer Rabbit (Broer Konijn) in de mondelinge traditie van de zwarte Amerikanen.

Creatief spel is de essentie van het creëren van mythen. Ofschoon mythen onophoudelijk veranderen en ontwikkelen, blijven ze geworteld in de sjamaan-ervaring van de stam. Aangezien deze ervaring de onderlinge verbanden tussen alle aspecten van het leven betreft – het zichtbare en onzichtbare, het aardse en hemelse, het menselijke, dierlijke, plantaardige en minerale aspect – kan de mythe alleen maar allesomvattend zijn en een kosmische omvang hebben. Zo toont en geeft de mythe zin in de diepste betekenis van het woord. Maar omdat de mythe uit een wereldwijde menselijke traditie stamt die onherroepelijk egalitair is (niet-hiërarchisch, niet-autoritair), gaat het om een betekenis die eerder met het luisterende of lezende publiek speelt dan dat ze zich eraan opdringt. Dat is, als je het mij vraagt, het geheim van de universele en voortdurende aantrekkingskracht van de mythe.

DE GROTE THEMA'S
VAN DE MYTHEN

DE SCHEPPING
De oorsprong van de wereld

GODDELIJKE WIL
Voordat het universum er was, bestond het als gedachte al in de geest van Amma (god), de opperste scheppende godheid, volgens de Dogon in West-Afrika. Alles wat bestaat, schrijven ze toe aan de wil van de schepper, en een zelfde gedachte vinden we in de hindoe-mythe over Brahma, die zich het universum voorstelt tijdens de meditatie, waarbij zijn gedachten materiële vormen aannemen.

Het idee van god als de kunstenaar bij uitstek komt overal in Afrika voor. De Tiv in Noord-Nigeria bijvoorbeeld, die bekend staan om hun houtsnijwerk, stellen zich god als de Houtbewerker voor die de wereld 'kerfde' volgens zijn ideaalbeeld.

Andere verhalen zijn niet zo expliciet en soms lijken ze te zeggen dat de aanvang van alles een vergissing was. Zo begon de wereld, volgens de Noorse scheppingsmythen, door de toevallige vermenging van twee tegengestelde elementen, vuur en ijs, in de Ginnungagap, een diepe afgrond.

Het raadsel hoe de wereld is ontstaan, is een fundamenteel probleem voor alle mythologieën. Soms wordt het absolute begin beschreven als een totale leegte of een niets, of als een grenzeloze watermassa, een ongedifferentieerde, in duisternis gehulde woestenij – een idee dat voorkomt in de mythische verhalen van het Midden-Oosten, die van de Khoisan in zuidelijk Afrika en bij veel tradities in Noord-Amerika en Zuidoost-Azië. Maar het meest voorkomende beeld der schepping laat het oorspronkelijke universum zien als een ei dat al het potentiële herbergt.

Het gebruikelijke patroon is dat er iets gebeurt waardoor een proces van verandering en ontwikkeling op gang komt. Bij de Dogon in West-Afrika veroorzaakte de scheppende god Amma trillingen waardoor het omhulsel van het kosmische ei scheurde en de tegengestelde godheden van orde en chaos vrijkwamen. Volgens de Noordamerikaanse Cheyenne werd de waterige wildernis bevrijd door de inspanningen van de nederige meerkoet, die uit de diepte een hapje modder wist los te krijgen, dat vervolgens door de Algeest in droog land werd veranderd. Een soortgelijk verhaal over een vogel, in dit geval de zwaluw, die behulpzaam is bij de creatie van het eerste land, wordt op de eilanden in Zuidoost-Azië verteld. En in de Egyptische mythen bestond de oerhandeling van de schepping uit het oprijzen van een hoop aarde uit Noen, het diepe water.

Dualiteit
In alle mythologieën betekent de schepping primair dat scheiding en veelheid de plaats innemen van eenheid en ongedifferentieerdheid. De eerste fase is altijd de elementairste vorm van onderscheid, namelijk dualiteit. In het Chinese verhaal over het kosmische ei groeide de goddelijke voorvader, Pan Gu, gedurende achttienduizend jaar, waarna het ei ontplofte en in twee delen uiteenviel. Daarbij vormde het lichte deel de hemelen en het donkere deel de aarde. In de scheppingsmythe van de Maori begon de wereld doordat de twee scheppende wezens, Rangi de mannelijke hemel en Papa de vrouwelijke aarde, in de leegte hun onbeweeglijke omarming doorbraken en hun tegengestelde, complementaire posities in de kosmos gingen inne-

Het thema van het kosmische oerei wordt geïllustreerd in deze rotstekening op Paaseiland in de Stille Oceaan (Polynesië). De afbeelding toont een 'vogelmens' die een ei vasthoudt waar de wereld in zit.

men. Dat idee komt ook voor in het geloof van het oude Mexico: de schepping begon toen Ometecuhtli, de 'heer van de dualiteit' die zichzelf had geschapen, uiteenviel in het mannelijk en het vrouwelijk aspect, Ometeotl resp. Omecihuatl, het ouderpaar der goden. Een interessante variant is de scheppingsmythe van de Bambara uit West-Afrika, waarin het kosmische ei een stem voortbracht die zelf een tegenspeler van de andere sekse creëerde waardoor de oertweeling als goddelijke ouders van de wereld ontstond.

Datzelfde thema van de oerdualiteit komen we ook tegen in enkele versies van het Griekse scheppingsverhaal waarin de eerste goden Ouranos en Gaia waren, de mannelijke hemel en de vrouwelijke aarde.

Leven uit de dood

In veel tradities ontstaat de schepping uit een offerdood. In het Chinese verhaal geeft de kosmische reus Pan Gu zijn leven om de wereld voort te brengen. Pan Gu gaat, uitgeput door de moeizame en langdurige scheiding van de aarde en de hemel, liggen en sterft. De verschillende delen van zijn enorme lichaam veranderen vervolgens in de diverse kenmerken van de lucht en van het landschap.

In een vedische hymne uit de Indiase traditie wordt verhaald over de offering van Poeroesja, een oerwezen: zijn lichaamsdelen veranderen dan in de diverse delen van het universum, inclusief de goden, de mens en de dieren. In de Afrikaanse Sahara gold het idee dat de wereld oorspronkelijk was samengesteld uit de talloze segmenten van de geofferde kosmische slang Minia, Gods eerste schepping, en aan die gebeurtenis herinneren in die streek tot op de dag van vandaag de dierenoffers. Een soortgelijk kosmisch drama bevatten de Assyrisch-Babylonische mythen, waar de hemelse koning Mardoek de slang Tiamat, het vrouwelijke principe van de chaos, slacht en haar enorme lichaam opdeelt: Mardoek creëert uit de ene helft het zwerk en uit de andere de aarde. In de Noorse mythologie slachten de drie scheppende goden de biseksuele oerreus Ymir en maken van het lichaam de aarde, van het bloed de zee en van de schedel de hemel.

Cyclische werelden

Sommige mythologieën formaliseren de strijd tussen creatieve orde en destructieve chaos in termen van een eeuwige cyclus van schepping en vernietiging, waardoor onophoudelijk werelden geschapen, vernietigd en herschapen worden. Bij de Hopi in Noord-Amerika bestaat het idee van een reeks werelden waarvan de eerste vernietigd door vuur, de tweede door vorst, de derde door een zondvloed; op het moment leven we in de vierde wereld, die spoedig ook ten onder zal gaan. Het is een schema dat lijkt op dat van de Azteken in Midden-Amerika, wier mythologie verslag doet van de opeenvolgende schepping en vernietiging van vijf werelden, wat veroorzaakt wordt door conflicten tussen de verschillende goddelijke nazaten van de 'heer van de dualiteit'. Maar de – filosofisch gezien – meest verfijnde versie is wellicht die van de Indiase hindoes. Daar zit de grote god Visjnoe in het water van de chaos op de opgerolde kosmische slang Ananta, die een lotus uit zijn navel laat verschijnen waaruit de scheppende god Brahma te voorschijn komt. Door Brahma's meditatie wordt de wereld geschapen, die een enorme spanne tijds omvat en die vervolgens weer in de chaos ten onder gaat, van waaruit op precies dezelfde manier weer een nieuwe wereld ontstaat. Elk van de vier op elkaar volgende era's van een wereldcyclus is inferieur aan de voorgaande. Ook de Egyptische mythe voorziet dat het universum uiteindelijk weer in chaos uiteen zal vallen, waarna een nieuwe scheppingscyclus zal beginnen.

De Grieks-Romeinse traditie rept niet van de vernietiging van de wereld, maar beschrijft vijf opeenvolgende stadia, ieder voor een ander soort mensen. Deze cyclus begon met de Gouden Tijd toen de mensen een eeuwige jeugd genoten en niet hoefden te ploeteren; ze eindigt met de huidige tijd, de IJzeren Tijd, die zal eindigen in de zelfvernietiging van de mens.

VERWIJZINGEN
Scheppingsverhalen: 38, 62, 90, 104, 112-3, 128-9, 194, 222, 237-8, 266-7, 280-1, 290-1, 302-3
Orde uit chaos: 38, 70-1, 90-1, 104, 129, 194, 230, 266-7, 280-1
De oerzee: 62, 70-1, 112, 222
Het kosmische ei: 38, 39, 70, 90, 104, 266, 302
De kosmische slang: 62, 70, 72-3, 74, 199, 266, 277, 280, 302-3
De oerdualiteit: 112-3, 223, 237-8
Schepping door destructie: 62, 70, 90, 194, 277, 290, 294
Scheppingscycli: 41, 74, 85, 237-8
Het tijdperk van de mensheid: 131

KOSMISCHE ARCHITECTUUR
De structuur van het universum

ZON EN MAAN
In heel Amerika ziet een bekende mythe de relatie tussen een vrouwelijke zon en een mannelijke maan als die tussen zus en broer, die tevens ongeoorloofde minnaars zijn. Hun incestueuze en clandestiene ontmoetingen vinden 's nachts plaats, als de zon stiekem in het bed van haar minnaar glijdt. Omdat ze hem in het donker niet ziet, schildert ze donkere vlekken op zijn wangen zodat ze hem later kan herkennen. Dat verklaart volgens deze mythe het gevlekte gezicht van de maan. In andere Noordamerikaanse mythen is de zon mannelijk en hij ontstaan uit het afgehakte hoofd van een man, terwijl de vrouwelijke maan voortkomt uit een afgehakt vrouwenhoofd.

In Afrika reiken de cyclische veranderingen in de gestalten van de maan terug tot de tijd dat de maan dom genoeg over zijn pracht begon te pochen, die groter zou zijn dan die van de zon. De zon werd kwaad en brak de maan in stukken. Sinds die tijd is de maan bang voor de zon en slechts af en toe waagt zij zich helemaal aan de hemel.

In mythen is de zichtbare en alledaagse wereld altijd een deel van een groter geheel. De meeste tradities beschrijven de doorgaans onzichtbare componenten van het universum als een wereld daarboven, de hemel, waar hogere wezens zoals goden of goddelijke voorouders verblijven. Daarnaast is er een onderwereld die wordt bevolkt door de doden en de onderaardse geesten.

Vaak worden de wereld boven en de wereld beneden voorgesteld als elkaars spiegelbeeld of als replica's van de middenwereld waar de mensen leven, met elk zijn eigen hemel en aarde. In veel mythologieën komt een centrale pilaar of een as voor, die de drie werelden die de kosmos vormen verenigt. Soms neemt die centrale as de vorm aan van een Wereldboom. De bekendste wereldboom is Yggdrasil uit de Noorse traditie. Andere opmerkelijke voorbeelden komen voor bij de Ngaju Dayak van Kalimantan (Borneo), de Maya's van Midden-Amerika en de bewoners van de Sahara. Het idee komt ook voor in de scheppingsmythen van de inheemse bewoners van Noord- en Zuid-Amerika. Hetzelfde concept ligt ten grondslag aan de Levensboom die in de kabbala, de Hebreeuwse mystieke traditie, een belangrijke plaats inneemt.

Complexere vormen van deze uit drie werelden bestaande kosmos beschrijven zeven, acht of negen niveaus van de onder- en bovenwerelden. In de Indiase traditie zijn het er zeven, en varianten van dit kosmische model komen overal in Zuid-Azië voor. Een Noorse traditie beschrijft negen werelden die boven elkaar staan en waartussen voortdurend op en neer wordt gereisd.

Deze vergulde zonneschijf uit Trundholm in Denemarken dateert uit de 13de eeuw v. Chr. Men neemt aan dat hij te maken had met een Germaanse hemelcultus en met periodieke vruchtbaarheid. Het motief van de zonnewagen komt ook voor in prehistorische Keltische kunst.

De vier windstreken en de elementen

Het mythische universum heeft een laterale en een verticale structuur. Overal ter wereld worden in de oude tradities de vier gebieden beschreven die in de fundamentele verdeling van de horizontale ruimte met de vier windstreken (oost, west, noord en zuid) corresponderen. De Tibetaanse *mandala* (zie illustratie) is een aanschouwelijke weergave van dat idee. Soms wordt nog een 'richting' toegevoegd – het centrum of 'hier' – waardoor het totaal op vijf komt, zoals in China, Keltisch Ierland en Noord- en Zuid-Amerika. In die tradities behoorden soms ook de verticale richtingen, 'boven' en 'beneden', tot het 'centrum', zodat een universum met zes ruimtelijke dimensies ontstond.

In de mythologie van het oostelijke Middellandse-Zeegebied en van Noord- en West-Afrika dacht men dat het universum uit vier elementaire stoffen bestond: lucht, vuur, aarde en water. In de meeste tradities van de Sahara en West-Afrika worden de vier windstreken met die elementen in verband gebracht: het oosten met vuur, het westen met water, het zuiden met lucht, het noorden met aarde. De tradities van het oostelijke Middellandse-Zeegebied situeren, net als de Dogon in het Westafrikaanse Mali, de elementen iets anders, namelijk lucht in het oosten en vuur in het zuiden. Een elementen-theorie maakt ook deel uit van de oude Chinese kosmologie. Deze theorie noemt er vijf (hout, vuur, grond, metaal en water) die elk in verband worden gebracht met een van de vijf verschillende richtingen ('centrum', noorden, zuiden, oosten en westen).

De hemellichamen

De hemellichamen verschijnen in de mythe gewoonlijk als levende wezens, goddelijk, menselijk of dierlijk van aard. De zon is meestal een mannelijke god, zoals in de oude Egyptische verering van de zonnegod. De zon kan echter ook vrouwelijk zijn (Amaterasu in Japan) en de maan mannelijk: zie marge, p. 20. De mannelijke maan wordt in de mythen van zuidelijk Afrika gewoonlijk opgevoerd als de echtgenoot van de planeet Venus. Elders zijn de zon en de maan echtgenoten of, zoals in sommige Noordamerikaanse mythen, broer en zus in de rol van incestueuze minnaars.

Ook worden bepaalde sterrenbeelden gepersonifieerd. Op het zuidelijk halfrond worden de Plejaden in de mythen van Zuid-Amerika, Zuidoost-Azië en Australië beschouwd als een stel zussen, wier verschijning aan de hemel regen aankondigt. Overal in zuidelijk Afrika wordt Orion als een jager beschouwd wiens hond achter een dier aanjaagt. De Grieken identificeerden het sterrenbeeld Ursa Major (de Grote Beer) met de nimf Kallisto, door Zeus als een beer daar neergezet samen met haar zoon Arkas, de 'berenhoeder'.

Het huis als kosmisch model

Op veel plaatsen ter wereld worden huizen of woningen bewust gemodelleerd naar een mythologisch wereldplan. Dit is kenmerkend voor de culturen van de eilandbewoners in Zuidoost-Azië. De linkerkant van het huis staat altijd symbool voor de onderwereld, de rechter voor de wereld erboven of de hemel. Bij de Ngaju Dayak, die vier 'kosmische richtingen' kennen, symboliseert het midden van het huis, de levensboom, de verticale as die de drie werelden verenigt. Ook in de Amazonewouden in Zuid-Amerika worden de huizen op die manier volgens een kosmisch model gemaakt en hetzelfde zien we bij de ronde tenten en middenpalen van de Siberische nomadenstammen.

De huizen van de Dogon in Mali symboliseren de scheppende god Nommo in menselijke gedaante, maar de dorpen zijn vierkant en geven aldus de windstreken weer, ofwel ze zijn ovaal en staan voor de hemel en het kosmische ei. Die twee varianten komen altijd samen voor en benadrukken de goddelijke tweeling Hemel en Aarde.

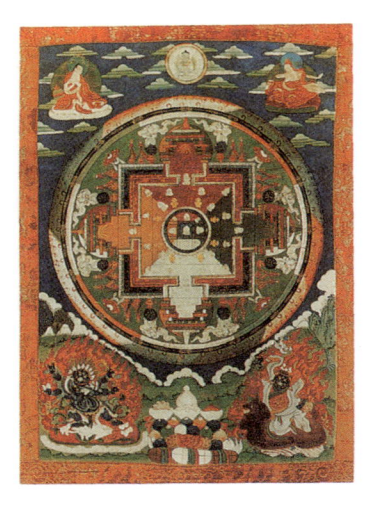

Het tantrische boeddhisme (in het land van herkomst, India, in de 13de eeuw verdwenen door toedoen de invallende moslims, maar nog volop aanwezig in Tibet) maakt gebruik van een kosmische afbeelding, de mandala, *als aandachtspunt voor de meditatie. De* mandala *stelt een godenpaleis voor. Het paleis is 'vredig' of 'toornig' en bestaat uit stralend licht met vijf kleuren, of uit schedels waarvan de gaten zwarte rook, woeste vonken en stank uitstoten. Op de vier binnenplaatsen van de* mandala *moeten de riten van vrede (wit, het oosten), verrijking (geel, het zuiden), beheersing (rood, het westen) en vernietiging (groen, het noorden) worden opgevoerd. In het middengedeelte van het paleis, dat hemelsblauw is, worden de verheven riten van de verlichting opgevoerd.*

VERWIJZINGEN

Verhalen over de kosmos: 85, 108, 193-4, 208, 248, 292-3
De wereldboom: 108, 193, 208, 248
Het gelaagde universum: 85, 108, 208, 218, 268, 292, 303
Tijd en de kalender: 74, 85, 246-7, 258, 259
Zonnemythen: 46-7, 94-5, 111-7, 249, 253-4, 257, 258-9, 262, 292
Maanmythen: 94-5, 114, 216, 257, 263, 304
Sterremythen: 47, 94-5, 242, 258-9
Het huis als kosmisch model: 261, 294
Reizen tussen werelden: 60, 61, 93, 99, 113, 187, 208, 248, 292, 305

MYTHEN OVER DE MENSHEID
Oorzaken van leven en dood

GOD DE POTTENBAKKER
Het beeld van pottenbakken komt veel voor in de Afrikaanse scheppingsmythologie. Geslachtsrijpe vrouwen in Rwanda geloven dat God de kinderen in de baarmoeder kneedt; voor het slapen gaan zorgen ze ervoor dat er water klaar staat, zodat God er de klei mee kan kneden waar hij mensen van maakt. Volgens de Dinka in Zuid-Soedan maakte God de mensen van modder, zoals mensen potten en speelgoed maken.

In Zuidoost-Azië vertelt men een scheppingsverhaal waarin God de eerste mensen van aarde maakte, waarna hij ze tot leven wekte door in de fontanellen te ademen.

Het is opvallend dat veel mythologieën relatief weinig zeggen over de schepping van mensen. De Hebreeuwse traditie in het boek Genesis van de Bijbel zegt slechts dat God 'de mens naar zijn beeld en gelijkenis' schiep. Volgens een Griekse mythe werd de eerste man van klei en de eerste vrouw van aarde gemaakt. Gewoonlijk wordt uitgebreider verslag gedaan van de schepping van de kosmos dan van die van de mens.

In Noord-Amerika beschrijft een Hopi-mythe hoe de Spinnevrouw, de scheppende godheid, van aarde de eerste mensen maakte. In Afrika hebben mythen het gewoonlijk over de Schepper die op een aparte plek mensen maakt en van daaruit over de wereld verspreidt. Volgens sommige verhalen komen ze aan het begin der tijden uit de lucht vallen, terwijl de Herero in Zuidwest-Afrika beweren dat de eerste mensen uit een levensboom in de onderwereld afstammen. Een ander Afrikaans motief is de scheppende god die een pot maakt waaruit later mensen komen. Volgens de Asande-versie van dit verhaal werden de mensen oorspronkelijk in een kano verzegeld, samen met de zon, de maan, de sterren en de kou; de zon deed het zegel smelten en zo kwam de mensheid te voorschijn.

De oorsprong van tegenslag
Of de wereld nu tot stand komt door toeval of volgens een plan, wanneer ze eenmaal bestaat is ze volgens alle mythologieën onderhevig aan willekeurige veranderingen. De oorzaak van de onvoorspelbare gebeurtenissen is vaak de luim van de goden, die gedreven worden door onvervalste menselijke emoties, zoals seksuele lust, kwaadheid of jaloezie. In de Egyptische mythologie maakte de gewelddadige god Seth problemen op aarde door zijn broer Osiris te vermoorden, die hij benijdde om diens goede naam. De wrok van de Griekse godin Eris ('tweedracht'), die beledigd was door Zeus omdat hij haar niet had uitgenodigd voor de bruiloft van de zeenimf Thetis en de sterfelijke Peleus, leidt indirect tot de Trojaanse oorlog. In het verhaal van de oorlog leidt een ingewikkelde reeks gebeurtenissen rond de belangrijkste personages, goddelijke wezens gedreven door lage motieven, tot groot menselijk verdriet en verlies.

De Griekse mythologie heeft een soortgelijke boodschap aangaande de manier waarop het kwaad, in de vorm van ziekte en dood, aanvankelijk op de wereld is terechtgekomen. Ook hier wordt het menselijke noodlot gezien als het resultaat van een lang gevecht tussen bovenmenselijke wezens (in dit geval Prometheus en Zeus). De mythe verklaart tevens de schepping van de eerste vrouw, Pandora, als een ingreep van Zeus om wraak te nemen op Prometheus. Pandora wordt met een verzegelde pot ('de doos') naar Prometheus' broer Epimetheus gestuurd, die haar laat kennismaken met de mensenmaatschappij, en als ze de pot uit nieuwsgierigheid openmaakt, vliegt de kostbare inhoud eruit: allerlei soorten kwaad, waaronder alle ziektes, alleen de hoop blijft achter. In de mythe verschijnt Prometheus als de voorvechter van de menselijke beschaving.

Incest en de dood
In de Polynesische mythologie wordt de oorsprong van de dood verbonden met de schepping van de eerste vrouw. Een versie van het verhaal bij de Maori zegt dat Tane, de god van bossen en bomen, de eerste vrouw maakte van het zand van het eiland Hawaiki. Ze schonk hem een dochter die Hine-titama heette, 'meisje van de dageraad', met wie hij trouwde. Maar ze wist niet dat hij haar vader was en toen haar het schokkende feit bekend

Het idee van de eerste vrouw die afstamt van de eerste man, ligt ten grondslag aan het bijbelse verhaal van God die Eva uit de rib van Adam maakt (een variant daarop wordt hier op een middeleeuwse prent getoond). Tot de vele parallelle verhalen behoort een mythe uit Centraal-Afrika, waarin de eerste vrouw uit de knie van de eerste man komt.

werd, vluchtte ze naar de onderwereld. Tane achtervolgde haar, maar het meisje vertelde hem dat hij 'het koord van de wereld had losgemaakt' en vanaf dat moment bleef ze in de onderwereld en trok Tanes menselijke kinderen het rijk der schaduw in. Zo zijn de dood en het verbod op incest bij de mens terechtgekomen.

Volgens een Shoshone-verhaal in Noord-Amerika ligt het begin van de dood in een gewone woordenwisseling tussen de scheppende godheid Wolf en de bedrieger Coyote. Als Wolf zegt dat iedereen die doodgaat weer levend kan worden gemaakt door een pijl onder hem door te schieten, werpt Coyote tegen dat als iedereen zou leven, er spoedig geen plaats meer zou zijn op aarde. Wolf ziet dat in en beraamt dat de zoon van Coyote als eerste moet sterven. Coyotes eigen woorden keren zich tegen hem en hij moet aanvaarden dat het verlies onherroepelijk is.

De ecologische noodzaak van de dood wordt aangekaart in een mythe van de Inuit. Volgens dit verhaal bestond de dood lange tijd niet: de mensen werden van tijd tot tijd verjongd. Maar uiteindelijk werd de bevolking gevaarlijk groot en de aarde dreigde om te kiepen, zodat iedereen in zee zou vallen. Toen riep een oude vrouw, die het gevaar zag aankomen, met toverwoorden de dood en de oorlog op. Zo werd de aarde lichter gemaakt en een universele ramp afgewend.

De oorzaken van ziektes

De Yoroeba in Nigeria denken dat de gezondheid door de god Ifa op de wereld is verspreid en dat iedereen in zijn of haar lichaam de oorzaken van ziektes draagt. Die oorzaken zijn diverse soorten 'wormen'; een paar van elke soort zit normaal gesproken in 'zakjes' op verschillende plaatsen in het lichaam. Hun aanwezigheid zou noodzakelijk zijn voor het behoud van de gezondheid: een ziekte ontstaat pas als er te veel wormen in een zakje groeien en er dan uit barsten. Om dat te voorkomen moet men zich matigen met eten, drinken en seks. Aan de andere kant van Afrika, in de zuidelijke Soedan, schrijven de Mandari de belangrijkste oorzaken van ziekte toe aan een invasie van geesten in het lichaam of door tovenarij van een vijand. Ziekte die door een hemelgeest is veroorzaakt, uit zich als hoofdpijn of pijn in het bovenlichaam. De kuur is een ritueel offer waardoor de geesten worden overgehaald om te vertrekken.

VERWIJZINGEN
Oorsprong van de mensheid: 38, 40, 62, 74, 91, 104, 130-1, 195, 223, 229, 248-9, 254, 262-3, 267, 271, 280-1, 302-3, 305
Mythen over seksualiteit: 133-5, 139, 143, 162-3, 173, 249, 263, 269, 271, 281, 290, 293, 294-5
Voedsel en agrarisch leven: 62, 201, 225, 233, 244-5, 263, 277, 293, 297, 305, 307
Oorsprong van vuur: 131, 223, 225, 262-3, 297, 304
Oorsprong van ongeluk: 81, 130, 299
Oorsprong van de dood: 224, 269, 273, 282-3, 290, 294, 297, 299

BOVENNATUURLIJKE WEZENS
Goden, geesten en demonen

DEMONEN EN DUBIEUZE GEESTEN
In mythen en in de folklore zijn kwade wezens een projectie van de diepste angsten van de mensheid. Het scala aan vormen is enorm, en omvat half- en niet-menselijke wezens, draken en monsters, reuzen en reuzinnen, demonen en dwergen die in een eeuwige strijd met de goden zijn verwikkeld; daarnaast zijn er specialisten, zoals de onzichtbare Oni in Japan die de goden van de onderwereld dienen. In het westen zijn geestelijke wezens gewoonlijk of positief of negatief, maar in andere culturen zijn ze overwegend ambivalent of neutraal. In de islam bijvoorbeeld zijn de *djinni* goed- of kwaadaardig: tweeduizend jaar voordat Adam, de eerste mens, werd geschapen, werden ze van vuur gemaakt.

In alle mythologieën beginnen de belangrijkste personages in het kosmische scheppingsdrama als geesten die zo fundamenteel of indrukwekkend zijn, dat ze alleen maar in algemene bewoordingen tot uitdrukking kunnen worden gebracht. De inwoners van Noord-Amerika hebben het over de Grote Geest of het Grote Mysterie (bijvoorbeeld Wakan Tanka, de oppergod bij de Lakota). De hindoeïstische schepper is Brahma, wat De Absolute betekent. Amma, de oorspronkelijke scheppende god in de mythe van de Dogon, betekent De Ene die Vasthoudt. De etymologie van het begrip 'god' is onderwerp van discussie, maar waarschijnlijk stamt het van een woord dat De Vereerde betekent.

Vernietiger en bewaarder
Het abstracte en onstoffelijke opperwezen wordt in veel verhalen voorzien van een organische en levende tegenhanger in de vorm van een reusachtige slang. Dit bovennatuurlijke wezen komt voor in de meest uiteenlopende scheppingsmythen, zoals die van Australië, India, Zuidoost-Azië, Mesopotamië, Egypte, Afrika, Scandinavië en Amerika; het wordt in verband gebracht met water en/of de regenboog en het symboliseert een oerchaos die ook de bron is van alle energie en materie. De kosmische slang kan gezien worden als de basis van het geschapen leven (zoals in Azië, Australië en Afrika) of als de bewaarder van de schepping (bij de Fon in West-Afrika moet de kosmische slang de wereld voortdurend bijeenhouden); maar de slang kan ook de definitieve vernietiger zijn, zoals in Noorse en Zuidaziatische mythen.

Samengestelde wezens
Na de reusachtige slang verschijnt vaak nog een gigantisch wezen op het mythologische toneel, zij het met onmiskenbaar menselijke trekjes, bijvoorbeeld de Chinese scheppingsgod Pan Gu, die zo groot werd dat hij de afstand tussen hemel en aarde kon overbruggen. Andere leden van het Chinese pantheon verschijnen in een deels menselijke en deels dierlijke gedaante – bijvoorbeeld het scheppende paar Fu Xi en Nü Gua, dat wordt afgebeeld met een menselijk en een slangachtig lichaam.

Een thema dat ook vaak voorkomt in scheppingsmythen is de verschijning van mensachtige wezens die zowel mannelijke als vrouwelijke kenmerken hebben. In Egypte wordt de scheppende god Atoem androgyn voorgesteld. Een Griekse (orfische) versie van de scheppingsmythe beschrijft een biseksueel oerwezen, Phanes. In Noorse scheppingsmythen wordt de oerreus Ymir, die man en vrouw is, gevormd doordat in het begin der tijden vuur met ijs verbonden werd.

Goddelijke specialisatie
Terwijl de wereld door goddelijke activiteiten vorm begint te krijgen, worden de personages die geestelijke krachten voorstellen, geleidelijk minder monstrueus. Hoewel ze hun bovennatuurlijke vermogens en status behouden, zijn ze in te delen in de vertrouwde categorieën van dierlijk en menselijk, mannelijk en vrouwelijk.

Zo leiden de Olympische goden en godinnen in de Griekse mythologie, na de kosmische schermutselingen en de nederlaag van de Titanen, een soort leven dat niet helemaal vreemd is aan dat van de mensen. Net als aristocratische mensen in ontwikkelde maatschappijen krijgen ze specialistische functies als beschermers van de kunsten en ambachten, van de liefde

Lilith, de demonische godin uit de Hebreeuwse folklore, schijnt afgeleid te zijn van een Mesopotamisch wezen met dezelfde naam. Soms schrijft men haar demonische kinderen van Adam toe.

en van de oorlog. Deze toekenning van sociale functies aan de goden wordt nog sterker in de Romeinse mythologie, die in hoge mate een gerationaliseerde versie is van de Griekse.

In de Noorse mythologie verschijnen in de periode na de dood van de androgyne reus Ymir de oorlogsgoden, de goden van de muziek, het ambacht en ook de godin van de vruchtbaarheid. In de godsdienst van de Maya's was de hoogste scheppende godheid, Itzamna, de patroon van het schrijven en van de geleerdheid. Ix Chel, 'vrouwe regenboog', was de goddelijke patrones van de geneeskunst, het weven en de geboorte. Godheden met dergelijke functies komen we tegen in veel culturen.

In sommige culturen was de goddelijke specialisatie eerder een kwestie van plaatsbepaling dan van functie. Geesten die bij specifieke plaatsen hoorden, speelden een belangrijke rol in het gemeenschapsleven. In het oude Japan had ieder gebied, dorp en huis een eigen geest met krachten die je maar beter kon respecteren. Bovendien werden ook ongewone natuurlijke kenmerken, zoals afwijkend gevormde rotsen, oude bomen en bronnen, met de geesten in verband gebracht. Dat geldt ook voor een groot deel van Afrika, Oceanië en Australië, en Tibet en Mongolië vóór het boeddhisme.

De heren van de vier streken en de drie gebieden

Ook zorgden bepaalde bovennatuurlijke wezens voor de verschillende delen van de kosmos. In China werd de scheppende god Fu Xi voorgesteld met vier gezichten, ieder toezicht houdend op een van de vier kosmische richtingen (noorden, oosten, westen en zuiden). In Meso-Amerika beschikte elk van de vier streken van het universum over een eigen geestelijke heer: het oosten werd in de gaten gehouden door de Rode Tezcatlipoca (ook wel Xipe Totec, de gevilde god), het zuiden door zijn blauwe tegenhanger, het westen door de witte heer (ofwel Quetzalcoatl, de gevederde slang), en het noorden door de Zwarte Tezcatlipoca ('heer van de nachtelijke hemel'). In de Hebreeuwse traditie bestaat een soortgelijke regeling, waarbij de aartsengel Raphaël op het oosten uitkijkt, Gabriël op het westen, Michaël op het zuiden en Uriël op het noorden.

Rama, de zevende avatara van de god Visjnoe in de hindoeïstische mythologie, is in deze illustratie van het heldendicht, Ramayana (zie p. 77) afgebeeld. Het beeld laat verschillende scènes tegelijkertijd zien. Rama onderhoudt een vuur (links van de hut), verkeert met zijn broer Laksjmana (rechts), en zit voor zijn vrouw Sita. Een avatara (het woord betekent 'neerdalen') is een menselijke of dierlijke incarnatie van een god die tegen een specifiek kwaad op de wereld vecht. Het christelijke idee van Gods incarnatie als Christus verschilt van dat van de avatara omdat het een unieke tussenkomst in de aardse geschiedenis is en geen stadium in een wereldcyclus.

VERWIJZINGEN

Pantheons: 40-1, 70, 168-71, 178, 248-9, 256-7, 294

De dood van goden: 42, 61, 79, 195, 197, 296

De geboorte van goden: 38, 39, 64, 112-4, 128-9

Moedergodinnen: 50, 171, 186, 192

Vruchtbaarheidsgodinnen: 58, 64-5, 67, 73, 142, 206, 244-5, 307

Godenruzies: 44-5, 66, 81, 984, 91-2, 129, 294

Geesten: 108, 201, 209, 210-3, 216-8, 226, 252-3, 260-1, 285-6

Demonen en monsters: 82-3, 121, 157, 160-1, 164, 209, 212-3, 306

KOSMISCHE RAMPEN
Het einde van de wereld

Wereldomvattende rampen worden in de mythen soms beschouwd als een verdiende straf van de goden voor de dwaasheid van de mens. De Hebreeuwse ark van Noach is er een bekend voorbeeld van: Noach, zijn vrouw en de dieren die ze redden, zijn de enige overlevenden van een zondvloed die God, bij wijze van straf voor alle zonden, over de wereld heeft afgeroepen. In het verhaal klinkt een Assyrisch-Babylonische vertelling door (waarvan het waarschijnlijk is afgeleid) over een kosmische overstroming met Oetnapisjtim als Noach-figuur die na zijn avontuur onsterfelijk wordt. In de Griekse mythe stuurt Zeus een enorme overstroming op de mensheid af als straf voor de wandaden van de Titaan Prometheus. Diens zoon, Deukalion, bouwt een ark en hij en zijn vrouw Pyrrha brengen als enige overlevenden opnieuw de menselijke soort voort.

De mythologie van India bevat een echo van dit arkthema uit het Midden-Oosten. Manoe, de eerste mens, voorkomt dat een visje door de grote vissen wordt opgegeten. Later, als de vis enorm groot is, waarschuwt deze hem uit dankbaarheid voor een kosmische overstroming en geeft hij aanwijzingen voor de bouw van een schip waar Manoe 'het zaad van alles' moet bergen. De reusachtige vis trekt het vaartuig vervolgens naar veiliger oorden.

In sommige verhalen komt de wereld na de zondvloed in een betere versie uit de catastrofe te voorschijn. In de Andes-cultuur van Zuid-Amerika bijvoorbeeld laat de zonnegod na een verwoestende zondvloed zijn zoon Manco Capac en zijn dochter Mama Ocllo aan de overlevenden op aarde de kunsten van de beschaving onderwijzen.

Een versie van het zondvloedthema bij de Yao in Zuid-China gaat over een man die de dondergod, die verantwoordelijk is voor een totale zondvloed, gevangenneemt. De gevangene ontkomt door de kinderen van de man, een jongen en een meisje, te paaien en hij beloont hen met een tand die uitgroeit tot een enorme kalebas. Omdat de god weer vrij is, zet de zondvloed weer in en overspoelt de gehele aarde. De man drijft naar de hemel in een speciaal geconstrueerde boot en haalt de Heer van de Hemel over om de dondergod te gebieden de overstroming te stoppen. Dat gebeurt zó vlug, dat de man door de klap waarmee het schip op aarde neerkomt sterft, terwijl de twee kinderen in hun pompoen ongedeerd blijven. Zij zijn het enige paar dat de overstroming overleeft. Ze trouwen en het meisje baart een 'vleesbal'. Ze snijden de bal in stukken en bestijgen de ladder die naar de hemel voert. Een windstoot voert de stukken vlees naar de vier hoeken van de wereld, waar ze in mensen veranderen, waardoor de wereld weer bevolkt raakt.

Het belang van dit verhaal voor het vergelijkend onderzoek naar mythen is dat het een aantal van de belangrijkste scheppingsthema's uit de hele wereld bevat. Een onbegrensde hoeveelheid water is een van de meest voorkomende beelden voor een wereld die op het punt staat te ontstaan. De enorme pompoen herinnert aan het algemeen verspreide motief van het kosmische ei en de broer en zus aan het oerouderpaar. De boom die hen samenbrengt doet denken aan de *axis mundi* of de Levensboom die in veel mythologieën de drie werelden samenbrengt. De 'vleesbal' ten slotte (ook weer een verwijzing naar het kosmische-eithema) doet denken aan het oeroffer dat in veel culturen de schepping van een herkenbare wereld betekent.

De Chewong in het Maleisische oerwoud gaan net als andere volken in Zuidoost-Azië uit van een universum met verschillende niveaus; ze geloven dat met tussenpozen hun eigen wereld, Aarde Zeven genaamd, ondersteboven draait, zodat alles verdrinkt of vernietigd wordt. Maar door tussenkomst van de scheppende god Tohan verandert de nieuwe platte oppervlakte van

---

CYCLI VAN VERNIETIGING
De grootste nadruk op een wereldwijde ramp vinden we waarschijnlijk in Meso-Amerika. Volgens Azteekse tradities heeft de voortdurende strijd tussen de goden van de vier streken van het universum een reeks rampen teweeggebracht. Eerst eindigde de wereld omdat ze door jaguars verslonden werd, de tweede vernietiging werd veroorzaakt door een orkaan, de derde door vuur en de vierde door een zondvloed; nu zijn we in de vijfde wereld, die aan aardbevingen ten onder zal gaan.

In de versie van de Hopi werd de eerste wereld als straf voor menselijk wangedrag vernietigd door een allesverzengend vuur dat van boven en beneden kwam. De tweede eindigde toen de aardbol van zijn as afviel zodat alles door ijs werd bedekt. De derde wereld eindigde in een universele overstroming. De huidige wereld is de vierde; haar lot hangt af van de vraag of het gedrag van de bewoners al dan niet in overeenstemming is met het plan van de Schepper.

VERWIJZINGEN
De zondvloed: 63, 76, 91-3, 130, 280-1, 305
Cyclische rampen: 237-8
Bestraffing van de mensheid: 63, 91-3, 130-1, 223
De ondergang van de goden: 128-9, 195
Kosmische vuurzeeën: 81, 92, 94-5

wat eerst de onderkant van Aarde Zeven was in bergen, valleien en vlaktes. Er worden nieuwe bomen aangeplant en er ontstaan nieuwe mensen.

Bij de Chewong is die omgedraaide wereld niet de enige kosmische ramp. Een catastrofe kan ook de vorm van een zondvloed aannemen wanneer iemand de dieren uitlacht, wat een hoofdzonde is. Die wandaad irriteert de Oerslang, die onder de mensenwereld verblijft, en door de woeste bewegingen van het dier beginnen de oerwateren de zondaars te overspoelen.

Straf voor seksuele overtredingen

In het noorden van Australië verhaalt een mythe over een catastrofale zondvloed tengevolge van de vergissing die twee jonge zusjes maakten door te vrijen met twee mannen die tot dezelfde helft van de clan behoorden. De zussen worden opgeslokt door een halfmenselijke python, Yurlunggur genaamd, die een overstroming teweegbrengt waardoor de aarde wordt bedekt. Wanneer het water is gezakt, spuugt Yurlunggur de zussen weer uit, samen met hun twee zonen die uit de foute vereniging zijn voortgekomen. De plek waar Yurlunggur terechtkomt, verandert in de eerste initiatieplaats, waar de jonge mannen leren onderscheid te maken tussen vrouwen met wie ze wel en niet mogen paren en trouwen.

Het thema van de verboden seksuele vereniging in samenhang met een kosmische ramp komt ook voor in een mythe van de Koeba in Centraal-Afrika. In dit verhaal pleegt Woot, de stichter van de stam, incest met zijn zus Mweel, om haar vervolgens te verlaten, waardoor een eindeloze duisternis op aarde neerdaalt. Mweel stuurt dan in de vorm van vogels een paar boodschappers naar haar broer, die uiteindelijk terugkomt en een sociale orde aanbrengt waarin mannen met elkaars zusters trouwen. Dan komt de zon weer op. (De ramp van de zich terugtrekkende zon vinden we ook in een Japanse mythe over de twist van twee godheden, de stormgod Susano en de zonnegodin Amaterasu.)

Een illustratie uit de Nürnberg-bijbel (1483) van Noach met zijn gezin en de dieren op de ark die hen van de Zondvloed redde. Het belang van het zondervloedverhaal is in verband gebracht met de ligging van Babylon, tussen de twee machtige rivieren de Tigris en de Eufraat. Beide rivieren konden overstromen, waardoor enorme oppervlakten met water werden bedekt.

HELDEN EN BEDRIEGERS
Werktuigen van verandering

HET THEMA VERNUFTIGHEID
In een Oceanische mythe doet een meisje kokosolie op de stam van een bananeboom om te voorkomen dat een mensenetende reus naar boven kan klimmen om haar te pakken. Door de stem van haar zus te imiteren krijgt hij haar beet en slokt haar op. De zus stopt dan twee eendemossselen onder haar tong en elke keer als de reus, die haar gevangen houdt, haar aanspreekt herhaalt ze hem spottend, woord voor woord. Razend geworden eet hij ook haar op en dat was juist de bedoeling. Met behulp van de mosselen snijden de zussen een uitgang in zijn buik.

Dit houtsnijwerk van de Maori laat Kupe zien, de cultuurheld die volgens de mythe van de Maori Nieuw-Zeeland heeft ontdekt.

In de mythologische tradities van alle culturen treden heldenfiguren op die buitengewone prestaties verrichten terwijl ze de fundamenten voor de menselijke samenleving leggen. Gewoonlijk, maar niet altijd, zijn deze 'cultuurhelden' mannelijk, beschikken ze over bovennatuurlijke vermogens en kunnen ze zelfs goden zijn. In de Griekse mythologie was de cultuurheld bijvoorbeeld de Titaan Prometheus, die voor de mensheid het vuur uit de hemel stal en voor deze misdaad door Zeus zwaar werd gestraft. Een typisch verhaal uit Oceanië gaat over de oerheld Sido (of Sosom of Souw), die de gemeenschappen van Papoea Nieuw-Guinea langsging en de mensen leerde spreken, de zee met vis vulde en voor teeltgewassen zorgde. Vlak bij de cultuurheld staat het personage van de bedrieger, die overal ter wereld voorkomt en die creatief maar ook subversief kan zijn. Ondeugend, slim en humoristisch als ze zijn, worden de bedriegers vaak in staat geacht te veranderen van dierlijke in menselijke gedaantes, en omgekeerd.

Een ander type held wordt in menselijke gedaante weergegeven door Odysseus. Zijn heldentochten en ontmoetingen met bovennatuurlijke wezens, die het op zijn ondergang hebben gemunt, werden een voorbeeld van ondernemingszin, moed en volharding in een vijandige wereld. In veel heldenverhalen wordt de hoofdrolspeler geholpen door een sterke beschermer: Perseus wordt geassisteerd door Athena, Theseus door Poseidon. Met heldhaftige figuren die met de stichting of de vroege geschiedenis van een stam of een staat in verband worden gebracht, werd een gevoel van collectieve identiteit versterkt; beroemde voorbeelden zijn Aeneas, Beowulf, Cú Chulainn en Finn.

De diefstal van het vuur
Bij de stammen van de Amazone-wouden in Zuid-Amerika bestaat een mythe over de eerste menselijke wezens, die geen vuur hebben en rauw vlees eten. Op een dag zit een jongen in het woud vast in een boom. Hij wordt door een jaguar gered, die hem mee naar zijn leger neemt, en daar ziet en ruikt de jongen voor het eerst gekookt vlees. Hij steelt een brandend stuk houtskool en brengt de mensen het vuur en de kookkunst.

Op de Gilbert-eilanden in het westen van de Stille Oceaan is de bron van het vuur de zon zelf: de cultuurheld Bue strikt de zon en brengt de mensheid aldus het vuur. Elders in Oceanië steelt Maui het vuur van de mensen en brengt het naar de tovenares Mahui-ike in de onderwereld, die het bewaart.

Aardige en kwade bedriegers
In Noord-Amerika worden de cultuurhelden in de mythe vaak voorgesteld als dieren, net als de scheppende godheden. De Cherokee vertellen een verhaal waarin een aantal vogels en slangen vergeefs probeert vuur te pakken te krijgen dat door de goden op een eiland in een holle esdoorn is ondergebracht. Uiteindelijk slaagt de vrouwelijke Waterspin erin een brandend stuk kool te bemachtigen en mee terug te nemen voor de mensen. De Lakota kennen een verhaal over een geheimzinnige cultuurheldin die de mensen inwijdt in de ingewikkelde symboliek van de heilige pijp; alvorens voorgoed te verdwijnen verandert ze zichzelf in een zwarte buffel.

Langs de Noordamerikaanse Stille-Oceaankust is het de raaf die het vuur ontdekt. Hij is ook de bedrieger die de vijanden van de mensen te slim af is, een rol die elders op het continent gespeeld wordt door de coyote, de haas en de spin. Bij de volken op de prairies heet dit personage de Oude Man of de Oude Coyote. Deze kosmische grappenmakers hebben de belangrijke functie de vrijheid van de menselijke geest te symboliseren. Ze komen op voor het recht van de mensheid op de goddelijke rol van herscheppers van de wereld, ook al maken ze vaak lachwekkende en soms rampzalige vergissingen.

Deze tweeslachtige potentie van de bedrieger blijkt uit veel mythen van Oceanië. Maui stort zich in het ongeluk als hij de slapende godin van de onderwereld wil binnengaan om zich meester te maken van de dood: een vogel die Maui op zijn tocht vergezelt, begint bij de komische aanblik te lachen, zodat de godin wakker wordt en de binnendringer doodt.

Anders dan de kosmische grappenmakers wenden de gepersonifieerde dierlijke bedriegers in de Afrikaanse folklore (bijvoorbeeld de haas, de spin en de schildpad) hun vindingrijkheid vaak met succes aan om de rijken en machtigen in hun verzonnen maatschappijen last te bezorgen en in verwarring te brengen. Zij willen eerder de sociale dan de kosmische orde verstoren.

In Afrika wordt deze subversieve taak zeer roemrijk volbracht door de god-bedrieger Esjoe (of Elegba), de Afrikaanse tegenhanger van de Noorse Loki (zie ook de vormveranderaar Kitsune in Japan). In het Oudgriekse pantheon wordt het personage voorgesteld door Hermes, die een bedrieger, een leugenaar en een dief is. Net als Esjoe was Hermes tevens boodschapper van de goden.

VERWIJZINGEN
Cultuurhelden: 92, 131, 224-5, 254, 262-3, 267, 279, 284, 286, 290, 297, 304
Oplichters: 144-5, 249, 285, 197
Strijders en avonturiers: 60, 85, 105-6, 121-2, 147-8, 152-5, 156, 157-61, 180-5, 295
Monsterdoders: 66, 147, 149, 150-1, 156, 204-5
Reizigers: 154-5, 160-1, 187
Staatshelden: 151, 172-3, 174-5, 180-5, 189
Goden als helden: 106, 131
Geestelijke helden: 54, 76-8, 85, 86-7, 96-7, 102-3, 107, 123, 180

Bhima vecht tegen de Raksjasa (demon) Alamboesja in een scène uit het Mahabharata, *het grote Indiase heldenverhaal. Bhima is de grote sterke man onder de Pandava-broers en wordt 'zoon van de wind' genoemd.*

DIEREN EN PLANTEN
Energie, vormverandering en bloedverwantschap

VERWIJZINGEN
Dierenmythen: 216-7, 232, 276-7
Dieren en jagers: 216-9, 232, 272
Dieren in oorsprongsmythen: 38, 222, 237, 267, 280, 290, 302, 303
Dierlijke oplichters: 227, 229, 276
Beren: 139, 218, 232
Vogels: 102, 135, 138, 192, 202, 208, 211, 217, 222, 225, 227, 284, 292
Everzwijnen: 184, 200
Stieren: 60, 67, 135, 162, 165, 182
Katten en leeuwen: 50, 108
Draken: 204-5, 108
Paarden: 67, 101, 159, 186, 194, 204, 209, 210
Hybride wezens: 141, 147, 151, 164, 212, 302
Jaguars: 236, 261, 263
Apen: 77, 104, 305
Konijnen en hazen: 95, 118, 227, 276
Zalm: 185
Schapen: 109
Slangen en serpenten: 49, 62, 71, 72, 108, 138, 179, 199, 240-1, 277, 280-1, 299, 303
Schildpadden: 93, 222, 303
Wolven: 174, 182-3, 195

Schepselen van kosmische omvang komen in alle mythen van de wereld voor. Gewoonlijk staan vogels voor de bovenwereld van de geesten, terwijl enorme slangen de chaotische energie in de onderwereld symboliseren. In Noord-Amerika vecht de Dondervogel, die zo groot is dat hij een walvis kan oppakken, voortdurend met de waterslangen om de macht over de aarde. Nog zo'n idee dat in heel Noord-Amerika voorkomt, is de reusachtige schildpad die de wereld op zijn rug draagt en die de driedeling van het universum symboliseert: het bovenste schild is de bovenwereld, het onderste is de onderwereld en daartussen het lichaam als het middenrijk der aarde. Hetzelfde beeld komt overal in Zuid-Azië en in China voor.

Een motief dat erg sterk lijkt op dat van de Dondervogel en de waterslangen komt veelvuldig voor in de mythologieën van zuidelijk Afrika. Hier domineert de bekende Bliksemvogel de lucht, terwijl de kosmische slang, die in Centraal-Afrika (en ook in Australië) de Regenboogslang heet, over het water van de onderwereld heerst. De citadel van Groot-Zimbabwe wordt versierd door het stenen beeld van een machtige roofvogel met een slang om zijn poten; het motief duikt ook op in de kunst van de Westafrikaanse Yoroeba. Nog een voorbeeld is te vinden in de Oudegyptische mythologie, waarin de zon tijdens zijn nachtreis voortdurend strijdt tegen de slang van de chaos, Apep.

Boomwezens
Uit de plantenwereld komt de algemeen voorkomende Levensboom of Wereldboom, waarvan de wortels in de onderwereld zitten en de takken naar de hemel reiken. Dit idee wordt samengevat in de Wereldas, bekend onder de naam Yggdrasil, uit de Noorse traditie. Dit oude Noorse symbool belichaamt tevens het idee van de tegenover elkaar staande vogel en slang

In de Griekse mythe kwam het gevleugelde paard Pegasos uit het bloed van Medousa te voorschijn nadat zij door Perseus onthoofd was. De held Bellerophon nam Pegasos gevangen en probeerde met hem naar de hemel te rijden. Maar Pegasos wierp Bellerophon af en veranderde in een sterrenbeeld. In de late Oudheid werd Pegasos' vlucht beschouwd als een beeld voor de onsterfelijke ziel.

die we ook in in Noord-Amerika en Afrika zien, want er zit een adelaar in de hoogste takken en aan de wortels knaagt een slang. Een eekhoorn rent langs de enorme stam op en neer en fungeert als boodschapper tussen de symbolische dieren van de onderste en de bovenste lagen van het universum. Een Zuidoostaziatisch voorbeeld van zo'n beeld is de levensboom van de Ngaju Dayak op Borneo, met het nest van een hoornvogel in de bovenste takken en een waterslang die beneden ligt opgerold.

Verwantschap tussen mens en dier
Veel geloofssystemen stellen expliciet een verwantschap tussen menselijke en andere levensvormen. Amerikaanse tradities geven dieren dezelfde status als mensen, namelijk die van kinderen van vader Hemel en moeder Aarde. Vaak wordt beweerd dat mensen en dieren vroeger in geestelijk opzicht niet verschilden en dat ze gemakkelijk elkaars vorm aannamen. De voorouders van stammen aan de Amerikaanse noordwestkust moeten dieren zijn geweest die, nadat ze op het strand waren geland, in mensen veranderden. Het idee van dieren als voorlopers en scheppers van de mensen komt ook voor in Afrika. Volgens de tradities van de Khoisan was het eerste levende wezen op aarde de kleine bidsprinkhaan, en deze schiep de eerste levende wezens, inclusief het mensdom. Een oude Egyptische mythe beschrijft hoe de wereld tot stand komt door de schreeuw van een ooievaar, een manifestatie van de scheppende zonnegod.

In Meso-Amerika beweert men dat elke mens deel uitmaakt van een geheimzinnige coëxistentie met een dierlijke 'dubbelganger' of *nahual*, een idee dat ook in delen van West-Afrika bestaat. In Zuid-Amerika delen complete families of clans op soortgelijke wijze hun identiteit met bepaalde diersoorten.

In de tradities van de Inuit op de Noordpool wordt, net als in de verhalen van de inheemse Noordamerikanen, een vroegere tijd beschreven waarin alle dieren en mensen in dezelfde gemeenschap leefden, dezelfde taal spraken en vaak hun uiterlijke verschijning verruilden en onderling trouwden. De ijsbeer zou van alle dieren het dichtst bij de mens staan; in menselijke gedaante is hij herkenbaar aan zijn te grote snijtanden en de enorme behoefte aan vet.

Transformaties
Metamorfose is het thema van de verhalende verzen van de Romeinse dichter Ovidius; het is een universeel fascinerend onderwerp dat naar alle aspecten van de moderne volkscultuur is doorgesijpeld. Tot de mythen van Zuidoost-Azië over mensen die in dieren en planten veranderen, behoort een verhaal van de woudbewoners van Maleisië over het probleem van de overbevolking dat door de scheppende god werd opgelost door de helft van de mensen in bomen te veranderen.

De fantasie van de moderne westerse samenlevingen is nog altijd in de greep van de weerwolf, die in de folklore van veel Europese en andere volken voorkomt. Deze wolvemensen hebben een tegenhanger in een wijdverbreide Afrikaanse traditie volgens welke sommige mannen en vrouwen kunnen veranderen in roofdieren als leeuwen, luipaarden en hyena's. Een zelfde vermogen wordt in Zuid- en Midden-Amerika toegeschreven aan de stamsjamanen, die volgens veel mythen in jaguars kunnen veranderen.

De dierlijke wederhelft
Een ander veel voorkomend motief is dat van de dierlijke wederhelft. De Gaelische volksverhalen uit Schotland staan bol van de mannen en vrouwen die eigenlijk robben zijn, met menselijke partners die ze op den duur in de steek laten om naar zee terug te keren. In zuidelijk Afrika bestaat een wijdverspreide mythe over de python-god die met een menselijke vrouw trouwt, die hij soms mee naar beneden sleurt, de wateren van zijn onderwereld in.

PLANTEN IN MYTHEN EN RELIGIES
In veel culturen meent men dat bomen de hemel en de aarde verbinden en soms worden ze gezien als een verblijfplaats voor geesten. De belangrijkste bovennatuurlijke personages die met het plantenleven te maken hebben, zijn echter de goden van cultuurgewassen, vooral talrijk in Mesoamerikaanse mythen. Ook de wijngoden, die de landbouw koppelen aan de roes, spelen een belangrijke rol.

In heel Zuidoost-Azië wordt het zaaien, verzorgen en oogsten van rijst begeleid door rituelen voor de 'geest' van dit belangrijke graan. Veel volken van die streek hebben een rijstgodheid, meestal een godin (de Rijstmoeder).

De Lamet, bergbewoners van Noord-Laos, erkennen een 'levensprincipe', *klpu* genaamd, dat alleen de mensen en de rijstplant toebehoort.

In veel streken in het oosten wordt het parasitaire sandelhout met zijn naaste verwanten in godsdienstige praktijken gebruikt.

Dit bronzen beeld uit India (10de eeuw) laat de jonge Krisjna zien, dansend op de kop van de slangedemon Kaliya, die is weergegeven met vijf schilden rond een kleine, menselijke torso. Slangen spelen een belangrijke rol in de Indiase mythen.

LICHAAM EN ZIEL

De geest en het leven na de dood

VERWIJZINGEN
Onsterfelijkheid: 59, 60, 71, 95, 98-9, 105, 202, 272, 297, 305
Koppensnellen en kannibalisme: 261, 263, 299
Sjamanisme: 102, 107, 108-9, 208, 214, 226, 260-3
De geestenwereld: 108, 252-3, 260-1
Zielen van de overledenen: 211-2, 212-3
Leven na de dood: 55, 113, 146, 196
Bezoeken aan de onderwereld: 60-1, 113, 160-1, 173, 197, 208, 249
Begrafenisriten: 55, 105, 200-1, 282-3

Dit masker uit Alaska toont waarschijnlijk de reis van een sjamaan naar het geestenrijk. Het gezicht in het midden is de ziel van de sjamaan.

Overal neigt de mythologische verbeelding ertoe de zichtbare wereld van het dagelijks leven als een essentie te zien die aangeduid kan worden met 'ziel' of 'geest'. In het geval van machtige objecten, zoals de zon, wordt de ziel of de geest gemakkelijk voorgesteld als een bijzonder sterke godheid. Zo wordt een ziel toegekend aan de maan, de aarde en aan spectaculaire kenmerken van het landschap, zoals bergen, meren en zelfs grote bomen.

Soms wordt de onzichtbare tegenhanger van de alledaagse wereld voorgesteld als een aparte plek. In Melanesische mythen spelen de gebeurtenissen zich vaak af in een spiegelwereld onder de grond. De Keltische traditie heeft het vaak over een Andere Wereld, een mysterieus en gevaarlijk toveroord dat te bereiken is via meren of grotten en dat soms in het westen ligt. Ondanks de gevaren die gewone stervelingen lopen wanneer ze de verborgen wereld betreden, wordt deze omschreven als een plaats van oneindig geluk en eeuwige jeugd.

De menselijke ziel wordt vaak voorgesteld als een duplicaat van het lichaam dat gewoonlijk onzichtbaar is en wordt soms een 'schaduw' genoemd. De Germaanse folklore heeft het vaak over zo'n angstaanjagende 'schaduw', of *Doppelgänger*, die de onhebbelijke gewoonte heeft opeens te voorschijn te komen, vaak ver verwijderd van zijn materiële wederhelft.

De reis van de ziel

Veel tradities stellen de reis van de ziel na de dood voor als een reis naar de onderwereld, het rijk der doden. In veel Afrikaanse streken gelooft men dat de zielen van de overledenen een bepaalde tijd in deze onderwereld doorbrengen, voordat ze besluiten opnieuw geboren te worden in de menselijke bovenwereld. Andere tradities doen verslag van een verschrikkelijk oordeel dat de net overleden ziel te wachten staat. In Japanse mythen worden mensen die schuldig zijn aan een ernstig vergrijp, naar een van de zestien streken van de hel Jigoku verbannen. De mythen van het oude Egypte schilderen het levendig tafereel van de ziel die door 42 rechters ondervraagd wordt in de troonzaal van Osiris, de heer van de onderwereld. Wie er niet in slaagt aan te tonen dat hij of zij een deugdzaam leven heeft geleid, wordt door een monster opgeslokt. De gelukkige zielen die voor het examen slagen, voegen zich bij de goden in hun eeuwige strijd tegen de slang van de chaos, Apep; hun hart of geweten is gewogen met de veer van de godin van de rechtvaardigheid en waarheid, Ma-at.

De Griekse traditie situeert de onderwereld aan de andere kant van de grote rivier de Oceaan die de hele wereld omvat, of diep in de aarde. Om het gebied van de Hades (naar de naam van de goddelijke heerser, een broer van Zeus) te bereiken moeten de pas overleden zielen over de hellerivier de Styx worden gezet door de veerman Charon. Eenmaal daar aangekomen worden de zielen, net als in Egypte, beoordeeld en gestraft dan wel beloond.

De reizende ziel wordt vaak door de levenden gefoerageerd. Gestorven Grieken en Romeinen kregen bijvoorbeeld niet alleen geld om de Styx over te kunnen steken, maar ook snoepgoed voor Kerberos, de vreselijke driekoppige hond die de ingang van de Hades bewaakte.

Reïncarnatie

In veel mythische systemen volgt op het verblijf in het rijk der doden een of andere verjonging. In Afrika neemt men gewoonlijk aan dat de zielen opnieuw geboren worden in de groep of de stam waartoe ze in het vorige leven behoorden. In de oosterse beschavingen die door het hindoeïsme en de boeddhistische filosofie zijn beïnvloed, neemt men in het algemeen aan dat de bestemming voor het volgende leven afhangt van het gedrag in eerdere levens: de goeden worden beloond met incarnatie in een hogere sociale kaste of groep, de slechten incarneren in groepen met een lage status of in dieren. Omgekeerd kunnen bijzonder deugdzame dieren mensen worden.

Zielen vangen
De mensen in de wouden van Zuid-Amerika en op de eilanden van Zuidoost-Azië menen dat de ziel in het hoofd zit en dat je iemands ziel kunt vangen door zijn hoofd af te hakken en het ritueel te bereiden. Vandaar de gewoonte van het koppensnellen in deze streken en de overvloed aan mythen over dat thema. Het kannibalisme in Zuid-Amerika kan even agressief zijn, maar het kan ook aangewend worden om de vitale geestelijke kwaliteit van een overleden familielid te verkrijgen.

Sjamanen en vormveranderaars
Overal ter wereld beschikken stamculturen over erkende experts in de ontdekking van de onzichtbare geestenwereld. Deze wenden hun kennis gewoonlijk aan voor hun naasten en ze worden 'sjamanen' genoemd – een woord afkomstig van de Toengoezen uit Siberië. Veel mythen zijn uit sjamanistische tochten naar de onderwereld ontstaan, waar de sjamanen gewoonlijk geestelijke wezens tegenkomen in de vorm van een dier. In een trance, die door een drug of door een trommelritme is opgewekt, verlaat de sjamaan zijn of haar lichaam. Wereldwijd hebben sjamanen het over het beklimmen of afglijden van een mystieke pilaar of as om de onderste respectievelijk bovenste regionen van de kosmos te verkennen. Vaak wordt die pilaar of as voorgesteld als een boom die van de onderwereld tot de hemel reikt. In die onzichtbare streken onder en boven het zichtbare dagelijks leven is de sjamaan bevrijd van de grenzen van de tijd, de ruimte en de persoonlijke identiteit. Hij kan de vormen aannemen van machtige dieren: de adelaar of de beer in Noord-Amerika en Noord-Azië, de jaguar in Midden- en Zuid-Amerika, de leeuw en de luipaard in Afrika.

Droomreizen
Veel stamvolken denken dat de ziel tijdens de slaap het lichaam verlaat om in een andere wereld andere zielen te ontmoeten, inclusief die van de doden. Deze nachtelijke reizen hebben een grote hoeveelheid materiaal opgeleverd voor de mythen. In Noord-Amerika en Zuidoost-Azië neemt men aan dat op dergelijke reisjes de ziel het gevaar loopt ontvoerd te worden door een tovenaar of een kwaadwillende geest; als dat gebeurt, wordt volgens goed gebruik de plaatselijke sjamaan ingeschakeld om de verloren ziel te vinden en terug te brengen.

Hiernamaals
De geografie van de hemel ziet er in de diverse culturen totaal anders uit. In de Japanse mythe ligt Amer boven de aarde en krijgt hij zijn water van een rustige stroom, de Melkweg; voor het overige lijkt het tafereel op de aarde, maar dan groter. Walhalla is het immens uitgestrekte hemelse verblijf van de dapperste Noorse strijders. Het bevatte niet minder dan 540 deuren. Elke morgen kwamen de strijders daar volledig gewapend uit te voorschijn en ze brachten de ochtend door met speelse gevechten. 's Avonds kwamen ze terug naar de grote zaal om te eten en honingwijn te drinken die de Walkuren, de hemelse meisjes, hun aanboden. In sommige tradities ligt het hemelse verblijf op hetzelfde vlak als de aarde. In een Slavische mythe wordt gerept van een gezegend dodenrijk ergens in het oosten, achter de zonsopgang. De Keltische Eilanden der Gelukzaligen lagen in het westen. Vaak moet een gevaarlijke reis over water worden ondernomen voordat het paradijs wordt bereikt.

In de oude Egyptische mythen was Osiris de koning van de onderwereld en koningen zouden na hun dood Osiris worden. Bepaalde sekten geloofden dat je onsterfelijk kon worden door deze god te vereren. Hij wordt afgebeeld als een koninklijke mummie met gekruiste armen, een haak en een dorsvlegel.

DE LEVENDEN EN DE DODEN
De Kelten menen dat de wereld van de levenden dichter bij die van de doden staat als het donker is. Iemand die 's nachts geboren is, kan geesten en spoken zien. Wie zich op het Ierse platteland 's nachts buiten waagt, ziet wellicht 'het kleine volk', waaronder zijn eigen overleden familie.

Op bepaalde momenten in het jaar kunnen de doden de levenden storen. In Schotland wordt vanouds Halloween gevierd door jongens die 'guysers' worden genoemd en die, bedelend om cadeautjes, met zwarte gezichten rondlopen, aldus de geesten van de doden voorstellend.

De Chinese boeddhisten vieren een Feest van de Zwerfzielen, om het leed van rusteloze overledenen te verzachten.

HUWELIJK EN FAMILIE
Mythen over de sociale orde

VERWIJZINGEN
De oorsprong van het huwelijk: 271, 284
Oerwezens: 210, 279, 280-1, 286
Familiedeugden: 101
Goddelijke en heilige koningen: 52, 59, 60, 91, 105-6, 170, 270
Mythen over afstamming: 172-3, 174, 210, 223, 242, 253, 262, 269, 270-1, 303
Incest: 151, 272, 281, 284

Een Yoroeba-masker uit Nigeria dat bij ceremonies wordt gebruikt. Het masker symboliseert de geesten van voorouders. De dansende celebrant die het masker tijdens een rituele processie droeg, zou door de geesten bezeten worden zolang de optocht duurde. Zowel het masker als de drager worden de geesten die ze oproepen.

Mythen bevestigen vaak fundamentele sociale verschillen, zoals die tussen de leiders en de onderdanen in samenlevingen met een erfelijk koningschap, tussen sociale klassen of kasten, tussen oud en jong, en tussen mannelijk en vrouwelijk – in het bijzonder in een huwelijk.

Mannelijk en vrouwelijk
Een van de belangrijkste taken van de cultuurheld (zie p. 28) is het vastleggen van de sociale orde. In Australië en Papoea Nieuw-Guinea is een van de verdiensten van de cultuurheld dat hij de mannelijke initiatierite heeft gecreëerd, die de superieure sociale positie van mannen ten opzichte van vrouwen legitimeert en die een overzicht geeft van potentiële huwelijkspartners. Volgens veel mythen uit deze streken en uit Zuid-Amerika regeerden oorspronkelijk de vrouwen, maar raakten ze dat privilege kwijt door een of andere vergissing te begaan.

Bovennatuurlijke macht, verbonden aan de superieure sociale status van de mannen, is een veel voorkomend motief in scheppingsmythen. Eva in de Hebreeuwse mythe van Genesis en Pandora in de Griekse mythologie brachten hun sekse in diskrediet. De Japanse scheppingsmythe onderstreept de aangeboren ongelijkheid van mannelijke en vrouwelijke huwelijkspartners en beschrijft de ongelukkige gevolgen als het principe van de mannelijke voorrang wordt genegeerd. Wanneer Izanami, de vrouwelijke helft van het oerpaar, haar mannelijke wederhelft lichtvaardig groet zonder nederig te wachten tot hij zich eerst tot haar wendt, resulteert dat in de geboorte van een monstreus kind, dat ze in zee werpen. Via waarzeggerij worden ze op de hoogte gebracht van de oorzaak van hun ongeluk en vervolgens nemen ze de regel van de mannelijke voorrang in acht, waarna ze beloond worden met een prachtig nageslacht.

Afstamming, klasse en koningschap
Mythen over afstamming bevatten vaak een statushiërarchie die weerspiegeld wordt in de volgorde waarin de voorouders van de verschillende groepen of volken op aarde verschenen. Het is niet altijd het oudste, maar soms zelfs het meest recente verschijnsel dat de hoogste rang opeist: in het prekoloniale Oeganda (Bunyoro) stamde het koningshuis af van de laatste invallers in het land, terwijl de boerenstand allang bestond. Deze hiërarchie wordt weerspiegeld in een mythe waarin de scheppende god Roehanga een slimme test gebruikt om voor elk van zijn drie zonen een andere sociale klasse te kiezen.

Het is geen verrassing dat het koningschap overal ter wereld wordt bekrachtigd door te verwijzen naar de meest prestigieuze voorouders: de goden zelf. Traditioneel stamt de Japanse keizerlijke lijn af van de zonnegodin Amaterasu. Ook bij de Polynesische koningen op Hawaii en de Inka-koningen van Zuid-Amerika maakte hun afstamming van de zon deel uit van de legitimering van hun titel. De goddelijke koning van de Sjilloek in Afrika moet een incarnatie zijn van Nyikang, de eerste koning der Sjilloek en stichter van de natie, die werd geboren uit een hemelgod en een riviergodin.

In oude tijden beweerden de farao's van Egypte dat ze afstamden van het goddelijke paar Isis en Osiris. Sommige Romeinse keizers, zoals Caligula, gingen nog verder en zeiden dat ze zelf god waren; en voor de christelijke tijd werden keizers na hun dood gewoonlijk vergoddelijkt en als zodanig vereerd. Aeneas, de mythische Trojaanse held die werd vereerd als de stichter van de stad Rome, zou de zoon zijn geweest van de godin Aphrodite.

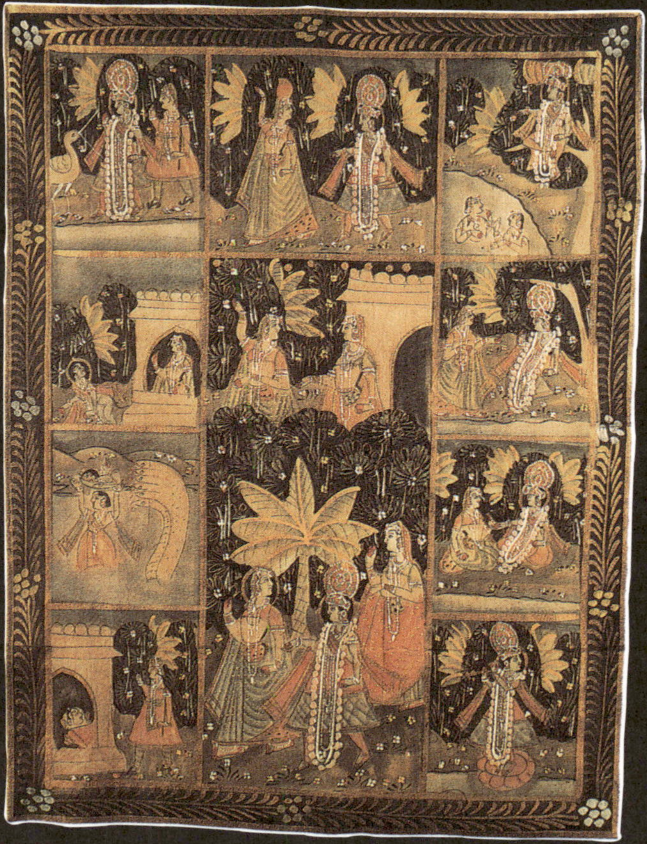

EGYPTE

Het interieur van de spectaculaire tempel gebouwd door de Egyptische farao Ramses II (die heerste van 1279 tot 1213 v. Chr.) in Abu Simbel aan de westelijke oever van de Nijl, ca. 225 km ten zuidwesten van Philae.

Het oude Egypte wordt vaak gezien als een land dat beheerst werd door goden, koningen en priesters. De tempels staan vol met beeltenissen van goden, en godsdienst speelt een prominente rol in de geschreven bronnen die resteren uit drieduizend jaar Egyptische beschaving. Toch is er weinig bekend over de mythen die een belichaming waren van het Egyptische wereldbeeld. Verhalen werden pas opgeschreven na 2000 v. Chr., al zijn er veel vroegere picturale voorstellingen: zo stelden koningen van de Tweede Dynastie (ca. 2800 v. Chr.) hun conflicten voor in termen van de strijd tussen Horus en Seth (zie p. 44).

Mythen waren minder belangrijk dan de eredienst van de goden, een wezenlijke staatsactiviteit die uitgevoerd werd in tempels die uitsluitend toegankelijk waren voor de koning en de priesters. Het middelpunt van de godendienst was de dagelijkse zorg voor de erediensbeelden van de goden in hun heiligdommen. De bewoners van een streek namen zelden deel aan erediensten, behalve in de vorm van publiek bij feesten wanneer godheden elkaar 'bezochten' doordat ze in processie werden rondgedragen of over de rivier werden vervoerd. Vroege tempels werden afgebeeld als eenvoudige, vergankelijke bouwsels met een hek eromheen, maar ze namen toe in complexiteit en aantal naarmate de oorspronkelijk afzonderlijke goden meer met elkaar geassocieerd werden.

Mythen ontwikkelden zich doordat de betrekkingen tussen goden meer uitgewerkt werden. Geen enkele versie van een verhaal werd als de enig juiste gezien, en de inhoud kon aangepast worden aan verschillende omstandigheden. Zo werd de rol van Seth (zie p. 44-5) in de Late Tijd een heel andere: hij werd de vijand van de goden en ritueel vernietigd.

EGYPTE

BOVEN- EN BENEDEN-EGYPTE

De twee streken die de staat Egypte vormden, Boven- en Beneden-Egypte (zie kaart), waren van cruciaal belang voor het politieke leven en de godsdienst. Het Egyptische denken was sterk dualistisch: ware eenheid kon niet bestaan zonder onderverdeling, en de wereld vóór de schepping was de tijd 'voordat er twee dingen waren'. Het land had niet één naam die het geheel omvatte en werd 'De Twee Landen' genoemd. De oude goden Horus en Seth werden op den duur ieder geassocieerd met een deel van het land: Horus als heerser over Beneden-Egypte en Seth over Boven-Egypte. Nechbet, de giergodin van Necheb, en Wadjet, de cobragodin van Boeto, waren schutsgodinnen van Egypte en werden in hoge mate geassocieerd met het koningschap.

Het meeste ons bekende bewijsmateriaal is afkomstig uit Boven-Egypte, dat belangrijke centra als Thebe (zie onder) omvatte, maar delen van Beneden-Egypte, zoals de streek rond Memphis, waren minstens even belangrijk.

REGIONALE MYTHEN

Veel godheden waren alleen belangrijk in bepaalde streken of bestonden als plaatselijke varianten van nationale goden. Sommige mythen verklaarden speciale kenmerken van een streek, zoals de oorsprong van een berg of de betekenis van een oud gebouw. Andere, waarvan de bekendste dateren uit de Grieks-Romeinse tijd, kwamen voor in het hele land.

BRONNEN VOOR MYTHEN

Er zijn weinig verhalen bewaard gebleven, en mythen worden gereconstrueerd uit indirect bewijsmateriaal. Eén bron wordt gevormd door godsdienstige teksten: begrafenisteksten, hymnen en magische teksten.

Ook picturale voorstellingen verschaffen het nodige materiaal, maar slechts enkele geven een directe weergave van episoden uit mythen. De meeste dateren van 1500 v. Chr. of later. Het gaat onder meer om reliëfs in belangrijke tempels.

CHRON. OVERZICHT

Jaartallen vóór 664 v. Chr. zijn bij benadering aangegeven.

Beginperiode
3200-3000 v. Chr.
Vroegdynastieke periode
3000-2500 v. Chr.
Het Oude Rijk
2550-2150 v. Chr.
Eerste tussenperiode
2150-1980 v. Chr.
Het Middenrijk
1980-1640 v. Chr.
Tweede tussenperiode
1640-1520 v. Chr.
Het Nieuwe Rijk
1540-1070 v. Chr.
Derde tussenperiode
1070-664 v. Chr.
Late Tijd
664-332 v. Chr.
Grieks-Romeinse tijd
332 v. Chr.-395 n. Chr.

THEBE

Thebe (rechts), het huidige Luxor, was korte tijd de hoofdstad (ca. 2000 v. Chr. en ca. 1520-1450 v. Chr.). Het was het belangrijkste godsdienstige centrum gedurende meer dan duizend jaar. Het heeft het grootste bewaard gebleven tempelcomplex in de oude wereld en in het Dal der Koningen liggen de koninklijke graven. De belangrijkste god, Amon (zie p. 39), is mogelijk van elders gekomen en kan de valkgod Month van de stad Armant vervangen hebben.

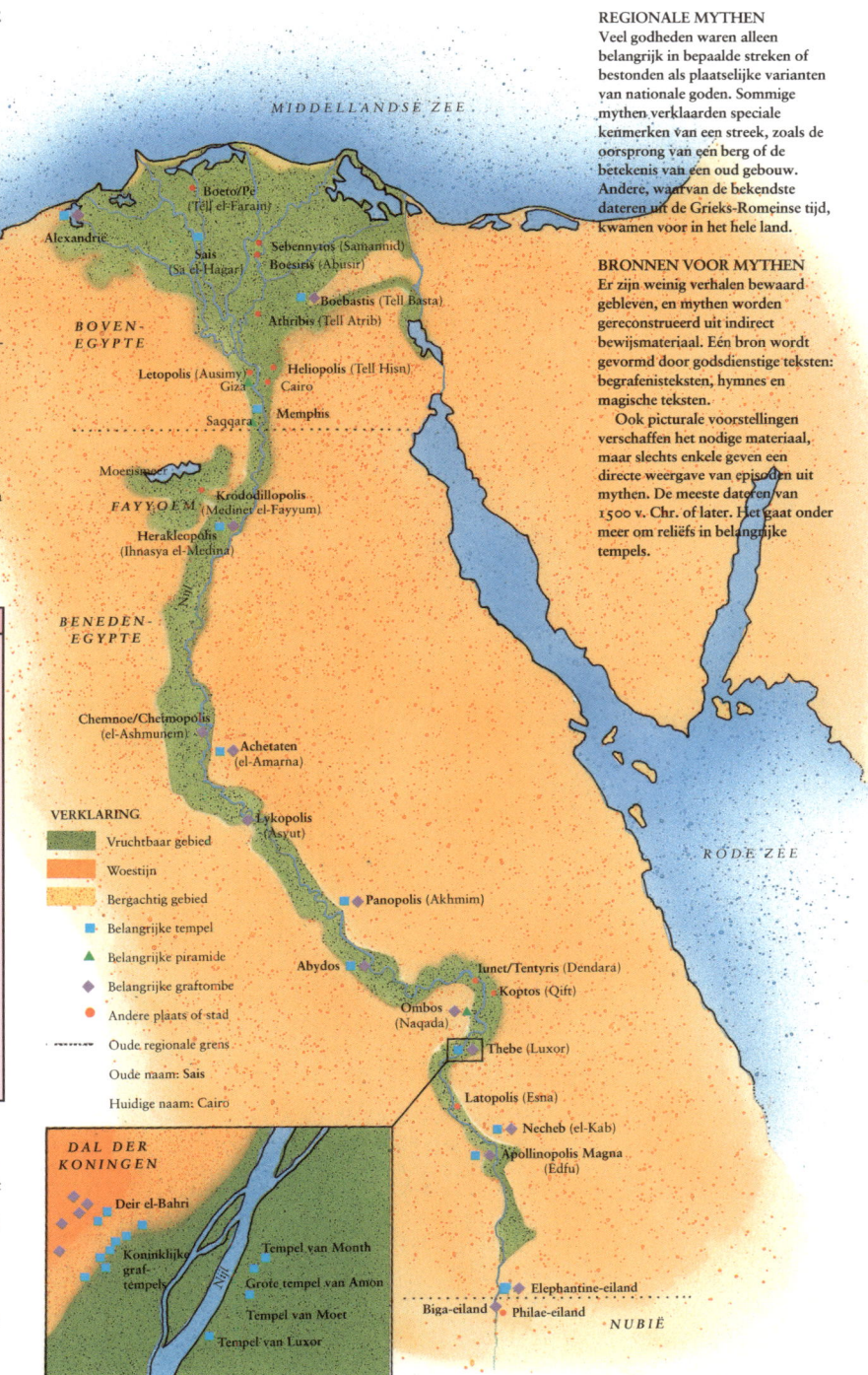

VERKLARING

- Vruchtbaar gebied
- Woestijn
- Bergachtig gebied
- ■ Belangrijke tempel
- ▲ Belangrijke piramide
- ◆ Belangrijke graftombe
- ● Andere plaats of stad
- ---- Oude regionale grens
- Oude naam: Sais
- Huidige naam: Cairo

DE EERSTE GODEN

Orde uit de chaos

In het begin was er alleen een donkere, waterige afgrond die Noen heette. De chaotische energie daarvan bevatte in potentie alle manifestaties van leven. De geest van de schepper was aanwezig in deze oerwateren, maar had geen plaats waarin hij vorm kon krijgen. De vernietigende krachten van de chaos werden belichaamd door de slang Apep of Apophis.

Het begin van de tijd werd gemarkeerd door het verrijzen van het eerste land uit de wateren van Noen. Op deze oerheuvel kon een eerste godheid ontstaan. Soms nam hij de vorm van een vogel aan, een valk, een reiger of een gele kwikstaart, die op de aardhoop ging zitten. Een alternatief beeld van de schepping was dat van de oeroude lotus die uit het water opsteeg en opening, waarna zich een kindgod vertoonde. De eerste godheid beschikte over verscheidene goddelijke krachten, zoals Hoe ('gezaghebbende uiting'), Sia ('inzicht') en Heka ('magie'). Met behulp van deze krachten schiep hij orde uit de chaos. Deze goddelijke orde werd gepersonifieerd door een godin, Ma-at, de dochter van de zonnegod. Het woord Ma-at betekende ook rechtvaardigheid, waarheid en harmonie. De goddelijke orde dreigde voortdurend op te lossen in de chaos waaruit zij gevormd was.

De eerste godheid besefte dat hij alleen was en schiep goden en mensen naar zijn eigen beeld en een wereld waarin zij konden wonen. Men zei dat godheden voortkwamen uit het zweet van de zonnegod en mensen uit zijn tranen. De scheppingsmacht werd gewoonlijk verbonden met de zon, maar ook verscheidene godheden worden genoemd als de schepper. In de tempel van de zonnegod in Heliopolis werd de Benoe genoemd als de eerste godheid. De glanzende vogel werd voorgesteld als een reiger. Hij was een verschijningsvorm van de zonnegod als schepper en bracht het eerste licht in de duisternis. Toen hij neerstreek op een oerheuvel, gaf hij een kreet: het eerste geluid.

Op het bovenstaande detail van een papyrusrol uit de 13de eeuw v. Chr. is een Benoe te zien, die in Heliopolis vereerd werd als de eerste godheid. De Grieken stelden de Benoe gelijk met de fenix, die om de vijfhonderd jaar de verbrandingsdood koos en verjongd uit de as opsteeg.

De Ogdoade

*I*n het oude Egypte werden de krachten van de chaos ook wel gepersonifieerd als acht godheden, de Ogdoade.

De Ogdoade bestond uit vier paren godheden, die elk een aspect van de oerstaat vertegenwoordigden. Noen en Naunet waren de god en godin van het oerwater. Koek en Kauket waren de godheden der duisternis. Amon en Amaunet belichaamden een onzichtbare macht. Hoe en Hauet waren de onbegrensdheid. Andere paren maakten soms deel uit van de Ogdoade, maar het totale aantal godheden was altijd acht. Deze godheden werden voorgesteld als slangen en kikkers,

Zeven van de Ogdoade en de zonnegod Ra-Harachti in de vorm van een valk. Een papyrus uit ca. 1350 v. Chr.

wezens uit het oerslijk. Maar de Ogdoade wordt soms voorgesteld als bavianen die de eerste zonsopgang begroetten.

De Ogdoade werd vooral aanbeden in een plaats die door de Egyptenaren Chemnoe ('Acht-Stad') en door de Grieken Hermopolis genoemd werd (zie kaart, p. 37), een plaats die er aanspraak op maakte de plek te zijn van het 'Eiland van de Vlam', waar de zon voor het eerst opkwam. De paren van de Ogdoade kwamen samen en vormden het kosmische ei waarin de zonnegod werd uitgebroed. Een deel van de schaal van het kosmische ei zou begraven liggen in een tempel in Hermopolis.

Goddelijke scheppers

De Egyptenaren bezaten vier belangrijke scheppende goden, Amon-Ra, Atoem, Chnoem en Ptah, die ieder het middelpunt van een belangrijke eredienst waren.

Amon-Ra Amon, die deel uitmaakte van de Ogdoade, werd aanbeden als een vruchtbaarheidsgod in Thebe in Boven-Egypte. In het tweede millennium v. Chr. werd Amon een nationale god en werd zijn naam verenigd met die van de hoogste zonnegod Ra (ook Re) tot Amon-Ra, de verborgen macht die de goden maakte. Een slangevorm van Amon was het vroegste wezen in het oerwater; hij bevruchtte het kosmische ei dat werd gevormd door de andere leden van de Ogdoade. In een andere mythe legde Amon, in de vorm van een gans, het kosmische ei waaruit het leven ontstond.

Amon met de symbolen van leven en macht, op een bronzen plaquette uit de Late Tijd.

Atoem Een in Heliopolis aanbeden scheppende god, die eerst uit de oerchaos te voorschijn kwam in de vorm van een slang, maar die gewoonlijk getoond werd in menselijke vorm. Als Ra-Atoem stelde hij de avondzon voor die terug moest keren naar de schoot van Noet om iedere nacht vernieuwd te worden. Net als andere scheppende goden stelde Atoem een totaliteit voor die zowel mannelijk als vrouwelijk was. In één vroege mythe voelt Atoem zich eenzaam op de oerheuvel. Hij neemt daarom zijn fallus in zijn hand en produceert zaad, waaruit het eerste goddelijke paar voortkomt, Sjoe en Tefnoet (zie p. 40-1).

Chnoem Het belangrijkste eredienstcentrum van de god Chnoem lag op het zuidelijke eiland Elephantium. Chnoem werd beschouwd als degene die heerste over de jaarlijkse overstromingen van de Nijl. Zijn heilige dier was de ram, een symbool van mannelijkheid, en hij werd gewoonlijk afgebeeld als een man met het hoofd van een ram. In zijn tempel in Esna wordt Chnoem beschreven als 'vader der vaders en moeder der moeders'. Met zijn pottenbakkersschijf vormde hij goden, mensen en dieren uit klei en blies de levensadem in hun lichamen.

Ptah Ptah, die aanbeden werd in Memphis, was de god van het handwerk, en van hem werd gezegd dat hij goden en koningen schiep uit kostbare metalen. Als de intellectuele kracht achter de schepping schiep hij alle andere goden door hen in zijn hart te bedenken en hun namen hardop uit te spreken.

Een bronzen beeldje uit de Late Tijd van de god Ptah.

DE HAND VAN ATOEM
De mythe van Atoem werd soms opnieuw geïnterpreteerd, zodat de schepping begon met de seksuele vereniging van een god en een godin. De vrouwelijke partner werd vereenzelvigd met de Hand van Atoem. Van de verschillende godinnen die 'de Hand' genoemd kunnen worden, waren de belangrijkste Hathor en Neith (zie p. 50-1). Het hoofd van geglazuurd aardewerk (hierboven) combineert kenmerken van Hathor en Noet, een andere godin die de vrouwelijke scheppingskracht belichaamde.

DE ENNEADE

De Negen Goden van Heliopolis

Een faiencebeeldje van de godin Noet in de vorm van een zeug, ca. 600 v. Chr. Soms werd beweerd dat Noet haar eigen kinderen wilde verslinden, zoals een zeug haar jongen.

STAMBOOM VAN DE ENNEADE
(= paarde met)

RA-ATOEM
|
Sjoe = Tefnoet
|
Geb = Noet
|
Osiris = Isis   Seth = Nephthys

Het meest gedetailleerde Egyptische verhaal van de schepping betreft de godheden die bekend stonden als de Negen Goden van Heliopolis, of de Enneade (van het Griekse *ennea*, negen). De eerste was Ra-Atoem, die ontstond op de oerheuvel en de veelvoudigheid van de schepping in zijn hart bedacht. Hij veroorzaakte de eerste verdeling in het mannelijk en het vrouwelijk, toen hij zijn zaad in zijn mond nam en Sjoe, de god van de lucht, en Tefnoet, de godin van het water, uitspuwde of uitniesde. Zij verkenden de duistere Noen, en Ra-Atoem was hen kwijt. Hij stuurde zijn goddelijke Oog, een vurige kracht die beschouwd werd als de dochter van de zonnegod, erop uit om hen te zoeken. De godin kwam terug met Sjoe en Tefnoet en de eerste menselijke wezens werden gevormd uit de tranen die gestort werden door Ra-Atoem toen hij met zijn kinderen herenigd werd.

Uit de vereniging van Sjoe en Tefnoet kwamen Geb, de god van de aarde, en Noet, de godin van de hemel, voort. Deze twee omarmden elkaar zo stevig dat er geen ruimte was voor leven tussen hen in. Noet raakte zwanger van Geb, maar het was onmogelijk voor haar kinderen om geboren te worden. Uiteindelijk scheidde hun vader Sjoe, de god van de lucht, Geb en Noet. Met behulp van acht wezens, de Heh-goden, hield Sjoe de hemelgodin hoog boven de aarde, zodat er ruimte en lucht ontstond voor levende wezens. Aangenomen werd dat er een tweede hemel onder de aarde was.

Het oerwater bleef de kosmos van hemel en aarde omgeven. De hemelgodin nam soms de vorm aan van een naakte vrouw die zich over de aarde boog (zie illustratie, p. 41) en soms de vorm van een met sterren bespikkelde koe. Men zei dat zij de zon iedere avond verslond en ze werd er soms van beschuldigd dat ze al haar kinderen wilde verslinden. Noet werd dan voorgesteld als een zeug.

De kinderen van Noet waren twee tweelingen, Osiris en Isis en Seth en Nephthys (zie p. 42-5). Van Osiris en Isis werd gezegd dat ze in de moederbuik verliefd op elkaar waren geworden, maar Nephthys verachtte haar broer Seth. Osiris was voorbestemd om over Egypte te heersen.

In deze papyrus-illustratie uit ca. 1100 v. Chr. scheidt Sjoe, de god van de lucht, zijn kinderen Geb, de god van de aarde, en Noet, de godin van de hemel. De zonnebark, de boot waarin de zon de hemelen oversteekt, wordt getoond boven het met sterren bedekte lichaam van Noet.

Ra en de straf van de mensheid

Een tekst die op een van de gouden schrijnen uit het graf van koning Toetanchamon (die regeerde van ca. 1336 v. Chr. tot 1326 v. Chr.) gegraveerd is en die ook voorkomt op de muren van latere koninklijke graven, vertelt van een tijd dat Ra, de scheppende zonnegod, op aarde leefde als de heerser van goden en mensen.

Toen de zonnegod oud begon te worden, begonnen de mensen tegen hem samen te spannen. Toen Ra dit merkte, riep hij zijn goddelijk Oog, in de vorm van de godin Hathor, bij zich. Hij liet ook Sjoe komen, en Tefnoet, Geb, Noet en de acht oergoden van de Ogdoade (zie p. 38). Ra vroeg Noen, de oudste van deze oergoden, wat hij moest doen met de opstandige mensen. Noen en de andere goden gaven de zonnegod de raad om zijn goddelijk Oog erop uit te sturen om de mensheid te vernietigen. Ra stemde hiermee in en de Ooggodin werd veranderd van Hathor in Sechmet, de razende leeuwin (zie p. 50), die sommigen van de mensen doodde en in hun bloed waadde.

Ra besloot de rest van de mensheid te redden. Om Sechmet af te leiden van haar teugelloze slachtpartij beval hij de hogepriester van zijn tempel in Heliopolis 7000 kruiken bier te maken en het bier rood te verven. Toen dit gedaan was, werd het bier uitgegoten over de grond, zodat het er als een meer van bloed uitzag. De Ooggodin zag het meer en haar weerspiegeling erin. Ze slorpte het geverfde bier op en werd zo dronken dat ze vergat de rest van de mensheid te slachten. De Ooggodin werd van de woeste Sechmet terugveranderd in de mooie Hathor, maar hoewel de mensheid nu veilig was voor de woede van de leeuwinnegodin, waren zo plagen en de dood ontstaan.

Ra voelde zich zo moe en treurig dat hij ernaar verlangde een eind te maken aan de schepping en terug te keren naar de waterige afgrond. Noen beval Sjoe en Noet hulp te bieden bij de bescherming van de zonnegod. De godin van de hemel werd een koe en droeg Ra omhoog naar het firmament, waar hij de sterren en de velden van het paradijs schiep. Noet begon te beven omdat ze zo hoog boven de aarde was, maar Sjoe en de acht Heh-goden steunden haar.

Iedere dag reisde de zonnegod door de hemel en iedere nacht ging hij de onderwereld binnen. Wanneer hij dat deed, werd de mensheid bang door de duisternis van de nacht. Daarom besloot Ra de maan te maken om de hemel te verlichten tijdens zijn afwezigheid, en hij benoemde de maangod Thot tot zijn plaatsvervanger. Ra waarschuwde de aardgod Geb voor de magische krachten van de chaosslangen en koos Osiris uit als heerser over de mensheid.

Deze kosmos zou niet eeuwig duren, zo geloofden de Egyptenaren. Er zou een tijd komen dat de schepper zo moe zou worden dat hij en al zijn werken zouden oplossen in de chaos. Dan zou de cyclus van de schepping opnieuw beginnen.

OSIRIS

Handhaver van de orde

Osiris werd de eerste koning; zijn gemalin was zijn zuster Isis (zie stamboom, p. 40). Hij werd aanbeden als een god van de landbouw die de mensheid de geheimen van het boerenbedrijf en de beschaving leerde. Zijn heerschappij werd bedreigd door de krachten der chaos, waaronder zijn broer Seth. Een mythe vertelt dat de tweestrijd pas tijdens de schepping ontstond, toen Seth met geweld uit de buik van zijn moeder kwam.

De dood van de goede god Osiris is een van de kerngebeurtenissen in de Egyptische mythologie, maar het verhaal werd zelden in al zijn details verteld. Er worden twee stadia vermeld: dat hij vermoord werd en dat hij aan stukken gereten werd. De vroegste verhalen vertellen alleen dat Osiris door zijn broer Seth tegen de grond gegooid werd op de rivieroever bij Nedyet, een mythische plaats die soms werd vereenzelvigd met een deel van Abydos, de heilige plaats waar de mysteriën van Osiris werden gevierd. Volgens latere versies van de mythe werd Osiris verdronken in de Nijl, waarbij Seth vaak genoemd wordt als de moordenaar. Hij zou de gedaante van een krokodil of een nijlpaard hebben aangenomen om zijn onschuldige broer aan te vallen, ofschoon hij in één versie zichzelf in een stier verandert en Osiris doodtrapt. De voorpoot die Osiris vertrapte, werd later afgesneden door de god Horus en de lucht in gegooid, waar hij deel ging uitmaken van het sterrenbeeld dat we de Grote Beer noemen. Volgens een andere, latere versie werd Seth een klein insekt, misschien een muskiet, en gaf hij Osiris een dodelijke beet in zijn voet.

Isis zocht naar haar echtgenoot en gebruikte haar toverkrachten om het vergaan van zijn lichaam te voorkomen of ongedaan te maken. Ze ontbood de jakhalsgod Anoebis, die het lichaam van Osiris balsemde en met doeken omwikkelde, waardoor hij de eerste mummie werd. In latere versies van de mythe vond Seth het goddelijke lichaam van Osiris en reet hij het aan stukken; deze stukken zouden door heel Egypte begraven zijn.

Osiris als gemummificeerde koning, geflankeerd door Isis en zijn zoon Horus. Na zijn dood heerste Osiris over de onderwereld (Doeat). In vroege tijden beschouwd als de angstwekkende koning van een rijk van demonen, werd hij later de rechtvaardige rechter die de deugdzame doden in het paradijs verwelkomde.

De rouwende godinnen

*I*sis en haar zuster Nephthys, de gemalin van Seth, waakten in de gedaante van een sperwer over het lichaam van hun broer Osiris. Bij begrafenissen was het de gewoonte dat twee vrouwen de rol van Isis en Nephthys speelden en treurden bij het gemummificeerde lijk.

Nephthys hield van Osiris en volgens een late traditie was de god Anoebis zelfs hun zoon. De twee godinnen weenden en treurden om Osiris en smeekten zijn geest tot hen terug te keren. In één verhaal verklaart Isis plechtig: 'Terwijl ik je nog kan zien, zal ik je roepen tot in de hoogste hemel. Je komt niet naar me toe, al ben ik je zuster, die jij op aarde beminde.'

Osiris, de scheppingsgod Ptah en een begrafenisgod Sokar zijn op deze papyrus uit ca. 1100 v. Chr. als één godheid voorgesteld. Isis en Nephthys beschermen zijn troon. De dierehuid die aan een stok hangt, is een van de emblemen van Anoebis, de god van het balsemen.

ISIS

De toegewijde weduwe

Al vroeg speelde Isis, de gemalin van Osiris, een belangrijke rol in de mythologie. Ze redde het lichaam van haar man en gebruikte haar toverkrachten om Osiris precies lang genoeg weer tot leven te wekken om een zoon van hem te krijgen: heen en weer fladderend in de vorm van een sperwer gaf ze hem door het slaan met haar vleugels de levensadem.

Toen ze wist dat ze zwanger was, vluchtte Isis naar het moerasgebied van de Nijldelta om zich te verbergen voor haar broer Seth die zou proberen haar kind kwaad te doen of te doden. Isis baarde een goddelijke zoon, Horus. Ze verzorgde hem, beschermd door godheden, zoals de schorpioengodin Selkis, en wachtte ze tot Horus oud genoeg was om zijn vader te wreken.

De cultus van Isis verspreidde zich geleidelijk tot buiten de grenzen van Egypte. Aan het einde van de 1ste of in het begin van de 2de eeuw n. Chr. kwam de Griekse schrijver Ploutarchos met een versie van het verhaal van Isis en Osiris waarin de laatste een koning van Egypte was die de hele wereld rondreisde om alle mensen de vaardigheden van de landbouw en het handwerk bij te brengen. Seth, die jaloers was op zijn broer, liet een mooie kist met de afmetingen van Osiris maken en verklaarde dat de beschilderde kist gegeven zou worden aan degene die er precies in paste. Osiris ging in de kist liggen en merkte dat deze precies zijn maat had. Seth sloeg met een klap het deksel dicht en laste de kist dicht met gesmolten lood. Toen werd de doodskist in de Nijl geworpen en deze kwam uiteindelijk aan land in de Libanon (zie onder). Isis bemachtigde de kist weer en nam deze mee terug naar Egypte. Op een nacht, terwijl Isis weg was, vond Seth de doodskist. Hij maakte deze open, scheurde het lichaam van Osiris in veertien stukken en verspreidde die over Egypte. Isis begroef ieder stuk op de plaats waar ze het vond, maar de fallus kon niet teruggevonden worden omdat die door een vis was opgegeten. Volgens Ploutarchos was dit de belangrijkste reden waarom Egyptische priesters geen vis aten.

Isis voedt haar zoon Horus. Een votiefbeeldje in goud en brons uit de Late Tijd.

Isis in de Libanon

De Griekse schrijver Ploutarchos schreef een versie van het verhaal van Osiris en Isis in ca. 100 n. Chr. Volgens deze versie zocht Isis, toen ze hoorde van de moord op Osiris, overal naar het lichaam van haar echtgenoot. Ze reisde naar Byblos in de Libanon na het horen van een gerucht dat Osiris daar zou zijn.

De doodskist was aangespoeld bij Byblos en was verstrikt geraakt in de wortels van een kleine boom. Deze boom werd in korte tijd zo groot en mooi dat hij werd omgehakt om als pilaar dienst te doen in het koninklijk paleis van de stad. Isis kwam naar het paleis en ging op een binnenplaats zitten wenen. Ze maakte indruk op de koninklijke dienaressen door hun haar te vlechten en met haar adem hun huid geurig te maken, en de koningin van Byblos benoemde de godin tot voedster van haar jongste zoon. Isis voedde de prins door hem haar vinger te geven in plaats van haar borst. Ze raakte gesteld op de jongen en besloot hem het eeuwige leven te geven; ze legde hem in een vuur dat zijn sterfelijkheid zou wegbranden.

Terwijl de prins in het vuur lag, veranderde Isis zich in een zwaluw en vloog rond de pilaar die van de boom gemaakt was. De koningin van Byblos hoorde haar treuren en kwam de kamer binnen. Ze zag haar kind branden en gaf een schreeuw, waarmee ze de betovering verbrak. Isis maakte bekend wie ze was en eiste dat de pilaar werd opengesneden. Toen de doodskist van Osiris te voorschijn kwam, slaakte Isis een kreet die zo vreselijk was dat het prinsje stierf.

HORUS EN SETH

De strijd om de troon van Osiris

HET OOG VAN HORUS
De faience-amulet (rechts) stelt het Oog van Horus of *wedjat* ('de Gehele') voor. Als hemelgod nam Horus de vorm aan van een valk wiens rechteroog de zon en wiens linkeroog de maan was. Tijdens een vreselijk gevecht verwondde Horus Seth in zijn geslachtsdelen en beschadigde Seth één of beide ogen van Horus. In een andere versie rukte Seth, in de gedaante van een zwart everzwijn, het Maanoog van Horus uit, waarna hij het verslond of aan stukken rukte. (Deze mythen kunnen verwijzen naar maansverduisteringen of naar het maandelijkse wassen en afnemen van de maan.) De maangod Thot zocht in de duisternis naar het verloren oog. Hij vond de stukken en gebruikte zijn toverkracht om het Oog van Horus te herstellen. Het licht van het Oog van Horus kon daarna gebruikt worden om Osiris weer tot leven te wekken in de onderwereld.

De soms gewelddadige strijd tussen de goden Horus en Seth vormde een centraal element in de Egyptische mythen. In de vroegste versies van het verhaal lijken Horus en Seth broers te zijn, maar later werden ze gewoonlijk beschouwd als neef en oom. Na de dood van zijn broer Osiris, de vader van Horus (zie p. 42), had Seth zich meester gemaakt van de troon. Horus ging daarom naar een goddelijk tribunaal dat voorgezeten werd door Geb of Ra en eiste dat hij, en niet Seth, zijn vader zou opvolgen. Sjoe en Thot verklaarden dat Horus gelijk had. De zonnegod zei tegen Seth en Horus dat ze hun eigen zaak moesten bepleiten. Seth stelde dat hij het verdiende om koning te zijn omdat hij de enige was die sterk genoeg was om de bark van de zon te verdedigen. Sommige goden van de Enneade (zie p. 40) waren het met hem eens, maar Isis bracht hen op andere gedachten.

Seth weigerde verder te gaan met het proces zolang Isis aanwezig was, en de zonnegod stemde ermee in dat de raad ergens anders bijeen zou komen, en wel op een eiland. De goddelijke veerman, Nemty, kreeg te horen dat hij Isis niet met zijn boot mocht overzetten. Daarom vermomde de godin zich als een oude vrouw en kocht Nemty om met een gouden ring. Op het eiland

Horus, afgebeeld als een man met het hoofd van een valk, brengt de ziel van de scriba Ani naar Osiris. Horus draagt het gewaad van een koning en de dubbele kroon van Boven- en Beneden-Egypte. De afbeelding komt van een papyrus uit de 13de eeuw v. Chr.

De volgelingen van Seth

De Egyptenaren stelden Seth voor als een mythisch dier, deels wilde ezel en deels zwijn of miereneter. Zijn terrein was de woestijn en de meeste woestijndieren werden met hem geassocieerd, net als ossen en ezels, omdat die gebruikt werden om gerst te dorsen en als zodanig op het in graan gevatte lichaam trapten van Seths slachtoffer, Osiris, de vader van Horus. Horus veroordeelde deze dieren tot eeuwig dorsen. Een reeks in het noorden van Boven-Egypte gesitueerde mythen heeft betrekking op conflicten tussen de menselijke volgelingen van Seth en de bondgenoten van Horus.

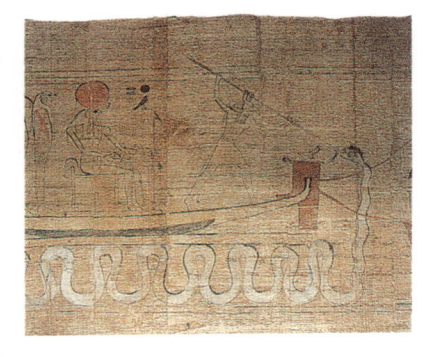

Seth bleef proberen het lichaam van Osiris te verstoren door de gedaante van verschillende dieren aan te nemen. Bij één gelegenheid veranderde hij zich in een panter, maar Thot sprak toverspreuken over hem uit, waarop Seth tegen de grond smakte. Anoebis bond hem vast, brandmerkte zijn vacht en vilde hem. De volgelingen van Seth probeerden hem te hulp te komen, maar Anoebis onthoofdde hen. Seth herstelde van zijn verwondingen en verzamelde nieuwe volgelingen in de heuvels van de woestijn, maar Isis viel hem aan. Seth veranderde zich in een stier, maar Isis nam de vorm aan van een hond met een mes aan het uiteinde van haar staart en achtervolgde hem. De godin Hathor veranderde in een giftige slang en beet de volgelingen van Seth.

Seth, de sterkste der goden, verdedigde de zonnebark tegen de slang Apep. Op deze papyrus uit de 11de eeuw v. Chr. staat Seth voor de zonnegod om Apep aan een speer te rijgen.

veranderde ze zich weer in een mooi meisje, opdat Seth haar zou begeren. Ze vroeg de god haar te helpen en legde uit dat ze de weduwe was van een herder en dat haar enige zoon door een vreemdeling van hun vee was beroofd. Seth verklaarde dat het slecht was wanneer een zoon beroofd werd van zijn erfenis. Isis veranderde zich in een sperwer en zei tegen Seth dat hij zich met zijn eigen woorden veroordeeld had.

Seth deed tegenover de Enneade zijn beklag over deze gebeurtenis en ze straften Nemty door zijn tenen af te hakken. Toen daagde Seth Horus uit tot een krachtmeting. Hij stelde voor dat ze zich ieder zouden veranderen in een nijlpaard en zouden proberen drie maanden onder water te blijven. Horus ging akkoord, maar Isis was bang dat haar zoon zou verliezen, daarom maakte ze een harpoen van koper en wierp die in het water. Eerst raakte ze per ongeluk Horus, daarna trof ze Seth, die om genade smeekte. Isis had medelijden met hem en liet hem gaan. Horus was hierover zo kwaad dat hij uit het water sprong, zijn moeder het hoofd afhakte en toen met het hoofd naar de heuvels in de woestijn vluchtte. Isis veranderde zich in een stenen standbeeld, maar Thot herkende haar. De zonnegod beval de Enneade Horus te straffen voor het verwonden van zijn moeder. Seth trof hem slapend aan en rukte zijn ogen uit. Maar de godin Hathor herstelde het gezichtsvermogen van de jonge god met de melk van een gazelle.

Nadat Horus opnieuw om een rechtvaardige behandeling had gevraagd, schreven de goden uiteindelijk aan de god Osiris. Deze schreef terug en wilde weten waarom zijn zoon van zijn erfenis was beroofd. Hij dreigde de demonen van de onderwereld naar het rijk der goden te sturen. De zonnegod stemde er ten slotte mee in dat Horus koning zou worden. Seth werd gedwongen het oordeel te aanvaarden en Isis zag tot haar vreugde haar zoon eindelijk gekroond worden. De zonnegod liet Seth bij zich in de hemel komen, waar hij de god der stormen werd.

ZONNEMYTHEN
De eeuwige cyclus van vernieuwing

Op deze unieke stèle uit ca. 1000 v. Chr. is een vrouw te zien die Ra-Harachti aanbidt terwijl de stralen van zijn schijf haar goede gaven brengen. Bovenaan bevindt zich de hiëroglief voor de hemel met nog een zonneschijf en twee wedjat-ogen. De zijkanten bestaan uit heraldische planten uit Boven- en Beneden-Egypte, terwijl de hoofden van de inwoners, of misschien van de aardgod Aker, boven de onderrand uitsteken.

Deze borstversiering uit de graftombe van Toetanchamon is een voorstelling van de naam van de koning, 'de Heer van de Manifestaties van Ra', waarbij de scarabee gebruikt wordt in een compositie die het opkomen van de zon symboliseert.

De zonnegod was meestal de belangrijkste god van Egypte. De wereld was georganiseerd volgens twee samenhangende principes: het verschijnen en de daden van de schepper en de dagelijkse cyclus van de zon.

Iedere dag bij zonsopgang werd de zonnegod geboren uit de hemelgodin. Op het midden van de dag bereikte hij de volwassenheid en tegen de avond de ouderdom. 's Nachts betrad hij de onderwereld (zie p. 47). Iedere dag, maand en jaar en de regering van iedere koning vernieuwden de schepping van de wereld. Deze voortdurende vernieuwing van de kosmos betekende dat deze eeuwig bedreigd werd, een pessimistische visie die uitgewerkt werd in rijke cycli van hymnes aan de zonnegod en in voorstellingen van zijn gang door de onderwereld; ze waren allemaal bedoeld om te bewerkstelligen dat de orde der dingen niet verstoord zou worden. De god reisde in een boot, begeleid door talloze wezens, waaronder de gezegende doden. De talloze vijanden van de god, onder aanvoering van de reuzenslang Apep, probeerden zijn gang door de onderwereld te verhinderen.

De hele schepping verwelkomde de zonsopgang en deze ontvangst steunde de zonnegod bij zijn doortocht. Sommige tradities concentreerden zich op de wezenlijke welwillendheid van de god. Teksten waarin hij in dit licht werd voorgesteld, dienden als uitgangspunt voor de monotheïstische religieuze ideeën van koning Achnaton (zie p. 52).

De zonnegod, zijn reis door de nacht en de sterren

De zonnegod trok, zo geloofde men, door de onderwereld tijdens zijn nachtelijke reis, wat uitgebeeld werd in enorme 'onderwereldboeken'. Deze stonden gegraveerd in de koningsgraven van het Nieuwe Rijk, zodat de koning in de volgende wereld mee kon doen met de zonnecyclus.

De onderwereldboeken zijn verdeeld in de twaalf uren van de nacht. Het middelpunt van ieder uur is de zonnegod in zijn boot en om hem heen bevinden zich de wezens die dat gebied bewonen. Op één volledige voorstelling zijn ongeveer duizend figuren te zien: de gezegende doden, de demonen en godheden van het gebied en de gedoemden, die onophoudelijk gemarteld worden. Terwijl de zonnegod voorbijkomt, spreekt hij de figuren van ieder uur toe; zij heten hem welkom en komen weer tot leven door het licht dat hij verspreidt. De beschrijvingen zijn heel precies en vermelden de afmetingen van de ruimten waar hij doorheen reist. Zijn boot vaart meestal over een waterig pad, maar op één punt gaat hij over een eindeloze zandvlakte, getrokken door een groep jakhalzen.

In sommige voorstellingen is uitgebeeld hoe de zonnegod afdaalt in de diepste regionen van de onderwereld en versmelt met de heerser ervan, Osiris. Het daarbij ontstane beeld draagt als onderschrift zowel 'Ra die rust in Osiris' als 'Osiris die rust in Ra'. Maar terwijl uit de verbintenis van Ra met Amon een godheid kon voortkomen met één enkele naam (Amon-Ra), verschilden Ra en Osiris te wezenlijk van elkaar. Hun korte verbintenis bracht dagelijks vernieuwing, maar kon niet blijvend zijn.

De hele nacht moest de zonnegod strijd leveren met zijn aartsvijand, de slang Apep (zie p. 45), maar in de laatste uren ging hijzelf een grote slang binnen, waaruit hij verjongd te voorschijn kwam. Bij het aanbreken van de dag werd hij dan opnieuw geboren. De cyclus van de zon werd dagelijks gevierd in vele tempels, niet alleen in zonneheiligdommen. Priesters voltrokken de eredienst binnen het gebouw en daarbuiten was er weinig van bekend. Wezenlijke onderdelen van de cultus werden geheim gehouden en wij kennen deze slechts uit bronnen uit 1100 v. Chr. en later. De uiteindelijke betekenis van grote delen van de zonnecyclus werd verborgen gehouden. Een tekst beschrijft hoe de koning, als de belangrijkste priester, acht dingen 'weet' over de zonsopgang, waaronder 'de taal die de Oostelijke Zielen uitspreken'. De Oostelijke Zielen waren bavianen, dieren die bij zonsopgang een blaffend geluid maken.

De zonnegod nam heel wat vormen aan tijdens zijn dagelijkse cyclus. Als de ochtendgod kon hij een kind zijn, maar meestal was hij dan een scarabee, die bekend stond als Chepre. De scarabee (zie p. 45) die een mestbal, in vorm vergelijkbaar met de zon, voortduwt, symboliseerde regeneratie, wedergeboorte en gedaanteverwisseling. De middagvorm van de zonnegod was Ra-Harachti, 'Ra, Horus in de horizon', vaak afgebeeld als een menselijke figuur met een valkekop gekroond met een zonneschijf. Harachti was een oude god en het idee van een valk die de hemel doorkruist in een boot is bekend uit de Eerste Dynastie. Ra-Harachti was de naam die het meest gebruikt werd in mythen over de heerschappij van de god op aarde. De avondzon was Atoem of Ra-Atoem, afgebeeld in menselijke vorm met de dubbele kroon die anders meestal gedragen werd door koningen. Zijn nachtelijke vorm, met het hoofd van een ram, bestond uitsluitend als afbeelding en had geen speciale naam. Maar er stond onder: 'Vlees (van Ra)', waaruit af te leiden valt dat het beeld een medium was voor de aanwezigheid van de zonnegod of volkomen met hem samenviel.

Andere goden werden geassocieerd met de hemelen. Sommige belangrijke godheden werden geïdentificeerd met sterren of planeten: de maan was Thot, Mercurius was Seth en het sterrenbeeld Orion was Osiris. De mythen over de Enneade vonden uitbeelding in complexe bewegingen van de relevante hemellichamen, vooral die welke de zonnebaan in de hemelen kruisten of die, zoals Venus, de zonsopgang aankondigden.

Op deze compositie op een plafond in het graf van Ramses VI (ca. 1130 v. Chr.) is de nachtreis van de zon uitgebeeld. De slang symboliseert wellicht zonnebark, terwijl de god op de dubbele figuur van een bewonderende sterveling staat. De liggende figuur met het geheven hoofd is Osiris, verenigd met Ra in de nacht, en de vrouwelijke figuur rechts is Noet.

MYTHE EN MAGIE

De geheime naam van Ra; het Boek van Thot

Bes was een van de vele, monsterlijk uitziende godheden die mensen beschermden tegen rampspoed. Zijn beeltenis werd opgenomen in versieringen van allerlei aard, speciaal op kleine voorwerpen die als amuletten gebruikt of thuis bewaard konden worden. Deze faience-miniatuurgedenkplaat stamt uit de Grieks-Romeinse tijd.

Voor de Egyptenaren was magie waardevol als middel om rampspoed te voorkomen en te beheersen. Sommige toverspreuken zijn complete verhalen over mythische episodes: ze werden uitgesproken terwijl een medicijn werd toegediend aan het lichaam van een patiënt, die geïdentificeerd werd met een hoofdfiguur uit een mythe. Men richtte magische hymnes tot de goden wier echte namen geheim werden gehouden omdat deze een bron van magische kracht waren. Een verhaal, onderdeel van een toverspreuk, vertelt hoe Isis de geheimste van alle goddelijke namen ontdekte, die van de zonnegod Ra. Deze werd oud en zat soms te kwijlen. Isis vermengde zijn speeksel met klei en maakte een slang, die ze tot leven bracht en achterliet aan de kant van een weg waar de zonnegod vaak wandelde. Toen Ra langskwam, beet de slang hem. De zonnegod voelde een brandende pijn terwijl het gif zich door zijn lichaam verspreidde. De kreten van Ra brachten de Negen Goden aan zijn zijde en hij zei hun dat hij gewond was door iets wat hij niet geschapen had. Isis beloofde hem te genezen als hij zijn ware naam zou onthullen. Ra vertelde Isis dat hij de schepper was wiens naam in de vroege ochtend Chepre was, Ra op het middaguur en 's avonds Atoem (zie p. 47). Isis klaagde dat de ware naam nog niet was uitgesproken. De pijn werd erger en Ra kon het niet langer verdragen. Hij zwichtte en vertelde Isis zijn geheime naam. Isis beval het gif Ra te verlaten door zijn ware naam uit te spreken en genas aldus de zonnegod. Ze beloofde de kracht van de geheime naam aan niemand anders dan Horus door te geven. De naam zelf wordt niet onthuld in de toverspreuk.

De magie van Thot

De maangod Thot, die afgebeeld kon worden als baviaan, ibis of een man met het hoofd van een ibis, werd vooral geassocieerd met de geheime kennis die bij magie hoorde. Het belangrijkste centrum van zijn cultus bevond zich in Chemnoe, dat Hermopolis werd genoemd door de Grieken, die hem identificeerden met Hermes (zie p. 144). Het volgende verhaal werd geschreven in de ptolemeïsche tijd.

Een vorst, Setna Chaemwaset, verneemt dat een toverboek, geschreven door Thot, begraven ligt in een oude graftombe bij Memphis. Hij dringt in de graftombe binnen en wordt geconfronteerd met geesten die hem waarschuwen dat Thot hen gedood had

Deze beeldengroep uit het Nieuwe Rijk toont Thot als de beschermgod van de scriba's. Hij schreef de beslissingen van de goden op en had, zo werd geloofd, het hiëroglievenschrift uitgevonden.

wegens het stelen van zijn toverboek uit een kist op de bodem van de Nijl. Setna laat zich niet afschrikken; hij verslaat de geesten met krachtige amuletten en pakt het boek van Thot. Dan ontmoet hij een mooie vrouw met de naam Taboeboe, en raakt in haar ban. Maar voordat ze Setna de liefde met haar laat bedrijven, eist ze dat hij al zijn rijkdommen aan haar schenkt en zijn eigen kinderen laat doden. Hij stemt toe, maar zodra ze elkaar omarmen, merkt hij dat hij naakt en alleen op een weg ligt. Maar Setna ontdekt dat zijn kinderen nog leven en dat de mooie vrouw slechts een fantoom was. Hij besluit wijselijk het Boek van Thot terug te brengen.

SLANGEN EN SCHORPIOENEN

De trawanten van de chaos

Slangen en schorpioenen waren meer dan dagelijks dreigende gevaren: ze belichaamden de krachten van de chaos die de geordende wereld bedreigden. Het was kenmerkend voor hen, net als voor andere schepsels die gezien werden als vijanden, dat ze in de woestijn leefden. Iemand die gebeten of gestoken werd, stond bloot aan bovennatuurlijke gevaren.

Een literaire tekst illustreert hoe slangen werden geassocieerd met de randgebieden van de kosmos. Deze verhaalt van een regeringsambtenaar die schipbreuk leed in de Rode Zee en op een wonderlijk eiland vol overvloed belandde. Hij hoorde een enorm tumult en vóór zich zag hij een kolossale slang, mogelijk met het hoofd van een mens. Het was kennelijk een god en de man viel flauw door de schok. De slang nam de ambtenaar in zijn bek en bracht hem naar een veilige plek, waar de man vertelde hoe al zijn medereizigers waren omgekomen bij de schipbreuk. De slang vertelde op zijn beurt hoe een keer, toen hij thuiskwam, zijn eigen familie van 74 slangen door een vallende ster tot as verbrand bleek te zijn, waardoor hij helemaal alleen was. Hij verbond hieraan de nogal strenge moraal dat men een verlies manmoedig moet dragen. Maar het getal 74 wijst op een diepere betekenis: dit zijn de 74 verschijningen van de zonnegod die in vlammen waren opgegaan in de uiteindelijke vernietiging van de schepping. De slangevorm van de god leeft in een wereld buiten de schepping. In zijn ontmoeting met hem was de reiziger buiten de tijd zelf gekomen.

Als slangen en schorpioenen in deze wereld overmeesterd konden worden, waren ze heilzaam. Twee vroege koningen werden Schorpioen en Slang genoemd, maar later werd de macht van deze wezens voornamelijk geassocieerd met godinnen. De voornaamste schorpioengodin was Selkis, die toezag op bevallingen en gemummificeerde lijken tijdens de begrafenis beschermde. Sommige slangegodinnen werden geassocieerd met plaatsen waar slangen vaak voorkwamen: de oogstgodin Renenoetet met akkers en graanschuren, en Meretseger, de godin die op de bergtop bij Thebe leefde, met de woestijn.

Veel toverspreuken bestreden slangebeten en schorpioensteken die niet met medicijnen behandeld konden worden. Een toverspreuk vertelt hoe Isis wegvluchtte uit de werkplaats waar Seth haar had opgesloten om een lijkwade voor Osiris te weven. Ze ging op weg naar Chemmis, waar ze in het geheim haar zoon Horus grootbracht, vergezeld van zeven schorpioenen die ze beval voorzichtig te zijn. Toen ze een nederzetting naderde, zag een rijke vrouw de vreemde optocht en deed haar deur dicht. Isis werd ontvangen in het huis van een vissersvrouw, maar de schorpioenen vonden dat Isis door de rijke vrouw beledigd was. Een van hen kroop het huis van de vrouw binnen en stak haar zoon, waarna het huis door het gif in brand vloog. De rijke vrouw ging jammerend van angst door de straten en Isis liet een stortbui neerdalen die het vuur doofde. Daarna kreeg ze medelijden met het kind van de vrouw, dat stilzwijgend geïdentificeerd werd met haar eigen zoon Horus. De godin sprak een toverspreuk en genas het kind. De moeder kreeg meteen spijt dat ze haar deur voor Isis had gesloten. Uit berouw en dankbaarheid gaf de rijke vrouw haar bezittingen aan de vissersvrouw.

Dit verhaal heeft een duidelijk moraliserende strekking. Het benadrukt dat vrijgevigheid zichzelf beloont en eerder gevonden wordt onder de armen en uitgestotenen dan onder de rijken. De stortbui, die een bijna onnatuurlijk verschijnsel is in een land zonder regen als Egypte, laat zien hoe de orde der dingen verstoord werd door iets ongepasts.

Het kind Horus, dat door zijn moeder Isis beschermd werd tegen Seth en tegen de gevaren van de moerassen van de Delta (zie p. 43), symboliseerde bescherming en weerbaarheid tegen tegenspoed. Op stèles (rechtopstaande stenen zuilen met inscripties) uit de Late Tijd, zoals deze, is een naakte Horus te zien die met slangen en andere symbolen zwaait en die op een stel gevaarlijke krokodillen staat. Het oppervlak van de stèle hierboven is bedekt met afbeeldingen van godheden met toverkracht.

MACHTIGE GODINNEN

Neith, Sechmet en Bastet

De godinnen van de Egyptische mythologie zijn vaak geduchter dan de mannelijke godheden en treffen degenen die hen boos maken met oorlog of vernietiging. Een bekend voorbeeld is Neith, de Grote Moeder, wier belangrijkste cultuscentrum Sais was (zie kaart, p. 37). Ze werd geassocieerd met oorlog en jacht, en haar symbool was een schild met twee gekruiste pijlen. Neith was ook een scheppende godheid die uit de Noen opgekomen zou zijn om goden en mensen te scheppen. Toen ze in de Noen spuwde, werd uit haar spuug de chaosslang Apep geboren. Ze was ook de moeder van de krokodillegod Sebek. In de strijd tussen Horus en Seth (zie p. 44) vragen de goden Neith om raad; ze dreigt de hemel omlaag te laten vallen als haar aanbeveling niet wordt geaccepteerd. Sechmet ('de machtige') was een afschrikwekkende leeuwinnegodin. De zonnegod liet haar de opstandige mensheid slachten (zie p. 41) en misdadigers werden soms aan haar geofferd. Men zei dat besmettelijke ziektes haar boodschappers waren, en haar priesters fungeerden als arts. Andere godinnen waren minder afschrikwekkend, al was hun invloed even krachtig. Een van hen was Bastet, de godin van de liefde, seks en vruchtbaarheid. Ze was oorspronkelijk een leeuwinnegodin, maar vanaf het midden van het 2de millennium beeldde men haar af als een kat.

De kat en de leeuwin

In deze mythe gaat het Oog van Ra, geïdentificeerd met de godin Hathor, in Nubië wonen. In de loop van het verhaal manifesteert ze zich op twee tegengestelde manieren: als Sechmet, de leeuwinnegodin, en als Bastet, de kattegodin.

Het Oog van Ra had ruzie met haar vader en trok zich terug in de afgelegen Nubische woestijn. Thot vermomde zich als baviaan en ging de godin achterna. Hij vond haar in de vorm van een kattegodin en voorkwam dat zij hem aanviel door haar een verhaal te vertellen. Toen vertelde hij over Egypte om heimwee bij de godin op te roepen, maar ze doorzag zijn list en veranderde in een razende leeuwinnegodin. Thot kalmeerde haar met nog meer verhalen en met beloften over offers in alle tempels van Egypte en haalde haar over om met hem naar het noorden te reizen.

Toen ze de grens bereikten, werd de godin verwelkomd door opgetogen menigten. Bij Thebe probeerde een slang van de chaos haar te doden terwijl ze sliep, maar Thot maakte haar op tijd wakker. In Heliopolis werd ze herenigd met Ra en veranderde ze zich in Hathor.

Een verguld beeldje van de leeuwin Sechmet uit het graf van Toetanchamon. Als dochter van Ra draagt ze een zonneschijf op haar hoofd. Ze werd vereerd in Memphis als de vrouw van Ptah.

Een bronzen figuur van de godin Bastet uit de Late Tijd. De katjes symboliseren de rol van Bastet als vruchtbaarheidsgodin.

ANDERE GODINNEN

Anat, Astarte, Hathor en Taweret

In een brief aan de raad der goden tijdens de twist tussen Horus en Seth (zie p. 44) stelde Neith voor om Seth twee niet-Egyptische godinnen, Anat en Astarte, te schenken als genoegdoening voor het afstaan van zijn recht op de troon aan Horus. Dit houdt waarschijnlijk in dat Seth niet geschikt was om met een Egyptische godin te trouwen. Een ander verhaal – in een magische tekst – vertelt hoe Seth de godin Hathor in de rivier zag baden, haar besprong als een ram en haar verkrachtte. Het vruchtbare zaad stroomde uit de godin naar het voorhoofd van Seth en maakte hem ziek, omdat Hathor de bruid was van de Nachtzon en alleen zwanger gemaakt kon worden door goddelijk vuur. Anat, de vrouw van Seth, haastte zich om Ra te hulp te roepen. Isis haalde het goddelijk zaad weg en genas Seth.

Seths andere niet-Egyptische vrouw, Astarte, komt voor in een mythe waarin de goden van Egypte een conflict hebben met een zeegod. Ptah en de Enneade werden gedwongen schatting te betalen aan de Zee. De oogstgodin Renenoetet droeg hun schatting van zilver, goud en lazuursteen naar de kust, maar de onverzadigbare Zee wilde meer en dreigde de goden van Egypte tot slaaf te maken als hij dat niet kreeg. Renenoetet stuurde een vogel als boodschapper naar het huis van Astarte om haar te zeggen dat ze haar schatting naar de Zee moest brengen. Astarte deed dit, maar toen ze haar bestemming bereikte, lachte ze de Zee uit. Toen eiste de Zee Astarte zelf op. De mooie godin verscheen voor de Enneade (zie p. 40) die haar een bruidsschat gaf van juwelen. Astarte ging naar de kust met de schat, maar Seth ging met haar mee om de Zee te bestrijden. Het eind van het verhaal ontbreekt, maar het is waarschijnlijk dat Seth de Zee overwon en dat Astarte werd gered.

NIET-EGYPTISCHE GODINNEN
Verscheidene godinnen uit Syrië en Palestina werden opgenomen in het Egyptische pantheon in de 2de helft van het 2de millennium v. Chr. De volgende zijn de belangrijkste:
ANAT De oorlogsgodin Anat werd gewoonlijk afgebeeld met een schild, een speer en een bijl. In Syrië was ze de zuster en minnares van Baäl, die in Egypte vereerd werd als een verschijning van Seth. In Egyptische mythen was Anat een dochter van Ra. Ze werd geacht zich te kleden als een mannelijke krijger, maar ze was ook een koeiegodin.
ASTARTE Ook een oorlogsgodin, wier Mesopotamische tegenhangster Isjtar was (zie p. 61). In Egypte was Astarte een dochter van de zonnegod of van Ptah. Ze verscheen als een naakte vrouw die wapens droeg en werd vaak te paard afgebeeld.
KOEDSJOE Als vrouw van Min, een Egyptische vruchtbaarheidsgod, werd Koedsjoe soms gezien als een vorm van Hathor. Ze werd uitgebeeld als een naakte vrouw die op de rug van een leeuw staat met slangen en lotusbloemen in haar hand.

Hathor en Taweret

Hathor, de beschermster van minnaars, was een van de meest complexe van de Egyptische godheden. Haar beroemdste tempel stond in Dendara. Net als Taweret beschermde ze vrouwen en kinderen en was ze verbonden met dood en wedergeboorte.

Hathor hielp vrouwen zwanger te worden en te baren. In de gedaante van een koe zoogde ze het kind Horus in Chemmis. Ze begroette zielen in de onderwereld en onthaalde hen op eten en drank (zie p. 38). Ze kon verschijnen als een angstaanjagend dier, deels nijlpaard, deels leeuw en deels krokodil. Aangezien Seth de vorm van een nijlpaard kon aannemen, werd Taweret vaak beschouwd als zijn echtgenote. Toen zijn been de hemel werd in geslingerd (zie p. 42), voorkwam zij dat het nog meer schade aanrichtte.

Hathor en Taweret, hier gelijkgesteld met een goddelijke koe die de Zondvloed heette, staan voor een ingang tot de onderwereld in de bergen van westelijk Thebe. Een tafereel uit het Dodenboek.

KONINGEN EN DE GODEN

De gewijde rol van de farao's

Vanaf het moment van zijn troonsbestijging speelde een Egyptische farao (koning) de rol van een god. Hij was een manifestatie van de hemelgod Horus en de zoon van de zonnegod Ra. Nechbet en Wadjet, de godinnen van respectievelijk Boven- en Beneden-Egypte, waren zijn beschermsters. De benamingen van een koning gaven deze en andere hoedanigheden weer. Zijn troonsnaam – uniek voor iedere heerser – verkondigde de manier waarop hij een manifestatie van de zonnegod was. Zo was Thoetmosis IV Mencheproera 'de blijvende van de manifestaties van Ra'.

De koning kon de 'zoon' van iedere belangrijke god zijn, maar dit betekende vaak weinig meer dan dat de koning in rang onder de godheid stond. Er waren talrijke verhalen van de afstamming van de koning van de zonnegod. Deze kwamen erop neer dat de zonnegod in de gedaante van de heersende koning verscheen en gemeenschap had met de moeder van zijn opvolger. Ze herkende de god aan zijn geur, verwelkomde hem en was zwanger na hun nacht samen. De scheppingsgod Chnoem (zie p. 39) vormde het kind met zijn pottenbakkersschijf. Veel godheden hielpen bij de geboorte. De goddelijke vader zegende de baby die door godinnen gezoogd werd.

Sommige koningen gingen verder dan hun traditionele rol en werden tijdens hun leven vergoddelijkt. Zo werd Amenhotep III al offerend aan zijn vergoddelijkte persoon afgebeeld. Andere koningen werden na hun dood vergoddelijkt. Senwosret III die in de 19de eeuw v. Chr. de zuidgrens van Egypte tot diep in Nubië verlegde, werd aan de grens vereerd als een plaatselijke godheid, net als zijn zoon Amenemhat III in de oase van Fayyoem, waar hij veel landwinningsprojecten was begonnen.

Hathor, moeder der koningen, verwelkomt koning Seti I: een reliëf in zijn graftombe in Thebe.

Roeddjedet en Choefoe

De mythe van de goddelijke koninklijke geboorte kan verweven worden met een verslag van een historische gebeurtenis. Het volgende verhaal vertelt hoe de eerste drie koningen van de Vijfde Dynastie werden geboren.

Roeddjedet, de vrouw van een priester, werd zwanger van een drieling van de god Ra, Heer van Sacheboe (bij Letopolis). De koning uit de Vierde Dynastie Choefoe (verder bekend als Cheops), die de Grote Piramide liet bouwen, hoorde hiervan en wilde tussenbeide komen, maar hij kon het huis van Roeddjedet niet bereiken. Ra stuurde Isis en Nephthys, samen met Meschenet, Heket (twee

Achnaton (ca. 1350 v. Chr.), hier met zijn gezin, verwierp de meeste erediensten, maar maakte er toch aanspraak op de zoon van de zonnegod te zijn.

godinnen van de geboorte) en Chnoem om Roeddjedet te beschermen tegen Choefoe. Ze hielpen de drie baby's ter wereld komen en gaven hun een naam, waarna ze vertrokken met achterlating van drie koninklijke kronen die verborgen waren in een zak gerst. Toen het echtpaar de gerst wilde gaan gebruiken, hoorden ze de klanken van feestelijkheden voor een koning en beseften ze dat de drieling was voorbestemd om koning te worden.

Later maakte Roeddjedet ruzie met haar bediende, die uit wraak probeerde haar te verraden aan Choefoe, maar door krokodillen werd opgegeten. Door deze tussenkomst bleven de kinderen in leven en volgden zij Choefoe op.

Goden en mensen

In de Egyptische mythologie zijn verhalen over ontmoetingen tussen godheden en gewone mensen betrekkelijk zeldzaam. Het volgende verhaal, dat dateert uit het einde van het 2de millennium v. Chr., gaat ogenschijnlijk over twee menselijke broers voor wie de goden belangstelling hebben. De broers hebben echter de namen van godheden: Anoebis (de jakhalsgod) en Bata (een stieregod die een gedaante van Seth was).

Bata, die buitengewoon sterk was en de taal der dieren verstond, leefde samen met zijn oudste broer Anoebis. Hij hielp Anoebis diens land te bewerken en zorgde voor het vee. Op een dag, toen de broers de akkers aan het ploegen waren, was het zaad op, en stuurde Anoebis Bata terug naar huis om nieuw te halen. Bata trof de vrouw van zijn broer zittend op de grond aan. Zij was bezig haar haar te vlechten en hij vroeg haar de voorraadkamer te openen en hem wat zaad te brengen. Ze zei hem dat hij dat zelf moest doen omdat ze bezig was. Toen Bata terugkwam uit de voorraadkamer, droeg hij drie zakken tarwe en twee zakken gerst. De vrouw van Anoebis zag hoe sterk en knap hij was en probeerde hem te verleiden. Bata wees haar af en liep boos terug naar de akkers. Bang dat Bata zijn broer zou vertellen van haar poging tot verleiding, wreef Anoebis' vrouw haar huid in met vet om er gekneusd uit te zien. Ze ging op haar bed liggen en deed of ze ziek was. Toen haar man thuiskwam, beweerde ze dat Bata geprobeerd had haar te verkrachten en haar geslagen had toen ze hem afwees. Anoebis was razend en puntte een speer om zijn broer te doden. Een koe waarschuwde Bata voor het gevaar en hij bad tot de zonnegod, die een rivier met krokodillen tussen de broers in legde. Van zijn kant van de rivier bleef Bata zijn onschuld volhouden en hij ontmande zichzelf. Anoebis geloofde hem en doodde zijn vrouw.

Bata ging in de Vallei der Pijnbomen in Syrië wonen. Hij verborg zijn hart boven in de pijnboom en bouwde een huis. Op een dag bezocht de Enneade (zie p. 40) Bata en had medelijden met hem wegens zijn eenzaamheid. Ra gaf Chnoem opdracht een vrouw voor Bata te maken. Deze nieuwe echtgenote was van een goddelijke schoonheid, maar

Anoebis, afgebeeld als een man met het hoofd van een jakhals, dwingt de stier Bata om de mummie van Osiris te dragen. De afbeelding is te vinden op een papyrus uit de vroege Grieks-Romeinse tijd met de lokale mythen van Saka in Boven-Egypte. In deze versie zijn Anoebis en Bata vijanden.

de zeven godinnen die het lot van iemand bepaalden, voorspelden dat ze door het mes zou omkomen. Bata was ingenomen met zijn echtgenote. Hij waarschuwde haar het huis niet te verlaten terwijl hij op jacht was, omdat ze anders door de Zee gegrepen zou worden. De vrouw gehoorzaamde hem niet en de Zee kreeg haar bijna te pakken. Hij trok een haarvlecht uit haar hoofd en bracht die naar Egypte, waar deze gevonden werd door de mannen van de farao. Ze brachten de vlecht naar de koning, die verbaasd was over de schoonheid ervan. Hij stuurde gezanten naar elk land om te zoeken naar degene van wie het haar was. Bata doodde de meesten van hen die naar zijn vallei kwamen, maar één ontsnapte. Toen stuurde de farao soldaten en een oude vrouw die de vrouw van Bata verleidden met juwelen. Zijn vrouw onthulde het geheim van het hart van haar echtgenoot en de soldaten hakten de pijnboom om. Bata viel dood neer en zijn vrouw werd de belangrijkste koningin van de farao.

Anoebis ging naar de vallei en trof daar de omgehakte pijnboom aan, terwijl hij Bata dood op de grond zag liggen. Hij zocht vier jaar lang totdat hij het gekrompen hart van zijn broer vond en hij legde het in een schaal met water. Bata kwam weer tot leven, veranderde zichzelf in een schitterende stier en zei tegen Anoebis dat hij hem ten geschenke aan de farao moest geven. Aan het hof onthulde Bata de koningin wie hij was. Zij vroeg hem haar een wens toe te staan. Toen hij instemde, vroeg ze of ze de lever van de stier mocht opeten. De farao was boos, maar de stier werd geofferd en de lever werd aan de koningin gegeven. Terwijl de stier stierf, vielen twee druppels van zijn bloed naast de poorten van het paleis, waaruit twee mooie avocadobomen groeiden. De farao vond het prachtig, maar de koningin wist dat de bomen Bata waren en eiste dat er meubelen voor haar van gemaakt werden. Toen de bomen geveld waren, slikte ze per ongeluk een splinter in en werd zwanger. Ze baarde een zoon die, kort na de dood van de farao, verkondigde dat hij Bata was. Hij liet de koningin terechtstellen en regeerde dertig jaar lang. Hij werd opgevolgd door Anoebis.

PRIESTER-MAGIËRS

Setna Chaemwaset en Imhotep

De ba was een geestelijke hoedanigheid van een individu, dat gewoonlijk werd afgebeeld als een vogel met het hoofd van een mens. De ba van een overleden persoon was in staat zich door de onderwereld te bewegen en de aarde overdag opnieuw te bezoeken. Dit detail (rechts) komt uit een papyrus uit de 11de eeuw v. Chr.

De menselijke helden van Egyptische verhalen zijn gewoonlijk geen krijgers maar magiërs, of lector-priesters – mannen die boeken over magie bestudeerd hadden die in Egyptische tempels bewaard werden. Een papyrus, die dateert uit het midden van het 2de millennium v. Chr., bevat verhalen over hun magische daden.

De veel latere cyclus van verhalen over vorst Setna Chaemwaset (zie kader, p. 48) vertelt van de rivaliteit tussen de priester-magiërs van Egypte en de tovenaars van Nubië. De echte Setna Chaemwaset was een zoon van Ramses II (ca. 1279-1213 v. Chr.). Als hogepriester van Ptah bestudeerde en restaureerde hij enkele van de piramiden en graftomben in Gizeh, en deze belangstelling voor vervlogen tijden lijkt de reden geweest te zijn voor zijn latere reputatie als magiër. Volgens de cyclus daagt een Nubisch stamhoofd de farao uit om iemand te vinden die een brief kan lezen zonder die te openen. Siosire, de jonge zoon van Setna, slaagt hierin en leest de brief hardop. Lang geleden, zo leest hij, blies de tovenaar van een Nubische koning vier figuren van was leven in, die de Egyptische koning meevoerden en hem vijfhonderd slagen gaven. Deze belediging werd gewroken door een Egyptenaar, Horus de zoon van Panesje, die de Nubische koning op dezelfde manier mishandelde. Vervolgens versloeg hij de Nubische tovenaar in een toverwedstrijd en verbande hij hem uit Egypte voor een periode van 1500 jaar. Nadat de brief is voorgelezen, verklaart het Nubische stamhoofd dat hij de tovenaar is die teruggekeerd is om wraak te nemen. Op zijn beurt onthult Siosire dat hij Horus de zoon van Panesje is. Hij verslaat de Nubiër en keert terug naar de onderwereld.

Imhotep en de zevenjarige hongersnood

*E*en historische figuur die voorkwam in een mythe was Imhotep, minister en architect van koning Djoser in de 27ste eeuw v. Chr. Volgens de traditie was hij de zoon van Ptah bij een menselijke moeder. Dit verhaal komt uit een inscriptie nabij Aswan, waarin wordt beweerd dat deze een decreet van koning Djoser is, maar die in werkelijkheid geschreven is door de priesters van Chnoem rond de 2de eeuw v. Chr.

Zeven jaar lang was het water van de Nijl niet hoog genoeg gestegen om de akkers te bevloeien. Het volk van koning Djoser stierf bijna van de honger, daarom raadpleegde hij de hoogste lector-priester, Imhotep, over de bron van de bevloeiing. Imhotep ontdekte dat Hapi, de geest van de overstroming, in een dubbele grot onder het eiland Elephantine leefde. Wanneer de tijd was aangebroken dat het water van de Nijl moest stijgen, werd het vloedwater beheerst door de ramgod Chnoem, die als enige de deuren van de grot kon ontgrendelen. Toen Djoser dit hoorde, bracht hij overvloedige offers aan Chnoem. Die nacht beloofde Chnoem in een droom aan Djoser dat hij Hapi zou laten gaan. Daarop werd de hongersnood beëindigd door een rijke oogst.

Aan Imhotep (links) werd ook de uitvinding van het bouwen met stenen en het auteurschap van boeken der wijsheid toegeschreven. Lang na zijn dood werd hij vereerd als god van de geneeskunst.

LEVEN NA DE DOOD
De ziel in de onderwereld

In een episode uit de Setna-cyclus (zie p. 54) neemt Siosire zijn vader mee naar de onderwereld om hem het lot van twee mannen te laten zien nadat ze gestorven en door Osiris veroordeeld zijn. Een wrede, rijke man is gedoemd eeuwig gemarteld te worden. Een deugdzame, arme man heeft alle goederen uit het graf van de rijke man gekregen en is een gelukzalige geest geworden. Deze late tekst stelt het oordeel over de doden voor als een kernpunt in de Egyptische godsdienst. In vroegere tijden was dit oordeel slechts een van de vele gevaren die de ziel moest overwinnen voordat hij het paradijs kon bereiken, dat bekend stond als het Rietveld.

De Egyptische onderwereld werd gezien als een ingewikkeld landschap met rivieren en eilanden, woestijnen en meren van vuur. Om er een weg in te vinden en de goden en demonen die er woonden te verzoenen of te overwinnen, moest de ziel een held-magiër worden. Vanaf het einde van het 3de millennium v. Chr. lieten vermogende mensen van stand toverspreuken op hun doodskisten graveren. Later gingen deze toverspreuken deel uitmaken van het geheel van teksten dat nu bekend is als het Dodenboek. Vanaf de 16de eeuw v. Chr. gingen papyrusrollen met geïllustreerde selecties uit het boek mee in het graf van rijke Egyptenaren.

Wanneer een overledene de troonkamer van Osiris bereikte, moest hij zich ten overstaan van 42 rechters van de onderwereld onschuldig verklaren aan verscheidene misdaden. Het hart (dat wil zeggen, het geweten) werd op een weegschaal gelegd met aan de ene kant de veer van de godin Ma-at, die de verpersoonlijking van het recht en de waarheid was. Een vrouwelijk monster zat bij de weegschaal gehurkt, klaar om de overledene op te eten als het hart meer woog dan de veer. Dit lot kon vermeden worden door het gebruik van een toverspreuk die voorkwam dat het hart zich uitsprak over de misdaden van zijn bezitter. Degenen die deze proef doorstonden, werden beoordeeld als rein en werden geesten met het vermogen zich te midden van de goden te bewegen. Soms werden ze gevraagd zich aan te sluiten bij de miljoenen die in de zonnebark reisden en tegen de chaosslang, Apep, streden (zie p. 45 en 47).

In bovenstaand tafereel uit een papyrus uit de 14de eeuw v. Chr. leidt Anoebis de ziel van de schrijver Hoenefer naar Osiris om door hem geoordeeld te worden. Het hart van Hoenefer wordt afgewogen tegen het symbool van recht en waarheid. Thot schrijft het resultaat op en Horus geeft Hoenefer aan Osiris. De vier zonen van Horus staan op een lotus vóór Osiris en achter zijn troon zijn Isis en Nephthys te zien.

HET MIDDEN-OOSTEN

*Een stenen reliëf uit het paleis van Sargon II (721-705 v. Chr.) in Chorsabad.
Een dergelijke gevleugelde beschermgeest wordt vaak afgebeeld in Assyrische kunst.*

Het hart van het oude Midden-Oosten werd gevormd door Mesopotamië, dat in het westen begrensd was door de rivier de Eufraat en in het oosten door de Tigris. Een niet-Semitisch volk, de Soemeriërs, drong ca. 3300 v. Chr. het zuidelijk deel van dit gebied binnen en werd later overwonnen door Semitische aanvallers die Akkad in het noorden hadden bezet. Het machtscentrum van deze binnenvallende Semieten was de stad Babylon, en Soemer en Akkad werden bekend als Babylonië. Nog later veroverden de Assyriërs, die zich verder in het noorden hadden gevestigd, Babylon en stichtten zij uiteindelijk een groot rijk. Aan de rand van het eigenlijke Mesopotamië lagen gebieden als Klein-Azië, Syrië-Palestina en Perzië, die allemaal beïnvloed werden door de Mesopotamische cultuur en godsdienst.

De Soemeriërs ontwikkelden een politiek stelsel en een godsdienst die de basis zouden blijven voor het hele Mesopotamische leven. De maatschappij was georganiseerd rond de stadstaat, met elk zijn eigen beschermgod. Het volksgeloof was animistisch: men dacht dat de wereld vol geheimzinnige en onvoorspelbare krachten was. Er is een enorme hoeveelheid teksten die bestaat uit bezweringen tegen demonen. Er was ook een aanzienlijke hoeveelheid literatuur over voortekens, aan de hand waarvan men hoopte de toekomst te kunnen voorspellen. Daarnaast was er de officiële godsdienst, met zijn grote tempels, ingewikkelde rituelen en professionele priesters, die verantwoordelijk was voor het welzijn van de staat en de maatschappij. De grote goden waren in een pantheon georganiseerd op grond van de theologische theorieën van de priesters. Het koningschap was een goddelijke gave die neerdaalde uit de hemel: het welzijn van het volk was verbonden met dat van de koning, die een gewijde figuur was en een sleutelrol vervulde in de belangrijkste godsdienstige feesten.

De meeste mythen ontstonden in schrijfcentra die verbonden waren aan de tempels: we vinden ze op kleitabletten (in het spijkerschrift dat ontwikkeld werd door de Soemeriërs) die ontdekt zijn in de archieven van steden als Oer, Babylon en Ninivé. De teksten – poëtische composities van hoog niveau die verhalen over de heldendaden van een beperkt aantal godheden, maar ook thema's uit de folklore en legenden over halfgoddelijke helden – zijn vaak fragmentarisch en de exacte interpretatie ervan is nog steeds omstreden.

HET MIDDEN-OOSTEN

CHRONOLOGISCH OVERZICHT

ca. 2600-1850 v. Chr.	Soemerische stadstaten Derde Dynastie van Oer, ca. 2113-1991 v. Chr.
ca. 1890-900 v. Chr.	Semitische heersers nemen de macht over in Mesopotamië; Eerste dynastie van Babylon, ca. 1894-1550 v. Chr.; Hammoerabi van Babylon, ca. 1792-1750 v. Chr.
ca. 1740-1200 v. Chr.	Hittieten in Klein-Azië Het Oude Rijk, ca. 1742-1460 v. Chr. Het Hittitische Rijk, ca. 1460-1200 v. Chr.
ca. 1500-1200 v. Chr.	Gouden Eeuw van Oegarit
ca. 883-612 v. Chr.	Assyrische overheersing van Mesopotamië Sennacherib (705-681 v. Chr.) maakt Ninivé tot hoofdstad van het rijk Assoerbanipal, ca. 669-627 v. Chr. Val van Ninivé, 612 v. Chr.
ca. 625-539 v. Chr.	Nieuwbabylonische Rijk Regering van Neboekadnezar, 605-562 v. Chr.
ca. 539-331 v. Chr.	Het Perzische Rijk heeft de macht in Mesopotamië; Verovering van Babylon, 539 v. Chr., door Cyrus (539-530 v. Chr.) Darius I (552-486 v. Chr.) bouwt nieuwe hoofdstad in Persepolis; Alexander de Grote verovert het Perzische Rijk, 331 v. Chr.

BABYLON

Op de stadsplattegrond hieronder is Babylon te zien zoals het werd uitgebreid en hersteld door Neboekadnezar. De stad had meer dan vijftig tempels, maar het hart ervan was het grote tempelcomplex gewijd aan Mardoek, Esagila geheten, 'het huis van het verheven hoofd'. Dit omvatte Mardoeks eigen tempel en ook E-temen-an-ki, 'het huis van de grondvesten van hemel en aarde': dit was de ziggoerat van Babylon, mogelijk het prototype van de Toren van Babel in Genesis. Van Esagila leidde een processieweg naar de poort van Isjtar. Langs deze route vond het hoogtepunt plaats van het lentefeest van het nieuwe jaar, de belangrijkste godsdienstige plechtigheid in Mesopotamië, wanneer de overwinning van Mardoek op de krachten van de chaos werd gevierd met een grote processie, die met de beelden van Mardoek en Naboe door de koning geleid werd naar een tempel ten noorden van de stad.

ZIGGOERATS

De ziggoerat was het kenmerkende tempeltype van Mesopotamië en de meeste belangrijke steden in het gebied hadden er een. Het was een grote toren met een soms wel 45 meter hoge bakstenen trap. Erbovenop stond een kleine tempel en meestal stond er ook een aan de voet ervan. De ziggoerat werd mogelijk gezien als een soort ladder die hemel en aarde verbond. In de boventempel vond de communicatie tussen de godheid en zijn vereerders plaats. Als men de Griekse geschiedschrijver Herodotos mag vertrouwen, werd hier ook de heilige huwelijksceremonie voltrokken, die een belangrijke rol speelde in de godsdienst van Mesopotamië.

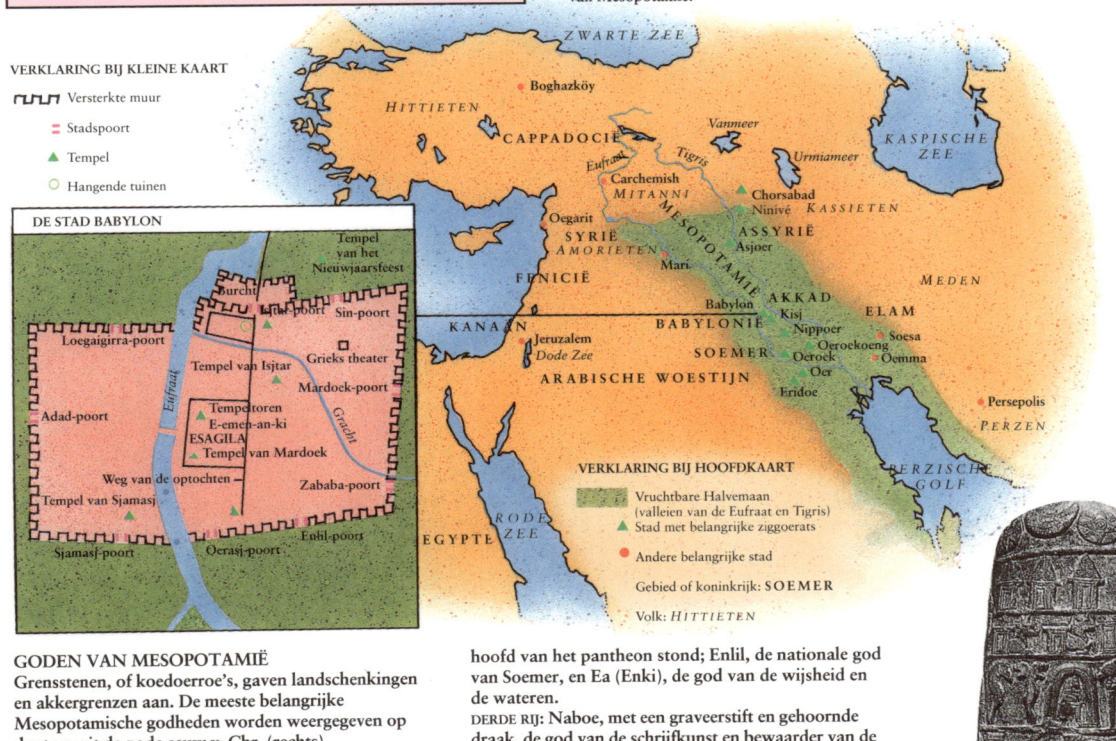

VERKLARING BIJ KLEINE KAART

- Versterkte muur
- Stadspoort
- ▲ Tempel
- ○ Hangende tuinen

VERKLARING BIJ HOOFDKAART

- Vruchtbare Halvemaan (valleien van de Eufraat en Tigris)
- ▲ Stad met belangrijke ziggoerats
- ● Andere belangrijke stad
- Gebied of koninkrijk: SOEMER
- Volk: *HITTIETEN*

GODEN VAN MESOPOTAMIË

Grensstenen, of koedoerroe's, gaven landschenkingen en akkergrenzen aan. De meeste belangrijke Mesopotamische godheden worden weergegeven op de steen uit de 12de eeuw v. Chr. (rechts).

EERSTE RIJ, van links naar rechts: De triade van astrale godheden. Een achtpuntige ster voor Isjtar (de Soemerische Inanna), de godin van oorlog en de geslachtelijke liefde, vereenzelvigd met de planeet Venus; een halve maan voor Sin (Nanna), de maangod, de grootste van de astrale godheden; een zonneschijf voor Sjamasj (Oetoe), de zonnegod.

TWEEDE RIJ: Gehoornde kronen op een voetstuk symboliseren de 'grote goden': Anoe (An), die aan het hoofd van het pantheon stond; Enlil, de nationale god van Soemer, en Ea (Enki), de god van de wijsheid en de wateren.

DERDE RIJ: Naboe, met een graveerstift en gehoornde draak, de god van de schrijfkunst en bewaarder van de 'Tafel der Lotsbestemming'; en Mardoek, met een speerpunt en een draak, de god van de magie en de nationale god van Babylon. Op de vierde rij wijst een tweekoppige leeuwescepter op Nergal, de gevreesde god van de pest en de onderwereld. Op de vijfde rij is de schorpioenmens te zien, belangrijk in veel Mesopotamische mythen. Op de laatste rij zijn de dubbele bliksemschicht en de stier het symbool van Adad, de weergod.

SOEMER EN BABYLON

Mythen uit de eerste steden

De teksten in spijkerschrift die de Soemerische mythen bevatten, werden geschreven ten tijde van de Derde Dynastie van Oer, of in de daaropvolgende periode, in verschillende steden in het gebied. Vooral belangrijk waren die uit de bibliotheek van Nippoer, het allerbelangrijkste godsdienstige centrum van Soemer, maar er kan weinig twijfel over bestaan dat de mythen teruggaan tot een veel vroegere periode. Met de mogelijke uitzondering van Egypte kunnen deze beschouwd worden als de oudste mythologische teksten van de wereld.

In deze teksten gaven de schrijvers en denkers van de Derde Dynastie van Oer gestalte aan een kosmologisch en theologisch stelsel waarop het geloof en de dogma's van het Midden-Oosten gebaseerd werden. De documenten zijn vaak moeilijk te interpreteren en bovendien vormen de Soemerische mythen geen consequent geheel, daar de belangrijkste godsdienstige centra onafhankelijke cycli ontwikkelden met hun eigen godheden als de belangrijkste hoofdpersonen. Niettemin was de mythologie die ontwikkeld werd door de Soemeriërs homogeen en gaf deze een beeld van een uiteindelijk harmonieuze wereldorde waarin de schepping en het pantheon vreedzaam voortkwamen uit de oerzee, de mens werd gemaakt om de goden te dienen en het heelal werd beheerst en in stand gehouden door onveranderlijke, goddelijke voorschriften, de *me*.

In de Babylonische mythen wordt een onvoorspelbaar universum weer-

Een beeld van de vruchtbaarheidsgodin die in verscheidene vormen, zoals Inanna (Isjtar), een universele godheid was in het oude Midden-Oosten.

Doemoezi en Enkimdoe

Het Soemerische verhaal van Doemoezi en Enkimdoe geeft in mythische vorm een beeld van de eeuwenoude rivaliteit tussen de levenswijze van herders en die van landbouwers, een thema dat overeenkomt met het thema dat ten grondslag ligt aan het verhaal van Kaïn en Abel in Genesis. In de eerste plaats gaat het in de mythe echter om Doemoezi, die de vruchtbaarheidsgodin Inanna het hof maakt en uiteindelijk met haar verenigd wordt.

De godin Inanna heeft besloten een echtgenoot te kiezen en de twee huwelijkskandidaten zijn de schaapherder Doemoezi en de boer Enkimdoe. Oetoe, de zonnegod en de broer van Inanna, spoort haar aan Doemoezi te nemen, maar aanvankelijk spreekt Inanna een sterke voorkeur voor Enkimdoe uit. Doemoezi blijft haar echter het hof maken en zegt dat wat hij haar kan geven met zijn kudden veel waardevoller is dan wat Enkimdoe haar te bieden heeft. De twee rivalen ontmoeten elkaar en maken ruzie aan de oever van een rivier, maar Enkimdoe geeft al snel toe en de kudden van Doemoezi mogen van hem op zijn land grazen. Daarop nodigt de schaapherder de boer uit voor zijn huwelijk met de godin en de tekst eindigt met de belofte van Enkimdoe om verscheidene landbouwprodukten mee te brengen als geschenk aan Doemoezi en Inanna.

Verscheidene andere mythen stellen Doemoezi voor als de echtgenoot van Inanna en in heel wat verhalen, die opmerkelijk erotisch getint zijn, wordt de liefde van Inanna voor hem verheerlijkt. Als vruchtbaarheidsgodin vernieuwde Inanna de vegetatie en wekte zij de geboorte op van dieren en menselijke wezens: Doemoezi was de incarnatie van de scheppende krachten van de lente en zijn huwelijk met Inanna symboliseerde en bewerkstelligde de vernieuwing van het leven bij de jaarwende. Deze gebeurtenis voltrok zich regelmatig opnieuw tijdens het in verscheidene steden gevierde ritueel van het Heilig Huwelijk, waarin de koning de rol van Doemoezi of Tammoez (zie p. 61) op zich nam en geacht werd gemeenschap te hebben met de godin, waardoor de vruchtbaarheid en de welvaart van het land veilig werden gesteld.

spiegeld dat de mensen voor cruciale vraagstukken stelt: hoe kan de mensheid omgaan met de onvoorspelbare activiteiten van de goden (het thema van de zondvloedmythen)? Waarom geniet de mensheid geen onsterfelijkheid, die de goden angstvallig voor zichzelf bewaren (het thema van het Gilgamesj-epos)? Deze twee kwesties zijn het onderwerp van het verhaal van Adapa.

Adapa was een van de Zeven Wijzen uit de Prehistorie (machtige wezens opgeroepen in magische riten) en een priester van Ea in de stad Eridoe. Op een keer deed de zuidenwind zijn vissersboot omslaan. Adapa vervloekte de wind en zorgde ervoor dat deze niet kon waaien, zodat het vocht dat hij bracht aan het land onthouden werd. De oppergod Anoe ontbood hem in de hemel om zich te verantwoorden. Zijn beschermgod Ea vertelde hem hoe hij Anoe gunstig kon stemmen en zei hem niets te eten of te drinken van wat de god hem aanbood, aangezien dat het water en voedsel van de dood zou zijn. Dit was echter een bedrieglijke raad, want in werkelijkheid bood Anoe hem het echte water en voedsel van het leven aan waardoor hij, net als de goden, onsterfelijk zou worden. Toen Adapa de gift afwees, barstte Anoe in lachen uit en stuurde hij hem terug naar de aarde. Het einde van het verhaal ontbreekt, maar het lijkt erop dat Anoe speciale privileges schonk aan Eridoe en de priesters ter plaatse, maar tevens bepaalde dat ziekte en demonen het lot van de mensheid zouden zijn. Adapa zou echter in staat zijn deze kwade zaken te bestrijden met zijn magische krachten.

Een andere belangrijke (maar eveneens fragmentarische) Babylonische mythe is het verhaal van Zoe, een Akkadische bewerking van een oudere Soemerische mythe. De vogelgod Zoe, die in de onderwereld verblijft, stal van de god Enlil de Tafel der Lotsbestemming, die de bezitter de macht over het heelal gaf. Anoe vroeg toen achtereenvolgens twee goden als vrijwilliger om Zoe te doden, maar deze weigerden omdat Zoe nu de opperheerschappij bezat. Uiteindelijk verschijnt iemand die Zoe met succes zal uitdagen: Mardoek volgens Babylonische, Loegalbanda volgens Soemerische bronnen. Details van Zoe's nederlaag ontbreken, maar een afdruk van een rolzegel (zie marge, rechtsboven) lijkt erop te wijzen dat hij uiteindelijk voor Ea (afgebeeld als watergod) wordt geleid, die hem veroordeelt.

HET OORDEEL VAN ZOE
Deze afdruk van een zegelrol lijkt Zoe af te beelden, die berecht wordt door Ea na het stelen van de Tafel der Lotsbestemming. Zoe verschijnt regelmatig als de vijand van de hoge goden en deze mythe weerspiegelt waarschijnlijk een verandering in het godsdienstige patroon van Mesopotamië: met de instroom van nieuwe bevolkingsgroepen werden oude aardgoden (van de onderwereld) ondergeschikt gemaakt aan de nieuwere hemelgoden.

Etana

In de Akkadische mythe van Etana wordt de centrale rol van het koningschap in de Mesopotamische maatschappij weergegeven.

Op de Soemerische koningslijst staat Etana vermeld als de heerser van Kisj, 'een schaapherder die ten hemel steeg'. Hij werd door de goden aangewezen om de mensheid de zegen van het koningschap te brengen. Maar hij heeft geen zoon die de dynastie kan voortzetten (dit is ook het probleem van Keret in de Oegaritische my-the: zie p. 64), en weet dat zijn enige redmiddel gelegen is in een opstijging naar de hemel om daar de geboorteplant te verkrijgen van Isjtar, de meesteres van de geboorte. Op advies van de zonnegod Sjamasj verzekert hij zich van de hulp van een adelaar door deze te redden uit een diepe kuil waarheen de vogel verbannen was omdat hij zijn vriend de slang had verraden. Etana wordt in een spectaculaire vlucht op de rug van de adelaar gedragen.

Op dit rolzegel wordt het opstijgen van de herder-koning, toepasselijk gadegeslagen door twee herders met hun honden, afgebeeld.

GILGAMESJ
Het grote epos van de sterfelijkheid

De volledigste versie van het grote Gilgamesj-epos is een Akkadische tekst uit de bibliotheek van Assoerbanipal in Ninivé. Gilgamesj, beschreven als 'twee derde god en een derde mens', onderdrukt zijn onderdanen. Wanneer zij een beroep doen op de goden om te zorgen voor iemand die hun heerser in bedwang kan houden, scheppen de goden Enkidoe, het oertype van de wilde, die bedekt is met haar en te midden van de wilde dieren woont. Een prostituée brengt hem in contact met de beschaving. Dan gaat hij de strijd aan met Gilgamesj, waarna de twee dikke vrienden worden en heldendaden gaan verrichten, zoals het doden van Hoembaba. Daarna nodigt de godin Isjtar Gilgamesj uit haar gemaal te worden, maar hij wijst haar avances vol minachting af. Woedend stuurt ze de 'Hemelstier' op hem af, maar Gilgamesj en Enkidoe doden het dier.

De goden besluiten dat Enkidoe moet sterven wegens zijn aandeel in het doden van Hoembaba en de stier. Het lot van Enkidoe doet Gilgamesj de werkelijkheid van de dood beseffen en hij trekt erop uit om het geheim van het eeuwige leven te ontdekken. Na het oversteken van de Wateren des Doods bezoekt hij de enige man die de onsterfelijkheid heeft verworven, Oetnapisjtim, die hem vertelt van een onsterfelijk makende plant op de bodem van de zee. Vergezeld door de roeier van Oetnapisjtim krijgt Gilgamesj de plant te pakken, maar deze wordt gestolen door een slang voordat hij hem kan gebruiken.

Een terracotta masker van de demon Hoembaba (de Soemerische Hoewawa) uit de stad Oer. Dergelijke maskers werden gebruikt ter afwering van de vele demonen die de Mesopotamische wereld zouden bevolken.

De Soemerische versies

*E*r bestaan vijf Soemerische teksten over Gilgamesj. Deze werden met elkaar verweven en opnieuw geïnterpreteerd door Babylonische schrijvers, waarna een samenhangend epos ontstond.

De derde tekst vertelt hoe de godin Inanna de reusachtige hemelstier op Gilgamesj afstuurt, nadat hij haar pogingen om hem te verleiden had afgewezen.

In de vierde tekst wil Inanna een boom omhakken om er een stoel en een bed van te maken, maar hij kan dat niet omdat de boom bewaakt wordt door verscheidene demonische wezens. Op verzoek van Inanna verdrijft Gilgamesj deze monsters echter en van het hout van de boom maakt de godin twee voorwerpen, misschien een trommel en trommelstok. Deze vallen in de onderwereld, waaruit Enkidoe ze probeert terug te halen. Wanneer hij daar eenmaal is, kan hij niet terug. De god Enki maakt echter een gat in de grond waaruit de geest van Enkidoe opstijgt om Gilgamesj te vertellen over de treurige toestand waarin degenen verkeren die daarheen zijn afgevoerd.

Het slotstuk van de reeks wordt gewoonlijk de Dood van Gilgamesj genoemd, maar het is mogelijk dat de tekst in werkelijkheid verwijst naar de dood van Enkidoe: in ieder geval is het thema ervan de onvermijdelijkheid van de dood en de ijdelheid van alle hoop op onsterfelijkheid. Dit is trouwens de moraal van het Gilgamesj-epos als geheel.

Het doden van de demon Hoembaba, dat zowel in Soemerische als in Akkadische teksten vermeld wordt. Links staat Gilgamesj met een kroon op het hoofd.

ISJTAR EN TAMMOEZ
De afdaling in de onderwereld

Inanna, of Isjtar in de Akkadische versie, is de hoogste godin van de geslachtelijke liefde en de vruchtbaarheid, en ook een godin van de oorlog, 'de heerseres over de veldslagen'. De belangrijkste mythe waarin zij de centrale rol speelt, is die van haar afdaling in de onderwereld.

Alvorens te vertrekken geeft ze haar vizier Ninsjoeboer opdracht om, wanneer zij niet terugkeert, achtereenvolgens naar drie goden te gaan. In de onderwereld moet ze door zeven poorten, bij elk waarvan ze een kledingstuk en een sieraad moet afstaan, zodat ze uiteindelijk naakt is, ontbloot van alle macht die haar gewaden symboliseerden. Ze komt oog in oog te staan met de godin Eresjkigal, de heerseres over de onderwereld en haar eigen zus, en probeert zich meester te maken van haar troon. Ze wordt echter ter dood veroordeeld en haar lijk wordt aan een spijker aan een muur gehangen. Ninsjoeboer vermoedt het ergste en gaat naar de god Enki, die uit het vuil onder zijn nagels twee geslachtloze wezens schept en hun de Plant en het Water des Levens geeft. Ze dringen door tot Isjtar en wekken haar weer tot leven, maar ze mag alleen weg als ze voor een plaatsvervanger zorgt. Ze verlaat de onderwereld, vergezeld door demonen, en wijst haar echtgenoot Doemoezi (Tammoez) als haar plaatsvervanger aan. Het gedicht eindigt met een toespraak waarin wordt beschikt dat Doemoezi de ene helft van het jaar in de onderwereld zal doorbrengen en zijn zuster Gesjtinanna, 'de Vrouwe van de Wijnstok', de andere helft.

Inanna (Isjtar) is op deze stèle afgebeeld in haar gedaante van godin van de oorlog, op de rug van een leeuwin en gewapend met een pijlkoker om beide schouders en met aan haar linkerzijde een zwaard. Haar afdaling in en terugkeer uit de onderwereld zijn een mythische weergave van de verstoring en het herstel van de vruchtbaarheid.

Tammoez, de stervende god

Doemoezi, in het Akkadisch Tammoez, heeft meer dan één hoedanigheid. Hoewel hij niet een van de grote goden was, stond hij in hoog aanzien in de volksreligie en was zijn cultus wijdverbreid.

Eén gedaante van Tammoez was die van de belichaming van de vegetatie. In zijn belangrijkste hoedanigheid was hij echter de archetypische stervende god en als zodanig ging hij samenvallen met andere godheden van hetzelfde type, zoals Adonis in de Griekse mythen.

De jaarlijkse verdroging van de vegetatie gedurende het warme jaargetijde wordt gesymboliseerd door zijn dood en gevangenschap in de onderwereld. Hij vormt het middelpunt van veel Mesopotamische liturgieën die zijn verdwijning en de daarmee gepaard gaande troosteloosheid van de natuur betreuren – riten die vooral werden gevierd door vrouwen, tot aan Jeruzalem toe, zoals blijkt uit een verwijzing in de profetie van Ezechiël in de Bijbel. Vaak is verondersteld dat zijn herrijzenis ook op rituele wijze werd gevierd: er zijn hiervoor geen duidelijke bewijzen, maar het feit dat dit verblijf in de onderwereld volgens het verhaal slechts een half jaar duurde, maakt het waarschijnlijk dat zijn terugkeer naar het leven centraal stond in een lenteritueel. Inanna (Isjtar) is echter het enige duidelijke voorbeeld in de Mesopotamische literatuur van de dood en wederopstanding van een godheid.

SCHEPPINGSMYTHEN

Enki, Mardoek en de goddelijke decreten

Op dit rolzegel is te zien hoe Mardoek Tiamat doodt. Tiamat is oorspronkelijk de zoutwateroceaan; in de mythe belichaamt zij de oerchaos, voorgesteld als een vrouwelijk, draakachtig monster dat overwonnen moet worden voordat het heelal geschapen kan worden. Een tekst noemt de wapens van Mardoek die hier te zien zijn: de knots waarmee hij het hoofd van Tiamat verbrijzelt, de bliksem waarmee hij haar aanvalt en mogelijk een net om haar en haar volgelingen te strikken.

Deze mythen gaan over een aantal godheden wier activiteiten niet gemakkelijk met elkaar in overeenstemming te brengen zijn en de rivaliteit tussen de goden van verschillende Soemerische steden lijken te weerspiegelen. De uiteindelijke oorsprong van alle dingen was de oerzee, verpersoonlijkt als de godin Nammoe. Zij baarde de mannelijke hemelgod An en de vrouwelijke aardgodin Ki, wier vereniging vervolgens de 'grote goden' voortbracht. Een daarvan was Enlil, de bron van het geordende heelal en verantwoordelijk voor het plantenleven, het vee, de landbouwwerktuigen en de kunsten der beschaving. De mens werd geschapen om de goden te dienen en hen van voedsel te voorzien.

Dezelfde rol wordt toegeschreven aan Enki, die zijn verblijf heeft in Apsoe, het ondergrondse water. Als god van de wijsheid is Enki de bezitter van *me*, een kernbegrip in de Soemerische religie. De *me* zijn de vooraf bepaalde goddelijke decreten die de ontwikkeling van alle godsdienstige en maatschappelijke instellingen bepalen. Het bezit ervan schonk absolute macht en daarom wekt het geen verbazing dat de godheden ze maar wat graag wilden bemachtigen. Er is een mythe die vertelt van de godin Inanna die Enki met dit doel bezoekt. Hij ontvangt haar met een feestmaal en onder invloed van de wijn geeft hij haar de *me*, waarvan er meer dan honderd op een lijst staan. Na het vertrek van Inanna probeert Enki de *me* terug te krijgen, maar Inanna verdrijft zijn gezanten met magische bezweringen.

De Babylonische scheppingsmythe

Het Babylonische scheppingsepos vormt een samenhangend geheel. Het geeft een hoofdrol aan Mardoek, de god van Babylon; oudere, oorspronkelijk op andere godheden betrekking hebbende mythen worden op hem toegepast. Het doel ervan was de rechtvaardiging van de positie van Mardoek als de grootste aller goden en van de superioriteit van zijn eigen stad. Het voorlezen vormde een integraal onderdeel van het nieuwjaarsfeest, het belangrijkste godsdienstige feest van Babylon, dat geacht werd de vernieuwing van de schepping te bewerkstelligen.

In het begin bestond er niets dan Apsoe, de zoetwateroceaan, en Tiamat, de zoutwateroceaan. Uit hun vereniging komt een reeks van goden voort, met als belangrijkste Anoe en Ea, die Mardoek baart. Er ontstaat een strijd tussen de jongere goden en de oergoden. Ea doodt Apsoe en Tiamat besluit wraak te nemen. Ze verzamelt een horde woeste monsters en plaatst deze onder het aanvoerderschap van haar zoon Kingoe, die zij voorziet van de 'Tafel der Lotsbestemming', die overeenkomt met de Soemerische *me*.

Verscheidene goden proberen Tiamat ten val te brengen, maar ze slagen daar niet in en uiteindelijk kiest het pantheon Mardoek als voorvechter. Mardoek gaat akkoord op voorwaarde dat hij erkend wordt als koning der goden. Hij verslaat en doodt Tiamat: hij deelt haar lichaam in tweeën, waarbij de ene helft de hemel en de andere helft de aarde vormt. Kingoe neemt hij de Tafel der Lotsbestemming af. Vervolgens doodt Mardoek Kingoe en uit diens bloed, vermengd met aarde, schept hij de mensheid.

Mardoek, staand op een gehoornde slang en de oerzee. Een Babylonisch zegel van lazuursteen.

DE ZONDVLOED

Verwoesting en overleving

De mythe van de zondvloed is een dramatische weergave van de onvoorspelbare overstromingen van de Tigris en de Eufraat. Het verhaal komt in zijn volledigste vorm voor in het epos van Atrachasis. De mensheid wordt geschapen om de goden te dienen en hen te verlossen van de noodzaak tot werken. Maar de mensheid vermenigvuldigt zich zo snel dat het lawaai dat zij maken de rust van de goden verstoort. Enlil probeert hun aantal terug te dringen door eerst een plaag te sturen en daarna een tweemaal herhaalde droogte, maar iedere keer worden zijn plannen gedwarsboomd door de wijze Enki, die de bedoelingen van Enlil onthult aan Atrachasis, de vrome koning van Sjoeroepak. Uiteindelijk dwingt Enlil de andere godheden een zondvloed te sturen, en laat hen een eed van geheimhouding zweren. Enki weet hieronder uit te komen door niet rechtstreeks tegen Atrachasis te spreken, maar tegen de rieten hut waarin de koning woont. Atrachasis bouwt een boot waarin hij zijn toevlucht neemt met zijn gezin en verscheidene dieren. De goden merken dat zij zonder mensen niet langer te eten hebben en dat zij weer moeten werken en na zeven dagen neemt de zondvloed af. Enlil accepteert het voortbestaan van de mensheid, maar stelt voor de bevolkingsgroei te beperken door het instellen van klassen van priesteressen die geen kinderen mogen krijgen en door het laten ontstaan van kindersterfte. Atrachasis krijgt het eeuwige leven en een plaats onder de goden.

DE ZONDVLOED IN HET GILGAMESJ-EPOS

Oetnapisjtim, die in het Gilgamesj-epos de zondvloed overleefde (zie p. 60), geeft een gedetailleerd verslag van de bouw van een boot in de vorm van een volmaakte kubus en een levendig beeld van de gevolgen van de zondvloed. Hij vertelt hoe hij, toen het water eindelijk zakte, een duif, een zwaluw en een raaf uitstuurde om het terrein te verkennen en hoe hij daarna te voorschijn kwam om een offer te brengen, waaromheen alle goden samendromden om 'de zoete geur op te snuiven'. Deze details verbinden het Babylonische verhaal nauw met het bijbelse verhaal van de zondvloed. Uiteindelijk zegt Ea tegen de boze Enlil dat hij niet zou moeten proberen het menselijk ras uit te roeien, maar het, wanneer nodig, zou moeten straffen door wilde dieren, hongersnood of een plaag te sturen. Enlil accepteert het advies en beloont Oetnapisjtim met de gave der onsterfelijkheid.

De Soemerische zondvloedmythe

De mythe van de zondvloed is overgeleverd in drie belangrijke versies, die – zoals uit de basiselementen blijkt – afgeleid zijn van een gemeenschappelijk prototype. De mensheid beledigt de goden en wordt op aandringen van de god Enlil gestraft met een zondvloed die bedoeld is om de soort uit te roeien. Maar één man en zijn gezin worden gespaard door tussenkomst van de god Enki of Ea; zij kunnen de mensheid opnieuw laten beginnen. Van de Soemerische zondvloedmythe zijn slechts fragmenten overgebleven, maar deze is duidelijk de oorsprong van alle latere Mesopotamische versies.

Na een ontbrekend stuk tekst spreekt Enki over de beslissing van de goden om de mensheid te vernietigen met een zondvloed. Enki besluit de vrome koning Zioesoedra te redden en vertelt hem wat de goden van plan zijn door met hem te spreken door de rieten muur van het huis van de koning heen. Op dit punt ontbreekt er weer een stuk tekst, maar vermoedelijk krijgt Zioesoedra instructies om een boot te bouwen, want er volgt een beschrijving van een zevendaagse zondvloed, tijdens welke 'de stormwinden de reusachtige boot op de grote wateren heen en weer slingerden'. Dan verschijnt Oetoe, de zonnegod, in zijn boot en brengt het licht terug. Zioesoedra komt te voorschijn om een offer te brengen aan An en Enlil, die verantwoordelijk leken te zijn voor de zondvloed. Dezen worden verzoend, waarna ze de aarde opnieuw bevolken, de vegetatie hernieuwen en Zioesoedra 'eeuwig leven, als een god' geven.

De derde versie van de mythe is die op het elfde kleitablet van het Gilgamesj-epos (zie marge, hierboven).

Oetoe, met andere godheden, in zijn boot. In dit vaartuig, waarmee hij geacht werd iedere dag door de hemel te trekken, verscheen de zonnegod aan Zioesoedra in de mythe van de zondvloed.

OEGARITISCHE MYTHEN
Koningschap en opvolging

OEGARITISCHE GODHEDEN
Aan het hoofd van het Oegaritische pantheon staat El, de hoogste autoriteit in alle menselijke en goddelijke zaken: hij is de schepper, 'de vader van goden en mensen', afgebeeld als een oude en eerbiedwaardige figuur. De actiefste godheid in de mythen is echter de jonge god Baäl, vereenzelvigd met de stormgod Adad en met het vergoddelijkte principe van de vruchtbaarheid; hij woont op een berg in het verre noorden. Verbonden met hem zijn twee vrouwelijke figuren, Asjera of Astarte en Anath, voorbeelden van vruchtbaarheidsgodinnen die in het gehele Midden-Oosten worden aangetroffen. Asjera is de gemalin van El en moeder van het pantheon. Anath is de zuster van Baäl, zijn voornaamste helpster bij zijn lotgevallen en gekenmerkt door haar gewelddadige en oorlogszuchtige karakter. Andere godheden van minder belang zijn Resjef en Horon, goden van de pest, en Athar, de ster van Venus, en de pendant van Isjtar in Mesopotamië. In de mythen treden ook twee tegenstanders van Baäl op: Yam, de zee, en Mot, de vernietigende kracht van de droogte en de onvruchtbaarheid.

De god El op zijn troon, terwijl hij een offer aanvaardt van een gekroonde aanbidder, die misschien de koning van Oegarit is. De godheid draagt een kroon met wijd uiteenstaande stierehoorns; zijn linkerhand is opgeheven in een zegenend gebaar. Stèle uit Oegarit.

De Oegaritische mythen en legenden hebben veel gemeen met die van Mesopotamië, maar ze hebben ook hun eigen kenmerken.

Twee teksten gaan over belangrijke aspecten van de Kanaänitische maatschappij. De eerste is de legende van koning Keret. Het verhaal begint met het treuren van Keret om het verlies van zeven achtereenvolgende vrouwen, waardoor zijn hoop op een erfgenaam de bodem is ingeslagen. De oppergod El verschijnt hem in een droom en geeft hem opdracht een naburig koninkrijk binnen te vallen en Hoeray, de dochter van de koning van dat rijk, te huwen. Keret trekt erop uit en belooft vele malen het gewicht van Hoeray in zilver en goud te geven aan de vruchtbaarheidsgodin Asjera als hij slaagt. Hij bereikt zijn doel en bij zijn terugkeer zegent El hem en belooft hem dat Hoeray hem acht zonen zal schenken, van wie de oudste gezoogd zal worden door Asjera en Anath. In zeven jaar tijd worden deze kinderen geboren, zoals beloofd. Maar dan blijkt dat Keret zijn gelofte aan Asjera niet gehouden heeft. Hij wordt ernstig ziek, zodat hij niet langer recht kan spreken en de vruchtbaarheid van de oogsten wordt geschaad. Er wordt een dienst gehouden in het paleis van Baäl om de vruchtbare regens te laten komen. Daarna wordt Keret weer beter en krijgt hij zijn troon terug. Ook weet hij de poging van een van zijn zoons om hem van de troon te stoten te verijdelen. Het verhaal zegt veel over het concept van het koningschap in het Midden-Oosten: de koning wordt beschouwd als een gewijde figuur, degene via wie zegeningen komen en die orde en vruchtbaarheid in zijn land en maatschappij brengt: als hij lijdt of gedijt, doen zij dat ook.

Om iets dergelijks gaat het in de legende van Ahat. De patriarch Daniël (dezelfde naam wordt aangetroffen in de Bijbel) is kinderloos, maar op aansporing van Baäl staat El hem een zoon toe, Ahat. Wanneer Ahat opgroeit, geeft een goddelijke handwerksman hem een boog met pijlen. De godin Anath begeert deze en probeert Ahat over te halen ze af te staan. Wanneer hij weigert, stuurt ze haar volgeling Yatpan op Ahat af om hem te vermoorden, maar de boog wordt vernietigd in de strijd, waardoor het plan van de godin verijdeld wordt. Het gevolg is dat Baäl de regen tegenhoudt, waardoor de oogst mislukt. Daniël zoekt naar het stoffelijk overschot van Ahat en wanneer hij dat vindt, begraaft hij het in het familiegraf en houdt hij zeven jaar lang rouwriten.

Het einde van de mythe is verlorengegaan, maar geleerden zijn het er algemeen over eens dat het ging over de wederopstanding van Ahat, de terugkeer van de vruchtbaarheid in het land en misschien het terugvinden van de boog. Het verhaal kan heel goed gebaseerd zijn op een oorspronkelijke mythe die een verklaring vormde voor de droogte van de zomer en het einde dat daar ten slotte aan kwam – gesymboliseerd door de dood en de wederopstanding van Ahat. De boog kan het sterrenbeeld Orion voorstellen, waarvan het ondergaan en het opkomen overeenkwamen met het begin en einde van het droge jaargetijde.

Twee andere mythen zijn in wezen theogonieën: verhalen van de geboorte der goden. Eén vertelt hoe El gemeenschap heeft met twee vrouwen die waarschijnlijk de godinnen Asjera en Anath voorstellen. Eerst verwekt hij twee godheden, Sjachar ('ochtendschemering'), en Sjalim ('avondschemering'), en vervolgens de Oegaritische godheden in het algemeen. De tweede mythe vertelt van de voorbereidingen voor het huwelijk van de maangod Yarikh met de maangodin Nikkal, tijdens welke de Kotharat, de goddelijke vroedvrouwen, worden ontboden om de geboorte van een zoon te begeleiden.

Baäl, de stormgod

De belangrijkste Oegaritische mythen, die een cyclus van drie onderling verbonden episoden vormen, betreffen de jonge stormgod Baäl. Het geheel werd waarschijnlijk gereciteerd tijdens een groots feest in de herfst. Tijdens dat feest werd het einde van het landbouwjaar gevierd en werd vooruitgekeken naar de komst van de vroege regenval.

De eerste tekst gaat over de nederlaag die Baäl toebrengt aan Yam, 'zee'. Yam, die ook Nahar ('rivier') genoemd werd en in andere documenten de benamingen 'draak', 'slang' en 'Leviathan' krijgt, was de pendant van Tiamat (zie p. 62). Aan het begin van de mythe maakt Yam aanspraak op koninklijke macht, en de oppergod El besluit hem deze toe te staan, maar waarschuwt hem dat hij eerst Baäl zal moeten verslaan. Met behulp van magische wapens, hem verschaft door goddelijke handwerkslieden, gaat Baäl een machtig gevecht aan met Yam; hij doodt hem, verspreidt het stoffelijk overschot en roept vervolgens zichzelf tot koning uit. Yam vertegenwoordigt de weerspannige krachten van de chaos, die mens en natuur bedreigen. Door hem te verslaan toont Baäl dat hij degene is die zeggenschap heeft over het water dat uit de hemel kan neerdalen en daardoor de vruchtbare regens kan sturen.

De tweede episode begint met een groot banket waarmee de overwinning van Baäl op Yam wordt gevierd. Daarna verdwijnt Baäl echter naar de achtergrond en volgt er een verslag van een bloeddorstige slachting die Anath houdt onder aanbidders van Baäl, wat misschien de intense bezorgdheid van de bevolking aan het eind van het droge jaargetijde weerspiegelt. Baäl probeert Anath te bedwingen door haar te beloven dat hij haar deelgenoot zal maken van het geheim van de bliksem waardoor de levengevende stormen zouden ontstaan. Vervolgens klaagt Baäl dat hij geen paleis heeft, zoals de andere goden. Anath gaat naar El om hem te vragen Baäl een huis te geven, maar El weigert aanvankelijk. Uiteindelijk wordt El door zijn gemalin Asjera overgehaald zijn toestemming te geven. Er volgt een beschrijving van de bouw van het paleis, waarna Baäl het betrekt, een gebeurtenis die wordt gevierd met een groot feest. Ten grondslag aan het verhaal ligt de mythe van de stichting van Baäls tempel in Oegarit. Ten slotte vraagt Baäl, terwijl hij in zijn paleis zit, of iemand zijn oppermacht kan weerstaan en daagt hij Mot uit, de god van de dood.

Het thema van het laatste deel is de poging van Mot zich het koningschap van Baäl toe te eigenen door middel van twee confrontaties. Eerst dwingt Mot Baäl zich te onderwerpen aan zijn macht en af te dalen in de onderwereld, waardoor hij de droogte van de zomer brengt. Tijdens de afwezigheid van Baäl benoemt Asjera op verzoek van El haar zoon Asjtar om Baäl als koning te vervangen, maar hij blijkt niet tegen deze taak opgewassen te zijn. Ondertussen gaat Anath op zoek naar Baäl. Ze ontmoet Mot en doodt hem door hem af te ranselen en te verbranden. Het lijkt er echter op alsof het hier slechts om een aards aspect van Mot gaat, omdat Anath in een episode die doet denken aan de gevaarlijke reis van Isjtar (zie p. 61) afdaalt in de onderwereld om te proberen Mot over te halen Baäl te laten gaan. Door tussenkomst van de zonnegodin Sjapasj keert Baäl uiteindelijk terug en wordt hij in zijn vroegere staat hersteld.

Dan gaat Mot de tweede uitdaging aan. Hij verlaat zijn huis, de onderwereld, en voor de eerste maal komt hij oog in oog met Baäl te staan. Er volgt een strijd die onbeslist eindigt, waarna El verschijnt en de onwillige Mot overhaalt Baäl als koning te erkennen.

Als de personificatie van de laatste vijand van de mens, de dood, kan Mot niet overwonnen maar slechts in bedwang gehouden worden door Baäl met de hulp van de allerhoogste oppergod.

Baäl of Adad als de stormgod. Staand op de bergen houdt hij in zijn handen een staf, die de donder voorstelt, en een lans, die de bliksemschicht voorstelt.

MYTHEN VAN DE HITTIETEN

Draken en verloren goden

Dit bas-reliëf (hierboven) komt uit de Hittitische stad Malatya. De weergod (misschien met zijn zoon) valt een grote slang aan en laat op deze hagel neerkomen. Volgens de teksten wordt de god eerst verslagen door de draak Illoeyankas, maar is hij uiteindelijk de overwinnaar. De mythe werd opgezegd op het Hittitische nieuwjaarsfeest.

De Hittieten, een niet-Semitisch volk, vestigden zich in Klein-Azië tegen het begin van het derde millennium v. Chr. en schiepen ten slotte een rijk dat een groot deel van het Midden-Oosten omvatte en dat standhield tot ca. 1225 v. Chr. Het pantheon van de Hittieten was veel groter dan dat van Mesopotamië, omdat hun religie de cultussen van andere volkeren opnam. Ook werd hun religie beïnvloed door die van Babylon en omvatte hun pantheon verscheidene Babylonische godheden.

Hittitische mythen vallen uiteen in twee hoofdcategorieën: het doden van de draak, en de verdwenen god. Het beste voorbeeld van de laatstgenoemde categorie is de mythe van Telepinoe, de god van de landbouw en de zoon van de grote weergod. Om een onverklaarde reden verbergt Telepinoe zich en zijn afwezigheid is schadelijk voor de natuur en de maatschappij. Gerst- en tarweoogsten mislukken, ossen, schapen en mensen kunnen niet zwanger worden en degenen die zwanger zijn, kunnen niet baren. Zelfs de goden lijden honger. De goden (vooral de weergod) proberen Telepinoe te vinden. Eindelijk slagen ze daarin en hij vliegt naar huis op de rug van een adelaar. De voorspoed keert terug in het land en er wordt een speciale belofte gedaan van leven en kracht voor de koning en de koningin.

Oellikoemmi en Tesjoeb

Een bijzonder belangrijke godheid in de Hittitische mythologie is de weergod Tesjoeb, de Hittitische versie van Hadad. Hoe Tesjoeb zijn vooraanstaande positie bereikt, wordt verteld in twee teksten over de strijd om het koningschap in de hemel tussen oudere en jongere goden.

De eerste mythe gaat over Koemarbi, de vader der goden, die gelijkgesteld kan worden met de Soemerische Enlil. Koemarbi was echter niet de eerste god. Vóór hem was Alaloe koning van de hemel, maar hij werd afgezet door Anoe. Toen voerde Koemarbi strijd met Anoe en beet diens penis af. Het zaad van Anoe maakte Koemarbi zwanger en na verloop van tijd worden er drie 'verschrikkelijke goden' voortgebracht, kennelijk allemaal hoedanigheden van de weergod. De volgende episode betreft waarschijnlijk de overwinning van de weergod op Koemarbi. In de tweede mythe, het Lied van Oellikoemmi, wil Koemarbi wraak nemen op Tesjoeb, die hem heeft afgezet. Met behulp van de Zee, de gepersonifieerde chaos, verwekt Koemarbi een zoon, Oellikoemmi, die vervolgens wordt geplaatst op de schouders van Oepelloeri, een reus die in het midden van de zee woont. Oellikoemmi wordt hierdoor enorm groot, tot ontsteltenis van Tesjoeb, die de goden bij elkaar brengt om hem aan te vallen. Maar de aanval mislukt en Oellikoemmi dwingt Tesjoeb tot aftreden. Dan wendt Tesjoeb zich tot de wijze god Ea, die een middel bedenkt om Oellikoemmi los te maken van Oepelloeri. Ea roept de goden op de strijd te hervatten. Het einde van de mythe ontbreekt, maar betreft bijna zeker het herstel van de macht van Tesjoeb en de nederlaag van Koemarbi en zijn zoon.

Tesjoeb wordt als krijger afgebeeld en ook als stormgod, omgord met een zwaard en met in zijn handen een bijl en een drietandige bliksemschicht en op zijn hoofd een gehoornde helm.

PERZISCHE MYTHEN

Ahoera Mazda en de strijd tussen goed en kwaad

MITHRAS
De bekendste Perzische godheid is misschien Mithras, wegens de wijdverbreide cultus die zich rond hem in het Westen ontwikkelde. Oorspronkelijk was hij de personificatie van *mitra* ('contract') en daardoor de handhaver van orde en gezag. Hij was ook een oorlogsgod en als zodanig beschreven als de berijder van een gouden strijdwagen met vier paarden, strijdend tegen de demonen en hun aanbidders, en nauw verbonden met de zon. Hij werd in de Romeinse tijd het voorwerp van een mysteriecultus. Vrijwel ieder heiligdom van Mithras had een centraal reliëf waarop Mithras de stier doodt, een Perzisch ritueel dat ingesteld was door Yima, de eerste mens. In het mithraïsme vertegenwoordigt het ritueel een daad die de schepping vernieuwt: door het doden van de stier werd Mithras geacht de heerschappij van Yima over een wereld zonder honger of dood te herstellen en zijn aanbidders ervan te verzekeren dat zij onsterfelijk waren.

De religie van de oude Perzen is slechts bekend uit de latere zoroastrische geschriften, de *Avesta*, en vooral uit de verzameling hymnes die bekend staan als de *Yasjts*. Natuurkrachten werden aanbeden, maar ook was er sprake van vergoddelijkte begrippen en maatschappelijke verschijnselen. De Perzen erkenden één oppergod, Ahoera Mazda ('wijze heer'), de allesomvattende hemel. Tegenover hem stonden Angra Mainyoe of Ahriman, de god van de duisternis en de onvruchtbaarheid. Het leven was aldus in wezen een strijd tussen de krachten van goed en kwaad. Tussen deze twee godheden stond Vayoe, de god van de lucht en de wind. Een andere belangrijke god was Tisjtrya, de regengod. De mythe over hem is een voorbeeld van het universele conflictverhaal van het Midden-Oosten. Tisjtrya daalt in de vorm van een wit paard met gouden oren en sierbedekkingen en harnas af in de kosmische oceaan, waar hij Apaosja ontmoet, de demon van de droogte, die de vorm heeft van een zwart paard. Ze vechten drie dagen lang en aanvankelijk is Apaosja aan de winnende hand en heerst er droogte op aarde. Tisjtrya doet echter een beroep op Ahoera Mazda, die hem voedt met offers en zo sterk maakt. Hij overwint Apaosja en de regens dalen weer neer. Een andere figuur in de Perzische mythen is de vruchtbaarheidsgodin Anahita, de bron van al het water op aarde, van de voortplanting van de mensen en van de kosmische zee.

Ergens in de 6de of 7de eeuw v. Chr. gaf de profeet Zarathoestra officieel vorm aan het dualisme dat inherent is aan het Perzische geloof. Ahoera Mazda werd als enige waardig bevonden om onvoorwaardelijk aanbeden te worden. De belangrijkste mythen van Zarathoestra gaan over de schepping. Ahoera Mazda schept al het goede van het heelal, waaronder Gayomart, de oermens, maar Angra Mainyoe schept zijn eigen boosaardige nakomelingen – kwaadaardige dieren, wervelwinden, zandstormen en ziekte, die de kosmos aanvallen en de ideale staat te niet doen. Dit conflict is uiteindelijk voorbestemd om te eindigen in de overwinning van het goede op het kwade.

Onder de Achaemeniden werd Ahoera Mazda beschouwd als de beschermgod van het koninklijk huis en werd hij, in navolging van Babylonische en Egyptische voorbeelden, symbolisch voorgesteld met zijn beschermende vleugels uitgespreid boven de koning.

INDIA

De goddelijke drieëenheid van het klassieke hindoeïstische pantheon – (van links naar rechts) Brahma, Sjiva met zijn stier Nandin, en Visjnoe – staat te dansen op de muziek van goddelijke musici, de Gandharva's; stenen sculptuur uit de 12de eeuw.

In de geschiedenis van de Indiase cultuur is er een voortdurende interactie geweest tussen de verschillende godsdienstige, linguïstische en sociale groepen en dat heeft geleid tot een rijk geschakeerde mythologie die de Europese mythologie in omvang en verscheidenheid naar de kroon steekt. Een enorme hoeveelheid verhalen is in de Indiase streektalen bewaard gebleven, maar in het algemeen zijn de populairste mythen verder verspreid doordat ze werden opgenomen in de niet-streekgebonden taal, het Sanskriet. Ze zijn samengebracht in de *Poerana's*, die vanaf de 4de eeuw de heldendichten (het *Mahabharata* en het *Ramayana*) aflosten als pakhuis voor godsdienstige en mythische tradities.

De basis van deze enorme afwisseling is het belangrijke thema van de spanning tussen schepping en vernietiging. Een kenmerk van het Indiase denken is het proces waardoor uit de chaos orde ontstaat en het universum weer terug in de chaos verdwijnt in een immens cyclisch patroon. Nog een belangrijk thema is dat de dingen niet zijn wat ze lijken en dat alle realiteit in zekere zin illusoir is. Het opvallendst is de manier waarop de vertellers vaak bewust met hun materiaal spelen, het ontwikkelen en veranderen tot niets minder dan een kritiek op andere versies van dezelfde mythe.

Toen de vedische traditie veranderde in het hindoeisme, maakte de oudste verzameling goden van het vedische pantheon (in totaal 33 goden, naar men vaak beweert) plaats voor het idee van de *trimoerti*, een drieeenheid van Brahma met het tweetal dat veel belangrijker zou worden, Visjnoe en Sjiva. Brahma is de schepper, Visjnoe de beschermer en Sjiva de vernietiger van de kosmos. Nog later heeft een groep van vijf goden (Visjnoe, Sjiva, Devi, Soerya en Ganesja) de voorkeur.

HEILIGE PLAATSEN

HIMALAJA ('sneeuwplaats') In de Himalaja bevinden zich Sjiva's favoriete verblijfplaats op de berg Kailasa, de mythische berg Meroe (de navel van de wereld en de plaats van Brahma's en Indra's hemel) en de berg Mandara, die gebruikt is als spaan voor het karnen van de oceaan (zie p. 71). Als persoon voorgesteld is de bergketen bij zijn vrouw Mena vader geworden van Sjiva's wederhelft, Parvati, 'dochter van de berg'. Er is ook een mythe die zegt dat de bergen ooit vliegende olifanten zijn geweest, totdat Indra ze voor hun koppigheid strafte en hun vleugels afsneed.

GANGA (Ganges) De heiligste van de drie riviergodinnen in het hindoeïsme, naast Yamoena en Srasvati, die volgens de traditie samenvloeien bij Prayaga, nu Allahabad. (Elders worden zeven heilige rivieren opgesomd.) Ganga werd uit de hemel naar beneden gehaald door Bhagiratha; haar val werd gebroken door de haren van Sjiva, die op de berg Kailasa zat te mediteren. Omdat ze ook in de onderwereld doordrong, zegt men dat ze de drie werelden irrigeert. Ganga voedde ook het embryo dat geboren was als de zeshoofdige Skanda of Karttikeya.

MATHOERA De stad waar Kamsa regeert, de vijand van Krisjna; met daaromheen Brindaban, de plaats waar Krisjna's vlegeljaren zich afspelen.

AYODHYA Hoofdstad van het koninkrijk, door Rama geërfd van zijn vader Dasjratha en dus de stad waar zijn ideale heerschappij werd uitgeoefend.

VARANASI (Benares) Ook wel Kasji genaamd ('lichtstad'); het is Sjiva's stad, waar hij hoogstpersoonlijk verblijft en waar hij de periodieke verdwijning van het universum schijnt te overleven. Hier wonen, betekent volgens gelovige hindoe's een zekere verlossing; het is ook de beste plaats om gecremeerd te worden.

VERKLARING
- Stad of plaats met bijzondere godsdienstige of culturele betekenis
- Stad
- Bergachtige streek
- Huidig land: **PAKISTAN**

DE GODSDIENSTEN VAN INDIA

Het **HINDOEISME** is een aanduiding voor een verzameling religieuze tradities, die in fases ontstond uit de vedische religie die naar India was gebracht door de Ariërs, althans door mensen die beweren van hen af te stammen. De aanvankelijke nadruk op dierenoffers maakte langzaam plaats voor vegetarische offers, vrouwelijke goden werden belangrijker en vroomheid bleek erg populair. Visjnoe of Sjiva wordt vaak als de oppergod afgebeeld. Een typisch hindoeïstisch concept is dat van de zielsverhuizing.

Het **BOEDDHISME** ontstond in de 6de en 5de eeuw v. Chr. in Noordoost-India in een tijd van groeiende ontevredenheid over de dominantie van de orthodoxe offercultus. Siddharta Gautama, de Boeddha ('de Verlichte'), stond voor een pragmatische aanpak van de zoektocht naar bevrijding van de cyclus van wedergeboortes. Volgens hem werden de menselijke problemen veroorzaakt door begeerte en door het geloof in een eeuwige ziel. Zijn boodschap van het Achtvoudige Pad dat tot Nirvana (uitdoven van begeerte en het oplossen van het ego) leidt, werd langs handelsroutes binnen en buiten India verspreid, kwam via Centraal-Azië in zijn Mahayana-vorm in China en Japan terecht, terwijl de Theravada-traditie in Sri Lanka en Birma werd gevestigd.

Het **JAINISME** ziet in Mahavira, de Jina ('Veroveraar') en een tijdgenoot van de Boeddha, zijn laatste grote leraar. Hij preekte een bijzonder strenge vorm van religieuze inspanning, met de nadruk op onder meer de aanwezigheid van levende zielen in de meest uiteenlopende schepselen en op het verbod te doden (het concept van *ahimsa*).

OORSPRONG VAN DE WERELD
Offer en conflict

In de afgeronde kosmologie van het hindoeïsme ondergaat de wereld regelmatige cycli van emanatie en re-absorptie. In deze 17de-eeuwse schildering rust Visjnoe tussen twee verschijningsperioden op de slang Ananta uit, terwijl Sjri zijn voeten masseert. Bovenaan staan (van links naar rechts) Visjnoe die Garoeda (met een slang in de mond) berijdt, Brahma en Sjiva.

HET VEDISCHE PANTHEON
De vroegste Indiase teksten zijn de vedische hymnes, mondeling gecomponeerde liederen die in vier groepen zijn overgeleverd sinds het begin van het eerste millennium v. Chr. en die lange tijd als te heilig om te worden opgeschreven werden beschouwd. Deze verzamelingen bevatten lofdichten en invocaties voor talloze goden, maar gewoonlijk maken ze alleen toespelingen op de mythen. Ze zijn het oudste deel van de Veda's ofwel de vedische literatuur, die wordt voortgezet in de *Brahmana's* (bestemd voor het offerritueel, maar een rijke bron van mythen), de *Aranyaka's* en de *Oepanisjads* (speculatieve teksten die echter de mythe gebruiken om de ideeën over te brengen).

De (overwegend mannelijke) vedische godheden, de Deva's, hebben zeer menselijke kenmerken. Vaak worden er 39 genoemd, die later meestal evenredig over de hemel, de atmosfeer en de aarde worden verdeeld. Hun belangrijkste kenmerk is hun macht en dus hun vermogen om de mens te helpen.

In het Indiase denken is het begin van de wereld geen scheppingsdaad maar een ordening: van chaos wordt orde gemaakt – daarover zijn alle scheppingsmythen en ook de formele theologieën het eens. Maar verder is er weinig overeenstemming. De scheppingsmythen bevatten een uiteenlopende verzameling metaforen die zijn ontleend aan allerlei soorten menselijk gedrag. Vooral in de latere vedische literatuur overheerst de metafoor van het offerdier. In een lied wordt Visjvakarman, 'de schepper van alles', afgebeeld terwijl hij het eerste offer, dat van de schepping, viert. In een ander lied wordt een kosmisch personage of oerwezen, Poeroesja, geofferd, en uit zijn ontlede lichaam ontstaan alle onderdelen van het universum, van de traditionele goden via de atmosfeer en hemel en aarde, tot de dieren en de mens. Maar dat alles is slechts een kwart van hem: het overige driekwart vormt in de hemel de onsterfelijkheid. De offerrituelen weerspiegelen het offerconcept; ze worden gezien als een herhaling van de schepping en zijn dus van cruciaal belang voor het voortbestaan van de kosmos.

Vanaf de vedische liederen zijn er toespelingen gemaakt op het Gouden Zaad of het embryo, een wereldei dat op het oerwater van de chaos drijft en waaruit de eerste godheid verschijnt als de schepper of ordebewaarder van de wereld. De impliciete analogie met de zwangerschap wordt in verschillende mythen expliciet gemaakt, vooral die over Prajapati ('de heer van het nageslacht') die door middel van zijn ascese kinderen voortbrengt, waaronder de dochter Ochtendgloren. Maar hij verlustigt zich in haar en wil incest met haar plegen. In haar schaamte en woede verandert ze in een hert, waarop Prajapati in een bok verandert. Uit diens zaad ontstaan de eerste mensen. Elders paart hij inderdaad met Ochtendgloren en in een hele reeks transformaties brengt hij 'alle paren, tot aan de mieren toe' voort.

Ook Hemel en Aarde worden als de goddelijke ouders beschreven. In sommige liederen wordt de godin Aditi, 'de grenzeloze', door Daksja, 'de rituele vaardigheid', bevrucht, waarna ze de zeven hoofdgoden baart (derhalve Aditya's genaamd), plus de Zon, de achtste god, die oorspronkelijk dood geboren werd. Vervolgens ordenen de goden de chaos tot kosmos. Maar net zoals Daksja uit Aditi is geboren, is Aditi uit Daksja geboren, want de twee principes zijn onderling afhankelijk.

Een van de kleinere vedische goden is Tvasjtr, de goddelijke timmerman of architect die volgens sommige hymnen Hemel en Aarde heeft gemaakt of die alle vormen heeft geschapen. Twee liederen stellen de vraag: 'Uit welk hout, uit welke boom zijn hemel en aarde gemaakt?'; en in de tweede hymne (waarin Visjvakarman het eerste offer viert) wordt het beeld van de pottenbakker en van de smid toegevoegd, dat ook elders opduikt. De scheppende rol van Tvasjtr kan ook secundair zijn: voor Indra maakt hij de donder waarmee Vritra gedood wordt en waardoor hij de aarde fixeert en het water vrijlaat. Dat Indra Vritra doodt (zie p. 72), is een voorbeeld van schepping via oppositie en twist, waarbij de chaotische krachten een zekere mate van persoonlijkheid bezitten. Het betreft een aspect van het grotere conflict tussen de Deva's (de vriendelijke goden) en de Asoera's (de antigoden). In de mythe waarin de oceaan wordt gekarnd (zie kader), wordt het keiharde conflict tussen de twee groepen veranderd in een geformaliseerde wedstrijd, een soort touwtrekken.

MYTHEN EN SLANGEN

Slangen – steevast afgebeeld als cobra's – spelen een belangrijke rol in Indiase mythen. Vasoeki wordt bij het karnen van de oceaan als touw gebruikt en is een van de koningen der *naga's* of slangen. Elders wordt gezegd dat de wereld op zijn meervoudige kop rust en dat er een aardbeving volgt als hij zich beweegt. Hij en een andere slang, Taksjaka, en hun kroost hebben een juweel in hun schild. Ananta ('oneindig') of Sjesja ('overblijver') is de kosmische slang; op zijn windingen zit Visjnoe in de kosmische wateren tussen twee emanaties van de kosmos te rusten. Het zijn zoons van Kadroe, een dochter van Daksja en voorouder van alle slangen. Kadroe's zus is de moeder van Garoeda, de goddelijke vogel die hun grote vijand is.

Het karnen van de oceaan

Deze mythe werd voor het eerst gevonden in de Brahmana's *en is geliefd in de* Poerana's. *Hier geven we een tussenvorm uit het* Mahabharata *(een van de twee grote heldenliederen die tussen de 4de eeuw v. Chr. en 4de eeuw n. Chr. ontstonden) beknopt weer. Ze gaat over het verkrijgen van* amrita *('onsterfelijkheid': dat wil zeggen, het elixer daarvoor). Met de voor de Indiase mythe kenmerkende dubbelzinnigheid is de kosmos in zekere zin al ontstaan nog voordat ook dit onderdeel gecreëerd is.*

De goden waren bijeen op de berg Meroe en vroegen zich af hoe ze de *amrita* konden verkrijgen. Visjnoe zei: 'Laat de Deva's en de Asoera's het vat van de oceaan karnen, dan komt het elixer met de kruiden en juwelen wel te voorschijn.'

Ze gingen naar de berg Mandara, groeven hem uit en zetten hem als spatel op de rug van een schildpad. Vervolgens werd de slang Vasoeki als touw gebruikt en ze begonnen de oceaan te karnen. De Asoera's en Danava's hielden Vasoeki aan de ene kant vast en de Deva's stonden aan de andere kant, en zo lieten ze de berg Mandara ronddraaien, zodat zijn bomen eraf vlogen en door de wrijving vlam vatten. Indra doofde het vuur met het water en zijn wolken, maar het sap van de bomen liep de oceaan in zodat deze in melk veranderde en vervolgens boter werd.

Met een laatste krachtsinspanning karnden ze door, zodat de Zon, de Maan, de geluksgodin en andere schatten ontstonden en uiteindelijk de goddelijke arts Dhanvantari met het elixer. Visjnoe misleidde de Asoera's zodat ze het elixer afstonden, en hij liet de Deva's ervan drinken. Rahoe kreeg evenwel een druppel te pakken, maar voor hij hem kon doorslikken, werd hij door Visjnoe onthoofd. Sindsdien hebben Rahoe en de Maan (waarmee *amrita* vereenzelvigd wordt) ruzie: vandaar het toe- en afnemen van de maan die in en uit de keel van het afgehakte hoofd gaat. Woedend verklaarden de Asoera's de oorlog, maar ze werden verslagen. De zegevierende goden zetten de berg Mandara weer op zijn plek.

Dit Kangra-miniatuur uit de 18de eeuw laat zien dat de oceaan wordt gekarnd door de antigoden die aan de kop van de slang Vasoeki trekken en de goden die aan zijn staart trekken.

INDRA
Krijger en koning der goden

Indra, gewapend met zwaarden en een prikstok voor de olifant, berijdt de grote witte olifant Airavata die is uitgedost als een Zuidindiase tempelolifant; detail van een 19de-eeuwse schildering (rechts).

DE ERETITELS VAN INDRA
Indra's belangrijkste attribuut is zijn kracht, en veel van zijn namen zijn daar dan ook toespelingen op:
SJACHIVAT ('met macht').
SJACHIPATI ('heer der machten'). Later werd dit uitgelegd als 'man van Sjachi', zodat hij een wederhelft kreeg.
SJAKRA ('machtig'). Deze naam wordt zo vaak gebruikt dat het een synoniem voor hem is.
SJATAKRATOE ('met honderd vermogens'). Ook deze naam kreeg een andere interpretatie, namelijk 'hij die honderd offers doet'.

Indra wordt ook de 'duizendogige' genoemd, oorspronkelijk wegens zijn alwetendheid. In overeenstemming met zijn algehele devaluatie bestond volgens latere verhalen Gautama's vloek na Indra's overspel met Ahalya niet uit het verlies van zijn testikels, maar uit het verschijnen van vrouwelijke genitaliën over heel zijn lichaam, wat vervolgens werd afgezwakt tot duizend ogen.

Indra was de populairste godheid bij de dichters van de eerste en bekendste vedische hymnenverzamelingen, de *Rigveda*. Een kwart van de liederen is aan hem gewijd. Hij domineert het middenstuk van de atmosfeer en wordt meer dan de andere goden in antropomorfe bewoordingen neergezet. Hij heeft een enorm sterk en groot lichaam, met zijn krachtige armen hanteert hij de wapens, zijn haar is getaand, zijn buik is dik van de bevelende *soma*. En hij is vooral de beste krijger van het vedische pantheon.

Als hoofd der goden leidt Indra hen tegen de Asoera's en is hij het belangrijkste onderwerp van de mythen waar de vedische liederen naar verwijzen. Eenmaal geboren uit Hemel en Aarde (die hij voorgoed heeft gescheiden) toont hij meteen zijn energie. De verhalen over zijn geboorte en over zijn jeugd behelzen zijn strijd met de geheimzinniger god Varoena, die ooit de heerser der goden moet zijn geweest, maar die langzaam door Indra is verdreven. Terwijl Varoena de statische en juridische aspecten van de heerschappij representeert (gesymboliseerd door zijn rol als bewaker van *rta* – de kosmische orde), staat Indra voor de directe macht waarop het koningschap is gebaseerd. De belangrijkste mythe over Indra verhaalt van zijn gevecht met Vritra (zie kader onder), maar hij strijdt met veel andere vijandige krachten en hij helpt de Ariërs bij hun aardse gevechten. Soms wordt hij beschreven als de vernietiger van vijandige krachten in het algemeen, die de Asoera's wegvaagt of de Raksjasa's (kwade krachten) met zijn bliksem verzengt.

De slang Vritra wordt verslagen

In de vedische liederen wordt vaak een toespeling gemaakt op de slachting van Vritra. Hier volgt een enigszins verkorte versie van een hymne uit de Rigveda.

'Laat me Indra's heldendaden bezingen, die de bliksemwerper in den beginne verrichtte. Hij versloeg de slang, sneed een doorgang voor de wateren uit en spleet het binnenste der bergen. Gelijk afdalende koeien zocht het stromende water zijn weg recht naar de zee. Trots als een stier op zijn mannelijkheid nam hij de *soma* en dronk het geperste sap uit de drie kommen. De gulle nam de bliksem als wapen en vermoordde de eerstgeborene van de draken. Aldus, o Indra, bracht u toen de zon voort, de hemel en de ochtend. Sinds die tijd is geen vijand tegen u opgewassen. Met zijn grote wapen versloeg Indra de schouderloze Vritra. Als een boomstam zonder takken lag de draak op de grond. Terwijl hij als een gebroken riet neerlag, begonnen de wateren voor de mensheid te stromen, de wateren die in Vritra's macht verzameld waren. De wateren vloeien over Vritra's lijk, want hij die in Indra een overmachtige tegenstander trof, is in de lange duisternis gezonken. U, o dappere god, heeft de koeien gered, u heeft de *soma* gered, u heeft de zeven rivieren bevrijd zodat ze stromen.'

Indra verleidt Ahalya

In het Ramayana *(het tweede grote epos dat ongeveer gelijktijdig met het* Mahabharata *ontstond) vertelt Visjvamitra Rama het verhaal over Indra die Ahalya verleidt, de vrouw van de grote wijze Gautama.*

Gedurende vele jaren beoefende Gautama, vergezeld door Ahalya, als kluizenaar de ascese. Toen Indra op een dag vernam dat Gautama afwezig was, vermomde hij zich als hem, ging naar Ahalya toe en zei dat hij met haar wilde paren. De vrouw herkende de als asceet uitgedoste Indra met de duizend ogen, maar uit nieuwsgierigheid naar de koning der goden stemde ze toe.

Toen hij weer wegging kwam hij Gautama tegen die een bad had genomen en de wijze zei kwaad: 'Aangezien je mijn gedaante hebt aangenomen en dit kwaad hebt aangericht, dwaas die je bent, zul je je testikels kwijtraken.' Onmiddellijk vielen Indra's testikels op de grond. Vervolgens vervloekte hij zijn vrouw met de woorden: 'Onzichtbaar zul je in deze kluizenaarshut verblijven, je zult van de lucht leven en op as liggen, totdat Rama, de zoon van Dasjaratha, dit woud bezoekt. Pas als je hem gastvrijheid hebt verleend, zul je in alle blijdschap weer in mijn aanwezigheid je vormen aannemen.'

Visjvamitra vertelt dan hoe de goden Indra's testikels vervangen door die van een ram, daarna gaan ze naar de kluizenaarshut waar Ahalya opgewekt Rama begroet en van de vloek wordt bevrijd.

Door Vritra te verslaan gaf Indra vorm aan de aanvankelijk vormloze chaos en activeerde hij het proces van differentiatie en evolutie. Door de slang te vermoorden scheidde hij land en water, hogere en lagere regionen, en deed hij de zon rijzen, een scheppingsdaad die iedere ochtend wordt herhaald. In die scène wordt hij als de overwinnaar van alle weerstand en obstructie afgeschilderd. Maar in een priesterlijke bewerking van de Vritra-mythe onderwerpt Indra Vala met behulp van een hymne of met andere rituele middelen.

Als groot liefhebber van de zeer opwekkende *soma*-drank lijkt Indra sterk op de snoevende en slempende Arische krijgers wier held hij was. Het sap werd uit een nog altijd onbekende plant geperst en speelde een belangrijke rol bij de vedische offers. Als hij ervan gedronken heeft, schijnt Indra's buik een meer te worden, hij zwelt verschrikkelijk op en vult zo de twee werelden, Hemel en Aarde. Door het sap is hij in staat de zon te laten opkomen en zijn grootse daden te verrichten.

Met instemming verhalen de Veda's dat Indra Vritra te slim af is en hem van achteren velt, maar in het latere hindoeïsme verbleekt Indra's rol als modelkrijger. Vritra wordt als een brahmaan beschouwd; hem doden is een vreselijke misdaad en daarom moet Indra voor zijn zonde boeten. Hij overwint Naumoetsji slechts door hun vredespact te omzeilen, waarbij hij zijn bliksem (*vajra*) vermomt of beter gezegd transformeert door er schuim omheen te doen. Nog een slachtoffer is Trisjiras ('Driekoppige'), die zijn halfbroer schijnt te zijn. Hij verleidt de vrouw van de wijze Gautama, Ahalya, en wordt door de wijze vervloekt. In de *Poerana's* is het doden van naasten, contractbreuk en overspel – Indra als de driedubbele zondaar – een vast thema en bijgevolg raakt Indra zijn glorie, kracht en schoonheid kwijt.

In de klassieke periode werd Indra regengod. In enkele versies van de mythe waarin de oceaan wordt gekarnd, is een van de schatten die boven komen drijven Soerabhi, de koe van de overvloed, die de moeder van al het gewone vee wordt. In het *Mahabharata* wordt verteld dat ze op een dag geschrokken naar Indra ging wegens de ruwe behandeling van een van haar zonen, een stier, door een paar boeren. Hij vroeg waarom ze van duizend zonen net om die ene bezorgd was, maar toen ze bleef klagen liet hij het zo hard regenen dat men moest ophouden met ploegen – de krijgsgod in de strijd tegen de landbouw.

In de klassieke Indiase mythologie wordt Indra vaak beledigd door jongere goden. Krisjna, die zijn mensen had overgehaald Indra niet meer te vereren, tilde de berg Govardhana op om hen tegen Indra's regens te beschermen. In het daarop volgende conflict is Indra met pijl en boog gewapend en valt Krisjna aan, die op Garoeda zit; Mogol-illustratie uit een manuscript uit ca. 1590 n. Chr.

BRAHMA
De scheppende god

Brahma, de schepper en weldoener, komt in de latere mythologie veel voor, gewoonlijk als ondergeschikt aan de twee andere groten, Visjnoe en Sjiva. Er schijnt in het begin van onze jaartelling een periode te zijn geweest waarin Brahma het middelpunt van een cultus was, waarschijnlijk als de scheppende godheid, maar deze is allang verdwenen. Er zijn een paar passages in de heldenliederen waarin aan Brahma, ook Pitamaha genoemd, de Grote Vader, enkele scheppingsmythen worden toegeschreven die in de latere vedische periode in verband met Prajapati worden gebracht. Bijvoorbeeld het verhaal hoe hij uit zijn eigen lichaam een mooie jonge vrouw maakt, zijn dochter. Hij staat perplex van haar schoonheid en wanneer ze als blijk van respect om hem heen loopt, verschijnt door zijn wens om haar schoonheid te aanschouwen een reeks gezichten. Uit de vereniging van vader en dochter ontstaat de eerste mens, Manoe.

De duur van het universum wordt uitgedrukt in Brahma's eigen honderdjarige leven; zo'n jaar heeft 360 dagen die elk gelijk staan met duizend jaar van de goden, waarvan elke dag een menselijk jaar is. Elke dag van Brahma's leven wordt het universum geschapen en elke nacht wordt het weer teruggenomen. Iedere cyclus beslaat van de emanatie tot de re-absorptie vier tijdperken, variërend van het beste, de Krita Yoega, tot het slechtste, de Kali Yoega. Uiteindelijk verwordt Brahma's scheppende activiteit tot een trivialiteit: hij begunstigt een ieder die boete doet of ascese bedrijft, ongeacht de gevolgen daarvan.

Soms wordt Brahma afgebeeld als een demiurg die de wil van Visjnoe volgt; terwijl Visjnoe op de kosmische slang in het water ligt uit te rusten, komt er een lotus uit zijn navel die zich ontvouwt en Brahma laat zien (rechts), die op het punt staat de wereld te laten verschijnen. Hieronder afgebeeld is Brahma met vier hoofden op zijn rijdier, de wilde gans (hamsa), wiens vlucht de zoektocht van de ziel naar bevrijding symboliseert.

BRAHMA EN BRAHMAN
Het idee van Brahma als mannelijke godheid, de personificatie van de onzijdige abstractie Brahman, staat vooral in de twee grote Sanskritische heldenliederen. In wezen is hij de samenvloeiing van een scheppende god met de onpersoonlijke Brahman van de *Oepanisjads*, die het doel van de godsdienst beschouwen als een vereniging met dit absolute, terwijl de volkse godsdienst die uit de liederen spreekt de voorkeur geeft aan een meer persoonlijke en devotionele benadering. Uiteindelijk daalde Brahma in achting vergeleken met Sjiva (misschien door zijn bijzondere band met de brahmanen, de bewakers van de traditie en rituele specialisten, zoals de band van Indra met de krijgers, de *ksjatriya's*).

Brahma als weldoener

Het volgende verhaal uit het Mahabharata *illustreert, zoals veel andere, Brahma's rol als weldoener van de Asoera's.*

Drie Daitya-broers beoefenden strenge ascese en Brahma verleende hun gunsten. Ze vroegen totale onkwetsbaarheid, maar de Grote Vader zei dat zoiets niet bestond. Toen zeiden ze: 'Laten we drie steden op aarde stichten, wij gaan de wereld rond en na duizend jaar komen we weer bijeen, de steden voegen zich samen en de beste god schiet de verenigde steden met een enkele speer kapot.' Brahma ging ermee akkoord en de steden werden gebouwd door Maya, de grote Asoera: een gouden stad in de hemel, een zilveren in de lucht en een ijzeren op aarde. De drie broers overweldigden de drie werelden en regeerden vele jaren. Miljoenen demonen streken in de steden neer en Maya gaf hun met zijn toverkracht alles wat ze nodig hadden. De goden werden kwaad door deze morele zwakheid en op het moment dat ze bijeenkwamen, verbrandde Sjiva de drievoudige stad met al de Asoera's en gooide ze in de westelijke oceaan.

VISJNOE

Beschermer van de wereld

In de *Rigveda* wordt Visjnoe herhaaldelijk geprezen omdat hij met drie grote passen de kosmos heeft afgemeten en doorlopen, waarmee hij het universum bewoonbaar maakte voor de goden en de mensen. Hij is een vriend en bondgenoot van Indra, die hem helpt in de strijd tegen Vritra en met het invullen van de ruimte tussen de hemel en de aarde. Hij is goedaardig, nooit vijandig tegen de mens en bereid zijn aanbidders gunsten te verlenen.

Visjnoe's alomtegenwoordigheid blijkt ook uit zijn identificatie met de kosmische pilaar, het centrum van de wereld dat tot de hemel leidt en hem ondersteunt; in de rituelen is dat de paal waaraan het vedische slachtoffer vastgebonden wordt. In de latere vedische literatuur krijgen Visjnoe's activiteiten een meer verhalende vorm – bijvoorbeeld als hij een dwerg wordt en zo de wereld van een demon terugpakt (zie p. 76). Zijn goedwillendheid en zijn activiteiten nemen vormen aan die spoedig zullen culmineren in het concept van de avatara.

Visjnoe's wederhelft is Sjri, godin van de voorspoed en het geluk, ook bekend als Laksjmi; ze wordt vaak gerekend tot een van de gunstige effecten van het karnen van de oceaan (zie p. 71): ze wordt natuurlijk aangetrokken tot Visjnoe, die de actie leidt, en omgekeerd kan hij krachtens zijn rol aanspraak maken op de prachtige godin. Sjri werd in de late epische periode steevast met Visjnoe verbonden, maar enkele vroege mythen verhalen hoe Indra de weldaad van haar aanwezigheid verliest of verkrijgt, wat met de vruchtbaarheid te maken heeft. In één mythe gaat ze naast Indra zitten, waarop hij het laat regenen zodat de oogst overvloedig wordt.

Visjnoe met zijn wederhelft Sjri op een steenreliëf uit de 7de eeuw. In de laat-epische periode werd Sjri met Visjnoe verbonden en als diens wederhelft werd ze het symbool van de trouw – een ideale hindoe-vrouw: trouw en onderdanig aan haar man. Andere namen van Sjri verwijzen naar de lotus.

De drie stappen van Visjnoe

In het loflied op Visjnoe in de Rigveda, waaruit hier een citaat volgt, heeft de dichter het vooral over de drie stappen die in hun oorspronkelijke vorm zijn macht en alomtegenwoordigheid symboliseren; hiermee doorkruist hij de aarde en de hemel en de gebieden die de menselijke kennis te boven gaan, terwijl hij enorme dimensies aanneemt.

'Laat me Visjnoe's heldendaden verkondigen, hij die de aardse regionen heeft uitgemeten, die het hoogste verblijf ondersteunde en die met zijn drie stappen enorme afstanden overbrugde. Voor zijn heldhaftige daden wordt Visjnoe geprezen, hij die de bergen opjaagt en vrij rondloopt als een wild dier, in wiens drie grote stappen alle wezens verblijven. Laat mijn bezielende gedachte naar Visjnoe uitgaan, de bergbewoner en omvangrijke stier die als enige met slechts drie stappen deze grote, uitgestrekte verblijfplaats heeft uitgemeten, wiens drie stappen immer vol honing zijn en zich in zijn energie verblijden, hij alleen heeft de aarde en de hemel en al de schepselen drievoudig ondersteund. Moge ik zijn dierbare pad bereiken waar mensen zich verblijden die de goden vereren, want daar, in de hoogste stap van de voortschrijdende Visjnoe, is het samenzijn, is een fontein van honing. We willen naar uw verblijfplaats toe, waar het onvermoeibare vee met vele horens is. Daar straalt de hoogste stap van de omvangrijke stier in al zijn grootheid neer.'

Dit detail van een 19de-eeuwse schildering laat Visjnoe zien die met zijn wederhelft Sjri op de hemelse vogel Garoeda zit.

VISJNOE'S INCARNATIES
De avatara's

Verschillende dieren en mensen werden als voorbeelden beschouwd van Visjnoe's goede daden op aarde en ze werden als zijn avatara's of incarnaties gezien. Ze verschijnen zodra de wereld door het kwaad bedreigd wordt. Hoewel hun identiteit flexibel was, werden het er uiteindelijk tien. Zo wordt in een passage in de *Harivamsja* (een aanvulling op het *Mahabharata*) de lotus (die uit Visjnoe's navel komt) in plaats van de vis en de schildpad genoemd; daar wordt ook Dattatreya genoemd (die Arjoena Karttavirya zijn honderd armen geeft) en wordt de Boeddha weggelaten. De gebruikelijke opsomming van de verschijningsvormen van de avatara's staat hiernaast en wordt beneden in het miniatuur geïllustreerd. De avatara's staat in horizontale rijen in de volgorde van de lijst rond Visjnoe en Sjri, in het midden; alleen staan op de zesde afbeelding Rama en Sita (met Hanoeman), op de zevende staat de fluitende Krisjna met Radha en op de achtste staat Parasjoerama.

DE TIEN AVATARA'S

MATSYA, de vis, beschermt bij de zondvloed Manoe, de eerste mens. Manoe redt een visje uit de kaken van de grote vissen, hij verzorgt het, en nadat het visje enorm is gegroeid, gaat het terug naar de zee. Later waarschuwt de vis hem voor de komende overstroming, raadt hem aan een schip te maken en er het zaad van alle leven op te laden, en dan sleept hij het schip naar veiliger oorden.

KOERMA, de schildpad, draagt de berg Mandara op zijn rug terwijl de oceaan wordt gekarnd (zie p. 71).

VARAHA, het everzwijn, komt te voorschijn als de aarde in de oceaan verdwijnt. Met zijn snuit tilt hij de aarde, die als een mooie vrouw wordt afgebeeld, weer uit de oceaan.

NARASIMHA, de man-leeuw, is de vorm die Visjnoe aanneemt om Hiranyakasjipoe, de demon die door Brahma onkwetsbaar is gemaakt, te doden: hij kan door mensen noch goden gedood worden, door wapens noch botte voorwerpen, overdag noch 's nachts, binnen noch buiten. Als Hiranyakasjipoe het universum terroriseert, wordt Visjnoe half mens, half leeuw en in de schemer rijt hij de demon op diens eigen veranda de buik open.

VAMANA, de dwerg, is de vorm die Visjnoe aanneemt als hij de wereld komt redden van Bali (een andere demon) en diens hielenlikkers. Als dwerg vermomd vraagt hij Bali om een stuk grond van drie stappen. Als hij toestemming krijgt, verandert de dwerg in een reus en krijgt zo de wereld terug.

PARASJOERAMA is een brahman die met zijn bijl de honderdarmige Arjoena doodt, de krijgerskaste driemaal zeven keer uitroeit en zijn moeder onthoofdt als zijn vader het hem opdraagt.

RAMA EN KRISJNA, de zevende en achtste avatara, zijn belangrijke personages in de hindoeïstische mythen (zie p. 77-9).

DE BOEDDHA is de negende avatara. Hij misleidt de zondaars om hun van straf te verzekeren.

KALKIN, de tiende en toekomstige avatara, sticht het komende duizendjarige rijk. Hij zal als krijger verschijnen op een wit paard; in het Zuidindiase volksgeloof is hij een paard.

RAMA

De rechtvaardige avatara

Rama is nu een van de twee populairste incarnaties van Visjnoe, maar zijn verering ontstond veel later dan die van Krisjna (zie p. 78-9). Hij is de held van het *Ramayana* (hieronder verkort weergegeven) en het verhaal vertoont analogieën met de vedische mythen van Indra. Hij krijgt bijvoorbeeld Indra's toverwapens en later ook hulp van Indra's wagenmenner, en zijn moord op Valin herinnert aan Indra's slinkse aanslag op Naumoetsji (p. 73). Zijn vrouw Sita kwam in de vedische literatuur voor als de vergoddelijkte Voren, Indra's vrouw.

Om zonen te krijgen brengt de kinderloze koning Dasjaratha van Ayodhya een offer. Op verzoek van de goden incarneert Visjnoe als Dasjaratha's vier zonen die Ravana, de kwade koning van Lanka, moeten vermoorden. Rama en Bharata spelen van die vier de belangrijkste rol, terwijl de tweeling Laksjmana en Sjatroeghna zich allebei als trouwe maatjes met een van hun halfbroers verbinden. De wijze Visjvamitra komt naar het hof om Rama's hulp tegen de plunderende Raksjasa's in te roepen, en als dat allemaal achter de rug is, gaan Rama en Laksjmana mee naar het hof van koning Janaka. Daar zijn we niet alleen getuige van Sita's wonderbaarlijke geboorte, waarna Janaka haar adopteert, maar vernemen we ook van Sjiva's boog, die geen enkele man ooit heeft kunnen spannen. Rama slaagt erin de boog zelfs te breken en trouwt met Sita.

Later besluit Dasjaratha Rama als zijn erfgenaam aan te wijzen, maar zijn stiefmoeder krijgt gedaan dat haar zoon, Bharata, diens plaats zal innemen en dat Rama voor veertien jaar naar het woud wordt verbannen. Maar Rama maakt zich zonder bezwaar gereed voor vertrek met zijn vrouw Sita en zijn broer Laksjmana. Ondanks Rama's voornemen om als een asceet te leven wordt nu zijn krijgersrol van groot belang, omdat hij de weerloze wijze kluizenaars van het woud moet beschermen. De akelige maar verliefde Sjoerpanacha, een vrouwelijke Raksjasa, legt het met beide broers aan. Woedend over hun afwijzing valt ze Sita aan, waarop Laksjmana haar voor straf verminkt. Dan vraagt ze wraak bij haar broer Ravana, de koning van Lanka, die zich laat overhalen om Sita te ontvoeren. Ravana vermomt zich als rondtrekkende handelaar en neemt Sita mee naar Lanka.

Ondertussen zijn Rama en Laksjmana zeer ongerust en gaan Sita zoeken; daarbij ontmoeten ze Hanoeman, gezant van Soegriva, de verbannen koning der apen. Soegriva krijgt Rama's hulp en hij verdringt zijn aanmatigende broer Valin; als de broers duelleren, doodt Rama Valin. Na veel avonturen ontdekt Hanoeman waar Sita heen is gebracht. (In de verering van Rama staat Hanoeman voor dienstbaarheid aan de godheid: zie rechts.)

Terwijl Rama en de apen van Soegriva naar het zuiden optrekken, bereiden de Raksjasa's zich voor op de oorlog. Er volgt een lange reeks gevechten, waarin de gevaarlijkste strijders van de Raksjasa's sneuvelen door toedoen van Rama, Laksjmana en de hoofdapen. Uiteindelijk blijft alleen Ravana over. Zijn duel met Rama duurt lang, maar wanneer Rama goddelijke hulp krijgt in de vorm van Indra's wagen en menner, wordt ook Ravana gedood en is de strijd gewonnen. Wegens twijfels over Sita's deugdzaamheid wijst Rama haar koeltjes af en Sita ondergaat een vuurproef. Dan verschijnen de goden aan Rama en onthullen dat hij eigenlijk een incarnatie van Visjnoe is; de god van het vuur geeft Sita ongedeerd en gezuiverd aan haar verrukte echtgenoot terug. Ook Dasjaratha verschijnt, zegent zijn zonen en draagt Rama op weer over Ayodhya te gaan regeren (op dat moment zijn de veertien jaren van ballingschap voorbij). Rama regeert duizend rechtvaardige jaren.

Een 19de-eeuwse Kalighat-tekening van Hanoeman. Hanoeman heeft een parelsnoer van Rama gekregen en breekt met zijn tanden de parels kapot. Als Laksjmana protesteert, zegt hij dat hij nagaat of de parels de naam van Rama bevatten. Daartoe uitgedaagd haalt hij zijn borst open en laat hij Rama en Sita zien die in zijn hart zetelen.

HANOEMAN, DE TROUWE HELPER

Vanaf het moment dat ze elkaar ontmoeten, is Hanoeman bijzonder toegewijd aan Rama. Rama vertrouwt hem zijn ring toe, als een teken voor Sita, terwijl de apentroepen haar gaan zoeken. Als Hanoemans troep hoort dat Sita op het eiland Lanka zit, besluit hij een enorme sprong over de zee te maken om haar te vinden. In Lanka laat hij Sita Rama's ring zien en maakt zich kenbaar. Hanoeman gaat niet haastig in het geheim terug, maar begint een opvallende vernietigingstocht, opdat hij door Ravana's zoon gevangen wordt genomen. De boze Ravana wordt ervan weerhouden om Hanoeman meteen te doden en steekt alleen zijn staart in brand. Maar Hanoeman gebruikt deze als fakkel om heel Lanka mee in brand te steken. Als Rama en Laksjmana in de strijd gewond raken, haast Hanoeman zich naar de Himalaja om de berg te halen waar een geneeskrachtig kruid groeit.

KRISJNA, DE BEMINNELIJKE

De achtste avatara van Visjnoe

KRISJNA, DE BOTERDIEF
Krisjna's jeugdige schelmenstreken hebben allemaal te maken met boter. Handenvol haalde hij uit de pot en hij smeerde alles onder, gaf boterballen aan zijn vrienden of aan de plunderende apen terwijl hij over de vloer kroop. Toen hij wat ouder was, ging hij de huizen van de buren in via de schouders van een vriend of hij sloeg met een stok potten waar hij niet bij kon stuk. Na zo'n escapade kwamen klachten van andere *gopi's* binnen en toen bond zijn pleegmoeder Yasjoda hem aan een vijzel. Toen hij nog ouder was, wachtte hij met zijn vriendjes de *gopi's* op die hun boter, kaas en melk naar de markt brachten en vroeg hun bij wijze van doorgangsprijs een 'bijdrage'. Het detail (rechtsboven) is gebaseerd op een jaïnistisch schilderij en stelt Krisjna voor die boter steelt.

In het *Mahabharata* figureert Krisjna als metgezel van de helden maar in het aanhangsel, de *Harivamsja*, speelt hij een hoofdrol. Zijn verhaal is het opmerkelijkst in de *Visjnoe Poerana* (waaruit de nu volgende samenvatting afkomstig is) en de *Bhagavata Poerana*.
Omdat is voorspeld dat het achtste kind van Devaki koning Kamsa zal vermoorden, laat Kamsa het opsluiten. Maar Devaki's echtgenoot smokkelt het kind naar buiten en verruilt het voor de pasgeborene van Nanda en Yasjoda, die hun geadopteerde kind laten opgroeien bij de koeherders van Brindaban. Kamsa realiseert zich dat hij beetgenomen is en laat vergeefs een Herodes-achtige slachting onder alle jongetjes aanrichten. Vanaf zijn geboorte vertoont Krisjna fantastische vermogens: hij zuigt het leven uit de duivelin Poetana, ontwortelt een paar bomen met de vijzel die Yasjoda aan zijn been heeft geketend en doodt de slang Kaliya, allemaal met de hulp van zijn halfbroer Balarama. Hij dringt er bij zijn pleegvader op aan om Indra niet meer te vereren, en als Indra antwoordt met een zondvloed, houdt hij de plaatselijke berg, de Govardhana, als een paraplu boven de herders en hun kudde; daarop erkent Indra Krisjna als de heer van het vee. Krisjna en Balarama spelen met de jonge vrouwen van de stam (de *gopi's*) die vervolgens verliefd worden op Krisjna.
Krisjna vermoordt de stier-demon Arisjta, de paard-demon Kesjin, Kamsa's

Radha en Krisjna

*T*erwijl hij in Brindaban opgroeide, veranderden de schelmenstreken die Krisjna met de *gopi's* uithaalde in geflirt met hen.

Toen ze in de Yamoena aan het baden waren, stal Krisjna hun kleren. Hij wilde ze pas teruggeven als ze een voor een naakt uit de rivier kwamen met de handen smekend gevouwen. Al gauw waren alle herderinnetjes gek op de betoverende Krisjna, en ongeacht de obstakels in het water deden ze wat hij zei. Op herfstavonden verlieten ze op de tonen van zijn fluit hun huizen en hun echtgenoten om in het bos aan de rivier de *ras* met hem te dansen: elk van de meisjes waande zich zijn enige partner en raakte in extase.

Onder het dansen verdween Krisjna met een van hen. De andere *gopi's* gingen bedroefd hun sporen na en uiteindelijk werd er weer gedanst. Radha was Krisjna's lieveling: als kind was ze al zijn hartedief. Haar intense liefde voor Krisjna, als minnares en als vrouw (de overleveringen verschillen hier), en de diepte van haar verlangen nadat ze van elkaar vervreemd waren, vormen de spil van het verhaal. Maar het verlangen was wederzijds: Krisjna leed voor haar en verwaardigde zich haar tegemoet te komen. Zijn donkere gestalte en haar gouden schoonheid vullen elkaar aan.

worstelkampioen, en ten slotte Kamsa zelf. Verscheidene keren verslaat hij Jarasandha, de kwaadaardige koning van Magadha en Kamsa's schoonvader; hij gaat zijn stamgenoten, de Yadava's, voor naar de nieuwe stad Dvaraka. Hij neem Roekmini mee als bruid en huwt nog veel andere vrouwen. Roekmini baart hem een zoon, Pradyoemna, die op zijn beurt een zoon krijgt, Aniroeddha. De demon Bana krijgt Aniroeddha, die zijn dochter bemint, te pakken en Krisjna komt eraan te pas om zijn kleinzoon te redden. Het gevecht dat volgt is zo verschrikkelijk dat de wereld lijkt te vergaan. Maar Bana's hulpje, Sjiva, erkent Krisjna als de oppergod en gelijk van hemzelf, waarop Krisjna Bana laat leven en zijn kleinzoon bevrijdt. Een andere kleinzoon, Samba, ontvoert op soortgelijke wijze de dochter van Doeryodhana, wordt gevangengenomen door Doeryodhana en bevrijd door Balarama.

Een paar jongens van de Yadava's verkleden Samba als vrouw en vragen aan een paar wijzen wat voor kinderen ze zal baren. Beledigd door hun gedrag vervloeken de wijzen 'haar' door haar een stamper te laten baren die de Yadava's zal uitroeien. De stamper wordt tot poeder vermalen en in zee gegooid, maar verandert in riet; een vis eet er een scherp stuk van en wordt door een jager gevangen. De Yadava's beginnen met Krisjna en Balarama een drinkgelag en als er een gevecht uitbreekt vermoorden ze elkaar met de rietstengels. Balarama wacht onder een boom zijn naderende dood af en Krisjna zit er in gedachten verzonken bij; de jager die het scherpe riet in de vis was tegengekomen en het op zijn pijl had gebonden, ziet Krisjna aan voor een hert en schiet hem in de voet (zijn enige kwetsbare plek). Krisjna sterft en wordt weer god.

Radha en Krisjna in een bosje aan de Yamoena; Kangra-schildering uit ca. 1785 (zie kader, p. 78). De bloeiende natuur en de vogelpaartjes symboliseren hun amoureuze plannen, terwijl de pisangbladeren naar goed Indiaas gebruik op misleidende wijze de vorm van Radha's dijen weerspiegelen. Krisjna's affaire met Radha wordt behandeld als een allegorie voor de intimiteit tussen god en gelovige.

SJIVA

Een combinatie van erotiek en ascese

Sjiva op zijn stier Nandin; schildering uit het begin van de 19de eeuw, gemaakt in opdracht van de Oost-Indische Compagnie door een lokale kunstenaar. Een beeld van de liggende Nandin met het gezicht naar het belangrijkste tabernakel staat vaak in Sjivatempels.

DE LINGA

Sjiva wordt vereerd in de vorm van een linga, of heilige fallus (onder). Volgens een mythe kibbelden Visjnoe en Brahma over de vraag wie de sterkste was toen Sjiva verscheen als een gloeiende pilaar – de linga. Brahma vloog als een wilde gans op om de bovenkant van de paal te zoeken, terwijl Visjnoe als everzwijn naar beneden dook voor de onderkant. Geen van beiden slaagde en zo moesten ze Sjiva's gezag erkennen.

De erotische en ascetische aspecten van Sjiva gaan samen in een verhaal waarin hij as op zijn gezicht smeert en onherkenbaar een dennenbos in gaat waar ascetische wijzen zitten. De wijzen verdenken hem ervan hun vrouwen te willen verleiden en vervloeken hem met het verlies van zijn fallus. De castratie lukt, maar alleen met Sjiva's stilzwijgende medewerking. Dan wordt de wereld duister en koud en de wijzen verliezen hun mannelijke kracht. Alles wordt pas weer normaal wanneer ze Sjiva gunstig stemmen door een linga te maken.

In de *trimoerti*, de heilige drieëenheid, is Sjiva de vernietiger. Zijn oorsprong ligt in de vedische Roedra, de 'huiler' of 'verdoemde', een boosaardige stormgod, die later *sjiva* ('voorspoedig') genoemd wordt om hem gunstig te stemmen. Onder de Indiase goden is Sjiva de wreker en de zieleherder. Even ambivalent wordt hij niet alleen gekoppeld aan yoga en ascese (hij mediteert op de verheven berg Kailasa), maar heeft hij ook een uitgesproken erotisch aspect.

Zijn vrouw is soms Sati, soms Oema (ofwel Parvati). Soms wordt hij ook gekoppeld aan de 'ontoegankelijke' Doerga en de duistere godin Kali. Hij wordt gewoonlijk met een bleek of asgrauw gezicht afgebeeld, met een blauwe hals tengevolge van het vergif dat bij het karnen van de kosmische oceaan vrijkwam en dat de mensheid bedreigde. Dit is een voorbeeld van Sjiva de beschermer (ook bestaat er het verhaal dat hij de val brak van de riviergodin Ganga, toen ze uit de hemel neerstortte om de aarde te reinigen). Andere attributen van Sjiva zijn een halsketting van schedels, een slangenkrans, de wassende maan, en een derde oog van verlichting (en vernietiging).

De verstoring van Daksja's offer

De schoonvader van Sjiva, heer van het vee, was Daksja, een Prajapati (heer van de schepsels), die aan de rechterduim van Brahma was ontsproten. Dit verhaal, naar een verslag uit het Mahabharata, gaat over een paardenoffer dat Daksja volgens de vedische rituelen had geregeld. Sjiva's vrouw Sati is de dochter van Daksja.

In een verhaal trekt Sjiva een pluk haren uit zijn hoofd en maakt er een veelarmig monster van dat tijdens Daksja's offer ontketend wordt.

Alle goden onder leiding van Indra besloten bij de ceremonie aanwezig te zijn. Sati, de vrouw van Sjiva, zag de goden daar in hun flitsende wagens rijden. 'Glorierijke, waarom ga je niet ook?' vroeg zijn vrouw, maar Sjiva zei dat de goden hem geen deel van welk offer dan ook wilden gunnen. Toen zei ze: 'Van alle wezens bent u de hoogste. En toch schaam ik me omdat u een deel van het offer geweigerd is.'

Geprikkeld door die woorden riep de heer van het vee zijn yoga-krachten op, nam zijn machtige boog en ging met zijn verschrikkelijke helpers op de ceremonie af. Sommigen brulden, anderen lachten vreselijk, weer anderen sprenkelden bloed op het vuur; sommigen rukten de rituele stokken uit het offer en anderen verslonden de dienstdoende priesters. Toen nam het offer de vorm van een hert aan en vloog omhoog, maar Sjiva ging er met pijl en boog achteraan.

Hoog in de lucht was Sjiva's woede tot een zweetdruppel op zijn voorhoofd ingedikt. Op de plek waar de druppel op aarde neerviel, brak een geweldig vuur uit, waaruit een harige man verscheen met helderrode ogen en monstrueuze tanden, die het offer in de as legde en de goden op de vlucht joeg. Het was Ziekte, die overal waar hij kwam rouw en verdriet zaaide, totdat Brahma aan Sjiva een deel van de toekomstige offers beloofde en hem verzocht zijn woede te temperen en de verspreide ziekte te temmen. Sjiva gaf gehoor aan Brahma's verzoek en met het vooruitzicht van een deel van de offers, deelde hij de Ziekte op in allerlei gedaantes. Aldus kreeg alles zijn eigen kwaal – hoofdpijn voor de olifanten, hoefpijn voor de stieren, verzilting voor de aarde, blindheid voor het vee, hoesten voor de paarden, de gespleten kuif voor de pauwen, oogziektes voor de koekoeken, de hik voor de papegaaien, uitputting voor de tijgers en koorts voor de mensen.

In een andere versie eindigt de offerceremonie in een hemelse knokpartij met gebroken goddelijke neuzen, ontwrichte kaken en uitgerukt haar. Daksja's hoofd wordt door Sjiva afgerukt en in het offervuur geworpen. Nadat Sjiva's woede bekoeld is, geeft hij Daksja een geitekop terug. In een andere versie komt Brahma tussenbeide als Sjiva's drietand de borst van Visjnoe, de wereldbeschermer, doorboort. Uiteindelijk haalt Brahma Sjiva over om Visjnoe gunstig te stemmen, en door hun verzoening wordt de vrede in het universum hersteld.

HEER VAN DE DANS

Als Nataraja is Sjiva heer van de dans, bron van alle beweging in het universum. De kosmische danser wordt in een beeld weergegeven (onder, Zuidindiaas brons uit de 18de eeuw) met vier armen en omgeven door vlammen – het proces van de schepping. Zijn passen zijn bedoeld om het lijden van zijn adepten door de verlichting op te heffen: derhalve staat hij op de rug van een dwerg die onwetendheid voorstelt. Zijn gebaren en attributen symboliseren aspecten van zijn heiligheid: het vat (schepping) in zijn achterste rechterhand, de vuurtong (vernietiging) in zijn achterste linkerhand, het gebaar van de bescherming (voorste rechterhand) en het opgeheven been, dat bevrijding symboliseert.

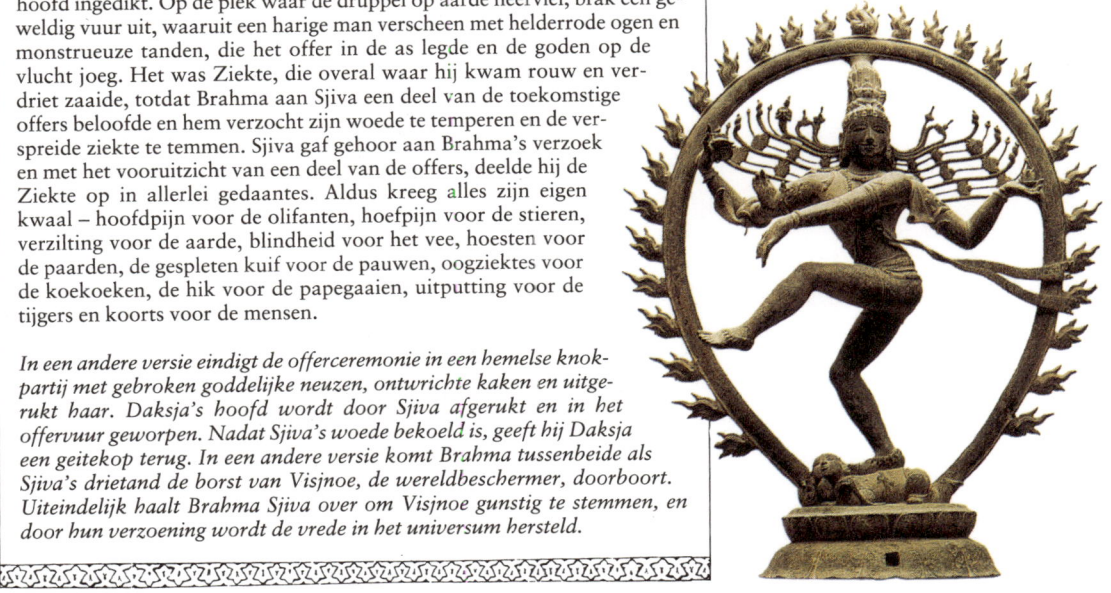

DEVI

De veelvoudige godin

Devi met vier armen als wederhelft van Sadasjiva, een vorm van Sjiva, dansend op een dwergachtige figuur. Brons uit de 12de eeuw.

De verschillende individuele godinnen van het klassieke hindoeïstische pantheon worden vaak Devi ('de godin') of Mahadevi ('de grote godin') genoemd. Deze samengestelde godin wordt vaak beschouwd als een hoofdgodin. Ze wordt ofwel aan Sjiva gekoppeld (wegens Parvati's rol als vrouw van Sjiva) en dan is ze goedaardig; of ze is totaal onafhankelijk en dan overheersen haar verschrikkelijke eigenschappen. Parvati of Oema, Sjiva's vrouw, is een reïncarnatie van zijn eerste vrouw, Sati, die volgt op haar schaamtevolle vuurdoop nadat Sjiva uitgesloten werd van haar vaders offer (zie p. 81). Als jonge vrouw kastijdt ze zichzelf om Sjiva terug te krijgen en ze weigert zich te laten afschepen door zijn onbeschofte houding en gewoontes. Hun leven samen wordt in het algemeen idyllisch afgeschilderd: Parvati laat de onwereldse en ascetische godheid langzaam wennen aan andere omstandigheden.

Doerga ('moeilijk te benaderen') is een oorlogsgodin die voor vrijers onbenaderbaar en in het gevecht onverslaanbaar is. Haar belangrijkste rol is het verslaan van duivels die de stabiliteit van de wereld bedreigen. Soms stamt ze van Visjnoe af als de slaapkracht of als zijn creatieve kracht; soms treedt ze uit Parvati te voorschijn als deze kwaad wordt; en soms ontstaat ze doordat alle mannelijke goden hun eigenschappen samenvoegen om zich tegen een duivel te beschermen. Kali, die uit Doerga's voorhoofd komt wanneer ze kwaad is, is nog verschrikkelijker (zie kader, p. 83).

Doerga en de buffel

In de belangrijkste mythe over Doerga doodt ze de buffel Mahisja. Wanneer de Deva's door Mahisja zijn onderworpen, vragen ze naar Sjiva en Visjnoe om hulp. Terwijl ze luisteren, smelt de woede van beide goden samen tot een godin.

De demonen stormden op de godin af, die met haar knuppel, strop, zwaard en drietand honderden van hen doodde. Ondertussen terroriseerde Mahisja zelf, in buffelgedaante, haar troepen. Toen viel hij haar leeuw aan en Doerga werd woest. Ze ving hem in de strop, waarop hij zijn buffelvorm verliet en zelf een leeuw werd. Ze sneed zijn kop af en hij werd een man met een zwaard. Toen ze de man doorstak, werd hij een olifant die haar leeuw met zijn slurf beetnam, maar ze hakte met haar zwaard zijn slurf af en hij werd weer een buffel. Hij duwde achteloos de bergen opzij en kwam op haar af; ze sprong boven op hem, drukte zijn nek met een voet neer en doorboorde hem met de drietand. Toen sneed ze met haar machtige zwaard zijn kop af.

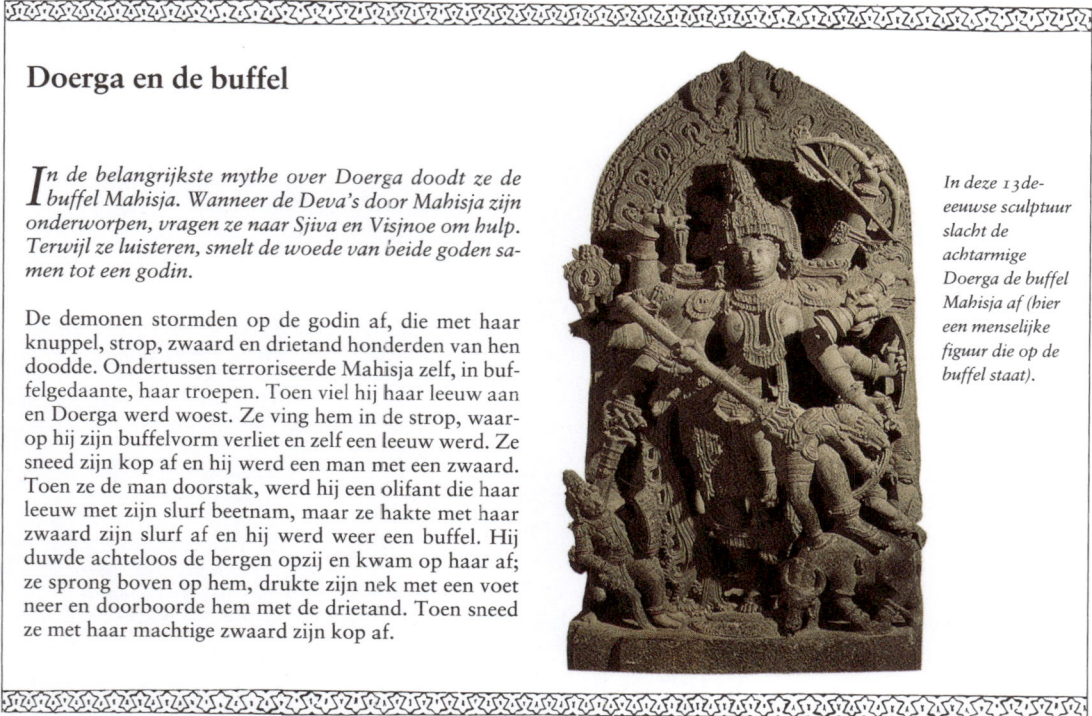

In deze 13de-eeuwse sculptuur slacht de achtarmige Doerga de buffel Mahisja af (hier een menselijke figuur die op de buffel staat).

Kali

De taak van Kali ('de donkere' of 'tijd') is het vernietigen van demonen die de kosmische orde bedreigen, maar zelf kan ze op het slagveld zo bloeddronken worden, dat ze de wereld begint te vernietigen. Vaak wordt ze afgebeeld als een feeks met een halsketting van schedels. In een mythe ontmoet Kali de demon-generaals Tsjanda en Moenda en vermoordt dan Raktabija.

Kali was donker, broodmager met vooruitstekende tanden, ze had een ketting van menselijke schedels om en ze droeg een tijgervel. Brullend vermoordde ze de demonen. Toen gebood Doerga haar om mee te te doen tegen de demon Raktabija, die zichzelf via elke neergevallen druppel van zijn bloed kon vermenigvuldigen. Doerga en de Matrika's ('moedertjes', meestal zeven stuks) verwondden hem verschillende keren, maar kregen zo steeds meer te verduren. Toen verscheen Kali, die de demon versloeg door zijn bloed op te vangen voordat het de grond raakte, zijn lichaam droog te likken en alle kleine Raktabija's te verslinden.

De Thoegs (Indiase criminelen die rituele wurgmoorden pleegden) legaliseerden hun praktijken met een variant op het Raktabija-verhaal. Toen Kali moe was van het vechten, maakte ze van het zweet op haar armen twee mannen die allebei een doek kregen om het bloed van de duivels, waartegen ze het in haar plaats moesten opnemen, op te vangen. Algauw waren alle demonen gewurgd en ze mochten van Kali de doeken houden en moesten slachtoffers aan haar blijven brengen.

Overal in India worden dieren aan lokale goden geofferd, maar de spectaculairste offers zijn voor Kali. In haar tempel in Kalighata worden dagelijks geiten geslacht en volgens bepaalde overleveringen kreeg ze in het verleden mensenoffers.

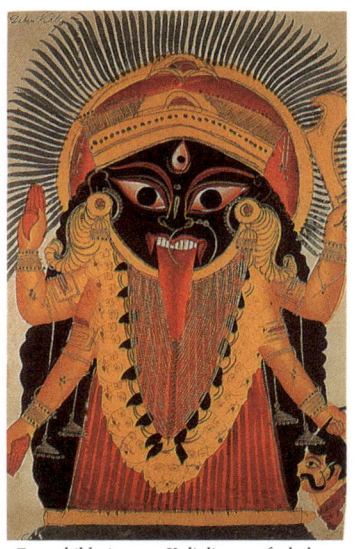

Een schildering van Kali die een afgehakt hoofd in een van haar handen houdt, zoals het verkocht werd aan pelgrims op weg naar haar tempel in Kalighat.

Andere verschrikkelijke godinnen (zoals Candi, Camoenda, Bhairavi) worden soms als afzonderlijke individuen gezien en soms volledig met Kali geïdentificeerd. Daarnaast zijn er godinnen voor specifiekere kwesties, waaronder Sitala (godin van de pokken en, na de uitroeiing daarvan, van de huidziektes), Manasa (Bengaalse godin van de slangen), Hariti en Sjasjti (godinnen van de geboorte), en ook zijn er groepen godinnen. Bovendien zijn er de dorpsgodinnen die vereerd worden met een bloederig dierenoffer, dat in andere vormen van het hindoeïsme allang verdwenen is. Deze godinnen worden vaak gezien als vrij en onfhankelijk; mythen over Kanyakoemari ('de prinses-maagd') gaan over het verbod met Sjiva te trouwen en over haar maagdelijke kracht. Elders worden ze beschouwd als getrouwd met hun dorp. Aan veel van deze godinnen wordt een buffel geofferd, waarin de mythe over Mahisja doorklinkt, de buffel-demon die door Doerga wordt afgeslacht. Soms veroorzaken of beheersen ze ziektes.

Minaksji ('de visogige'), die een altaar in Madoerai heeft, schijnt met drie borsten te zijn geboren en is door haar koninklijke ouders als een jongen opgevoed. Ze betreedt na haar vader de troon en onderwerpt de hele wereld. Op een dag komt ze bij de berg Kailasa en daagt Sjiva uit; maar als ze elkaar ontmoeten, gedraagt ze zich schuw en nederig als een vrouw en verdwijnt ook haar derde borst. Deze mythe over de oorlogvoerende koningin die door Sjiva wordt getemd, weerspiegelt de mythen over Parvati die de wilde Sjiva temt.

MARIYAMMAN
Een veelgebruikte naam voor dorpsgodinnen is Mariyamman. Ze schijnt een brahman-meisje te zijn geweest, verloofd en getrouwd met een onaanraakbare die als een brahman vermomd ging; wanneer ze het bedrog doorziet, pleegt ze zelfmoord en wordt ze een godin die de onaanraakbare straft door hem tot as te verbranden.

DE FAMILIE VAN SJIVA

Sjiva, Parvati, Skanda, Ganesja

In de hindoeïstische kunst worden de gezinsleden vaak afgebeeld in een gezellige kring, hoewel dit nauwelijks een gewoon gezin is (zie onder). Op dit tableau heeft elk familielid een vahana of rijdier, dat een aspect van zijn goddelijke natuur vertegenwoordigt. Parvati heeft bijvoorbeeld de leeuw (haar moordenaarsinstinct als Doerga), Ganesja heeft zijn rat of muis (vermogen om obstakels te omzeilen).

SKANDA EN GANESJA

Skanda's geboorte wordt gewoonlijk in verband gebracht met de eerste vrijage van zijn ouders. De goden (die vrezen dat het kroost buitengewone kracht zal krijgen) komen tussenbeide. Sjiva verliest zijn zaad en het vurige goedje, te heet om aan te pakken, gaat de goden rond, tot het de Ganga bereikt waar het wordt uitgebroed. Skanda wordt door de zes Krittika's (de Plejaden) gevoed, verslaat de demon Taraka en redt de wereld. Hij wordt de generaal van de goden en wordt door Parvati geaccepteerd als haar eigen kind; als ze hem voor het eerst ziet, komt er uit liefde zelfs melk uit haar borsten.

Parvati wil een eigen kind om zich tegen inbreuken te beschermen. In bad maakt ze Ganesja van haar huidresten, en ze zet hem buiten op wacht. Als Sjiva zelf wil binnenkomen, laat Ganesja hem niet door; Sjiva slaat hem het hoofd af. Parvati eist dat hij weer tot leven wordt gewekt. Sjiva zet het eerste het beste hoofd dat hij te pakken krijgt erop, en zo krijgt Ganesja zijn olifantenkop (onder).

Parvati brengt de ascetische Sjiva in aanraking met het gezinsleven. De teksten zinspelen vaak op huiselijke details, zoals hun zoon Skanda die met Sjiva's schedel-sieraden speelt of die de wassende maan met een lotusknop verwart. Verschillende mythen laten Sjiva en Parvati kibbelen. In een bepaalde mythe begint het speels: Parvati legt van achteren haar hand over Sjiva's ogen, waardoor de wereld wordt verduisterd en Sjiva boos een derde oog in zijn voorhoofd maakt. Soms kibbelen ze over dobbelstenen of plaagt Sjiva Parvati met haar donkere huidkleur, zodat ze via ascese een gouden huid krijgt (in sommige versies wordt haar zwarte huid Kali). Bengaalse mythen schilderen Sjiva vaak af als een cannabis-rokende nietsnut en Parvati als de mopperende en eeuwig lijdende echtgenote.

JAÏNISTISCHE MYTHEN
Een reactie op het hindoeïsme

Zowel in kosmologisch als in 'universeel-historisch' opzicht heeft het jaïnisme veel van het hindoeïsme overgenomen, maar het materiaal wordt op een volkomen eigen wijze verder ontwikkeld, met name door de neiging tot rationalisme. Dit wordt niettemin gecombineerd met een grote voorliefde voor getallen en uitgebreide schema's, wat uitmondt in een overmaat van namen van goden, kosmografische details en fantastisch lange tijdseenheden.

Centraal in de jaïnistische geschiedenis staan 63 prominente figuren die bekend staan als de Sjalakapoeroesja's – een reeks spirituele en tijdelijke leiders die zich in beide helften van het eeuwig opkomende en verdwijnende universum bevinden.

Elke reeks bestaat uit 24 Tirthamkara's of Redders, twaalf universele keizers, en negen heldentrio's met elk een Baladeva, een Vasoedeva en een Prativasoedeva. Ofschoon tenminste de namen worden vastgelegd van enkele Sjalakoepoeroesja's van de vorige en van de komende cyclus-helft, behoren zij wier mythen worden verteld tot de huidige helft, een verdwijnende wereld.

Het patroon van de heldentrio's is duidelijk geënt op de hindoeïstische mythologie van Krisjna. De Baladeva is altijd de oudere halfbroer van de Vasoedeva, en de Prativasoedeva is een kwade tegenstrever; zelfs de iconografische weergave van de Baladeva's en de Vasoedeva's stemt grotendeels overeen met de hindoeïstische afbeeldingen van Balarama en Krisjna. De Vasoedeva, die de sterkste krijger is, treedt vaker op de voorgrond dan de zachtmoediger Baladeva, maar wegens de zonde die hij met vechten begaat, gaat hij naar de hel; de Baladeva verzaakt de wereld, wordt ingewijd en bereikt de verlossing.

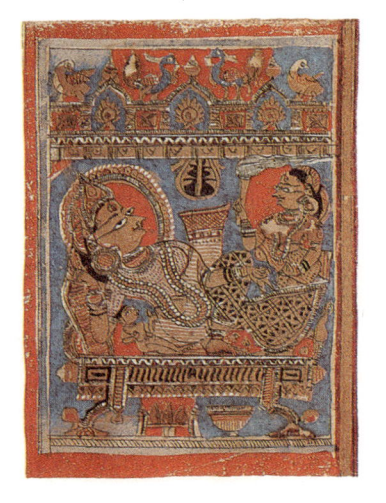

De geboorte van Parsjvanatha, de 23ste Tirthamkara of Redder, afgebeeld in een jaïnistisch manuscript uit de 15de of 16de eeuw. Afbeeldingen van Parsjva vallen vaak op door een divan van cobraschilden. In een vorig leven voorkwam Parsjva dat een slang in het offervuur van een brahman zou verbranden, en na zijn incarnatie als de 23ste Tirthamkara wordt hij door de brahman in duivelse gedaante aangevallen; de slang Dharanendra, nu een prins, beschermt hem.

Jaïnistische kosmologie

Het jaïnistische universum is een systeem van drie werelden, meestal voorgesteld als een kosmische mens.

De onderwereld omvat zeven regionen of lagen waar verschillende soorten demonen wonen. Het centrum van de middenwereld is het ronde continent Jamboedvipa (zoals in de gebruikelijke kosmologie van de *Poerana's*), dat rond de berg Mandara (of Meroe) ligt, omringd door de Zoute Oceaan. Daar liggen weer zeven continenten en zeven oceanen concentrisch omheen. De bovenwereld begint boven op de top van de Mandara, heeft meestal de vorm van een spoel met acht niveaus, waarboven op hun beurt twee gebieden liggen waar de verschillende soorten goden verblijven. Helemaal aan de top van het systeem, de kroon op het kosmische mensenhoofd, komt het verblijf van de verloste individuen. In tegenstelling tot het hindoeïstische idee van vier Yoega's of perioden van toenemend verval, voorziet de jaïnistische theorie over de kosmische perioden elk 'tijdrad' of cyclus van twee helften, een voor opkomst en een voor neergang, met elk zes tijdperken waarin de levensomstandigheden beter of slechter worden.

JAÏNISTISCHE VERSIES VAN HINDOE-MYTHEN
De duidelijke invloed van de Krisjna-mythe kan het gevolg zijn van de westwaartse verspreiding van het jaïnisme naar de Mathoera-streek, maar eenmaal overgenomen werd de mythe voor specifieke jaïn-doeleinden gebruikt – deels als kritiek op hindoe-mythen in het algemeen. Het verhaal over Rama (p. 77) was bij de jaïnisten nog geliefder. Gewoonlijk worden de Raksjasa's en apen veranderd in Vidyadhara's, half-goddelijke tovermeesters, terwijl Laksjmana (niet Rama) Ravana doodt, die afgeschilderd wordt als een vrome jaïn, wiens enige zwakte zijn passie voor Sita is.

DE VERLICHTE
Boeddhistische mythen

Het boeddhisme is een filosofie van de verlossing en heeft theoretisch dus geen behoefte aan mythen. In de praktijk hebben boeddhisten in alle landen de plaatselijke mythen gebruikt om hun wereldbeeld in te vullen. In India, waar het boeddhisme is ontstaan, werden ideeën over de Boeddha in hindoeïstische mythologische kledij gestoken. De hindoe-goden werden toeschouwers en kregen bijrollen in Gautama's zoektocht naar inzicht, die erin culmineerde dat hij Boeddha werd, de Verlichte. Toen het Mahayana ('het grote voertuig') opkwam, rond het begin van onze jaartelling, werden de mythologische elementen veel sterker. De verering van bodhisattva's werd het fundament voor een bloeiende boeddhistische mythologie. Deze bodhisattva's schijnen aanvankelijk verschillende aspecten van Gautama's karakter te hebben voorgesteld, maar al spoedig kwamen ze geheel op zichzelf te staan. Maitreya staat voor *maitri* ('vriendelijkheid'); onder zijn leiding zal ooit het boeddhistische millennium bestaan, maar intussen komt hij vanuit de Toesjita-hemel deze wereld redden en onderwijzen.

Het leven van de Boeddha

Volgens veel verhalen droomde koningin Mahamaya, de moeder van de Boeddha, dat een bodhisattva in de vorm van een witte olifant in haar baarmoeder kwam met een lotus in zijn slurf, terwijl de hele natuur ondertussen haar vreugde liet blijken.

De brahmanen zagen hierin de voorspelling van de geboorte van een zoon, die of een universele keizer of een Boeddha zou zijn. Zijn geboorte was wonderbaarlijk: staande hield de moeder zich aan een boom vast en baarde hem uit haar zijde. Brahma en de andere goden namen het kind, dat zeven stappen zette, op en zeiden dat dit zijn laatste geboorte was. Gautama groeide op in weelde en schijnt van alle storende aspecten van het leven niets gemerkt te hebben. Hij trouwde en kreeg een zoon, Rahoela ('keten'). Op een dag leerde hij tijdens een paar wagenritjes rond de stad de problemen van de ouderdom, ziekte en dood kennen, maar ook de rust van een rondtrekkende asceet. 's Nachts vluchtte hij weg van de verplichtingen van gezin en maatschappelijke positie en begon hij zijn zoektocht naar de verlichting.

Zeven jaar nadat hij het huis had verlaten, nam de Boeddha zich voor net zo lang onder een boom te blijven zitten (later bekend als de Bodhiboom, in het huidige Bodh Gaya) tot hij het probleem van het lijden had opgelost. In de hemel begonnen de goden zich al te verheugen terwijl Mara, de god van de dood en de begeerte, hem begon af te leiden. Na 49 dagen bereikte hij de verlichting – hij werd een Boeddha. Hij bleef nog zeven weken mediteren, terwijl de slangenkoning hem met zijn zeven schilden schaduw gaf. Aanvankelijk had hij geen enkele hoop dat iemand de waarheid die hij gevonden had, zou kunnen begrijpen. Maar toen Brahma hem aanmoedigde te gaan preken, stemde hij toe. Gedurende zijn missie bekeerde hij het grootste deel van zijn familie.

Een beeld van de Boeddha met onder meer het uitgroeisel op zijn schedel, lange oorlellen en urna tussen zijn ogen; in totaal heeft hij 32 hoofdkenmerken.

Vorige levens van de Boeddha

De volmaaktheid die een Boeddha bereikt, kan alleen verkregen worden via een lange reeks vorige levens, waarin de bodhisattva zich op zijn laatste leven voorbereidt met het beoefenen van de morele kwaliteiten, vooral goedgeefsheid. Veel verhalen over Boeddha's levens zijn volksverhalen die voor dit doel zijn aangepast. Ergens is de Boeddha een haas die geen enkele gast iets kan aanbieden en daarom bereid is zijn eigen vlees te geven. Om hem op de proef te stellen komt Sakka (Indra) als bedelaar langs; de haas vraagt hem een vuur aan te steken en wil zich erin gooien. Sakka grijpt in en om de gebeurtenis te herdenken tekent hij op de maan het beeld van de haas. In het verhaal dat daarna komt en dat het langste Jataka-verhaal ('geboorteverhaal') is in de Theravada-geschriften, is hij eerder, vóór dit leven als Gautama, prins Vessantara geweest (tussen beide menselijke levens is hij ooit in de Toesjita-hemel geboren als een godheid).

Vessantara, zoon en erfgenaam van koning Sanjaya, woonde met zijn vrouw Maddi en hun zoontje en dochtertje in de hoofdstad. Hij was buitengewoon goedgeefs. Hij had een witte toverolifant die altijd voor regen zorgde, maar op een dag gaf hij hem weg aan gasten uit een ander koninkrijk. De burgers waren woest en dwongen de koning hem te verbannen. Maddi wilde hem volgen en de kinderen meenemen. Vessantara gaf al zijn bezittingen weg en reisde met zijn gezin over de lange weg naar een Himalaja-vallei, waar ze bleven wonen. Joejaka, een oude brahman wiens bitse bruid hulp in de huishouding eiste, vroeg om zijn kinderen en Vessantara gaf ze haar. De volgende morgen vermomde Sakka, die bang was dat Vessantara ook zijn vrouw zou weggeven, zich als brahman, bedelde om Vessantara's vrouw en gaf haar terug (als geschenk kon Vessantara haar niet opnieuw afstaan). Ondertussen waren Joejaka en de kinderen bij Sanjaya's hof aangekomen, waar Sanjaya zijn kleinkinderen vrijkocht en Joejaka zichzelf wurgde. Vol spijt ging Sanjaya met zijn gevolg naar de berg en vroeg Vessantara en Maddi terug te komen. Zo kwamen ze weer samen en Vessantara werd koning.

Het medaillon op deze balustrade rond de grote boeddhistische stoepa in Amaravati toont een tafereel uit de Jataka-verhalen.

Dit steenreliëf uit Oost-India (9de of 10de eeuw) toont Avalokitesjvara, de bodhisattva die vol mededogen 'neerkijkt'; in zijn linkerhand houdt hij de lotus en met de rechter maakt hij het gebaar van bemoediging. In China is hij bekend geworden als Guanyin (zie p. 96).

BODHISATTVA'S

Het concept van de bodhisattva ('hij wiens essentie Bodhi is', verlichting, eigenlijk een toekomstige Boeddha) komt overal in het boeddhisme voor, maar krijgt bijzonder belang in het Mahayana. Hier ligt de nadruk op zijn wens om zijn verdiensten te delen met ieder die zijn naam aanroept. Hierboven staat Avalokitesjvara, 'de heer die neerkijkt' (ook Padmapani genaamd), wiens sterkste eigenschap compassie is. Andere belangrijke bodhisattva's zijn: Maitreya ('vriendelijkheid'); Manjoesjri ('vriendelijk verheven'), die onwetendheid moet uitbannen; en Vajrapani, 'hij die de bliksem vasthoudt', die het kwaad vernietigt.

CHINA

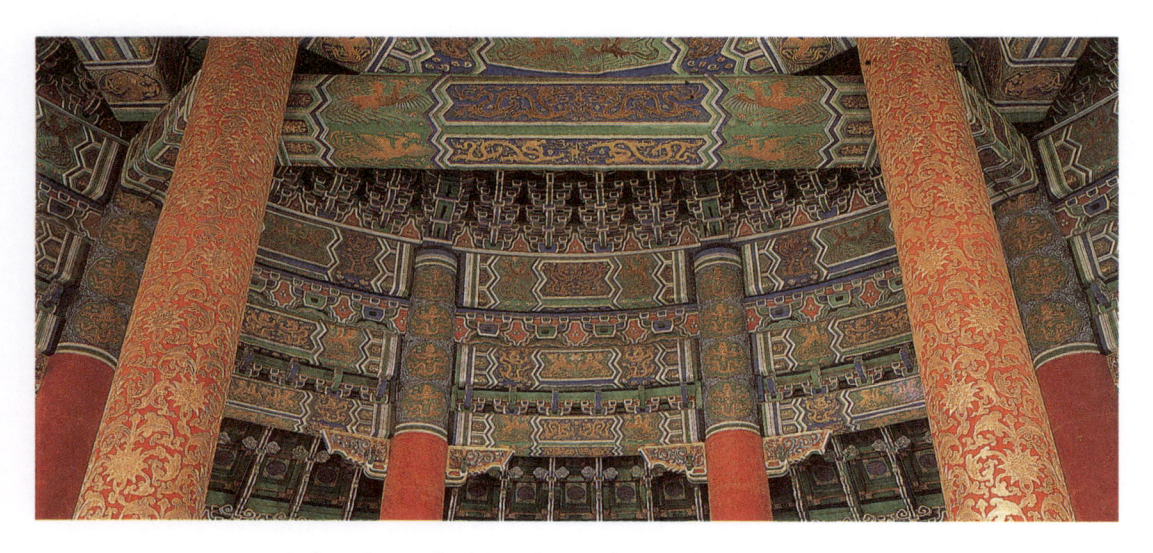

De binnenkant van het dak van de Qiniandian (Gebedszaal voor een Goede Oogst) aan de noordzijde van het Hemelse-Tempelcomplex in Peking. In deze zaal deed de keizer, in zijn hoedanigheid van de hemelse plaatsvervanger op aarde, zijn gebeden voor een goede oogst.

Sporen van de Chinese mythologie gaan bijna vierduizend jaar terug, maar uitgebreide overblijfselen in Noord-China getuigen van menselijke aanwezigheid vanaf ca. 3000 v. Chr. De Xia, duidelijk een stamvolk, overheersten het gebied vanaf 2000 tot 1500 v. Chr. Hun totem was aanvankelijk de slang, die ook in de oudste mythen voorkomt. Later werd dat de draak, symbool van de Chinese mythologie en cultuur (zie p. 92).

De Yin namen het op tegen de Xia en stichtten in 1500 v. Chr. de Yin- of Shang-dynastie. Ze konden brons maken en hun embleem was de 'rode vogel', het symbool van het zuiden. De Yin vereerden vele goden, waaronder de zon, de maan, de wolken, de aarde, de bergen, de rivieren en de vier windrichtingen. De grootste was Shang Di, die ze vereerden als voorouder van de dynastie. De mensen probeerden met geesten in contact te komen via de lezing van geschroeide 'orakelbotten' en via andere sjamanistische praktijken, zoals zingen, dansen en trance.

Daarna, onder de Zhou-dynastie, kregen families erfelijke achternamen en het vereren van voorouders raakte in die periode ingeburgerd. Maar de oude goden stierven niet uit en de aard-, regen- en riviergoden bleven populair. De Zhou-heersers vereerden liever Tian ('Hemel'; zie p. 100).

Tegen het einde van de Zhou-dynastie ontstonden verschillende nieuwe politieke opvattingen. Die van Confucius (latinisering van Kong Fuzi of 'Meester Kong'; 551-479 v. Chr.) was gebaseerd op rituelen, eerbied voor de ouders en opvoeding, en bleef tot de komst van het communisme het Chinese leven beheersen. Een andere belangrijke richting, het taoïsme (zie p. 98), pleitte voor een staat die niet ingrijpt en voor terugkeer naar de eenvoud van het platteland. Maar bovenal moest de mensheid in harmonie met de natuur leven zonder haar te willen domineren. Yin en Yang (het vrouwelijke en het mannelijke principe; zie p. 90) moesten in evenwicht zijn.

Wat de traditionele goden en geesten betreft neigden de confucianisten naar agnosticisme. Maar in reactie op de komst van het boeddhisme (zie p. 96) ontwikkelde het taoïsme een meer religieus karakter alsmede een eigen mythologie. Het taoïsme, het confucianisme, het boeddhisme en nog oudere traditionele systemen bestonden naast elkaar in een sfeer van wederzijdse invloed en respect. Deze vriendschappelijke coëxistentie verklaart de rijke culturele erfenis van de Chinese mythen.

DE VIJF ELEMENTEN EN DE VIJF HEILIGE BERGEN

Al sinds de vroegste tijd is het getal vijf voor de Chinezen heel belangrijk, waarom is niet bekend. De materiële structuur van de wereld bestaat bijvoorbeeld uit vijf elementen (hout, vuur, aarde, metaal en water), dynamische, op elkaar inwerkende krachten. Elk element is verbonden met een van de vijf seizoenen (waaronder een geheimzinnig 'centrum'), met een van de vijf richtingen (met hetzelfde 'centrum'; zie p. 21), en met een planeet:

Hout	Voorjaar	Oosten	Jupiter
Vuur	Zomer	Zuiden	Mars
Aarde	Centrum	Centrum	Saturnus
Metaal	Herfst	Westen	Venus
Water	Winter	Noorden	Mercurius

Vanouds worden bergen vereerd als actieve goden die gebeden verhoren en offers aannemen. Chinese heersers hebben vijf bergen als bijzonder heilig beschouwd: Hengshan (de Noordelijke en Zuidelijke Top: de Pinyin-spelling is identiek); Huashan (Westelijke Top); Songshan (Centrale Top); en Taishan

(Oostelijke Top). De belangrijkste berg was Taishan. Hij ligt bij Qufu, de geboorteplaats van Confucius, en kreeg in de loop der eeuwen diverse adellijke titels, van hertog tot keizer. Een keizer bracht er pas offers als zijn heerschappij buitengewoon was. Naast deze vijf zijn er andere bergen die voor boeddhisten en taoïsten heilig zijn, terwijl Kunlun, buiten het oude koninkrijk in het uiterste westen, werd beschouwd als de verblijfplaats van de goden, zoiets als een kolonie van de hemel.

VERKLARING

- ▲ Heilige berg
- ● Stad (traditionele naam tussen haakjes)
- ⌐⌐⌐⌐ Oude Chinese grens (ca. 220 n. Chr.)
- ..... Huidige grens
- Huidig land: **VIETNAM**

TABEL VOOR DE UITSPRAAK

In dit hoofdstuk zijn Chinese namen omgezet in ons alfabet volgens de Pinyin-standaardmethode. Het verschilt van het oudere Wade-Giles-transcriptiesysteem, dat nog steeds in boeken over China gebruikt wordt. Let op de volgende consonanten:

Pinyin	Wade-Giles	Equivalent
c	tz'	geaspireerde ts
z	tz	zachte ts
j	ch	zachte tj
zh	ch	zachte tsj
q	ch'	geaspireerde tsj
x	hs	tussen s en sj in
r	j	zachte r

CHINESE DYNASTIEËN

Xia	2000-1500 v. Chr.
Shang of Yin	1500-1050 v. Chr.
Zhou	1050-221 v. Chr.
Qin	221-206 v. Chr.
Han	202 v.-220 n. Chr.
Wei, Jin, Noordelijke en Zuidelijke dynastieën	220-581
Sui	581-618
Tang	618-907
Vijf Dynastieën en Tien Koninkrijken	907-960
Song	960-1279
Yuan	1277-1368
Ming	1368-1644
Qing	1644-1911

ORDE UIT CHAOS

Pan Gu en Hun Dun

Het belangrijkste Chinese scheppingsverhaal beschrijft hoe de wereld werd gemaakt door de oergod Pan Gu, die in Zuid-China nog steeds door minderheden als de Miao, de Yoa en de Li vereerd wordt. Men zegt dat hij afstamt van Yin en Yang, de twee vitale krachten van het universum (zie afbeelding links; het wezen onderaan is wellicht Pan Gu). Pan Gu kwam in de duisternis van een reusachtig oerei tot stand en groeide er achttienduizend jaar lang, totdat het ei openbarstte. De lichte en transparante delen van het ei dreven omhoog en vormden de hemelen; de zware, ondoorzichtige delen zakten naar beneden en werden de aarde.

Pan Gu stond op. Om te voorkomen dat de vloeibare aarde en hemel weer samensmolten, begon hij te groeien en dreef hij de aarde en de hemel drie meter per dag uiteen. Na opnieuw achttienduizend jaar waren de hemel en de aarde in hun huidige positie gefixeerd en de vermoeide Pan Gu legde zich te rusten. Hij stierf en zijn adem werd de wind en de wolken, zijn stem de donder, zijn linkeroog de zon, het rechter de maan en zijn haren en bakkebaarden de sterren. De andere lichaamsdelen werden de elementen die de aarde vormen, inclusief de bergen, rivieren, wegen, planten, bomen, metalen, edelstenen en rotsen. Zijn zweet veranderde in regen en dauw.

De mythe van Pan Gu kreeg deze vorm in de 3de eeuw n. Chr. maar komt al in oudere teksten voor. In een van de vele varianten wordt de afwisseling van dag en nacht verklaard doordat hij zijn ogen open- en dichtdoet.

YIN EN YANG
Yang betekent oorspronkelijk zonlicht of licht en Yin schaduw of duisternis; ze werden beschouwd als de twee kosmische krachten uit wier samenwerking de fenomenen van het universum ontstonden. Yang staat voor mannelijkheid, activiteit, hitte, droogte, hardheid, enzovoort. Yin staat voor kwaliteiten als vrouwelijkheid, passiviteit, kou, natheid en zachtheid. De Yin- en Yang-kwaliteiten treden vaak als contrasterende paren op, zoals leven en dood, vrouwelijk en mannelijk en goed en kwaad. In meer filosofische zin werden ze als complementair en als wederzijds afhankelijk gezien. Het rode lakpaneel hierboven bevat de symbolen voor Yin en Yang, omgeven door de Acht Symbolen die bij de waarzeggerij worden gebruikt.

De dood van Chaos

*D*e allegorieën in het werk van de klassieke filosofen behoren tot de beste bronnen van de Chinese mythologie. Een goed voorbeeld is het korte maar bekende scheppingsverhaal over de dood van Chaos uit het boek Zhuangzi, van de gelijknamige vroeg-taoïstische (ca. 4de eeuw v. Chr.) geleerde. Deze mythe laat de twee op elkaar inwerkende principes van de oerwereld zien met de chaos ertussen, afgeschilderd als drie keizers.

Shu, keizer van de Noordelijke Zee, en Hu, keizer van de Zuidelijke Zee, kwamen vaak bijeen op het gebied van Hun Dun ('Chaos'), de keizer van het Centrum, die zeer gastvrij was. Op een dag overlegden Shu en Hu dat ze Hun Dun voor zijn vriendelijkheid moesten bedanken. Ze constateerden dat ze allebei zeven lichaamsopeningen hadden waardoor ze konden horen, zien, enzovoort, terwijl Hun Dun er niet één had. Ze besloten hun dankbaarheid te tonen door met een beitel en een boor elke dag een gat in zijn lichaam te maken. Na zeven dagen was het werk af, maar Hun Dun was eraan bezweken. Op het moment dat Chaos stierf, werd de geordende wereld geboren.

NÜ GUA EN FU XI

De schepping van de mensheid; zondvloedmythen

Tot de oudste Chinese mythen behoren verhalen over de scheppende godin Nü Gua en de schepper Fu Xi. De voorgeschiedenis van beide goden is onduidelijk, maar hun namen zijn afgeleid van woorden voor pompoen of meloen, fruit dat ook voorkomt in de vruchtbaarheidsmythen en scheppingsverhalen van andere culturen. In de Han-dynastie worden ze vaak afgebeeld als een getrouwd stel met mensenhoofden en ineengestrengelde slangestaarten, maar het is mogelijk dat Nü Gua en Fu Xi aanvankelijk afzonderlijke goden waren wier verhalen in elkaar werden geschoven zoals bijvoorbeeld ook met Zeus en Hera bij de oude Grieken het geval is (zie p. 132). Hun slangestaarten wijzen op een mogelijk verband met de slangetotem van de oude Xia-bevolking.

Nü Gua en Fu Xi worden vanaf de 4de eeuw v. Chr. in veel boeken in verband gebracht met diverse andere mythen. Er zijn drie belangrijke thema's: de schepping van de mensheid, de strijd tegen natuurrampen (vooral overstromingen), en vroegere oorlogen. Nü Gua werd vooral vereerd als de schepster en beschermster van het eerste volk (zie kader).

Een belangrijke mythe vertelt hoe er, terwijl de godin op aarde leefde, een twist uitbrak tussen Zhu Rong, de vuurgod en heerser over het universum, en Gong Gong, de watergod die soms beschouwd wordt als Zhu Rongs zoon. De vuurgod heerste streng en wijs over het universum, hij zorgde ervoor dat de zon regelmatig aan de hemel verscheen en dat het volk dat door Nü Gua was gemaakt, onder gunstige omstandigheden zijn dagelijks leven

FU XI, DE EERSTE KEIZER

Tijdens de Han-dynastie (202-220 n. Chr.) werden nieuwe dynastieën bedacht om de duistere voorafgaande perioden in de geschiedenis te verklaren. Veel mythen werden als feiten opgetekend en sommige hoofdfiguren werden keizer. Zo werd Fu Xi de allereerste keizer genoemd, een van de 'Vijf Keizers van de Vroege Oudheid', en zijn heerschappij werd vastgesteld op de periode 2852-2737 v. Chr. In één mythe krijgt hij vier gezichten (elk toezicht houdend op een van de vier richtingen), waar de officiële historici vier ministers van maakten. Hij werd een cultuurheld die de mensen met netten leerde vissen en huisdieren houden. Hij moet ook muziekinstrumenten hebben ontworpen, evenals het eerste Chinese schrift, dat geknoopte touwtjes als communicatiemiddel verving.

Het ras van modder

Nü Gua is vanuit de hemel afgedaald om op aarde te wonen na de scheiding van de hemel en de aarde en na de schepping van de bergen, rivieren, dieren en planten. De volgende mythe verhaalt hoe ze van modder de mensen maakte.

Na enige tijd op aarde te zijn geweest, werd Nü Gua eenzaam en voelde ze dat de aarde niet compleet was. Op een dag zag ze in een vijver haar spiegelbeeld en ze kreeg een idee. Ze schepte een handvol modder en kneedde er haar evenbeeld van: de eerste mens. Toen de godin het schepsel neerzette, begon het onmiddellijk te leven en te schreeuwen en te dansen van blijdschap. Nü Gua was tevreden over haar werk en maakte een heleboel mensen. Deze trokken het land in, maar ze kon steeds hun stemmen horen zodat ze zich niet meer alleen voelde.

De godin besefte dat ze vlugger en efficiënter te werk moest gaan om de hele wereld te bevolken. Ze sopte een wijnstruik in de natte modder en zwaaide ermee, zodat de modder alle kanten opvloog. Elk spatje werd een mens. Al vlug had ze de wereld bevolkt en kon ze gaan uitrusten. Toen sommige mensen later oud waren geworden en gestorven waren, leerde ze de mensen zich te vermenigvuldigen en kinderen op te voeden.

Een schilderij van Nü Gua met een slangelichaam; begin 20ste eeuw.

kon leiden. Gong Gong was lelijk en had het lichaam van een slang en een mensenhoofd vol knalrood haar; hij benijdde Zhu Rong en was vastbesloten om de macht over het universum van hem over te nemen. De strijd tussen beiden was verschrikkelijk, in de hemel en vervolgens ook op aarde. Gong Gong riep alle schepsels van de rivieren en de zee op om de troepen van de vuurgod te bestrijden, maar uiteindelijk konden ze niet tegen de hitte van de brandende zon op. Het water in hun lichaam kookte en ze verbrandden hulpeloos.

Gong Gongs plannen liepen op niets uit en zijn teleurstelling veranderde al snel in woede. Razend sloeg hij zijn hoofd tegen de Niet-Perfecte Berg, die in puin neerviel. De berg met die vreemde naam was de belangrijkste pijler van de hemel in het noordwesten van de wereld, en toen hij verdween ontstond in de lucht een groot gat dat in het zuidoosten vergezeld ging van een verlaging van het land. De wereld was uit balans en de mensen leden onder de rampen die volgden: vuren raasden over de bergen en door de bossen, en overstromingen zetten de vlakten blank. Het water stroomde naar het zuidoosten, waar het land was ingezakt; dat is de reden waarom de Chinese rivieren grofweg van het westen naar het oosten stromen.

Nü Gua kon niet werkeloos toezien hoe haar kinderen leden. Om het gat in de hemel te dichten ging ze naar een rivieroever en verzamelde een grote hoop stenen. Vervolgens maakte ze een oven en smolt de stenen, zodat ze in de gewenste vorm konden worden gekneed. De godin vloog naar de hemel, stopte de gesmolten stenen in de hemelgaten en streek alles glad. Om er zeker van te zijn dat de hemel niet opnieuw zou breken, besloot Nü Gua een reusachtige schildpad te doden en in plaats van de Niet-Perfecte Berg zijn vier poten te gebruiken om de hemel te ondersteunen. Daarna verbrandde ze biezen en gebruikte de as om de gaten in de rivieroevers te dichten, zodat de overstromingen ophielden.

Een bronzen schildpad in de Verboden Stad (het keizerlijk paleis) in Peking. Schildpadden waren het symbool van kracht en oneindigheid en konden zware lasten op hun rug dragen. Volgens de mythe gebruikte de godin Nü Gua de poten van een schildpad om de hemel te stutten nadat de Niet-Perfecte Berg in elkaar was gestort.

Yu de Grote

Er zijn veel Chinese mythen over een oude zondvloed, niet alleen die waar Nü Gua en Fu Xi in voorkomen. De bekendste gaat over de held Yu de Grote. In de oorspronkelijke versie was Yu een draak of half mens, half draak; zijn vader Gun was naar de aarde gestuurd om een overstroming tegen te houden. In de volgende, latere versie van het verhaal is Yu helemaal menselijk.

De mythische keizer Shun wees Yu aan om het water van een overstroming tegen te houden. Yu was er dertien jaar mee bezig, zijn handen verweerden en zijn voeten zaten vol eelt: hij kon nauwelijks nog voortstrompelen. Hij was pikzwart van de zon en broodmager.

Uiteindelijk werd zijn inspanning beloond en met kanalen voerde hij het water naar de zee af. Uit dank trad Shun af en gaf zijn plaats op de troon aan Yu, die de eerste keizer van de Xia-dynastie werd. Hij moet geregeerd hebben van 2205 tot 2197 v. Chr., en zijn graf schijnt nog altijd bij het huidige Shaoxing in de provincie Zhejiang te liggen.

Yu, de mythische stichter van de Xia-dynastie, moet oorspronkelijk een draak zijn geweest; elke keizer werd beschouwd als zijn incarnatie. De draak (hierboven) bevindt zich in de Verboden Stad.

De pompoenkinderen

Mythen over Fu Xi en Nü Gua komen ook voor in de orale overlevering van de Miao en de Yao in Zuid-China; gewoonlijk zijn deze versies levendiger en completer dan de geschreven versies van de Han-Chinezen. Hier volgt een verkorte versie van een legende over Fu Xi en Nü Gua volgens de Yao in de provincie Guizhou.

Lang geleden was een man op een hete dag het land aan het bewerken toen het in de verte begon te donderen. Hij stuurde zijn zoon en dochter naar binnen en hing een ijzeren kooi onder de dakrand van het huis. Al vlug begon het zo hard te regenen dat de man een riek nam, zo'n riek waar je tijgers mee doodt, en in de kooi voor zijn huis op wacht ging staan.

Opeens bliksemde en donderde het en de dondergod kwam uit de wolken te voorschijn met een enorme strijdbijl. De man haalde uit, spieste de god op zijn riek en werkte hem in één beweging de kooi in en gooide de deur dicht. Zodra de dondergod gevangen was, hield het op met regenen en waaien. De volgende ochtend kocht de man op de markt kruiden om de dondergod te bereiden. Hij sommeerde zijn kinderen de dondergod niets te drinken te geven terwijl hij weg was. Hij was nog niet weg of de dondergod begon zo klaaglijk om iets te drinken te smeken, dat de kinderen toestemden. Onmiddellijk leefde hij weer op en brak uit zijn kooi. Om de kinderen te bedanken trok hij een tand uit zijn mond en zei dat ze hem in de grond moesten planten, anders zouden ze omkomen. Toen ging hij ervandoor. De kinderen staken de tand in de grond en binnen een paar minuten was het een pompoenplant geworden die een paar uur later al een vrucht kreeg. De regen kwam weer opzetten en zette de wereld blank. Toen de man thuiskwam, zei hij tegen zijn kinderen dat ze in de pompoen moesten gaan zitten. Ondertussen bouwde hij een schip en dreef naar de hemel, waar hij de Heer van de Hemel vroeg de zondvloed te beëindigen. De Heer van de Hemel aanhoorde hem en gebood de watergod de overstroming te stoppen. In zijn haast om te gehoorzamen liet de watergod het water zó snel weglopen, dat de man in het schip op aarde neerstortte en overleed. Maar de kinderen landden veilig in hun pompoen en waren de enige overlevenden.

Hun oorspronkelijke namen zijn niet bekend, maar vanaf dat moment worden ze Fu Xi genoemd ('flessepompoen'). Ze leefden gelukkig samen en toen ze wat ouder waren, stelde de jonge man voor om te trouwen. Zijn zus maakte bezwaar omdat ze broer en zus waren, maar ze zou instemmen als hij haar achterna zou zitten en haar te pakken kon krijgen. Het lukte hem, ze trouwden en de zus veranderde haar naam in Nü Gua, een ander woord voor pompoen of meloen.

Later baarde Nü Gua een vleesbal. Ze hakten hem in moten en namen deze op de ladder mee naar de hemel. Een windstoot blies de stukken vlees alle kanten op en waar ze neervielen, werden het mensen: zo is de mensheid weer teruggekomen.

Wen Zhong, de minister van de donder. In oude mythen wordt de dondergod beschreven als een verschrikkelijk beest, maar later werden alle natuurverschijnselen toegeschreven aan een hemelse regering die de aardse weerspiegelde.

ZON, MAAN EN STERREN

Mythen over de hemellichamen

De zon, de maan en de sterren namen in de animistische godenwereld van het oude China een belangrijke plaats in, en tot in de 20ste eeuw zijn de zon en maan in offerfeesten vereerd. In de hoofdstad Peking zijn nog altaren voor de zon en de maan te vinden, ook al worden ze niet meer gebruikt. Maar de zon is als oppergodheid nooit weg geweest en in de goddelijke hiërarchie zoals die door het keizerrijk erkend werd, kwamen de Zon en de Maan allebei na de Hemel, de Aarde, de Keizerlijke Voorouders, de Graangod, de Grondgod en Confucius.

De meeste Chinezen hebben voor de maan een warm plekje in hun hart, vooral voor de volle maan wiens ronde vorm de afronding en vervolmaking van de familiekring symboliseert. Nog altijd is het Herfstfeest op de vijftiende dag van de achtste maand van de maankalender, wanneer de maan vol is, bijzonder in trek. Dan komen families samen en eten onder meer ronde 'maankoeken'.

Sterrengoden werden met een specifieke ster of groep sterren verbonden; ze bestaan sinds mensenheugenis en vooral in het taoïstische pantheon waren ze talrijk. Zo was er de god van de literatuur, die van het lange leven, van het geluk, enzovoort. De meeste sterrenmythen ontstonden relatief laat in de Chinese godsdienst en folklore, maar er bestaat een beroemde sterrenmythe over een goddelijke schutter met toverkrachten, Yi, die zeker uit de 6de eeuw v. Chr. dateert. Volgens deze mythe draaiden oorspronkelijk tien zonnen om de aarde. Ze woonden allemaal in een reusachtige boom, Fu Sang, die in een hete bron achter de oostelijke horizon groeide; ze waren allemaal zonen van Di Jun, de Heer van de Hemel, en de godin Xi He, die besloten hadden dat steeds slechts één zon aan de hemel mocht verschijnen. Xi begeleidde in haar wagen elke zon rond de aarde en bracht hem 's avonds thuis naar Fu Sang. De volgende dag was de tweede zon aan de beurt, enzovoort, todat de eerste zon weer aan de beurt was.

De jaren gingen voorbij en het leek erop dat het zo eeuwig zou doorgaan. Maar het liep anders omdat de tien broers genoeg begonnen te krijgen van hun taak en de discipline van hun moeder hun tegen de borst stuitte. Ze kwamen bijeen op de takken van Fu Sang en overlegden hoe ze het hun opgelegde regime konden doorbreken. Ze smeedden een plan. Op een dag verschenen zonder waarschuwing alle zonnen tegelijk aan de hemel. Ze hadden gezamenlijk Fu Sang verlaten en dachten dat ze zo lang aan de hemel konden blijven als ze wilden.

Aanvankelijk waren de mensen op aarde verrukt over al het licht en al die warmte van de tien zonnen. Maar toen de oogst in de enorme hitte begon weg te kwijnen en te verbranden, werden de mensen wanhopig en zochten ze een manier om de kracht van de zonnen in te tomen. De heerser op aarde was destijds Yao, die later met Shun en met Yu (zie p. 92) werd verheerlijkt als een van de drie wijze heersers van de Oudheid. Yao was een nederig man die eenvoudig leefde in een plaggenhut en grof graan at met wilde-kruidensoep. Hij leed onder dezelfde ontberingen als zijn volk en hij was diep bezorgd over ieders welzijn. Hij bad tot de hemel om iets voor de mensen te doen en verzocht Di Jun de oude orde te herstellen, waarin slechts één zon tegelijk aan de hemel stond.

Di Jun, de Heer van de Hemel, aanhoorde zijn gebeden en gebood de negen extra zonnen onmiddellijk naar Fu Sang terug te keren. Maar de zonnen genoten zo zeer van hun vrijheid, dat woorden alleen niet volstonden. Di Jun besloot een van zijn sterkste helpers, Yi, erop af te sturen om zijn recalcitrante zonen aan te pakken en tevens enkele andere problemen op te lossen.

Gedeelte van het bovenstuk van een begrafenisvlag uit de 2de eeuw v. Chr., een ziel voorstellend die naar het Rijk der Onsterfelijken oversteekt. De grote rode schijf is de zon en de kraai is zijn geest. Toen de goddelijke schutter, Yi, de eerste zon neerschoot, viel de zonnekraai dood aan zijn voeten neer.

Yi stond bekend als een zeer goede boogschutter en voor hij naar de aarde vertrok, gaf Di Jun hem een rode boog en een koker met witte pijlen. De Heer van de Hemel wilde niet dat Yi de zonnen kwaad zou doen, alleen maar dat hij hen zou dwingen om Di Juns bevelen te gehoorzamen. Yi ging met zijn vrouw Chang E (zie kader) naar de aarde en toen hij zag in welke toestand de mensen verkeerden, werd hij kwaad. Meteen nam hij een pijl uit de koker en schoot omhoog. Er volgde een klap en uit een van de zonnen schoot een regen van vonken alle kanten op. Toen viel in een wolk van gouden veren een kraai met drie poten uit de lucht, vlak voor de voeten van Yi; er stak een witte pijl in zijn borst. Het was de geest van de eerste van de tien zonnen. (Men zegt dat de zonnekraai het bewijs is voor de vroege Chinese waarneming van zonnevlekken.)

De dood van één zon had weinig effect op het klimaat en Yi schoot nog een pijl en hij bleef doorschieten totdat er nog maar een resteerde en het klimaat weer normaal was. Daardoor werd Yi een grote volksheld.

KOEHERDER EN WEEFSTERTJE

De ster Vega in het Lyra-sterrenbeeld staat bij de Chinezen bekend als het Weefstertje. Ze was de dochter van de zonnegod, die bezorgd was om haar eenzaamheid en haar liet trouwen met de Koeherder (Arend). Maar het gelukkige paar bedreef alleen de liefde en verzaakte zijn plichten. De zonnegod was ontevreden en veroordeelde hen tot een scheiding, elk aan een kant van de Hemelse Rivier (Melkweg). Eens per jaar, op de zevende dag van de zevende maand, verzamelen zich daar de eksters en vormen een brug, zodat het Weefstertje de Koeherder kan ontmoeten. Als het op die dag regent, schuilen de eksters en moet het ongelukkige paar een jaar wachten.

Chang E en de maan

Nadat Yi de negen zonnen had vermoord, was Di Jun zo kwaad dat Yi en diens vrouw Chang E als sterfelijken op aarde moesten gaan wonen. Yi ging het elixer van de onsterfelijkheid zoeken, dat in het bezit was van de Koningin-Moeder van het Westen, een tiranne op de berg Kunlun. Ze gaf hem genoeg voor twee, maar waarschuwde dat als één persoon alles zou nemen, hij of zij de aarde voor hogere regionen zou verruilen.

Yi bracht het elixer thuis naar zijn vrouw, Chang E, die haar zorgeloze hemelse leventje miste. Toen ze van haar man de waarschuwing van de godin hoorde, wilde ze wel alles opdrinken om weer naar de hemel te kunnen, maar ze was bang dat ze door de andere goden veroordeeld zou worden omdat ze haar man had verlaten. Ze zocht een astroloog op. Hij zei dat ze naar de maan moest gaan, waar ze niet alleen bevrijd zou zijn van het ongemak van de sterfelijkheid, maar ook van de beschuldigingen van de goden en godinnen. Bovendien, zo beloofde hij, zou ze bij aankomst op de maan op een prachtige manier van vorm veranderen.

Chang E ging akkoord. Op een dag was Yi weg en ze haalde het elixer – dat in het spant verborgen was – te voorschijn, dronk alles op en zweefde onmiddellijk naar de maan. Ze wilde roepen, maar ze kon alleen maar kwaken omdat ze een pad was geworden. Haar enige medebewoners op de maan waren een haas die voortdurend kruiden in een vijzel bewerkte en een oude man die vergeefs probeerde een kassieboom te vellen.

Toen Yi zag dat zijn vrouw en het elixer er niet meer waren, begreep hij meteen wat er was gebeurd. Hij zag in dat het een vergissing was geweest om te proberen te ontsnappen aan het eindige leven dat hem geschonken was. In een latere versie van het verhaal krijgt Chang E haar menselijke gedaante terug en woont ze in het Maanpaleis, terwijl Yi zijn vergissing vergeven wordt en hij naar de hemel terugkeert.

Een afbeelding uit het begin van de 20ste eeuw van Chang E die naar de maan opstijgt nadat ze het elixer van de onsterfelijkheid heeft ingenomen. Haar man, de goddelijke schutter Yi, kijkt ontsteld toe terwijl ze wegzweeft.

HET CHINESE BOEDDHISME
Amitabha en Guanyin

Het boeddhisme kreeg voor het eerst Chinese aanhangers in de 2de eeuw n. Chr. Daarna werd het spoedig heel populair en uiteindelijk kreeg het een plaats naast het taoïsme en het confucianisme, als een van de drie grote Chinese geloofssystemen. Het boeddhisme is zelfs lange tijd in China belangrijker geweest dan in India zelf. De stichter ervan, Gautama Sakyamuni, ofwel de Boeddha (geboren rond 560 v. Chr. en in het Chinees meestal Fo genoemd), beloofde de bevrijding aan een ieder die de boeddhistische wet volgde en een ascetisch leven leidde door af te zien van alle wereldse geneugten. Uiteindelijk bevrijd van alle gehechtheid aan het leven, zouden deze mensen aan de cyclus van geboorte en dood ontkomen en de gezegende toestand van Nirvana betreden. Dit proces was onvermijdelijk lang en pijnlijk en het betekende dat men moest afzien van de emotionele band met familie en vrienden en een monnikenbestaan moest leiden.

De Chinezen vereerden echter liever Amitabha (Emituofo in het Chinees), de manifestatie van de Boeddha die in een Westers Paradijs regeerde. Hij beloofde iedereen te redden die berouw had van zijn zonden en die zijn naam aanriep. De gezegende toestand zou eerder door geloof dan door ascese bereikt worden en was daardoor voor meer mensen mogelijk. Nadat het boeddhisme in China gevestigd was, verschenen overal in het land tempels met beelden van Amitabha gezeten op een lotus.

Mythen over het leven van de Boeddha verspreidden zich over heel China en vaak werden ze aangepast aan de Chinese mentaliteit. De verhalen werden door monniken verteld en sommigen legden de mythen vast in volksboeken. In een bepaald verhaal daalt een van de leerlingen van de Boeddha, Maudgalyayana – Mulian in het Chinees – af naar de hel om zijn moeder te redden (zie p. 97). Dat sprak de Chinezen niet alleen aan wegens het karma-idee (het idee dat goede en slechte daden nu en in volgende levens gevolgen hebben), maar ook wegens de traditionele Chinese deugd van respect voor de ouders. In de boeddhistische kalender markeert het belangrijke Avalambana ('Naar beneden hangen')-feest het moment dat de monniken hun traditionele retraite van het regenseizoen beëindigen. De naam van het feest is ontleend aan een hindoeïstische mythe over een Indiase asceet die zijn voorouders ondersteboven zag hangen omdat hij de wereld had verzaakt: hij was niet getrouwd en had geen kinderen die aan de overledenen konden offeren.

Amitabha werd vaak vergezeld door de bodhisattva Guanyin, die ook wel Godin van het Mededogen wordt genoemd. Bodhisattva's zijn kenmerkend voor het Mahayana-boeddhisme dat in China en Japan populair is geworden. Deze wezens willen de toestand van Nirvana niet betreden omdat ze de mensheid willen bevrijden van het lijden. Hun barmhartigheid en hun verlossingsbelofte voegden aan het Chinese godsdienstige leven een nieuw en humaan aspect toe. Oorspronkelijk was Guanyin de mannelijke Indiase bodhisattva Avalokitesjvara (zie p. 87), wiens naam volgens de Chinezen 'luisterend naar de roep van de wereld' betekende. Kort nadat hij in China was geaccepteerd, belichaamde Avalokitesjvara de Chinese moederlijke deugd van de compassie en veranderde hij van een mannelijke bodhisattva in een vrouwelijke. Over haar zijn veel verhalen geschreven. Ze redde bijvoorbeeld de heilige boeken van een Chinese pelgrim die uit India naar China terugkeerde. Wie haar aanriep, werd bevrijd van gevangenisketens of van slangegif; moeders riepen haar aan omwille van hun kinderen. Soms werd ze afgebeeld met veel armen, een teken van haar vermogen om in te grijpen.

Een houten beeld van de bodhisattva Guanyin, eind 13de eeuw. Afgeleid van een Indiaas mannelijk origineel, werd ze in het Chinese boeddhisme de Godin van het Mededogen.

Radijs en mevrouw Prei

Ieder jaar werden in de Chinese dorpen en steden op het boeddhistische Avalambana-feest toneelstukken over de Radijs opgevoerd. Een stuk duurde vaak dagen en werd zo opgesmukt dat de details van het oorspronkelijke verhaal allemaal verloren zijn gegaan en het stuk louter nog ter vermaak ging dienen. Hier volgt een korte samenvatting uit een 9de-eeuwse bron.

De Boeddha had een vrome leerling, Radijs, die een lange reis ging maken. Voor hij vertrok vertrouwde Radijs zijn moeder, mevrouw Prei, een som geld toe voor het geval dat er boeddhistische monniken aan de deur kwamen. Maar toen Radijs vertrokken was en de monniken langskwamen, gaf de moeder hun niets. Toen hij terugkwam, loog ze hem voor dat zijn wens vervuld was. Bijgevolg ging ze na haar dood recht naar de hel, waar ze verschrikkelijk leed.

Intussen was Radijs zo wijs en eerbiedwaardig geworden dat hij de verlichte status van *arhat* of heilige had bereikt. Hij heette nu Mulian. Eenmaal verlicht, kwam hij erachter dat zijn moeder in de hel zat, waaruit hij haar wilde bevrijden. Onderweg kwam hij Yama (Yanluo) tegen, de koning van de hel, die hem wilde ontmoedigen en hem onverschrokken toesprak: 'Een vonnis dat op Taishan (een van de heilige bergen, zie p. 89) is uitgesproken kan niet zomaar worden teruggedraaid. Zo'n vonnis is in de hemel gemaakt en wordt door de hel gesteund. De boete die zondaars moeten doen, volgt uit hun vroegere daden. Anderen kunnen hen niet helpen.'

Vastberaden zocht Mulian de functionarissen op die zondaars veroordelen, te boek stellen en doden, en hij kwam in veel afdelingen van de hel terecht. Uiteindelijk kwam hij te weten dat zijn moeder in een van de lagere regionen zat, de Avici-hel. Op weg daarheen kwam hij vijftig demonen met stierekoppen (of paardehoofden)

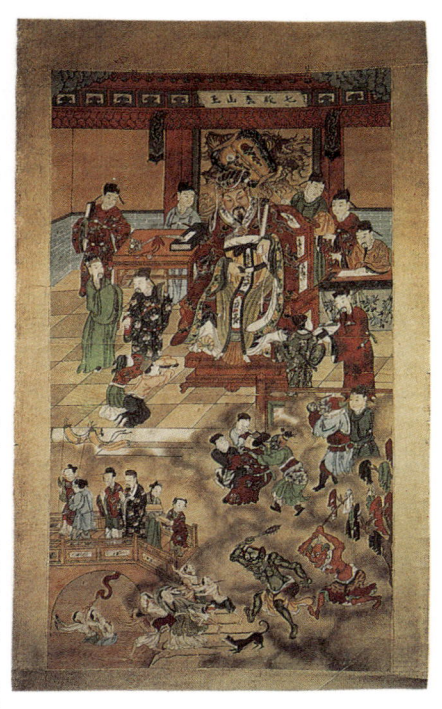

Yanluo of Yama, de hellekoning aan zijn hof. De koning kijkt toe terwijl verschillende duivels de zielen van de veroordeelden naar hun strafverblijf jagen.

tegen; ze hadden allemaal klauwen als zwaarden, een bek als een bloedbad en een donderstem en bliksemende ogen. Hij zwaaide met een toverstok die de Boeddha hem zelf had gegeven, en de monsters verdwenen.

Toen hij in de Avici-hel was aangekomen, vroeg Mulian de bewaker waar zijn moeder zat. De bewaker klom in een hoge toren, zwaaide met een zwarte vlag, sloeg op een ijzeren trommel en riep: 'Is er in de eerste afdeling een mevrouw Prei?' Geen antwoord. In iedere afdeling werd de vraag herhaald, totdat hij haar vond in de zevende, met 49 lange spijkers op een bed genageld. Maar Mulian kreeg haar niet los; gezien haar zonden was alleen de Boeddha daartoe in staat.

Mulian ging naar de Boeddha toe en legde de erbarmelijke toestand van zijn moeder uit. De Boeddha had mededogen en na het Avalambana-feest, op de vijftiende dag van de zevende maand, kwam mevrouw Prei uit de hel. Om haar te vinden moest Mulian van de Boeddha door de straten van zijn woonplaats lopen totdat hij bij het huis van een rijke man aankwam. Dan zou een zwarte hond op hem afkomen en aan zijn soutane trekken. Die hond zou zijn moeder zijn.

Mulian deed wat de Boeddha had gezegd en kwam de hond tegen. Maar zijn moeder kreeg haar menselijkheid pas terug nadat de zoon voor Boeddha's pagode zeven dagen en nachten had gereciteerd uit de schriften, had gebiecht, gebeden en gevast.

Na die gebeurtenis adviseerde Mulian zijn moeder meteen een voorraad zegeningen aan te leggen door goede werken te verrichten, want het was erg moeilijk om opnieuw als mens te worden geboren en om zich te bekeren tot goede gedachten.

TAOÏSTISCHE MYTHEN

Goden en onsterfelijken

Het taoïsme is een van de twee grote Chinese inheemse geloofsstelsels. Het woord tao ('weg' of 'pad') wordt in Pinyin (zie p. 89) getranscribeerd als dao. Voor taoïsten betekent dao niet het volgen van een specifiek spiritueel pad, maar een levensprincipe dat alles heeft veroorzaakt. Volgens de confucianisten had elk verschijnsel of menselijk instituut zijn eigen specifieke dao. Maar volgens taoïsten was er één dao voor alles. Wijsheid en verlichting kwamen wanneer je de dao begreep en ermee in harmonie leefde.

Het taoïsme had in 100 v. Chr. stevig voet aan de grond. De stichter van het filosofische taoïsme (die later vergoddelijkt werd), stond bekend als Lao tze, wat 'De Oude Meester' betekent. Ofschoon de traditie hem later een naam gaf en details van zijn leven verzon, is er niets met zekerheid over hem bekend; wellicht is het boek dat aan hem wordt toegeschreven (*Dao De Jing* ofwel *Het boek over de weg en zijn kracht*) een anonieme verzameling.

Geconfronteerd met de groeiende populariteit van het boeddhisme (zie p. 96) kreeg het taoïsme, dat van oorsprong een filosofisch stelsel is, een godsdienstig karakter. Het nam veel populaire magische rituelen over, waarvan er in China veel bestonden; als stichters werden de mythische 'Gele Keizer' genoemd, zogenaamd de voorvader van het Chinese ras, en Lao tze. Van het boeddhisme werden de uiterlijke kenmerken van een godsdienst overgenomen – tempels, monniken, beelden, wierook – en er ontwikkelde zich een pantheon van animistische goden, helden uit het verleden en verschillende andere figuren. Sommige taoïsten deden aan alchemie en zochten een elixer voor een lang leven en voor onsterfelijkheid. Taoïstische schrijvers stelden een nieuwe mythologie samen van spirituele wezens die geen goden waren, maar mensen die door taoïstische praktijken onsterfelijk zijn geworden, die kunnen toveren en zich op bovennatuurlijke wijze voortbewegen.

Taoïstische godheden bestonden uit planeten en sterren in mensengedaante, oude helden (waaronder de beschermgeesten van verschillende beroepen), alle menselijke activiteiten (waaronder studie, handel, struikroverij, ontucht en dronkenschap) en dieren zoals draken, tijgers, slangen en krekels. Taoïstische priesters verdienden de kost vooral met het verdrijven van boze geesten aan wie allerlei kwaad werd toegeschreven. De priester moest weten welke geest schuldig was om het juiste middel aan te wenden: mascottes, religieuze ceremonies, drugs of interpretatie van de ligging van gebouwen.

Van groot belang zijn de Acht Onsterfelijken, die vaak in de kunst worden afgebeeld. Ze zijn van relatief recente datum; pas rond de 15de eeuw wordt uitgelegd hoe ze onsterfelijk zijn geworden. Sommige van hun namen komen echter al eerder voor.

De acht verkregen hun onsterfelijkheid op verschillende manieren. De eerste was Li Xuan, ofwel IJzeren Kruk, die het geheim van de onsterfelijkheid van Xi Wang Mu had, de Koningin-Moeder

Deze houtsnede toont de Onsterfelijken Cao Guojiu en Li Xuan (met kruk).

De Onsterfelijken Han Zhongli en de minstreel Lan Caihe.

Een bronzen afbeelding van Lao tze op een buffel. Nadat hij de Dao De Jing had voltooid, schijnt hij op een buffel naar het westen te zijn verdwenen.

van het Westen (zie p. 95). Wegens zijn klompvoet gaf de koningin hem een ijzeren kruk. Li Xuan gaf dao door aan Zhong Li Quan, die de Hemelse Boodschapper werd en vaak met een veren waaier wordt afgebeeld.

Vervolgens kwam Lü Dongbin, misschien wel de beroemdste van de Acht. In een herberg kwam hij Han Zhongli tegen, die een ketel warme wijn klaarmaakte. Lü viel in slaap en droomde dat hij tot iets hoogs werd gepromoveerd en vijftig jaar gelukkig was. Toen hield het geluk op, hij werd gedegradeerd en zijn gezin ging ten onder. Toen hij wakker werd, begreep hij dat er maar een paar minuten verstreken waren: hij was nog steeds in de kroeg en Han Zhongli stond nog steeds de wijn te verwarmen. Door zijn droom raakte Lü Dongbin overtuigd van de leegheid van de wereldse ambities en hij ging met Han Zhongli de bergen in om de dao te vinden (waarvan de essentie in de natuur zit) en onsterfelijk te worden. Lü Dongbin wordt in de kunst soms met een zwaard afgebeeld.

Han Xiang moet de achterneef van Han Yü zijn geweest, een essayist en filosoof uit de Tang-periode. Hij werd een leerling van Lü Dongbin, die al bijna onsterfelijk was geworden en hem meenam naar de boom met de hemelse perziken van het eeuwige leven. Han klom de boom in, maar viel naar beneden en werd, net voor hij neerplofte, onsterfelijk. Hij wordt met een boeket bloemen afgebeeld.

Cao Guojiu was een broer van keizerin Cao van de Song-dynastie. Teleurgesteld door de corruptie aan haar hof ging hij de bergen in om de dao te zoeken. Hij had geen geld en toen hij bij een rivier kwam, wilde hij bij de veerman indruk maken door hem zijn gouden toegangsbewijs voor het hof te laten zien. De veerman zei: 'U zoekt de dao en u probeert te bluffen?' Cao schaamde zich en gooide de penning weg. De veerman was toevallig de vermomde Lü Dongbin; hij nam Cao als leerling en onderwees hem de dao. Cao wordt met de gouden penning afgebeeld.

De zesde onsterfelijke was Zhang Guo, die ten tijde van keizerin Wu van de Tang-dynastie leefde. Hij wordt vaak afgebeeld op een witte muilezel, soms achterstevoren zittend. De muilezel kon duizend kilometer per dag afleggen, en als je hem niet nodig had, kon je hem oprollen en in een zak stoppen. De Oude Zhang Guo, zoals hij vaak wordt genoemd, was het bekendst wegens zijn zwarte magie. Ook kon hij kinderloze of pasgetrouwde echtparen kinderen bezorgen; zijn afbeelding hing dan ook vaak in de echtelijke slaapkamer. Op afbeeldingen draagt hij soms de perziken der onsterfelijkheid en een zak met de opgerolde muilezel.

Lan Caihe was een meisje of een 'man die zich niet als man wist te gedragen', zoals een schrijver het noemt. Haar familie handelde in kruiden. Toen ze in de bergen kruiden aan het verzamelen was, kwam ze een bedelaar in lompen tegen die onder de zweren zat. Zijn wonden waren moeilijk te verzorgen, maar ze gaf niet op. De bedelaar was de vermomde IJzeren Kruk Li, en haar vriendelijkheid werd beloond met de eeuwige jeugd. De Onsterfelijke Lan reisde door het land als een minstreel in kapotte blauwe kleren die de mensen aanzette de dao te zoeken. Zij (of hij) wordt soms afgebeeld met een fruitmand.

He Xiangu is de enige Onsterfelijke die zeker een vrouw is; ze werd onsterfelijk nadat een geest haar een 'parelmoer-steen' had laten vermalen en opeten. Ze wordt afgebeeld met in haar hand een perzik of een lotusbloem.

Het beroemdst is het verhaal over de Acht Onsterfelijken die een gezamenlijke reis maken naar de betoverende wereld onder de zee. Gewoonlijk verplaatsten ze zich op wolken, maar nu gebruikten ze hun toverkunsten en wierpen de spullen die ze droegen in zee en gebruikten die als vaartuigen. Op die reis stal de zoon van de Drakenkoning van de Oostzee Lan Caihe's muziekinstrument en nam hem gevangen. De anderen verklaarden de Drakenkoning de oorlog en na een felle stijd versloegen ze hem en bevrijdden Lan Caihe.

Lü Dongbin (links) en He Xiangu, de enige Onsterfelijke die zonder twijfel vrouw was.

De Onsterfelijken Zhang Guoli (de Oude Zhang Guo) en Han Xiang (rechts).

De Jadekeizer en zijn hof

In oude tijden had de opperste heerser der hemelen verschillende namen, afhankelijk van de dynastie die aan de macht was. Confucianisten richtten zich naar de stichters van de Zhou-dynastie en gebruikten het onpersoonlijke Tian ('Hemel'), ofschoon dat door de gewone mensen meer persoonlijk dan abstract werd opgevat. Uiteindelijk kwam de godheid Yuhuang, ofwel de Jadekeizer, als de opperste heerser van de hemel te voorschijn en zijn rang werd bevestigd door een van de keizers van de Song-dynastie, die beweerde zijn instructies direct van de Jadekeizer te krijgen. Zijn eredienst was een mengsel van boeddhistische en taoïstische elementen.

De Jadekeizer woonde in een paleis en werd geassisteerd door een grote bureaucratie, net als op aarde. Zijn rechterhand was Dongyue Dadi, ofwel Grote Heerser van de Oostelijke Bergen, die 75 departementen in zijn portefeuille had, met elk een mindere godheid aan het hoofd. De vrouw van de keizer was Wang Mu Niangniang, een andere naam voor Xi Wang Mu (Koningin-Moeder van het Westen) die op de berg Kunlun woonde (zie p. 95). De Jadekeizer bemoeide zich op aarde alleen maar met de keizer van China; de minderen onder de mensen vielen onder de verantwoordelijkheid van zijn dienaren: goden en godinnen, boeddha's en bodhisattva's, overleden keizers en keizerinnen, hemelse wezens en onsterfelijken. Een levendige beschrijving van het hemelse regime staat in het 14de-eeuwse verhaal *Reis naar het westen*, ook wel bekend als *Aap*, waarin de Apenkoning Sun Wukong naar de hemel gaat, de perziken der onsterfelijkheid steelt en met de hele hemelse hiërarchie in gevecht raakt totdat hij door de Boeddha wordt gepakt. De goede bodhisattva Guanyin (zie p. 96) neemt het voor hem op, en hij mag als beschermer met Tang Seng mee, een boeddhistische pelgrim die naar India gaat.

Tegen de tijd dat de Jadekeizer als opperste heerser in de hemel erkend werd, liepen de overtuigingen van de belangrijkste Chinese godsdiensten in elkaar over. Zo accepteerden de taoïsten zonder probleem de boeddhistische, en dus Indiase, ideeën over karma en incarnatie. In het algemeen waren die allang door de Chinese bevolking geaccepteerd, met uitzondering van enkele aanhangers van de islam en andere religies. Daarom was het voor de hemelse bureaucraten van de Jadekeizer van belang om een register van de op aarde geïncarneerde wezens bij te houden, zodat iemands goede en slechte daden tegen elkaar konden worden afgewogen. Die afweging zou de volgende incarnatie van de persoon bepalen. Ook dieren moesten in het incarnatieregister worden opgenomen, want met name deugdzame dieren konden in een mens incarneren.

Dit bord is versierd met een tafereel uit het verhaal Reis naar het westen; *het laat Guanyin zien met de Apenkoning, die de perziken der onsterfelijkheid gestolen heeft.*

FAMILIEMYTHEN
Respect voor de ouders en de huisgoden

Een zoon buigt voor zijn vader. Illustratie uit een editie van De vierentwintig voorbeelden van eerbied voor de ouders, *de klassieke Chinese stichtelijke verhalen die in de 14de eeuw zijn gebundeld.*

Van oudsher wordt in Chinese families veel nadruk gelegd op respect voor de ouderen, vooral voor de ouders en de grootouders. Dit gold zelfs voor de reeds lang overledenen: een familie behandelde de voorouders alsof ze nog leefden door op hun sterf- en verjaardagen ceremonies te houden. Op die feesten werden aan hun geesten offers aangeboden.

Eerbied voor de oudere generatie was in de Chinese literatuur en in het theater een vaak terugkerend thema en men vond mythen over voorbeelden van respect voor de ouders zeer geschikte jeugdliteratuur. De bekendste verzameling van dergelijke stichtelijke verhalen is *De vierentwintig voorbeelden van eerbied voor de ouders*, in de 14de eeuw samengesteld door Gui Jujing. De verhalen stamden uit verschillende perioden van de Chinese geschiedenis en ofschoon ze allemaal waren voorzien van een tijd- en plaatsaanduiding om authentiek te lijken (wat in Chinese vertellingen gebruikelijk is), zijn ze echt vergezocht. Zo wordt de lezer voorgehouden dat een zekere Lao Laizi een clownspak aantrok en als zeventigjarige zijn ouders plezierde door te spelen als een kind. In een ander verhaal laat een zoon met zijn naakte lichaam het ijs smelten om voor zijn ouders een vis te vangen; elders snijdt een zoon wat vlees uit zijn dij om soep te maken voor zijn zieke ouders.

Zoals elk Chinees instituut had het huishouden zijn eigen goden en geesten. Aan beide zijden van de voordeur werden tekeningen van beschermgeesten aangebracht en er waren goden voor de slaapkamer en zelfs voor het toilet. De belangrijkste was de keukengod, die tot taak had elk jaar in de hemel verslag te doen van het gedrag van de familie. Op de 23ste dag van de twaalfde maand werd de mond op zijn afbeelding met zoete stroop ingesmeerd, zodat hij geen verslag kon uitbrengen.

MEVROUW ZIJDERUPS
De eerbied van een meisje voor haar ouders bracht de zijde op aarde. Er was eens een man die voor zaken lang van huis moest. Zijn dochtertje miste hem erg. Op een dag stond ze haar hengst te verzorgen en zei: 'Ik zou met iedereen trouwen die papa terugbracht.' Opeens begon de hengst te steigeren en ging ervandoor.

De volgende dag verbaasde de vader zich in een verre stad over de hengst die op hem afkwam en boog. Hij dacht dat er iets met zijn familie aan de hand was, klom op het paard en galoppeerde naar huis. Toen hij aangekomen was, bleek alles gelukkig in orde te zijn en hij vroeg zijn dochter waarom het paard hem was komen halen. Ze zei dat het paard geweten moest hebben dat ze haar vader miste. De man was dankbaar en het paard werd de dagen daarop extra goed gevoerd. Maar het paard was niet blij en raakte het voer nauwelijks aan; en steeds als het meisje dichtbij kwam raakte hij erg opgewonden, boog en steigerde. Een paar dagen later herinnerde het meisje zich haar woorden toen ze het paard stond te verzorgen en ze vertelde het haar vader. Woest dat een paard zich aanmatigde met zijn dochter te willen trouwen slachtte hij het dier en liet de huid buiten in de zon drogen.

Toen het meisje met haar vriendinnetjes de huid streelde alsof er nog leven in zat, sloeg de huid zich opeens om haar heen en vloog met haar weg. Haar vader en de buren zagen uiteindelijk de huid boven in een boom. In de huid was het meisje veranderd in een rupsachtig wezen, Can Nü (mevrouw Zijderups). Als ze met haar paardachtige hoofd zwaaide, kwam er een fijne glinsterende draad uit haar mond. Iedereen was verbaasd en zei dat het de mooiste en sterkste draad was die ze kenden, en ze begrepen dat ze hem konden spinnen en er prachtige kleren van konden maken.

TIBET EN MONGOLIË

De godin dPal-ldan lha-mo, die de vijanden van de godsdienst meedogenloos afslachtte, afgebeeld op een thangka *(opgerolde tekening op doek) uit het Potala-paleis te Lhasa. Het woeste karakter van de afbeelding is typisch Tibetaans.*

Eeuwen voordat het boeddhisme naar Tibet kwam, waren Tibet en Mongolië door en door sjamanistische culturen. De oudste mythen verhalen hoe de wereld door veel goden en duivels, verblijvend in talloze speciale aardse, hemelse en ondergrondse plekken, gemaakt en onderhouden wordt. Voor een veilige overtocht werden die geesten met offergaven op de bergpassen vereerd. Bij alles wat men ondernam werd hun hulp ingeroepen, en als ze lastig waren, dwars lagen of ziekte veroorzaakten, werden ze door een priester ritueel verdreven.

Alleen een sjamaan in trance kon de drie werelden bereizen en de werking van het universum begrijpen. Hij kon de oorzaken van ziekte en ongeluk doorvorsen, zielen die door geesten waren ontvoerd terughalen. Hij was degene die het geschikte offer adviseerde, vaak het weven van een 'draadkruis' (*mdos*) en het aanbieden van losgeld aan de beledigde of kwade geest.

In Tibet werd het sjamanisme opzij gezet toen in de 8ste eeuw koning Khri Srong-lde'u-btsan van mening was dat het boeddhisme het beste voor de ontwikkeling was. De koning, die veel bewondering had voor de verfijnde cultuur van zijn boeddhistische buren, stuurde boodschappers naar India om de geleerdste mannen van die tijd te zoeken, met name de *tantrika* (aanhanger van een occulte godsdienst) Padmasambhava. Vereerd door de gouden geschenken nam Padmasambhava de uitnodiging om naar Tibet te komen aan en met behulp van lokale geesten richtte hij de 'niet te begrijpen' (bSam-yas)-tempel op. De centrale toren, die de wereldberg Sumeru voorstelde, weerspiegelde de boeddhistische kosmologie en had drie verdiepingen; eromheen stonden altaren op de plaatsen waar de kleinere continenten, de zon en de maan zich bevonden.

In het aangrenzende klooster werden boeddhistische teksten uit het Sanskriet in het Tibetaans vertaald. Padmasambhava verbleef met zijn trouwste leerlingen vlakbij in een grot. Toen het tijd werd om naar Tibet terug te keren, beloofde hij elke maand terug te komen op de tiende dag van de wassende maan om ieder die zijn naam noemde te zegenen.

TIBET EN MONGOLIË

CHRONOLOGISCH OVERZICHT

In de Prehistorie hadden de rondtrekkende sjamanen in Tibet en Mongolië dezelfde mythologische kijk op de wereld. Na de 13de eeuw, toen het boeddhisme vanuit Tibet Mongolië bereikte, begonnen de godsdiensten van beide landen meer op elkaar te lijken. In de 16de eeuw gebruikten de Mongolen het woord 'dalai lama' voor de twee voorafgaande generaties leraren. Sinds die tijd hebben de dalai lama's van Tibet een sleutelpositie ingenomen in de eenwording van de Tibetaans-Mongoolse godsdienstige cultuur.

ca. 120 v Chr.	Gri-gum vermoord door Lo-ngam
433 n. Chr.	Koning Lha-tho-tho-ri krijgt boeddhistische teksten en heilige voorwerpen
670-692	Militair hoogtepunt van het Tibetaanse rijk
762	Uitnodiging aan Padmasambhava om Tibet te bezoeken
763	Stichting van het bSam-yas-klooster
794	Indiaas boeddhisme verkozen boven Chinees boeddhisme
1252	Mongolië valt Tibet binnen
1270	Mongolië bekeerd tot Sa-skya-school van het Tibetaans boeddhisme
1543	Toekenning van de titel dalai lama door Altan Khan
1577	Eerste antisjamanistische edict van Altan Khan

AANWIJZING VOOR DE UITSPRAAK

De Tibetaanse taal wordt in lettergrepen geschreven. Aanvankelijk lijkt de complexe spelling van veel lettergrepen onuitspreekbaar. Maar de meeste voor- en achtervoegsels zijn stom; wie voor het eerst Tibetaanse namen leest, kan het beste de klinker in elke lettergreep zoeken en die met de medeklinker die ervóór staat uitspreken. Als een medeklinker achter een klinker staat, verhoogt dat vaak de toon van de klinker. Moeilijkheden ontstaan met de regel die de uitspraak van *bya* in *ja* verandert, *pya* in *cha* en *phya* in *chha*. Zo wordt de Tibetaanse naam van de boeddhistische god Avalokitesjvara (in de Sanskriet-versie) geschreven als sPyan-ras-gzigs en uitgesproken als tsjen-ree-zie. Met de komst van het Indiase boeddhisme werden Sanskritische woorden en namen in heel het land overgenomen en daarvan wordt in de tekst van dit hoofdstuk veelvuldig gebruik gemaakt.

VERKLARING

- Het oude koninkrijk Tibet
- Zuidelijke rand van Mongoolse rijk, midden 13de eeuw
- Thuisland van het boeddhisme, vanaf 6e eeuw na Chr.
- Verhuizing van het boeddhisme van India naar Tibet
- Yar-lung-vallei; graftombén van Tibetaanse koningen

Padmasambhava bracht het boeddhisme naar Tibet en wordt er nog altijd vereerd. Hij woont op een koperkleurige berg, omringd door gelovigen.

PADMASAMBHAVA EN DE ONZICHTBARE TEMPEL

Men zegt dat Padmasambhava, toen hij over de Himalaja en door de valleien trok, zijn tovernagel (*kila*) heeft gebruikt om alle kwade geesten van het land die de nieuwe godsdienst vijandig gezind waren te pakken en te temmen. Toen hij in Tibet aankwam, zag hij dat de tempel van de koning nodig hersteld moest worden omdat de demonen 's nachts afbraken wat de mensen overdag maakten. Daarom zette Padmasambhava de plaatselijke geesten aan het werk en het gebouw was weldra klaar. Om de tempel te verzekeren van een lang en voorspoedig bestaan, gaf hij hem deze een rituele behandeling met de tovernagel.

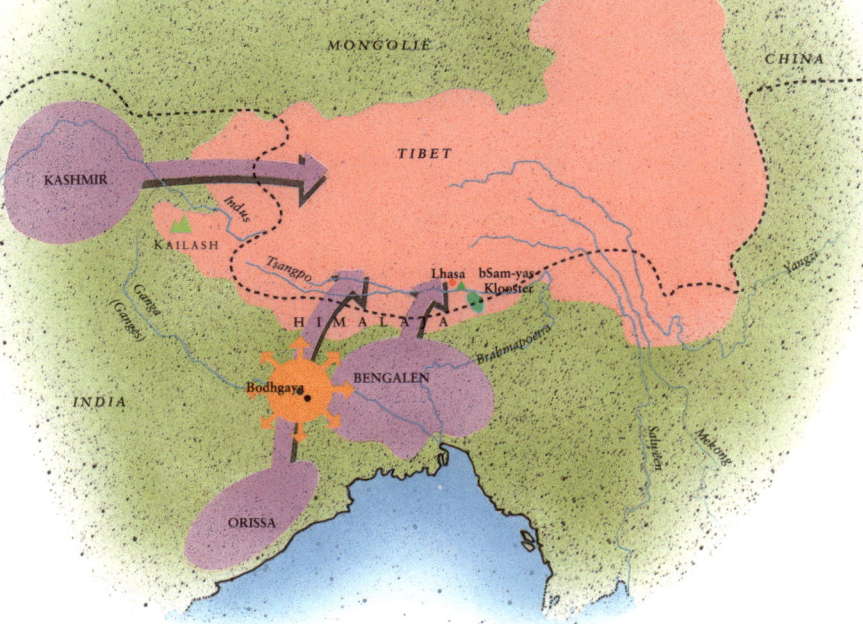

HET GESCHENK VAN DE KONING

Ter ere van zijn *guru* bood koning Khri Srong-lde'u-btsan aan dat zijn jongste bruid, de prinses Ye-shes mTsho-rgyal, als goddelijke wederhelft in de esoterische rituelen zou optreden. Gedurende Padmasambhava's verblijf in Tibet bleef ze bij hem en ze heeft veel van de belangrijkste leerstellingen doorgegeven. Zij was het die de 'verborgen schatten' (*gter-ma*) liet wegbergen – de religieuze instructies voor de toekomst, als de wereld een frisse en waarachtige openbaring nodig heeft.

DE BOEDDHISTISCHE LEERSTELLINGEN

Padmasambhava onderwees de boeddhistische methode van de 'bloedoffers'. Het was verboden om onschuldige dieren voor godsdienstige doeleinden te slachten. Yogins moesten zich in plaats daarvan hun eigen bloed als symbool voor seksuele passie voorstellen en het opdragen aan de godheid. Hun botten waren de botten van de woede en hun vlees een trillende hoop onwetendheid. Boeddhistische gelovigen verzaakten de wereld en offerden symbolisch hun schedels als schotels gevuld met de 'bloemen' van hun zintuigen, zodat alles wat ze ervoeren ter ere van de god was.

SCHEPPINGSMYTHEN
Straling, Zwarte Ellende en de karmische wind

DE AAP EN DE MENSENEETSTER
Er was eens een heilige aap die naar de Himalaja trok om daar de roes van een rustige en diepe meditatie te genieten. Een rotsgodin werd door zijn persoonlijke schoonheid gegrepen, maar haar pogingen om hem te verleiden (hiernaast, rechtsonder in de grot) konden zijn celibataire gelofte niet breken. Aldus onderging ze de pijn van onbeantwoorde liefde. Maar een gefrustreerde en kwade duivelin is een groot gevaar op deze wereld. Omdat de aap dat besefte en bovendien met haar meevoelde, stemde hij uiteindelijk toe. Al snel hadden ze zes kinderen, van wie de hele Tibetaanse bevolking afstamt.

Als vrome boeddhisten geloven de Tibetanen dat hun oorspronkelijke voorouders de als aap vermomde heilige bodhisattva sPyan-ras-gzigs (Avalokitesjvara) en de godin sGrol-ma (Tara), vermomd als een menseneetster (*brag-srin mo*), waren. Deze patroonheiligen van Tibet hebben sinds die tijd over hun afstammelingen gewaakt, vooral Avalokitesjvara, die voor zijn mensen steeds manifest is geworden als de dalai lama. Volgens de Tibetanen zijn er verschillende typen mensen doordat de eerste zes apekinderen elk een van de zes gebieden uit de boeddhistische kosmologie representeerden.

Toen er volgens de oude mythen nog niets bestond, werden er twee lichten geboren. Het ene was zwart en heette Zwarte Ellende (*myal ba nag po*) en het andere was wit en heette Straling (*'od zer ldan*). Toen kwamen uit de chaos veelkleurige lichtbundels te voorschijn die zich als een regenboog splitsten. Uit hun vijf kleuren ontstonden de vastheid, de vloeibaarheid, de temperatuur, de beweging en de ruimte. Deze vijf elementen smolten samen en vormden een enorm ei. Toen liet Zwarte Ellende de duisternis van het niet-bestaan uit het ei komen en hij vulde het duister met de pest, ziektes en kwalen, ongeluk, pijn en allerlei soorten demonen. Straling vulde het universum met het licht van steun en wording. Hij stuurde de vitaliteit, het welbevinden, het plezier, de voorspoed, het lange leven en een legertje goede goden die de schepping zegenden. Toen de goden met de duivels paarden, kwamen er allerlei verschillende schepsels uit de eieren. Ook deze kinderen 'toverden' met elkaar, totdat de wereld met hun kroost gevuld was. De verhalen over die wezens zijn vaak zeer plaatsgebonden. De bergen, bomen, rotsen en meren die het heilige landschap vormen, worden beschouwd als de verblijfplaatsen van deze goden en demonen, of als de goden en demonen zelf.

De mythologie van het boeddhisme heeft deze inheemse ideeën langzaam verdreven. Men wilde nu de periodieke cycli van de kosmische tijd verklaren. Volgens de Indiërs behoren lokale geesten en duivels tot de wereld van *maya*, illusie. Volgens het boeddhistische geloof is het huidige universum het eindresultaat van *karma* – de daden van de bewoners van een universum dat nu niet meer bestaat. Het is de karmische wind die het lege universum het eerst beroert en niet de creatieve bui van een demiurg. Uiteindelijk wordt de karmische wind zo dik en vast dat hij de regen die van boven komt, kan dragen. Dan stijgt een kosmische oceaan op met in het midden de wereldberg Sumeru. Als het omhulsel van het universum af is, beginnen na miljoenen jaren van evolutie de wezens die hun leven op de wereld door moeten brengen manifest te worden. Aanvankelijk hebben ze puur mentale lichamen en zweven ze in de lucht. Dan nemen ze vaste vormen van vlees aan en gaan ze de materiële wereld bewonen. Na eeuwen van fout gedrag bewonen ze de diepste hellegaten in het binnenste van de aarde en daar blijven ze tot het universum zelf bij het einde der tijden uit elkaar valt.

MYTHEN OVER OUDE KONINGEN

Heersers uit de hemel

Voordat de geschiedenis begon, moet Tibet bijeen zijn gehouden door niet-menselijke wezens, waarvan de eerste de zwarte *gnodsbyin* waren – demonen met pijl en boog. Volgens duivelrassen hadden andere wapens, zoals hamers en bijlen, slingers en katapulten en gehard staal. Tot de heersende geesten horen de *ma-sang*-broers, die Tibet de naam Bod gaven die er nog steeds bekend is.

De eerste menselijke heerser betrad vanuit de hemel de berg Kongpo. Toen zijn heerschappij voorbij was, keerde hij terug naar de hemel via een *dmu*-touw zonder aardse resten achter te laten. Zijn zes opvolgers deden hetzelfde, maar de zevende in de koninklijke lijn sneed het tovertouw door en werd in de aarde begraven. Aldus begon de verering van de koninklijke graven die tot in de 9de eeuw in de Yar-lung-vallei gebouwd en voortdurend bewaakt werden.

Na 27 generaties menselijke koningen kwam Lha-tho tho-ri op de troon. Hij werd in het jaar van de watervogel, 433 n. Chr., op zestigjarige leeftijd, de eerste koning die over het boeddhisme vernam. Volgens een legende werd de lucht op een dag met regenbogen gevuld en vielen er boeddhistische teksten en afbeeldingen op het dak van zijn paleis. Hij kon de heilige geschriften niet bevatten, maar er werd voorspeld dat hun betekenis na vijf generaties aan zijn familie duidelijk zou worden. Lha-tho tho-ri vereerde de wonderbaarlijke voorwerpen en hij werd honderdtwintig jaar, terwijl hij lichamelijk zestien leek.

Vijf generaties later kwam de voorspelling uit, toen koning Srong-btsan sgam-po voor het Tibetaans een alfabet liet maken en daarmee de schrijfkunst introduceerde. Tot de vijf vrouwen van de koning behoorden twee boeddhistische prinsessen uit China en Nepal, en als deel van de bruidsschat brachten beide koninginnen kostbare beelden van de Boeddha en van boeddhistische heiligen mee. Op hun aandringen begon Srong-btsan sgampo het wilde gebied van Tibet te ontginnen dat men altijd voor een boze menseneetster had gehouden en hij bereidde het land voor op de vreemde godsdienst. De Chinese koningin Kong-jo liet zien dat ze de Chinese kunst van de geomantiek verstond en wees plaatsen in het land aan waar tempels gebouwd moesten worden die het lichaam van de demon zouden knechten.

HET DOORGESNEDEN TOUW

De eerste Tibetaanse koning die aan het einde van zijn regering niet via een touw terug naar de hemel ging, was Gri-gum. Zijn graf was het eerste koninklijke graf in het land. Boos over de voorspelling van zijn sjamaan dat hij door een zwaard zou sterven, was hij vastbesloten om diens ongelijk te bewijzen. Hij daagde zijn ministers uit voor een duel en Lo-ngam, de koninklijke stalmeester, nam de uitdaging aan. Uit bijgeloof trok de koning ten strijde te midden van een kudde jaks met een zak roet op hun rug. Hij droeg een zwarte tulband, die op zijn voorhoofd met een spiegeltje was vastgezet, en hij had de lichamen van een vos en een hond over zijn schouders gedrapeerd. Zodra de strijd begon, stootten de jaks de roetzakken open en de lucht was vol zwart stof. Woest zwaaide hij met zijn zwaard om zich heen en hij kapte het tovertouw door dat hem met de hemel verbond, maar zijn opponent raakte hij niet. Zijn beschermgoden hadden last van de stank van de dierenlichamen op zijn schouders en lieten hem in de steek. Gri-gum werd door Lo-ngam verslagen doordat hij in de donkere stofwolk zorgvuldig een pijl richtte op het enig zichtbare voorwerp: het spiegeltje op het voorhoofd van de koning. De schildering (linksboven) uit de boeddhistische periode laat het fatale schot zien.

HET STANDBEELD VAN DE GROTE HEER

Koningin Kong-jo bracht uit China een groot beeld mee; het was van goud, bezet met juwelen en stelde de twaalfjarige Boeddha voor. Tegenwoordig bevindt het zich in de Ra-sa 'phrul-snang-tempel die in Lhasa boven het meer staat dat met het bloed van het hart van de menseneetster is gevuld. Het standbeeld staat bekend als Jo-bo chen-po ('Grote Heer') en wordt toegeschreven aan een goddelijke kunstenaar die ten tijde van de Boeddha leefde; het is het meest bewonderde beeld in heel Tibet.

KONING GESAR

De oorlogskoning

Koning Gesar in volle wapenrusting. De verhalen over Gesar, waarin verraad en bedrog, lafheid, begeerte, jaloezie en andere menselijke gebreken voorkomen, nemen vaak zeer onverwachte wendingen.

De legenden van koning Gesar (Gesar Khan) zijn overbekend in heel Tibet en Mongolië. Het is vooral een orale traditie; veel scènes uit het verhaal worden gezongen door rondtrekkende barden die de heldendaden opvoeren en de deugden, slimheid en toverkracht van de held bezingen. Zelfs nu zijn de zeer talrijke legenden rond dit personage nog niet allemaal op schrift gesteld, maar men schat dat de omvang vijf keer die van de Bijbel omvat.

In zijn huidige vorm is de Gesar-figuur gedrenkt in de boeddhistische ideologie en mythologie, maar toch herinnert de Gesar-cyclus aan oudere sjamanistische goden waarvan de mythen zijn overgenomen: machtige berggoden maar ook kleinere geesten van de plaatsen waar de verhalen zich afspelen. Het zijn deze wezens die Gesar aanwijzen om zijn aardse missie uit te voeren. Een oude vrouw en haar drie zoons zijn verbitterd door pech en kwaad op de goden en hun aanhangers, zodat ze op hun sterfbed alle godsdiensten vervloeken. Ze zijn voorbestemd om in het volgende leven demonische monsters te worden; het viertal vormt voor de wereldorde en voor de menselijke vrede een ongekend groot gevaar. De goden kiezen Gesar uit hun midden om het viertal en hun aardse opvolgers te bestrijden. Gesar wil aanvankelijk de bevelen niet opvolgen en probeert een lichamelijke incarnatie te vermijden door alleen toe te stemmen indien aan bepaalde 'onmogelijke' eisen wordt voldaan. 'Ik wil,' zo zegt hij, 'dat mijn vader een god en mijn moeder een slangedemon (*klu*) is. Ik wens een onsterfelijk paard dat door de lucht gaat en ik wil de talen spreken van alle mensen en dieren. Ik sta erop dat ik een zadel krijg dat met juwelen bezet is en een helm, een uitrusting en een zwaard die niet door mensen zijn gemaakt. Hetzelfde geldt voor de boog en de pijlen en bovendien wil ik sterke, heldhaftige begeleiders. Ik wil ook een vrouw, zo mooi dat wie haar ziet onmiddellijk intekent voor haar leger, en bovendien een oom die me met zijn krijgslisten elke veldslag laat winnen. En ten slotte wil ik dat jullie, die veilig hier kunnen blijven terwijl ik weg ben, allemaal meekijken en me voortdurend beschermen en me te hulp snellen zodra ik erom vraag.' Alle eisen worden ingewilligd en Gesar kan niet meer onder zijn aardse reis uit.

Gesars geboorte uit een ei met drie oogvormige vlekken die van de kruin van zijn moeders hoofd komen, herinnert aan sjamanistische scheppingsmythen. Voorafgegaan door gunstige voortekens komt hij op aarde aan met drie ogen, waarvan zijn bange moeder er meteen een uitrukt. Ofschoon hij beloofd heeft de orde en de vrede te handhaven, vergeet Gesar vaak zijn missie als hij nageniet van zijn overwinningen en vaak moet zijn beschermengel (een boeddhistische *dakini*) hem manen weer op pad te gaan. De verhalencyclus staat bol van tovenarij en goden, maar is toch gebaseerd op menselijke ervaringen; tegenwoordig beweren veel Tibetanen dat ze afstammen van personages uit de verhalen – zelfs van Gesar zelf.

Na een bewogen leven als onverschrokken en machtige strijder die onmiddellijk elk onrecht de kop indrukt, trekt Gesar zich met zijn begeleiders voor meditatie terug in de grotten op de hellingen van de heilige berg Margye Pongri. Na drie jaar, of nog later, is hij door de religieuze rituelen verschoond van de negatieve gevolgen van het levenslange vechten en bloedvergieten; Gesar keert terug naar de hemel in de wetenschap dat hij ooit weer terug zal moeten – want het kwaad kan er nooit voorgoed worden uitgeroeid.

HET TEMMEN VAN DE GODEN

De invloed van het boeddhisme

Onder invloed van het boeddhisme werden de chaotische natuurkrachten, die in de sjamanistische traditie gevreesd en vereerd werden, netjes in het Indiase kosmologische model ingepast. De boeddhistische monniken namen sjamanistische rituelen over en bedolven die vervolgens onder hun eigen liturgie en symboliek. De monniken versierden hun tempels met archaïsche spullen als de waarzeggerspijl van de sjamaan, zijn toverspiegel en kostbare stukjes kristal. Uit de oude sjamanistische kledij vervaardigden ze theatrale kostuums voor de 'boeddhistische' dans van de adelaar, de sneeuwluipaard en het skelet. De adelaar van de sjamaan, waarmee hij ooit naar het nest in de wereldboom vloog, nam de plaats van de Indiase Garoeda in; de bok zou de eerste zijn geweest die de lessen van de Heer Boeddha in het park te Varanasi had gehoord. De sneeuwluipaard werd het rijdier van boeddhistische goden als Vairocana of Manjusri. De dansende skeletten van de gewonde sjamanen die tijdens de traumatische initiatie werden ontleed, werden de bewakers van de heilige Vajrayana-knekelvelden. Boeddhistische priesters speelden vaak de rol van orakelende spreekbuis voor bekeerde sjamanistische godheden. Ze eigenden zich de pijl en boog of drum van de sjamaan toe, zijn brede muts en mantel van bont ('tovenaar met de zwarte hoed': *zhva nag*), die versierd waren met sjamanistische symbolen van de kosmische boom (wereldberg), de zon en de maan en ook met slangachtige linten. Tevens namen zij de waarzeggersspiegel met stukjes bot, bont en veren over.

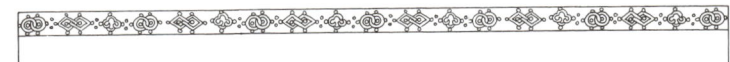

De apotheose van Padmasambhava

Padmasambhava, de Indiase mysticus die het boeddhisme naar Tibet bracht (zie p. 102-3), wordt in dat land vereerd als 'de tweede Boeddha'.

Men denkt dat hij als achtjarige jongen op wonderbaarlijke wijze uit het hart van een lotusbloem is verschenen. Hij werd opgevoed door de koning van Oddiyana, werd verbannen nadat hij een minister had vermoord en levenslang veroordeeld tot ascese op het knekelveld ver van de bewoonde wereld. Daar ging hij met bovennatuurlijke wezens om (*dakini*) en verwierf grote spirituele kracht.

Hij werd door een neef van de Boeddha tot monnik gewijd en leefde meer dan duizend jaar volgens het boeddhistische pad.

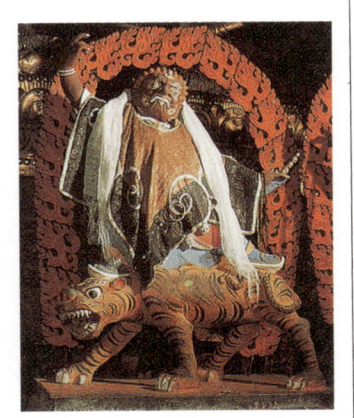

Padmasambhava, 'de leraar met acht namen', wordt hier afgebeeld met een woedend voorkomen, zittend op een tijger.

DE *KILA*

De verering van Vajrakila, de vergoddelijkte toornige pen of wig (*kila* in het Sanskriet; *phur-ba* in het Tibetaans), stamt uit India, maar schijnt daar verloren te zijn gegaan en wordt tegenwoordig beschouwd als een kenmerk van het Tibetaanse boeddhisme. De pen is de belichaming van een machtige god; wanneer hij de grond in wordt geslagen, verdwijnen alle kwade machten. Als dat in de hoeken of in het midden van een heilige plaats gebeurt, werpt de pen een drempel op waar het kwaad niet overheen kan. De illustratie toont een *kila* met een kleine afbeelding van een demon die in het ritueel symbolisch doorboord wordt; vier miniatuurpennetjes zijn aan de grote toegevoegd.

MONGOOLS SJAMANISME
Ontmoetingen met het rijk der geesten

De kosmos van de Mongoolse sjamaan is verticaal – boven de blauwe hemel, beneden moeder aarde. De hemelse vader regeert over 99 gebieden (*tngri*), waarvan er 55 naar het westen zijn gericht en 45 naar het oosten. Het domein van moeder aarde bestaat uit 77 *tngri*. Al die gebieden zijn onderling verbonden en worden gesteund door een levensweb waarin elk levend wezen, boven en beneden, zijn rol moet spelen. Het geheel heeft de vorm van een kosmische boom met op elk niveau uitstekende takken; tussen de verschillende lagen zitten gaten waar de sjamaan doorheen klimt.

Tot de eerste sjamanen hoorde een vijftienjarige jongen die Tarvaa heette; men had hem dood gewaand nadat hij tijdens een ziekte buiten bewustzijn was geraakt. Walgend van de haast waarmee zijn familie het lichaam uit het huis verwijderde, vloog Tarvaa's geest ervandoor naar het rijk der geesten, alwaar hij door de rechter van de doden werd opgewacht met de vraag waarom hij zo vroeg was. De heer der doden was verrukt door zijn moed om naar een gebied te reizen waar nog nooit een mens was geweest en vroeg hem een geschenk te noemen om mee terug naar het leven te nemen. Tarvaa zag af van rijkdom, plezier, roem en een lang leven, en verkoos terug te keren met de kennis van alle wonderen die hij in het rijk der geesten had gezien, inclusief de gave van de welbespraaktheid. Tegen de tijd dat hij in zijn lichaam terugkeerde, hadden de kraaien zijn ogen al uitgepikt. Hoewel Tarvaa nu blind was, kon hij in de toekomst kijken, en met al zijn verhalen over tovenarij en wijsheid die hij van de verre oever van de dood had meegebracht, leidde hij een lang en goed leven.

Sjamanen de Tarvaa zijn gevolgd, hebben tot de dag van vandaag in hun kleren de kennis over licht en donker, over de goden daarboven en beneden, en over goede en kwade geesten geweven. Terwijl aankomende sjamanen in de wereldboom zitten, leren ze de offers waarmee de orde en de vrede in het levensweb bewaard blijven. Ze keren naar de mensheid terug met de kennis over de vijf windgoden, de vijf bliksemgoden, de vier goden van de hoeken, de vijf van de horizon, de vijf van de toegang en de acht van de grenzen. Ze kennen de zeven stoomgoden, de zeven dondergoden en al die talloze andere. Dergelijke kennis geeft hun een macht die ze ook aan andere mensen kunnen geven, en ze kunnen iedereen die ze willen letterlijk optrommelen. Vroege sjamanen waren blijkbaar zo machtig dat ze de zielen van reeds lang overleden mensen terug konden halen, zodat de heer der dood bang werd dat zijn rijk zou leeglopen. Tijdens een woedeaanval haalde hij van de sjamanistische tweekoppige trommel één kop af, zodat deze zijn huidige vorm kreeg; zo beschermde hij zijn heerschappij.

Als bekenden en helpers komen in de kosmologie van de sjamaan veelvuldig dieren voor. De vleermuis hangt bijvoorbeeld ondersteboven de hemel in de gaten te houden en zal ons zeker waarschuwen als die ooit tekenen van instorting vertoont. De marmot kijkt naar de zon in de hoop die ooit te kunnen bemachtigen. Lang geleden was dit dier een mens, die zes van de zeven zonnen moet hebben neergeschoten. Die zonnen verschroeiden de aarde en veroorzaakten zo een ellendige hongersnood; de zevende zon blijft steeds opkomen en ondergaan om de laatste pijl te ontwijken.

Ook katten en honden komen in de sjamanistische scheppingsmythen voor. Lang geleden waren de wereldzeeën nog van modder en de hoge bergen waren slechts heuveltjes. Toen maakte god uit klei de eerste man en vrouw en zette er een kat en een hond bij op wacht, terwijl hij het water van het eeuwige leven uit de bron der onsterfelijkheid ging halen. Maar terwijl hij weg was, leidde de duivel de wachtdieren af met melk en vlees en water-

DE ADELAAR EN DE SLANG
Toen de wereld nog maar net bestond, liet de koning van alle vliegende wezens de wesp en de zwaluw uitvliegen om het vlees van alle levende wezens te gaan proeven. De beide onderdanen moesten 's avonds verslag komen doen en aangeven welk vlees het lekkerst was en het geschiktst voor het koninklijk dieet. Het was een prachtige dag en de zwaluw kon het niet laten jubelend door de blauwe lucht te scheren. De wesp echter deed wat hem was opgedragen en beet iedereen die hij tegenkwam om het warme bloed te proeven. Toen de twee elkaar op het einde van de dag vlak voor het verslag tegenkwamen, vroeg de zwaluw naar het oordeel van de wesp. 'Ongetwijfeld is het zoetste vlees dat van de mensen,' zei de wesp. Uit angst dat dit oordeel in de toekomst slecht zou kunnen uitpakken, trok de zwaluw met zijn bek de tong van de wesp eruit, en toen de koning zijn oordeel vroeg, kon het arme dier alleen maar gonzen. 'We hebben besloten, Majesteit,' zei de zwaluw, 'dat het vlees van slangen voor een koning het meest geschikt is.' Tot op de dag van vandaag eten de adelaar en de havik, die beide afstammen van die oude heerser van alle vliegende wezens, niets liever dan slangen.

de op de nieuwe schepsels. God was kwaad dat het mooie vel van zijn schepping zo smerig was en hij liet de kat het schoonlikken – alleen de hoofden van de schepsels waren schoon gebleven. Met zijn ruwe tong likte de kat alle vuile haren waar hij bij kon schoon, maar onder de oksels en bij de liezen liet hij wat zitten. Wat de kat eraf likte, smeerde god op de hond. Vervolgens besprenkelde hij zijn schepsels met het water uit de bron der onsterfelijkheid, maar wegens de duivelse bevuiling kon hij ons geen eeuwig leven geven.

Bij de Boerjaten beginnen de sjamanen hun geroep en gedans traditioneel met de woorden: 'Als de zwaan ooit vertrekt, luister dan naar mij, soldaten van het berkenbos, luister naar me, mijn Khudar met de berkenrand, luister naar me, mijn Oikhon met de waterkant.' De oevers van de rivier de Khudar staan vol berken, en lang geleden zag Khori Tumed op het eilandje Oikhon in het Baikal-meer negen zwanen uit het noordoosten komen. Ze legden hun verenkleed af en er verschenen negen mooie meisjes, die naakt het meer ingingen. Khori Tumed stal een van de kleden, zodat maar acht zwanen na hun bad terug konden vliegen. Hij trouwde met de achterblijfster en zij baarde hem elf zonen. Ze waren erg gelukkig samen, maar Khori Tumed verried zijn vrouw nooit waar hij het verenkleed verborgen had. Op een dag vroeg ze er weer naar: 'O, alsjeblieft, ik wil mijn oude kleren nog eens aan. Als ik ermee vandoor wil, kun je me gewoon weer pakken; dus wat maakt het uit.' Hij liet zich overreden en ze deed de kleren aan. Plotseling vloog ze door het luchtgat van hun joert (tent van huiden). Khori Tumed was net op tijd om haar bij de enkels te pakken en vroeg haar te blijven om al hun zoons een naam te geven. Daarmee ging ze akkoord en de elf zoons werden mannen. Toen liet hij zijn zwaan-vrouw gaan en terwijl ze om de tent vloog, zegende ze hun stammen om vervolgens naar het noordoosten te verdwijnen.

Sedert het boeddhisme in de 13de eeuw in Mongolië kwam, zijn dergelijke sjamanistische mythen minder belangrijk geworden en verlorengegaan. De Mongoolse boeddhistische figuur van de 'oude witte man' is het enige restant van een trotse sjamanistische godheid die over hemel en aarde heerste. Men zegt dat hij bij een ontmoeting met de Boeddha bekeerd werd en dat hij nu de priesters helpt en het boeddhistische pad steunt; zijn toverstok is een gewone wandelstok geworden.

INITIATIE

Sjamanen hebben over de initiatie in hun jeugd gesproken: de geest van de voorouders heeft bezit van hen genomen en hun persoon vernietigd. Terwijl de nieuwbakken sjamaan de ontleding van zijn fysieke lichaam ondergaat, schuilt zijn geest in een nest op een van de takken van de wereldboom. Daar blijft hij net zolang tot hij weer gezond is; de geesten die hem verzorgen hebben hem geleerd hoe je de wereld kunt bekijken vanuit het hoge standpunt van de boom.

De verbranding van het gele boek

In het Mongoolse geloof zijn schapen bijzonder belangrijk. Aan het einde van elk jaar wordt het borstbeen van een schaap geofferd aan de vuurgod, die de vruchtbaarheid van de kudde op peil houdt. Sjamanen weten dat met het schouderblad van een schaap nauwkeurige voorspellingen zijn te doen, wat mogelijk is door het gele boek te verbranden.

Het gele waarzeggersboek was van een koning die er de toedracht van elke misdaad mee verklaarde. De koning had een prachtige dochter die hij voor de wereld verborgen hield. Zijn dienaren wisten dat ze, als ze een vreemdeling van haar bestaan op de hoogte zouden brengen, door het gele boek ontdekt en gestraft zouden worden. Om het boek op een dwaalspoor te brengen groef een zekere Tevne een diep gat en liet er een oude dienstmaagd van de prinses in lopen. Boven het gat verwarmde hij een ketel met water. In het uiteinde van een stuk pijp deed hij een prop katoen, stak de ijzeren pijp door de ketel naar beneden en begon met het oudje beneden te praten. Door de pijp vertelde ze hem hoe hij de prinses kon herkennen en vervolgens liet hij haar gaan. Toen Tevne later de prinses uit een aantal identiek geklede meisjes herkende, was de koning woest, maar hij moest hem haar hand geven. De koning raadpleegde het gele boek en vernam dat de informant een man met aarden billen was geweest, een lichaam van vuur, waterlongen en een ijzeren pijp als stem. Daar hij het raadsel niet kon oplossen, verloor de koning zijn vertrouwen in het boek en stak het in brand. De as werd door schapen opgelikt, en daardoor kunnen zij waarzeggen.

JAPAN

Elk sjinto-heiligdom heeft een eenvoudige torii *(poort) aan de ingang van het terrein. Deze torii rijst op uit de zee en hoort bij het Miyajima-heiligdom bij Hiroshima, dat aan de drie goddelijke dochters van de stormgod Susano is gewijd.*

Japan, dat door de Koreastraat gescheiden is van de Euraziatische noordoostkust, ligt *in* Oost-Azië zonder echt *erbij* te horen. Zijn geschiedenis, in de zin van een geschreven historische traditie, is naar westerse maatstaven laat begonnen: formeel in 552 n. Chr. toen de koning van het Koreaanse rijk Paekche (vlak bij het huidige Pusan) als blijk van goede wil een paar boeddhistische missionarissen naar de Japanse keizer stuurde. Toen was het belangrijkste instituut in Japan de *uji*, ofwel clan. Iedere *uji* schijnt zijn eigen territorium te hebben gehad, uit gewone mensen en aristocraten te hebben bestaan en had vrijwel zeker eigen mythologie over een goddelijke voorvader.

Aan het begin van de 6de eeuw had een van de clans (soms de Yamato-clan genoemd, naar de streek in centraal Honshu die nog steeds zo heet) de hegemonie over de andere, en hun goddelijke voorvaderen dus ook. De keizerlijke familie die tot op heden een ononderbroken afstammingslijn heeft, werd daardoor algauw het belangrijkste onderwerp van de Japanse mythen.

De inheemse godsdienst van Japan, het sjintoïsme, is gebaseerd op de verering van een veelheid aan goden, geesten en voorwerpen. De bijbehorende mythologie verhaalt vooral over de zonnegodin Amaterasu en de avonturen van haar nazaten, die het Japanse volk verenigden. Met de komst van het boeddhisme begon een periode van culturele overname uit Korea en later China, de 'bakermat' van cultureel Oost-Azië. Het boeddhisme vermengde zich op een ingewikkelde manier met het sjintoïsme, maar vanaf de 17de eeuw stak het sjintoïsme weer krachtig de kop op, wat tijdens de Meiji-regering uitmondde in zijn status van staatsgodsdienst (1868-1912).

BRONNEN VAN DE JAPANSE MYTHEN

De belangrijkste bron van de Japanse mythologie, de *Kojiki* ofwel het Verslag van Oude Zaken, is de oudste overgebleven keizerlijke stamboom. De uiteindelijke tekst is door de hoveling Ono Yasumaro samengesteld uit diverse (verloren) oudere teksten nadat keizerin Gemmei in 711 daarom had gevraagd. Het werk werd vier maanden daarna officieel aan het hof aangeboden, in de eerste maand van 712. De *Kojiki* is een curieus mengsel van archaïsch Chinees en Japans; het begint met de schepping van de wereld, de oorsprong der goden, de goddelijke afstamming van de keizerlijke familie en eindigt met de dood van keizer Suiko in 641.

De tweede belangrijke bron is de *Nihonshoki*, een kroniek van Japan die in dezelfde periode als de *Kojiki* door diverse geleerden is opgetekend en in 720 is samengesteld. Afgezien van de poëzie is de *Nihonshoki* in klassiek Chinees geschreven en sterk beïnvloed door Chinese (en Koreaanse) historische en mythologische tradities en dynastieke kronieken. Daarom is de *Nihonshoki* als bron voor inheemse mythen in het algemeen minder betrouwbaar dan de *Kojiki*. Andere bronnen zijn de *Kogoshui* of de Verzamelde Oude Verhalen (uit 807), diverse *norito* (oude sjintoïstische gebeden), de *fudoki* (provinciale krantjes uit de 8ste eeuw) en de eerste grote anthologie van de Japanse dichtkunst, de *Manyoshu* (ca. 760).

CHRONOLOGISCH OVERZICHT

660 v. Chr.	Jimmu-tenno, de eerste keizer, op de troon
4de-5de eeuw n. Chr.	Opkomst van het Yamato-hof, na een invasie van Yamato in het zuidwesten
552	De eerste boeddhistische missionarissen in Japan vanuit het Koreaanse koninkrijk Paekche
710	Stichting van Nara, de eerste permanente hoofdstad, naar Chinees voorbeeld van de Tang-hoofdstad Changan (nu Xian)
712	*Kojiki*, bundel mythen aan keizerin Gemmei aangeboden
720	*Nihonshoki*-mythebundel voltooid
794-1868	Heian (nu Kyoto) keizerlijke hoofdstad
1192	Eerste militaire regering (sjogoenaat) in Kamakura gevestigd
1600	Japan verenigd na de slag bij Sekigahara
1603-1868	Tokugawa-sjogoenaat; periode van nationaal isolement
1868-1912	Meiji-periode; herstel van de keizerlijke macht
1872	Sjintoïsme wordt staatsreligie
1946	Keizer ontkent zijn eigen goddelijkheid

MYTHISCHE EN HEILIGE PLAATSEN

BERG TAKACHIO Berg in Kyushu waar Honinigi uit de hemel neerdaalde (zie p. 120).
ISE Plaats van het Grote Heiligdom van Amaterasu en de Rijstgod; de heiligste plaats van het sjintoïsme.
HI (RIVIER) Nu in de prefectuur Shimane. Susano zou na zijn verbanning uit de hemel hier geland zijn (zie p. 118).
IZUMO-TAISHA Plaats van het Grote Heiligdom van Okuninushi (ook wel Daïkokusama), nazaat van Susano en beschermer van de keizerlijke familie (zie p. 118-20).
KUMANO Plaats waar Jimmu-tenno de berengeest ontmoette (zie p. 122).
KANTO-VLAKTE De plaats waar Yamato-takeru tegen de Emishi vocht (zie p. 122).
NAUW VAN URAGA Hier offerde de wederhelft van Yamato-takeru zichzelf aan een watergeest toen ze bij een ruwe overtocht de golven wilde kalmeren (zie p. 122).

SJINTOÏSME

In het sjintoïsme, 'de weg der goden', draait alles om de verering van *kami*, godheden die elk verschijnsel in de natuur zouden bewonen, inclusief de mensen. Van 1872 tot 1945 was het sjintoïsme de Japanse staatsgodsdienst, maar na de Tweede Wereldoorlog werd het weer een 'congregationalistische' godsdienst, waar elk heiligdom, *jinja*, slechts los verbonden is met de andere. De belangrijkste gebeurtenis van het jaar is de *matsuri*, het tempelfeest. Er wordt een afbeelding van de plaatselijke *kami* op de schouders van jonge mannen en vrouwen rondgedragen, waarbij de buurt en de dragers gezegend worden.

VERKLARING

→ Jimmu-tenno's opmars door Yamato
▇ Kanto-vlakte
◆ Plaats van een mythische gebeurtenis
▲ Mythische berg
▇ Heilig oord

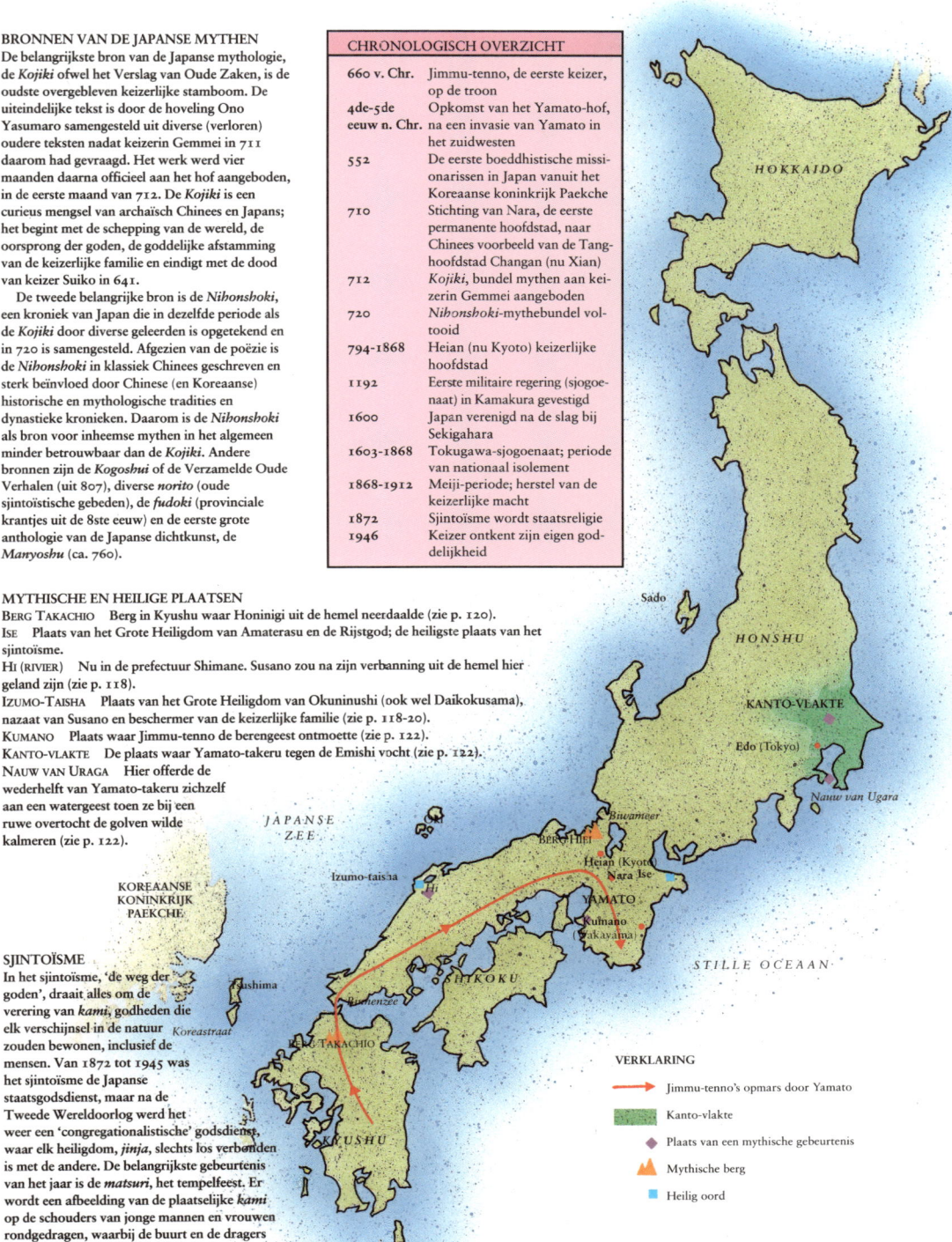

IZANAGI EN IZANAMI
Het oerpaar

In het begin, toen de aarde nog jong was en haar vaste vorm nog niet had (in de *Kojiki* staat: 'op olie leek en als een kwal ronddreef'), ontstonden er drie onzichtbare goden in wat de Japanners Takamagahara noemen, de 'Hoogvlakte van de Hemel'. De oudste was Amanominakanushi-no-kami ofwel 'Heer van het Hemelcentrum'. Spoedig werd hij gevolgd door Takamimusubi en Kamimusubi, die allebei een machtige *kami* waren. Samen met twee mindere goden (Umashiashikabihikoji-no-kami en Amanotokotachi-no-kami) vormden ze de vijf 'Afzonderlijke Hemelse Goden'. Toen volgden nog zeven generaties 'hemelse' goden en godinnen, culminerend in het Japanse oerpaar: Izanagi en zijn zus en vrouw Izanami, voluit Izanagi-no-Mikoto ('Augustus Man') en Izanami-no-Mikoto ('Augustus Vrouw').

Omdat de goden hun hadden opgedragen het drijvende land 'af te maken en te verstevigen', stonden Izanagi en Izanami op de Drijvende Hemelbrug (wellicht een regenboog) en roerden met een speer die met juwelen bezet was door de massa in de diepte. Toen ze de speer optilden, vormden de druppels die eraf vielen het eiland Onogoro, het eerste vaste land. Kort daarna daalden ze naar het nieuwe eiland af, richtten een hemelse pilaar op

Deze prent uit de 19de eeuw toont Izanagi en Izanami met de speer met edelstenen op de Drijvende Hemelbrug. Ze waren het achtste paar goden sinds het ontstaan van hemel en aarde uit de oerchaos.

en bouwden een paleis. Toen besloten ze zich voort te planten. Izanagi vroeg zijn zus hoe haar lichaam was gevormd. Ze antwoordde dat het op één plaats niet af was. Izanagi zei dat zijn eigen lichaam op één plaats te veel had en stelde voor de twee delen te verenigen. Het goddelijke paar vond een huwelijksritueel uit waarbij ze allebei om de pilaar moesten lopen, hij rechtsom en zij linksom. Als ze elkaar tegenkwamen zouden ze elkaar complimentjes maken en paren.

Na verloop van tijd kreeg Izanami een kind, maar de eersteling bleek de misvormde Hiruko te zijn ('Bloedzuigerkind') die door het ongelukkige paar in een rieten bootje werd gezet en aan de zee werd overgelaten. Tijdens een 'grote waarzeggerij' concludeerden de goden dat de geboorte van het Bloedzuigerkind de fout was van Izanami omdat ze tijdens het paringsritueel als eerste gesproken had. Met die informatie (die de ongelijkheid der seksen in Japan legitimeerde) ging het paar terug naar Onogoro om het opnieuw te proberen. Nu sprak Izanagi het eerst en Izanami baarde volop. Eerst een reeks eilanden (de Japanse archipel), daarna goden en godinnen, waaronder de wind-, berg- en boomgoden. Maar toen Kagutsuchi (of Homusubi) werd geboren, de vuurgod, verbrandden haar geslachtsdelen zo erg dat ze stierf. Door haar pijn heen bleef ze echter godheden baren, die zelfs uit haar braaksel, urine en uitwerpselen kwamen. Izanagi was ontroostbaar en uit zijn tranen ontstonden nog meer goden. Later veranderde zijn verdriet in een vreselijke woede en hij hakte het hoofd van de vuurgod af, omdat die zijn dierbare vrouw had laten sterven. Uit de dode vuurgod ontstond opnieuw een reeks goden.

Izanagi besloot Yomi te bezoeken, het onderaardse dodenrijk (zie kader), om Izanami weer terug te krijgen. Toen hij bij de ingang kwam die in de schaduw verborgen lag, begroette hij zijn vrouw hartelijk en vroeg haar met hem mee terug te gaan. Ze zou het met de goden van de onderwereld bespreken en voordat ze zich in het donker terugtrok, waarschuwde ze haar man niet naar haar te kijken. Maar Izanagi verlangde zo hevig zijn vrouw te zien, dat hij een tand van de kam in zijn linkerhaarknot afbrak en die als een fakkel aanstak. Hij betrad het dodenrijk en zag meteen een rottend lijk vol maden. Dat schrikte hem af en hij sloeg op de vlucht. Izanami was kwaad omdat hij haar wens had genegeerd en ze stuurde de kwade 'feeksen van Yomi' op hem af, plus acht dondergoden en een horde krij-

HET BLOEDZUIGERKIND
Het idee dat een misvormde eerstgeborene (of tweeling) onwaardig is en daarom moet worden achtergelaten om te sterven, klinkt overal ter wereld in de mythologie door. Overeenkomstige gebeurtenissen doen zich in verschillende verhalen voor, waaronder die van Mozes, Perseus (zie p. 156) en Romulus en Remus (zie p. 174). Het is mogelijk dat het verhaal van het bloedzuigerkind van Izanagi en Izanami een oud Japans ritueel weerspiegelt waarin de geboorte van het eerste kind werd gemarkeerd door een kleifiguurtje in een rieten bootje te zetten en het als zondebok te laten wegvaren.

Het Land der Duisternis: de Japanse onderwereld

Het onderaardse dodenrijk wordt het Land der Duisternis (Yomi-tsu-kuni), het Land der Wortels en het Land der Diepte genoemd.

De beschrijving van Yomi in de *Kojiki* weerspiegelt waarschijnlijk het laat-prehistorische gebruik om de doden in met stenen betegelde kamers te leggen, in de diepte van grote grafheuvels (*kofun*). Izanagi's laatste redmiddel, namelijk het blokkeren van de doorgang met een zwerfkei, weerspiegelt misschien de definitieve afsluiting van zo'n tombe. De kei kan ook een metafoor zijn voor de onneembare barrière tussen leven en dood.

Er zijn opvallende gelijkenissen tussen dit verhaal en twee Griekse mythen: het verhaal van Persephone (zie p. 142) die in de Hades granaatappelpitten inslikt, waardoor ze er 's winters moet blijven, en het verhaal over de poging van Orpheus om zijn geliefde Eurydike uit het dodenrijk te redden (zie p. 165).

Geleerden zijn het niet eens over de vraag of elementen van deze Griekse mythen in Japan terecht zijn gekomen of dat de overeenkomsten op een universele mythologische tendens wijzen. In veel culturen wordt het eten van het voedsel van de doden gezien als teken van een speciale band met hen. Als Izanami bij de ingang van het dodenrijk haar echtgenoot ontmoet, wenst ze dat hij eerder was gekomen omdat ze al 'bij de haard' had gegeten. Dat verklaart haar dramatische verandering van liefdevolle vrouw in een woeste demon.

gers. Toen hij de Yomi-pas bereikte die naar het rijk der levenden leidde, vond Izanagi drie perziken waarmee hij zijn achtervolgers bekogelde, zodat ze zich moesten terugtrekken. Ten slotte deed Izanami, nu zelf een demon geworden, mee aan de achtervolging, maar voor ze hem te pakken kreeg, sloot Izanagi de pas met een enorme zwerfkei af. Het tweetal keek elkaar over de kei aan en 'verbrak de band'.

Izanagi voelde zich vies na het bezoek aan Yomi. Hij besloot zich op de klassiek Japanse manier te zuiveren: met een bad. Hij kwam bij de monding van het riviertje Hyuga (Noordoost-Kyushu) en kleedde zich uit. Uit zijn afgelegde kleren ontstond een aantal goden en godinnen en andere kwamen te voorschijn terwijl hij zich waste. Ten slotte liet hij de drie belangrijkste sjintoïstische goden het daglicht zien: de Zonnegodin, Amaterasu-no-mikoto (letterlijk 'Augustus Persoon die de Hemel doet Blinken') verscheen toen hij zijn linkeroog waste; Tsuki-yomi-no-mikoto ('Augustusmaan') kwam uit het rechteroog; Susano-no-mikoto ('Razende Augustus Man') kwam uit zijn neus. Toen hij zijn drie kinderen bekeek, besloot Izanagi zijn rijk onder hen te verdelen. Amaterasu kreeg zijn halssnoer van heilige kralen, symbool van soevereiniteit, en ze moest de Hoogvlakte van de Hemel besturen. De ene zoon, de maangod Tsuki-yomi (in de Japanse mythologie is de maan mannelijk), werd het rijk van de nacht toevertrouwd. En de andere zoon, Susano, werd heerser van de oceaan.

Amaterasu en Tsuki-yomi aanvaardden hun opdracht gehoorzaam, maar Susano huilde en schreeuwde. Toen Izanagi hem naar de oorzaak van de opwinding vroeg, zei hij dat hij niet over het water wilde regeren en liever naar het land van zijn moeder Izanami ging. Boos door de weigering van zijn zoon deed Izanagi hem in de ban en trok zich terug; zijn opdracht was vervuld. Volgens een bepaalde versie van de mythe steeg hij ten hemel, waar hij nog altijd in het 'Jongere Zonnepaleis' woont. Maar er wordt ook beweerd dat hij in de tempelkist van Taga (prefectuur Shiga-Honshu) ligt.

De nakomelingen van Izanagi

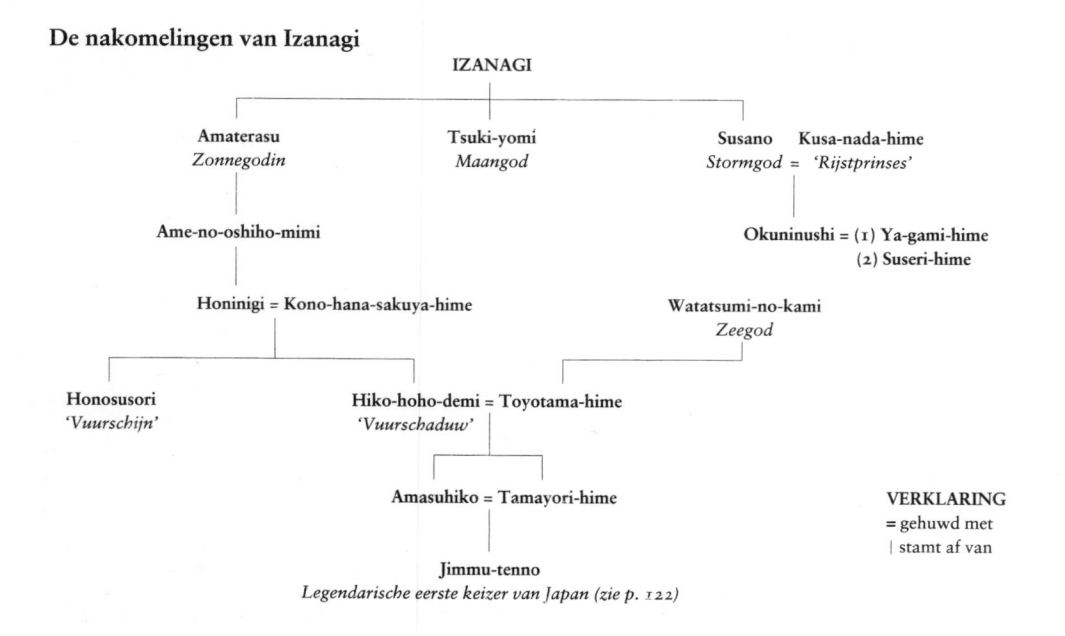

IZANAGI

- Amaterasu — *Zonnegodin*
  - Ame-no-oshiho-mimi
    - Honinigi = Kono-hana-sakuya-hime
      - Honosusori — *'Vuurschijn'*
      - Hiko-hoho-demi = Toyotama-hime — *'Vuurschaduw'*
        - Amasuhiko = Tamayori-hime
          - Jimmu-tenno
          Legendarische eerste keizer van Japan (zie p. 122)
- Tsuki-yomi — *Maangod*
- Susano — *Stormgod* = Kusa-nada-hime — *'Rijstprinses'*
  - Okuninushi = (1) Ya-gami-hime
  -             (2) Suseri-hime
  - Watatsumi-no-kami — *Zeegod*

VERKLARING
= gehuwd met
| stamt af van

AMATERASU EN SUSANO

De wedstrijd tussen broer en zus

Toen de stormgod Susano door zijn vader Izanagi werd verbannen, liet hij weten dat hij zijn zus, de zonnegodin, zou verlaten. De godin verdacht haar broer ervan dat hij haar gebied wilde bezetten en ze bereidde zich voor op de strijd. Ze deed haar lange haren in knotten en wapende zich met een boog en twee kokers met pijlen. Terwijl ze hem opwachtte, stond ze op de grond te stampen en zwaaide woest met haar boog. Susano verzekerde haar van zijn goede bedoelingen. Hij stelde voor uit te proberen wie van hen het sterkste was via een wedstrijd voortplanten: degene die mannelijke goden zou voortbrengen was winnaar.

De zonnegodin mocht de wedstrijd beginnen en ze vroeg haar broer zijn zwaard. Dat brak ze in drieën, ze kauwde op de stukken en spuugde ze uit als drie sierlijke godinnen. Toen nam Susano de lange *magatama*, kralensnoeren van de vruchtbaarheid die Amaterasu om haar knotjes, voorhoofd en armen had. Daar haalde hij vijf goden uit en hij zei dat hij winnaar was. Amaterasu wees erop dat de mannelijke nazaten van haar broer uit haar spullen kwamen en dat *zij* dus de wedstrijd gewonnen had. Susano weigerde toe te geven en vierde zijn overwinning door de randen van de goddelijke rijstvelden te doorbreken en de irrigatiekanalen te dichten. Toen gooide hij zijn uitwerpselen door de hal waar normaal het eerste fruit van de oogst werd geproefd. Ten slotte vilde hij een 'hemelse' gevlekte pony (waarschijnlijk een verwijzing naar de sterren) en gooide die door het dak van de heilige weefzaal (zie kader) waar Amaterasu met haar dienstmeisjes aan het werk was. Een van de meisjes schrok er zo van, dat ze met haar genitaliën tegen de schietspoel van het weefgetouw stootte en stierf. Amaterasu sloeg doodsbang op de vlucht. De *Nihonshoki* bevat een versie waarin Amaterasu zelf het slachtoffer wordt van deze streek van haar broer, ofschoon ze er niet aan sterft.

DE ZONNEGODIN

De zonnegodin Amaterasu, de oudste dochter van Izanagi, is een van de grootste godheden in de Japanse mythologie. Ze werd geboren uit het linkeroog van haar vader toen hij zich bij terugkomst uit Yomi, de onderwereld, waste. Amaterasu wordt vereerd als een geestelijke godin en als een heilige voorouder van de keizerlijke familie. Ooit werd ze in het keizerlijk paleis zelf vereerd, maar het was politiek gunstiger om de macht van de keizer buiten het bereik van de priesteressen te houden en elders een altaar voor haar te bouwen. Het hoofdaltaar van Amaterasu ligt bij Ise in de prefectuur Mie. Het is het belangrijkste sjintoïstische heiligdom van Japan. Het hoofdgebouw is een ongeverfde hut van cipressehout met een strodak, in Oudjapanse stijl. Het wordt regelmatig opnieuw gebouwd: van de 7de tot de 17de eeuw is dit om de 20 jaar gebeurd; sinds de 17de eeuw elke 21 jaar.

De heilige weefzaal

Noch de Kojiki *noch de Nihonshoki is duidelijk over de functie van de heilige weefzaal en over wat Amaterasu en haar dienaressen aan het weven waren. Er zijn echter verschillende verklaringen geopperd.*

Amaterasu was een koningin-priesteres die verantwoordelijk was voor de kleren van de goden; de weefzaal kan haar atelier zijn geweest. Sommige autoriteiten menen dat zij en haar dienaressen kleren maakten voor de priesteressen die ceremonies ter ere van de zon hielden. Een diepzinniger idee is dat ze nog aan het onvoltooide universum zaten te weven. Susano's gedrag is dan een chaotische aanval op de kosmische of universele orde. De heilige weefzaal, als plaats waar schepping zich voltrok, zou een uitstekende arena zijn voor de confrontatie tussen de goddelijke belichaming van de kosmos (Amaterasu) en de chaos (Susano).

Een 19de-eeuwse prent met Amaterasu en enkele van haar dienaressen in hun goddelijke pracht.

DE HEILIGE CRISIS
Amaterasu haalt de zon weg

DE OCHTENDGODIN
Als prototype van de vrouwelijke sjamaan of *miko*, die regelmatig extatische dansen opvoert, komt Ama-no-uzume, de godin van de dageraad, later in het verhaal terug, althans in de versie van de *Nihonshoki*. Voor de gelegenheid wendt ze haar charmes aan om een lokale zonnegod af te leiden, Sarutahiko, de 'Apenprins', die de afdaling van Amaterasu's kleinzoon, Honinigi, uit de hemel had willen tegenhouden. Uiteindelijk trouwde ze met Sarutahiko, en uit hun huwelijk schijnt een stam te zijn voortgekomen (die echt bestaan heeft) van Heian-hofdanseressen, die de Sarume genoemd worden.

De zonnegodin Amaterasu schrok toen haar broer Susano een gevild paard door het dak van de heilige weefzaal gooide (zie p. 115). Ze besloot zich terug te trekken in wat de *Kojiki* de 'Hemelse Grot' (Ama-no-iwato) noemt. Dit bracht een goddelijke crisis teweeg, analoog aan de crises die we overal in oude mythologieën tegenkomen, zoals in het Egyptische verslag van de tijdelijke overwinning van de kwade god Seth (zie p. 44) en de Griekse mythe over de ontvoering van Persephone (zie p. 142); in beide gevallen kwamen er allerlei rampen over de wereld. Sommige geleerden beschouwen haar vertrek als een symbolische dood en begafenis; maar het kan evengoed een metafoor zijn voor een totale zonsverduistering die door de gebeurtenis die ze net had meegemaakt, was veroorzaakt.

Haar vrijwillige isolement hulde de Hoogvlakte van de Hemel en het Centrale Land van de Rietvlakte (dat wil zeggen het dodenrijk) in duisternis. Daardoor lagen de rijstvelden er slap bij en vonden er verschillende rampen plaats. Wanhopig kwamen de 'achthonderd ontelbare' goden bij de hemelse rivier voor een plechtige vergadering bijeen om te overleggen hoe ze Amaterasu uit haar schuilplaats konden krijgen. (Het Japanse getal acht, *ya*, is hier een heilig getal waar 'heel veel' mee wordt bedoeld en niet een specifiek aantal.)

Omori-kane-no-kami, de wijze zoon van Takamimusubi, moest de oplossing vinden. Toen de geluiden van bepaalde 'langdurig schreeuwende' vogels niet het gewenste succes hadden, bedachten Omori-kane en zijn medegoden een ingewikkeld plan. Eerst maakten ze een toverspiegel die ze aan de takken van een heilige sakaki hingen die ze in het bos hadden uitgegraven. Ondertussen hielden verschillende goden met tovervoorwerpen een plechtige viering en moest een mooie jonge godin, Ama-no-uzume, op een omgekeerde ton een erotische dans opvoeren (het lijkt hier om een godin van de dageraad te gaan, zoals de Romeinse Aurora of de Griekse Eos; maar in geen van de oude bronnen wordt ze als zodanig gekenmerkt).

Amaterasu die uit haar grot komt en zo het zonlicht aan de aarde teruggeeft; drieluik uit de 19de eeuw. Sommige geleerden hebben dit uitgelegd als de terugkeer van de lente na de duistere winter. Dan zou de erotische dans voor de ingang, die ertoe leidt dat Amaterasu te voorschijn komt, een soort vruchtbaarheidsritueel zijn. Anderen denken echter dat de scène te maken heeft met een zonsverduistering.

Ama-no-uzume wilde de zon met de trucs van de oude *miko*, of vrouwelijke sjamaan, uit haar tent lokken. Toen ze haar borsten liet zien en haar kleding tot op haar schaamstreek liet zakken, moesten de verzamelde goden zo hard lachen dat de Hoogvlakte van de Hemel schudde als bij een aardbeving. Het geluid drong zelfs door tot Amaterasu's schuilplaats, en nieuwsgierig geworden opende ze de grotdeur op een kier en riep: 'Waarom staat Ama-no-uzume te zingen en te dansen en waarom lachen alle achthonderd ontelbare goden?' De jonge godin antwoordde namens allen: 'We zijn blij omdat er een godheid is die machtiger is dan u.' Ondertussen richtten twee goden de spiegel naar de kier van de deur en een derde god, wiens naam het woord voor kracht bevat (*chikana*), sloop naderbij.

Amaterasu zag haar spiegelbeeld, kwam heel langzaam naar buiten en liep op de spiegel af. Terwijl ze gespannen naar zichzelf keek, greep de naderbij geslopen god haar plotseling bij de hand en trok haar helemaal naar buiten. Een andere godheid spande een stuk tovertouw (*shiru-kume*) voor de deuropening en zei: 'Tot hier en niet verder!' Al vlug was alles weer bij het oude en het zonlicht keerde op aarde en in de hemel terug. De goddelijke crisis was opgelost.

Toen hielden de achthonderd ontelbare goden opnieuw een vergadering, nu over de vraag wat er met de veroorzaker van de crisis moest gebeuren, de wilskrachtige en destructieve Susano. Zijn straf was zwaar: de goden veroordeelden hem tot 'duizend tafels vol geschenken om het goed te maken', zijn baard ging eraf, evenals de nagels van vingers en tenen, en ten slotte werd hij uit het paradijs verjaagd, zodat hij weer naar het Land van de Rietvlakte moest afdalen.

Susano en de voedselgodin

Susano, de stormgod, was een voortdurende bron van onrust. Voor hij verbannen werd naar het Centrale Land van de Rietvlakte, raakte hij door zijn ongemakkelijke aard met bijna iedereen met wie hij in conflict. Volgens sommige bronnen was een van de ongelukkigen de voedselgodin Ogetsu-no-hime.

Tijdens een incident dat in het hoofdverhaal niet voorkomt, moet Ogetsu aan Susano iets te eten geven. Ze beantwoordde zijn verzoek op een ongebruikelijke manier die hem niet beviel, namelijk door het voedsel uit haar neus, mond en rectum te halen. Wegens die pertinente belediging vermoordde hij haar.

Maar de dood van Ogetsu dient in de Japanse mythe een positief doel. Haar lichaamsdelen verschaften de fundamentele gewassen waar de Japanners nog steeds van leven: in haar ogen groeiden rijstzaden, in haar oren gierst, in haar geslachtsopening tarwe, in haar neus bonen en in haar rectum soja.

Dit verhaal herinnert aan de oude Chinese mythe van Pan Gu (zie p. 90), een oerreus wiens lichaam de bouwstoffen voor de schepping verschafte, inclusief voedsel: zijn huid en haren werden planten en bomen. Maar de meeste geleerden denken dat het Ogetsu-verhaal dateert van voor de 6de eeuw, toen China invloed kreeg op Japan. En in feite lijkt het Japanse verhaal over het lot van de voedselgodin opmerkelijk veel op een Indonesische mythe waarin de godin Hainuwele ten onrechte vermoord en geslacht werd; haar lichaamsdelen werden begraven en daaruit ontstonden de belangrijkste eetbare planten (jammen, bijvoorbeeld) die in dat deel van de wereld geteeld worden. Misschien bestaat er een zeer oude schakel tussen Ogetsu en Hainuwele, zodat beide verhalen uiteindelijk afstammen van een gezamenlijk Zuidoostaziatisch prototype.

In de *Nihonshoki* is Tsuki-yomi de slachter van de voedselgodin, en niet Susano. Toen Tsuki-yomi, de maangod, bij Amaterasu verslag uitbracht, wees die hem terecht en ze zwoer hem nooit meer aan te kijken. Daarom leven de zon en de maan afzonderlijk van elkaar. Verschillende experts menen dat dit de oudste versie van het verhaal is en dat de samensteller van de *Kojiki* Susano inwisselde voor Tsuki-yomi om zo de gewelddadige aard van de god te onderstrepen.

DE IZUMO-CYCLUS

Susano gaat naar de aarde; Okuninushi en het Witte Konijn

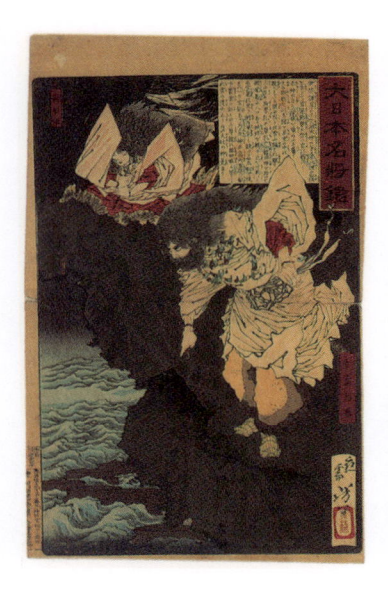

De stormgod Susano met zijn vrouw Kusa-nada-hime, die door de god in een kam werd veranderd om haar tegen een achtkoppige draak te beschermen.

Na uit de hemel te zijn verdreven ging Susano naar de aarde, naar het land van Izumo (zie kaart, p. 111). Zijn eerste avontuur aldaar vormt een brug met een aparte groep mythen die zich in dit gebied afspelen en die bekend zijn als de Izumo-cyclus. Het centrale personage daarin is de belangrijkste godheid van het gebied, Okuninushi (ofwel Daikokusama), de 'Grote Heer van het Land', die afstamde van Susano en Kusa-nada-hime, waarschijnlijk als hun zoon (zie stamboom, p. 114).

De verbannen Susano kwam bij de bovenloop van de rivier de Hi. Hij zag een paar eetstokjes met de stroom meedrijven, concludeerde dat er stroomopwaarts mensen moesten zijn en ging erop af. Weldra kwam hij een ouder echtpaar met een mooie jonge vrouw tegen, die alle drie huilden. Het echtpaar vertelde dat een dier met acht hoofden en acht staarten, Yamato-no-orochi, zeven van hun acht dochters had opgeslokt en dat het monster het ook nog op hun jongste had gemunt, Kusa-nada-hime ('Rijstprinses'). De god maakte zich bekend en bood aan het monster af te maken in ruil voor de hand van Kusa-nada-hime. Toen de ouders gretig instemden, veranderde hij de prinses in een kam die hij in een haarknot stak. Toen liet hij hen acht grote vaten met rijstwijn, *sake*, vullen en deze op acht verhogingen plaatsen achter een schutting waarin acht gaten zaten.

Eindelijk kwam Yamato-no-orochi naderbij, hij stak zijn acht koppen door de acht gaten en begon de *sake* op te likken. Susano wachtte tot het dier dronken was en hakte het met zijn zwaard aan moten. Terwijl hij met een van de middelste staarten bezig was, ontdekte hij dat het beroemde zwaard Kusanagi erin zat dat later de 'Grasmaaier' zou gaan heten (zie p. 122). Toen veranderde hij Kusa-nada-hime weer in een mens, trouwde met haar en bouwde in Izumo bij Suga een groot paleis.

Het beroemdste verhaal van de Izumo-cyclus gaat over Okuninushi en het Witte Konijn. Okuninushi had tachtig broers die allemaal wilden trouwen met de mooie prinses Ya-gami-hime uit Inaba. Op een dag trokken de broers naar Inaba om de prinses het hof te maken en Okuninushi ging hen als hun dienaar achterna. Onderweg zagen ze een konijn zonder pels langs de weg liggen, dat duidelijk veel pijn had. De broers zeiden tegen het arme beest dat hij zijn pels terug zou krijgen als hij in zout water zou baden, maar dat maakte de zaak alleen maar erger.

Wat later kwam ook Okuninushi langs en hij vroeg het konijn waarom hij huilde. Het konijn vertelde dat hij van het eiland Oki kwam en van daar naar Izumo had willen oversteken, maar dat er geen brug was. Hij had een stel krokodillen zover weten te krijgen dat ze een brug vormden en in ruil daarvoor had hij beloofd dat hij ze ondertussen zou tellen, zodat eindelijk duidelijk zou worden wie in de meerderheid waren, de zeedieren of de krokodillen. Maar een paar sprongen voor het einde van de brug bekende hij dat zijn belofte een list was om over het water heen te komen. De laatste krokodil had de dommerik levend gevild.

Okuninushi zei dat het konijn naar de monding van de rivier moest gaan om zich daar in het heldere water te wassen. Daarna moest hij door de pollen van het kama-gras rollen. Het konijn, dat in werkelijkheid een god was, deed wat hem gezegd werd; spoedig kwam zijn sneeuwwitte pels terug. Okuninushi werd door het dankbare konijn beloond met de belofte dat hij, en niet een van zijn broers, de hand van Ya-gami-hime zou krijgen. De tachtig broers waren razend over zijn succes en de gevechten tussen Okuninushi en zijn jaloerse broers zijn de basis voor verscheidene andere verhalen (zie kader, p. 119). Door deze conflicten, waaruit Okuninushi als

De verzoekingen van Okuninushi

Okuninushi's vereniging met Ya-gami-hime leverde hem van de kant van zijn tachtig jaloerse broers verscheidene moordaanslagen op. Zijn poging om de kwestie op te lossen bracht hem in een nog groter conflict met de machtige stormgod Susano.

In twee afzonderlijke gevallen slaagden de wraakzuchtige broers erin hun broer te vermoorden, maar beide keren stond hij weer op doordat zijn moeder het bij de goden voor hem opnam. Eerst maakten de broers een grote rots witheet en lieten die van de berg op hem afrollen. Hij dacht dat het een wild zwijn was dat hij van zijn broers moest tegenhouden, en toen hij de rots opving, verbrandde hij levend. Bij de tweede poging verbrijzelden de broers Okuninushi in de vertakking van een grote boom. Na die ervaring en op aandrang van zijn bezorgde moeder besloot hij een einde aan de strijd te maken en vroeg raad aan Susano de stormgod, die destijds in de onderwereld woonde.

Toen hij in Susano's paleis arriveerde, zag Okuninushi de mooie Suseri-hime, de dochter van Susano. Ze werden hevig verliefd op elkaar en trouwden al snel. Maar Susano werd boos over zoveel onstuimigheid en ook hij besloot Okuninushi van kant te maken. Hij veinsde zijn nieuwe schoonzoon te accepteren en liet hem slapen in een kamer die vol slangen bleek te zitten. Gelukkig gaf Okuninushi's bruid hem een toversjaal waarmee hij de slangen kon verjagen als hij er drie keer mee zwaaide. De nacht daarop liet Susano zijn schoonzoon in een kamer vol duizendpoten en bijen slapen en weer werd hij door de sjaal gered.

Ten slotte schoot de kwade schoonvader ergens op een vlakte een pijl af die Okuninushi moest gaan halen. De jonge god deed wat hem opgedragen werd, maar hij was nog niet begonnen of Susano stak de grasvlakte in brand. Vergeefs probeerde Okuninushi de hel te ontvluchten, totdat een muis de bange god vertelde dat hij met zijn voeten moest stampen, omdat de aarde hol was. Okuninushi nam het advies ter harte en er ontstond een gat. Terwijl het vuur boven zijn hoofd passeerde, schuilde hij veilig in het gat. Ondertussen had de muis de pijl gevonden en aan Okuninushi teruggegeven.

Okuninushi bracht de pijl naar Susano, die nu wat aardiger over zijn schoonzoon begon te denken. Toch wilde Okuninushi uit de invloedssfeer van de oudere god weg zien te komen en op een dag, nadat hij Susano's haren had gewassen en de stormgod in slaap was gevallen, nam Okuninushi zijn kans waar. Hij bond Susano's haren aan de spanten vast en met het zwaard en de boog van zijn schoonvader in de hand en met Suseri-hime op zijn schouders verliet hij Susano's paleis in de onderwereld en keerde naar zijn eigen land terug, het Centrale Land van de Rietvlakte.

Pas toen Okuninushi al een eind op weg was, begon Susano de ontvoerder van zijn dochter te achtervolgen. Toen hij de vluchtelingen bij de grens van de onderwereld met het rijk der levenden op gehoorsafstand was genaderd, besloot Susano het gelukkige paar niet verder te volgen. In plaats daarvan schreeuwde hij Okuninushi het advies toe waarvoor hij gekomen was, namelijk hoe het conflict met de broers te beëindigen. Met de boog en het zwaard die hij uit het paleis had meegenomen, zou hij zijn broers kunnen verslaan.

VUURSCHIJN EN VUURSCHADUW

Honinigi, de kleinzoon van Amaterasu, had twee zoons, Honosusori ('Vuurschijn') en Hiko-hoho-demi ('Vuurschaduw'). Vuurschijn, de oudste, ving met zijn vishaak zeedieren, terwijl zijn jongere broer, Vuurschaduw, op het land dieren najoeg. Vuurschaduw was niet tevreden en stelde voor te ruilen. Zo geschiedde, maar Vuurschaduw had in zijn nieuwe rol niet meer succes dan in de oude. Erger nog, hij verloor zijn vishaak en toen zijn broer die terug wilde hebben, was er niets terug te geven. De ongelukkige voormalige landrot bood verschillende andere haken aan, maar Vuurschijn wilde de echte. Beschaamd dobberde Vuurschaduw de zee op en bereikte uiteindelijk het paleis van de zeegod, Watatsumi-no-kami. De god vond niet alleen de verloren haak in de bek van een vis, maar de nieuwkomer kreeg bovendien de hand van zijn dochter.

Een paar jaar leefde hij rustig in het paleis van zijn schoonvader, maar toen begon Vuurschaduw naar huis te verlangen. Als afscheidscadeau kreeg hij van de Zeegod twee toverjuwelen: een om eb en een om vloed te maken. De schoonvader zorgde er ook voor dat hij op de rug van een vriendelijke krokodil kon varen.

Vuurschaduw gaf de vishaak aan Vuurschijn terug, maar deze bleef zeuren en Vuurschaduw gooide het vloedjuweel in het water, zodat zijn oudere broer in paniek raakte en om vergiffenis begon te smeken. Daarop gooide Vuurschaduw het andere juweel in de zee. Toen het water zakte, beloofde de dankbare Vuurschijn zijn jongere broer eeuwig te dienen. De kleinzoon van Vuurschaduw was de eerste keizer, Jimmu-tenno (zie p. 122).

De 19de-eeuwse prent (rechts) laat Vuurschaduw zien die op de krokodil naar huis gaat.

overwinnaar te voorschijn komt, vervalt Izumo tot anarchie, wat de sluwe Amaterasu goed uitkwam. Ze wilde haar gebied tot daar uitbreiden en droeg een van haar zoons die geboren waren uit de wedstrijd met Susano op de situatie te peilen. Toen ze van de onrusten hoorde, liet ze een andere zoon het gebied innemen. Toen deze na drie jaar nog niet terug was, overlegde ze met haar medegoden en besloot de god Ame-no-waka-hiko op onderzoek te sturen. Maar deze bleek een verrader, trouwde met Okuninushi's dochter en zon op overname van het land. Na acht jaar stuurde Amaterasu een heilige fazant op hem af met de vraag waarom hij zo lang uit de hemel wegbleef. Ame-no-waka-hiko doorboorde de vogel met een pijl, die de god Takamimusubi bereikte; deze schoot de pijl meteen terug en zo werd de verrader op zijn bed gedood.

Ten einde raad stuurde Amaterasu twee van haar trouwste goddelijke collega's, Takamimusubi en Kamimusubi, naar Okuninushi om hem te dwingen het land aan de zonnegodin over te dragen. Gezeten op de puntjes van hun zwaarden, die aan de kop van een golf voor de kust bij Inasa in Izumo vastzaten, maakten ze het ultimatum van de zonnegodin bekend. Okuninushi was diep onder de indruk van het schouwspel en vroeg een van zijn zoons zijn mening. De jonge god adviseerde te capituleren, waar Okuninushi uiteindelijk mee instemde onder de voorwaarde dat hij een plaatsje kreeg tussen de belangrijkste goden die in Izumo werden vereerd. Daarmee ging Amaterasu akkoord. Na Ise is Izumo de belangrijkste Japanse sjintoïstische tempel (zie marge, p. 115).

Nadat Okuninushi zich had overgegeven, stuurde Amaterasu haar kleinzoon Honinigi met drie heilige talismans van soevereiniteit naar de aarde: de Heilige Spiegel waarmee Amaterasu uit haar schuilplaats was gelokt (zie p. 116-7), het Kusanagi-zwaard dat Susano in de staart van de draak had gevonden (zie p. 118) en de magatama-kralen die zoveel nazaten hadden gemaakt (zie p. 115). Iedere nieuwe keizer krijgt bij zijn troonsbestijging nog altijd replica's van deze talismans.

GODEN, HELDEN EN DEMONEN

Inari, Hachiman en de Oni

Het sjintoïstische pantheon kent enkele belangrijke goden die niet voorkomen in de tot dusver samengevatte mythen. Een van hen is Inari, de rijstgod. Hij is nauw verwant met Ogetsu-no-hime, de voedselgodin (zie p. 117), en wordt derhalve niet alleen vereerd als de god die een goede rijstoogst geeft, maar ook als de patroon van algemene voorspoed. Als zodanig wordt hij speciaal door handelaren vereerd. Zijn boodschapper is de vos, en daarom staan er altijd twee vossen naast zijn beeld in elk Inari-heiligdom.

Vroeger werd Inari beschouwd als de patroon van de zwaardsmeden, handelaren en rijstboeren. Andere populaire godheden zijn Kamado-no-kami, god van de keuken, en Ebisu, de *kami* van de arbeid. Ten slotte omvat het sjintoïstische pantheon veel vergoddelijkte, (quasi-)historische figuren. Een van de belangrijkste is de keizer Ojin (gestorven in 394 n. Chr.), beroemd wegens zijn wapenfeiten en later vergoddelijkt tot Hachiman, de oorlogsgod. In veel streken is het nog de gewoonte dat jongemannen hun meerderjarigheid (op hun 20ste) ritueel vieren voor een van de talloze Hachiman-heiligdommen.

Demonen

Net als andere geloofsovertuigingen heeft ook het sjintoïsme zijn donkere kant. Zondaars gaan naar het Japanse equivalent van de hel: een onderaards rijk dat Jigoku heet en dat acht vuurgebieden en acht ijsgebieden heeft.

De heerser daar is Emma-ho, die de mannelijke zielen beoordeelt en hen naar een van de zestien strafgebieden stuurt, afhankelijk van de aard van hun vergrijp. Emma-ho's zus beoordeelt de overtreedsters. Een onderdeel van het proces bestaat eruit dat het verleden van de zondaar voor hem in een enorme spiegel wordt weerkaatst. De zielen van de overledenen kunnen gered worden door de tussenkomst van *bosatsu* of bodhisattva's (zie p. 123). Een andere klasse demonen komt zowel in Jigoku als op aarde voor en bestaat uit wezens die Oni heten. Deze kwaadaardige krachten veroorzaken allerlei ellende, waaronder hongersnood en ziekte, en kunnen ook zielen stelen en bezit nemen van onschuldige mensen. Hoewel sommige Oni menselijke en/of dierlijke gedaantes kunnen aannemen, zijn ze meestal onzichtbaar. Waarzeggers (bijvoorbeeld *miko*: zie p. 117) en vooral deugdzame mensen kunnen deze demonen soms opsporen.

In het algemeen wordt aangenomen dat de Oni uit het buitenland stammen en misschien vanuit China in Japan zijn terechtgekomen, samen met het boeddhisme – een levenswijze waartoe ze zich soms hebben bekeerd.

Deze 19de-eeuwse sculptuur van ivoor en hout bevat talrijke Oni en twee krijgers die hen onderworpen hebben, waaronder een figuur die Shoki de demonenbedwinger heet en die met zijn voet op het hoofd van een van de verslagen demonen staat.

HET DOMEIN VAN DE SAGEN
De heldendaden van Jimmu-tenno en Yamato-takeru

DE NAAM VAN YAMATO-TAKERU
Yamato-takeru, de beroemde naam waaronder O-usu-no-mikoto bekend stond, betekent 'Dappere van de Yamato'. Hij kreeg die naam als jongeling.
O-usu-no-mikoto's eerste heldendaad was de moord op zijn broer omdat die niet genoeg eerbied had getoond voor hun keizerlijke vader. De keizer was onder de indruk van zijn onvervaarde zoon en stuurde hem uit om twee gevaarlijke en machtige strijdbroeders te vermoorden die Kumaso heetten. Als vrouw verkleed wist O-usu hun paleis binnen te komen, en hij werd voor een feestmaal uitgenodigd. Op het hoogtepunt trok hij opeens zijn zwaard onder zijn vrouwenkleren uit en stak de oudste Kumaso dood. De jongste Kumaso vluchtte, maar O-usu kreeg hem te pakken en stak hem in zijn billen. Toen de gewonde op sterven lag, gaf hij zijn moordenaar de naam waaronder hij sindsdien bekend staat.

Jimmu-tenno gaat op weg naar het oosten om nieuw territorium te vinden. Het vogelachtige dier is misschien een gevleugeld wezen dat Sawo-ne-tsu-hiko heet en dat Jimmu en zijn broer beschermde toen ze het nauw tussen Kyushu en Honshu overstaken.

Een deel van de *Kojiki* gaat over de 'Tijd der Mensen', die eerder gedomineerd wordt door heroïsche, quasi-historische figuren, dan door goden. De eerste van die figuren in de Japanse traditie is Jimmu-tenno (ook wel Kamu-yamato-iware-biko genaamd), kleinzoon van Vuurschaduw (zie p. 120) en stichter van de keizerlijke familie. Er zijn aanwijzingen dat hij niet de eerste van de stamboom was en dat er een oudere broer bestond, Itsu-se, die op het slagveld sneuvelde toen de broers naar het oosten trokken om een goed regeringscentrum uit te zoeken en nieuwe gebieden te veroveren. Nadat hij zijn gesneuvelde broer had begraven, trokken Jimmu en de zijnen verder oostwaarts het Kumano-gebied in. Hier werden ze door een lokale godheid in de vorm van een beer betoverd en vielen ze in een diepe slaap.

Toen zag een van Jimmu's vazallen in een droom een toverzwaard dat door Amaterasu en haar medegoden gezonden was om Jimmu te helpen het Centrale Land van de Rietvlakte (Yamato) tot rust te brengen. Toen hij ontwaakte, vond de vazal het zwaard en hij bracht het naar Jimmu. Het leger trok verder naar het oosten, aangevoerd door een reuzenkraai uit de hemel. Toen Jimmu eindelijk in Yamato aankwam, bouwde hij een paleis, trouwde met een plaatselijke prinses van goddelijke komaf (Isuke-yori-hime) en regeerde over zijn nieuwe rijk.

De grootste legendarische held is Yamato-takeru, oorspronkelijk O-usu-no-mikoto geheten. Na in zijn jeugd verscheidene heldendaden te hebben verricht, wordt Yamato-takeru door zijn vader Keiko weggestuurd om het land van Izumo te veroveren en de leider aldaar, Izumo-takeru, te vermoorden. Deze machtige krijger stemde toe in een duel met Yamato-takeru en stelde voor elkaars zwaard te gebruiken. Toen de strijd begon, lukte het Izumo-takeru niet het zwaard van Yamato te trekken (het was geen echt zwaard) en hij werd al snel gedood.

De volgende missie die zijn vader hem opdroeg, was de verovering van de Oostelijke Barbaren, de Emishi. Hij ging erheen met het Kusanagi-toverzwaard van Susano (zie p. 118) en met de toverzak, die hij beide bij het Ise-heiligdom had gekregen van zijn tante Yamato-hime. Onderweg kwam hij een prinses tegen, Miyazu-hime, en werd verliefd op haar; hij beloofde haar bij terugkeer te trouwen. Toen hij in Sagamu was aangekomen, verzocht een plaatselijke leider hem een tegendraadse god te verdrijven die in een grote vijver midden in een grasvlakte leefde. Het was een list, want zodra hij de vlakte betrad, stak de hoofdman het gras in brand. Maar toen begon het Kusanagi-zwaard uit zichzelf te zwaaien en het brandende gras te maaien (vandaar de naam die het zwaard later kreeg: 'Grasmaaier'). Yamato-takeru opende de toverzak en haalde er iets uit om vuur mee te maken, ontstak op zijn beurt een vuur en ontliep de valstrik.

Op de lange terugtocht naar zijn thuisland veroorzaakte Yamato-takeru zijn eigen ondergang. Voor hij verder trok, trouwde hij met Miyazu-hime en gaf haar het Kusanagi-zwaard in bewaring. Op de Ashigara-pas vermoordde hij een berggod met het uiterlijk van een wit hert. Daarna kwam hij op de berg Ibuki een andere god tegen, die als een everzwijn vermomd was; hij schond een taboe door te zeggen dat hij het dier zou doden. Door die overtredingen werd hij spoedig doodziek. De stervende held trok naar de kust van Otsu, nabij Ise, om er nog een zwaard op te halen dat hij daar had achtergelaten. Hij bezong het prachtige thuisland dat hij nooit meer zou zien en trok de Nobo-vlakte in, waar hij uiteindelijk stierf. Voor zijn lichaam in de tombe die de keizer voor hem had opgericht, kon worden opgeborgen, veranderde het bouwsel in een reusachtige witte vogel, die in de richting van Yamato wegvloog.

BOEDDHISTISCHE MYTHEN
Drie personages van het mededogen

De dood van de Boeddha. Japanse rol uit de 17de eeuw. Het boeddhisme ontwikkelde zich in Japan tijdens de 7de en 8ste eeuw erg snel.

Kannon staat hier (op een laat 19de-eeuws schild) boven op een karper; soms wordt hij afgebeeld met duizend armen, soms anders (bijvoorbeeld gezeten met twee armen en een lotus in de hand, of als een figuur met een paardehoofd met een derde oog). De verering van Kannon kwam uit Korea vlak na de introductie van het boeddhisme op de eilanden.

In Japan heeft het sjintoïsme meer dan vijftienhonderd jaar naast het boeddhisme bestaan. Tussen beide hebben dan ook veel kruisbestuivingen plaatsgevonden en veel sjintoïstische *kami* hebben boeddhistische trekjes gekregen. De oorlogsgod Hachiman wordt bijvoorbeeld ook een *bosatsu* genoemd (verbastering van het Sanskritische *bodhisattva*), een incarnatie van de Boeddha. De vermenging van boeddhistische en sjintoïstische leerstellingen wordt vaak Ryobu-Sjinto of 'Tweedelig Sjinto' genoemd. Maar er zijn ook erg veel *bosatsu* die niets met het sjintoïsme te maken hebben en waarvan de wortels tot in China reiken en uiteindelijk teruggaan naar Boeddha's geboorteplaats in India.

Tussen alle belangrijke boeddhistische godheden vallen drie personages uit de volkstraditie bijzonder op: Amida, Kannon en Jizo. Amida-butsu ('Boeddha'), die van de Sanskritische figuur Amitabha afstamt, is een bodhisattva die vrijwillig zijn eigen verlossing (de intrede in Nirvana) uitstelde tot alle mensen waren gered. Hij is de belangrijkste figuur van de 'Zuivere Land'-sekten (Jodo-shu en Jodo-shinshu), die gebaseerd zijn op de overtuiging dat wie op zijn sterfbed Amida aanroept, in een prachtig 'Zuiver Land' incarneert waar geen pijn of behoefte bestaat en van waaruit je de uiteindelijke verlichting bereikt.

Kannon, de evenknie van de Chinese Guanyin (zie p. 96) en van de Indiase Avalokitesjvara (zie p. 87), wordt onder verschillende namen op grote schaal vereerd. Hij is de *bosatsu* tot wie de gelovigen zich wenden als ze mededogen en wijze raad nodig hebben. Hij beschermt kinderen, barende vrouwen en overleden zielen. Een van zijn populairste manifestaties is Senju Kannon, 'Kannon met Duizend Armen', waarbij al zijn armen in mededogen naar de gelovige zijn uitgestrekt. In de Japanse iconografie wordt hij vaak afgebeeld met een miniatuur van Amida op zijn hoofd, aangezien hij als de metgezel van de Boeddha wordt beschouwd.

Ook Jizo beschermt de kinderen, vooral de zielen van gestorven kinderen. In heel Japan staan kleine Jizo-ya's, tempels voor Jizo. Maar hij beschermt ook hen die pijn lijden en men gelooft dat hij zielen uit de hel redt en terugbrengt naar het Westelijk Paradijs.

GRIEKENLAND

De Parthenon (gezien van oostelijke zijde, boven) was de beroemdste van alle Griekse tempels. Hij werd tussen 447 v. Chr. en 438 v. Chr. gebouwd door de architecten Kallikrates en Iktinos onder leiding van de grote architect Pheidias (ca. 490-430 v. Chr.). Hij was gewijd aan de schutsgodin van de stad, Athena Parthenos (de maagd Athena).

De rijke erfenis van verhalen, schilderingen en de tempelbouw geïnspireerd door de goden en helden van het oude Griekenland, heeft een grote invloed gehad op de westerse cultuur. Behalve in de vroege middeleeuwen en de daaraan voorafgaande zogenaamde duistere periode hebben achtereenvolgende generaties, vanaf de Romeinse tijd via de grootse herleving van de antieke cultuur tijdens de Renaissance tot op de dag van vandaag, het mythologische erfgoed van de Grieken bewonderd, overgenomen en aangepast.

Elke stad in de oude Griekse wereld – die zich uitstrekte van Zuid-Italië tot de kust van Klein-Azië en die alle eilanden van de Adriatische en de Egeïsche Zee omvatte – had zijn eigen mythen, helden en godsdienstige feesten. Hierdoor wordt ons begrip van de Griekse mythologie bemoeilijkt. Zelfs van de gewichtigste gebeurtenissen in de levensgeschiedenis van de belangrijkste godheden waren talloze versies in omloop, die dikwijls met elkaar in tegenspraak waren. Tegelijkertijd waren er riten en feesten, zoals de Olympische spelen, waaraan alle Grieken deelnamen, en waren er helden, zoals Herakles (zie p. 148), aan wie in de hele Griekse wereld heiligdommen waren gewijd. Een groot aantal verhalen en literaire werken, waaronder de heldendichten van Homeros, waren aan Grieken in de hele helleense wereld bekend. Het tot stand komen van een vaste kern van alom bekende verhalen droeg bij tot de ontwikkeling van een nationalistisch gevoel bij de Grieken, dat ervoor zorgde dat de stadstaten zich één voelden tegenover de 'barbaren' door wie zij naar hun gevoel omringd waren. Veel van de Griekse mythen die nu het bekendst zijn, zijn het product van deze neiging om te komen tot een officieel vastgestelde mythologie.

GRIEKENLAND

▲ DE OLYMPOS
De hoogste berg van Griekenland, vereerd als de woonplaats van de voornaamste godheden (de Olympiërs), met Zeus als oppergod. De andere goden waren: Aphrodite, Apollo, Ares, Artemis, Athena, Demeter, Dionysos, Hephaistos, Hera, Hermes, Hestia en Poseidon.

■ DELPHI
Delphi werd beschouwd als letterlijk het middelpunt der aarde en was gewijd aan Apollo. Het beroemde orakel ter plaatse, dat geraadpleegd werd door alle belangrijke steden, komt vaak voor in de Griekse mythologie en geschiedenis (zie p. 138).

● ATHENE
Athene was de grootste en een van de belangrijkste steden in het klassieke Middellandse-Zeegebied en gold als de culturele hoofdstad van Griekenland. De Atheense literatuur en beeldende kunst vormen een belangrijke bron voor de Griekse mythologie en in Athene stond de beroemdste Griekse tempel, de Parthenon (zie p. 124). Het opvallendst aan de in de 5de eeuw v. Chr. gebouwde Parthenon was een schitterend twaalf meter hoog beeld van Athena gemaakt door Pheidias, die ook het beeld van Zeus in Olympia vervaardigde.

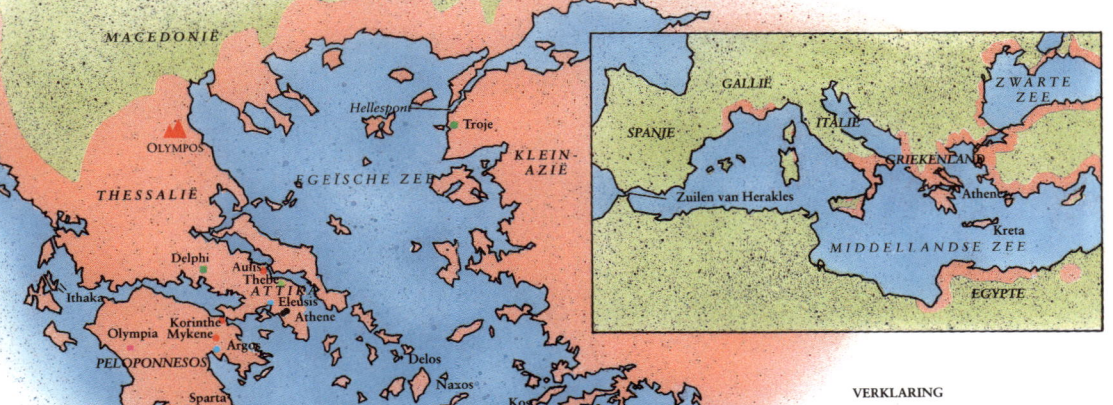

VERKLARING

- Gebied waar de Grieken zich gevestigd hebben, ca. 550 v. Chr.
- ● Belangrijke stad
- ■ Belangrijke religieuze plaats
- Land(schap) of zee: *GALLIË*

■ OLYMPIA
Hier werden de Olympische spelen gehouden, een vierjaarlijks feest ter ere van Zeus (zie onder), waarop atleten uit de hele Griekse wereld met elkaar streden in navolging van de mythische helden. De spelen werden pas in 393 v. Chr. afgeschaft door de christelijke Romeinse keizer Theodosius wegens de associaties met het heidendom.

■ THEBE
Thebe, dat gesticht zou zijn door Kadmos (zie p. 130), spelen zich tragedies af als *Koning Oidipous* van Sophokles en *Zeven tegen Thebe* van Aischylos. Midden 4de eeuw v. Chr. was Thebe korte tijd de voornaamste Griekse stad.

● SPARTA
Sparta vormde het middelpunt van een sobere en militaristische staat en heeft weinig aan literatuur en bouwkunst nagelaten. In de mythologie is het de stad van Menelaos.

● ARGOS
Argos en zijn burgers spelen een centrale rol in de Griekse tragedies, maar de stad zelf was na ca. 500 v. Chr. van gering belang.

■ TROJE
De stad van de legendarische koning Priamos, koningin Hekabe en hun zonen, onder wie de helden Hektor en Paris. Zij en de stad werden onsterfelijk gemaakt door Homeros in zijn grote epos, de *Ilias*, het verhaal van de Trojaanse oorlog.

Een reconstructie van het 13 meter hoge beeld van Zeus, dat in zijn tempel in Olympia stond opgesteld. Dit in ca. 430 v. Chr. voltooide beeld van ivoor en goud was het meesterwerk van Pheidias.

CHRONOLOGISCH OVERZICHT

1600-1100 v. Chr.	De Mykeense tijd, of de late Griekse Bronstijd
1400-1100 v. Chr.	De Minoïsche tijd, genoemd naar Minos, de legendarische koning van het eiland Kreta (zie p. 150)
1100 v. Chr.	Vermoedelijk tijdstip van de Trojaanse oorlog
1100-800 v. Chr.	De Griekse Duistere Tijd, waarvan weinig bekend is
800-700 v. Chr.	De tijd van Homeros. De stadstaat en het alfabet
750-550 v. Chr.	De tijd van de Expansie. Veel steden stichten koloniën
700-600 v. Chr.	De tijd der Tirannen. Een tijd van veel sociale onrust
600-400 v. Chr.	De tijd van de Democratie. Athene bereikt het hoogtepunt van zijn macht onder Perikles (495-429 v. Chr.)
490 v. Chr.	Athene en zijn bondgenoten verslaan Perzië
431-404 v. Chr.	Peloponnesische Oorlog; Sparta verslaat Athene
338 v. Chr.	Philippos van Macedonië wordt koning van Griekenland
336 v. Chr.	Alexander, de zoon van Philippos, volgt hem op
330 v. Chr.	Alexander verovert Perzië
300-1 v. Chr.	De tijd van de koninkrijken. Na de dood van Alexander in 323 v. Chr. valt zijn rijk uiteen in een aantal grote gebieden, die net als Griekenland zelf uiteindelijk veroverd worden door de Romeinen

MYTHE EN MAATSCHAPPIJ
Openbare en particuliere ceremonies

DE PANATHENAIA
Dit reliëf (rechts), van de fries op de Parthenon, stelt Atheners voor die een offerstier meevoeren tijdens de jaarlijkse Panathenaia, een oud feest ter ere van hun schutsgodin, Athena. Tijdens dit feest, de voornaamste en luisterrijkste religieuze gebeurtenis op de Atheense kalender, brachten vooraanstaande burgers en vertegenwoordigers van de gewesten van de stad offerdieren mee voor de godin. De offers vonden plaats op het hoogtepunt van de festiviteiten, wanneer tot slot van een grote processie een nieuw geborduurd kleed werd aangeboden aan het beeld van Athena in de Parthenon, haar belangrijkste tempel.

Een roodfigurige oinochoe (wijnbeker) uit ca. 450-400 v. Chr., versierd met een tafereel uit een offerritueel. Het offeren aan de goden, bij wijze van smeekbede of verzoening, was een wezenlijk onderdeel van de Griekse religieuze gewoontes. Bij officiële riten, zoals de Panathenaia (zie boven), waren dierenoffers heel gewoon, maar als particuliere uiting van devotie offerden de Grieken vaak groenten, honing of kaas.

De Grieken geloofden dat hun leven en hun lot bepaald werden door een groot aantal godheden, waarvan de belangrijkste de Olympiërs waren, die op de Olympos (zie p. 125) woonden. Zo kon men een beeld van de god Hermes aantreffen bij de deuropening van een Grieks huis, terwijl de haard gewijd was aan Hestia (zie p. 144). Helden – die gewoonlijk de kinderen van een god en een vrouw waren – werden vereerd als eeuwige geesten die ten gunste van stervelingen konden spreken. Hun moed en hun edelheid van geest golden als voorbeeld en hun strijd tegen monsters (zie p. 147) vormden een geliefd onderwerp in de beeldende kunst en de literatuur. Veel staten maakten er aanspraak op door een god of held gesticht te zijn of onder diens bescherming te staan en zetten hun aanspraak kracht bij door te verwijzen naar mythen, zoals die van de strijd tussen Athena en Poseidon (zie p. 136). Vooraanstaande families beweerden vaak dat zij afstamden van een held, bijvoorbeeld een van de Argonauten (zie p. 154).

Een groot aantal positieve abstracte eigenschappen, zoals 'rechtvaardigheid' en 'jeugdigheid', werden ook als godheden vereerd. In meer negatieve zin vreesden de Grieken het slachtoffer te worden van de machten der duisternis, zoals de Furiën of de tovenares Hekate (zie p. 146).

De Olympiërs waren het voorwerp van de populairste en de meest wijdverbreide vereringen. De meeste religieuze riten ter ere van hen vonden plaats in heiligdommen die gewijd waren aan de betreffende god of godin. Het standbeeld van de godheid stond opgesteld in een tempel die het centrale punt van het heiligdom vormde. Vóór de tempel, in de openlucht, werden offerplechtigheden uitgevoerd door priesters, terwijl gelovigen toekeken, soms vanuit een *stoa* (een overdekte zuilengang), en vervolgens het geroosterde vlees van het offer opaten. Tot de votiefgeschenken, die rondom de tempel en op de trappen ervan werden neergelegd, behoorden beeldjes van brons, marmer en, voor de minder welgestelden, terracotta. Buiten de heiligdommen van de Olympiërs vonden in veel tempels en op veel altaren offers plaats aan andere goden of halfgoden, zoals helden.

Tempels waren belangrijke openbare centra voor de uiting van de staatscultuur. In de fries of het fronton van een tempel bevonden zich vaak afbeeldingen van mythologische gevechten tussen de krachten der beschaving, vertegenwoordigd door de stadstaat en de Olympiërs, en de krachten van de inbreuk op de beschaving en de van barbarij, vertegenwoordigd door reuzen en monsters. Voor de Atheners van de 5de eeuw v. Chr. waren er twee evenementen tijdens welke op grootscheepse wijze over mythen verteld kon worden: het theater en de voordracht van gedichten. In Athene is het theater uitgevonden als een groots publiek schouwspel waar zo'n 16.000 burgers naar tragedies konden kijken die bijna altijd gebaseerd waren op mythen en legenden. Poëzie, in het bijzonder die van Homeros en Hesiodos, werd in het openbaar voorgedragen door beroepszangers, rapsoden genaamd. De hele *Ilias* en de hele *Odyssee* werden voorgedragen op de Grote Panathenaia (zie marge, p. 126). Er werden opdrachten gegeven tot het maken van gedichten waarin mythen waren verwerkt en deze werden in het openbaar voorgedragen.

De mythologie lag ten grondslag aan het onderwijs en het intellectuele leven. Vanaf de 5de eeuw v. Chr. vormden de door Homeros en Hesiodos verhaalde mythen een onderwerp van discussie onder filosofen, wetenschappers en geschiedkundigen.

De goden en godinnen stonden vaak als versiering op persoonlijke sieraden van de Grieken. Deze uit de 7de eeuw v. Chr. daterende bronzen borstplaten uit Kamiros, Rhodos, dragen de beeltenis van de godin Artemis.

Het symposium

Veel huishoudelijke voorwerpen waren versierd met mythische taferelen, met name de bekers, kruiken en mengkommen die gebruikt werden voor het symposium, in het Grieks symposion ('samen drinken') geheten.

Het symposium was een belangrijke sociale gebeurtenis voor Griekse mannen. Zij kwamen bijeen en lagen dan op banken, dronken, voerden gesprekken, amuseerden zich en legden en verstevigden politieke en sociale contacten. Er werden gedichten voorgedragen en liederen gezongen. De enige vrouwen in het gezelschap waren ingehuurd om voor muziek, dans en seks te zorgen. Op de afbeelding zijn twee naakte vrouwen te zien die mogelijk voor vertier zorgden op een symposium.

Het Griekse alfabet (alleen de hoofdletters – die voor de meeste inscripties gebruikt werden – zijn afgebeeld), met de gebruikelijke westerse transliteraties:

Α Β Γ Δ Ε Ζ Η Θ Ι Κ Λ Μ Ν Ξ Ο Π Ρ Σ Τ Υ Φ Χ Ψ Ω
A B G D E Z E TH I K L M N X O P R S T Y/U PH PS CH O

DE GRIEKSE TAAL

Wij worden bij onze kennis van de mythologie van de Grieken geholpen door het feit dat in de hele toenmalige Griekse wereld talloze inscripties en documenten zijn gevonden. Grieks behoort, net als Latijn en Engels, tot de Indo-europese taalfamilie. Het is al ongeveer 3000 jaar een geschreven taal, en hoewel het moderne Grieks aanzienlijk verschilt van de oude taal, gebruikt het een alfabet dat al zo'n 2500 jaar hetzelfde is. Het alfabet is ontstaan uit een Semitisch alfabet (waarschijnlijk het Fenicische) in ca. 950 v. Chr. en eeuwenlang bestond een aantal plaatselijke varianten. In 403 v. Chr. werd de oostelijke variant, het Ionisch, in feite het standaard Griekse schrift toen deze variant werd aanvaard als het officiële alfabet van Athene, het middelpunt van het Griekse intellectuele leven.

De humoristische inscriptie op de afgebeelde pot (zie kader) is van rechts naar links geschreven, wat geregeld voorkwam. Er staat: ΠΙΝΕ ΚΑΙ ΣΥ (PINE KAI SU), wat betekent: 'Neem er ook een!'

DE GEBOORTE DER GODEN

De opkomst van de Olympiërs

Er waren veel mythen in omloop over het ontstaan der dingen, maar geen ervan werd de algemeen aanvaarde. De uitgebreidste versie, die ook op de grootste schaal ingang vond, was echter die van de hand van de dichter Hesiodos in zijn uit de achtste eeuw v. Chr. daterende *Theogonie* (zie kader, p. 129). Dit werk was zowel een kosmogonie als een theogonie, omdat het de gedetailleerde afstamming van de Olympische goden terugvoerde tot de schepping van de wereld uit de Chaos. Een alternatief verhaal over de oorsprong van de wereld werd verteld door de orfisten, de aanhangers van het orfisme, een mystieke cultus. Hun versie was abstracter en filosofischer van toon dan die van Hesiodos en mocht zich daarom in een veel geringere populariteit verheugen. Het verhaal begint met Chronos ('tijd', een orfische herinterpretatie van de naam Kronos), die vergezeld wordt door Adrasteia ('noodzaak'). Uit Kronos zijn afkomstig Aither, Erebos en Chaos ('de bovenlucht', 'het duister' en 'de gapende leegte'). In Aither maakt Chronos een ei, waaruit Phanes wordt geboren. Deze is de schepper van alles, een biseksuele godheid met gouden vleugels en vier ogen. Hij staat bekend onder veel namen, waaronder Eros, en hij heeft een dochter Nacht, die zijn gemalin wordt. Nacht schenkt het leven aan Gaia en Ouranos. Wanneer Zeus de macht overneemt, schept hij alles opnieuw, verslindt hij Phanes en verwekt hij Zagreus-Dionysos bij Korè (Persephone).

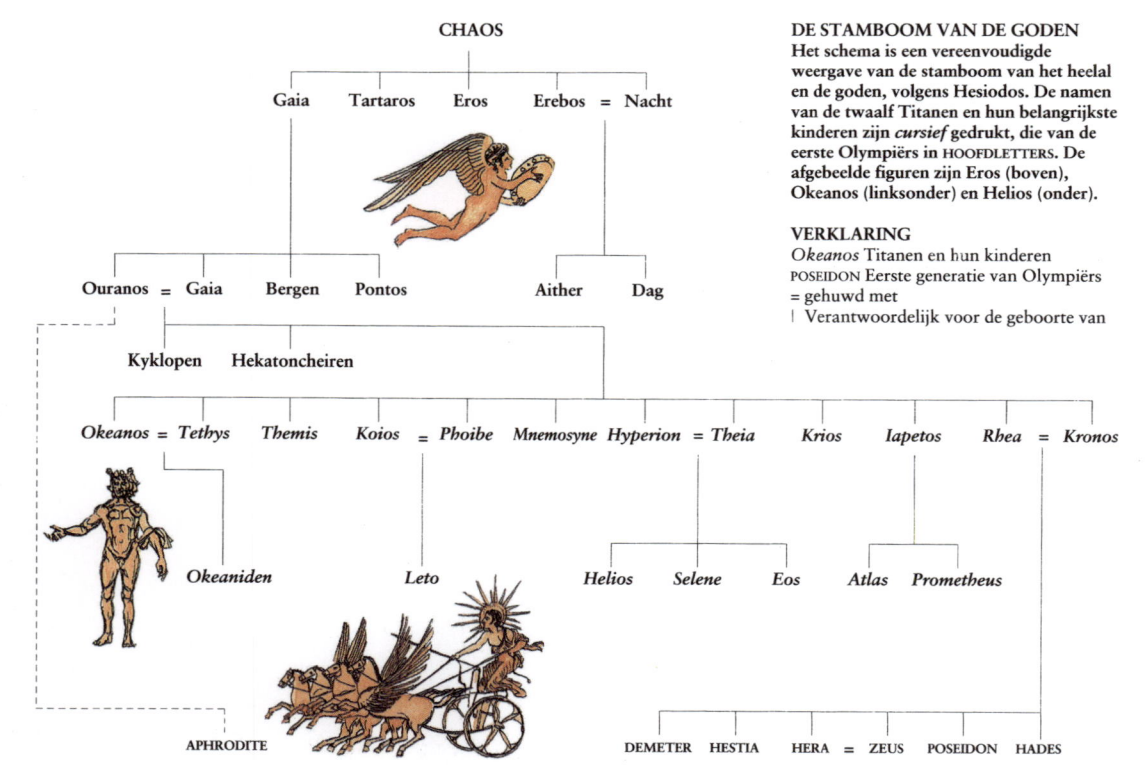

Een monumentaal stenen hoofd, waarschijnlijk Gaia, de Griekse oergodin van de aarde, voorstellend.

DE STAMBOOM VAN DE GODEN

Het schema is een vereenvoudigde weergave van de stamboom van het heelal en de goden, volgens Hesiodos. De namen van de twaalf Titanen en hun belangrijkste kinderen zijn *cursief* gedrukt, die van de eerste Olympiërs in HOOFDLETTERS. De afgebeelde figuren zijn Eros (boven), Okeanos (linksonder) en Helios (onder).

VERKLARING

Okeanos Titanen en hun kinderen
POSEIDON Eerste generatie van Olympiërs
= gehuwd met
| Verantwoordelijk voor de geboorte van

De afstamming van de goden

De Theogonie van Hesiodos opent met de eenvoudige mededeling: 'Eerst ontstond Chaos', maar onduidelijk is of Chaos (de gapende leegte) gezien moet worden als een godheid. Na Chaos (misschien als kinderen van Chaos, maar ook hierover bestaat geen duidelijkheid) kwamen Gaia of Ge (de aarde), Tartaros (de onderwereld), Eros (het verlangen), Erebos (het sombere duister van de onderwereld) en Nacht (het sombere duister van de aarde). Vervolgens paarde Nacht met Erebos en zij bracht Aither (de ether of de heldere bovenlucht) en Dag (de helderheid van de wereld) voort.

Geheel op eigen kracht schonk Gaia het leven aan Ouranos (de lucht), 'opdat hij haar zou omsluiten en haar geheel zou bedekken en voor altijd een veilig huis zou zijn voor de gezegende goden', en vervolgens aan de Bergen en aan Pontos (de zee). Ze paarde met Ouranos en bracht de eerste godheden voort: twaalf machtige Titanen (zes mannelijke en zes vrouwelijke); drie Kyklopen, Brontes ('donder'), Steropes ('bliksem') en Arges ('helder'); en drie monsters met ieder honderd handen, de Hekatoncheiren, die Kottos, Briareus en Gyes heetten. Ouranos wilde niets van zijn kinderen weten en sloot hen op in het binnenste van de aarde, maar uit wraak haalde Gaia de jongste Titaan, Kronos, ertoe over zijn vader te ontmannen en de macht te grijpen. Uit het bloed van Ouranos kwamen reuzen, nimfen en de Furiën voort, terwijl zijn afgehouwen geslachtsorgaan in zee viel en daar in schuim veranderde, waaruit Aphrodite geboren werd.

De Titanen bevolkten de wereld met halfgoden door te paren met nimfen of met elkaar: zo verwekte Hyperion bij zijn zuster Theia Helios (de zon), Selene (de maan) en Eos (de dageraad). Een andere Titaan, Iapetos, huwde met de Okeanide Klymene, die het leven gaf aan vier kinderen. De beroemdste van deze vier waren Prometheus ('Van te voren wetend'; zie p. 130-1) en Atlas, die na de nederlaag van de Titanen door Zeus veroordeeld werd tot het torsen van de hemel in het uiterste westen van de wereld (zie p. 149): de Atlantische Oceaan is naar hem genoemd. Hun broers waren Menoitios en Epimetheus ('Achteraf wetend'), de echtgenoot van Pandora (zie p. 131). Naïef en onbezonnen als hij was, was Epimetheus de tegenpool van Prometheus. Kronos had verschillende kinderen bij Rhea, maar hij was bang door hen van zijn heerschappij te worden beroofd en verslond elk kind zodra het was geboren. Toen Rhea echter het leven schonk aan Zeus, bedroog zij haar echtgenoot door een steen in de kleren van een pasgeboren kind te wikkelen. Hij verslond deze steen in plaats van het echte kind. Terwijl Zeus opgroeide, werd hij voor zijn vader verborgen gehouden en zon hij op wraak. Hij zegevierde in de machtige strijd tegen de Titanen, de Titanomachie, na zijn positie versterkt te hebben door een list. Metis, de dochter van de Titaan Okeanos (Oceaan), gaf Kronos een drank te drinken die hem de broers en zusters van Zeus (Poseidon, Hades, Hera, Demeter en Hestia) deed uitbraken. Deze broers en zusters schaarden zich aan de zijde van Zeus.

Na de val van de Titanen werd Zeus tot de strijd uitgedaagd door monsterlijke reuzen die geboren waren uit het bloed van Ouranos. In de op deze uitdaging volgende strijd der Giganten, de Gigantomachie, voerde Zeus de goden naar de overwinning en daardoor werd hij voorgoed de opperheerser van hemel en aarde. Hij riep de Olympos, de hoogste berg ter wereld, uit tot woonplaats van de zegevierende goden en godinnen.

HESIODOS, BOER EN DICHTER
Hesiodos was een boer, rapsode (beroepsvoordrager van poëzie) en gezaghebbend schrijver over moraal en theologie die ca. 700 v. Chr. in Askra in Boiotië woonde. Twee van zijn belangrijkste dichtwerken, de *Theogonie* en *Werken en dagen*, zijn volledig bewaard gebleven en van het bestaan van andere zijn we slechts op de hoogte door de titel of fragmenten. De *Theogonie* is in feite een samenvatting van bestaande mythen over de oorsprong van de wereld en de goden die over de wereld heersten. *Werken en dagen* heeft daarentegen een meer praktische inhoud en is voor het grootste gedeelte een verhandeling over het landbouwkundig jaar. In het eerste deel geeft Hesiodos echter zijn broer Perses de raad te leven volgens de regels van rechtvaardigheid, waarbij hij hem ter illustratie veel mythen vertelt.

DE OORSPRONG VAN DE MENS
Prometheus, Pandora, Deukalion, Pyrrha

Een zwartfigurige schaal uit Lakonië op de Peloponnesos, waarop de kwellende straf te zien is die Zeus Prometheus had opgelegd. Deze is vastgebonden aan een boom (vaker een rots), terwijl een adelaar hem de lever uitpikt. Zijn broer, de Titaan Atlas, kijkt toe.

UIT DE AARDE GEBOREN
De Atheners hadden hun eigen mythe over een uit de aarde geboren mens. De god Hephaistos probeerde Athena te verkrachten, en toen zij hem afweerde, spoot hij zijn zaad op haar dij. Zij veegde dit af met een stukje katoen, dat zij vervolgens vol afschuw op de grond gooide. Uit dit stukje katoen werd Erechthonios geboren, een toekomstige koning van Sparta, die wegens zijn band met de aarde vaak gedeeltelijk als slang werd afgebeeld.

De Thebanen vertelden hoe Kadmos, de stichter van Thebe, een grote slang doodde op de plek waar later de stad zou komen. Hij pakte de tanden van de slang en zaaide deze in de grond. Uit de tanden rezen gewapende mannen op die elkaar bestreden en doodden tot er nog maar vijf over waren. Van deze Spartoi ('gezaaide mannen') stamden de edele families van Thebe af.

De Griekse mythologie kent meer dan één verhaal over de oorsprong van het menselijk ras. De schepping van de eerste mensen wordt toegeschreven aan de aarde (Gaia), de Titanen of de Olympiërs. Vaak komt men de gedachte tegen dat de mensen uit de aarde zelf geboortig zijn, de 'autochtonie'. Volgens een bepaalde mythe zond Zeus een zondvloed ter vernietiging van de mensheid als straf voor de wandaden van de Titaan Prometheus (zie kader, p. 131). Deukalion, de zoon van Prometheus, en zijn vrouw Pyrrha, de dochter van Epimetheus en Pandora, werden door de Titaan gewaarschuwd en zij bouwden een ark waarin zij de zondvloed wisten te overleven. Toen het water zakte, gingen Deukalion en Pyrrha naar Delphi om te bidden tot de Titaan Themis, die volgens sommige lezingen de moeder van Prometheus is. Zij zei hun het gebeente van het wezen waaruit zij geboren waren over hun schouder te werpen.

Eerst wisten de twee niet wat zij daarmee aan moesten, maar al gauw beseften zij dat Themis sprak over Gaia, de aarde, wier gebeente de stenen in de grond waren. Elke steen die zij over hun schouder wierpen, veranderde op het moment dat deze de bodem raakte in een menselijk wezen: de door Deukalion geworpen stenen werden mannen, de door Pyrrha geworpen stenen vrouwen. Zo werd het menselijk ras herschapen uit de aarde. Er is een eenvoudiger variant van deze mythe, volgens welke het paar na de zondvloed een offer aan Zeus bracht, die zich hierdoor liet verzoenen en beloofde één wens van Deukalion in te willigen. Deze vroeg om de herschepping van de mensheid.

De Grieken beschouwden Deukalion als hun stamvader. De verdere ontwikkeling van de mensheid werd verklaard in de mythe van de tijdperken van de mens, waarvan de bekendste versie wordt verteld door Hesiodos in

Werken en dagen. In de tijd van Kronos, schreef Hesiodos, maakten de goden de eerste mensen, die van de Gouden Tijd. Zij waren vrij van ouderdom, ziekte of zware arbeid, omdat de aarde hun vruchten gaf zonder dat zij daarvoor hoefden te werken. Ze stierven allen alsof ze in slaap vielen, maar bleven voortbestaan als heilige geesten die de mensen beschermden. Zeus en de Olympiërs schiepen vervolgens de mensen van het Zilveren Tijd, die er honderd jaar over deden om tot volwassenheid te komen, hooghartig en gewelddadig waren en de goden niet vereerden. Zeus verborg hen onder de grond, waar ook zij als geesten bleven voortbestaan.

Zeus schiep ook de mensen van de laatste drie tijdperken. De mensen van het derde tijdperk, het Bronzen, ontdekten metalen en deden een eerste poging om een beschaving tot stand te brengen, maar het uiteindelijke resultaat was dat zij elkaar uitmoordden en op smadelijke wijze in de onderwereld verdwenen. Hierna kwam het tijdperk der helden de kinderen van menselijke moeders en goddelijke vaders. Zij waren dappere stervelingen die een bovenmenselijke kracht bezaten. Na hun dood gingen zij naar de Eilanden der Gelukzaligen. Het vijfde tijdperk was de IJzeren Tijd, dat van de hedendaagse mensen, voor wie het goede altijd vermengd was met het kwade en voor wie zware arbeid noodzakelijk was.

Prometheus en Pandora

De mythen van Prometheus en Pandora vormden mede een verklaring voor het lijden van de mensheid.

Hoewel Prometheus zich niet had aangesloten bij de Titanen toen zij zich teweerstelden tegen Zeus (zie p. 129), zat hem de nederlaag van de goden van zijn eigen soort toch niet lekker en zocht hij genoegdoening door de zorg voor de mensen op zich te nemen, die in de tijd van Kronos als gelijken waren behandeld, maar nu beschouwd werden als inferieur aan de goden.

Zeus ontstak in woede over de manier waarop Prometheus het nieuwe ras beschermde en onthield de mensen uit wraak het vuur. Deze werden daardoor gedwongen een leven zonder warmte en licht te leiden. Maar Prometheus kwam hun te hulp en stal een vlam uit de smidse van de god Hephaistos door deze in de stengel van een venkel te verbergen.

Zeus vroeg toen de god Hephaistos om uit aarde de eerste vrouw, Pandora, te maken. Nadat Athena en de andere godinnen haar toegerust hadden met schoonheid, mooie kleren en verleidelijkheid, en Hermes haar leugenachtigheid had bijgebracht, werd ze weggestuurd met een kruik ('de doos van Pandora') die ze aan Epimetheus, de broer van Prometheus, geven moest. Deze bracht haar onder de mensen, waarna zij de kruik opende en liet ontsnappen wat erin zat: ziekte en het kwaad. Alleen de hoop bleef achter.

Nadat Zeus op deze wijze de mensen had gestraft, rekende hij af met Prometheus. Hij bond hem vast aan een rots en stuurde een adelaar op hem af die zijn lever moest uitpikken. Elke keer als de vogel het orgaan eruit rukte, groeide het weer aan en begon de gruwelijke kwelling opnieuw (zie illustratie, p. 130). Het helse lijden van Prometheus duurde duizenden jaren, tot hij werd bevrijd door Herakles.

De schepping van Pandora wordt afgebeeld op deze Attische roodfigurige vaas uit het begin van de 5de eeuw v. Chr. Van links naar rechts: Zeus, Hermes, Hephaistos en Pandora.

ZEUS

Koning der goden

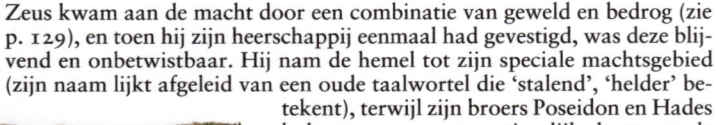

Zeus kwam aan de macht door een combinatie van geweld en bedrog (zie p. 129), en toen hij zijn heerschappij eenmaal had gevestigd, was deze blijvend en onbetwistbaar. Hij nam de hemel tot zijn speciale machtsgebied (zijn naam lijkt afgeleid van een oude taalwortel die 'stralend', 'helder' betekent), terwijl zijn broers Poseidon en Hades de heersers over respectievelijk de zee en de onderwereld werden. Volgens een bepaald verhaal kwam deze verdeling van de drie gebieden door loting tot stand, maar de opperheerschappij van Zeus was nooit aan enige twijfel onderhevig. Hij trouwde met Metis ('sluwe intelligentie'), die hij vervolgens verslond. Zij had hem geholpen Kronos te verslaan, en met Metis in zijn binnenste kon hij niet op dezelfde wijze bedrogen of gemanipuleerd worden als waarop hij zelf de macht had verworven.

Daarna trouwde Zeus met Themis ('recht'), de godin van de vaste orde, en bij haar verwekte hij de Schikgodinnen, de jaargetijden, de maatschappelijke orde, de rechtvaardigheid en de vrede. Ten slotte trouwde hij met Hera, zijn zuster, en hun kinderen waren Ares (de oorlogsgod), Hebe ('jeugdigheid'), Eileithuia (de godin van de geboorte) en, volgens sommige verhalen, Hephaistos (de handwerksman onder de goden). Zeus verwekte de rest van de godheden van de Olympische orde, met uitzondering van Aphrodite, in tal van liefdesverhoudingen. Er zijn veel mythen over de verhoudingen van Zeus met menselijke en goddelijke vrouwen (en mannen), waarvan een groot aantal zijn stormachtige relatie met Hera (zie marge, linksonder, en p. 133) tot achtergrond heeft. In feite gaan maar heel weinig verhalen over Zeus en Hera níet direct over hun huwelijk, dat in de Griekse mythologie een van de voornaamste oorzaken van conflicten is. De godin wordt gewoonlijk afgeschilderd als een verbitterde vrouw die het voortdurend en bijna zonder uitzondering gemunt heeft op degenen met wie Zeus een geheime verhouding heeft en op de daaruit voortgekomen kinderen. De wraakzuchtigheid komt echter niet altijd van één kant. Er is een mythe waarin Zeus zo woedend op Hera wordt dat hij aan haar beide enkels een aambeeld vastmaakt en de godin aan de Olympos laat bengelen. Homeros verhaalt vaak van de strijd tussen Hera en Zeus, dikwijls met sardonisch genoegen. Ondanks de buitenechtelijke escapades van Zeus en de onvermijdelijke jaloerse woede van Hera was hun zogenaamde Heilige Huwelijk het symbool van het belang van het huwelijk in de Griekse cultuur.

Zeus was de opperste macht op de Olympos. Hij was de voorzitter van de raad der goden en zijn gezag en beleid waren bepalend voor de loop der dingen. Een van de Zeven Wonderen van de Oudheid was het prachtige beeld van goud, ivoor en marmer van Zeus in Olympia (zie p. 125). Met zijn hoogte van twaalf meter was het standbeeld een belichaming van de ontzagwekkende macht van de god. Aangenomen werd dat in de menselijke wereld Zeus de macht van de koningen en het gezag van de wetten van een stad waarborgde. Hij beschermde de maatschappelijke orde en zijn vele hoedanigheden omvatten onder meer Zeus Xenios (de verdediger van de 'gastvriendschap', de hoffelijke sociale betrekkingen tussen families en steden), Zeus Hikesios (de beschermer van hen die asiel zochten) en Zeus Horkios (de beschermer van de heiligheid van de eed). De symbolen van de macht van Zeus waren donder en bliksem, zoals passend was voor de god van de hemel, en de adelaar, de koning der vogels. Hij werd vaak afgebeeld met in zijn hand een scepter, het teken van koninklijke macht, of een bliksemschicht.

Een meer dan levensgroot bronzen beeld, bijna zeker van Zeus, uit ca. 450 v. Chr., gevonden in zee ter hoogte van Sicilië. Oorspronkelijk zal de god een bliksemschicht in zijn hand hebben gehad.

HERA
Hera, de zuster en echtgenote van Zeus, neemt ook los van Zeus een prominente plaats in het pantheon in, al hebben weinig verhalen over haar daden géén betrekking op haar stormachtige huwelijk met Zeus. Er waren verscheidene belangrijke tempels van Hera, die speciaal verbonden was met de vruchtbaarheid en met de heiligheid van het huwelijk. De beroemdste tempel was het Heraion in Argos op de Peloponnesos.

DE LIEFDESRELATIES VAN ZEUS
Menselijke en goddelijke partners

De Griekse mythen dichtten Zeus een reeks verhoudingen toe met zowel goddelijke als menselijke partners. Soms was hij om praktische redenen of ter voorkoming van een ingreep van zijn jaloerse vrouw Hera gedwongen een andere gedaante aan te nemen, bijvoorbeeld die van een dier, om het voorwerp van zijn begeerte te benaderen. Hij kon hoe dan ook aan stervelingen niet verschijnen in zijn volle goddelijke pracht, omdat de aanblik daarvan zo overweldigend was dat deze onmiddellijk de dood tot gevolg zou hebben – het lot dat Semele ten deel viel. De beroemdste liefdesverhoudingen van Zeus worden hieronder en verder op p. 135 vermeld: de eerste drie partners waren goddelijk, de andere menselijk (zie ook het overzicht op p. 134).

Zeus huwde de Titaan Metis onmiddellijk nadat hij aan de macht was gekomen en maakte haar zwanger. Gaia en Ouranos hadden voorspeld dat Metis voorbestemd was tot het baren van opmerkelijke kinderen: een godin, Athena, die Zeus zou evenaren in wijsheid, en een zoon, die de koning van goden en mensen zou worden. Om de geboorte van deze kinderen te verhinderen verslond Zeus Metis. De zoon werd nooit verwekt, maar Athena werd in volle wapenrusting uit het hoofd van Zeus geboren.

Leto was de dochter van de Titanen Koios en Phoibe. Zij verenigde zich met Zeus en werd zwanger van een goddelijke tweeling, Artemis en Apollo. Artemis werd geboren op Ortygia, maar Leto werd gedwongen onder hevige pijnen de aarde rond te reizen, op zoek naar een plek waar ze Apollo ter wereld kon brengen. De jaloerse Hera verhinderde haar dochter Eileithuia, de godin van de geboorte, de kreten van pijn van Leto te horen. Eileithuia mocht pas zorgen voor de geboorte toen de bewoners van Delos, een eiland in de Egeïsche Zee, erin toestemden de bevalling op hun grondgebied te laten plaatsvinden. Delos werd daarom een van de voornaamste centra voor

GANYMEDES
Niet alle partners van Zeus waren vrouwelijk. Een van hen was Ganymedes, de zoon van koning Tros van Troje en beroemd om zijn schoonheid. Zeus raakte helemaal in de ban van de jongen en besloot hem te ontvoeren. Hij liet Ganymedes door een adelaar weghalen van de vlakte van Troje en meevoeren naar de Olympos, waar hij de wijnschenker van de goden werd. In een andere versie van de mythe verandert Zeus zich in een adelaar en voert hij Ganymedes zelf mee. De hierboven afgebeelde terracotta groep uit ca. 450 v. Chr., een daksculptuur uit Olympia, stelt Zeus voor met de jongen op zijn arm.

De godin Athena verrijst in volle wapenrusting uit het hoofd van Zeus. Volgens sommige verhalen hielp Hephaistos, de smid van de goden, bij haar geboorte door de schedel van Zeus met een bijl open te splitsen. Een voorstelling op een Attische zwartfigurige amfoor uit ca. 540 v. Chr.

De partners en kinderen van Zeus

(In dit overzicht zijn de partners van Zeus **vet** en zijn kinderen *cursief* gezet.)

GODDELIJKE PARTNERS

Hera, vrouw en zuster van Zeus.
Ares, de god van de oorlog, die een liefdesverhouding had met Aphrodite en Troje steunde tegen de Grieken (zie p. 158).
Hebe, godin van de jeugdigheid, schenkster van de goden en hemelse vrouw van Herakles.
Eileithuia, godin van de geboorte; Hera gaf haar opdracht te proberen de geboorte te verhinderen van de kinderen die Zeus bij andere partners verwekte.
Metis, dochter van Okeanos en Tethys (zie p. 133).
Athena, godin van de wijsheid en de helden, die volgroeid en in volle wapenrusting uit het hoofd van Zeus verscheen.
Themis, godin van de aarde en een van de Titanen, dochter van Ouranos en Gaia.
De *Horai* (Jaargetijden), *Moirai* (Schikgodinnen), *Eunomia* ('ordening'), *Dike* ('gerechtigheid') en *Eirene* ('vrede'): vrouwelijke godheden die het lot van mensen en goden bepaalden. De Schikgodinnen werden voorgesteld als drie vrouwen: *Klotho*, die de levensdraad spon; *Lachesis*, die de lengte ervan bepaalde; en *Atropos*, die de draad doorknipte.
Eurynome, een zeenimf, voorgesteld met een vissestaart.
De *drie Gratiën*, het goddelijke gevolg van Aphrodite: *Aglaia* ('schittering'), *Thalia* ('opgewektheid') en *Euphrosyne* ('vrolijkheid').
Demeter, godin van de oogst en het land en een zuster van Zeus; van oorsprong een pre-Griekse godheid (zie p. 142).
Persephone, door Hades meegevoerd naar de onderwereld, waar hij haar tot koningin maakte.
Mnemosyne ('het geheugen'), een van de Titanen, de dochter van Ouranos en Gaia.
De *Muzen*, negen godheden van de kunsten, de geschiedenis en de astronomie.
Leto, een Titaan (zie p. 133).
Apollo, de grote god van de waarzeggerij, de muziek, het boogschieten en de medicijnen.
Artemis, de godin van de jacht, het bos en de wilde dieren; ook van de maagdelijkheid, de bevalling en vrouwenziekten.
Maia (zie p. 135), dochter van de Titaan Atlas. *Hermes*, de boodschapper van de goden.
Thetis, een zeenimf. Voorspeld was dat zij een zoon zou baren die groter zou zijn dan zijn vader, dus gaf Zeus haar door aan Peleus, koning van Thessalië, die bij haar de grote held Achilleus verwekte (zie p. 158).

Hera in volle wapenrusting.

MENSELIJKE PARTNERS

Io, dochter van Inachos, de eerste koning van Argos (zie p. 165).
Epaphos, heerser over Egypte en Afrika.
Europa, een Fenicische prinses (zie marge, p. 135).
Minos, de bezitter van de monsterlijke Minotauros en van het Labyrint (zie p. 150-1).
Rhadamanthys, net als Minos rechter in de onderwereld.
Semele, dochter van Kadmos, de stichter van Thebe (zie p. 135).
Dionysos, een Olympiër (zie p. 140).
Danaë, prinses van Argos (zie p. 135).
Perseus, de held die Medousa doodsloeg en voorkwam dat Andromeda opgegeten werd door een zeemonster (zie p. 156).
Leda, prinses van Sparta (zie p. 135).
Kastor en *Polydeukes*, tweelingbroers die halfgoden werden. Ze stonden bekend als de Dioskouren, in het Grieks *Dios kouroi* ('zonen van Zeus').
Helena, die zich liet schaken door Paris en daardoor de Trojaanse oorlog veroorzaakte.
Klytaimnestra, de vrouw en moordenares van Agamemnon, koning van Argos en aanvoerder van de Grieken tegen Troje.
Antiope, Thebaanse prinses die door Zeus in de gedaante van een satyr werd benaderd.
Zethos en *Amphion*, de gezamenlijke heersers over Thebe waarvan zij de muren bouwden.
Alkmene, koningin van Tiryns (zie p. 135).
Herakles, de grootste Griekse held (zie p. 148).
Ganymedes, een mooie Trojaanse jongeman (zie p. 133).

de verering van Apollo (zie p. 138).

Maia was de dochter van de Titaan Atlas (zie p. 129). Ze was ook een van de Plejaden – zeven nimfen die door Zeus later in sterren werden veranderd – en ze woonde in een verborgen grot, waardoor Zeus in staat was zich aan zijn lusten over te geven zonder de aandacht van Hera te trekken. Verder is er niets bekend over Maia, behalve dat ze het leven schonk aan de god Hermes.

Alkmene (zie illustratie, rechtsonder) was getrouwd met Amphitryon, koning van Tiryns, die net als zij afstamde van de held Perseus. Toen Amphitryon ten strijde trok, bezocht Zeus op de dag dat hij zou terugkeren Alkmene in de gedaante van haar echtgenoot. De god maakte de nacht driemaal zo lang als normaal om langer te kunnen genieten, en toen Amphitryon terugkeerde, schrok hij van het gebrek aan passie van zijn vrouw, terwijl zij op haar beurt verbaasd was dat haar man kennelijk de genoegens van de nacht ervoor was vergeten. Uiteindelijk vernamen de beide echtelieden de waarheid van de blinde, androgyne ziener Teiresias (zie p. 165).

Alkmene kreeg twee zonen. De oudste, verwekt door Zeus, was Herakles, de grootste van alle helden. De jongste, verwekt door Amphitryon, was Iphikles, wiens zoon Iolaos Herakles hielp de hydra van Lerna te doden (zie p. 149).

Akrisios, de koning van Argos, had van een orakel te horen gekregen dat een uit zijn dochter Danaë geboren zoon hem zou doden. Daarom sloot hij haar op in een bronzen toren of kamer van zijn huis. Zeus ging de kamer binnen in de vorm van een gouden regen en verenigde zich met haar, waardoor zij zwanger werd en het leven schonk aan Perseus, die zij verborgen hield in de kamer. Na vier jaar ontdekte de koning de waarheid en sloot hij zijn dochter en kleinzoon op in een kist, die hij in zee wierp. Maar Danaë en Perseus spoelden aan land en keerden, na veel avonturen (zie p. 156), terug naar Argos. Op zekere dag nam Perseus deel aan wedstrijden en wierp hij een discus die Akrisios dodelijk trof, waardoor de voorspelling van het orakel uitkwam.

Leda was getrouwd met Tyndareus, koning van Sparta. Zeus verenigde zich met haar in de gedaante van een zwaan en zij bracht vier kinderen voort, afkomstig uit twee eieren. Uit het ene ei kwamen Polydeukes (beter bekend onder zijn Latijnse naam Pollux) en Helena, uit het andere Kastor en Klytaimnestra. Kastor en Polydeukes, die zelden gescheiden voorkomen in de mythen over hen, reisden als bemanningsleden van de *Argo* met Iason mee op zoek naar het Gulden Vlies (zie p. 154). Klytaimnestra trouwde met koning Agamemnon van Argos en Helena trouwde met de broer van Agamemnon, koning Menelaos van Sparta. De zusters spelen een belangrijke rol in het verhaal van de Trojaanse oorlog en de nasleep daarvan: de schaking van Helena door de Trojaanse prins Paris veroorzaakte de oorlog (zie p. 157) en Klytaimnestra was verantwoordelijk voor de moord op haar echtgenoot, toen deze zegevierend terugkeerde van de strijd (zie p. 161).

Zeus had, vermomd als sterveling, een verhouding met Semele, de dochter van Kadmos, de stichter van Troje. Uit jaloezie vermomde Hera zich als een oude vrouw en haalde Semele ertoe over haar minnaar te vragen zich aan haar in de volheid van zijn glorie te vertonen. Zeus gaf toe aan het verzoek van Semele, zij het met tegenzin, daar hij zich ervan bewust was dat zijn verschijning in volle pracht, rijdend in zijn hemelse strijdwagen en omgeven door donder en bliksem, meer was dan een sterveling kon verdragen. De ongelukkige Semele werd verzengd. Wel redde Zeus haar ongeboren kind, Dionysos, uit haar as (zie p. 140).

EUROPA EN DE STIER

De mythe van de verhouding van Zeus met Europa, de mooie dochter van koning Agenor – in sommige versies, van koning Phoinix van Fenicië –, was bijna zeker Kretenzisch van oorsprong, zoals wordt aangegeven door de plaats waar het verhaal zich afspeelt (Kreta) en de verbinding die het heeft met dat van koning Minos.

Op zekere dag nam Zeus de gedaante aan van een witte stier om in de nabijheid te kunnen komen van Europa, terwijl zij met haar vriendinnen in een wei bij de zee bloemen aan het plukken was. De zachtmoedigheid en de schoonheid van het dier namen haar angst weg, en ze liet zich ertoe verleiden op zijn rug te gaan zitten. Het dier liep naar de waterkant en stortte zich plotseling in zee. Het zwom weg met op zijn rug de hulpeloze Europa. Ze gingen aan land op Kreta, in de buurt van Gortyn, waar Zeus in een adelaar veranderde en zich verenigde met het ontvoerde meisje. Later trouwde zij met de Kretenzische koning Asterios, die de uit haar vereniging met Zeus geboren kinderen Minos, Rhadamanthys, en in sommige versies ook Sarpedon, als de zijne aannam.

Ondertussen waren de broers van Europa uitgezonden op een vergeefse zoektocht naar haar. Een van hen, Kadmos, kwam uiteindelijk terecht in Boiotië op het Griekse vasteland en werd de eerste koning van Thebe (zie p. 130).

Op de vaas hieronder, beschilderd door Python in ca. 330 v. Chr., is te zien hoe Alkmene, de niets vermoedende minnares van Zeus, op het punt staat op een brandstapel geofferd te worden door de jaloerse Amphitryon (een versie van de mythe van de hand van de tragedieschrijver Euripides). Het vuur wordt op het laatste moment gedoofd door tussenkomst van de Olympische godinnen.

ATHENA
De maagdelijke godin

Een marmeren beeld uit ca. 350 v. Chr. dat Athena voorstelt als brengster van de vrede. De godin draagt haar helm en aigis of borstplaat (het hoofd van de Gorgo Medousa), maar is verder ongewapend.

Een uit Athene afkomstige zilveren munt van vier drachmen met daarop een uil, het symbool van de wijsheid van Athena, en de letters 'ΑΘΕ' (ATHE), een afkorting van Athena en Athenai (Athene).

Een van de machtigste godinnen in het Griekse pantheon was Athena, wier geboorte in volle wapenrusting uit het hoofd van Zeus aanleiding was tot de gebruikelijke voorstelling van haar, met helm, speer en lans. Ook werd zij meestal afgebeeld met haar *aigis*, een soort borstplaat of beschermend kleed dat zij versierde met het hoofd van de Gorgo Medousa, dat haar geschonken was door de held Perseus (zie p. 156). Als militaire figuur en machtig raadgeefster werd Athena vereerd door koningen en werd zij vaak verbonden met de stichting van de akropolis of de citadel van een stad, waar gewoonlijk het koninklijk paleis stond. Ze was ook de beschermster van helden. Odysseus genoot haar speciale voorkeur, aangezien zijn talenten op het gebied van arglist, wijze raad en sluwheid dicht bij die van haar lagen. Met haar hulp bedacht hij het houten paard waarmee Troje werd ingenomen. Ze stond ook Herakles en Perseus bij.

Athena werd vereerd als de verdedigster van steden, met name Athene. Volgens de mythen betwistten Poseidon en zij elkaar de soevereiniteit over de stad en over Attika, het gebied eromheen. De Atheners stelden voor dat beide Olympiërs ieder een praktisch geschenk voor de stad zouden bedenken: het meest praktische zou beloond worden met het patronaat over de stad. Poseidon sloeg met zijn drietand op de Akropolis en op de aangeraakte plaats ontstond een zoutwaterbron (volgens een andere versie werd met de klap het eerste paard geschapen). Vervolgens raakte Athena de Akropolis aan met het speer en schiep daarmee de olijfboom, die olie voortbracht die gebruikt kon worden voor verlichting, voor het bereiden van maaltijden en als geurstof. De Atheners waren zo ingenomen met de uitvinding van Athena dat zij (of in sommige versies hun eerste koning, Kekrops) haar tot schutsgodin kozen. Om Poseidon, die in zijn woede over het verliezen van de wedstrijd de vlakte rondom de stad onder water had laten lopen, te verzoenen stemden zij ermee in dat ook hij in Athene vereerd zou worden. In klassieke tijden werden de heilige olijfboom en de vermoedelijke afdruk van de drietand van Poseidon nog steeds aan bezoekers van de Akropolis getoond.

Zoals moge blijken uit haar ongewone geboorte werd Athena vooral geassocieerd met activiteiten die met het hoofd van doen hadden: ze stak haar vader Zeus naar de kroon in wijsheid en leek op haar moeder Metis door haar 'sluwe intelligentie'. Een van haar symbolen was de uil, de wijste onder de vogels. Net als Hephaistos beschermde zij het handwerk, zoals het bouwen van schepen en strijdwagens, en ook was zij de schutsgodin van vanouds vrouwelijke activiteiten, zoals het spinnen en het weven. (Ondanks haar associatie met deze vaardigheden van huisvrouwen was Athena echter een ongehuwde en maagdelijke godin.) Aan de godin werd ook de uitvinding van de pottenbakkersschijf, de eerste vazen en de fluit toegeschreven. Ze hield van het geluid van de fluit, waarvan de uitvinding geïnspireerd zou zijn door de klagelijke stemmen van de andere Gorgonen na de dood van Medousa, hoewel volgens een andere versie het instrument het lugubere fluitende geluid nabootste dat Medousa maakte toen haar keel werd doorgesneden. Maar op zekere dag zag Athena haar eigen spiegelbeeld, terwijl ze het instrument bespeelde, en wierp het weg uit afschuw over haar verwrongen gelaatstrekken. Ze vervloekte iedereen die de fluit zou oprapen; deze vervloeking viel de satyr Marsyas ten deel (zie p. 138).

Athena werd regelmatig aangeduid met de cultusbenamingen Pallas en Tritogeneia ('geboren uit Triton', een stroom op Kreta waar zij geboren zou zijn), en ze stond bekend als *glaukopis* ('uilogig').

POSEIDON

God van de zee

Poseidon, de broer van Zeus, is een ontzagwekkende en woeste god die geassocieerd wordt met veel van de oerkrachten der natuur. Hij heerst over de zee, vooral de stormen en het zware weer boven de zee. Hij heeft meestal een drietandige vork in zijn hand, de drietand, die op een door vissers gebruikte speer lijkt. Poseidon is ook de god die over aardbevingen heerst en vaak wordt hij aangeduid met de cultusnaam Enosichton ('Aardschudder'). Hij kon de aarde en de bergen splijten door een klap met zijn drietand.

De strijd om Athene (zie p. 136) was een van de mythen waarin Poseidon wordt afgebeeld als tegenstander van Athena. Een andere mythe vertelt hoe Poseidon de gedaante van een paard (volgens bepaalde versies een vogel) aannam om gemeenschap te hebben met de Gorgo Medousa in een aan Athena gewijde tempel. De godin zou over deze daad van heiligschennis zo woedend geweest zijn, dat ze het haar van Medousa in slangen veranderde. Toen de held Perseus Medousa's hoofd afsloeg (zie p. 156), verrezen uit haar bloed de door Poseidon bij haar verwekte kinderen – het gevleugelde paard Pegasos en een zoon genaamd Chrysaor. Via Chrysaor was Poseidon de voorvader van enkele van de beroemdste monsters uit de Griekse mythologie: de Echidna en haar kind Kerberos, de Chimaira, de Hydra en de Sfinx (zie p. 147) en de Nemeïsche leeuw (zie p. 149).

Poseidons stormachtige liefdesleven zorgde voor een reeks andere monsters, schepselen van de zee en watergoden. Hij was getrouwd met de zeenimf Amphitrite – zij was of een Okeanide of een Nereïde – en ze hadden een zoon, Triton, die boven zijn middel een mens en eronder een vis was. (Triton werd voorgesteld als een schelp.) Maar net als Zeus verwekte Poseidon de meeste van zijn kinderen in overspelige relaties. Bij Gaia verwekte hij Antaios, een reus die door Herakles bestreden en gedood werd, en Charybdis, een zeemonster dat driemaal per dag water uitspuwde en een gevaar voor schepen was. Toen Poseidon Skylla, een mooie nimf, met amoureuze bedoelingen benaderde, liet de jaloerse Amphitrite toverplanten in het water waarin de nimf baadde. Skylla veranderde in een monster met een hondekop dat net als Charybdis gevaarlijk was voor langskomende zeelieden.

De symbolen van Poseidon waren onder meer de drietand, de stier (mogelijk een teken van zijn agressiviteit) en het paard (hij zou het eerste paard geschapen hebben voor de Atheners en stond bekend onder de cultusnaam Paardentemmer). De god werd in veel tempels vereerd, waarvan de best bewaarde prachtig gelegen is op een heuvel die uitkijkt over de zee in Sounion in zuidelijk Attika.

Naast Poseidon waren er veel andere watergoden. Pontos (de Zee) werd door Gaia helemaal aan het begin van de schepping voortgebracht. Twee van de Titanen, Okeanos (de Oceaan, een grote rivier die volgens de Grieken rondom de wereld stroomde) en Tethys, brachten de Okeaniden, zeenimfen, voort. Pontos en Gaia brachten Nereus voort, de 'oude man van de zee', die de gave der profetie bezat. Nereus verenigde zich met Doris, bij wie hij de Nereïden verwekte, vijftig zeenimfen. Tot die nimfen behoorden Thetis, de moeder van Achilleus, en Galateia, die bemind werd door de Kykloop Polyphemos.

Poseidon met zijn drietand en een vis, op een roodfigurige wijnbeker, geschilderd door de kunstenaar Oltos uit het einde van de 6de eeuw v. Chr.

Poseidon (rechts) en Amphitrite, op een scherf van een vaas. De dolfijn stelt Delphinos voor, een van de volgelingen van Poseidon.

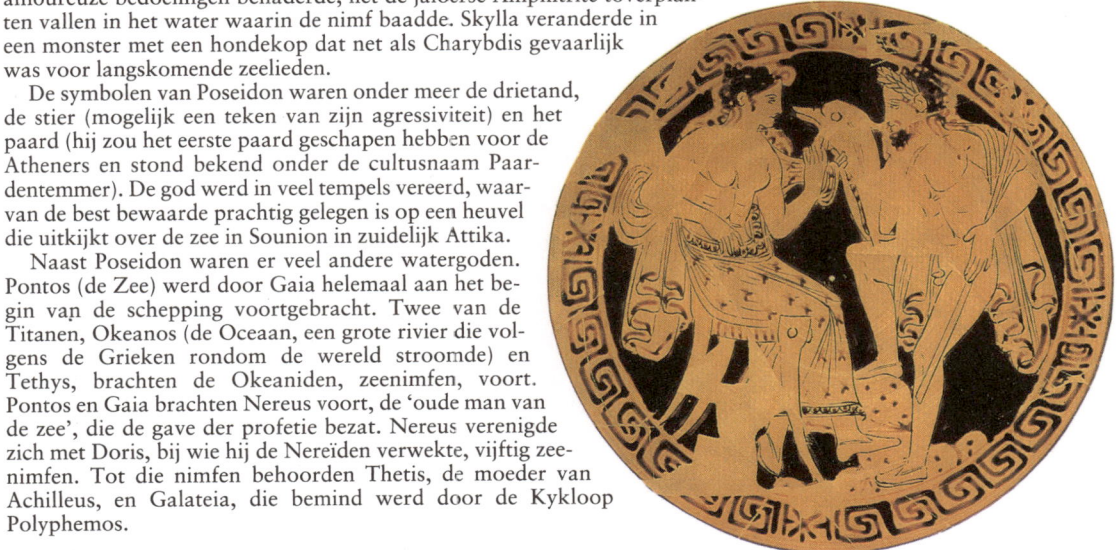

APOLLO
De stralende god

Volgens de mythen was Apollo de zoon van Leto en Zeus en de tweelingbroer van de godin Artemis. Hij werd geboren op Delos, waar het belangrijkste cultusfeest voor hem werd gehouden; vandaar ook zijn bijnaam de Deliër. Delphi was de andere belangrijke plaats voor de eredienst van Apollo (zie kader). Zijn grootmoeder was Phoibe, een van de Titanen, en hij werd vaak aangeduid met de mannelijke vorm van haar naam, Phoibos ('Stralend'). Later zou hij geassocieerd worden met licht en met de zon.

Apollo had een zeer breed scala aan goddelijke functies. Hij was de schutspatroon van het boogschieten en de bogen, en zijn pijlen brachten ziekte en verderf, maar paradoxaal genoeg was Apollo ook de beschermgod van de geneeskunst; hij was de vader van Asklepios, de grootste van alle mythische artsen. Als beschermgod van de muziek en de kunsten werd hij vaak afgebeeld met een lier. In een mythe wordt verteld hoe de satyr Marsyas de fluit opraapte die Athena vervloekt had (zie p. 136) en zich verstoutte Apollo tot een muzikale wedstrijd uit te dagen. Zoals de meeste Olympiërs hield de god er niet van wanneer zijn bekwaamheid werd betwist, en toen Marsyas de wedstrijd verloor, liet Apollo hem levend villen wegens zijn onbeschaamdheid.

Apollo's liefdesrelaties liepen meestal tragisch af. Kassandra, de dochter van koning Priamos van Troje, stemde erin toe zich aan Apollo te geven, die haar als tegenprestatie de gave der profetie beloofde. Toen zij op haar belofte terugkwam, zorgde Apollo ervoor dat zij nooit geloofd werd.

Apollo, de beschermgod van de muziek, bespeelt de kithara, een soort lier, afgebeeld op een roodfigurige stamnos *(wijnkruik), ca. 5de eeuw v. Chr.*

Delphi, het middelpunt van de wereld

Volgens een bepaalde mythe liet Zeus twee adelaren los aan de uiteinden van de aarde om erachter te komen waar het middelpunt van de wereld precies was. Ze ontmoetten elkaar in Delphi.

Zeus markeerde de plek in Delphi waar de adelaren elkaar ontmoetten met een steen die de *omphalos* ('navel') heette en die bewaakt werd door een monsterachtige slang, Python. Apollo vestigde daar zijn heiligdom en doodde Python, een daad waarvoor hij negen jaar lang boete deed in Thessalië alvorens terug te keren naar Delphi. Het in Delphi gestichte orakel werd geraadpleegd door steden en individuen, en zijn voorspellingen komen zowel in mythische als in historische verhalen voor. In de tempel van het orakel bevond zich een priesteres, de Pythia (naar Python), die gezeten op een drievoet voorspellingen deed in antwoord op vragen van een bezoeker. Haar antwoorden, die zij gaf in een bedwelmde toestand, bestonden uit wartaal, die door priesters werd bewerkt tot proza of poëzie.

In Delphi werden de Pythische spelen gehouden, een groots feest met muziek – en poëzie – en later ook atletiekwedstrijden dat ingesteld zou zijn door Apollo en dat om de vier jaar ter ere van de god gevierd werd. De spelen vonden plaats in het derde jaar van de olympiade, de periode van vier jaar tussen de Olympische spelen die ter ere van Zeus in Olympia gehouden werden en die nog beroemder waren. De periode tussen Pythische spelen werd een pythiade genoemd.

Een raadpleging van het orakel te Delphi. Themis ('het vaste recht') zit op de drievoet (links). Afgebeeld op een roodfigurige schaal uit ca. 440 v. Chr.

ARTEMIS

De kuise godin van de jacht

Artemis was een maagdelijke godin, die met grote felheid haar eigen kuisheid en die van haar gezellinnen beschermde (zie kader). Ze was de godin van de jacht en verkeerde vaak in de vrije natuur met haar vrouwelijke gevolg. Hoewel ze dieren doodde, was ze ook de goddelijke beschermster van jonge dieren. Een soortgelijke tegenstrijdigheid bestaat er ten opzichte van vrouwen: als godin van de geboorte beschermde ze hen tijdens de bevalling, maar bracht ze hun ook ziekte en dood.

Net als Apollo werd Artemis voorgesteld met een boog. Ze werd afgebeeld als een jonge vrouw in jachtkledij, soms met jonge dieren en vaak met hoorntjes in de vorm van een maansikkel op het hoofd: ze werd dikwijls geassocieerd met de maan, zoals Apollo werd geassocieerd met de zon. Veel van haar erediensten waren verbonden met vrouwelijke overgangsgebeurtenissen, zoals de geboorte, de puberteit en de dood. Bij het bereiken van de puberteit werden Atheense meisjes uit edele families onderworpen aan initiatieriten in Brauron, een paar kilometer buiten Athene, waar ze 'beren' werden genoemd – de berin was een symbool van de godin.

IPHIGENEIA

Artemis wordt geassocieerd met het offer van Iphigeneia in Aulis, waar zich de Griekse expeditievloot tegen Troje verzamelde (zie p. 158). Agamemnon, de Griekse leider, haalde zich de woede van Artemis op de hals – hetzij doordat hij een hert in een heilig bos van de godin doodde, hetzij doordat hij zich erop beroemde dat hij een betere jager dan de godin was. De godin liet in haar woede de winden tot bedaren komen en eiste het offer van Iphigeneia, zijn maagdelijke dochter, alvorens de vloot mocht uitvaren. Agamemnon stemde toe, maar op het laatste moment nam (volgens één versie) een hert de plaats in van Iphigeneia. Zij werd meegevoerd naar Tauris, waar zij een priesteres van Artemis werd.

De woede van Artemis

Artemis was net als Athena een maagd, en als zij gedwarsboomd werd in haar streven naar kuisheid, dan eiste zij op wrede wijze wraak.

Aktaion, een jager, raakte verdwaald in de bossen en stuitte per ongeluk op Artemis, terwijl deze aan het baden was in een poel. Uit woede veranderde Artemis Aktaion in een hert. Hij werd achterna gezeten en aan stukken gescheurd door zijn eigen honden.

Kallisto, een nimf uit het gevolg van Artemis werd door Zeus verkracht. Zij probeerde dit voor Artemis te verbergen, maar na een paar maanden ontdekte de godin tijdens het baden haar zwangerschap. In haar woede verbande de godin haar en stelde zij haar bloot aan de jaloezie van Hera. Toen Kallisto een zoon, Arkas, baarde, ontdekte Hera de ontrouw van haar echtgenoot Zeus en veranderde zij Kallisto in een beer. Daarna werd zij door Arkas neergeschoten en veranderde zij in het sterrenbeeld Ursa Major (de Grote Beer).

Niobe, de vrouw van Amphion, koning van Thebe, was de dochter van Tantalos (zie p. 146). Zij had zeven zonen en zeven dochters (de Niobiden). Zij pochte dat zij gelukkiger was dan Leto, de moeder van Artemis en Apollo, die slechts twee kinderen had. Leto ontstak hierover in woede en gaf haar kinderen opdracht Niobe te straffen. Artemis schoot de meisjes dood en Apollo de jongens.

Orion, een groot jager, probeerde Artemis te verkrachten. Zij haalde een schorpioen uit de aarde te voorschijn en deze doodde zowel Orion als zijn hond. Later werd Orion een sterrenbeeld en zijn hond werd Sirius, de Hondsster.

Artemis en haar broer Apollo vermoorden de Niobiden. De treurende moeder, Niobe, vroeg Zeus haar te veranderen in een marmeren beeld, dat tranen bleef vergieten.

DIONYSOS
God van de wijn en de extase

Wanneer mensen dronken waren, toneelspeelden of in religieuze extase waren, werd aangenomen dat zij zich in het machtsgebied van de god Dionysos bevonden. Deze heerste over illusie en veranderde gemoedstoestanden. Hij verscheen vaak in vermomming, bijvoorbeeld als dier (gewoonlijk een stier of leeuw) of als mens (man of vrouw), en is om die reden soms moeilijk te herkennen en te definiëren. Hoewel Dionysos meevocht in de strijd tegen de Titanen (zie p. 129), wordt hij vaak afgeschilderd als verwijfd en belachelijk. De toneelschrijver Euripides noemde hem 'uiterst zachtmoedig en uiterst verschrikkelijk'.

Dionysos, die ook bekend stond als Bakchos, was de god van de wijn in alle aspecten. Wijn was altijd een heilige drank in Griekenland en het drinken ervan was een rituele aangelegenheid: de wijn speelde een rol bij de meeste religieuze feesten, en zowel de wijnoogst als het openen van nieuwe vaten, waarover Dionysos heerste, werd gevierd. Hij was het middelpunt van een mystieke eredienst, waarvan de ingewijden beloofd was dat zij na hun dood onafgebroken zouden kunnen drinken en feestvieren. Volgens een belangrijk verhaal onderging de god zelf een wederopstanding, wat een verklaring vormt voor een van zijn cultusnamen, 'de tweemaal geborene'. Zeus en Persephone hadden een kind dat Zagreus heette (een andere naam voor Dionysos). De jaloerse Hera zette de Titanen ertoe aan het kind te verslinden, maar zijn hart werd gered door Athena en teruggegeven aan Zeus. Hierna werd Dionysos gedragen in de schoot van diens minnares Semele, de dochter van koning Kadmos van Thebe. Toen zij de dood vond (zie p. 135), redde Zeus het ongeboren kind en zette hij het vast in zijn eigen dij,

PENTHEUS
Het beroemdste verhaal van tragisch verzet tegen Dionysos is dat van Pentheus, dat op gedenkwaardige wijze verteld is door Euripides in zijn *Bakchai* ('Bacchanten'). Pentheus, de kleinzoon van koning Kadmos van Thebe, ontdekt dat alle vrouwen hun huis verlaten hebben om in een toestand van extase door de heuvels te trekken. Ze volgen een 'vreemdeling uit het oosten', die zegt de nieuwe eredienst van Dionysos te brengen. Pentheus laat de vreemdeling (die in werkelijkheid Dionysos in vermomming is) gevangennemen, maar deze weet met gemak te ontsnappen. Pentheus wordt door Dionysos in een toestand van bezetenheid gebracht en trekt gekleed als vrouw de heuvels in om de bacchanten te bespieden. Zij krijgen hem echter in het oog en onder aanvoering van zijn eigen moeder Agaue scheuren zij hem in hun waanzin aan stukken. Het bovenstaande detail, van een roodfigurige drinkbeker uit ca. 490 v. Chr., toont de dood van Pentheus.

Dionysos en de zeerovers (zie p. 141), geschilderd op de bodem van de drinkschaal. De god, die ervoor gezorgd heeft dat wijnranken aan de mast groeien, heeft de zeerovers in dolfijnen veranderd.

waaruit het geboren werd. Zodoende was Dionysos als enige van de Olympische goden voor een deel van sterfelijke afkomst.

Hoewel Dionysos een oude god was, werd hij vaak afgeschilderd als een nieuweling die op reis ging onder de mensen en hun geschenken bracht, waarbij hij om erkenning vroeg en bestraffend optrad tegen degenen die hem niet accepteerden. Hij ontmoette veel tegenstand op deze reizen, die vaak hun begin zouden hebben 'in het oosten'. Omdat de god moest vluchten voor de koning van Thracië, Lykourgos, sprong hij in de zee om daar zijn toevlucht te zoeken bij Thetis, een vroegere partner van Zeus. Lykourgos werd met blindheid geslagen en door de volgelingen van Dionysos aan stukken gereten. In Argos weigerden de dochters van Proteus de god te accepteren, dus maakte hij hen voor straf waanzinnig. In Orchomenos weigerden de dochters van Minyas de nieuwe godheid te vereren en bleven thuis zitten weven. Dionysos nam de gedaante van een meisje aan om hen te waarschuwen, maar het mocht niet baten: ook zij werden waanzinnig gemaakt. In Athene werd Dionysos in de tijd van koning Pandion ontvangen door Ikarios en hij gaf de stad wijn uit dankbaarheid. Toen de bewoners de gevolgen van de wijn voelden, dachten zij dat ze vergiftigd waren; zij keerden zich tegen Ikarios en doodden hem. Toen de dochter van de koning, Erigone, zijn lijk aantrof en zich van verdriet verhing, werd Athene getroffen door een plaag, waaraan pas een einde kwam toen er een feest werd ingesteld ter ere van haar en Ikarios.

Een van de levendigste verhalen vertelt hoe de god werd gevangengenomen door piraten. Deze probeerden hem vast te binden, maar de knopen raakten steeds vanzelf weer los. Toch weigerden de zeerovers hem te laten gaan, dus deed hij hen versteld staan een reeks wonderen. Hij liet heerlijke wijn rond het schip vloeien en zorgde ervoor dat het schip begroeid werd met wijnranken en klimop; ten slotte veranderde hij zichzelf in een leeuw, waarop de zeelieden geschrokken in zee sprongen en veranderd werden in dolfijnen (zie illustratie, p. 140).

Satyrs en mainaden (zie kader, p. 141), volgelingen van Dionysos, zijn onder invloed van de god bezig met een dionysische rite. Het tafereel is de toepasselijke versiering van een drinkbeker.

Satyrs, mainaden en het theater

De mythische mannelijke volgelingen van Dionysos waren de satyrs, wezens die gedeeltelijk mens en gedeeltelijk geit waren en de staart van een paard hadden. Zijn vrouwelijke volgelingen.

Satyrs waren verslaafd aan wijn, feestvieren en wellust en zij werden meestal naakt afgebeeld. Ze zaten dikwijls mainaden achterna, maar vonden het ook best als ze hun bevrediging vonden bij een willekeurig ander wezen of zelfs bij een niet levend voorwerp. Het Atheense satyrspel was een klucht vol obsceniteiten die gewoonlijk na een tragedie werd opgevoerd. In Athene vond de opvoering van toneelstukken plaats tijdens twee feesten van Dionysos, de Grote Dionysia en de Lenaia. De eredienst van Dionysos werd met name gekenmerkt door een extatische ontlading die het gevolg was van dans, muziek en wijn; vandaar ook een van de eredienstnamen van Dionysos, Lusios ('de ontlader').

Mainaden gingen gekleed in dierevellen en droegen een krans van klimop om hun hoofd. In de hand hadden ze een *thyrsos*, een aan de bovenkant met een denneappel versierde staf, en met een rituele groep kwamen ze bijeen om de bergen in te trekken, waar ze ter ere van de god zongen en dansten tot ze uitgeput waren.

Een drinkbeker uit ca. 490 v. Chr., met een afbeelding van acteurs die zich gereed maken om deel te nemen aan het satyrspel.

GODINNEN VAN DE AARDE
Demeter en Persephone

De godin Demeter ('Moeder van het Graan' of 'Moeder Aarde'), dochter van Kronos en Rhea en zuster van Zeus en Hera, zou de beschermster zijn van de oogst en al het goede dat de aarde voortbrengt. Haar erediensten hebben ook betrekking op de vrouwelijke vruchtbaarheid, en er is waarschijnlijk sprake van een verbinding met de oude Grote Moeder. Haar dochter Persephone, die vaak eenvoudigweg Korè ('meisje') wordt genoemd, stond bekend als een koningin van de onderwereld.

De twee figuren vormen het gezamenlijke onderwerp van een mythe die belangrijk was voor de mysteriën te Eleusis, de centrale eredienst van de mystieke initiatieriten in de Griekse maatschappij. Op een dag was Persephone bloemen aan het plukken in een wei, toen Hades haar ontvoerde in zijn strijdwagen en haar meenam naar de onderwereld. Ze riep Zeus te hulp, maar in zijn verre tempel hoorde hij haar niet; alleen Hekate, een godin van de tovenarij, en Helios, de zon, hoorden haar kreten om hulp. Demeter ving op zee de klinkende echo van de stem van haar dochter op. Zij dwaalde negen dagen over de aarde zonder te eten of te slapen. Op de tiende dag kwam ze Hekate tegen, die haar naar Helios stuurde. Deze vertelde haar wat er gebeurd was en gaf de schuld aan Zeus, die Hades toestemming had gegeven om Persephone tot zijn vrouw te nemen. Diepbedroefd en razend van woede weigerde Demeter op de Olympos te blijven en zwierf zij rond over de wereld der mensen in de gedaante van een oude vrouw, Doso geheten.

Uiteindelijk kwam zij terecht in Eleusis, waar de vriendelijke koning Keleos haar op aandringen van zijn dochters in dienst nam als dienstmaagd van zijn vrouw Metaneira. Deze zag terstond hoe edel zij was en bood haar een stoel en iets te drinken aan. De vermomde godin weigerde en gaf er de voorkeur aan zwijgend te blijven staan, tot een slavin, Iambe genaamd, de dochter van Pan en Echo, haar aan het lachen maakte met haar grappen en haar verdriet wat wegnam. (Dit is de oorsprong van de 'jambische' poëzie, die hekelend en satirisch van aard is.) Metaneira vroeg Demeter de verzorging op zich te nemen van haar kind, Demophon. De godin voedde het kind heimelijk met ambrozijn, de spijs der goden, en legde hem iedere nacht in het vuur om hem onsterfelijk te maken. Op een nacht werd zij hierbij gestoord door Metaneira, die het uitschreeuwde van afgrijzen toen zij zag hoe haar kinderverzorgster het kind in de vlammen legde. Demeter haalde hem haastig uit het vuur en maakte zich bekend als godin, terwijl ze Metaneira boos vertelde dat Demophon nu net als iedere sterveling dood zou gaan. Ze gaf bevel ter harer ere de mysteriën van Eleusis in te stellen, en verliet daarna het huis waar zij te gast was geweest.

Toen Demeters verdriet om Persephone terugkeerde, besloot zij de aarde voortaan van graan te onthouden. Zeus en de andere goden smeekten haar het gewas te laten groeien, maar zij weigerde en dreigde de mensheid van honger te laten omkomen als zij haar dochter niet meer zou zien. Zeus kreeg medelijden en stuurde Hermes erop uit om Persephone terug te brengen uit de onderwereld. Hades stemde erin toe Persephone naar haar moeder te laten terugkeren, maar haalde haar over een paar pitten van een granaatappel te eten, een symbool van de onverbreekbare huwelijksband. Maar toen kwam Zeus tussenbeide. Persephone, zo verklaarde hij, zou twee derde van ieder jaar op de Olympos doorbrengen en 's winters naar Hades terugkeren. Moeder en dochter vierden samen de terugkeer van Persephone en de aarde werd weer vruchtbaar.

Het overgebleven deel van een beschilderd marmeren standbeeld van Korè (Persephone) uit Athene (ca. 510 v. Chr.). In haar hand houdt zij een appel of granaatappel.

DE MYSTERIËN VAN ELEUSIS
De mysteriën van Eleusis in Attika vormden de beroemdste en de meest uitgebreid gevierde geheime eredienst in de oude Griekse wereld. De ingewijden werd een bijzonder leven na de dood in het vooruitzicht gesteld en het geheim van de rituelen werd honderden jaren lang met zoveel succes bewaard dat we zelfs nu nog niet volledig op de hoogte zijn van wat er gebeurde. Iedereen, zelfs vrouwen en slaven, kon tot de ingewijden behoren. Het mystieke initiatiefeest was een internationale gebeurtenis, en ieder jaar werd er in de maanden september en oktober een 55 dagen durende wapenstilstand afgekondigd om de viering te laten plaatsvinden. Grote processies trokken onder gezangen en andere rituele vieringen van Athene naar Eleusis. Het twee dagen durende initiatiefeest omvatte een dramatische uitbeelding van een mythe van Demeter en Persephone, een onthulling van heilige voorwerpen en het opzeggen van bepaalde gebeden. De ingewijden vastten. Centraal in de eredienst stonden de landbouwkundige thema's van het verhaal van Demeter.

ARES EN APHRODITE

Oorlog, liefde en seksualiteit

Hoewel Ares, de oorlogsgod, in de hele Griekse wereld werd vereerd, bestaan er heel weinig mythische verhalen over hem. Hij is een zoon van Zeus en Hera en wordt gewoonlijk voorgesteld als een krachtige, zelfs bloeddorstige krijger, maar afgezien van de keren dat hij op het slagveld verschijnt, komt hij in de Griekse mythologie voornamelijk voor als de minnaar van Aphrodite, de machtige godin van liefde en begeerte. Aphrodite betekent 'geboren uit schuim': ze zou verrezen zijn uit het schuim van de zee op de plaats waar de afgesneden geslachtsdelen van Ouranos terechtkwamen (zie p. 129). Ze werd naar Kythera op Cyprus gebracht, waar ze versierd en gezalfd werd door haar gevolg, de Gratiën en de Jaargetijden. Ze werd geassocieerd met alle aspecten van de seksualiteit, het huwelijk en de lichamelijke aantrekkingskracht. Vaak werd de godin naakt en in het gezelschap van Eros, de gevleugelde god van de begeerte, afgebeeld.

Aphrodite was getrouwd met de handwerker onder de goden, Hephaistos (zie p. 145), maar ze had ook diverse minnaars. Het verhaal van haar liefdesverhouding met Ares wordt verteld in de *Odyssee* van Homeros. Helios, de Zon, kreeg Aphrodite en Ares in het oog, terwijl ze samen waren, en hij vertelde dat aan Hephaistos. De handwerker maakte een wonderbaarlijk net, dat zo fijnmazig was als herfstdraden en zo sterk als diamant. Dit net viel over de twee heen terwijl zij samen in bed lagen. Hephaistos haalde triomfantelijk de goden erbij om getuige te zijn van de schandelijke daad, maar deze lachten alleen maar. Ares werd bevrijd toen hij zich bereid verklaarde Hephaistos genoegdoening te geven. Het liefdespaar ging er gegeneerd vandoor.

Een andere minnaar van Aphrodite was Adonis, een mooie jongeling en jager. De godin waarschuwde hem voor de gevaren van de jacht, maar hij bleef de bossen in trekken en werd gedood door een everzwijn dat hem in de lendenen doorboorde. Ieder jaar werden tijdens het Atheense feest van de Thesmophoria rituele klaagliederen voor Adonis gezongen.

DE KINDEREN VAN APHRODITE

Aphrodite had verschillende kinderen als gevolg van haar talrijke verhoudingen. Tot de belangrijkste behoren:

AENEAS Zoon van Aphrodite en een Trojaanse vorst, Anchises, die zij verleid (en verschrikt) had toen hij een herder in de heuvels was. Aphrodite beschermde Aeneas in de strijd om Troje; na de nederlaag van Troje wist hij te ontkomen en stichtte hij Rome (zie p. 172-3).

EROS ('begeerte') De gevleugelde god die dikwijls te vinden is op voorstellingen van Aphrodite. Hij wordt vaak haar kind genoemd, maar voor de Grieken was zijn afkomst een beroemd probleem. Soms wordt Ares als zijn vader genoemd. Eros wordt meestal afgebeeld met pijl en boog.

HERMAPHRODITOS Het kind van Hermes en Aphrodite. Hij werd bemind door Salmakis, een waternimf. Hij probeerde aan haar te ontkomen, maar toen hij in de bron dook waarin zij woonde, omarmde zij hem tot zij één persoon werden. Terwijl hij stierf, bad hij dat allen die de bron zouden binnengaan, ook zowel mannelijke als vrouwelijke kenmerken zouden krijgen; vandaar het woord 'hermafrodiet'.

PRIAPOS Een landelijke vruchtbaarheidsgod die de beschermer was van tuinen en boomgaarden. Hij werd voorgesteld als een lelijke oude man met een grote fallus in toestand van erectie. Er bestaan veel grappige en obscene verhalen over Priapos, van wie in diverse mythen Hermes, Dionysos, Pan en Zeus als vader genoemd worden.

Een terracotta beeldje dat de geboorte voorstelt van Aphrodite, opstijgend uit de golven, geflankeerd door hartschelpen. Het beeldje is aan het eind van de 1ste eeuw v. Chr. gemaakt in Magna Graecia ('Groot-Griekenland'), de Griekse gebieden in Zuid-Italië.

HUIS, HAARD EN VUUR
Hermes, Hestia en Hephaistos

Hermes, met vleugelhoed en gevleugelde sandalen, wordt afgebeeld als de begeleider van zielen naar de onderwereld op deze terracotta plaat uit Zuid-Italië. Hij stapt in een wagen waarin Aphrodite, die het leven schonk aan hun kind Hermaphroditos (zie p. 143), op hem wacht. Het voertuig wordt getrokken door Eros en Psyche.

HERMES DE DIEF
De homerische *Hymne aan Hermes* vertelt op geestige wijze hoe de god geboren is. Hij was de zoon van Zeus en Maia, een dochter van de Titaan Atlas, en werd in de vroege ochtend geboren. Tegen het middaguur had hij de lier uitgevonden en geleerd het instrument te bespelen. Als de god van meevallers had hij in de opening van de grot waar hij geboren was een schildpad gevonden. Over het schild spande hij een vel, hij maakte snaren en een kam, en begon onmiddellijk een speelse en erotische hymne voor zijn ouders te spelen.

Op de avond van diezelfde dag stal hij de koeien van Apollo, die hij achterstevoren meevoerde om de eigenaar op een dwaalspoor te brengen (hij had zelfs voor zichzelf speciale schoenen gemaakt ter ondersteuning van de list).

Apollo kreeg hem te pakken en nam hem mee naar Zeus om hem te laten straffen. Eerst loog Hermes en probeerde hij zijn leeftijd als excuus aan te voeren; daarna speelde hij zo mooi op de lier dat Apollo ermee instemde de aanklacht te laten vallen als hij dit instrument ten geschenke kreeg. Apollo en Hermes worden in latere mythen vaak met elkaar verbonden als metgezellen.

De god Hermes en de godin Hestia werden vaak met elkaar in verband gebracht als de gezamenlijke beschermers van het huis. Een beeld van Hermes stond bij de deur van het huis, de afbakening ervan, en werd geacht geluk te brengen. Hermes was niet zozeer een figuur van stabiliteit en bestendigheid, zoals Hestia, als wel een van beweging, overgang en uitwisseling. Dit ziet men aan de vele verschillende terreinen waarop hij zich bewoog. Hij was de tegenhanger van de Romeinse god Mercurius, die evenals hij de boodschapper van de goden was. Hij werd meestal afgebeeld met gevleugelde sandalen en een *petasos* of reishoed (met of zonder vleugels) en met in zijn hand een herautenstaf, die ook dienst kon doen als toverstaf. Hermes was de god van de reizigers en wegen, en in Attika stond zijn beeld op kruisingen. Hij stond ook bekend als Psychopompos ('zielengeleider'), omdat van hem gezegd werd dat hij de zielen van de doden naar de onderwereld begeleidde. De staf van de god was vaak versierd met twee verstrengelde slangen, die de aarde en de onderwereld symboliseerden.

Hermes vertegenwoordigde handel en ruil. Hij was de god van de markt en de beschermer van kooplieden – en van dieven. Deze dubbele functie van geoorloofde en ongeoorloofde transacties vervulde hij ook op het gebied van de taal: hij bracht het woord van de goden naar de stervelingen, maar hij verspreidde ook onbetrouwbare en onzuivere communicatie – leugens, meineden en bedriegerij. Als er in een gesprek een plotselinge stilte viel (met andere woorden, wanneer de communicatie werd verbroken), zeiden de

Grieken vaak: 'Hermes komt voorbij.' Zijn communicatieve vaardigheden kwamen hem goed van pas bij zijn beroemdste daad, het doden van Argos, het monster met de honderd ogen. Hij wist Argos in slaap te krijgen met verhalen voordat hij hem doodde en verwierf zich zo zijn bekendste benaming – die van Argeïphontes, 'de doder van Argos'.

Hestia, de maagdelijke godin van de haard, werd geassocieerd met stabiliteit, bestendigheid en welvaart, en gewoonlijk afgebeeld als een strenge vrouw, zittend en gekleed in sombere gewaden. Er waren weinig verhalen over haar in de mythische traditie, maar duidelijk is dat zij van groot symbolisch en ritueel belang was. Ze werd geacht aanwezig te zijn bij het ritueel van de naamgeving en het wettigen van kinderen, dat de Amphidromion werd genoemd en waarbij de kinderen rond de haard gedragen werden. Elk huis had een haard, en daarmee een plaats waar de verering van Hestia zich concentreerde.

Hephaistos, met wie de Romeinse god Vulcanus gelijkgesteld werd, was de god van het vuur en de vulkanen, en een goddelijke uitvinder en vervaardiger van magische dingen. Zijn naam werd in de Griekse poëzie vaak eenvoudigweg gebruikt in de betekenis van 'vuur', maar hij werd gewoonlijk voorgesteld als een manke smid die opmerkelijke voorwerpen smeedde. Hij wordt afgeschilderd als goedaardiger en minder licht ontvlambaar dan de meeste Olympiërs, hoewel niet minder hartstochtelijk, zoals blijkt uit zijn poging Athena te verkrachten (zie p. 130).

In de mythologie werd Hephaistos soms beschreven als het kind van Zeus en Hera, maar meer algemeen werd gezegd dat hij het kind van Hera alleen was, die hem ter wereld bracht zonder tussenkomst van een vader om zich te wreken op de moederloze geboorte van Athena uit het hoofd van Zeus. Volgens sommige verhalen werd Hephaistos eerst geboren en hielp hij daarna bij de geboorte van Athena (zie marge). De twee godheden werden vaak met elkaar in verband gebracht als de bron van de kunsten en de technische vaardigheden.

Hephaistos was mank, en daarom werd hij vaak belachelijk gemaakt door de andere goden van de Olympos. Hij was getrouwd met Aphrodite, de godin van de seksualiteit, maar hij moest een prijs betalen voor het hebben van zo'n begeerlijke godin als partner: hij was vaak het slachtoffer van huwelijksbedrog; de beroemdste gelegenheid was die waarbij Ares was betrokken (zie p. 143). Toen Hephaistos geboren was, schaamde Hera zich zo over de misvormdheid van haar kind, dat zij hem vanuit de hemel in de Oceaan wierp, de rivier die om de wereld stroomde. Hij wreekte zich op Hera door haar een door hem vervaardigde, prachtige gouden troon te zenden, die haar met onzichtbare banden vastgeklonken hield toen zij erop plaats nam. Alleen Hephaistos kon haar bevrijden, maar hij weigerde om zelfs maar de Oceaan te verlaten tenzij hij met Aphrodite mocht trouwen. Pogingen om Hephaistos terug te halen naar de Olympos mislukten, totdat Dionysos hem dronken voerde, op een muilezel zette en terugvoerde naar de andere goden, die het uitschaterden toen zij hem zagen. De geest van verzoening kreeg de overhand: Hephaistos bevrijdde zijn moeder en kreeg de hand van Aphrodite. Het verhaal van de terugkeer van Hephaistos naar de Olympos is een van de meest verhaalde mythen over de god en werd dikwijls afgebeeld op Griekse vazen.

De technische vaardigheden van Hephaistos compenseerden zijn lichamelijke gebreken. Naast de gouden troon voor zijn moeder Hera maakte de god ook gouden vrouwelijke bedienden die hem bij zijn werk hielpen, gouden en nooit slapende waakhonden voor het paleis van Alkinoös (zoals vermeld wordt in de *Odyssee*), en vele andere magische voorwerpen. Nadat hij in de Oceaan was geworpen, werd hij getroost door Thetis, op wier verzoek hij voor haar zoon, de held Achilleus, een schild maakte dat uitvoerig beschreven wordt in de *Ilias* van Homeros. In veel verhalen wordt de smidse van Hephaistos op of in de buurt van de Olympos gesitueerd en soms onder de grond, vooral in gebieden waar vulkanen werkzaam waren. De Kyklopen, die de bliksemschicht van Zeus smeedden, werden geacht zijn helpers te zijn.

Hephaistos wordt gewoonlijk afgebeeld met de door smeden en andere handwerkers gedragen korte tuniek, zoals op deze Griekse roodfigurige kruik uit de 5de eeuw v. Chr., die gevonden werd in een Etruskische graftombe te Vulci in Italië. De god (midden) houdt de bijl vast waarmee hij zojuist het hoofd van Zeus (rechts) heeft open gespleten om Athena eruit te laten komen. Poseidon staat links.

DE ONDERWERELD

Het rijk van Hades

De onderwereld werd geregeerd door de god Hades (een naam die ook gebruikt wordt om de onderwereld zelf aan te duiden). Hades was een broer van Zeus en Poseidon, maar hij werd gewoonlijk niet opgenomen in de lijst van Olympiërs, omdat zijn rijk tegengesteld was aan de hemelse Olympos. De onderwereld was de plaats waar over de zielen van dode stervelingen werd geoordeeld en waar deze, indien nodig, gestraft werden in het duistere, helse gebied van Erebos of Tartaros. Maar de onderwereld omvatte ook de gebieden van de door de goden uitverkoren doden, de Elyseïsche Velden of Eilanden der Gelukzaligen. Hades was gelegen in het middelpunt der aarde, verbonden met het land der levenden via onpeilbaar diepe grotten en door middel van rivieren die gedeeltelijk onder de grond liepen, zoals de Acheron in Noord-Griekenland. De Acheron (rivier van het verdriet) was een van de vijf helse rivieren. De andere waren: de Styx (rivier van de haat), die om de onderwereld heen liep, de Lethe (rivier van de vergetelheid), de Kokytos (river van het geweeklaag) en de Phlegethon of Pyriphlegethon (rivier van het vuur). Charon, de veerman van de onderwereld, zette de zielen van de doden over de Styx en, volgens sommige verhalen, ook over de andere rivieren.

FIGUREN VAN DE ONDERWERELD

Op deze roodfigurige vaas staat het merendeel van de belangrijke figuren afgebeeld die met de onderwereld geassocieerd werden.

1. **Megara,** de vrouw van Herakles met (links) twee van de **Herakliden,** zoals zijn kinderen werden genoemd. Zij werden door de held gedood in een vlaag van door Hera veroorzaakte waanzin (zie p. 148).
2. **Persephone,** koningin van de onderwereld, vrouw van Hades en dochter van Demeter (zie p. 142).
3. **Orpheus,** gekleed in fijn afgewerkte eredienstgewaden en met in zijn hand de lier, met behulp van de betoverende klanken waarvan hij in de onderwereld wist te komen (zie p. 165).
4. **Orfisten,** ingewijden in de orfische mysteriën. De man, vrouw en kind volgen hun meester Orpheus naar hun speciale gezegende woning na de dood.
5. **Sisyphos,** koning van Korinthe, die probeerde de dood te slim af te zijn en ertoe veroordeeld werd voor altijd een rotsblok naar de top van een berg te duwen: het rolde altijd weer naar beneden op het moment dat hij zijn doel bereikt had. Hij wordt gegeseld door een van de **Furiën** (Erinyen), woeste vrouwelijke godheden die jacht maakten op de schuldigen op aarde en de doden straffen toedienden.
6. **Hermes,** de boodschapper der goden, hier in zijn rol als Hermes Psychopompos, de begeleider van de zielen van de doden naar de onderwereld.
7. **Hades,** broer van Zeus en heerser over de onderwereld, gezeten op zijn troon in zijn tempel.
8. **De rechters van de doden,** Minos (die op aarde koning van Kreta was geweest; zie p. 150 en p. 162), Rhadamanthys en Aiakos, die Hades hielpen bij de beoordeling van iemands leven en de bepaling van de passende behandeling in de onderwereld.
9. **Tantalos,** een koning in Klein-Azië die volgens een bepaald verhaal ambrozijn en nectar van de goden stal. Zijn eeuwige straf, hier afgebeeld, bestond erin dat hij zijn handen moest uitstrekken naar eten en drinken waar hij altijd net niet bij kon; vandaar dat wij nog spreken over een tantaluskwelling.
10. **Herakles,** die hier de driekoppige hond **Kerberos** wegvoert, die de poorten van de onderwereld bewaakte (zie p. 149). Een Furie, met in elke hand een toorts, staat rechts van hem.
11. **Twee boetelingen** (rechts) voor een zittende Furie, die een gesel of een brandend stuk hout in de hand heeft. Deze figuur kan ook **Hekate** zijn, de godin van de zwarte kunst en de tovenarij.

HELDEN EN MONSTERS
De wonderwezens van de wereld

Een schaal versierd met een schildering van een van de Gorgonen en de lichamen van twee van haar slachtoffers.

In de Griekse mythen zijn de daden van machtige en onverschrokken helden bijna net zo belangrijk als die van de goden, en de mensen bewezen hun op dezelfde wijze eer als zij hun voorouders deden. De grote helden werden vaak zelfs beschouwd als nationale voorouders, stamvaders van de belangrijke families van Griekenland en stichters van Griekse steden.

Het woord 'held' werd als aanspreektitel gebruikt door de vorsten die de wereld van de grote epische dichtwerken van Homeros, de *Ilias* en de *Odyssee*, bevolken. In deze vroegste Griekse teksten schijnt het woord de betekenis te hebben van een belangrijk personage, een prins of een koning, vaak met een groot gevolg en een speciale band met de Olympische goden en andere godheden. Zo zou Achilleus de zoon van Thetis zijn, Sarpedon die van Zeus, en Odysseus de gunsteling van Athena.

Voor Homeros (ca. 750 v. Chr. of eerder) waren helden figuren uit het verleden, maar ze waren voor hem niet het voorwerp van godsdienstige verering, terwijl ze evenmin na hun dood een speciale status kregen. Voor Hesiodos (ca. 700 v. Chr.) vormden ze echter een van de vijf geslachten van mensen die tot dan toe geleefd hadden (zie p. 131), een speciale groep die in zijn eigen tijd onder de aarde woonde en van de levenden speciale eerbewijzen en offergaven ontving. In de 5de eeuw v. Chr. was de heldencultus een geliefde vorm van godsdienstige verering geworden; men geloofde dat het een groot voordeel was een held aan je kant te hebben, en men offerde aan helden in heiligdommen die gewoonlijk gebouwd werden op de plaats waar zij de dood gevonden hadden of begraven waren.

Men geloofde dat het eren van een held met eredienstgaven een middel was om zich van zijn hulp te verzekeren in tijden van crisis, terwijl het beledigen van hem zijn toorn opwekte. Helden konden blijk geven van macht, zowel ten goede als ten kwade. Zo werd Herakles, de grote beschavende kracht die de wereld van monsters verloste, gedurende enige tijd met waanzin geslagen door Hera, waardoor hij zijn eigen vrouw Megara en zijn kinderen vermoordde (zie p. 149 en de illustratie op p. 146). Een ander voorbeeld is Oidipous, de wijze en vrijgevige koning van Thebe, die zonder het te weten de doodzonden van vadermoord en incest beging (zie p. 163).

MONSTERS
De helden van de Griekse mythen werden vaak geconfronteerd met monsterlijke wezens. Dit zijn een paar van de opmerkelijkste:

ECHIDNA Een wezen met het bovenlichaam van een nimf en het onderlichaam van een weerzinwekkende slang, was de moeder van verscheidene andere monsters: Kerberos, de Hydra, de Chimaira, de Sfinx en de Nemeïsche leeuw.

DE GORGONEN Drie vrouwen met slangeharen, Stheno, Euryale en Medousa, bij wier aanblik iemand in steen veranderde (zie p. 156).

DE SIRENEN (rechts) Vrouwelijke wezens, vaak afgebeeld met vleugels, die met hun betoverende gezang zeelieden de dood in lokten (zie p. 161).

DE SFINX (rechts) Letterlijk 'wurger', een wezen met het gezicht van een vrouw, het lichaam van een leeuw en de vleugels van een vogel. Het gaf raadsels op en vernietigde degenen die het antwoord niet wisten (zie p. 163).

GRAIAI 'Ouden', drie oude zusters van de Gorgonen, die gezamenlijk één oog en één tand hadden (zie p. 156).

DE HYDRA (rechts) 'Waterslang', een enorme slang (zie p. 149) met negen koppen.

KERBEROS Een monsterachtige driekoppige hond die de poorten van de onderwereld bewaakte (zie p. 149 en de illustratie op p. 146).

DE CHIMAIRA Een leeuwachtig, vuurspuwend wezen met een geitekop op zijn rug en een slang als staart.

HERAKLES
De oerheld

Herakles, die door de Romeinen Hercules werd genoemd, was de enige held die in de hele Griekse wereld werd vereerd en de enige mens die als onsterfelijke tussen de goden werd opgenomen.

Volgens de mythologie werd Herakles geboren uit de heimelijke liefdesrelatie van Zeus en Alkmene, die afstamde van de held Perseus. Alkmene werd betrokken bij het overspel zonder er zelf weet van te hebben (zie p. 135), wat misschien de reden is waarom de vrouw van Zeus, Hera, ervoor koos om haar jaloezie af te reageren op Herakles in plaats van op diens moeder. Hera achtervolgde de held zijn leven lang en was daarmee de oorzaak van veel van zijn heldendaden, waaronder de Twaalf Werken. De naam Herakles wordt dan ook gewoonlijk uitgelegd als 'glorie van Hera'. Zijn krachten werden binnen een paar dagen na zijn geboorte beproefd, toen hij met zijn halfbroer Iphikles in een wieg (volgens sommige verhalen een schild) gelegd werd. Hera stuurde monsterlijke slangen op de pasgeboren kinderen af om hen te doden, maar Herakles wurgde ze.

De held moest vaak strijd leveren. Hij doodde Kyknos, de roofzuchtige zoon van Ares, die in Thracië woonde, en koning Syleus van Aulis, die vreemdelingen dwong in zijn wijngaard te werken en hun vervolgens de keel afsneed. Hij vocht tegen de Lapithen, een legendarisch volk in Thessalië, en tegen de Egyptenaren. In deze en vele andere mythen wordt Herakles voorgesteld als de grootste aller strijders, wiens heldendaden hem over de hele wereld voerden. Hij nam deel aan de tocht van Iason en de Argonauten (zie p. 154), waarbij hij zijn minnaar Hylas meenam. Maar toen Hylas water ging halen en door waternimfen werd meegesleurd, zocht Herakles zo lang naar hem dat de *Argo* zonder de held verder voer.

Herakles werd vaak gekarakteriseerd als een slaaf van zijn hartstochten. In Griekse komedies werd hij vaak afgeschilderd als een dronkaard, een veelvraat en een wellusteling, en volgens de mythen zou hij in één enkele nacht de liefde bedreven hebben met de vijftig dochters van een zekere koning Thespios. Bovendien was zijn wellust de oorzaak van zijn dood. Herakles trouwde met Deianeira, de dochter van koning Oineus van Aitolië, na in de strijd om haar hand eerst de riviergod Acheloös gedood te hebben. Enige tijd later doodde hij de Kentaur Nessos, die probeerde zijn nieuwe vrouw te verkrachten. De stervende Kentaur gaf Deianeira een drank die haar naar hij beweerde voor altijd van de liefde van haar man zou verzekeren. Ze besloot de drank uit te proberen toen Herakles verliefd werd op Iole, de dochter van koning Eurytos van Oichalië. Om Iole voor zich te winnen ging hij zover dat hij haar vader en broers doodde en hun stad verwoestte. In een poging om zijn liefde voor haar terug te winnen, smeerde Deianeira een hemd in met de drank van de Kentaur en stuurde zij het kledingstuk naar haar man. Maar Nessos had gelogen: de drank was in werkelijkheid een vreselijk gif, dat een verwoestende uitwerking had op het lichaam van Herakles. Deianeira sloeg uit verdriet de hand aan zichzelf, maar de stervende Herakles werd door zijn zoon, Hyllos, naar de berg Oita gedragen, waar de held een brandstapel liet bouwen.

Herakles ging op de brandstapel liggen, die werd aangestoken door Philoktetes, de enige van zijn volgelingen die bereid was deze gruwelijke taak uit te voeren. Terwijl de brandstapel vlam vatte, verscheen er een wolk die Herakles onder een machtig vertoon van donder en bliksem ten hemel voerde. Hij betrad de Olympos, het rijk van zijn vader Zeus, waar hem onsterfelijkheid werd geschonken; hij werd verzoend met Hera en hij kreeg Hebe, de godin van de jeugdigheid, tot nieuwe vrouw.

Een Attische roodfigurige vaas (ca. 5de eeuw v. Chr.) met daarop de apotheose van Herakles, die begeleid door goden in een strijdwagen naar de Olympos wordt gebracht. Onder in het tafereel staan zijn brandstapel en zijn volgelingen afgebeeld.

De werken van Herakles

De beroemdste heldendaden van Herakles werden uiteindelijk systematisch ondergebracht in het verhaal van de Twaalf Werken. Volgens de meest algemene versie van de mythe sloeg Hera Herakles met waanzin, waardoor hij zijn vrouw en kinderen doodde. Van het orakel van Delphi moest hij als boetedoening twaalf jaar lang Eurystheus, de koning van Tiryns, dienen. Eurystheus legde zijn dienaar twaalf uitermate zware taken op, die hieronder beschreven staan.

Herakles worstelt met de Nemeïsche leeuw, terwijl Athena (rechts) toekijkt. Een zwartfigurige vaas uit ca. 550 v. Chr.

1. **De Nemeïsche leeuw.** Herakles werd naar de landstreek Nemea gestuurd om een monsterachtige leeuw te doden. De held maakte een enorme knots waarmee hij op de leeuw in sloeg alvorens hem te wurgen en hem te villen met behulp van diens eigen klauwen. Hij tooide zich met de leeuwehuid, die hem onkwetsbaar maakte.
2. **De hydra van Lerna.** De held moest deze negenkoppige waterslang, die in een moeras bij Lerna woonde, doden; maar telkens als Herakles één kop afhakte, groeiden er twee nieuwe aan. Herakles werd geholpen door Iolaos (de zoon van zijn halfbroer Iphikles), die elke nek waarvan de kop was afgeslagen dichtschroeide met een brandende toorts.
3. **De hinde van Keryneia.** Dit dier met bronzen hoeven en gouden hoorns leefde op de berg Keryneia en was gewijd aan Artemis: Herakles moest het vangen zonder het te verwonden. Na een jacht van een jaar verwondde hij het dier en bracht het naar Eurystheus, die hij de schuld gaf van de verwonding van het dier, waardoor hij wist te ontkomen aan de toorn van Artemis.
4. **Het Erymanthische everzwijn.** Een monsterachtig zwijn richtte verwoestingen aan in het gebied rond de berg Erymanthos en Herakles kreeg opdracht het dier levend gevangen te nemen. Toen hij terugkwam met het zwijn, schrok de koning zo dat hij zich in een bronzen urn verstopte.
5. **De Augiasstallen.** Augias, de zoon van Helios, bezat een grote veestapel. Het vee stond in stallen die nooit waren schoongemaakt en waarin enorme hoeveelheden mest opgestapeld lagen. Herakles kreeg de taak de stallen in niet meer dan één dag uit te mesten. Hij speelde dat klaar door de rivieren de Alpheios en de Peneios om te leiden en door de stallen te laten lopen.
6. **De Stymphalische vogels.** Rond het meer Stymphalos in Arkadië leefden monsterlijke vogels die mensen aten en wier snavel, klauwen en vleugels van ijzer waren. Herakles kreeg opdracht te zorgen dat ze verdwenen. Door met bronzen castagnetten te klepperen zorgde hij ervoor dat ze uit hun bomen vlogen, waarna hij ze een voor een neerschoot met zijn pijl en boog.
7. **De Kretenzische stier.** Een reusachtige stier ging als een razende te keer op het eiland Kreta en maakte de bevolking doodsbang. In opdracht van Eurystheus ving Herakles het dier en bracht hij het levend naar Tiryns.
8. **De merries van Diomedes.** Herakles kreeg bevel een kudde merries op te halen die toebehoorde aan de Thraciër Diomedes, die de dieren mensenvlees te eten gaf. Herakles doodde hem en liet hem opeten door zijn eigen merries, die hij temde en meenam naar Eurystheus.
9. **De gordel van Hippolyte.** Hippolyte, de koningin van de Amazonen, bezat een prachtige gordel die begeerd werd door de dochter van Eurystheus. Herakles doodde Hippolyte en nam haar gordel mee.
10. **De runderen van Geryoneus.** Geryon(eus), een reus met drie lichamen, woonde in het verre westen en hield runderen. Herakles leende de Beker van de Zon om over Okeanos, de Oceaan, naar het land van Geryon te kunnen varen. Hij doodde Geryon en keerde naar Eurystheus terug met het vee. De Zuilen van Herakles (de Straat van Gibraltar) markeren het westelijkste punt dat Herakles tijdens zijn avonturen bereikte.
11. **De appels van de Hesperiden.** De Hesperiden waren nimfen van het verre westen, dochters van de Titaan Atlas. Zij verzorgden een boom waaraan gouden appels hingen, die Herakles moest ophalen. Herakles doodde de draak die de boom bewaakte en stal de appels.
12. **Kerberos.** De laatste opdracht betrof het ophalen van de woeste driekoppige hond Kerberos, die de poorten van de onderwereld bewaakte. De held ging de onderwereld binnen, worstelde met Kerberos en nam hem mee naar Eurystheus (zie illustratie, p. 146). Daarna stuurde Herakles hem terug naar de onderwereld.

THESEUS
Atheense held en staatsman

Op een vaas uit ca. 480 v. Chr. (hieronder gereconstrueerd) is Theseus te zien, terwijl hij op weg naar Athene Skiron (links) en Prokroustes (rechts) bevecht. De vaas, afkomstig van een Etruskische opgraving bij Cerveteri in Italië, is gemaakt door de schilder en pottenbakker Euphronios en waarschijnlijk beschilderd door Onesimos. Zij behoorden tot de beste Griekse kunstenaars van hun tijd.

ARIADNE
Nadat Theseus het Labyrint op Kreta had verlaten, nam hij Ariadne en zijn jonge metgezellen mee op zijn tocht naar Athene. Toen zij het eiland Naxos bereikt hadden, liet hij Ariadne slapend op het strand achter, hetzij omdat hij haar vergeten was, hetzij als een opzettelijke daad van mannelijke trouweloosheid.

Het verhaal van Ariadne loopt echter goed af. In het gezelschap van zijn volledige gevolg vond de god Dionysos het meisje huilend op het strand en hij trouwde met haar te midden van grote feestelijkheden die bijgewoond werden door de goden. Later veranderde hij haar in de Corona, een sterrenbeeld dat zeelieden bij de navigatie gebruikten. Op de Atheense roodfigurige schaal hieronder (ca. 390-380 v. Chr.) zijn Dionysos en Ariadne te zien, vergezeld door Eros, de gevleugelde god van de liefde.

Aigeus, de kinderloze koning van Athene, maakte een reis naar Delphi om het orakel te raadplegen. Het orakel gaf hem de waarschuwing niet 'zijn wijnzak te openen' voordat hij thuis was, anders zou hij op een dag sterven van verdriet. Maar op de terugweg naar Athene bezocht hij koning Pittheus van Troizen, die hem dronken voerde en hem bij zijn dochter Aithra liet slapen. Zij werd zwanger, en toen Aigeus Troizen verliet, zei hij tegen Aithra dat als het kind een jongen zou zijn, hij naar Athene moest gaan zodra hij een bepaald rotsblok kon optillen waaronder Aigeus een zwaard en een paar sandalen had gelegd als herkenningstekens. Het kind was Theseus, die als jongeman door Aithra over zijn afkomst werd ingelicht. Hij wist het zwaard en de sandalen te bemachtigen en vertrok naar Athene.

Onderweg beproefde hij zijn krachten door een aantal monsters en bandieten te verslaan. Zo doodde hij in de buurt van Korinthe Sinis, die bekend stond als Pityokamptes ('pijnboombuiger'): hij bond reizigers vast aan tussen twee door hem tegen de grond gebogen pijnbomen, waarna hij de bomen losliet, waardoor de ongelukkige slachtoffers uiteengereten werden. In Megaris ontmoette hij Skiron, die reizigers dwong zijn voeten te wassen en hen, wanneer zij neerknielden, in zee trapte, waar zij verslonden werden door een reusachtige schildpad. Theseus slingerde hem over een rots. In Eleusis versloeg hij Kerkyon, die reizigers tot een dodelijke worsteling dwong. Tussen Eleusis en Athene doodde de held Prokroustes, die alle reizigers de maat gaf van hetzelfde bed: van degenen die te lang waren, hakte hij een stuk af, terwijl hij degenen die te kort waren, oprekte. Ten slotte kwam hij aan in de stad van zijn vader, waar de tovenares Medeia hem probeerde te vergiftigen (zie p. 153). De poging mislukte toen Aigeus het zwaard en de sandalen herkende en zijn erfgenaam begroette.

Athene was gedwongen een schatting van zeven jongens en zeven meisjes te betalen aan Minos, de koning van Kreta, en Theseus bood aan de slachtoffers te vergezellen. De kinderen zouden gevoerd worden aan de Minotauros, een monsterlijke kruising tussen een mens en een stier, die door Minos werd vastgehouden in het Labyrint, een ondergrondse doolhof die door Daidalos was gebouwd (zie p. 162). Maar Ariadne, de dochter van Minos, werd verliefd op Theseus en gaf hem een kluwen garen, waar-

Phaidra, de tragische koningin

*E*en van de beroemdste episoden in de mythologie over Theseus is de tragedie van Phaidra, zijn tweede vrouw. Haar geschiedenis is verteld door de toneelschrijver Euripides in zijn beroemde stuk Hippolytos.

Na de dood van zijn Amazone-vrouw Antiope (zie onder) trouwde Theseus met Phaidra, een Kretenzische prinses die vaak genoemd werd als de zuster van Ariadne. Zijn zoon uit zijn eerste huwelijk, Hippolytos, was inmiddels volwassen, maar hij weigerde ieder contact met Aphrodite, de godin van de seksualiteit, omdat hij er de voorkeur aan gaf uit toewijding aan Artemis te jagen in de heuvels. Aphrodite werd kwaad over deze belediging van haar gezag en beraamde zijn ondergang door ervoor te zorgen dat Phaidra hopeloos verliefd werd op haar stiefzoon. Phaidra probeerde haar hartstocht verborgen te houden, maar haar voedster lichtte Hippolytos in, die vol walging wegvluchtte. Phaidra sloeg de hand aan zichzelf, maar liet een brief achter waarin ze Hippolytos van verkrachting beschuldigde. Theseus vond de brief en vervloekte zijn zoon. Toen Hippolytos op een keer in zijn wagen zat, rees er een monster op uit de zee. Zijn paarden schrokken hiervan en sleurden hem de dood in.

Het lichaam van Hippolytos werd teruggebracht naar zijn vader, die de waarheid over de onschuld van zijn zoon vernam van Artemis. De godin stelde een eredienst in ter ere van Hippolytos.

Een krater (groot vat voor het mengen van water en wijn) met een afbeelding van Hippolytos, die als gevolg van de sluwheid van zijn stiefmoeder Phaidra door zijn eigen paarden de dood wordt in gesleurd.

---

mee hij het Labyrint kon betreden en langs dezelfde weg weer kon verlaten. Terwijl hij zich liet leiden door het in de verte klinkende geloei van het monster, volgde Theseus de kinderen het donkere doolhof in en hij bereikte hen net toen het afschrikwekkende wezen op het punt stond hen te doden. Hij worstelde met het beest en sloeg het dood, waarna hij de kinderen het Labyrint uit leidde naar de plaats waar Ariadne zat te wachten. Ze vertrokken gezamenlijk naar Griekenland, maar onderweg liet Theseus Ariadne in de steek (zie marge, p. 150). Hij keerde in triomf naar Athene terug, maar vergat de instructies van zijn vader, die hem gezegd had een wit zeil te voeren als alles in orde was en een zwart als zijn missie rampzalig was verlopen. Theseus voer Athene binnen terwijl nog het zwarte zeil gehesen was. Toen Aigeus dit zag, nam hij aan dat zijn zoon dood was. Door verdriet overmand, stortte hij zich in zee, die vanaf die tijd bekend staat als de Egeïsche Zee. Zo werd de voorspelling dat hij zou sterven van verdriet bewaarheid. Theseus volgde hem op als koning.

Na zijn terugkeer uit Kreta vocht Theseus samen met Herakles tegen de Amazonen (zie p. 148). Als aandeel in de oorlogsbuit kreeg hij een van de strijdende Amazonen, Antiope, bij wie hij Hippolytos verwekte (zie kader boven). De Amazonen vielen later Attika binnen, maar Theseus versloeg hen toen opnieuw (Antiope kwam om in die strijd). Deze overwinning was het onderwerp van veel Atheense beeldende kunst uit de 5de eeuw v. Chr., op de reliëfs van de Parthenon. De volgende expeditie van Theseus begon toen hij te gast was op het huwelijksfeest van Peirithoös, de koning van de Lapithen in Thracië. De feestgangers werden aangevallen door Kentauren en Theseus hielp hen te verjagen in een strijd die eveneens op de Parthenon is afgebeeld.

THESEUS DE STAATSMAN

Men geloofde dat de stad Athene en de Akropolis allang vóór Theseus bestonden, en de Atheners verhaalden van eerdere belangrijke koningen, zoals Kekrops (de mythische stichter van de stad), Erechtheus en de vader van Theseus, Aigeus. Maar Theseus werd speciaal vereerd omdat hij alle verschillende steden en dorpen van Attika, het gebied waarvan Athene de voornaamste stad was, had samengebracht als een verenigde staat onder één heerser. Elke vergadering en elk gerechtshof van Athene maakten deel uit van het erfgoed van Theseus, zo geloofde men. De legenden over hem verwoordden de idealen van de democratische staat, en in Atheense mythen kwam hij voor als een goede koning, die geprezen werd om zijn rechtvaardigheid.

Er bestaan geen bewijzen dat Theseus echt heeft bestaan. Kimon, een politicus uit de 5de eeuw v. Chr. ontdekte enorme beenderen op het eiland Skyros, waarop de Atheense koning zich zou hebben teruggetrokken. Deze beenderen werden aan Theseus toegeschreven en opnieuw begraven in Athene met alle eer die een heilige held van de staat toekwam.

IASON
De grote avonturier

De avonturen van Iason, een vorst uit Iolkos in Thessalië, waren even populair als die van Odysseus. Iasons jonge jaren stonden, net als die van Theseus, in het teken van een verwijdering op jeugdige leeftijd van het hof en een uiteindelijke terugkeer als jongeman om zijn koninklijk geboorterecht op te eisen. Toen Pelias, de broer van Iasons vader, koning Aison van Iolkos, zich meester maakte van de troon, werd Iason door zijn moeder naar de berg Pelion gestuurd om daar opgevoed te worden door Cheiron, een wijze Kentaur, die hem onderricht gaf in de muziek, de geneeskunde, de jacht en de krijgskunst. Toen hij twintig was, ging hij terug naar Iolkos en onderweg kwam hij bij een rivier, waar hij een ontmoeting had met een oude vrouw – in werkelijkheid de godin Hera in vermomming – die hem vroeg haar naar de overkant te dragen. Hij hielp haar graag en verzekerde zich daardoor van de bescherming van de godin bij zijn verdere avonturen.

Toen Iason Hera de rivier hielp oversteken, verloor hij een sandaal en hij kwam in Iolkos aan met een ongeschoeide voet. Pelias was door een orakel gewaarschuwd voor een vreemdeling met maar één schoen, en de komst van Iason maakte hem doodsbenauwd. Sluw stemde hij erin toe zijn troon af te staan aan zijn neef, als de jongeman bereid zou zijn een schijnbaar onmogelijke opdracht te vervullen: hij moest dan voor hem het beroemde Gulden Vlies in Kolchis, helemaal aan de andere kant van de Zwarte Zee, gaan halen. Iason nam de uitdaging aan en bemachtigde het vlies na veel avonturen met zijn schip de *Argo* (zie p. 154-5).

De held keerde terug met Medeia, de dochter van Aietes, en ontdekte bij zijn terugkomst dat Pelias Aison had laten doden. Medeia hielp Iason de dood van zijn vader te wreken door de gruwelijke moord op Pelias te bekokstoven. Iason zou vele jaren na het tragische einde van zijn huwelijk met Medeia (zie p. 153) omgekomen zijn doordat een stuk hout van de *Argo*, dat een gewijde plaats in een tempel had gekregen, op zijn hoofd viel.

Iason wordt door Athena (rechts, met in haar hand een uil, een van haar emblemen) gered uit de bek van de draak die het Gulden Vlies bewaakt (zie p. 154-5). Het vlies hangt aan een boom op de achtergrond van het tafereel, dat afkomstig is van een roodfigurige vaas.

Medeia, een koningin met toverkracht

Na zijn tocht met de Argonauten (zie p. 154-5) keerde Iason naar Iolkos terug met de tovenares Medeia, die het middelpunt vormt van het tragische naspel van zijn avonturen. Dit verhaal wordt verteld in de tragedie Medeia van Euripides.

Bij hun aankomst in Iolkos beraamden Iason en Medeia plannen om de dood te wreken van Iasons vader Aison, de rechtmatige koning, die door Pelias was terechtgesteld. Medeia overtuigde de dochters van Pelias ervan dat zij hun vader weer in een jonge man konden veranderen met behulp van een toverspreuk, maar dat ze hem ter voorbereiding op deze verjonging eerst in stukken moesten hakken en opeten. De dochters vonden het een goed plan, doodden Pelias en kookten zijn in stukken gehakte lichaam – maar daarop onthulde Medeia dat ze hen bedrogen had.

Ondanks de dood van de onrechtmatige koning kreeg Iason geen gelegenheid de troon van zijn vader te bestijgen, omdat de manier waarop Pelias gestorven was overal zoveel verontwaardiging wekte, dat Medeia en hij gedwongen werden uit Iolkos weg te vluchten. Het paar ging naar de Peloponnesos en vestigde zich in Korinthe, waar zij een aantal kinderen kregen.

Vele jaren later deed koning Kreon van Korinthe Iason het voorstel een politiek aantrekkelijk huwelijk met zijn dochter te sluiten. Iason stelde toen Medeia voor dat hij van haar zou scheiden; zij zou dan in vrijwillige ballingschap gaan. Medeia was woedend en zond in gif gedoopte gewaden naar Kreon en zijn dochter, de beoogde nieuwe bruid van Iason. Als gevolg hiervan stierven beiden onder de vreselijkste pijnen.

Vervolgens sneed zij, aldus Euripides, haar eigen kinderen de keel door om hun ontrouwe vader te treffen. Na de moorden ontsnapte zij in triomf naar Athene in een door draken getrokken wagen van Helios, de zon. Op dit punt eindigt de tragedie van Euripides: met een in ellende in Korinthe achterblijvende Iason.

In Athene trouwde Medeia met koning Aigeus, de vader van de held Theseus. Zij schonk hem een zoon, Medos, van wie zij wilde dat hij zijn vader als koning zou opvolgen. Toen Theseus, de rechtmatige erfgenaam van Aigeus, uit Troizen naar Athene kwam (zie p. 150), raadde Medeia onmiddellijk wie hij was. Zij probeerde zich van hem te ontdoen voordat hij de herkenningstekens te voorschijn kon halen waarmee hij zich kon identificeren.

Medeia overtuigde de koning ervan dat de pas aangekomen gast, wiens heldendaden (zie p. 150) hem al beroemd hadden gemaakt, hem wilde afzetten. Zij spanden samen om Theseus te doden tijdens een feestmaal. Medeia deed gif in de wijn van Theseus, maar op het moment dat de held deze zou drinken, herkende Aigeus hem en stootte hij hem de wijnbeker uit de hand. Aigeus besefte wat de motieven van zijn vrouw waren en verbande Medeia en haar kinderen voor altijd uit zijn koninkrijk.

Een Attische krater (zie p. 151) met daarop de dood van de bronzen reus Talos, die probeerde te voorkomen dat de Argonauten op Kreta zouden landen. Medeia (links) gaf hem een slaapdrank. Tijdens zijn slaap maakte zij de enige ader in zijn lichaam open, waardoor hij doodbloedde.

Volgens sommige bronnen ging de tovenares na haar dood naar de Eilanden der Gelukzaligen, waar zij trouwde met Achilleus, de grote Griekse held die gedood was in de Trojaanse oorlog (zie p. 157-9).

DE ARGONAUTEN
Iasons zoektocht naar het Gulden Vlies

Iasons grootste heldendaden vonden plaats tijdens de reis die hij ondernam om op bevel van zijn oom Pelias, die zich onrechtmatig van de troon had meester gemaakt, het Gulden Vlies van Kolchis te bemachtigen. Het vlies was afkomstig van een gevleugelde toverram die door Hermes te hulp was gezonden toen Phrixos en Helle, de kinderen van een andere oom van Iason, koning Athamas van Boiotië, met de dood bedreigd werden door hun stiefmoeder Ino. Zij ontsnapten met behulp van de ram, maar Helle viel van zijn rug en verdronk in wat daarna de Hellespont ('zee van Helle') genoemd werd. Phrixos kwam echter aan in Kolchis, aan de meest oostelijke punt van de Zwarte Zee, en offerde daar de ram aan Zeus, terwijl hij de gouden vacht ten geschenke gaf aan de plaatselijke koning, Aietes, die hem gastvrij ontvangen had. Sinds die tijd bewaarde Aietes het vlies onder het waakzaam oog van een nooit slapende draak.

Voor de reis liet Iason een schip, de *Argo*, bouwen, volgens sommige bronnen het eerste schip dat ooit gebouwd werd. Verantwoordelijk voor de bouw was de scheepsbouwer Argos, die daarbij de hulp had van de godin Hera of Athena. Een van de bestanddelen was een tak van de heilige voorspellende eik van Zeus te Dodona. De *Argo* had vijftig riemen, een voor elk van de bemanningsleden, de Argonauten, die Iason verzameld had. Tot de Argonauten behoorde een groot aantal van de beroemdste helden uit de Griekse mythologie, onder wie Herakles. Toen alle voorbereidingen waren getroffen, gingen Iason en zijn mede avonturiers op weg naar het land van het Gulden Vlies.

Op dit terracotta reliëf is te zien hoe Athena (links) een scheepsbouwer, mogelijk Argos zelf, helpt met het zeil van de Argo.

De kaart laat de route zien die door de Argo gevolgd werd volgens het beroemdste verslag van de reis, de Argonautika, geschreven door de dichter Apollonios van Rhodos, ca. 3de eeuw v.C.

DE ARGONAUTEN

Hieronder enkele van de bekendste Argonauten:

ARGOS, bouwer van de *Argo*.
ATALANTA, jageres, de enige vrouwelijke Argonaut.
HERAKLES (zie p. 148-9), die achtergelaten werd toen hij op zoek ging naar zijn minnaar Hylas.
IDMON en MOPSOS, legendarische zieners.
KASTOR en POLYDEUKES, de Dioskouren (zie p. 134)
LYNKEUS, die zo scherpziend was dat hij onder de aarde kon kijken.
MELEAGROS, broer van Deianeira, de vrouw van Herakles (zie p. 148).
NAUPLIOS, de vader van Palamedes, een bekende oplichter in de *Ilias*.
OILEUS, vader van Aias (niet te verwarren met zijn beroemdere naamgenoot), een held in de *Ilias*.
ORPHEUS, groot zanger (zie p. 165) die voor de Argonauten op zijn lier speelde.
PELEUS, vader van Achilleus, voornaamste held uit de *Ilias*, en echtgenoot van Thetis, een zeenimf.
PERIKLYMENOS, zoon van Poseidon. Hij kon in de strijd elke gedaante aannemen.
TELAMON, vader van de grote Aias, een van de beroemdste helden uit de *Ilias*.
TIPHYS, de stuurman van de *Argo*.
ZETES en KALAÏS, gevleugelde zonen van Boreas, de noordenwind. Zij bestreden de Harpijen, die Phineus kwelden (zie p. 155).

GRIEKENLAND 155

DE AVONTUREN VAN DE *ARGO*
(Plaatsnamen in HOOFDLETTERS zijn op de kaart hieronder aangegeven.)

Toen de *Argo* LEMNOS, de eerste aanleghaven, bereikte, ontdekte Iason dat er geen mannen op het eiland waren. De vrouwen van Lemnos hadden alle mannen gedood nadat zij concubines hadden genomen omdat hun eigen vrouwen zouden stinken. De Argonauten, die alleen te horen kregen dat de mannen gedwongen waren geweest om te vluchten, werden uitgenodigd een aantal maanden op het eiland te blijven om voor een nieuwe bevolking te zorgen. Iason werd uitgekozen door de koningin van het eiland, Hypsipyle, bij wie hij een tweeling verwekte.

Vervolgens gingen de Argonauten naar KYZIKOS, waar zij vriendelijk ontvangen werden door de plaatselijke koning en Herakles het land van reuzen bevrijdde. Het bezoek had echter een ongelukkige afloop. Toen de *Argo* uitgevaren was, werd het schip 's nachts door een storm teruggedreven naar de kust. De bewoners van Kyzikos dachten dat zij door zeerovers werden belaagd en vielen het schip aan. Zij werden afgeslacht door de Argonauten, die evenmin wisten wie zij bevochten. Toen de waarheid werd ontdekt, liet Iason begrafenisplechtigheden ter ere van zijn vroegere gastheren houden.

De BEBRYKEN, de volgende pleisterplaats, was een gebied dat werd geregeerd door Amykos, een zoon van Poseidon, die vreemdelingen tot een dodelijke worsteling uitdaagde. De sterkste man op aarde, Herakles (zie p. 148), was onderweg achtergelaten, maar Amykos vond zijn gelijke in Polydeukes, die de uitdaging aannam en hem doodde.

De Argonauten voeren verder, hadden bij de monding van de ZWARTE ZEE een ontmoeting met Phineus, een blinde oude man die voor eeuwig gekweld werd door de Harpijen, monsters met het gezicht van een oude vrouw en het lichaam en de klauwen van een vogel. Zij beroofden hem van zijn voedsel of bevuilden dit. Zetes en Kalaïs verjoegen hen en de dankbare Phineus gaf Iason waardevolle adviezen voor de verdere reis.

Op dit punt werd de vaarroute naar Kolchis versperd door de SYMPLEGADEN, twee enorme bewegende rotsen bij de monding van de ZWARTE ZEE die tegen elkaar sloegen als bekkens, waardoor geen schip een veilige doortocht kon hebben. Phineus gaf de Argonauten de raad een duif vooruit te sturen; als deze erin slaagde voorbij de rotsen te komen, zou het hun ook lukken. De duif kwam langs de rotsen met verlies van een staartveer, dus begon de *Argo* – met behulp van Athena en Hera – aan de doortocht, maar het schip raakte de stuurman, Tiphys, kwijt. Hierna kwamen de rotsen voor altijd vast te zitten.

De Argonauten voeren de rivier de Phasis op en bereikten ten slotte KOLCHIS, het land van het Gulden Vlies. Koning Aietes zei dat hij het vlies alleen aan Iason wilde overhandigen als deze bepaalde opdrachten zou uitvoeren: de aan de koning behorende vuurspuwende stieren met bronzen poten spannen; een akker omploegen; draketanden zaaien; en de reuzen doden die uit de gezaaide tanden zouden voortkomen. De goden zorgden ervoor dat Medeia, de over toverkracht beschikkende dochter van Aietes, verliefd werd op Iason. Zij gaf hem toverdranken, waarmee hij erin slaagde de hem gestelde opdrachten uit te voeren. Hij maakte zich meester van het vlies nadat Medeia de draak die het bewaakte had betoverd. Toen de Argonauten wegvluchtten uit Kolchis, zorgde Medeia ervoor dat de achtervolgende Aietes en zijn gevolg vertraagd werden. Zij vermoordde haar eigen broer Absyrtos en sneed zijn lijk in stukken, die ze vanuit de *Argo* in zee gooide.

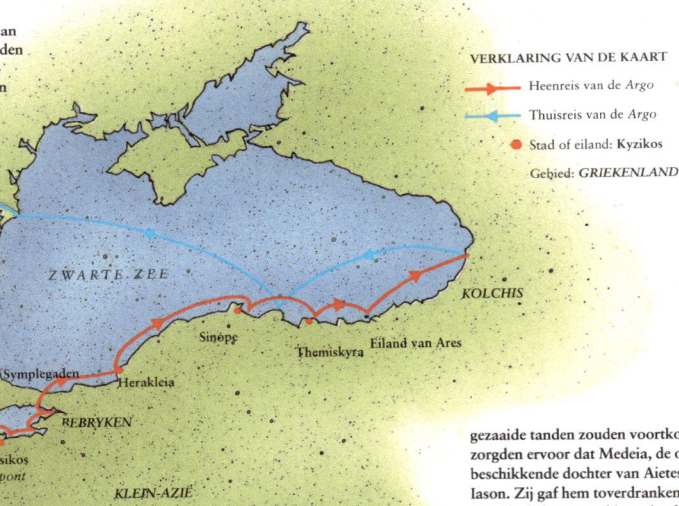

Er zijn veel verhalen over de lange terugreis van de *Argo* naar IOLKOS. Tijdens een van die avonturen vernietigde Medeia met haar toverkracht een bronzen reus, Talos, wiens enige zwakke plek in zijn enkel te vinden was, omdat daar de enige ader in zijn lichaam uitkwam (zie p. 153). De *Argo* zou ook de DONAU bevaren hebben en gestrand zijn op de zandbanken van LIBIË bij SYRTES. De helden moesten het schip twaalf dagen over land dragen. Iason en Medeia bezochten Kirke, de heks uit de *Odyssee* en de tante van Medeia, die hen ritueel zuiverde van de moord op Absyrtos. Ook passeerde of ontmoette het schip andere monsters uit de *Odyssee*, voordat het ten slotte terugkeerde in Kolchis.

VERKLARING VAN DE KAART
- Heenreis van de *Argo*
- Thuisreis van de *Argo*
- Stad of eiland: Kyzikos
- Gebied: GRIEKENLAND

PERSEUS
De doder van Medousa

Perseus, de zoon van Zeus en diens menselijke minnares Danaë, bereikte de volwassenheid op Seriphos, een eiland in de Egeïsche Zee, dat onder heerschappij stond van Polydektes, wiens broer Diktys, een visser, Perseus en Danaë had gered (zie p. 135). Polydektes werd verliefd op Danaë, maar zij moest niets van hem weten. Vervolgens nodigde hij alle edelen van Seriphos uit voor een feestmaal en vroeg aan ieder van hen een paard als geschenk. De arme Perseus zei voor de grap dat hij net zo gemakkelijk het hoofd van een van de drie Gorgonen – woeste monsters met slangeharen – zou kunnen bemachtigen als dat hij zich een paard kon veroorloven. Polydektes hield hem hieraan, blij dat hij de beschermer van Danaë zo'n schijnbaar onmogelijke opdracht kon geven.

Maar Hermes en Athena kwamen Perseus te hulp. Ze stuurden hem naar de Graiai, drie oude vrouwen die één oog en één tand hadden en die de enigen waren die hem naar de Gorgonen konden voeren. Hij stal hun oog en hun tand en wilde die pas teruggeven als zij hem de benodigde inlichtingen hadden gegeven. Ze zeiden hem naar bepaalde nimfen te gaan; deze konden hem een onzichtbaar makende helm, gevleugelde sandalen en een leren buidel geven. Hermes gaf hem een kromzwaard. Perseus vloog naar de Gorgonen. Slechts een van hen, Medousa, was sterfelijk, maar wie haar gezicht zag, werd onmiddellijk in steen veranderd. Perseus keek naar haar in de weerspiegeling van een schild en onthoofdde haar, waarna hij het hoofd in zijn buidel stopte. Hij vloog terug naar Seriphos en haalde daar het hoofd van Medousa te voorschijn, waardoor Polydektes en zijn aanhangers in steen werden veranderd. De held gaf het hoofd van Medousa aan Athena, die het voortaan bij zich droeg om (letterlijk) haar vijanden te verstenen.

Perseus met zijn gevleugelde sandalen en de onzichtbaar makende helm voert het hoofd van Medousa met zich mee; afgebeeld op een roodfigurige waterkruik uit ca. 350-330 v. Chr.

Perseus en Andromeda

Een van de beroemdste daden van Perseus was zijn redding van Andromeda.

Kassiopeia, de vrouw van koning Kepheus van Ethiopië, beroemde zich erop dat ze mooier was dan de Nereïden, vijftig lieftallige zeenimfen die de dochters waren van de Nereus, een godheid die in de oceaan woonde en in nood geraakte zeelieden hielp. Uit woede over deze grootspraak liet Poseidon zijn koninkrijk overstromen en stuurde hij een zeemonster dat het land moest verwoesten. Kepheus raadpleegde een orakel en vernam dat hij zijn dochter Andromeda aan het monster moest offeren door haar aan een rots te ketenen. Terwijl ze op de rots lag, kwam Perseus langsgevlogen en hij werd onmiddellijk verliefd op haar. Hij bood aan het monster te doden, als hij met Andromeda zou mogen trouwen. Kepheus nam het aanbod van de held aan en Perseus vernietigde het monster met behulp van zijn onzichtbaar makende helm, zijn gevleugelde sandalen en zijn kromzwaard. Hij maakte Andromeda los en nam haar tot zijn vrouw. Zij schonk hem een zoon, Perses, die de erfgenaam van Kepheus werd.

Op deze Griekse vaas (ca. 250 v. Chr.) uit Zuid-Italië is te zien hoe Perseus het monster bestrijdt om Andromeda te redden.

DE TROJAANSE OORLOG

Het strijdersepos van Homeros

Menelaos (links), een van de Griekse leiders, in gevecht met de Trojaanse krijger Hektor. Afgebeeld op een vaas uit ca. 610 v. Chr.

DE EPEN VAN HOMEROS
De verhalen van de Trojaanse oorlog en de nasleep daarvan werden voor het eerst verteld in een reeks epische gedichten, waarvan de beroemdste en invloedrijkste de *Ilias* en de *Odyssee* waren. Beide gedichten werden op zeer grote schaal voorgedragen en geleerd in het oude Griekenland en zijn volgens de traditie het werk van een bard genaamd Homeros (hieronder), over wiens leven bijna niets bekend is, behalve dat hij blind geweest zou zijn en afkomstig was uit Chios. Zelfs in oude tijden al betwijfelden geleerden of de *Ilias* en de *Odyssee* geschreven waren door één persoon of dat ieder werk door één persoon was samengesteld. Hoewel nu aangenomen wordt dat de twee dichtwerken de eindprodukten zijn van een lange orale traditie, blijven zij een grote inspiratiebron voor de westerse literatuur.

Het grootste deel van de *Ilias* concentreert zich op maar een paar dagen uit de Trojaanse oorlog: de twist tussen Achilleus, de grootste Griekse krijger, en Agamemnon, de Griekse aanvoerder. De *Odyssee* vertelt van de terugreis uit Troje van de Griekse held Odysseus naar Ithaka (zie p. 160).

Uit archeologische vondsten blijkt dat Troje, dat op grond van zijn grootte en zijn ligging vlak bij de kust duidelijk van belang was, inderdaad in ca. 1100 v. Chr. door brand verwoest en verlaten is.

Het verhaal van de Trojaanse oorlog begint met Priamos en Hekabe, de koning en koningin van Troje (ook wel Ilion genoemd, vandaar de titel van het epos). Wanneer Paris, een van hun vijftig zonen, geboren wordt, droomt Hekabe dat ze het leven heeft geschonken aan een toorts die de stad verwoest. Het kind wordt te vondeling gelegd, maar weet dit op wonderlijke wijze te overleven en wordt een herder. Later, als jongeman, verslaat hij zijn broers in een bokswedstrijd. Hij wordt herkend als een zoon van Priamos en wordt weer liefderijk opgenomen in het koninklijk gezin.

Ondertussen vindt het huwelijk plaats van Peleus, een sterveling, en de zeenimf Thetis. Een orakel heeft voorspeld dat Thetis een zoon zal baren die groter zal zijn dan zijn vader. De godin Eris ('tweedracht'), die beledigd is omdat zij niet voor het huwelijk is uitgenodigd, stuurt een appel naar het huwelijksfeest met het opschrift 'Voor de mooiste'. Athena, Hera en Aphrodite eisen elk de prijs op, en Zeus benoemt Paris tot degene die moet beoordelen wie van deze godinnen de mooiste is. Athena belooft Paris, als zij wint, wijsheid en de overwinning in de oorlog. Hera van haar kant belooft hem koninklijke macht, terwijl Aphrodite hem de mooiste vrouw ter wereld belooft. Paris kiest Aphrodite als de winnares; de prijs die hij krijgt, is Helena, de dochter van Leda en Zeus (zie p. 135) en de vrouw van Menelaos, koning van Sparta. Wanneer Paris als gast Sparta bezoekt, schaakt hij Helena en voert haar mee naar Troje.

Alle Griekse vorsten die naar de hand van Helena gedongen hadden, beloven haar te beschermen tegen verdere wandaden. Menelaos en zijn broer Agamemnon, koning van Argos, roepen hen bijeen en organiseren een grote expeditievloot in Aulis, die naar Troje zal uitvaren en de ontvoering zal wreken. De Grieken verzamelen zich in Aulis, maar hun vloot kan niet uitvaren door toedoen van Artemis, die in de oorlog aan de kant van de

DE HELDEN VAN DE TROJAANSE OORLOG

GRIEKEN:
AGAMEMNON Leider van de expeditie en 'de koninklijkste' genoemd.
AIAS Zoon van Oileus, bekend als de kleine Aias. Hij verkrachtte Kassandra, de dochter van Priamos, tijdens de verwoesting van Troje en ontheiligde de altaren van de goden, als gevolg waarvan de Griekse vloot door toedoen van de goden schipbreuk leed op de terugreis.
AIAS Zoon van Telamon, grootste krijger na Achilleus en een koppig en zwijgzaam man. Hij werd waanzinnig toen Odysseus de wapenrusting van de gestorven Achilleus kreeg. Hij probeerde de Griekse aanvoerders te doden, maar slachtte schapen af. Uiteindelijk sloeg hij uit schaamte de hand aan zichzelf.
KALCHAS De ziener van de Grieken, die de voortekens van de goden interpreteerde.
DIOMEDES Een uitmuntend krijger, maar vaak onbezonnen als er vergaderd werd. Hij verwondde eerst Ares en daarna Aphrodite op het slagveld.
MENELAOS Broer van Agamemnon en vaak afgeschilderd als een incapabele figuur.
NESTOR De oudste van de Grieken, die omstandig raad gaf.
ODYSSEUS De sluwste en verstandigste van de Grieken, een aanhanger van Agamemnon. Hij was de bedenker van de list met het paard van Troje.

TROJANEN:
AENEAS Zoon van Aphrodite; hij ontkwam aan de verwoesting van Troje, en stichtte vervolgens – volgens de Romeinse mythologie – Rome (zie p. 172)
GLAUKOS Een Lycische bondgenoot van Troje, die op het slagveld van wapenrusting wisselde met Diomedes ten teken van de reeds lang tussen hen bestaande banden van gastvriendschap.
HEKTOR Zoon van Priamos en vooraanstaand Trojaans krijger. Zijn dood vormt het hoogtepunt van de *Ilias*. Anders dan van enige Griekse held wordt van Hektor een ontroerend beeld te midden van zijn gezin gegeven.
PARIS Zoon van Priamos, een verleider en geportretteerd als sensueel en verwijfd. Hij en Helena, wier schaking de aanleiding tot de oorlog was, woonden op enige afstand van het paleis. Hij was weinig gelukkig in de strijd en vocht meestal met pijl en boog, het wapen van de lafaard.
PRIAMOS Koning van Troje. Hij kocht het lijk van zijn zoon Hektor vrij van Achilleus en stierf toen de stad viel.
SARPEDON Zoon van Zeus, gedood door Patroklos. Zeus kwam in de verleiding zijn zoon te redden, maar Hera herinnerde hem eraan dat zelfs helden sterfelijk zijn.

Trojanen staat. Agamemnon wordt gedwongen zijn dochter Iphigeneia te offeren ten einde zich van een gunstige wind te verzekeren. Eindelijk vertrekt de expeditie naar Klein-Azië en de tenten worden opgeslagen bij Troje, dat tien jaar lang belegerd wordt.

Tijdens het beleg verwerft Agamemnon zich Chryseïs, de dochter van Chryses, een priester van Apollo, als oorlogsbuit. Op dit punt in het verhaal begint Homeros zijn *Ilias*. De priester vraagt zijn dochter terug en wanneer hem dat geweigerd wordt, bidt hij tot Apollo, die hij smeekt de Grieken te vernietigen. Het kamp wordt getroffen door een verschrikkelijke plaag; na een paar dagen wordt bekend waarom de plaag gezonden is, en Agamemnon wordt gedwongen Chryseïs aan haar vader terug te geven. In zijn woede over dit verlies eist Agamemnon voor zichzelf een andere vrouw op, Briseïs, de oorlogsbuit van Achilleus.

De krijger is zeer verontwaardigd, weigert verder te vechten en bidt om de vernietiging van de Grieken, opdat zij zijn afwezigheid zullen betreuren. Onder aanvoering van Hektor, de oudste zoon van Priamos en de voornaamste Trojaanse krijger, rukken de Trojanen nu op en bereiken zij zelfs de schepen van de Grieken, waarbij zij veel helden doden en verwonden. Patroklos, Achilleus' beste vriend, vraagt de wapenrusting van de niet meer vechtende krijger te leen, zodat de Trojanen zullen denken dat Achilleus deelneemt aan de strijd en zich zullen terugtrekken. Achilleus voelt er niet veel voor, maar laat zich uiteindelijk vermurwen, al waarschuwt hij Patroklos om voorzichtig te zijn. Maar Patroklos slaat de waarschuwingen in de wind en wordt, hoewel de Trojanen worden teruggedreven, door Hektor gedood.

Het verdriet van Achilleus is mateloos, en hij keert terug in de strijd om

Achilleus

Achilleus was, zoals hij beschreven staat in de *Ilias* van Homeros, een typisch Griekse held: sterk, trots, onverschrokken, hartstochtelijk en toornig. Hij was de beste, maar ook de gewelddadigste van alle krijgers.

Achilleus was het kind van Peleus en de zeenimf Thetis en hij werd grootgebracht door Cheiron, een wijze Kentaur. Zijn moeder dompelde hem als baby in de rivier de Styx, waardoor zijn lichaam onsterfelijk en onkwetsbaar werd, behalve de hiel waaraan zij hem had vastgehouden – vandaar de uitdrukking 'Achilleshiel'. Achilleus kreeg van de Schikgodinnen de keus: een lang en gemakkelijk, maar roemloos leven of een vroege dood en onsterfelijke roem. Hij koos het laatste.

Achilleus werd voor de Grieken het toonbeeld van de edele man die recht op zijn doel afging en wars was van oneervol gedrag zoals dat van Agamemnon toen hij de oorlogsbuit van Achilleus, de Trojaanse prinses Briseïs, opeiste. Bij Troje vocht hij tegen Penthesileia, de koningin der Amazonen. Hij doodde haar en werd, terwijl zij stervende was, verliefd op haar.

Achilleus (links) doodt Penthesileia, de koningin der Amazonen. Een amfoor (voorraadkruik) uit ca. 540 v. Chr.

wraak te nemen. In een beroemde scène jaagt hij Hektor driemaal rond de muren van Troje en uiteindelijk doodt hij hem in een tweegevecht. Voor Patroklos wordt een prachtige begrafenisplechtigheid gehouden, inclusief begrafenisspelen, maar de Trojanen kunnen dat niet voor Hektor doen omdat Achilleus zijn lijk heeft behouden en onteerd. De vertoornde goden dwingen Achilleus het aanbod van een losgeld te aanvaarden en Hektors lijk aan Priamos terug te geven (de *Ilias* eindigt met de begrafenis van Hektor). Achilleus sterft wanneer hij door Paris wordt getroffen in zijn hiel, zijn enige kwetsbare plek, en zijn wapenrusting wordt aan Odysseus gegeven, de op een na beste krijger. Kort daarna wordt Paris zelf doodgeschoten door de boogschutter Philoktetes.

Na de dood van de belangrijkste krijger van Troje, Hektor, is de stad gedoemd te vallen. Odysseus komt op het idee een enorm hol houten paard te bouwen, waarin de beste Griekse krijgers zich verborgen houden, terwijl hun vloot wegvaart alsof zij verslagen zijn. De Trojanen geloven dat het paard een offer aan de goden is en brengen het binnen de muren van hun stad. 's Nachts sluipen de krijgers uit het paard en openen zij de stadspoorten voor de rest van het leger, dat weer aan land is gekomen. Troje wordt in brand gestoken en volledig verwoest. Priamos en de rest van zijn zonen worden vermoord en Hekabe en de Trojaanse vrouwen worden als slavinnen meegevoerd.

De Griekse helden Achilleus en Aias spelen tussen de gevechten door een bordspel. Een detail van een uit de 6de-eeuwse zwartfigurige amfoor van Exekias, een van de grootste Griekse pottenbakkers en schilders.

NA TROJE
Odysseus en Agamemnon

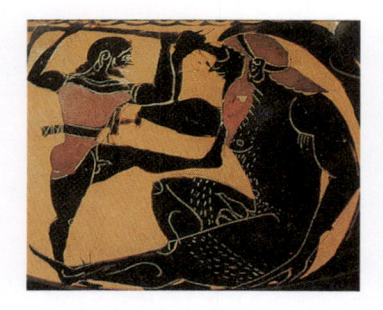

De verwoesting van Troje betekende niet het einde van de avonturen van de Griekse helden. De Grieken vertelden vele mythische verhalen over ieders terugkeer naar huis. Het beroemdste verhaal is Homeros' grote epos de *Odyssee*, dat genoemd is naar de held ervan, Odysseus (die door de Romeinen Ulixes werd genoemd). De Grieken zouden bij hun verwoesting van Troje de altaren van de stad ontheiligd hebben, waardoor de goden kwaad werden en stormen deden opsteken die de Griekse vloot bij het uitvaren uiteensloegen. Veel helden kwamen in Italië of Afrika terecht voordat zij Griekenland bereikten.

Nadat de schepen van Odysseus en zijn gezellen gescheiden waren geraakt van de vloot, bereiken zij de stad van de Kikonen, die zij te gronde richten. Een volgende storm slaat de schepen uit de koers en zij komen terecht in een wereld van monsters en heksen. Odysseus komt eerst aan in het land van de Lotuseters, die enkelen van zijn mannen lotusbloemen te eten geven, waardoor zij hun geheugen kwijtraken, en die zo'n slaapzucht veroorzaken dat degenen die de bloemen gegeten hebben, naar de schepen teruggedragen moeten worden. Het volgende avontuur vindt plaats op het eiland dat bewoond wordt door de Kyklopen, eenogige monsters die in grotten wonen en geen wetten of maatschappelijk stelsel kennen. Odysseus neemt wat wijn en enkele leden van zijn bemanning mee en gaat het eiland verkennen. In een grot vindt hij tekenen die erop wijzen dat er schapen worden gehoed. Odysseus wil met alle geweld en tegen het advies van zijn bemanningsleden blijven om de herder te ontmoeten. Dit is de Kykloop Polyphemos, die terugkeert met zijn kudde en, als hij eenmaal in de grot is, de ingang met een enorm rotsblok verspert. Hij ontdekt de Grieken en eet twee van hen rauw als avondeten en nog eens twee als ontbijt. De Grieken kunnen niet ontsnappen, omdat de Kykloop de enige is die het rotsblok kan verplaatsen. Maar Odysseus heeft een plan. Met behulp van de wijn voert hij de Kykloop dronken en geeft hem, wanneer hij naar zijn naam gevraagd wordt, ten antwoord: 'Niemand.' Als de Kykloop dronken in slaap valt, maakt Odysseus hem blind met behulp van een heet gemaakte, houten paal. Polyphemos schreeuwt om hulp en enkele andere Kyklopen komen vragen naar de oorzaak van zijn pijn. Hij antwoordt hen: ' "Niemand" doet me pijn!' De andere Kyklopen nemen aan dat er niets aan de hand is en gaan weg, waarna Odysseus ieder van zijn mannen vastbindt aan de onderkant van een schaap, terwijl hijzelf zich vastklampt aan de buik van een ram. Als de blinde Kykloop 's ochtends zijn schapen uitlaat, ontsnappen de Grieken. Vanaf zijn schip hoont Odysseus de Kykloop, die hem vervloekt. De zeegod Poseidon, de vader van Polyphemos, zorgt ervoor dat Odysseus tien jaar over de zee zal zwerven.

Een volgend avontuur vindt plaats op het eiland van Kirke, een tovenares. De helft van de bemanning van Odysseus gaat naar het paleis van Kirke in het bos, waar wolven, beren en leeuwen als tamme dieren aan het spelen zijn. Kirke nodigt hen binnen en geeft hun een vergiftigde drank, waarna zij hen in varkens verandert en hen opsluit in een hok. Eén bemanningslid is buiten gebleven; hij keert terug en vertelt Odysseus over deze nieuwe ramp. Met behulp van Hermes en een toverplant wordt Odysseus immuun voor de toverspreuken van Kirke en hij dwingt haar zijn mannen te bevrijden. De bemanning blijft op het eiland voor een jaar van feestelijkheden en Kirke geeft Odysseus raad voor het verdere verloop van zijn tocht. Eerst moet hij naar de onderwereld gaan om de ziener Teiresias te vragen hoe hij thuis moet komen. Teiresias zegt Odysseus naar een land te gaan dat de zee

Odysseus en zijn metgezellen maken de Kykloop Polyphemos blind, een detail van een amfoor uit ca. 530-510 v. Chr.

ODYSSEUS
Odysseus, een belangrijk persoon in de *Ilias* en de hoofdfiguur in de *Odyssee*, kwam veelvuldig voor in Griekse tragedies als iemand die bekend stond om zijn listigheid en zijn praktische politieke inzicht. Voor filosofen was Odysseus het prototype van iemand met een gecompliceerd en berekenend karakter, in tegenstelling tot de eerlijke en edele Achilleus. Volgens enkele van de vele verhalen over zijn leven was hij niet, zoals Homeros beweert, de wettige zoon van Laërtes, maar de bastaardzoon van Sisyphos, wiens herhaaldelijke bedrog hem een eeuwige straf in de onderwereld opleverde: hij moest een rotsblok tegen een heuvel op rollen, dat zodra de top bereikt was, weer naar beneden rolde (zie p. 146). De ziener Teiresias voorspelt dat Odysseus zijn dood aan de zee te danken zal hebben. Volgens sommige verhalen vaart Telegonos, het kind van Odysseus en Kirke, naar Ithaka, waar hij per ongeluk zijn vader doodt.

niet kent en een offer te brengen aan Poseidon. Dit land is de onderwereld, en tijdens zijn verblijf daar ziet Odysseus de grote helden en heldinnen uit het verleden en ziet hij hoe de grote zondaars gestraft worden. Hij ontmoet er onder anderen zijn medehelden uit de Trojaanse oorlog, Achilleus en Aias.

Vanuit de onderwereld reist Odysseus langs het eiland van de Sirenen, monsters met het lichaam van een vogel en het hoofd van een vrouw, wier onweerstaanbare gezang zeelieden verlokt tot een zekere dood. Odysseus ontkomt aan de betovering door zich volgens de raad van Kirke vast te laten binden aan de mast, terwijl zijn mannen verder roeien, hun oren dichtgestopt met was.

De held en zijn bemanning weten langs de twee zeemonsters Skylla en Charybdis te komen en bereiken uiteindelijk Thrinakia, het eiland van de Zon. Kirke heeft hun gewaarschuwd de runderen van de Zon niet op te eten, maar het schip kan door windstilte niet wegvaren en de bemanningsleden kunnen geen weerstand bieden aan hun honger en doden de runderen. Het vlees blijft, terwijl het aan het spit gebraden wordt, loeien en de huiden van de runderen liggen over de grond te kronkelen alsof ze leven. In zijn woede vernietigt de Zon het schip en alle bemanningsleden, behalve Odysseus, die de schipbreuk overleeft en op het eiland van Kalypso belandt. Deze houdt hem acht jaar lang in een grot als haar onwillige partner. Odysseus wordt ten slotte bevrijd door de tussenkomst van de godin Athena. Hij bouwt een vlot en komt daarmee aan in het land van de Phaiaken, een heerlijk en wonderbaarlijk vruchtbaar gebied waar de mensen hem zeer overvloedig onthalen. Hun koning, Alkinoös, stuurt Odysseus naar huis met een toverschip dat beladen is met geschenken.

PENELOPE EN DE VRIJERS

Wanneer Odysseus eindelijk terug is in Ithaka, ontdekt hij dat zijn vrouw Penelope belaagd wordt door vrijers. Penelope heeft altijd geweigerd te geloven dat Odysseus dood is, maar kan de vrijers niet langer met behulp van haar listen op een afstand houden. De vermomde Odysseus beproeft eerst de trouw van zijn gezin en de bewoners van Ithaka. Vervolgens doodt hij met de hulp van zijn zoon Telemachos en zijn trouwe bedienden de vrijers; en na twintig jaar zijn Odysseus en Penelope herenigd. De *Odyssee* eindigt met een viering van de heldendaden van de dolende held, en van het gezin en de waarden van het gezin. Voor de Grieken ontleende het werk aan deze laatste boodschap zijn grote morele betekenis.

Agamemnon, koning van Argos

Het lot van koning Agamemnon, de zegevierende Griekse leider van de expeditie tegen Troje, is vele malen beschreven in Griekse tragedies.

Na de oorlog keert Agamemnon in triomf terug naar zijn paleis in Argos met zijn oorlogsbuit en concubine Kassandra, zieneres en dochter van koning Priamos. Maar zijn vrouw Klytaimnestra en haar minnaar Aigisthos hebben een val gezet. Klytaimnestra begroet haar man en voert hem naar zijn bad. Na het baden doet zij alsof zij hem een handdoek wil geven en gooit dan plotseling een net over zijn hoofd, en de koning wordt vermoord. Ook Kassandra wordt gedood.

Agamemnon worstelt met het net dat over hem is heengegooid door Klytaimnestra (rechts), terwijl Aigisthos (links) hem neersteekt. Een Attische krater *uit ca. 470 v. Chr.*

Orestes, de zoon van Agamemnon, die in die tijd ver van huis is, bereikt de volwassen leeftijd en keert terug om wraak te nemen. Hij betreedt het paleis in vermomming en doodt zowel de overweldiger Aigisthos als Klytaimnestra. (Vaak werd beweerd dat dit gebeurd was met de hulp van Orestes' zuster, Elektra.) Als moedermoordenaar wordt Orestes achtervolgd door de Furiën en hij vlucht naar Delphi om voor zijn daad gezuiverd te worden. Hij gaat vervolgens naar Athene, waar hij berecht wordt en uiteindelijk wordt vrijgesproken van zijn zonde dank zij de beslissende stem van de godin Athena.

OVERTREDERS
Verstoorders van de natuurlijke orde

Veel Griekse mythen vertellen over verstoorders van de orde en de straf die zij moesten ondergaan. Deze verhalen werden misschien verteld om de juiste orde der dingen in stand te houden, vooral binnen het gezin, aangezien veel van deze mythen gaan over het overschrijden van de grenzen van wat in seksueel opzicht gepast is. De hoofdpersonen zijn in bijna alle gevallen mensen, omdat de goden en godinnen zich in het algemeen ongestraft konden misdragen. Hier volgt een aantal van de bekendere overtreders:

Atreus en Thyestes Zonen van Pelops, die de zoon was van Tantalos (zie p. 146). Toen Atreus zijn broer dwarsboomde bij zijn poging de troon van Argos te bestijgen, verleidde Thyestes de vrouw van Atreus, Aërope. Om wraak te nemen nodigde Atreus Thyestes uit voor een feestmaal, waar hij hem diens eigen kinderen voorzette. De kinderen van Atreus waren Agamemnon en Menelaos, die trouwden met Klytaimnestra en Helena, misschien de beroemdste van alle overspelige echtgenotes. Een gespaard gebleven zoon van Thyestes, Aigisthos, werd de minnaar van Klytaimnestra en hielp haar bij de moord op haar echtgenoot, zijn neef Agamemnon (zie p. 161).

Daidalos Vereerd door de Grieken als de grootste onder de sterfelijke handwerkers en uitvinders, was ook een overtreder. Hij maakte deel uit van de hofhouding van Athene, maar werd gedwongen Athene te verlaten na het doden van zijn neef Perdix, zijn concurrent als handwerker, die de zaag had uitgevonden, geïnspireerd door de graat van een vis. Toen Daidalos de jongen over een rots had geslingerd, veranderde deze in een patrijs (*perdix* in het Grieks). Daidalos vluchtte en ging op weg naar Kreta, waar hij in dienst trad van koning Minos. Minos had Poseidon gebeden om een stier om aan de god te offeren, maar het was zo'n schitterend dier dat de koning het voor zichzelf had gehouden. Dit wekte de woede op van Poseidon, die ervoor zorgde dat Pasiphaë, de vrouw van Minos, verliefd werd op de stier. Daidalos maakte een levensgroot, hol model van een vaars, waarin Pasiphaë zich kon verstoppen en uiting kon geven aan haar onnatuurlijke hartstocht, die als gevolg had dat zij het leven schonk aan de Minotauros, een wild beest dat half mens, half stier was. Minos was kwaad op zijn handwerker en gaf hem opdracht het Labyrint te ontwerpen als gevangenis voor de monsterlijke bastaard. Later gaf Daidalos Ariadne de draad waarmee Theseus de uitgang uit het Labyrint kon vinden nadat hij het monster had gedood (zie p. 150).

Danaïden De vijftig dochters van Danaos, een afstammeling van Zeus en Io (zie p. 134). Zij werden gedwongen te trouwen met de vijftig zonen van hun oom Aigyptos en in de huwelijksnacht doodden 49 van de Danaïden hun echtgenoot. Voor straf moesten zij in de onderwereld eeuwig een waterkruik vullen met een zeef (De vijftigste, Hypermnestra, hield van haar man Lynkeus en van hen stamden Perseus en Danaë af.)

Tereus Koning van Thracië. Hij hielp koning Pandion van Athene, kreeg diens dochter Prokne als bruid en verwekte bij haar een zoon, Itys. Tijdens een bezoek van Philomela, Pandions andere dochter, aan haar zuster verkrachtte Tereus haar en sneed haar de tong af zodat zij niemand iets kon vertellen. Maar Philomela weefde een wandkleed waarop zij uitbeeldde wat haar was aangedaan en liet dit aan Prokne zien. Uit wraak doodden de zusters Itys, kookten hem en zetten hem zijn nietsvermoedende vader voor. Deze ontdekte de schandelijk daad en zette de achtervolging in op de zusters. Omdat zij allen een moord hadden begaan, werden zij in een vogel veranderd: zo werd Prokne een zwaluw en Philomela een nachtegaal.

DAIDALOS EN IKAROS
Daidalos is waarschijnlijk het bekendst door het tragische verhaal over zijn zoon Ikaros. Koning Minos van Kreta was zo woedend over de hulp die Daidalos Theseus geboden had tegen de Minotauros (zie rechts), dat hij hem en Ikaros opsloot. Om van het eiland te ontsnappen maakte de ontwerper voor zichzelf en zijn zoon vleugels van was en veren. Daidalos waarschuwde Ikaros niet te dicht bij de zon te vliegen, maar toen zij in de lucht waren, vergat zijn zoon de waarschuwing. De was in zijn vleugels smolt en Ikaros viel dood in de zee, die naar hem de Ikarische Zee werd genoemd. Daidalos bereikte Sicilië (of volgens sommige verhalen het vasteland van Italië), waar hij de rest van zijn jaren sleet.

De bovenstaande illustratie is gebaseerd op een bronzen beeldje van Ikaros; zijn vleugels zijn bevestigd en hij staat klaar om de lucht in te gaan.

Oidipous

Oidipous was een van de vermaardste overtreders op seksueel gebied in de Griekse mythologie. De beroemdste versie van zijn verhaal is die welke door Sophokles in zijn tragedie Koning Oidipous verteld is. Oidipous is het voorbeeld bij uitstek van de Griekse held die alle edele eigenschappen bezit, maar er niettemin door het lot toe veroordeeld wordt ernstige misdaden tegen de natuurlijke orde te begaan.

Koning Laios en koningin Iokaste van Thebe kregen van het orakel in Delphi te horen dat het kind dat zij zouden krijgen, zijn vader zou doden en met zijn moeder naar bed zou gaan. Dus toen Iokaste een zoon baarde, doorboorde Laios de voeten van het kind, waarna hij het achterliet op een berg. Maar een herder redde het kind en nam het mee naar Korinthe, waar het werd aangenomen door de koning en de koningin, Polybos en Merope. Hij werd Oidipous ('met gezwollen voeten') genoemd.

Jaren later hoonde een vreemdeling Oidipous met de mededeling dat hij niet de zoon van Polybos was. De belediging bleef Oidipous dwarszitten en hij raadpleegde het orakel in Delphi, waar hij te horen kreeg dat hij zijn vader zou vermoorden en met zijn moeder zou trouwen. In de veronderstelling dat Polybos en Merope zijn echte ouders waren, besloot Oidipous uit Korinthe weg te vluchten. Op weg naar Thebe doodde hij een hem onbekende man die hem had beledigd; deze man was Laios, zijn vader. In die tijd werd Thebe geteisterd door de Sfinx, een wezen dat een ieder doodde die geen antwoord kon geven op haar raadsel: 'Welk wezen heeft 's ochtends vier benen, 's middags twee en 's avonds drie?' Oidipous daagde het monster uit en gaf het juiste antwoord: 'De mens' (die als baby op handen en voeten kruipt, in de bloei van zijn jaren rechtop loopt en oud geworden een stok gebruikt). De Sfinx stortte zich in de oceaan en Oidipous werd in triomf binnengehaald als de redder van de stad. Men vroeg hem de heerschappij over de stad op zich te nemen en te trouwen met de pas weduwe geworden koningin – zijn eigen moeder, Iokaste.

Vele jaren later werd de stad getroffen door droogte, hongersnood en ziekte. Het orakel in Delphi vertelde de Thebanen dat er slechts een einde aan de plaag zou komen wanneer de moordenaar van Laios verdreven zou zijn. Oidipous nam het op zich deze te gaan zoeken en vernam uiteindelijk de waarheid van de blinde ziener Teiresias. Oidipous stak zich de ogen uit en ging in ballingschap. Iokaste verhing zich.

Een beschildering van een kylix (ondiepe drinkbeker) uit ca. 470 v. Chr., met daarop Oidipous, met reishoed en reisstaf, en de Sfinx.

IXION
Een beruchte overtreder op seksueel gebied was Ixion, de koning van de Lapithen, een legendarisch volk in Thessalië. Hij probeerde de godin Hera te verkrachten, maar zij bedroog hem door in zijn bed een wolk met haar gedaante te leggen, waarmee Ixion, toen hij dronken was, de liefde bedreef. Zeus strafte Ixion voor zijn poging tot verleiding van zijn vrouw door hem te veroordelen tot de volgende straf: hij werd vastgebonden aan een brandend rad dat voor eeuwig rond zou draaien in de onderwereld. Uit de paring van Ixion met de wolk werd Kentauros geboren, die zich later zelf op seksueel gebied zou misdragen: hij had gemeenschap met een merrie en werd de vader van de eerste Kentaur (zie p. 164). Op de bovenstaande schildering is de straf van Ixion te zien.

KENTAUREN EN AMAZONEN
Legendarische volken

Kentauren in gevecht met de Lapithen, zoals afgebeeld op een tempelfries uit Bassai in Arkadië, op de Peloponnesos.

Amazonen in gevecht met de Atheners, zoals te zien op een fries van het Parthenon, Athene, 447-432 v. Chr.

De Kentauren en Amazonen waren legendarische wezens die verantwoordelijk gehouden werden voor de ondermijning van de gedragsnormen van de beschaving.

De Kentauren, afstammelingen van Ixion (zie p. 163), hadden het bovenlichaam van een mens en waren voor de rest een paard. Ze werden dikwijls geassocieerd met seksuele uitspattingen en geweld. Op het huwelijksfeest van koning Peirithoös van de Lapithen probeerden de Kentauren diens bruid te ontvoeren, waardoor er een gevecht ontstond waarin Theseus de Lapithen hielp. Maar er waren ook verstandige en vriendelijke Kentauren, zoals Cheiron, die verantwoordelijk was voor de opvoeding van verscheidene helden, onder wie Iason en Herakles, en Pholos, die Herakles als zijn gast ontving. (Helaas liep het bezoek van Herakles slecht af: de andere Kentauren eisten hun deel op van de wijn die Pholos hem had aangeboden. Zij werden door de boze held in de strijd verslagen. Een andere Kentaur, Nessos, was uiteindelijk de oorzaak van de dood van Herakles: zie p. 148).

De Amazonen waren krijgshaftige vrouwen uit het oosten, die zich vaak kleedden als Perzen (en daarom 'barbaren' waren); ze reden paard, moordden en roofden. Als wapen hanteerden zij gewoonlijk de pijl en boog en volgens sommige verhalen sneden zij één borst af om het spannen van de boog te vergemakkelijken. (Volgens enkele bronnen betekent Amazone 'zonder borst', hoewel Amazonen altijd met twee borsten worden afgebeeld.) Ze zouden in hun land mannen als slaven gehouden hebben, naar wie zij één maand per jaar terugkeerden om zich voort te planten. Kinderen van het mannelijk geslacht lieten zij doodgaan, terwijl meisjes zó opgevoed werden dat ze net als hun moeder werden. In de *Ilias* doodt Achilleus Penthesileia, de koningin van de Amazonen (zie p. 158).

GEDAANTEVERWISSELINGEN

Mythen over metamorfosen; Orpheus

Tot de bekendste Griekse mythen over gedaanteverwisselingen behoort het verhaal van Alkyone en haar echtgenoot Keyx, die de euvele moed hadden zich Hera en Zeus te noemen. Hierom werden zij door de goden in zeevogels veranderd. Iedere winter zorgde Aiolos, de koning der winden, er zeven dagen lang voor dat de golven kalm waren, opdat Alkyone, die een ijsvogel (in het Grieks 'alkyone') was geworden, haar eieren ongestoord kon uitbroeden.

Twee verhalen over gedaanteverwisselingen betreffen de nimf Echo. In de beroemdste van deze twee laat Hera zich door haar onafgebroken woordenstroom lang genoeg afleiden om Zeus de gelegenheid te geven ongemerkt weg te gaan van de plaats van een van zijn liefdesverhoudingen. Als straf hiervoor laat Hera Echo slechts de ijlste van alle stemmen. Echo wordt heel erg verliefd op Narkissos, de mooie zoon van Kephisos, een riviergod, maar wanneer ze probeert hem te verleiden, kan ze slechts zijn laatste woorden herhalen. Ze vervloekt Narkissos, die later naar een poel gaat en bij het zien van zijn eigen spiegelbeeld verliefd wordt op het mooie beeld, dat hij niet kan bezitten. Ook hij kwijnt weg en wanneer hij sterft, verandert hij in de narcis.

In de tweede mythe wordt Echo achterna gezeten door Pan, de god van bossen en weiden, die vaak werd afgebeeld met de poten en de horens van een bok. Ze wijst zijn toenaderingspogingen af en vlucht, maar uit woede over deze afwijzing brengt Pan een groep herders tot waanzin, zodat zij de nimf aan stukken scheuren. Het enige wat overblijft is haar klaaglijke stem, die in en om de bergen weerklinkt.

Hera speelt ook een rol in de mythe van Io, een minnares van haar echtgenoot Zeus. Io, priesteres van Hera, is de dochter van een andere riviergod, Inachos. Zeus begeert haar en neemt de gedaante van een wolk aan om met haar gemeenschap te hebben, maar als Hera argwaan krijgt, probeert hij zijn vrouw te bedriegen door Io in een mooie witte vaars te veranderen. Hera doet net of ze erin trapt en vraagt Zeus de vaars ten geschenke. Als Io eenmaal in haar bezit is, laat zij haar voortdurend bewaken door Argos, een monster met honderd ogen. Om zijn minnares te bevrijden bedient Zeus zich van de hulp van de sluwe Hermes, die Argos in slaap brengt met verhalen en vervolgens zijn hoofd afhakt. Hera laat dat niet op zich zitten en stuurt een horzel op Io af die haar moet kwellen. Tot razernij gedreven door het insekt zwerft de arme Io over de wereld, tot ze Egypte bereikt. Daar geeft Zeus haar weer de gedaante van een mens door haar zacht aan te raken (*epaphein*), terwijl hij haar tegelijkertijd zwanger maakt van een zoon, Epaphos, de stichter van de koninklijke families van Egypte en van Argos en de vooroudeur van de Danaïden (zie p. 162).

Van Teiresias, de beroemdste ziener in de Thebaanse legenden, werd gezegd dat hij zeven generaties lang geleefd had. In één verhaal ziet hij twee slangen paren en stoort hij hen hierbij met een stok, als gevolg waarvan hij veranderd wordt in een vrouw. Acht jaar later ziet hij dezelfde slangen paren, slaat ze opnieuw en wordt dan weer in een man veranderd.

Later hebben Zeus en Hera ruzie over de vraag wie aan de geslachtsgemeenschap meer plezier beleeft. Hera beweert dat vrouwen dat in veel mindere mate doen dan mannen. Teiresias, de enige die bekend is met beide kanten van de zaak, wordt geraadpleegd. Zijn antwoord dat vrouwen er negen maal zoveel plezier aan beleven als mannen, maakt Hera zo kwaad dat ze Teiresias met blindheid slaat. Zijn blindheid wordt echter gecompenseerd door de gave van de profetie.

Hermes maakt zich op om de kop van Io's bewaker Argos af te slaan, nadat de god hem met zijn verhalen in slaap heeft gebracht. Een vaasschildering uit ca. 470 v. Chr.

ORPHEUS EN DE ORFISTEN

Een van de bekendste mythen over gedaanteverwisselingen is het verhaal van Orpheus en Eurydike, waarin de grote zanger erin slaagt zijn geliefde uit het dodenrijk terug te brengen, maar haar weer verliest. Orpheus zelf onderging de verandering van de dood naar het eeuwige leven, zij het met een in stukken uiteengereten lichaam.

Orpheus, een Thraciër, was de zoon van Kalliope, de muze van de epische dichtkunst en de welsprekendheid, en hij stond bekend als de grootste van alle zangers. Hij was getrouwd met Eurydike. Toen zij stierf, was hij zo ontroostbaar door verdriet dat hij zijn lier pakte en de onderwereld zelf binnenging. Terwijl hij speelde en zong, lieten de goden des doods zich door zijn muziek vermurwen Eurydike naar de aarde te laten terugkeren, echter op één voorwaarde: Orpheus mocht niet omkijken terwijl hij haar meevoerde naar het licht. Toen Orpheus echter de uitgang van de onderwereld bereikt had, werd hij bevangen door vrees en liefde en draaide hij zich om teneinde Eurydike te zien. Ze verdween voorgoed weer in de onderwereld. In zijn verdriet wees Orpheus alle toenaderingspogingen van vrouwen af. Een groep Thracische vrouwen werd hierover zo woedend dat zij hem aan stukken sneden, maar dat hielp niets: zijn afgehouwen hoofd en zijn lier gingen door met zingen. Boven zijn hoofd werd een tempel gebouwd, van waaruit voorspellingen werden gedaan.

Orpheus zou de stichter geweest zijn van een mysteriegodsdienst, het orfisme (zie p. 128).

ROME

Het Forum Romanum was het godsdienstige, maatschappelijke en commerciële centrum van de stad. Er stonden tempels voor Janus en Saturnus en ook een tempel voor Vesta, waar de vlam van de stad blijvend brandend werd gehouden.

Het Romeinse Rijk heerste gedurende de eerste vier eeuwen n. Chr. in het grootste deel van het huidige Europa en daarbuiten. Rome zelf had een miljoen inwoners, terwijl het rijk vijftig miljoen of meer inwoners telde, die meer dan honderd talen spraken, naast het Latijn, de taal van het centrale bestuursapparaat.

Voor een goed begrip van de Romeinse mythologie is de omvang van de heerschappij van Rome van cruciaal belang. In zo'n uitgestrekt rijk zou één enkel systeem van mythologische en godsdienstige tradities zich niet hebben kunnen handhaven. De Egyptische mythen van Isis en Osiris, de Griekse mythen van Oidipous en Agamemnon, de Keltische mythen die in Brittannië en Gallië (het huidige Frankrijk) verteld werden, waren allemaal op een bepaalde manier *Romeinse* mythen: de inwoners van het rijk konden deze beschouwen als hun eigen mythen.

De Romeinen namen de mythen van hun onderworpen onderdanen over. Voor wie er met een modern oog naar kijkt, is het resultaat een reeks beelden die schijnbaar met elkaar in tegenspraak zijn – tempels van inheemse godheden van Italië naast die van Griekse of oosterse goden; hoge 'Romeinse' priesters die schouder aan schouder staan met de uitheemse, kleurrijke, ontmande priesters van de Grote Moeder.

Niettemin werd binnen deze pluriforme cultuur een aantal mythen gezien als specifiek Romeins. De bekendste hiervan hebben betrekking op de stichting van de stad (de mythen van Aeneas en Romulus) en de legendarische helden van haar vroege geschiedenis.

DE STAD ROME

Voor de inwoners van het rijk was Rome een heilige stad, afgebakend door een heilige grens, het *pomerium*. In deze religieuze ruimte zouden veel van de gebeurtenissen uit het verleden van Rome plaatsgevonden hebben – de precieze plaats was nog 'bekend' en werd herdacht, tot in de eerste eeuwen n. Chr. Veel van deze episoden maakten deel uit van de mythe van de stichter van Rome, Romulus. De Lupercalus (de grot waarin hij en zijn broer Remus gevoed werden door de wolvin: zie p. 174) werd vereenzelvigd met een grot op de hellingen van de Palatijnse heuvel, die opgesierd werd door rituele gaven. Een primitieve houten hut op dezelfde heuvel, waarvan werd aangenomen dat Romulus deze bewoond had, werd gedurende de hele geschiedenis van de stad in zijn oorspronkelijke staat bewaard. En ondanks verscheidene uitbreidingen bleef men als *pomerium* de ploegvoor aanhouden waarmee Romulus zijn nieuwe stad had afgebakend. Een kleine vijver op het Forum – het Meer van Curtius – markeerde de plek waar een jonge Sabijnse krijger, Curtius, tijdens de oorlogen tussen Romulus en het Sabijnse volk, van zijn paard was gevallen en bijna was verdronken in een moeras. In deze en andere voorbeelden fungeerde de stad Rome als een voortdurende herinnering aan de mythische traditie.

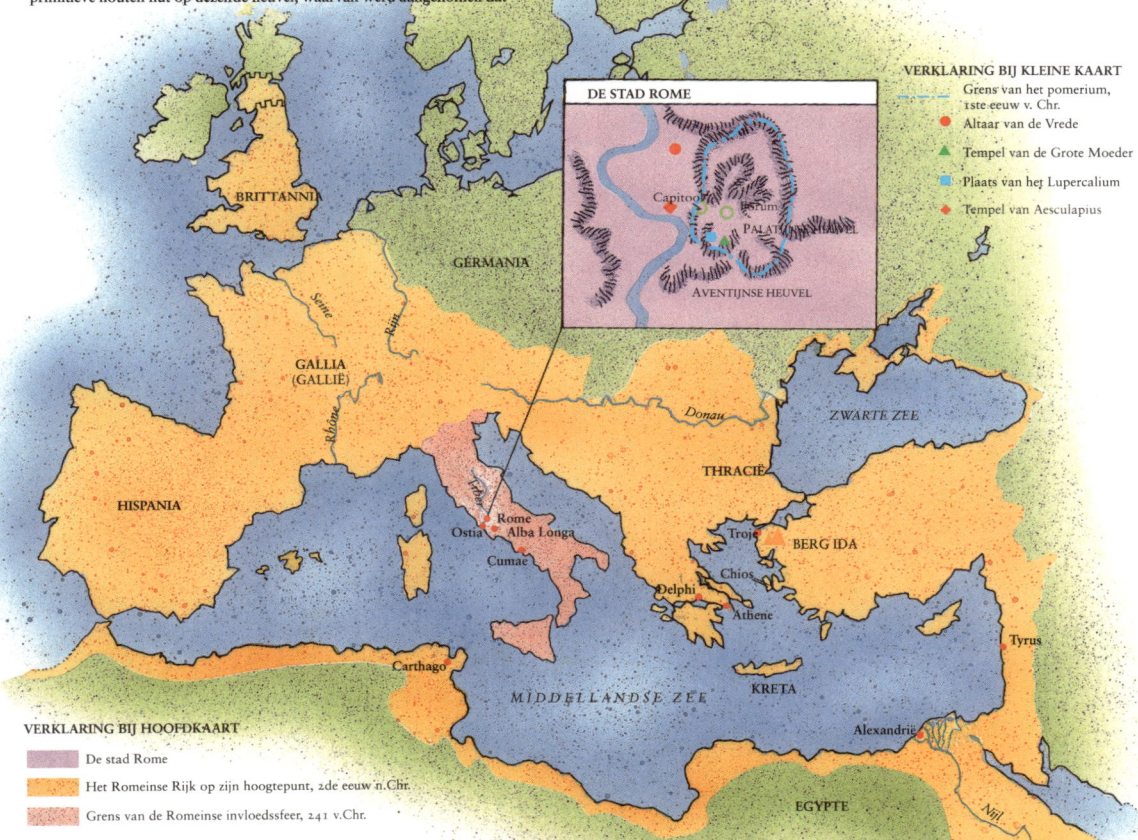

VERKLARING BIJ KLEINE KAART
- Grens van het pomerium, 1ste eeuw v. Chr.
- ● Altaar van de Vrede
- ▲ Tempel van de Grote Moeder
- ■ Plaats van het Lupercalium
- ♦ Tempel van Aesculapius

VERKLARING BIJ HOOFDKAART
- De stad Rome
- Het Romeinse Rijk op zijn hoogtepunt, 2de eeuw n.Chr.
- Grens van de Romeinse invloedssfeer, 241 v.Chr.

DE GODEN EN HET RIJK

De Romeinen geloofden dat zij hun rijk hadden verkregen met behulp van de goden, die de Romeinse vroomheid beloonden met militaire overwinningen. Overwinningen van het rijk leidden tot de overname van nieuwe goden – die van de overwonnen volken – en in de eerste fase van de Romeinse expansie leken deze vaak veel op de bestaande godheden van de stad. Naarmate het rijk zich verder uitbreidde, ontmoetten de Romeinen meer 'vreemde' godheden, zoals de Grote Moeder (zie p. 171), die moeilijker in te passen waren in de Romeinse tradities.

CHRONOLOGISCH OVERZICHT

753-510 v. Chr.	De tijd van de koningen
753 v. Chr.	Legendarische stichting van de stad
509-31 v. Chr.	De tijd van de republiek (Rome bestuurd door gekozen magistraten)
241 v. Chr.	Rome heerst over het grootste deel van Italië, met inbegrip van Sicilië
218-201 v. Chr.	De oorlog van Rome tegen Hannibal
206 v. Chr.	Spanje onder Romeinse heerschappij
146 v. Chr.	Griekenland en de Noordafrikaanse kust onder Romeinse heerschappij
44-31 v. Chr.	Burgeroorlogen, eindigend met de overwinning van de toekomstige keizer Augustus
Vanaf 31 v. Chr.	De keizertijd
31 v. Chr.-14 n. Chr.	Regering van Augustus. Augustus voegt Egypte en delen van Germanië aan het rijk toe; enkele latere keizers voegen nog meer gebied toe
Midden 3de eeuw n. Chr.	Belangrijke reeks invallen van barbaren; het keizerrijk in een crisis
284-305 n. Chr.	Keizer Diocletianus herstelt de eenheid in het keizerrijk
307-337 n. Chr.	Regering van Constantijn, de eerste keizer die tot christen gedoopt wordt
364 n. Chr.	Het Romeinse Rijk verdeeld in twee helften: het Oost- en het Westromeinse Rijk
476 n. Chr.	Romulus Augustulus, laatste Romeinse keizer in het westen, afgezet

GODEN EN GODINNEN
Het geleende pantheon; huisgoden en burgerdeugden

Venus (gelijkgesteld met de Griekse Aphrodite) werd beschouwd als de dochter van Jupiter, de vrouw van Vulcanus en de moeder van Cupido. Ze werd ook beschouwd als de moeder van Aeneas. Op deze muurschildering uit Pompeii is de geboorte van Venus te zien.

JANUS
De macht van Janus (de god van deuren en bogen) werd gevestigd in een vroege periode van de Romeinse godsdienst. Hij had geen Griekse tegenhanger. Janus wordt op munten afgebeeld als twee kanten uitkijkend, wegens zijn band met ingangen en uitgangen (zie onder).

Het is geen toeval dat de belangrijkste goden van het Romeinse pantheon in karakter veel op de Griekse godheden leken. Sommigen werden direct vanuit de Griekse wereld geïmporteerd (bijvoorbeeld Aesculapius, god der geneeskunst, afgeleid van de Griekse Asklepios die in 293 v. Chr. in Rome werd ingevoerd op aanwijzing van een orakel na een verwoestende plaag). Andere inheemse godheden werden geleidelijk geherinterpreteerd naarmate de contacten van Rome met Griekenland verder toenamen, en werden dan het equivalent van bepaalde Griekse godheden (bijvoorbeeld Jupiter als equivalent van Zeus, Venus van Aphrodite). De Griekse Godin Pallas Athena werd voor de Etrusken Minerva, schutsgodin der ambachten (de Etruskische beschaving dateerde van vóór de Romeinse en bloeide in de 6de eeuw v. Chr. ten noorden van de Tiber); en de Romeinen namen deze godin over van hun Etruskische voorgangers. Diana, een godin van de bossen in Italië, werd mettertijd vereenzelvigd met de Griekse Artemis. Apollo, de Griekse god van het licht en het intellect, kwam ook tot de Romeinen via de Etrusken, maar werd pas belangrijk onder de regering van keizer Augustus (in het begin van de 1ste eeuw n. Chr.).

Er waren geen inheemse mythen waarin deze afgeleide godheden een rol speelden. Af en toe verschenen ze aan mensen in visioenen of vochten ze aan de zijde van de Romeinen als deze slag leverden (Castor en Pollux zouden tussenbeide gekomen zijn in de slag bij het Regillusmeer in 496 v. Chr.). Maar verder waren de meeste van de verhalen die de Romeinen rond hun goden bedachten geleend van de Grieken, of waren ze bewust verzonnen volgens het Griekse patroon. In de poëtische verhalen over gedaanteverwisselingen van Ovidius, de *Metamorfosen* (43 v. Chr.-17 n. Chr.), wordt Griekse mythen op levendige wijze een Romeinse kleur gegeven. Vooral opmerkelijk zijn de verhalen waarin verteld wordt hoe Jupiter zijn vrouw Juno (de Griekse Hera) bedriegt door zijn minnares Io de gedaante

Griekse en Romeinse parallellen

Godheid	Grieks 'equivalent'	Belangrijkste functies
Jupiter	Zeus	God van de hemel; oppergod
Juno	Hera	Echtgenote van Jupiter
Minerva	Athena	Godin van de wijsheid
Apollo	Apollo	God van de geneeskunst, de poëzie en de muziek
Diana	Artemis	Godin van de jacht
Ceres	Demeter	Godin van de oogst
Dionysus, Bacchus, Liber	Dionysos (Bakchos)	God van de wijn en de extase
Mars	Ares	God van de oorlog
Venus	Aphrodite	Godin van de liefde
Neptunus	Poseidon	God van de zee
Mercurius	Hermes	God van de handel; boodschapper van de goden
Vesta	Hestia	Godin van de haard
Saturnus	Kronos	God van het zaaien en het zaad
Dis Pater	Hades	God van de onderwereld
Faunus	Pan	Een bosgod
Cupido	Eros	God van de liefde; zoon van Venus
Vulcanus	Hephaistos	God van het vuur en het smidswerk
Aesculapius	Asklepios	God van de geneeskunst
Castor en Pollux	Kastor en Polydeukes	Goddelijke zonen van Jupiter

De oude Italische god Faunus met attributen van de Griekse god Pan.

De Lares waren huisgoden die aanbeden werden samen met de Penates (goden van de provisiekamer, en dus van de welstand van de familie). Bij huisaltaren stonden vaak kleine beeldjes van de Lares, afgebeeld met een korte tuniek aan en met in hun hand een drinkhoorn en schaal (boven).

GRIEKSE EN ROMEINSE GODEN VERGELEKEN
Schrijvers uit de Oudheid onderkenden zelf een verschil tussen Griekse en Romeinse godheden. Varro (een Romeinse schrijver uit de 1ste eeuw v. Chr.) wees erop dat in de vroegste geschiedenis van de stad Rome goden en godinnen – in tegenstelling tot hun Griekse tegenhangers – nooit waren voorgesteld in menselijke gedaante. Een Griekse historicus die ongeveer in dezelfde tijd schreef, Dionysios, benadrukte de morele superioriteit van de Romeinse ten opzichte van de Griekse godheden: Romulus, zo schreef hij, had de morele status van de goden verhoogd, omdat hij door het stichten van de stad alle oude mythen over de eerloze daden van de goden had verworpen.

VAN MENS TOT GOD

Onder de Romeinse goden waren er enkele die hun leven begonnen waren als sterveling. De stichter van Rome, Romulus, zou bij zijn dood vergoddelijkt zijn en werd de god Quirinus. Men beweerde dat hij op geheimzinnige wijze was verdwenen en vervolgens in een droom was verschenen aan een van zijn burgers, aan wie hij uitlegde dat hij door de goden was meegevoerd om een van hen te worden.

Later in de geschiedenis van de stad riep de Romeinse Senaat een groot aantal van de keizers officieel tot god uit – en soms ook hun vrouw en kinderen. Een van de keizers, Vespasianus, maakte op zijn doodsbed de volgende grap: 'O hemeltje, ik geloof dat ik een god word.' Net als alle onsterfelijken werden deze goddelijke keizers aanbeden en werden er tempels en erediensten aan hen gewijd.

Op het reliëf hierboven, dat aangetroffen is in Rome, is de vergoddelijking van keizer Antoninus Pius en zijn vrouw keizerin Faustina te zien.

van een koe aan te laten nemen; hoe de nimf Daphne zich veranderde in een laurierboom om aan de begeerten van Apollo te ontsnappen; en het verhaal van de jager Actaeon, die de godin Diana naakt ziet en als straf veranderd wordt in een hert en door zijn eigen jachthonden de dood in wordt gejaagd.

Opvallend is hoe weinig persoonlijkheid de goden van Rome bezitten. Zoals Jupiter verschijnt in de *Aeneis* van Vergilius, mist hij het tirannieke karakter en de wellustige aard van Zeus, terwijl Venus niets heeft van de sensualiteit of de hardvochtigheid van Aphrodite. De oorlogsgod Mars werd, in tegenstelling tot zijn Griekse tegenhanger Ares, geassocieerd met de landbouw, wat het belang weerspiegelt dat de Romeinen hechtten aan burgerlijke deugden en verantwoordelijkheden van de gemeenschap: er zit aan hem ook een patriottisch aspect als de vader van Romulus, de eerste koning van Rome. Vooral schimmig waren de antieke huisgoden, de Lares. Een huisaltaar voor de Lares, die in veel woningen aangetroffen kon worden, was vaak versierd met beeldjes of schilderingen waarop kleine figuurtjes te zien waren, gekleed in een korte, wijd uitlopende tuniek van hondevel en met in hun handen een drinkbeker en een offerschaal (zie p. 169). Maar deze godheden speelden in geen enkel mythisch verhaal een rol: ze hadden geen afzonderlijke namen en bestonden alleen als een ongedifferentieerde groep. Evenmin werden er ooit verhalen in verband gebracht met de godheden die de verpersoonlijking van menselijke begrippen waren – Fides ('geloof'), Honor ('eer'), Spes ('hoop') en dergelijke. Ze waren louter emblematisch en vertegenwoordigden datgene waaraan ze hun namen ontleenden.

De Grote Moeder

Een van de meest exotische godheden die in Rome werden ingevoerd, was de Grote Moeder (Magna Mater). Zij werd in 204 v. Chr. overgenomen uit Klein-Azië (het moderne Turkije). Veel Romeinse schrijvers hebben een beschrijving gegeven van haar intrede in Rome. Het volgende verslag is grotendeels gebaseerd op dat van de dichter Ovidius uit de 1ste eeuw v. Chr.

Hopend op de overwinning in hun oorlog tegen de Carthagers onder Hannibal, raadpleegden de Romeinen een plaatselijk orakel dat een vreemd antwoord gaf: 'De moeder is afwezig, zoek de moeder. Wanneer ze komt, moet ze ontvangen worden door kuise handen.' Omdat ze niet wisten wat ze daarmee aan moesten, gingen de Romeinen te rade bij het Griekse orakel in Delphi om een andere mening te horen en het orakel adviseerde hun 'de Moeder der Goden te halen, die te vinden is op de Ida'. Daarom zonden ze gezanten naar koning Attalus, in wiens rijk de Ida lag, met de vraag of ze het cultusbeeld van de Grote Moeder naar Rome mochten brengen.

Attalus gaf geen toestemming, maar toen sprak de godin zelf op wonderbaarlijke wijze en zei dat het haar eigen wens was om mee te gaan. Onder de indruk van deze woorden stemde de koning toe, waarop een boot werd gebouwd om de kostbare lading te vervoeren.

De lange reis over de Middellandse Zee eindigde in Ostia, de haven van Rome aan de monding van de Tiber. Alle burgers stroomden toe om de godin te zien. Mannen probeerden de boot op de kust te trekken, maar deze was vastgelopen op een zandbank en kon niet losgetrokken worden. De Romeinen waren bang dat ze niet aan de voorwaarden van het orakel konden voldoen. Maar toen stapte Claudia Quinta naar voren – een edelvrouw die ten onrechte werd beschuldigd van onkuisheid. Zij hief haar handen omhoog in gebed tot de Grote Moeder. 'Als ik onschuldig ben aan alles wat mij verweten wordt,' riep ze uit, 'geef u dan over, godin, aan mijn kuise handen.' Toen trok ze de boot zonder moeite aan land en het cultusbeeld werd naar zijn nieuwe tempel gebracht.

Een stenen hoofd (boven) van de Grote Moeder (ook bekend als Cybele).

De Romeinen hadden altijd gemengde gevoelens ten aanzien van de Grote Moeder. Aan de ene kant deed haar extatische eredienst met zijn priesters die zichzelf ontmanden, zijn wilde muziek en dans, niet Romeins aan. Aan de andere kant werd ze gezien als een 'inheemse' godin, omdat volgens de legende van Aeneas haar land van herkomst, bij Troje, uiteindelijk de geboortegrond van het Romeinse volk was.

Een zilveren bord met daarop Cybele in een strijdwagen die wordt voortgetrokken door leeuwen, gezeten naast haar geliefde, de schaapherdersjongen Attis.

DE STICHTING VAN ROME

De lotsbestemming van de Trojaan Aeneas

Een muurschildering uit Pompeii waarop Aeneas wordt afgebeeld terwijl zijn gewonde been behandeld wordt. Hij heeft zijn arm om de schouder van zijn zoon, en Venus, zijn moeder, kijkt toe.

In de Griekse mythologie was Aeneas een tamelijk onbelangrijke Trojaanse held in de strijd tussen de Grieken en Trojanen. Hij was de zoon van Anchises en de godin Aphrodite, die vóór zijn geboorte had voorspeld dat het kind eens zou heersen over de Trojanen en de stamvader zou zijn van een eeuwigdurende dynastie. Al zeker vanaf de 3de eeuw v. Chr. werd Aeneas in Rome geroemd als de mythische stichter van het Romeinse volk; het verhaal hoe hij dat geworden was, werd verteld in de *Aeneis* van Vergilius, geschreven in de 1ste eeuw v. Chr.

Toen de Grieken de stad Troje verwoestten, ontsnapte Aeneas met zijn vader op zijn rug en in zijn armen zijn zoon (Ascanius) en de beelden van zijn voorvaderlijke goden. Hij begon aan een lange en gevaarlijke reis rond de Middellandse Zee (de oude Anchises stierf onderweg) en bereikte uiteindelijk Cumae aan de kust van Italië. Daar raadpleegde hij allereerst de Sibylle, een priesteres van Apollo, die optrad als zijn gids tijdens een bezoek aan de onderwereld. Volgens Vergilius werd hij hier herenigd met zijn vader, die hem vertelde over de toekomstige grootheid van het volk dat hij voorbestemd was te stichten en die hem de zielen liet zien van beroemde Romeinen uit de toekomst die op hun geboorte wachtten.

Vanuit Cumae voer Aeneas weer uit, en hij landde in het Italische koninkrijk Latium, waar de koning, Latinus, hem de hand van zijn dochter Lavinia beloofde. Een orakel had verklaard dat ze zou trouwen met een vreemde vorst. Maar de hand van Lavinia was eerder al toegezegd aan Turnus, de leider van een andere Italische stam, de Rutili. Er brak een oorlog uit, waarin Aeneas en Latinus een bondgenootschap sloten met Euander, koning van Pallanteum, de plaats waar de stad Rome zou ontstaan. Uiteindelijk doodde Aeneas Turnus in een tweegevecht.

De *Aeneis* eindigt met de nederlaag van Turnus, maar er waren verscheidene overleveringen over de rest van het verhaal over het ontstaan van de dynastie van Aeneas. Volgens enkele hiervan was Aeneas de stichter van Rome zelf. Maar vaker werd gezegd dat Aeneas de stad Lavinium stichtte en dat zijn zoon Ascanius een tweede stad stichtte, Alba Longa.

Deze versies van het verhaal, volgens welke Aeneas en Ascanius de stichters waren van de eerste 'pre-Romeinse' Trojaanse vestigingen in Italië, hadden ongetwijfeld tot doel de geschiedenis van Aeneas in overeenstemming te brengen met het andere verhaal over de stichting van Rome, dat over Romulus, die afstamde van de koningen van Alba Longa (zie p. 174).

Aeneas werd een belangrijk symbool van Romeinse morele waarden – vooral de vroomheid die sprak uit de heldhaftige redding van zijn vader, en de volharding en het plichtsbesef die kenmerkend waren voor de grote moeite die hij zich in het begin getroostte om het Romeinse volk te stichten. Deze symboliek wordt vooral benadrukt tijdens de regering van keizer Augustus (31 v. Chr.-14 n. Chr.), wiens familie (de Julii) er aanspraak op maakte in directe lijn af te stammen van Aeneas. Het 'Forum van Augustus' liet standbeelden zien van niet alleen Aeneas, maar ook van Ascanius, de koningen van Alba Longa die op Ascanius volgden, en de andere voorouders die hem in directe lijn met de stichter van Rome plaatsten.

Het door Vergilius vertelde verhaal over Aeneas bevat een relaas van zijn liefdesgeschiedenis met de Carthaagse koningin Dido (zie p. 173). In eerdere versies van het verhaal van Dido speelde Aeneas waarschijnlijk geen rol.

Aeneas en Dido

Tijdens zijn zwerftocht rond de Middellandse Zee landde Aeneas, voordat hij in Italië aankwam, in Carthago, aan de kust van Noord-Afrika. Daar werd hij, volgens de Aeneis *van Vergilius*, verliefd op de Carthaagse koningin Dido.

Dido was van geboorte Fenicisch en afkomstig uit de stad Tyrus. Gedwongen haar vaderland te ontvluchten na de moord op haar echtgenoot, was ze bezig met de voltooiing van de bouw van een nieuwe stad bij Carthago toen Aeneas en zijn mannen daar in de buurt aanspoelden. Ze ontving hen allerhartelijkst en werd bijna meteen smoorverliefd op Aeneas. Aangemoedigd door haar zus Anna gaf ze langzaamaan toe aan haar verlangen naar de vreemdeling en groeide haar hoop op een huwelijk.

Op een dag, toen Aeneas en zij samen op jacht waren, stak er een storm op, en op zoek naar een schuilplaats belandden Aeneas en Dido in een grot. Terwijl de storm woedde, bedreven ze de liefde. Van toen af aan leefden ze samen als man en vrouw en Aeneas gedroeg zich bijna alsof hij de koning van Carthago was.

Toen een boodschapper van de goden Aeneas kwam herinneren aan zijn plicht om in Italië een nieuw Troje te stichten, besloot de Trojaan dat hij zijn geliefde moest verlaten en zijn reis moest vervolgen. Dido ontdekte al gauw wat zijn bedoelingen waren en bracht hem zijn verraad onder ogen. Ofschoon Aeneas zelf zeer ontdaan was, kon hij alleen maar aanvoeren dat de goden hem hadden gedwongen en hij smeekte haar hun afscheid niet extra zwaar te maken.

In haar wanhoop besloot Dido zich te doden. Ze bouwde een enorme brandstapel voor zichzelf en deed alsof deze bedoeld was voor een magisch ritueel om Aeneas bij haar terug te brengen of haar in ieder geval van haar liefde te genezen. Na een slapeloze nacht stond ze op om vast te stellen dat het schip van Aeneas al op zee was. Hem vervloekend en biddend om eeuwigdurende vijandschap tussen Carthago en de afstammelingen van Aeneas, beklom ze de brandstapel en doorstak ze zich met het zwaard van haar minnaar.

Aeneas wist niet geheel aan Dido te ontsnappen. Tijdens een bezoek aan de onderwereld kwam hij haar geest tegen en probeerde hij nogmaals zijn gedrag te rechtvaardigen. Maar Dido wilde niet met hem praten. Ze sloop weg en voegde zich bij de geest van haar echtgenoot.

Aeneas en Dido in een omarming (boven): een detail van een mozaïekvloer. In het tafereel hieronder, afkomstig van dezelfde plek, is te zien hoe zij zich tijdens de jacht tot elkaar aangetrokken beginnen te voelen.

ROMULUS EN DE KONINGEN VAN ROME

De wolvin en de mythen van het verleden

De naam van de stad, in het Latijn Roma, is afgeleid van Romulus, de legendarische stichter. Hij en zijn tweelingbroer Remus waren zonen van Rhea Silvia, een vrouw die behoorde tot de koninklijke dynastie van Alba Longa, en de god Mars, die haar had verleid in een heilig bos waar ze op zoek was naar water. Toen haar oom Amulius, de koning, haar geheimzinnige zwangerschap bemerkte, zette hij haar gevangen; zodra de kinderen geboren waren, liet hij hen achter op de oevers van de Tiber.

De tweeling werd gevonden door een wolvin die hen zoogde tot ze werden ontdekt door een schaapherder (Faustulus), die hen grootbracht als zijn eigen kinderen. Toen ze ouder waren, gingen Romulus en Remus uit stelen en op een keer vielen ze enkele herders van Amulius aan. Remus werd gegrepen en voor Amulius geleid; Faustulus koos dit moment om Romulus de feiten van zijn geboorte uit te leggen. Toen Romulus het verhaal had gehoord, ging hij meteen weg om Remus te redden; hij vermoordde Amulius en gaf de troon van Alba Longa, die nu vrij was, aan zijn grootvader, Numitor.

Romulus en Remus besloten hun eigen stad te stichten op de plaats waar de wolvin hen had gered. Maar er ontstond een geschil tussen de tweeling over de precieze plaats. Op aanwijzing van de goden begon Romulus een ploegvoor te trekken als grenslijn rondom de door hem gekozen plek op de Palatijnse heuvel, maar Remus sprong over de ploegvoor (het oorspronkelijke *pomerium*) alsof hij wilde laten zien dat deze een zwakke verdedigingslinie vormde. Romulus zag dit als heiligschennis, doodde Remus en werd alléén koning van de nieuwe stad.

Het eerste probleem van Romulus was mankracht: hij moest Rome bevolken. Daarom stichtte hij daar een wijkplaats waar misdadigers en vluchtelingen uit heel Italië zich veilig konden vestigen als de eerste bewoners. Om voldoende vrouwen te vinden nam hij zijn toevlucht tot een list. Hij nodigde mensen uit de omliggende gebieden uit – de Sabijnse stammen – om gezamenlijk een godsdienstig feest te vieren, en terwijl dit aan de gang was, gaf hij zijn mannen de opdracht huwbare vrouwen te ontvoeren.

Om dit te vergelden verzamelde de Sabijnse koning, Titus Tatius, zijn troepen en trok hij het Romeinse grondgebied binnen. Na enige gevechten tussen de twee partijen, waarin de Sabijnen door de Romeinse verdediging op het Capitool heendrongen, kwamen de Sabijnse vrouwen, nu de echtgenotes van Romeinen, tussenbeide en smeekten hun vaders en hun mannen de vijandelijkheden te staken. De vrede werd gesloten en de twee volkeren werden verenigd. Tot zijn dood kort na de oorlog heerste Titus Tatius samen met Romulus. Daarna ging Romulus aan het hoofd staan van de gehele gemeenschap en regeerde hij nog 33 jaar – de eerste koning van Rome.

DE WOLVIN EN DE TWEELING
Het beeld van Romulus en Remus, die gezoogd worden door de wolvin, werd later door Rome gebruikt als symbool van zijn toenemende macht. In het begin van de 2de eeuw v. Chr., toen de militaire invloed van Rome zich naar het oosten uitbreidde, werd op het verre Griekse eiland Chios een monument opgericht waarop Romulus en Remus waren afgebeeld. In Rome zelf liet keizer Augustus het beeld van de wolvin en de tweeling vaak opstellen naast dat van Aeneas. Sommige Romeinen stelden voor dat Augustus de naam Romulus als zijn officiële titel zou aannemen – maar door een grillige speling van het lot was het pas de allerlaatste keizer, Romulus Augustulus, die dat deed. Het mozaïek hierboven, uit Engeland ten tijde van de Romeinse overheersing, toont de wijdverbreide symbolische macht van het idee van de wolvin.

De Sabijnse-maagdenroof, te zien op een fries van de Basilica Aemilia op het Forum in Rome. Op een ander deel van deze fries (eind 1ste eeuw v. Chr.) is de straf van Tarpeia te zien (zie p. 175).

Mythen uit de geschiedenis van Rome

De grens tussen de vroege geschiedenis van Rome en de Romeinse mythen is moeilijk vast te stellen. Net als in Britse verhalen over koning Arthur of koning Alfred is er sprake van een mengeling van feitelijke en legendarische ingrediënten. Veel van de verhalen die Romeinse schrijvers als 'historisch' behandelden, zouden volgens moderne opvattingen als 'mythisch' beschouwd worden, en ze bevatten veel van de thema's die algemeen in de hele wereldmythologie worden gevonden. In deze verhalen neemt vooral de rol van vrouwen (hun verraad of hun kuisheid) een opvallende plaats in.

In de strijd tussen Romeinen en Sabijnen die volgde op de Sabijnse-maagdenroof (zie p. 174) probeerde een Romeinse vrouw, genaamd Tarpeia, de dochter van de Romeinse bevelhebber van het Capitool, de stad aan de vijand te verraden. Ze had Titus Tatius in zijn kamp gezien en was verliefd op hem geworden. Ze had erin toegestemd hem binnen te laten in de stad als hij beloofde haar te trouwen. Volgens een andere versie van het verhaal werd zij gedreven door hebzucht: ze begeerde de gouden armbanden van de Sabijnen en vroeg om 'wat de Sabijnen aan hun linkerarm droegen'. Titus Tatius drong met haar hulp door de verdediging van Rome, maar hij weigerde haar verraad te belonen. Ze werd verpletterd door de Sabijnen, die haar inderdaad bedolven onder 'wat ze aan hun linkerarm droegen' – niet hun armbanden maar hun schilden. Een beroemde rots op het Capitool, de 'Tarpeïsche rots', waar verraders en moordenaars naar beneden werden gegooid, werd naar haar vernoemd.

De laatste koning van Rome, Tarquinius de Trotse, werd ten val gebracht door de deugdzaamheid van een Romeinse vrouw, Lucretia. De zoon van de koning wilde met haar slapen, zelfs al was ze getrouwd en beroemd om haar trouwe gedrag. Hij ging naar haar huis, terwijl haar echtgenoot er niet was – hij was ten strijde getrokken – en werd gastvrij ontvangen. Toen drukte hij haar neer, met het zwaard in de hand, en smeekte haar de liefde met hem te bedrijven. Toen ze dit weigerde, chanteerde de jonge Tarquinius haar: hij dreigde niet alleen haar te doden, maar ook een van zijn slaven en zei dat hij hun lichamen naast elkaar zou achterlaten om het te doen voorkomen alsof zij, een edelvrouw, betrapt was bij overspel met een slaaf. Lucretia gaf zich gewonnen bij de gedachte aan de dreigende schande, maar toen haar verkrachter weg was, riep zij haar vader en echtgenoot bij zich en vertelde zij hun wat er gebeurd was. Ondanks hun smeekbeden en hun verzekering dat ze onschuldig was, doodde ze zichzelf.

Om haar dood te wreken kwamen haar familieleden in opstand tegen de koning, die naar de nabijgelegen stad Caere vluchtte. Het koningschap werd afgeschaft en de echtgenoot van Lucretia werd een van de eerste magistraten (consuls) van de 'vrije republikeinse' regering die in de plaats van het koningschap werd ingesteld. De verkrachting van Lucretia was de stichtingsmythe van de nieuwe Republiek – en de titel van 'koning' werd vanaf die tijd in Rome verafschuwd.

De legendarische zeven koningen van Rome

Naam	Regeringsperiode	Prestaties
Romulus	753-715 v. Chr.	Stichter van Rome
Numa	715-673 v. Chr.	Vestigde belangrijke godsdienstige instellingen
Tullus Hostilius	673-642 v. Chr.	Beroemd krijger
Ancus Marcius	642-616 v. Chr.	Breidde Rome uit
Tarquinius de Oudere	616-579 v. Chr.	Stichtte de Tempel van Jupiter en Minerva op het Capitool; andere bouwactiviteiten
Servius Tullius	579-534 v. Chr.	Constitutionele hervormingen
Tarquinius de Trotse	534-510 v. Chr.	Breidde Romeins gebied uit; despotisch heerser

Op deze Romeinse munt is Numa (links) te zien, terwijl hij een offer brengt. Hij heeft zijn priesterstaf in de hand.

DE KELTISCHE WERELD

Een luchtfoto van het fort van Dun Aonghusa op Inishmore, een van de Aran-eilanden in Ierland. Het verhaal gaat dat de drie gestapelde muren die het omringen zijn gebouwd door het mythische ras Fir Bholg, dat wegvluchtte na in de Eerste Slag van Magh Tuiredh te zijn verslagen (zie p. 180).

'Keltisch' is eigenlijk een taalkundige term. De Keltische streken zijn die gebieden in Europa en Klein-Azië waar ooit verwante Keltische talen werden gesproken; zij reiken van Ierland in het westen tot aan Turkije in het oosten.

Er valt helaas geen enkel samenhangend systeem in de pan-Keltische mythologie te ontdekken. Wel bestaan er bepaalde overeenkomsten tussen de Gallische goden die door de Romeinen werden beschreven en de goden van de 'eilanden'-literatuur (die van de Britse eilanden en Ierland). Deze overeenkomsten zijn echter zelden eenvoudig te duiden of vrij van dubbelzinnigheid.

Hoe de Romeinse interpretatie van de Keltische riten en goden was, is onduidelijk. Wanneer Julius Ceasar met ogenschijnlijk klassieke precisie en helderheid een beeld geeft van een Gallisch pantheon, brengt hij, uitgaande van Romeinse vooroordelen, een veelvormige godenwereld terug tot een eenvormige. Bovendien geeft hij zijn Gallische goden Romeinse namen.

Het is mogelijk dat de Kelten van het vasteland lokale stamgoden vereerden. Waar in een Gallische inscriptie de naam van een Romeinse god staat, kan deze naam soms duiden op een lokale god die werd gelijkgesteld aan een Romeinse god en soms op een pan-Keltische god aan wie een Romeinse naam was gegeven.

Volgens Caesar is de grootste van de Keltische goden de god die hij Mercurius noemt. Deze god is vrijwel zeker Lugus, de Ierse Lugh. Lugus betekent volgens de meeste geleerden 'de Stralende'. De zon werd vereerd als gever van leven en beschermer van vruchtbaarheid en genezing, met het wiel als zijn symbool.

Omdat er geen Keltische mythen van het vasteland in verhaalvorm bewaard zijn gebleven, zijn de verhalen van de eilanden bijzonder belangrijk als bron voor de mythologische traditie, hoewel er twijfel bestaat over hun nauwkeurigheid. In het Welsh blijken enkele verhalen uit de middeleeuwse *Mabinogion*-verzameling het voorbeeld te volgen van bekende internationale volksverhalen, waardoor ze niet met zekerheid als mythen kunnen worden beschouwd. In vroeg-Ierse sagen vinden we archaïsche elementen terug, maar die worden tegenwoordig beschouwd als literaire fictie, die typerend is voor de vroeg-Europese christelijke beschaving.

DE KELTISCHE WERELD

CHRONOLOGISCH OVERZICHT

9de eeuw v. Chr.	De Kelten vestigen zich ten noorden van de Alpen en het gebied van de Middellandse Zee
6de eeuw v. Chr.	De Kelten verspreiden zich over het hedendaagse Frankrijk en het voormalige Tsjechoslowakije
ca. 400 v. Chr.	De Kelten vallen Noord-Italië binnen
387 v. Chr.	De Kelten plunderen Rome
280 v. Chr.	De Galaten steken over naar Klein-Azië
279 v. Chr.	De Kelten vallen Griekenland binnen en plunderen het heiligdom van Delphi
2de eeuw v. Chr.	De Romeinen bezetten Gallië
1de n. Chr.	De Romeinen bezetten Brittannië
5de eeuw	De Angelsaksen vallen Brittannië binnen
5de en 6de eeuw	Britse Kelten vestigen zich in Bretagne

DE GOD LUGH IN PLAATSNAMEN

De God Lugh is een goed voorbeeld van de wijze waarop plaatsnamen het belang van bepaalde goden weergeven. Hij is aantoonbaar dezelfde Keltische god die Caesar Mercurius noemde en aan het hoofd van de Gallische hiërarchie plaatste: de 'Mercurius' van Caesar is 'de uitvinder van alle kunsten', terwijl in het Iers Lugh wordt aangeduid als een god 'in het bezit van, bekwaam in, vele kunsten'. De Welshe naam van Lugh is Lleu, en de oudere vorm van deze namen is Lugus, die is terug te vinden in de samengestelde plaatsnaam Lugdunon (Latijnse vorm: Lugdunum). Dit is de bron van plaatsnamen als Laon en Lyon (deze laatste stad werd door Augustus gekozen tot hoofdstad van Gallië en tot plaats voor zijn jaarlijkse festival) in Frankrijk, Leiden in Nederland en Leignitz in Silezië. Luguvalium of Luguvallum, de Romeins-Britse naam van het tegenwoordige Carlisle in Noord-Engeland, is afgeleid van Luguvalos, wat 'zo sterk als Lugus' of 'sterk in Lugus' betekent.

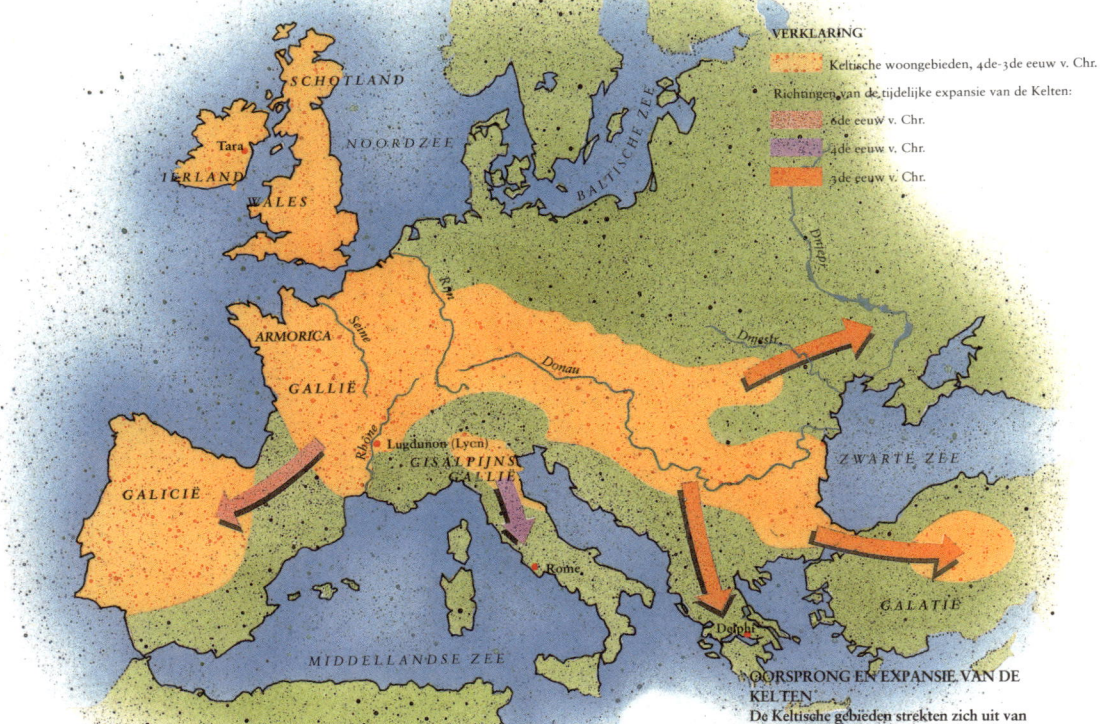

DE KELTISCHE TALEN

Op alle Britse eilanden werd voor en tijdens de Romeinse bezetting tot de komst van de Angelsaksen in Engeland in de 5de eeuw Keltisch gesproken. Het 'eilanden'-Keltisch omvatte twee linguïstische hoofdtakken: het Goidelisch en het Brythonisch. Tot het Goidelic behoren het Iers en het Schotse Gaelisch, die nog steeds bestaan, en het Manx, dat in deze eeuw uitstierf. De twee laatstgenoemde talen kwamen voort uit Ierse kolonisatie. Tot het Brythonisch behoren het Welsh, het Cornish (dat in de 18de eeuw uitstierf) en het Bretons, de taal van Bretagne. De Keltische talen van het vasteland van Europa zijn alleen bekend uit fragmentarische aanwijzingen zoals inscripties en plaatsnamen.

DE UITSPRAAK

Een accent betekent dat een klinker lang is. In het Iers valt de nadruk normaal op de eerste lettergreep, in het Welsh op de voorlaatste.

In het Iers, spreek uit
c als Engelse *k*   *bh* en *mh* als *v*
dh als *th* in *then*   *th* als *th* in *thin*
gh plus *a*, *o* of *u* als in *got*, alleen zwakker
gh plus *i* of *e* als *j*
ch na *a*, *o* of *u* als *ch* in Schotse *loch*
s plus *i* of *e* als *sj*

In het Welsh, spreek uit
ll als Engelse *tl*, met kracht uitgesproken
dd als *th*, als in *then*   *f* als *v*
w (als een klinker) als *oe*

OORSPRONG EN EXPANSIE VAN DE KELTEN

De Keltische gebieden strekten zich uit van Frankrijk (Gallië), Iberië en Galicië in het westen tot Turkije (Galatië) in het oosten. De Kelten komen historisch voor het eerst in beeld in Griekse geschriften uit de 5de en 6de eeuw v. Chr. De historicus Herodotos was de eerste die in de 5de eeuw v. Chr. melding maakte van de Keltoi. Omstreeks 400 v. Chr. vielen Keltische stammen Noord-Italië binnen; in 279 v. Chr. plunderden andere Keltische stammen het heiligdom van Delphi in Griekenland; en in 280 v. Chr. stak een als Galaten bekend verbond van Kelten over naar Klein-Azië. Dit was de tijd van Keltische expansie: de oorspronkelijke bakermat van de Kelten bevond zich waarschijnlijk ten oosten van de Rijn in het gebied dat later Beieren en Bohemen zou worden en reikte westwaarts tot de Rijn zelf.

VERKLARING

Keltische woongebieden, 4de-3de eeuw v. Chr.
Richtingen van de tijdelijke expansie van de Kelten:
6de eeuw v. Chr.
4de eeuw v. Chr.
3de eeuw v. Chr.

HET KELTISCHE PANTHEON

Een mengeling van goden

De op de kookpot van Gundestrup afgebeelde god met het wiel (zie p. 181) kan niet precies worden geïdentificeerd, maar het wielsymbool stelt waarschijnlijk de zon en de cyclus van de seizoenen voor.

DE DAGHDHA

De Daghdha, 'de Goede God', is ook 'de Almachtige van Grote Kennis'. Door te paren met de godin van de oorlog (die ook een aardgodin is), die hij ontmoet aan een rivier waar ze de hoofden en ledematen wast van hen die op het slagveld zullen sterven, verzekert hij zijn volk van de overwinning. Hij is de god van het weer en de oogst, een functie vergelijkbaar met die van de Romeinse god Silvanus, een god van de bossen, de groei en het gewas.

De Daghdha heeft twee bijzondere attributen: een staf waarvan het ene einde de dood brengt en het andere eind de doden weer tot leven wekt; en een kookpot waaruit hij, als Heer van de Andere Wereld, oneindige gastvrijheid verstrekt.

Keltische godinnen (en in mindere mate goden) worden vaak als trio afgebeeld. Ierse mythen kennen een trio van oorlogsgodinnen die soms als één god en soms als drie godinnen worden beschouwd. Evenzo zijn er drie Macha genaamde godinnen, met de aspecten van profetes, krijgster en matriarch. Op het Europese vasteland worden vrouwelijke goden (Deae matres of matronae) afgebeeld in drietallen. Identieke groepen, zoals de hieronder afgebeelde moedergodinnen, zijn gevonden in Romeins-Keltisch Brittannië.

De druïden, de priesterkaste van de Kelten, onderwezen dat iedereen afstamde van de god van de doden – in het Iers Donn, de 'duistere'. Maar de titel 'Grote Vader' is in het Iers gereserveerd voor de Daghdha, 'de Goede God', verantwoordelijk voor overvloed en vruchtbaarheid. Sucellos, 'hij die raak slaat', heeft Nantosvelta, een riviergodin, als gemalin.

Caesar noemt 'Minerva' als Gallische patrones van kunsten en handvaardigheden, en haar Ierse tegenhanger is Brighid, dochter van de Daghdha. Oenghus, zoon van de Daghdha, wordt door moderne schrijvers soms gezien als de god van de liefde, ten dele omdat hij de verliefden Diarmaid en Gráinne helpt (zie p. 184).

De Ierse god Nuadhu Airgedlámh (het Welshe equivalent is Nudd Llaw Eireint) is een van de leidende figuren in de zogenoemde Mythologische Cyclus (zie p. 180-1). Als vorouder-god, koning van zijn volk, verliest hij een arm in een gevecht tegen invallers, die hij laat vervangen door een arm van zilver; zijn bijnaam betekent 'met de zilveren arm (of hand)'.

De Gallische Taranis is de 'Donderaar', die door de Romeinen werd gelijkgesteld aan Jupiter. Hij komt overal voor, maar niet in Ierland.

Ogmios, die in Gallië was verbonden met welsprekendheid, kan dezelfde zijn als de Ierse god Oghma, de veronderstelde uitvinder van het Ogham-alfabet, dat bestaat uit in hout of steen gesneden streepjes en kerfjes.

Dian Cécht is de Goddelijke Arts, die zijn toverspreuken zong boven een bron waarin de dodelijk gewonden werden gegooid en waaruit ze genezen weer te voorschijn kwamen. Goibhniu is de voornaamste figuur in een trio van handwerksman-goden; de andere twee zijn Luchta en Creidhne. Hij is ook gastheer bij het Feest van de Andere Wereld, waarop een bedwelmende drank allen die ervan dronken onsterfelijk maakte. Manannán is verbonden met de oceaan en met de zeereis naar de vreugdevolle Andere Wereld. Maponus, die werd vereerd in Gallië en Brittannië en werd gelijkgesteld aan Apollo, is de Eeuwige Jeugd en komt overeen met de Ierse Oenghus.

Een typisch Keltische munt, gemaakt in Gallië, 1ste eeuw v. Chr., met waarschijnlijk de afbeelding van een god.

Cernunnos, de god met het gewei

Cernunnos, de 'gehoornde' is de naam van diverse belichamingen van een mannelijke, gehoornde god. Hij is heer van de dieren (tamme en wilde), uitdeler van fruit, graan of geld, een god van vruchtbaarheid en overvloed. Hij werd gelijkgesteld aan Dis Pater, god van de doden. Hij is bijna zeker van oudere datum dan zijn Keltische verschijningsvormen.

Over het algemeen symboliseren hoorns agressiviteit en viriliteit. In een Gaelisch volksverhaal eten reizigers op een geheimzinnig eiland appels die ze ergens vinden, waarna er een gewei op hun hoofd groeit. In een oude Schotse legende wordt verteld hoe krijgers die zich opmaken voor een veldslag plotseling een gewei krijgen.

De oudste bekende afbeelding van Cernunnos is een uit de 4de eeuw v. Chr. daterende, in Noord-Italië gevonden rotstekening van een god met een gewei die aan elke arm een gevlochten armband van edelmetaal draagt, bekend als *torque* (een algemeen attribuut van goden, gewoonlijk gedragen als halsring). Hij wordt vergezeld door een slang met een ramshoofd en door een klein figuurtje met een penis in erectie.

De naam Cernunnos is slechts eenmaal aangetroffen, op een reliëf dat in de 1ste eeuw van onze jaartelling door zeelieden aan hem werd gewijd. De god heeft de oren van een hertebok en aan elk van de twee geweitakken hangt een torque.

Hij wordt vaak afgebeeld met dieren, soms met een stier. Op een reliëf in Reims zit hij als een Boeddha, geflankeerd door Mercurius en Apollo, met een hertebok en een stier aan zijn voeten. Op dit reliëf worden de dieren gevoed uit een grote zak die waarschijnlijk graan bevat. Andere Gallische afbeeldingen tonen de god met het gewei gezeten tussen twee slangen met elk een ramshoofd, die van een berg fruit eten die in zijn schoot ligt.

Een stenen reliëf uit Zuidwest-Engeland toont de god met twee grote slangen met elk een ramshoofd die zijn benen vormen; deze verheffen zich naast twee geopende beurzen vol geld aan elke zijde van hem. Een zilveren munt uit ca. 20 n. Chr. uit Zuid-Engeland toont de god met een wiel tussen zijn hoorns. Omdat het wiel een zonnesymbool is, symboliseert deze afbeelding misschien vruchtbaarheid en de wedergeboorte van de aarde in het voorjaar.

De slange-associatie is veelbetekenend omdat de slang een wijdverbreid symbool van vruchtbaarheid en nieuwe groei is en is verbonden met de onderwereld. In de Gaelische traditie verschijnt de slang op St. Bride's Day als symbool van de terugkeer van de lente. Dus symboliseert de met Cernunnos verbonden slang met het ramshoofd zowel viriliteit als vernieuwing.

Cernunnos: een detail van de kookpot van Gundestrup (in zijn geheel afgebeeld op p. 181). De figuur met het gewei draagt een torque om zijn hals en heeft een tweede in zijn rechterhand.

MYTHEN EN GODEN VAN IERLAND

De Mythologische Cyclus

DE OVERWINNING VAN LUGH TE MAGH TUIREDH

Voor de Tweede Slag van Magh Tuiredh verzamelen de Tuatha Dé zich in Tara voor een koninklijk feest, waar uitsluitend beoefenaars van de kunsten worden toegelaten. Er verschijnt een knappe jonge krijger met de naam Lugh, die gekleed gaat als een vorst. Hij eist toegang omdat hij 'vaardig in alle kunsten' is; naar zijn zeggen is hij schrijver, harpist, soldaat, dichter, tovenaar, arts en wijnschenker en bezit hij nog veel andere vaardigheden. Nuadhu geeft hem de koningszetel en hij neemt de voorbereiding voor de slag over.

Lughs grootvader is Balar met het Boze Oog, een van de leiders der Fomhorianen. Voorspeld was dat Balar door zijn eigen kleinzoon zou worden gedood; daarom liet Balar zijn enige dochter opsluiten in een grot, waar ze werd verleid en een drieling baarde. Balar gooide deze kinderen in zee. Een van hen, Lugh, werd echter gered en opgevoed door een smid.

Balar heeft een oog met dodelijke blik dat wanneer het open is een leger van vele duizenden machteloos kan maken. Zodra Lugh tijdens de veldslag het ooglid van Balar omhoog ziet gaan, werpt hij een slingersteen die het oog dwars door Balars hoofd slaat. Als gevolg daarvan worden Balars eigen troepen afgeslacht door de dodelijke blik van het oog.

DE TWEE VELDSLAGEN

In de Ierse mythologie wordt in twee afzonderlijke verhalen verteld van de Eerste en de Tweede Slag van Magh Tuiredh. Het belangrijkste verhaal is dat van de Tweede Slag. De tekst van het verhaal van de Eerste Slag dateert uit een latere tijd en is in sommige opzichten niet oorspronkelijk.

De verhalen zijn in een bepaalde samenhang geplaatst in *Het boek van de verovering van Ierland*, gewoonlijk bekend als *Het boek der invallen*, een door monniken geschreven werk dat pretendeert een opsomming te geven van alle invallen in Ierland sinds de Zondvloed.

Het centrale verhaal in dat deel van de Ierse mythologie dat geleerden de Mythologische Cyclus noemen, vertelt van de Eerste en de Tweede Slag van Magh Tuiredh (Moytirra). De mythe gaat over het conflict tussen twee legers van bovennatuurlijke wezens en de vestiging van een kosmische en sociale orde.

De achtergrond wordt geleverd door een verhaal over vijf volken die het land achtereenvolgens binnenvallen. Veertig dagen voor de zondvloed komt eerst Cessair, dochter van Bith, een zoon van Noach. Allen die haar vergezellen komen om, behalve Fintan mac Bóchra, die 5500 jaar lang voortleeft in de vorm van een zalm, een adelaar en een havik en die optreedt als getuige van de latere gebeurtenissen.

De tweede inval, driehonderd jaar na de zondvloed, is die van Parthalón, een afstammeling van Noachs zoon Jafeth. Zijn volk kiest zich een vaste woonplaats; het maakt vier vlakten van bomen vrij en voor bewoning geschikt, het introduceert vee en bouwt huizen, en het brouwt bier. De vijanden van dit volk zijn de Fomhorianen, de nakomelingen van Noachs zoon Cham, die door zijn vader was vervloekt; als gevolg van deze vloek zijn het monsterlijke wezens, eenarmig en eenbenig. Parthalón en zijn volk worden uiteindelijk niet door hun vijanden vernietigd maar door de pest. Er is maar één overlevende, Tuan Mac Sdairn.

Dertig jaar na de invasie van Parthalón komt Nemhedh, wiens afstammelingen na verloop van tijd de Fomhorianen aanvallen in hun eilandvesting. De meesten worden bij de aanval gedood, maar degenen die de slag overleven (een dertigkoppige scheepsbemanning) verspreiden zich vanuit Ierland in verschillende richtingen. Ze komen in Brittannië, de 'noordelijke eilanden van de wereld', en in Griekenland terecht.

De twee volgende invasies worden beide uitgevoerd door nakomelingen van Nemhedh. Van degenen die in Griekenland in slavernij zijn geraakt, komen de Fir Bholg, de 'Mannen van de Zakken', een naam die hun was gegeven omdat zij tijdens hun Griekse ballingschap werden gedwongen om bouwland te creëren door rotsen te bedekken met aarde die zij in zakken droegen. Zij hebben vijf leiders, die het land in vijf provincies verdelen – vandaar de verdeling van Ierland in Ulster, Leinster, Connaught en Munster, met Meath als centrum. Zij heersen 37 jaar over het land en stellen het koningschap in. Hun laatste koning, Eochaidh mac Eirc, is het prototype van de goede vorst. Hij staat aan het begin van een lange traditie waarin vruchtbaarheid gepaard gaat met gerechtigheid. Tijdens zijn regering valt er geen regen, alleen dauw, en is er geen jaar zonder oogst; ook wordt er in die tijd in Ierland niet gelogen.

De vijfde invasie is die van de Tuatha Dé Danann, afstammelingen van de mensen die zichzelf hebben verbannen naar de 'noordelijke eilanden van de wereld'. Hun komst leidt tot de Eerste Slag van Magh Tuiredh, uitgevochten tegen de Fir Bholg, waarin de laatstgenoemden worden verslagen. Op de 'noordelijke eilanden' hebben de Tuatha Dé zich bekwaamd in de leer der druïden, heidense overlevering en duivelse kennis. Zij brengen vier talismans naar Ierland: de steen van Fál, die schreeuwt als er een wettige koning op zit; de speer van Lugh, die de overwinning bezorgt aan iedereen die hem vasthoudt; het zwaard van Nuadhu, waaraan niemand kan ontkomen als het uit zijn schede is getrokken; en de kookpot van de Daghdha (zie kader, p. 181).

Tijdens de Eerste Slag wordt de arm van de leider van de Tuatha Dé Danann, Nuadhu, bij de schouder afgehouwen door een slag van Sreng, een krijger van de Fir Bholg. Sreng wordt leider en sluit vrede met de Tuatha Dé, waarbij hij hun heel Ierland laat behalve Connaught, dat hij voor zijn eigen volk bestemt. Maar Nuadhu verliest het koningschap omdat een man met een lichamelijke handicap geen leider kan zijn, en Bres wordt koning in zijn plaats.

Weldra krijgt het bewind van Bres een kwaadaardig en onderdrukkend karakter. Zelfs de Daghdha wordt vernederd: hij moet voor de koning een fort graven en bouwen. Nadat Bres is gehekeld door de dichter Coirbre, wordt hij gedwongen het koningschap op te geven. Vervolgens probeert hij een leger van Fomhorianen bijeen te brengen tegen de Tuatha Dé. Intussen vervaardigt de arts Dian Cécht een zilveren arm voor Nuadhu. Deze wordt opnieuw koning maar treedt af ten gunste van Lugh, een vreemdeling die het hof in Tara imponeert met zijn vaardigheid in alle kunsten. In de daarop volgende Tweede Slag overwint Lugh en worden de Fomhorianen teruggedreven naar de zee. Bres, wiens optreden tot de slag heeft geleid, wordt door Lugh gespaard in ruil voor de onthulling van de geheimen van een voorspoedige landbouw. De grote mythe wordt afgesloten met twee voorspellingen die de oorlogsgodin Morríghan na de slag doet, een voorspelling van kosmische orde en voorspoed en een voorspelling van chaos en het einde van de wereld.

De kookpot van de Daghdha

De kookpot van de Daghdha speelt een hoofdrol bij het Feest van de Andere Wereld. In de literatuur komen diverse vergelijkbare beschrijvingen van hetzelfde idee voor. Op het feest van Goibhniu is de god van de onderwereld de Goddelijke Smid: wie eet en drinkt aan zijn tafel wordt nooit ouder en gaat niet dood. Ook is er de kookpot van Da Derga, waarin voor de Mannen van Ierland voortdurend voedsel wordt gekookt. De kookpot van de Daghdha, dat wil zeggen die van de Grote Vader, geldt als voorbeeld voor alle kookpotten.

De kookpot van de Daghdha is een bron van overvloed: 'geen enkel gezelschap ging ooit onvoldaan weg'. De Tweede Slag van Magh Tuiredh bevat een verhaal over de vernedering van de Daghdha. Tijdens een wapenstilstand voor de strijd met de Daghdha bereiden de Fomhorianen een stevig maaltje pap voor hem, omdat ze weten dat hij daar dol op is. Hun bedoeling is hem te bespotten. Ze vullen de kookpot met tachtig maten verse melk en dezelfde hoeveelheid meel en vet, alsmede met geiten, schapen en zwijnen. Vervolgens koken ze het mengsel en gieten het in een kuil in de grond. Daarna krijgt de Daghdha het bevel alles op te eten, anders wordt hij doodgeslagen. De god verorbert het voedsel en schraapt met zijn vingers de resten uit de kuil. Dan valt hij in slaap. Wanneer hij wakker wordt, ziet hij een beeldschoon meisje, maar hij is niet in staat haar te beminnen omdat zijn buik door de 'pap' zo enorm is opgezwollen.

In de Welshe literatuur komt ook een 'kookpot der wedergeboorte' voor, met name in het verhaal van Branwen, de dochter van Llyr. De lijken van dode krijgers worden in de kookpot gegooid, onder de pot wordt een vuur aangestoken en de volgende morgen springen de krijgers er even onstuimig als vroeger weer uit, alleen kunnen zij niet meer spreken.

De kookpot van Gundestrup, een 36 cm hoge zilveren schaal voor rituele feesten, gevonden in vijf stukken in het veen in Jutland.

DE HELD VAN ULSTER
Verhalen over Cú Chulainn

DE ACHTERGROND

In het epos *Taín Bó Cuailgne* (De veeroof van Cooley) komen de daden van de Ierse helden samen en binden de 'Mannen van Ierland' (Connaught) de strijd aan met de 'Mannen van Ulster'. De *Taín*, een verzameling verhalen (waarschijnlijk omstreeks 700 geschreven), bevat diverse inleidende verhalen die het epos een extra dimensie geven. Een daarvan is het verhaal van Deirdre, waarin wordt uitgelegd hoe het kwam dat de held uit Ulster, Ferghus, de kant van Connaught koos. In een latere, geharmoniseerde versie van dit epos wordt de achtergrond van het conflict als volgt beschreven. Ailill, koning van Connaught, en zijn vrouw Medhbh maken in bed ruzie over een grote stier – de Witgehoornde – die oorspronkelijk van haar was maar die is toegevoegd aan de kudde van de koning, omdat hij niet in het bezit van een vrouw wilde zijn. Zij zweert dat ze net zo'n goede stier zal vinden, maar het enige dier dat daarvoor in aanmerking komt is de Bruine Stier van Cooley. Er worden boodschappers naar de eigenaar gezonden die hem eerst een generéus bod doen, maar vervolgens pochen dat als de stier niet vrijwillig wordt gegeven, ze hem met geweld zullen meenemen. Dat leidt onvermijdelijk tot oorlog.

Cú Chulainn is verbonden met honden omdat hij in zijn jeugd de waakhond van Culann de Smid doodde (zie marge, p. 183). Dit beeldje van een hond lijkt heel modern maar is afkomstig uit het Romeins-Keltische heiligdom te Lydney in Gloucestershire in Zuidwest-Engeland.

Tijdens de oorlog tussen de Mannen van Ierland en de Mannen van Ulster (zie marge) wordt Ferghus aangewezen om het leger van Connaught aan te voeren, maar zijn gevoelens voor zijn eigen volk brengen hem ertoe het leger op een dwaalspoor te brengen en waarschuwingen naar Ulster te zenden. Als gevolg van een oude vervloeking worden de Mannen van Ulster getroffen door een ziekte die hun krijgers overvalt als er gevaar dreigt. Alleen Cú Chulainn en zijn menselijke vader Sualtamh (zijn goddelijke vader is de god Lugh) zijn gevrijwaard van de vloek en gaan op de vijand af. Cú Chulainn doodt een honderdtal krijgers en gaat terug om zijn eigen land te verdedigen en ziet dat de Bruine Stier wordt weggevoerd. Hij doodt de krijger die de rooftocht leidt, maar verliest desondanks de stier – wat de held met diepe wanhoop vervult.

Lugh komt Cú Chulainn te hulp en heelt zijn wonden terwijl hij drie dagen en nachten doorslaapt. Intussen vechten de Mannen van Ulster drie veldslagen uit tegen de krijgers van Medhbh. Zij doden driemaal zoveel mannen als zij zelf in aantal zijn, maar verliezen zelf ook 150 man. Wanneer Cú Chulainn wakker wordt en van deze ramp hoort, ontsteekt hij in zo'n woede dat hij uit wraak 130 mensen afslacht.

Uiteindelijk doet Medhbh een beroep op Fer Diadh, Cú Chulainns pleegbroer, om tegen hem te vechten. Ze vechten drie dagen zonder dat een van beiden wint. Cú Chulainn laat elke dag kruiden brengen om Fer Diadhs wonden te genezen, en Fer Diadh laat voedsel brengen naar Cú Chulainn. Op de vierde dag besluit Cú Chulainn op de doorwaadbare plaats waar hij nog nooit heeft verloren te gaan vechten. Ze strijden lange tijd met elkaar, totdat Cú Chulainn om de 'gae bolga' vraagt, het verschrikkelijk wapen dat Scáthach, een vrouwelijke krijger die de beide halfbroers vroeger heeft onderwezen, hem als enige heeft geleerd te hanteren. Het wapen komt het lichaam binnen als één weerhaak maar verandert binnen de wond in 24 weerhaken. Fer Diadh wordt door dit wrede wapen gedood en Cú Chulainn zingt een treurzang over hem.

Cú Chulainns vader Sualtamh komt naar de plaats van het gevecht en Cú Chulainn, uitgeput door zijn verwondingen, stuurt hem weg om de Mannen van Ulster op te roepen. Conchobhar, de koning van Ulster, verzamelt zijn krijgers en vecht schild aan schild met Ferghus. Ferghus slaat driemaal hard op het magische schild van Conchobhar, zodat het luid schreeuwt. Cú Chulainn hoort het geschreeuw en staat met woedende strijdlust op. Ferghus, die heeft beloofd in een gevecht nimmer tegenover Cú Chulainn te zullen staan, trekt zich met de mannen van Leinster en Munster terug. Cú Chulainn stort zich in de strijd, verslaat de laatste troepen en overvalt Medhbh. Hij spaart haar leven omdat ze een vrouw is en staat toe dat haar leger de Shannon overtrekt naar Connaught.

Medhbh heeft de Bruine Stier voor alle zekerheid naar Connaught laten overbrengen. Als hij daar aankomt, loeit hij driemaal luid. De Witgehoornde Stier hoort dat en komt op hem af om te vechten. Alle overlevende krijgers komen naar het gevecht kijken. Het grote stierengevecht gaat de hele nacht door en wordt gevoerd in heel Ierland. In de morgen ziet men de Bruine Stier met zijn overwonnen rivaal op de hoorns. Hij galoppeert terug naar Ulster, terwijl hij overal brokken vlees van de Witgehoornde verspreidt. Als hij de grens van Cooley bereikt, breekt zijn hart en sterft hij. Ailill en Medhbh sluiten vrede met Cú Chulainn en de Mannen van Ulster.

De dood van Cú Chulainn

In de oorlog tegen Medhbh doodt Cú Chulainn een krijger, Cailidín, wiens vrouw later bevalt van drie zoons en drie dochters. Medhbh stuurt deze kinderen naar het buitenland om zich te bekwamen in de toverkunst, die ze na terugkeer kunnen gebruiken tegen Cú Chulainn.

Wanneer Conchobhar hoort dat er verraad dreigt, beveelt hij Cú Chulainn in Emhain Mhacha te blijven totdat de strijd voorbij is. De held wordt daar bewaakt door vrouwen, de dochters van koningen en edelen, onder wie Niamh, zijn minnares, en door de druïden van Ulster. Zijn bewakers nemen hem voor zijn eigen veiligheid mee naar een bepaald dal, maar daar aangekomen herkent Cú Chulainn die plek als het Dal van de Doven en weigert hij het te betreden.

Tegelijkertijd toveren de kinderen van Cailidín spookbataljons rondom het dal, zodat Cú Chulainn gelooft dat invallende troepen het land pogen te veroveren en dat de geluiden die hij hoort die van de strijd zijn. Hij geeft opdracht zijn paarden voor zijn strijdwagen te spannen, maar Niamh omhelst hem en overreedt hem bij haar te blijven. Dan beveelt Conchobhar zijn bedienden om Cú Chulainn onmiddellijk naar het Dal van de Doven te brengen, omdat hij daar het strijdrumoer niet kan horen.

De kinderen van Cailidín zoeken hem tevergeefs. In de veronderstelling dat de druïde Cathbhadh hem verborgen houdt, vliegen ze geholpen door magische krachten als vogels rond en zoeken de hele provincie af totdat ze bij het Dal van de Doven komen. Daar zien ze de Liath Macha (de Grijze) en de Dubh Saingleann (de Zwarte), Cú Chulainns paarden, met Leagh de wagenmenner die ze verzorgt. Dan begrijpen ze dat Cú Chulainn daar ook is en dat hij het geluid en de muziek rondom hem niet kan horen.

Vervolgens verzamelen de kinderen van Cailidín scherpe donzige distels en stuifzwammen en dwarrelende verdorde bladeren uit de bossen en maken daar bewapende krijgers van, zodat elke berg of heuvel rondom het dal bezaaid is met troepen. Door het hele land klinken woeste strijdkreten die zelfs tot in de wolken aan de hemel te horen zijn, en overal schalt het geluid van hoorns en trompetten.

Cú Chulainn gelooft dat de Mannen van Ierland de hele provincie plunderen. Maar de druïde Cathbhadh verzekert hem dat het slechts spookvijanden zijn die door de kinderen van Cailidín tegen hem zijn opgeroepen. Dan neemt Badhbh, een dochter van Cailidín, de gedaante van Niamh aan en vraagt Cú Chulainn tegen de Mannen van Ierland te vechten. Cathbhadh en de vrouwen proberen hem allemaal tegen te houden maar kunnen niets doen. Cú Chulainn hoort de kreten weer net zo hard als voordien, en ziet vele vreemde en afschuwelijke spookverschijningen. De echte Niamh vertelt hem dat niet zij naar hem toe is gekomen, maar Badhbh in haar gedaante. Maar hij gelooft haar niet en gaat de strijd in.

De zonen van Cailidín hebben drie magische speren gemaakt. De eerste doodt Cú Chulainns wagenmenner, de tweede verwondt de Liath Macha en de derde treft Cú Chulainn zelf. In het besef dat de dood nabij is, bindt hij zich vast aan een rechtopstaande steen zodat hij zijn vijanden staande in de ogen kan kijken. Drie dagen lang durft niemand hem te benaderen, totdat een van de dochters van Cailidín in de gedaante van een kraai op de steen landt. Dan weet iedereen dat Cú Chulainn dood is.

HOE CÚ CHULAINN AAN ZIJN NAAM KWAM

Koning Conchobhar nodigde zijn pleegzoon Sédanta (die later de naam Cú Chulainn zou krijgen) op een feest dat door Culann de Smid werd gegeven, maar de jongen was druk aan het spelen en beloofde later te komen. De koning vergat de jongen, zodat Sédanta, toen hij uiteindelijk op het feest kwam, door Culanns hond werd aangevallen. Daarop doodde de jongen het dier met zijn blote handen. Iedereen was ontdaan dat het pleegkind van de koning was bedreigd, maar Culann klaagde dat hij nu onbewaakt was. De jongen bood aan als waakhond op te treden totdat hij een welp van dezelfde soort had grootgebracht. De druïde Cathbhadh vertelde hem dat hij van nu af Cú Chulainn zou heten, wat betekent 'de hond van Culann'.

DEIRDRE

Omdat is voorspeld dat de baby Deirdre zeer schoon zal worden maar de Mannen van Ulster dood en verderf zal brengen, laat koning Conchobhar haar in het geheim adopteren om later, wanneer ze oud genoeg is, zelf met haar te trouwen. Op een dag ziet ze als jonge vrouw haar pleegvader buiten in de wintersneeuw een kalf villen en een raaf van het bloed van het kalf drinken, waarop ze tegen haar verzorgster Lebhorcham zegt: 'Ik zou heel graag een man beminnen die deze drie kleuren heeft – ravezwart haar, bloedrode wangen en een lichaam wit als sneeuw.' Lebhorcham vertelt haar dat er zo'n man in de buurt woont: Naoise, de zoon van Uisneach. Ze ontmoeten elkaar en vluchten samen naar de wildernis van Schotland. Conchobhar laat hun terug te komen en stuurt de grote krijger Ferghus om hen te begeleiden. Maar als ze in Emhain aankomen, laat Conchobhar Naoise doden (door Eoghan) en Deirdre met haar handen op haar rug gebonden bij hem brengen. Woedend over dit verraad verwoesten Ferghus en zijn mannen Ulster en ze lopen over naar het vijandige hof van Medhbh, de koningin van Connaught.

Deirdre wordt gedwongen met Conchobhar te leven. Wanneer hij haar na een jaar vraagt (gedurende dat jaar heeft ze geen enkele keer geglimlacht of haar hoofd van haar knieën geheven) wat ze het meest haat, antwoordt zij: 'U en Eoghan.' De koning zegt haar dat ze met Eoghan moet leven, en de volgende dag nemen de beide mannen haar mee in een wagen – 'een schaap tussen twee rammen', zoals Conchobhar zegt. Terwijl de wagen rijdt komt hij bij een rots, en Deirdre slaat met haar hoofd tegen de rots en sterft, waardoor er een einde aan haar ellende komt.

FINN EN ZIJN KRIJGERS
De Feniaanse mythen

DE JACHT OP HET EVERZWIJN
Het everzwijn was een belangrijk symbool voor de Kelten. Er zijn aanwijzingen dat zij everzwijnen offerden, en de Gallische god Mercurius Moccus (*moccus* is een gelatiniseerde vorm van het Gallische woord voor 'varken' of 'zwijn') kan de beschermer van de zwijnejagers zijn geweest. Het dier speelt een belangrijke rol in het populaire volksverhaal van Diarmaid en Gráinne.

Gráinne wordt tegen haar wil uitgehuwelijkt aan Finn, een oudere weduwnaar. Op de avond van het huwelijksfeest loopt Gráinne weg met Diarmaid, die ze betoverd heeft. Wanneer Finn en zijn mannen de vluchtelingen achtervolgen, tovert Oenghus, de god van de liefde en Diarmaids pleegvader, hen weg, zodat ze in veiligheid zijn. Het paar zwerft door Connaught en Munster en wordt na verloop van tijd een liefdespaar. Ze leven gelukkig tot de dag van de grote jacht op het magische everzwijn Beann Ghulban (Ben Bulben) in Sligo. Dit zwijn was eens de pleegbroer van Diarmaid, van wie was voorspeld dat hij Diarmaids dood zou veroorzaken. Diarmaid wordt door het zwijn gewond en zijn enige kans op leven is een slok water uit de helende handen van Finn. Finn komt tweemaal met het water, maar als hij zich Gráinne herinnert, laat hij het water tussen zijn vingers doorlopen. Diarmaid sterft en Oenghus draagt zijn lichaam naar Brugh na Bóinne, de oude begraafplaats van Newgrange in County Meath.

De illustratie rechtsboven laat een bronzen cultuswagen zien uit de 6de of 7de eeuw v. Chr.

Veel Keltische afbeeldingen van everzwijnen tonen het dier met uitsteeksels op zijn rug. In één versie van het verhaal van Diarmaid en de jacht op het everzwijn heeft het zwijn een giftige stekel waaraan Diarmaid zich dodelijk verwondt.

Het grote literaire corpus dat de geleerden de Feniaanse Cyclus noemen dankt zijn naam aan Finn en zijn volgelingen, de Fianen. Verhalen over Finn en zijn helden waren in de latere Middeleeuwen erg populair, maar het is duidelijk dat daarin een verteltraditie aan de oppervlakte komt, en tot op zekere hoogte is herschapen, die al in veel vroegere tijden bekend was. Verwijzingen naar Finn uit de 8ste, 9de en 10de eeuw brengen hem in verband met vechten, hofmakerij en de jacht, en met conflicten met bovennatuurlijke wezens die hij overal in Ierland tegenkomt. Later wordt hij voorgesteld als een krijger-ziener. Hij is wellicht gelijk te stellen aan de god Lugh; beide namen betekenen 'eerlijke' of 'stralende', en Lugh vecht met de eenogige Balar, net zoals Finn vecht met de 'eenogige' Goll, zijn belangrijkste tegenstander uit de Andere Wereld (ook wel Aodh, of 'vuur' genoemd). Aan het einde van de 12de eeuw namen de Fianen (vaak voorgesteld als reuzen) een bijzondere plaats in in de Gaelische traditie.

De belangrijke 12de-eeuwse literaire verzamelbundel *De gesprekken van de oude mannen* identificeert Finn als zoon van Cumhall, het hoofd van het Huis van Baoisgne, die in vijandschap leeft met Goll, het hoofd van het Huis van Morna. Finn is zowel jager als dichter, en functioneert buiten de grenzen van de gevestigde samenleving. Volgens sommige verhalen verwierf hij zijn gave der profetie en bovennatuurlijke kennis door de drank van de Andere Wereld te drinken; een andere traditie, die in de folklore tot de huidige dag voortleeft, wil dat hij eens met zijn vinger de Zalm der Kennis aanraakte (zie kader, p. 185).

Finn heeft een zoon, Oisín, wiens moeder een hertevrouw uit de Andere Wereld is die Oisín in de wildernis grootbrengt. Oisín is van oudsher de dichter van de Fianen. Een van de belangrijkste thema's van de Feniaanse balladen, die hij zou hebben geschreven, is de dreiging die uitgaat van de Vikingen. Naar Gaelische overtuiging is het legendarische land Lothlind (later Lochlann, 'Noorwegen') het vaderland van de Vikingen, die worden voorgesteld als wezens uit een andere wereld.

De Fianen hebben, als jagers in de wildernis, een natuurlijke affiniteit met dieren. Finns lievelingshonden, Bran en Sceolang, zijn zijn eigen van gedaante veranderde neven (of neef en nicht). Een van de opmerkelijkste Feniaanse helden is de onruststoker Conán, wiens naam 'kleine hond' betekent. In de Schotse traditie bezit Finns pleegmoeder, Luas Lurgann ('snelbenige'), de snelheid van een hinde.

In *De gesprekken van de oude mannen* wordt verhaald hoe Ierland is verdeeld: de adel heeft een voorkeur voor steden en burchten en rijkdom, terwijl de Fianen de voorkeur gegeven aan Ierlands kliffen, riviermonden, bossen en wildernissen en aan zijn prachtige gespikkelde zalm en zijn jacht. Over Oisín en Caílte (modern Caoilte) wordt verteld dat zij beiden de andere leden van hun groep lang genoeg overleefden om Sint-Patrick nog te ontmoeten. Wanneer zij de heilige vergezellen op een reis door Ierland, discussiëren ze (in latere versies) over heidendom en christendom.

Diarmaid, wiens roem vooral wordt bepaald door zijn rol in de vlucht van Diarmaid en Gráinne, is de knappe jonge held van de Fianen. In de volksverhalen heeft hij een 'liefdesvlek': iedere vrouw die deze vlek zag werd onmiddellijk verliefd op hem. Hij staat soms bekend als Diarmaid Donn, hetgeen een band suggereert met Donn, de god van de doden.

Conán de Kale is een broer van de grote krijger Goll, zoon van Morna, die zowel Finns volgeling als zijn rivaal is. In één verhaal wordt verteld hoe de Fianen ontdekken dat zij vastkleven aan de vloer door de zwarte magie van hun tegenstanders in een verblijfplaats in de Andere Wereld, de Herberg van de Lijsterbes. Ze worden allemaal losgemaakt met uitzondering van Conán, die moet worden losgetrokken uit zijn zittende houding waarbij de huid van zijn zitvlak op de vloer achterblijft.

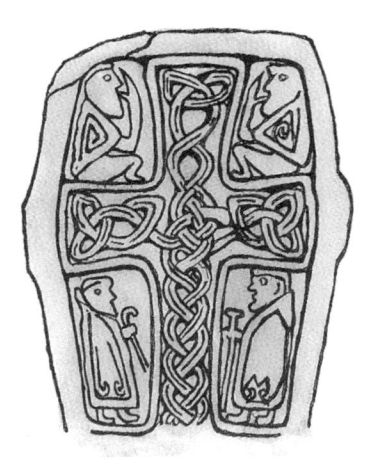

De duimzuigende figuur op dit Keltische kruis is waarschijnlijk Finn. Steeds wanneer hij een beroep moest doen op zijn magische kennis, hoefde hij alleen maar zijn vinger op zijn 'tand der kennis' te plaatsen (zie kader).

Finn en de Zalm der Kennis

De eo fis, *de Zalm der Kennis, verwierf zijn bovennatuurlijke kennis door de noten van negen hazelaars te eten die in de Bron van Seghais vielen, de bron van de Andere Wereld waarin hij leefde en luchtbellen van mystieke inspiratie maakte. Deze bron wordt beschouwd als de plek waar de twee grote rivieren van Ierland, de Boyne en de Shannon, ontspringen. Linn Feic, een poel bij de Boyne, wordt beschreven als een van de verblijfplaatsen van de zalm.*

Toen Finn nog een jongen was (en hij niet Finn maar Demhne heette), ging hij in de leer bij ene Finn de Dichter, die wordt beschreven als een emanatie van de tijdloze wijsheid van de rivier de Boyne. Finn de Dichter had zeven jaar op de Zalm van Linn Feic gewacht, omdat was voorspeld dat hij door de zalm op te eten oneindige kennis zou verwerven. De zalm werd gevangen en aan Demhne gegeven om gekookt te worden; maar de dichter zei hem dat hij er niets van mocht eten. Toen de jongen hem de gekookte zalm bracht, vertelde hij de dichter dat hij er niets van had gegeten, maar hij beschreef hem ook hoe hij zijn duim aan de zalm had gebrand en deze vervolgens in zijn mond had gestoken. De dichter zei dat de naam van de jongen vanaf dat moment Finn zou zijn, en dat hij degene was die de zalm moest opeten. Dus at de jongen het vlees van de vis op. Hij leerde de drie kwaliteiten van een dichter – 'de kennis die verlicht', 'het kauwen op de pit' en 'de toverformule uit de toppen' (misschien de vingertoppen). Telkens wanneer de held later zijn duim in zijn mond stak en 'Kauwen op de pit' zong (misschien rauw of verboden vlees), werd alles wat hij niet wist aan hem geopenbaard.

In een ander verhaal moet de zalm worden bereid zonder dat zijn huid wordt beschadigd. Wanneer op de huid een blaar ontstaat en Finn deze indrukt, verbrandt hij zijn vinger. Daarop steekt hij zijn vinger in zijn mond om de pijn te verzachten en ontdekt hij zijn profetische gave.

GODINNEN

Moederschap, oorlog en soevereiniteit

De cultus van de moedergodin heeft in de Keltische mythologie duidelijke sporen nagelaten. De Tuatha Dé Danann zijn familie van de godin Danu, terwijl in Wales de goden afstammen van Dôn. Anu, een met Danu verbonden aardgodin, wordt beschreven als moeder der goden van Ierland.

Oorlogsgodinnen komen voor onder allerlei namen: de Morríghan, Bodhbh (of Badhbh), Nemhain en Macha. Andere godinnen onderrichten of baren helden. Scathach, 'de schaduwrijke', onderwees Cú Chulainn. Medhbh van Connaught, die de legers van de Mannen van Ierland aanvoert, heeft te maken met seksuele kracht: geen enkele koning kan in Tara regeren zonder eerst met haar gepaard te hebben. Seks en oorlog komen ook samen bij Flidhais, de enige partner die Ferghus kon bevredigen: als een Keltisch equivalent van de Romeinse Diana is zij godin van de maan en de jacht. Bodhbh en Nemhain zijn tot op zekere hoogte verwisselbaar met de Morríghan. Hun gekrijs veroorzaakte zo'n doodsangst dat krijgers stierven als ze het hoorden. Boann, de goddelijke geest van de rivier de Boyne, was de vrouw van Nechtan, een watergod. Zij paart met de Daghdha (net als Morríghan) om Oenghus voort te brengen, de god van de liefde. Toen zij een verbod om Nechtans bron te bezoeken in de wind sloeg, steeg het water zo hoog dat het haar overspoelde en ontstond de Boyne, de grote rivier uit de Ierse mythologie.

Al deze attributen komen bijeen in het begrip 'soevereiniteit'. De koning in de mythe 'trouwt' met zijn koninkrijk in een plechtigheid waarbij hem door zijn bruid, Soevereiniteit, een plengoffer wordt aangeboden. De soevereiniteit van Ierland kan zich voordoen als een lelijke heks, symbool van het verwoeste en bloedige koninkrijk. Maar wanneer ze wordt gekust door de rechtmatige troonpretendent, wordt ze een beeldschone jonge vrouw die zichzelf openbaart als een godin.

DE PAARDGODIN
De paardgodin, Epona, het Goddelijke Paard, werd in de hele Keltische wereld vereerd, van Brittannië tot de Donau. Haar viel de grote eer te beurt dat de Romeinen aan haar als enige van alle Gallische goden een feest wijdden; zij werd vooral vereerd door de Gallische cavalerie in het Romeinse leger. Epona staat in verband met water, vruchtbaarheid en dood – aspecten die haar lijken te verbinden met de moedergodin.

Brighid en St. Bride van Kildare

De godin Brighid was zo populair dat zij een christelijke heilige is geworden (St. Bride), met dezelfde attributen van vruchtbaarheid en het vermogen een vijandig leger schrik aan te jagen.

De naam Brighid is ontleend aan de Keltische wortel *brig* ('verheven'), die vaak wordt aangetroffen in plaats- en stamnamen, en suggereert dat zij een godin van de soevereiniteit was. Als dochter van de Daghdha was zij bedreven in dichtkunst en geheime kennis. Haar twee zusters, die ook Brighid heetten, waren verbonden met de geneeskunst en met handvaardigheid. De drie werden vaak beschouwd als één enkele godin.

Minerva wordt vereenzelvigd met Brighid. Beider gedachtenis werd in leven gehouden door een eeuwige vlam.

De verering van St. Bride, die een opvallend vruchtbaarheidsaspect had, deed de naam van de godin voortleven. De heilige nam veel goddelijke functies over: haar koeien brachten een meer van melk voort; haar voedselvoorraad was onuitputtelijk; van één maat van haar mout kon bier worden gebrouwen voor al haar kerken. Haar feestdag is 1 februari, de dag van het voorchristelijke feest van Imbolg, dat was verbonden met de zogafscheiding van ooien, een van de vier grote Keltische seizoensfeesten. In het volksgeloof beschermt St. Bride kudden, waakt zij over huis en haard en is aanwezig bij geboortes. Zij is de pleegmoeder van Christus.

REIZEN NAAR DE ANDERE WERELD

Conla, Mael Dúin en Bran

De 'Ierse Avonturen en Reizen' verhalen over reizen naar de Andere Wereld, een mysterieuze en dubbelzinnige plaats. Hoewel zij een vijandige macht kan uitoefenen, is zij in wezen een plaats van tijdloze genoegens, feesten en vrolijke muziek, en zijn dood en ouderdom er onbekend. Men kan er binnengaan door grotten of over meren, of door toevallige ontmoetingen met haar vertegenwoordigers die stervelingen uitnodigen of verlokken naar een van haar verblijfplaatsen te komen. Enkele van haar vele namen zijn de Vlakte van de Twee Nevelen, het Land van de Jongeren en het Land van de Levenden. In de 'Reizen' is zij vaak het Beloofde Land van het Westen, gelegen in de oceaan of achter de zeeën.

In het 'Avontuur van Conla' roept een vrouw die alleen door Conla gezien kan worden hem naar de Vlakte der Verrukking. Conla's vader, Conn van de Honderd Veldslagen, geeft zijn druïde opdracht de onzichtbare vrouw wier stem ze allemaal kunnen horen, te beletten zijn zoon mee te nemen. Het gezang van de druïde jaagt haar weg, maar terwijl ze verdwijnt gooit ze Conla een appel toe. Een maandlang voedt deze appel hem: hij weigert alle andere voedsel of drank, en de appel wordt niet kleiner. Er komt een groot verlangen bij hem op de vrouw weer te zien. Als ze een tweede keer verschijnt en tegen Conla zegt dat ze samen weg kunnen gaan in haar glazen schip, volgt hij haar. Ze zeilen weg in een kristallen boot om voor altijd te verdwijnen.

De 'Reis van het Schip van Mael Dúin' verhaalt hoe Mael Dúin zich voorneemt de dood van zijn vader te wreken. Daartoe moet hij een zeereis maken, en moet op aanwijzingen van een druïde een schip worden gebouwd en het juiste aantal bemanningsleden worden bepaald. Aan dat juiste aantal wordt niet voldaan doordat de pleegbroers van Mael Dúin met het schip meezwemmen en aan boord klimmen. Wanneer het schip het eiland bereikt waar de moordenaar van Mael Dúins vader leeft, steekt er een zware storm op die het schip weer naar zee drijft. Dan laten Mael Dúin en zijn mannen hun vaartuig maar zeilen waarheen het God behaagt. Hun reis voert hen naar 31 eilanden, elk met zijn eigen verschrikkingen en wonderen. Er zijn zwermen mieren, elk zo groot als een veulen. Er is een beest met de poten van een hond dat steigert voor de reizigers, dolgelukkig hen te zien omdat het zowel hen als hun boot wil opeten. En op een ander eiland houden demonen een paardenrace.

Na vele avonturen stuiten de reizigers op een zilveren pilaar met een zilveren net dat ver uitwaaiert van de top. Het schip zeilt door een maas en een van de bemanningsleden snijdt een stuk van het net om het op het altaar van Armagh te leggen, voor het geval ze ooit nog thuis zullen komen. Uiteindelijk komen ze in het Land der Vrouwen. Na een feest slaapt iedere man met een vrouw, en Mael Dúin slaapt met de koningin, die de bezoekers uitnodigt bij haar te blijven en daar voor altijd te leven en de genoegens te smaken waarvan ze al hebben geproefd. Na enige tijd halen Mael Dúins metgezellen hem over te vertrekken. De koningin gooit een bol garen naar hem toe wanneer het schip wegvaart; hij vangt hem en door aan het garen te trekken dat zij nog steeds vasthoudt haalt ze het schip weer naar het land. Dit gebeurt drie keer. Dan laat Mael Dúin een andere man de bol garen vangen; de bol blijft aan zijn hand kleven, maar een van de bemanningsleden hakt zijn arm af en ze zeilen weg. Na nog andere wonderlijke ontmoetingen zien ze een valk zuidoostwaarts vliegen en wanneer ze hem volgen, komen ze na verloop van tijd in Ierland terug. Ze leggen het stukje zilveren net op het altaar van Armagh en vertellen alles wat ze hebben meegemaakt.

Een gouden model van een boot met mast en peddels uit de 1ste eeuw v. Chr., afkomstig uit Broighter, County Derry, Noord-Ierland.

DE REIS VAN BRAN

De 'Reis van Bran', een vertelling in proza afgewisseld met poëzie, wordt tegenwoordig algemeen beschouwd als een allegorie van de ontwikkeling van de ziel. Er komt een vrouw bij Bran met een boomtak in de hand die ze uit de onderwereld heeft meegenomen. Ze dringt er bij hem op aan naar die magische plaats te gaan. Ze voorspelt de geboorte van Christus: een heer zonder begin en einde, uit een maagd geboren. Bran en 26 gezellen steken de Vlakte der Verrukking over, een paradijs waar geen zonde bestaat, en komen bij het Eiland van Vrolijkheid, waar de bewoners niets anders doen dan lachen en gillen. Vervolgens bereiken ze het Eiland der Vrouwen, een plaats van libertijnse verrukkingen. Een van de reizigers, Nechtán, wil naar huis, waarop de koningin van het eiland hem toestaat te vertrekken maar hem waarschuwt geen voet aan land te zetten. Als ze Ierland bereiken, doet Nechtán dat juist wel en hij verandert onmiddellijk in as. Wanneer Bran zijn eigen naam roept, zeggen de mensen die op het strand staan: 'Wij kennen hem niet maar de Reis van Bran is een van onze oude verhalen.' Bran geeft vanaf het schip een relaas van zijn avonturen en zeilt vervolgens weg, waarna er nooit meer iets van hem wordt vernomen.

VERHALEN UIT WALES
De *Mabinogion*

HET WONDERHOOFD
In de Tweede Tak van de *Mabinogion* maken we kennis met de drie leden van de familie Llyr: Branwen, Manawydan en Brân de Gezegende. Manawydan en Brân waren in de oude traditie kennelijk verbonden als zonen van de zusters van Beli de Grote, een voorouder-god van diverse koninklijke geslachten van Wales.
De reusachtige Brân voert de Britons ten oorlog tegen de Ieren, die alleen kunnen worden overwonnen als de magische kookpot der wedergeboorte, die in het bezit is van de Ieren, wordt vernietigd. Brân raakt aan zijn voet gewond (net als Bron de Visserkoning in de roman van Arthur) en beveelt de zeven overlevenden van de slag hem zijn hoofd af te hakken. Ze begraven het hoofd op de Witte Berg in Londen om het koninkrijk te beschermen, en terwijl ze zeven jaar lang feestvieren in Harlech en tachtig jaar in Gwales in Penvro, vergaat het afgehakte hoofd niet en is het 'een even goede vriend als het altijd was'.

Er bestaat maar één belangrijke Welshe mythencollectie: de *Mabinogion*. De verhalen die deze bevat, werden voornamelijk ter vermaak bijeengebracht door artiesten aan de hoven van de Welshe adel. Maar ook sociale en politieke omstandigheden zullen ertoe hebben bijgedragen dat de oude verhalen opnieuw werden verteld.

Het hoofdverhaal van de *Mabinogion* is verdeeld in de Vier Takken van de Mabinogi – de verhalen van Pwyll, Branwen, Manawydan en Math. (*Mabinogion* is een 19de-eeuwse titel.) De Eerste en de Derde Tak gaan over de familie van Pwyll, de Tweede Tak gaat over de familie van Llir en de Vierde Tak over de familie van Dôn. Pryderi, zoon van Pwyll, speelt een rol in alle vier de takken.

Van de andere verhalen, buiten de Vier Takken, wordt het verhaal van Culhwch en Olwen algemeen beschouwd als het oudste verhaal van de verzameling. Culhwch wint de hand van Olwen, dochter van Opperreus Ysbaddaden, die hem als voorwaarde voor zijn toestemming een aantal onmogelijke opdrachten geeft. Culhwch rekruteert een paar bijzondere mannen die ieder in het bezit zijn van een magische vaardigheid, en met hun hulp brengt hij de opdrachten tot een goed einde en krijgt hij het meisje. In de loop van het verhaal verschijnt, waarschijnlijk voor het eerst, Arthur in het proza van Wales. Hij helpt Mabon (zoon van Modron) en Culhwch bij de jacht (in heel Ierland, Zuid-Wales en Cornwall) op het magische zwijn Twrch Trwyth, dat tussen zijn oren een wonderkam en een wonderschaar heeft.

De verhalen over Pwyll bevatten een aantal internationale volksthema's die niet kunnen worden beschouwd als oude Keltische mythologie. Maar zijn naam betekent 'inzicht' of 'kennis' en roept dus herinneringen op aan het epitheton 'van grote kennis' van de Ierse Daghdha; en de naam van zijn bruid, Rhiannon, stamt van Rigantona, 'Grote of Goddelijke Koningin'. Men heeft Rhiannon en hun zoon Pryderi wel in verband gebracht met Modron en Mabon ('Grote Moeder' en 'Grote Zoon'), en sommige geleerden zien een verbinding tussen Rhiannon en de godin Epona (zie p. 186).

Dôn, wier familie de Vierde Tak domineert, is misschien dezelfde als de Ierse Donu (Danu), 'Moeder van de Goden'. Math, heer van Gwynedd, kan alleen leven als zijn voeten gewikkeld zijn in de vouwen van een maagdelijke schoot – behalve wanneer oorlog dit onmogelijk maakt. Wanneer Math tijdens een krijgstocht afwezig is, verleidt zijn neef Gilfaethwy de maagd Goewin met de hulp van zijn broer Gwydion. Bij terugkomst neemt Math wraak door de twee broers in dieren te veranderen. De volgende voethoudster moet Arianrhod zijn, de dochter van Dôn. Een test wijst echter uit dat zij geen maagd meer is en zij baart twee zonen, van wie de tweede door Gwydion, nu weer menselijk, wordt verborgen. Arianrhod zweert dat deze zoon van haar naamloos zal blijven totdat zij hem zelf een naam geeft; ze wordt echter bedrogen door Gwydion die hem Lleu Llaw Gyffes noemt, 'de schrandere met de vaardige hand'. Ze zweert dat Lleu nooit een menselijke vrouw zal krijgen. Vervolgens maken Math en Gwydion een vrouw van bloemen, die ze Blodeuwedd noemen: 'met het uiterlijk van een bloem'. Met haar geliefde Gronw Pebyr beraamt de valse Blodeuwedd het plan Lleu te doden. Hij raakt echter alleen maar gewond en vliegt weg in de gedaante van een adelaar. Gwydion gaat hem zoeken en maakt weer een mens van hem. Gwydion vertelt Blodeuwedd dat hij haar niet zal doden maar, als straf voor de schande die zij over Lleu heeft gebracht, zal veranderen in een vogel waar alle andere vogels vijandig tegenover staan – dat wil zeggen een uil (Blodeuwedd betekent uil in het moderne Welsh).

DE LEGENDE VAN ARTHUR

Arthur en zijn ridders

De legende van Arthur is geworteld in de Keltische traditie maar verwierf haar immense populariteit pas toen zij een dominant thema werd van de middeleeuwse literatuur op het Europese vasteland, het eerst en vooral in Frankrijk. De Engelse en Welshe versies zijn alle afgeleid van of beïnvloed door de Franse.

De beslissende schakel tussen de Keltische poëzie en de Arthur-legende in de Europese literatuur is *De geschiedenis van de koningen van Brittannië*, die in het midden van de 12de eeuw werd geschreven door Geoffrey van Monmouth. Op welke oorspronkelijke Welshe tradities Geoffrey zich ook mag hebben beroepen, bijbelse en klassieke thema's vormen een essentieel onderdeel van zijn legendarische geschiedenis.

Arthur was echter al in de 8ste eeuw een bekende figuur in de Welshe traditie. Een van de eerste keren dat hij ter sprake wordt gebracht, door Nennius in zijn geschiedenis van de Britten, is Arthur een legeraanvoerder die zijn land verdedigt tegen de Saksische invallers. Zijn naam is ongetwijfeld afgeleid van Artorius, een bekende Latijnse naam: het was de naam van een Romeinse clan, de *gens Artoria*, en in de 2de eeuw zou er in Engeland een Romein met de naam Artorius hebben geleefd. Zo zou de naam Arthur net als andere Latijnse namen tijdens de Romeinse bezetting zijn opgenomen in de Keltische talen van Brittannië.

Niettemin plaatsen de meeste Arthur-legenden Arthur in een samenhang van folklore en mythologie. In het oud-Welshe gedicht *De buit van Annwfn* bezoekt Arthur de Andere Wereld, kennelijk om de magische kookpot van het dodenrijk te stelen. Arthur vecht meestal tegen monsterlijke tegenstanders, zoals reuzen of magische dieren. In sommige 12de-eeuwse teksten is hij de heerser over een onderaards koninkrijk. In de topografische overlevering van de moderne tijd wordt hij zelfs als een soort reus gezien.

In al deze verhalen zijn talloze overeenkomsten te vinden met de verhalen over Finn (die, vooral in de volkstraditie, eveneens als een reus wordt beschouwd) en zijn volgelingen (zie p. 184-5).

Wanneer Sir Bedivere Arthurs magische zwaard Excalibur in het meer gooit en daarmee voldoet aan de laatste wens van de koning, wordt het door de Dame van het Meer opgevangen voordat het het water raakt. Deze scène wordt hier getoond in een middeleeuwse illustratie.

Merlijn de Tovenaar

De in het Latijn geschreven werken van Geoffrey van Monmouth vormen de schakel tussen de legende van Merlijn in Keltische bronnen en haar latere ontwikkeling in de literatuur van het Europese vasteland. De door Geoffrey gebruikte naam Merlinus is afgeleid van het Welshe Myrddin (Merddin).

Oorspronkelijk is Myrddin een ziener of profetische krankzinnige die leeft in het Britstalige zuiden van Schotland. Het Ierse verhaal van de Waanzin van Suibhne (Sweeney) en het Schotse verhaal van Lailoken (Llallogan) zijn versies van de Myrddin-legende, die als hoofdpersoon de Wilde Man van de Wouden heeft. In deze drie verhalen heeft de protagonist als gevolg van de verschrikkingen van de oorlog zijn verstand verloren en wordt hij verteerd door schuldgevoelens over de mensen die hij gedood heeft. De eerste twee mannen, en in sommige versies Myrddin, zien vervolgens aan de hemel een vreselijk visioen. Geoffrey verbindt dit verhaal met het wonderkind Ambrosius, held uit een heel andere legende, die wordt vermeld in Nennius' geschiedenis van de Britten (ca. 800). Geoffrey schrijft het kind, dat hij Merlinus Ambrosius noemt, de nederlaag van de tovenaars van koning Vortigern toe.

NOORD-EUROPA

Detail van een met zorg gebeeldhouwde houten wagen die aan het eind van de 9de eeuw werd begraven in een schip in een grafheuvel te Oseberg in Zuid-Noorwegen; er staan gestileerde slangen en monsters op afgebeeld.

De Germaans-sprekende volken bewoonden oorspronkelijk dat deel van Europa dat wordt omsloten door de Rijn, de Donau en de Vistula, en leefden in afzonderlijke stammen onder leiding van koningen en legeraanvoerders. Toen de macht van Rome begon af te nemen, verspreidden zij zich in diverse richtingen en vestigden zij zich in Zuid-Noorwegen en -Zweden en in Zuid- en Oost-Engeland. Andere stammen trokken oostwaarts tot helemaal in Zuid-Rusland en zuidwaarts tot in Italië en Spanje en zelfs tot in Noord-Afrika, maar deze invasies leidden niet tot blijvende nederzettingen. Angelsaksisch Engeland en Midden-Europa werden relatief vroeg tot het christendom bekeerd, maar Denemarken, Zweden en Noorwegen behielden de oude religie, die werd meegenomen naar IJsland toen de Scandinaviërs daar een 'vrijstaat' stichtten. Pas in de 11de eeuw werd in het noorden het christendom gevestigd en we beschikken over talrijke verslagen uit vroegere IJslandse tijden, toen de wetenschap daar na de kerstening bloeide en er veel belangstelling was voor het Scandinavische verleden. Onze kennis van mythen is voornamelijk afkomstig uit de middeleeuwse literatuur van de noordelijke Scandinavische landen, vooral die van IJsland uit de late Vikingtijd.

In Germaanse mythen wordt verhaald over de strijd tussen goden en monsters. De goden zorgden voor orde, recht, rijkdom, kunst en wijsheid in zowel de goddelijke als de menselijke koninkrijken, terwijl monsters en ijsreuzen een voortdurende bedreiging vormden voor de stand van zaken en opnieuw chaos probeerden te brengen. De mensen wendden zich tot de Asen en de Wanen, goden van hemel en aarde, om rust en orde te handhaven en vruchtbaarheid te brengen. Ook schonken de goden kennis van verleden en toekomst en dichterlijke en retorische inspiratie, zij ondersteunden koningen en hielpen bij oorlog de overwinning te behalen – en zij verwelkomden de gestorvenen in het rijk van de voorouders.

NOORD-EUROPA 191

Chronologisch overzicht	
1ste eeuw v. Chr.	Germaanse volken wonen ten oosten van de Rijn
3de tot 6de eeuw n. Chr.	Tijd van de Germaanse expansie (migratieperiode)
5de eeuw	Angelen en Saksen vestigen zich in Engeland
597	Christendom wordt naar Kent in Engeland gebracht
8ste-11de eeuw	Expansie van de Scandinaviërs (Vikingtijd)
Vanaf 955	Het christendom wordt gepredikt in Denemarken
995	Olav Tryggvason begint met de bekering van Noorwegen
1000	IJsland gaat over tot het christendom

SCANDINAVISCHE GODEN UIT DE VIKINGTIJD

BALDER, zoon van Odin, gedoemd te sterven.
FREYJA, vruchtbaarheidsgodin, zus van Freyr.
FREYR, god van de vruchtbaarheid en koninklijke voorouders.
FRIGG, koningin van de hemel en vrouw van Odin.
HEIMDALL, bewaker van Asgard en bekend als vader der mensheid.
HOENIR, zwijgende god, metgezel van Odin.
LOKI, een bedrieger-metgezel van de goden.
NJORD, god van de zee en de schepen, vader van Freyr en Freyja.
ODIN, god van de magie, de inspiratie, de oorlog en de dood en heerser over de goden.
THOR, god van de hemel en de donder, beschermer van het recht en de gemeenschap.
TYR, de wolvebinder.

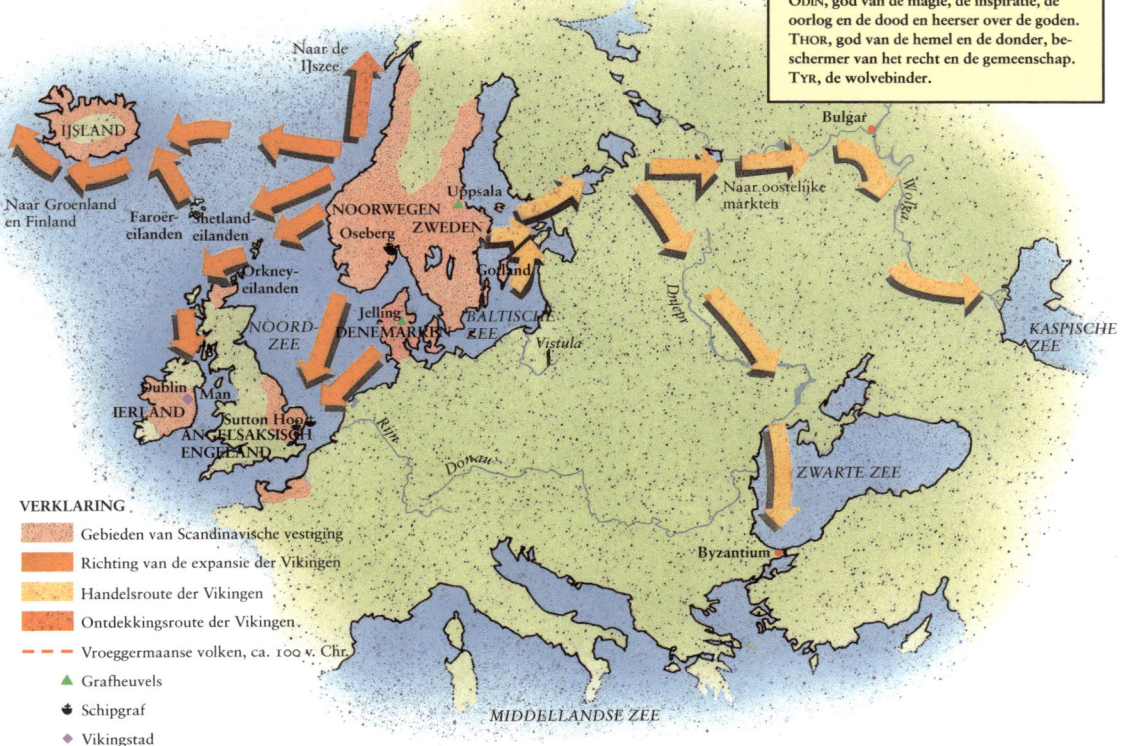

VERKLARING
- Gebieden van Scandinavische vestiging
- Richting van de expansie der Vikingen
- Handelsroute der Vikingen
- Ontdekkingsroute der Vikingen
- --- Vroeggermaanse volken, ca. 100 v. Chr.
- ▲ Grafheuvels
- Schipgraf
- ♦ Vikingstad

SPOREN VAN DE MYTHEN

Sporen van een Germaanse en Scandinavische mythologie zijn er in overvloed, maar fragmentarisch en verspreid.

Het grootste deel van de literatuur werd geschreven in christelijke kloosters. De verhalen in proza, bekend als de IJslandse sagen, werden lang na de kerstening geschreven, maar bevatten enkele herinneringen aan oude geloofsovertuigingen en gebruiken. Sommige voorchristelijke gedichten over goden bleven bewaard, en in de 13de eeuw schreef Snorri Sturluson een boek in het IJslands, de *Edda*, waarin hij voor jonge dichters alles opschreef wat hij over de oude mythen wist. Andere historici, die in het Latijn schreven, zoals de Angelsaksen Beda (8ste eeuw) en de Deen Saxo Grammaticus (eind 12de eeuw), geven eveneens waardevolle informatie over de mythen.

Naast de literaire sporen zijn er de oude artefacten. Tot de voorchristelijke begraafplaatsen behoren de beroemde schipgraven van Sutton Hoo en Oseberg (zie illustratie, p. 190): mannen en vrouwen werden begraven of gecremeerd in schepen; onder de schatten die op begraafplaatsen werden gevonden, bevinden zich amuletten en rituele objecten van metaal, alsmede figuurtjes, helmplaten en zwaardscheden.

Op votiefstenen en altaren uit streken die door de Romeinen waren bezet staan soms zowel Romeinse als Germaanse goden, en op grafstenen uit de Vikingtijd zijn vaak mythologische scènes aan te treffen, vooral op het eiland Gotland in de Baltische Zee en op het eiland Man.

VROEG-GERMAANSE GODEN

DONAR, god van de hemel en de donder (Angelsaksische naam: Thunor).
FREA, hoofdgodin, vrouw van Wodan (Angelsaksische naam: Frig).
ING, vruchtbaarheidsgod met wagen, bekend bij de Angelsaksen.
NEHALENNIA, godin van de vruchtbaarheid en de zee, vereerd aan de kust van Nederland.
NERTHUS, aardgodin, vereerd in Denemarken.
TIWAZ, god van de lucht, het recht en de oorlog (Angelsaksische naam: Tiw of Tig).
WODAN, god van de onderwereld, de magie, de inspiratie, de dichtkunst en de oorlog (Angelsaksische naam: Woden).

VROEGE GODEN
Fragmenten van de Noorse mythologie

Schild in de vorm van een adelaar dat deel uitmaakt van een schat die werd begraven in een schip te Sutton Hoo, Oost-Engeland, 7de eeuw n. Chr. De adelaar werd gebruikt als symbool van de god Wodan.

DE NAAMGEVING VAN DE LONGOBARDEN
Een mythe over Wodan en zijn vrouw Frea werd al in de 8ste eeuw opgetekend door Paulus de Diaken in zijn Latijnse geschiedenis van de Longobarden. Deze mythe verhaalt hoe de godin Frea vastbesloten was Wodan de stam van de Winniles te laten begunstigen en niet de Vandalen, die hij eerst had gesteund. Ze vertelde de mannen van de stam dat ze met zonsopgang naar buiten moesten komen met hun vrouwen, die hun lange haren voor hun gezicht moesten dragen zodat ze op bebaarde mannen zouden lijken. Vervolgens draaide ze Wodans bed naar het oosten, zodat hij wanneer hij wakker werd met zijn gezicht naar de Winniles zou zijn gekeerd in plaats van naar de Vandalen. 'Wie zijn deze langbaarden?' riep hij uit, en zij zei tegen hem dat nu hij ze een naam had gegeven, hij ze ook de overwinning moest gunnen. Zo kregen ze de naam Longobarden, als blijk van de gunst van de god. In dit verhaal komt Wodan meer als god van de hemel dan als god van de onderwereld naar voren.

Deze Zweedse rotstekening uit de Bronstijd laat een mannelijke figuur met een speer zien – waarschijnlijk een hemelgod. Het kan ook om een aardgodin gaan.

Tot de vroege sporen van een Noordeuropese mythologie behoort een rotstekening uit de Bronstijd van een figuur met een speer (linksonder) die zich kan hebben ontwikkeld tot Tiwaz, de Germaanse god die werd vereenzelvigd met de Romeinse oorlogsgod Mars, maar ook was verbonden met wetgeving. Hij kan ook de god zijn die Tacitus 'god en regeerder van het al' noemde en die werd vereerd in een heilig woud. Degenen die het woud betraden, moesten gebonden zijn – een idee dat is verbonden met de Scandinaviër Tyr, een latere vorm van Tiwaz, die in de herinnering voortleeft omdat hij de wolf knevelde (zie p. 195).

De met de uitgestrekte eikenbossen van Noord-Europa verbonden dondergod Donar werd vereenzelvigd met Jupiter en Hercules. Zijn symbool was de bijl, die de kracht van de bliksem symboliseerde.

De Angelsaksische literatuur bevat sporen van mythen over een jonge god die van overzee komt om zegeningen te brengen. De zee werd net als de aarde in verband gebracht met vruchtbaarheid, en een schip was een van de voornaamste symbolen van de vruchtbaarheidsgoden. In Denemarken bestond een machtige godin, die in de herinnering voortleeft als Nerthus, en in Nederland was er een godin van de Noordzeekust met de naam Nehalennia. Ook was er een koningin van de hemel die metgezellin was van de hemelgodin Frea. Op een groot aantal stenen uit de Romeinse tijd in zowel Germaanse als Keltische gebieden zijn groepen godinnen afgebeeld (vaak als trio), die bekend zijn als de Moeders.

Wodan, die werd vereenzelvigd met Mercurius, was vanaf oude tijden een belangrijke god. Hoewel Wodan geluk bracht in de oorlog en soms werd voorgesteld als een krijger te paard, was hij een boosaardige figuur die zijn volgelingen uiteindelijk de nederlaag en de dood kon brengen. Mannen werden aan hem geofferd door ophanging. Hij was (net als Mercurius) een gids naar de onderwereld, maar men ging hem ook in verband brengen met de hemel; zijn symbool was de adelaar. Andere symbolen voor hem waren de wolf en de raaf, creaturen van het slagveld. Hij werd gezien als de god van de profetie, de runetekens en de gave van de geestvervoering. Als voorvader van koningen verleende hij hun gunsten waarvan hun succes afhing. Net als Tiwaz bezat hij een speer en de macht om te binden en te ontbinden door zijn kennis van bezweringsformules voor de strijd.

KOSMOLOGIE IN DE VIKINGTIJD

De Wereldboom en zijn werelden

Detail van een grafsteen uit de Vikingtijd, uit Noord-Engeland. Het reliëf toont vier van dergelijke figuurtjes die een boog vasthouden – waarschijnlijk de dwergen die bij de schepping de hemel omhoogielden.

Deze gedenksteen uit ca. 500, uit Sanda op Gotland, is mogelijk een vroeg diagram van de kosmos: de draaiende hemelschijf, de zon en de maan daaronder, en de Wereldboom in het midden. Het schip onderaan wordt op veel gedenkstenen aangetroffen en symboliseert waarschijnlijk het vertrek van de doden uit deze wereld.

In de IJslandse mythologische gedichten wordt de aarde voorgesteld als een cirkel van land omgeven door de oceaan. In de diepten van de oceaan ligt de Wereldslang, terwijl in het midden van het land een machtige boom staat, de wereldas, Yggdrasil. De wortels van deze boom reiken tot in de onderwereld, en onder de wortels borrelt een bron, de bron der verborgen wijsheid. Een watervlug eekhoorntje rent langs de stam op en neer om boodschappen over te brengen tussen de adelaar in de top en de slang die aan de wortels knaagt. Er graast een geit die geen melk geeft maar mede, voor de krijgers in het paleis van Odin. Yggdrasil betekent waarschijnlijk 'paard van Ygg', een van de namen van Odin. Van hem werd gezegd dat hij, als een vrijwillig offer, in doodsnood aan de boom hing om macht te verkrijgen over de runen die kennis zouden brengen aan degenen die ze konden uitleggen. Dauw druppelt van Yggdrasil op de grond en de vruchten van de boom helpen bij geboortes. Dit is de boom van de goden, die onder de beschutting van zijn kruin beraadslagen. Hij is een symbool van universaliteit die de verschillende klassen van levende wezens verbindt en het centrum van negen werelden vormt. Een oudere visie op de wereld kan gebaseerd zijn geweest op negen werelden die boven op elkaar in de Boom waren gesitueerd.

Het is nauwelijks mogelijk uit wat de bronnen ons vertellen een samenhangend kosmologisch diagram af te leiden of in kaart te brengen, en er bestonden ongetwijfeld diverse tradities. Van twee godengeslachten, de Asen (hemelgoden) en de Wanen (aardgoden), wordt gezegd dat ze in Asgard wonen, klaarblijkelijk de hemelen; maar de Wanen hebben ook hun rijk Wanaheim onder de aarde. Tussen de wortels van de Boom ligt Jotunheim, land van de reuzen, en ook een dodenrijk, dat wordt geregeerd door Hel, dochter van Loki de bedrieger (zie p. 195). Jotunheim ligt onder Asgard en kan alleen worden bereikt door een lange en gevaarlijke reis te maken over land; een andere route over land verbindt Asgard met het dodenrijk. Een

HOE DE MAGISCHE MEDE WERD GEWONNEN

Odin was er verantwoordelijk voor dat de mede van de inspiratie in het bezit van de goden kwam. Toen de twee godengeslachten van de Asen en de Wanen vrede sloten, spuwden ze allen in een vat en zo schiepen ze een wijze reus, Kvasir. Later werd deze gedood door twee dwergen die zijn bloed met honing mengden en zo de magische mede van de inspiratie maakten, waarmee ze drie enorme vaten vulden. De reus Suttung, wiens ouders door de dwergen waren gedood, wilde echter wraak nemen en stal de mede, die hij in een berg verstopte. Odin trok erop uit om de mede voor de goden terug te veroveren. Eerst zorgde hij ervoor dat negen mannen die voor Suttungs broer Baugi werkten, ruzie kregen en elkaar doodden en vervolgens nam hij hun plaats in en vroeg niets meer dan een slok mede als beloning. Dat weigerde Suttung hem, maar Baugi hielp Odin om in de gedaante van een slang in de berg te kruipen, en daar sliep hij drie nachten met de dochter van de reus en hij overreedde haar om hem drie slokken van de mede te geven. Hij verzwolg de inhoud van alle drie de vaten, vloog in de gedaante van een adelaar naar Asgard terug en spuwde de mede uit in vaten die de goden hadden klaargezet. Deze scène staat waarschijnlijk afgebeeld op de steen uit Gotland beneden. Zo kwam de mede van de inspiratie in hun bezit.

Deze afbeelding op een steen uit Gotland – een adelaar met twee figuren – stelt waarschijnlijk Odin voor, die in Asgard terugkeert met de magische mede. Getoond wordt hoe de mede uit de snavel van de adelaar loopt terwijl twee figuren een beker ophouden om haar op te vangen.

brug, Bifrost, die toegang geeft tot Asgard, wordt bewaakt tegen de reuzen: dit zou de regenboog zijn die hemel en aarde verbindt, maar hij kan oorspronkelijk ook de Melkweg zijn geweest.

In het begin was er een diepe afgrond, Ginnungagap, de 'gapende (of misschien de bedrieglijke) kloof', vol latente energie. Uit lagen ijs en vonken vuur werd de androgyne reus Ymir geschapen, uit wiens lichaam de reuzen en de eerste man en vrouw voortkwamen. De reus werd gevoed door een oerkoe die likte aan de zoute ijsblokken totdat de zonen van Bor verschenen – drie scheppingsgoden die Ymir versloegen en uit zijn lichaam de aarde vormden, uit zijn bloed de zee en uit zijn schedel de hemel. De hemel werd omhooggehouden door vier dwergen, schepsels die zich als wormen in de aarde voortplantten. Volgens een andere traditie werden er een man en een vrouw geschapen toen de drie goden twee bomen aan de kust een menselijke vorm gaven en begiftigden met adem en verstand.

De goden vestigden vervolgens orde, brachten de zon en de maan in hun vastgestelde baan, maakten wetten, bouwden fraaie paleizen in Asgard en vervaardigden schatten van goud. Aanvankelijk was er oorlog tussen de twee godengeslachten van de Asen en de Wanen, maar er werd een wapenstilstand gesloten die resulteerde in het brouwen van de mede van de inspiratie (zie marge), een van de schatten van de goden. Een andere schat, waardoor ze eeuwig jong bleven, was hun voorraad gouden appels, bewaakt door de godin Idun (zie p. 202). Weer andere goddelijke schatten werden door dwergen gesmeed. Odin had een gouden ring, Draupnir, waarvan om de negen dagen acht nieuwe ringen afvielen, en een speer, Gungnir, die besliste over de successen in een oorlog. Thor had zijn machtige hamerbijl Mjollnir, die bliksem veroorzaakte, en Freyr en Freyja van de Wanen bezaten een gouden zwijn, dat door de hemel en de onderwereld rende, en een magisch schip, dat altijd de goede wind in de zeilen kreeg.

De versterking van Asgard

*T*oen de goden hun rijk Asgard stichtten, hadden ze een sterke omheining nodig.

Een kundig handwerksman bood aan die voor hen te bouwen, maar eiste als betaling daarvoor de zon en de maan, alsmede de godin Freyja als bruid. De goden stemden daarmee in op voorwaarde dat het werk in één winter voltooid zou zijn en dat niemand hem erbij zou helpen; ze waren ervan overtuigd dat de man dit nooit zou kunnen klaarspelen en dat zij hem het verlangde niet hoefden te betalen. De bouwer werd geholpen door zijn hengst, een paard met uitzonderlijke kracht en intelligentie, dat 's nachts werkte om rotsblokken te verslepen en tweemaal zoveel deed als zijn meester. Drie dagen voordat de lente aanbrak was de muur bijna gereed, en de goden waren onthutst. Zij gaven Loki de schuld, omdat hij hen had overgehaald de overeenkomst te sluiten, en daarom besloot hij tot actie over te gaan. Hij veranderde zichzelf in een merrie en lokte zo het grote paard weg, zodat de muur nooit werd voltooid. De bouwer ontstak in grote woede en toen duidelijk werd dat hij een vijandige reus uit Jotunheim was, deden de Asen (hemelgoden) een beroep op Thor, die hem met zijn hamer doodde. Het resultaat van Loki's ontmoeting met de hengst was dat hij een grijs veulen met acht benen baarde; dit was Sleipnir, het beroemde strijdros van Odin, waarmee hij tussen de werelden heen en weer reed (zie p. 196).

LOKI EN RAGNAROK

De bedrieger, de wolf en de laatste grote veldslag

Een haardsteen uit Shaptun (Denemarken), die, naar men denkt, Loki toont met zijn lippen aan elkaar gehecht als straf van de dwergen omdat hij hen probeerde te bedriegen toen ze de schatten van de goden smeedden (zie p. 194).

Loki, die een belangrijke rol speelt in de noordelijke mythen, is een bedriegersfiguur, een dief en een lasteraar die de goden misbruikt en in gevaar brengt door zijn streken, maar ze ook vaak redt door zijn listigheid. Hij is een naaste metgezel van Odin en Thor, maar baart ook de monsters die hen zullen vernietigen, en hij is door zijn boosaardigheid de oorzaak van Balders dood (zie p. 197). Het is nooit duidelijk geworden of Loki een god of een reus is. In een bepaald opzicht is hij een scheppersfiguur, die de dwergen ertoe aanzette enkele van de schatten van de goden te vervaardigen en die zelf het leven schonk aan Odins paard en aan monsters als de Wereldslang en Hel, de heerseres over de doden.

Een van de monsterlijke kinderen die Loki verwekte, was de wolf Fenrir. Hij groeide op onder de goden en niemand behalve Tyr, die waarschijnlijk een latere vorm van Tiwaz en een god van de oorlog is, durfde hem te voeden. De wolf verbrak elke keten, totdat Odin de dwergen een magische keten liet maken, zacht als zijde maar onverwoestbaar sterk, van zulk ongrijpbaar materiaal als de voet van een berg en het geluid van een bewegende kat. De wolf kreeg argwaan en wilde niet dat de keten om zijn hals zou worden gedaan, tenzij een van de goden zijn hand tussen zijn kaken legde als teken van vertrouwen. Tyr was de enige die bereid was dit te doen. Toen de keten aantrok en zo de wolf knevelde, lachten de goden, behalve Tyr, die zijn rechterhand verloor. De wolf werd in bedwang gehouden met een zwaard tussen zijn kaken en vastgeklonken aan een reusachtige rots, waaraan hij tot Ragnarok geketend bleef.

Als straf voor het veroorzaken van Balders dood werd Loki ten slotte vastgeketend aan drie rotsen, niet in staat los te breken tot de laatste grote veldslag, toen hij zich bij de reuzen voegde in de aanval op Asgard tijdens Ragnarok (zie marge, rechts). Tijdens de slag vochten Loki en zijn voornaamste vijand Heimdall, schildwacht van de goden, en zij doodden elkaar.

RAGNAROK

Nadat Loki zich had bevrijd uit zijn boeien, leidde hij de reuzen tegen de goden in de laatste grote veldslag, bekend als Ragnarok. De wereld werd voortdurend bedreigd door de reuzen, die de schatten van de goden en de godin Freyja begeerden en dreigden met de terugkeer van chaos en onvruchtbaarheid. Odin verzamelde de grootste helden die in de strijd waren gevallen in het Walhalla, zodat ze de goden konden helpen. Thor zwaaide met zijn hamer tegen de reuzen en hield ze tot Ragnarok buiten Asgard.

Een gedicht uit ca. 1000, *Voluspa* ('profetie van de zieneres'), beschrijft als in een visioen de schepping en ondergang van de wereld. Tijdens Ragnarok verwoesten de zonen van Muspell uit het gebied van het vuur de brug Bifrost, terwijl de reuzen bij de zee aankomen, met Loki als stuurman. De monsters breken uit en de wolf Fenrir verslindt Odin. Thor verslaat de Wereldslang maar wordt gedood door zijn vergif. De vuurreus Surt zet de wereld in brand, de hemel valt naar beneden en de wereld wordt door de zee verzwolgen. Maar dit is niet het einde, want de aarde komt weer boven, groen en vol schoonheid; de zonen van de goden hernemen hun plaats in de hemel en op de aarde, samen met een mensenpaar dat zich had verscholen in de Wereldboom; en een nieuwe en stralender zon trekt zijn baan langs de hemel. Dit beeld van verwoesting kan deels gebaseerd zijn op de verschrikkelijke eruptie van de IJslandse vulkaan Hekla in de vroege Middeleeuwen. Maar wat de oorsprong ervan ook mag zijn, uit kunst en literatuur blijkt dat Ragnarok in de Vikingtijd de verbeelding krachtig in zijn ban hield.

ODIN
Heerser over Asgard

ODIN EN HET WALHALLA
Van Odin wordt verteld dat hij koningen en helden die op het slagveld waren gesneuveld naar zijn Hal van de Verslagenen, het Walhalla, riep, waar ze hun tijd al feestend en vechtend doorbrachten, klaar om Asgard te verdedigen als het werd aangevallen. De naam Walhalla kan oorspronkelijk zijn gebaseerd op de naam van het graf waar de doden feestten met hun voorouders. Maar in de Vikingliteratuur was het rijk van de befaamde doden grootser en men ging er plechtig binnen: de dode helden werden door oorlogsgodinnen, de Walkuren, door de lucht begeleid naar de hal van Odin in Asgard. Rechts staat een gedenksteen uit Alskog in Gotland afgebeeld, waarop Odins achtbenige paard Sleipnir te zien is met een ruiter op zijn rug (de god zelf of een gedode held) die in de hal door een Walkure wordt begroet met een hoorn vol mede.

De Vikingen geloofden dat Odin, de alvader, de heerser van Asgard was en de speer van Tiwaz had geërfd, die hem in veldslagen de sterkste maakte. Zijn voorganger Wodan was de oppergod van de Longobarden en andere Germaanse stammen (zie p. 192). Odin heeft net als Wodan nauwe banden met de onderwereld en de doden. Hij was de god van koningen en hielp veelbelovende jonge prinsen, die hij magische zwaarden en andere geschenken gaf als uiting van zijn gunst, maar hen zonder pardon vernietigde als hun tijd was gekomen. Met de verering van Odin was crematie verbonden, die vaak nodig was om zich na een veldslag van de doden te ontdoen.

Er zijn veel verhalen over Odins toegewijde volgelingen, de Berserks, die in het gevecht bere- of wolfshuiden droegen en in extase raakten waardoor ze bestand waren tegen pijn. Odin schonk ook dichters en redenaars de gave der extase, en in de IJslandse poëzie wordt vaak vermeld dat hij de magische mede won die inspiratie gaf (zie p. 194). Hij bracht zijn volgelingen ook rijkdom, gesymboliseerd door zijn ring Draupnir, die zichzelf vermenigvuldigde om te zorgen voor een voldoende voorraad goud.

Odin was bovendien een god van de magie en de profetie, vooral in militaire zaken. Er werden krijgsgevangenen aan hem geofferd, die met dolksteken of door ophanging waren gedood. Zulke offers konden een vorm van profetie zijn, omdat de laatste bewegingen van het slachtoffer de overwinning of de nederlaag konden voorspellen. Odin zelf hing als offer aan de Wereldboom om de runetekens te leren begrijpen, die bij waarzeggerij werden gebruikt. Hij gaf ook een van zijn ogen om kennis te krijgen, en verscheen op aarde als een oude eenogige man, in een wijde mantel en met een breedgerande hoed of een kap op zijn hoofd. Zijn voortdurende metgezellen waren schepsels van het slagveld, wolven en raven; en twee raven brachten hem nieuws over veldslagen uit de hele wereld. Odin kon zonder moeite van gedaante veranderen en zijn geest uitzenden in de gedaante van een vogel of een ander dier; daardoor heeft hij, samen met zijn vermogen naar het dodenrijk te reizen, iets gemeen met de sjamanen van de noordelijke Euraziatische volken.

Balder, zoon van Odin

Veel van Odins reizen werden gemotiveerd door zijn wens kennis over de toekomst te verkrijgen. Hij raadpleegde runetekens, en ook het hoofd van de wijze reus Mimir, die werd gedood door de Asen. Hij maakte gevaarlijke reizen om andere reuzen te ontmoeten die befaamd waren om hun wijsheid, en hij riep zelfs de doden op om hen te ondervragen. Van hen kwam hij te weten dat hij gedoemd was door de wolf Fenrir te worden opgegeten en dat Loki voortdurend tegen de goden samenspande (zie p. 195).

De eerste ernstige bedreiging voor Odin kwam door het verlies van zijn zoon Balder. Balder werd gekweld door boze dromen en zijn moeder Frigg probeerde hem te beschermen door alle levende wezens, alle planten en bomen en alle voorwerpen van metaal, hout en steen te laten zweren hem nimmer enig kwaad te doen. Hierna konden de goden zich vermaken door tijdens het sporten wapens naar Balder te gooien, wetend dat hij toch ongedeerd zou blijven. Maar Loki, de bedrieger, ontdekte dat een plantje, de mistletoe, niet aan Frigg had gezworen Balder geen kwaad te doen omdat zij had gedacht dat het daarvoor nog veel te klein was. Loki toverde het om tot een pijl en gaf die aan de blinde god Hother om naar Balder te werpen, terwijl hij zijn hand leidde om er zeker van te zijn dat hij doel zou treffen. Toen de pijl Balder doorboorde viel hij dood neer. Odin en de andere goden werden in diepe rouw gedompeld. Zij namen zijn lichaam op en legden het op een brandstapel die in zijn eigen schip was opgericht, naast het lichaam van zijn vrouw Nanna, die van verdriet was gestorven, en zijn paard.

Toen Frigg na de dood van Balder smeekte of iemand naar Hel, het dodenrijk, wilde rijden om te proberen haar zoon mee terug te nemen, gaf Balders broer Hermod de Dappere zich op als vrijwilliger. Hij reed weg op Odins paard Sleipnir en trok negen dagen en nachten door diepe, duistere dalen tot hij bij een gouden brug kwam over de Rivier van de Echo's. Het meisje dat daar de wacht hield, zei hem dat hij niet een van de doden kon zijn, omdat de brug onder zijn paard resoneerde en dat niet had gedaan toen vijf legers van de doden er kort tevoren overheen waren gegaan. Toen Hermod haar vertelde dat hij Balder zocht, leidde ze hem via de noordelijke weg naar de poort van Hel. Hermod ging de hal binnen waar Balder zat en bleef drie nachten. Hij vroeg Hel, de heerseres over het rijk dat haar naam droeg, om Balder met hem mee terug te laten gaan, maar ze antwoordde dat alleen het geween van alle mensen en alle dingen op aarde dit voor elkaar zou kunnen krijgen.

Hermod keerde terug naar Asgard met de ring Draupnir, die op Balders brandstapel was verbrand, als bewijs dat hij zijn missie had volbracht. Daarna gingen boodschappers de hele wereld rond om iedereen te vragen hun liefde voor Balder te uiten en hem met hun geween uit Hel te halen. Uiteindelijk kwamen ze bij een reuzin die weigerde te wenen, omdat Balder voor haar van geen enkel belang was. Men geloofde dat deze reuzin Loki in vermomming was die, boosaardig als hij was, Balders terugkeer belette.

Daarom bleef Balder in Hel. Toen Loki's aandeel hierin bekend werd, verborg hij zich in een rivier, vermomd als zalm. Hij werd gevangen in een magisch net dat hij zelf had ontworpen, en de goden ketenden hem vast aan drie stenen, terwijl slangen vergif op zijn gezicht druppelden. Zijn trouwe vrouw Sigyn zat bij hem met een kom en probeerde de gifdruppels op te vangen. Hij bleef geketend tot hij tijdens Ragnarok, de ondergang van de goden, wist los te komen om de reuzen te leiden tegen Asgard. De dood van Balder leidde onvermijdelijk tot Ragnarok, toen Odin werd opgegeten door de wolf en vervolgens werd gewroken door zijn zoontje Vidar, die het monster in stukken scheurde. Vidar was een van de godenzonen die na Ragnarok de plaats van hun vaders innamen.

Een gebonden reus; misschien een toespeling op het ketenen van Loki als straf voor zijn aandeel in Balders dood. Afbeelding op een stenen kruis in Cumbria, Engeland.

Een zilveren hanger uit de Vikingtijd met een boodschapper te paard, die doet denken aan Hermod op zijn reis naar de onderwereld.

THOR
De dondergod

Op deze broche uit de Vikingtijd flankeren twee geiten een 'dondersteen' – eigenlijk een fossiele zeeëgel –, een voorwerp waarvan men dacht dat het tijdens onweersbuien naar beneden viel.

RITUEEL EN
DE VERERING VAN THOR

Thor was vooral populair in West-Noorwegen en IJsland. Toen IJsland werd gekerstend, was Thor de god wiens verering het moeilijkst was uit te roeien. Er stonden diverse rituelen met hem in verband. Zo werd er bij bruiloften een hamer in de schoot van de bruid gelegd, over een pasgeborene werd een hamer geheven en op grensstenen werd een hamer afgebeeld.

Scandinaviërs droegen zilveren amuletten in de vorm van een hamer; het bewerkte exemplaar hieronder toont de god met het hoofd van een adelaar, een gestileerde baard en onder hem een slangesymbool. Thors hamer werd ook op grafstenen uitgehouwen.

Thor was de god van de gemeenschap, behoeder van degenen die het land bewerkten en in plaatselijke vergaderingen bijeenkwamen. Ook was hij de hemelgod, verwant aan Jupiter en Zeus, met zijn bijlhamer als een symbool van donder en bliksem. Er zijn veel verhalen over zijn expedities naar Jotunheim, waar hij de reuzen, de vijanden van de goden, doodde. Hij was een populaire god, die werd beschreven als een indrukwekkende maar enigszins huiselijke figuur die geen paard bezat maar met grote stappen door rivieren liep, of een door geiten getrokken wagen mende. Berucht om zijn enorme eetlust nuttigde hij zelfs zijn eigen geiten om vervolgens hun botten bijeen te rapen en door de kracht van zijn hamer weer tot leven te wekken. Zijn rode baard stelde de bliksem voor (misschien wegens de vele rode draden die worden gevormd als de bliksem in een boom slaat). We vernemen ook van zijn vurige ogen, zijn ongeëvenaarde kracht en zijn beangstigende woede. Gedenkstenen tonen zijn hamer als een wapen aan een koord, dat soms naar vijanden wordt geworpen en waarmee ze op hun hoofd worden geslagen.

Een vroeg gedicht vertelt over een bezoek aan het rijk van de reus Geirrod, waartoe Loki hem met boosaardige bedoelingen had overgehaald. Thor moest al zijn goddelijke kracht aanwenden om een woeste rivier over te steken en te vermijden dat hij werd doodgestampt door de twee dochters van de reus, die hij samen met hun vader doodde. In een andere mythe wordt verteld over een befaamd duel met de reus Hrungnir, die Asgard had weten binnen te dringen. De reus gooide een slijpsteen naar Thor en een stukje daarvan bleef in zijn hoofd zitten, maar Thor doodde zijn vijand met zijn hamer. Zijn dodelijkste vijand was de Wereldslang, die hij eens had opgehaald van de zeebodem. Een vroegere vorm van deze mythe kan het bekende idee zijn geweest van de hemelgod die het monster van de chaos in de tijd van de schepping overwint; volgens de mythe uit de Vikingtijd zou Thor tijdens Ragnarok de slang hebben overwonnen om vervolgens zelf te worden gedood door zijn vergif.

Thors kracht kon alleen worden gebroken als er bedrieglijke magie tegen hem werd gebruikt. Op een reis naar het mysterieuze rijk van Utgard ontmoette hij een reus die zo groot was dat Thor in zijn handschoen kon rondwandelen alsof het een zaal was. De reus gaf hem een hoorn met bier te ledigen, die steeds weer werd bijgevuld door de zee, liet hem worstelen met Age, die de sterkste kon verslaan, en daagde hem uit een grijze kat van de grond te tillen, die eigenlijk de Wereldslang was. Hoewel dit allemaal onmogelijke opdrachten waren, vertoonde Thor niettemin zo'n kracht dat de sluwe reus doodsbang werd. De zeespiegel daalde tijdens de drinkproef en de wereld werd bijna verwoest toen hij één kattepoot van de grond tilde.

Over Thors vrouw Sif is weinig bekend, behalve dat ze beroemd was om haar gouden haar, dat eens door de ondeugende Loki was afgeknipt; de bedrieger was echter zo bang voor de wraak van Thor, dat hij dwergen nieuw haar van puur goud voor haar liet maken. Dit had belangrijke gevolgen voor de goden omdat het ertoe leidde dat enkele van hun waardevolste schatten werden vervaardigd, waaronder Thors hamer (zie p. 194).

Thor vist naar de Wereldslang

Een van de populairste mythen over Thor uit de Vikingtijd was die over zijn bezoek aan de zeereus Hymir. Dit bezoek wordt beschreven in enkele van de oudste nog bestaande gedichten en staat afgebeeld op drie stenen uit de Vikingtijd. Er bestaat een 8ste-eeuwse steen uit Gotland die waarschijnlijk Thor toont met de ossekop, roeiend in de boot van een reus.

Detail van een steen uit Cumbria, Noord-Engeland; waarop Thor naar de Wereldslang vist.

Volgens één verhaal ging Thor vermomd als jongen naar de zee en vroeg hij of hij met de reus mee mocht om te vissen. Hymir wilde hem eerst niet meenemen en zei hem dat hij zijn eigen aas moest zoeken; daarop ging Thor naar de kudde ossen van de reus, sloeg de grootste os dood en kwam terug met zijn kop.

Ze voeren uit in de boot en Thor roeide met buitengewone kracht, tot ze ver voorbij de gewone visgronden van de reus waren. Thor hing de ossekop aan zijn haak en wierp hem overboord. De Wereldslang in de diepte van de oceaan slokte hem op en Thor haalde het schepsel op tot zijn verschrikkelijke hoofd boven de golven uitkwam.

Thors buitengewone kracht nam nog toe terwijl hij de slang ophaalde. Hij drukte zijn voeten door de boot en plantte ze stevig op de oceaanbodem. Terwijl de slang gif spuwde, keek Thor ernaar en hief hij zijn hamer, maar de door paniek bevangen reus sneed de lijn door.

Volgens Snorri (in zijn IJslandse *Edda*) waren de vertellers het er niet over eens of Thor de slang raakte, maar dachten ze dat hij ontkwam en terugviel in zee, terwijl Thor de reus overboord gooide en naar de kust waadde.

DE DIEFSTAL VAN DE HAMER

Op een dag legde Thor zijn hamer, het enige doeltreffende wapen tegen de reuzen, op een verkeerde plaats. Loki leende de valkegedaante van Freyja en vloog overal heen om hem te zoeken. Eindelijk kwam hij terug met het nieuws dat de hamer in het bezit was van de reus Thrym en diep onder de aarde begraven was. De reus weigerde hem terug te geven tenzij Freyja zijn bruid zou worden. Toen Freyja dit hoorde, werd ze zo kwaad dat ze snuivend van woede haar beroemde halsketting verbrijzelde. De wijze Heimdall stelde voor dat Thor zich in een bruidssluier als Freyja zou vermommen en met Loki naar Jotunheim, het rijk van de reuzen, zou reizen. Thor gaf met tegenzin toe en reed met Loki weg in zijn wagen onder begeleiding van donder en bliksem. De reuzen ontvingen de bruid met vreugde, maar waren enigszins verbaasd over haar enorme eetlust tijdens het bruiloftsmaal. Ook schrokken ze van haar vurige ogen die door de bruidssluier heen te zien waren. De slimme Loki, die was vermomd als de begeleider van de bruid, stelde hen gerust met de verzekering dat Freyja's vreemde gedrag te verklaren viel door het feit dat ze acht dagen en nachten gegeten noch geslapen had, omdat ze zo naar de bruiloft had verlangd. Eindelijk werd de hamer binnengebracht en op de schoot van de bruid gelegd om haar te zegenen. Dit was Thors kans: hij greep de hamer, sloeg de bruidegom en de bruiloftsgasten dood en keerde met Loki triomfantelijk naar Asgard terug.

FREYR EN DE WANEN
Goden van hemel, zee en water

De voornaamste Scandinavische god van vruchtbaarheid en overvloed was Freyr, wiens naam 'heer' betekent, mogelijk gebruikt als titel. Hij behoorde tot de Wanen, een groep mannelijke en vrouwelijke goden die voornamelijk waren verbonden met de diepten van de aarde en het water, in tegenstelling tot de Asen, de goden van de hemel. De Wanen brachten het land vrede en voorspoed en steunden de heersers van het land zolang deze hen niet beledigden. De cultus van Freyr was in de Vikingtijd populair in Zweden en verbreidde zich geleidelijk naar Noorwegen en IJsland. De IJslandse sagen verhalen van families die de god vereerden en van bepaalde plaatsen die aan hem waren gewijd. Net als Odin en Thor gaf Freyr hulp en goede raad en was waarzeggerij een belangrijk onderdeel van zijn cultus. De Yngling-koningen van Uppsala in Zweden lijken na hun dood met hem te zijn vereenzelvigd en te zijn beschouwd als koningen die het land voorspoed hadden gebracht. Gaven van goud en zilver werden in Freyrs grafheuvel geplaatst en het beeld van de god werd in een wagen door heel Zweden gereden om de boerderijen te zegenen.

Een van de symbolen van de Wanen was het gouden zwijn, dat net als de zon langs de hemel en onder de aarde door reisde. Hoewel hij geen hemelgod was, woonde Freyr bij de Asen en speelde de zon een belangrijke rol in zijn cultus. Hij was een god van vrede, maar zijn zwijnesymbool werd afgebeeld op de helmplaten van krijgers of verscheen als helmteken boven op hun helmen, zodat hij hen in de strijd kon beschermen. De zwijnehelmen van de Zweedse koningen van Uppsala (de Ynglings) waren nationale schatten. Ook paarden werden aan Freyr gewijd en men zei dat hij er enkele in zijn tempel hield. Een ander Wanen-symbool was het schip en Freyr bezat een speciaal schip waarmee hij overal heen kon reizen. Koninklijke families maar ook lager geplaatste mensen lieten zich vanaf de 7de eeuw in

Men denkt dat dit fallische figuurtje (ca. 6 cm) uit Railinge in Zweden Freyr voorstelt.

Freyr dingt naar de hand van Gerd

Freyr waagde het in Odins zetel te gaan zitten, van waaruit hij in de onderwereld kon kijken. Daar zag hij de beeldschone Gerd met het gevolg dat hij werd verteerd door begeerte.

Freyr begreep dat het onmogelijk was Gerd in het rijk van vijandige reuzen voor zich te winnen. Zijn moeder Skadi smeekte Skirnir (onbekend buiten dit verhaal) haar zoon te helpen en Freyr gaf hem een magisch paard en een magisch zwaard omdat de reis lang en gevaarlijk was. Toen hij het paleis van Gymir, Gerds vader, bereikte, sprong zijn paard door de vlammen die het gebouw omringden. Hij gaf Gerd gouden appels en Odins rijkdom-brengende ring, maar zij weigerde Freyrs bruid te worden, zelfs toen ze met het zwaard werd bedreigd. Toen Skirnir haar ervan had overtuigd dat een weigering de wraak van de goden over haar zou afroepen, stemde Gerd met het huwelijk in.

Een miniatuurplaquette van goudfolie, 1,5 cm hoog, die misschien het huwelijk van Freyr en Gerd symboliseert.

Landgeesten

Landgeesten zouden wonen in heuvels, watervallen, meren en bossen, of in grote rotsen.

In veel verhalen wordt verteld over kolonisten die in de 9de eeuw naar IJsland kwamen, daar contact maakten met de geesten van het nieuwe land en hulp van hen ontvingen in ruil voor voedsel. Zulke geesten hielpen de mensen bij de jacht, de visvangst en het fokken van vee en gaven in de droom goede raad over de toekomst. Eén boer, die een groot deel van zijn vee had verloren, verbond zich met een landgeest, waarop een vreemde geitebok zich bij zijn kudde voegde en zijn geiten gedijden.

Tot de landgeesten hoorden ook vriendelijke bergreuzen, die mannen en vrouwen beschermden tegen vijandige wezens en hen hielpen bij zwaar weer. Het geloof in zulke bovennatuurlijke weldoeners is in de folklore van Scandinavië en andere Europese landen overal aan te treffen en bleef lang na de komst van het christendom voortleven. De landgeesten waren bereid het land te verdedigen tegen vijandelijke aanvallen en maakten zich boos op mensen die de wet overtraden. Het is moeilijk deze wezens duidelijk van de Wanen te onderscheiden, hoewel de landgeesten eerder individueel lijken te zijn vereerd door plaatselijke mensen dan door de gemeenschap als geheel.

Boegbeelden in de vorm van een draak en gebeeldhouwde stijlen als deze uit het schipgraf van Oseberg werden geacht bescherming te bieden tegen vijandige krachten. Over de landgeesten van IJsland werd gezegd dat zij er bezwaar tegen hadden dat schepen met dergelijke boegbeelden IJslandse havens binnenvoeren.

---

een schip begraven. Zowel mannen als vrouwen werden begraven in schepen of boten of erin verbrand bij crematies, en waarschijnlijk is er een samenhang met de Wanen-cultus. Freyrs vader was Njord, een god van enig belang in de Vikingtijd, die was verbonden met schepen en de zee. Zijn moeder was Skadi, een mysterieuze godin die op ski's reisde en in de noordelijke wouden op jacht ging. Een fragment van een gedicht verhaalt hoe het huwelijk van Njord en Skadi stukliep, omdat Njord er niet tegen kon ver van de zee te zijn terwijl Skadi alleen in de bergen gelukkig was.

Freyr maakte Gerd het hof en trouwde met haar. Zij was een beeldschoon meisje uit de onderwereld, dochter van een reus. Deze vereniging kan een symbool zijn geweest voor de warmte van de zon, die de aarde binnendringt waardoor het koren kan groeien. Kleine stukjes goudfolie met de figuurtjes van een man en een vrouw die elkaar omhelzen (zie illustratie in kader, p. 200) of met een tak met bladeren tussen hen in, ontdekt in de fundamenten van huizen en ook op heilige plaatsen, stellen mogelijk dit huwelijk tussen de god en de godin van de Wanen voor.

Andere goden die, behalve Freyr en Njord, mogelijk tot de Wanen hebben behoord zijn Balder (zie p. 197) en Heimdall, de Witte God genoemd. Heimdall had banden met de zee, en negen reuzenmaagden, kennelijk golven, zouden hem hebben gebaard. In een oud gedicht wordt hij afgeschilderd als een verwekker van kinderen in de mensenwereld. Met Freyr verbonden is de Germaanse Ing, die als grondlegger van de Yngling-dynastie wordt geëerd.

De godinnen maken ook een belangrijk deel uit van de Wanen en worden meestal voorgesteld als de dochters van reuzen uit de onderwereld. Daarnaast waren er de Elfen, die in de gedichten vaak samen met de Asen worden genoemd, en de landgeesten – bovennatuurlijke wezens verbonden met bepaalde plaatsen, die vissers en boeren konden helpen. Ook waren er enkele wijze reuzen (verschillend van de ijsreuzen) die zich de oudste tijden voor de komst van de hemelgoden nog konden herinneren.

Mannen met zwijnehelmen afgebeeld op een bronzen matrijs voor een helmplaat. Met zulke afbeeldingen smeekten de krijgers Freyrs bescherming af op het slagveld.

GODINNEN EN VROUWELIJKE GEESTEN

Freyja, gouden appels, Walkuren en Norns

De oppergodin van de Wanen, Freyrs zuster Freyja, wier naam 'dame' betekent, wordt nogal eens onderschat omdat in de literatuur het accent voornamelijk op de mannelijke goden valt. Desondanks was zij een machtige figuur, die niet alleen door vrouwen werd vereerd (die weinig verhalen nalieten) maar ook door koningen en helden. Zij deelde de Wanen-symbolen van zwijn en schip en was verbonden met de paardencultus, hoewel haar wagen door katten werd getrokken. Eén traditie wil dat zij en haar broer met elkaar getrouwd waren, en dat dit de gewoonte was bij de Wanen. Ze had de reputatie haar seksuele gunsten vrijelijk aan alle goden uit te delen en ook aardse heersers als haar minnaars te accepteren, hen tijdens hun bewind te steunen en hen na hun dood te verwelkomen. Van Jarl Hakon, de laatste niet-christen die in Noorwegen regeerde, werd gezegd dat hij de godin Thorgerd liefhad, die Freyrs bruid Gerd zou kunnen zijn; zowel Thorgerd als Gerd kan misschien worden gelijkgesteld aan Freyja. Net als Freyr was Freyja verbonden met rijkdom: zij weende gouden tranen en had een wonderbaarlijke halsketting (zie illustratie), een symbool van de Grote Godin uit oeroude tijden.

Een andere figuur die Freyja kan voorstellen is de godin Gefion, die haar vier zonen in ossen veranderde en een stuk land van Zweden afbrak om het Deense eiland Sjaelland te vormen. De naam Gefion en Freyja's andere naam Gefn zijn afgeleid van het werkwoord geven, en Freyja was een gulle godin, die land en zee vruchtbaarheid schonk en hielp bij huwelijk en zwangerschap. Eén aspect van haar cultus verbindt haar met het behoud

Deze Zweedse hanger uit de Vikingtijd stelt mogelijk Freyja voor, met om haar hals de wonderbaarlijke gouden ketting, Brisingamen, die door dwergen zou zijn vervaardigd.

De diefstal van de gouden appels

*F*reyja speelt een kleine maar belangrijke rol bij het terugvinden van de gouden appels van onsterfelijkheid, wanneer deze door een reus zijn gestolen.

Op een dag wilden Odin, Loki en Hoenir een os voor het avondeten roosteren, maar het vlees werd niet gaar. Een grote adelaar (de reus Thiazi) bood zijn hulp aan als hij ook wat van het maal mocht hebben. Toen de os gaar was, ging de vogel er met het grootste deel van het vlees vandoor. Loki stak hem met een stok, maar de adelaar vloog weg met de stok in zijn lichaam terwijl Loki aan de andere kant van de stok bleef hangen. Loki werd over de grond gesleurd, en Thiazi wilde hem niet laten gaan totdat hij zwoer dat hij hem de godin Idun en de gouden appels van onsterfelijkheid zou brengen.

Toen Loki in Asgard kwam, lokte hij de godin Idun met haar gouden appels het bos in, onder het voorwendsel dat hij haar appels kon laten zien die nog mooier waren dan die van haar. Vervolgens streek de reus Thiazi in zijn adelaarsgedaante neer en hij ontvoerde haar naar Jotunheim, het land der reuzen.

Beroofd van de appels begonnen de goden te verouderen en gerimpeld te raken, en toen ze achter Loki's aandeel in de diefstal kwamen, dreigden ze hem te doden tenzij hij Idun terugbracht. Daarom leende Loki Freyja's valkegedaante en vloog hij naar het paleis van Thiazi, waar hij Idun in een noot veranderde en wegvloog met de noot in zijn klauwen. De reus achtervolgde hem een hele tijd in zijn adelaarsgedaante, maar toen Loki Asgard binnenvloog, zetten de goden een stapel houtsnippers in brand waardoor de vleugels van Thiazi werden verzengd toen hij over de grens van de stad vloog. Hij viel op de grond en de goden sloegen hem dood, en zo bleven de kostbare appels in Asgard.

van het gezin, een ander met seksuele vrijheid en duistere magie. In de IJslandse sagen komt een ritueel voor dat bekend staat als *seid*, waarin een vrouw door het land reist en vanaf een hoog platform vragen beantwoord die haar over de toekomst worden gesteld; Freyja zou dit de goden hebben geleerd. Er zijn aanwijzingen dat de godin werd gediend door priesteressen, een van hen was wellicht de voorname vrouw die in de 9de eeuw in het schipgraf van Oseberg (in Zuid-Noorwegen) werd begraven, met vruchtbaarheidssymbolen als appels en noten en een schitterende processiewagen (zie p. 190). Odins vrouw Frigg heeft veel met Freyja gemeen, en beiden kunnen zich hebben ontwikkeld uit de oudere Germaanse godin Frea. Beiden konden ze reizen in de gedaante van een vogel en ze worden allebei beschreven als wenende godinnen (die misschien treurden over het lot van zonen en minnaars).

Een late mythe over Freyja (waarschijnlijk het werk van een christelijke verteller) vertelt hoe zij aan haar beroemde ketting kwam. Vier dwergen zouden hem hebben vervaardigd en Freyja zou hem hevig hebben begeerd, zodat zij hem van de dwergen probeerde te kopen. De prijs die de dwergen verlangden was echter dat zij met ieder van hen een nacht moest doorbrengen. Freyja stemde toe zodat de ketting in haar bezit kon komen. Loki vertelde dit aan Odin en die droeg hem op de ketting te stelen. Hij kwam in de gedaante van een vlieg Freyja's verblijf binnen terwijl zij sliep, en veranderde zich vervolgens in een vlo en beet haar in haar wang, waardoor ze zich omdraaide in bed zodat hij de sluiting van de ketting kon losmaken. Toen Freyja zag dat de ketting weg was, vermoedde ze dat het Odins werk was en eiste ze hem terug. Odin stemde toe op voorwaarde dat zij een oorlog tussen twee machtige koningen zou veroorzaken, iets waarvoor hij zijn eigen redenen had. Het verhaal gaat vervolgens verder met een van de grote heroïsche legenden uit de Vikingtijd.

Het idee van moedergodinnen en vrouwelijke godheden die in Noord-Europa in de vroege tijd waren verbonden met speciale bronnen en meren bleef tot in de Vikingtijd voortleven. Sommigen van hen werden veranderd in plaatselijke geesten; anderen werden na de kerstening vervangen door de Maagd Maria. Godinnen hielpen de vrouwen ook met handwerk, zoals spinnen, zuivelbereiding en genezen.

Diverse groepen vrouwelijke geesten die tot de Wanen behoorden, waren verbonden met het slagveld. De voornaamsten onder deze oorlogsgeesten waren de Walkuren, die bepaalden wie er zouden sneuvelen; zij werden door Odin uitgezonden om te beslissen over het verloop van de strijd en om de edele doden naar het Walhalla te begeleiden. In de literatuur van de Vikingtijd zijn zij nobele Amazonen die speren dragen, maar er is ook een traditie over hen als vreeswekkende reuzinnen die in dromen verschijnen als voortekens van een naderende dood, bloed over het land uitgieten, mannen op het slagveld verslinden of op wolven rijden, vergezeld van roofvogels. Zij worden vaak voorgesteld als metgezellinnen van raven – vogels die zich verzamelen boven het slagveld om zich te goed doen aan de lijken. Een ander aspect van de Walkuren is hun rol als beschermgeesten van het gezin; deze wezens sluiten vriendschap met prinsjes, geven hun een naam en een zwaard, worden hun bovennatuurlijke bruiden, leren hun het krijgshandwerk, beschermen hen op het slagveld en verwelkomen hen na hun dood in de grafheuvel. De Walkuren hebben vele namen, waarvan de eenvoudigste veldslag betekenen, zoals Hild. Veel van deze namen zijn dichterlijke bedenksels die niet in de mythologie wortelen.

De Norns waren godinnen of reuzinnen over wie werd gezegd dat zij over het lot van de mensheid en de goden beslisten. Ze bezochten koninklijke hoven om over het lot van pasgeboren prinsen te beslissen, en waren verbonden met de Bron van het Lot – de bron onder de Wereldboom, een bron van geheime kennis. Soms is er sprake van drie Norns, maar af en toe wordt ook een groter aantal genoemd. Er bestond ook een cultus van de Disir: godinnen aan wie in Uppsala offers zouden werden gebracht, ook menselijke.

Op veel gedenkstenen uit de Vikingtijd op het eiland Gotland komen Walkuren voor die helden verwelkomen met hoorns vol mede.

DE DRAKEDODERS
Beowulf en Sigurd

Panelen op de deur van een kerkje uit de 12de eeuw in Setesdale in Noorwegen, waarop het oversmeden van Sigurds zwaard, het testen van het zwaard op het aambeeld (boven rechts), het doden van de draak (boven), het roosteren van het hart en de moord op Regin zijn afgebeeld.

Tot de noordelijke traditie behoorde de mythe van een held die een grote draak doodsloeg. De belangrijkste versie is het verhaal van de draak Fafnir, die door de jonge held Sigurd de Volsung wordt gedood, een verhaal dat vanaf de 10de eeuw populair was.

Sigurds vader Sigmund was een van de grootste helden van Odin. Toen Sigmund op het slagveld stierf, brak Odin het wonderzwaard dat hij hem ooit had gegeven in stukken. Zijn weduwe Hjordis bewaarde de stukken voor Sigurd, die werd opgevoed aan het hof van haar tweede echtgenoot Hjalprek. Sigurd was onder de hoede gesteld van de kundige maar kwaadaardige smid Regin, die hem vele vaardigheden bijbracht. Op een dag werd hij bij het kiezen van een paard geholpen door Odin, vermomd als een oude man, en zo kwam hij in het bezit van het wonderpaard Grani, dat afstamde van Odins paard Sleipnir. Regin vertelde Sigurd van een grote schat die door de draak Fafnir, zijn broer, werd bewaakt.

Er was nog een derde broer, Otter, die in zijn dieregedaante een vis at aan de oever van een rivier, toen Loki een steen naar hem gooide en hem doodde om zijn ottervel te bemachtigen. Toen Odin, Loki en Hoenir bij Hreidmar, de vader van de broers, logeerden, zette deze hen gevangen en eiste hij als genoegdoening voor het doden van zijn zoon dat het ottervel door hen met goud bedekt zou worden. Loki moest de dwerg Andvari vangen en al zijn goud stelen, waaronder een ring die voorspoed bracht; maar de dwerg vervloekte de ring zodat hij ongeluk zou brengen aan ieder die hem in zijn bezit had. De hele schat, waaronder de ring, was nodig voordat de huid met goud was bedekt en de goden vrij waren om te vertrekken. Fafnir sloeg daarop zijn vader Hreidmar dood om het goud in zijn bezit te krijgen en veranderde zichzelf in een draak om zijn rijkdom te bewaken.

Regin drong er bij Sigurd op aan om Fafnir te verslaan en zich de schat toe te eigenen. Sigurd kreeg van zijn moeder de stukken van het zwaard Gram, waarvan Regin een nieuw wapen met een enorme slagkracht smeedde. Hij adviseerde Sigurd een diepe kuil te graven waar hij in kon zitten om de draak van onderaf te steken als het schepsel eroverheen zou kruipen op weg naar zijn drinkplaats. Maar Odin verscheen opnieuw in de gedaante van een oude man om Sigurd te waarschuwen dat hij in het bloed zou verdrinken tenzij hij een aantal putten zou graven. Sigurd gaf Fafnir een fatale steek onder de schouder. Vervolgens vroeg Regin Sigurd het hart van de draak voor hem te roosteren zodat hij het kon opeten. Terwijl hij dit deed, brandde Sigurd zijn vinger en stak hem in zijn mond, en toen het bloed zijn tong raakte was hij in staat de taal der vogels te verstaan en hoorde hij hen zeggen dat Regin van plan was hem te doden. Dus sloeg Sigurd Regin het hoofd af. Het bezit van de fatale ring veroorzaakte hij later Sigurds dood, door de intriges van Brynhild (Brunhilde), die jaloers was op de vrouw van Sigurd, Gudrun. Hetzelfde verhaal wordt in de Duitse traditie verteld als dat van Siegfried en de Schat van de Nibelungen, maar in dat verhaal is weinig aandacht voor het doden van de draak.

Een gevecht tussen een leeuw en een slang op een steen op het kerkhof van St. Paul's Cathedral in Londen. Deze gedenksteen voor een Scandinaviër die in het midden van de 11de eeuw stierf, toont de invloed van het traditionele drakebeeld.

Beowulf

*I*n het Angelsaksische heldendicht Beowulf *waarvan wordt aangenomen dat het uit de 8ste eeuw stamt, wordt een levendig beeld geschetst van een vurige draak.*

Toen hij jong was, kwam Beowulf uit het land van de Geats om de oude Deense koning Hrothgar te helpen; tijdens een worstelwedstrijd doodde hij het mensenetende monster Grendel, dat 's nachts inbrak in het koninklijk paleis. Toen Grendels moeder kwam om haar kind te verdedigen, sleepte Beowulf het schepsel terug naar zijn leger op de bodem van een meer en doodde hij het.

Beowulf regeerde nog vijftig jaar over de Geats, totdat zijn koninkrijk werd bedreigd door een draak die eeuwenlang een grote schat had bewaakt in een grafheuvel. Zijn toorn werd gewekt toen een vluchteling een kostbare drinkbeker uit zijn schat stal en nog diezelfde nacht trok hij erop uit om het koninkrijk te verwoesten. Beowulf ging met een groot ijzeren schild tegen het vuur van de draak en met een troep uitgelezen krijgers op de draak af om de strijd met hem aan te binden. De kling van zijn zwaard kon de hoornige huid niet doorboren en toen de draak naderbij kwam, vluchtten al zijn metgezellen angstig weg, behalve een jonge trouwe hoofdman, Wiglaf. Toen de draak de nek van Beowulf tussen zijn kaken nam, stak Wiglaf zijn zwaard in zijn onderbuik. Beowulf trok zijn mes en samen betreden zij de draak totdat hij neerviel. Maar Beowulf was verzwakt door de giftige adem van het monster. Stervend liet hij de schat, met zijn halsring en wapenrusting, aan Wiglaf na.

De vuurspuwende draak in slangegedaante, met vleugels zodat hij 's nacht kon vliegen, kan in verband gebracht worden met de slangemonsters uit de vroegste mythen en legenden. Beowulfs dood doet denken aan Thors laatste veldslag tijdens Ragnarok, toen hij de Wereldslang doodsloeg maar later zelf werd gedood door diens vergif.

MIDDEN- EN OOST-EUROPA

Het centrale motief in dit traditionele Slavische borduurwerk uit Noord-Rusland stelt naar men denkt de Oostslavische godin Makosj voor, die het middelpunt van een wijdverbreide vruchtbaarheidscultus vormde.

De Slaven vormen niet één volk maar vele volken die reiken van de Kasjoeben in het noorden tot de Macedoniërs in het zuiden, elke groep met haar eigen taal en daarmee haar eigen identiteitsbesef. Hoewel de Slaven vergeleken met de andere Europese volken relatief jong zijn, delen ze met deze volken niettemin tot op grote hoogte een gemeenschappelijke mythische traditie. Deze traditie heeft niet de conserverende invloed van de geschreven taal gekend, omdat het eerste geschrift pas verscheen toen in de 9de en 10de eeuw de bekering tot het christendom plaatsvond, dat heidense praktijken ontkende, onjuist voorstelde of verbood. Details van het oude geloof moeten stukje bij beetje via moeizaam speurwerk worden verzameld.

De Slavische mythologie verhaalt van bovennatuurlijke wezens en van stervelingen die hen ontmoeten, wat gewoonlijk grote gevaren voor hen meebrengt. Namen van heidense goden zijn overgeleverd, maar er is slechts weinig informatie over hun cultus bewaard gebleven, behalve in bijzondere gevallen zoals die van de Oostslavische vruchtbaarheidsgodin Makosj. De volksverhalen weerspiegelen oude geloofsovertuigingen met betrekking tot overgangsriten of sjamanisme. De Andere Wereld waartoe de sjamanen toegang hadden, is onbewoond of wordt bewaakt door monsters.

Er zijn ook aanwijzingen voor de verering van dode voorouders, misschien oorspronkelijk totemdieren, een cultus die tot op de dag van vandaag voortleeft in verhalen over en het volksgeloof in huisgeesten.

DE SLAVISCHE VOLKEN

De Slaven verschijnen omstreeks de 5de eeuw ten tonele. In de loop van de volgende twee eeuwen splitsen ze zich in drie groepen. Vanuit een geboorteland dat waarschijnlijk in Oost-Slovenië lag, trok één groep westwaarts om Bohemen, Polen en delen van Duitsland te bezetten. Een tweede stootte via de Balkan door naar het zuiden, terwijl de derde naar het oosten en naar het noorden trok om delen van Oekraïne en Noord- en Oost-Rusland in bezit te nemen.

In de evolutie van de Slavische mythologische geloofswereld kunnen drie elkaar overlappende stadia worden onderscheiden:

HET LICHT TEGEN DE DUISTERNIS Een dualistisch geloof in een wereld die wordt geregeerd door een scheppende kracht van licht en een verwoestende kracht van duisternis verplichtte de mensheid de hulp in te roepen van het goede om het kwade tevreden te stellen of te bestrijden. Na de kerstening werden de goede krachten vereenzelvigd met de kerk, maar de boze krachten bleven in de vorm van de rondspokende doden (zoals vampiers of geesten die in bossen of rivieren wonen) hun macht over de volksverbeelding behouden.

DE VOOROUDERCULTUS Elk huishouden werd beschermd door overleden voorouders, die over gezondheid en vruchtbaarheid beslisten. Naast deze louter plaatselijke verering was er een algemene verering van een mannelijke vruchtbaarheidsgod, Rod, die vergezeld werd door een moeder- en een dochtergodin, de Rozjanitsy. Tot de ingewikkelde rituelen die waren verbonden met de cyclus van dood en wedergeboorte, behoorden waarschijnlijk ook de sjamanistische praktijken om in contact te komen met de zielen van overleden voorouders in de Andere Wereld.

NATUURGODEN Het laatste stadium was de opkomst van natuurgoden in mensengedaante. Goden van de zon en het vuur geven uitdrukking aan de Slavische eerbied voor de krachten van het licht en vooral aan hun respect voor vuur. Het is niet verrassend dat in een zich evoluerende cultuur de dondergod een oorlogsgod werd en dat er een schutspatroon van de handel opkwam. Goden en godinnen van de vruchtbaarheid waren van alle goden het meest verbreid.

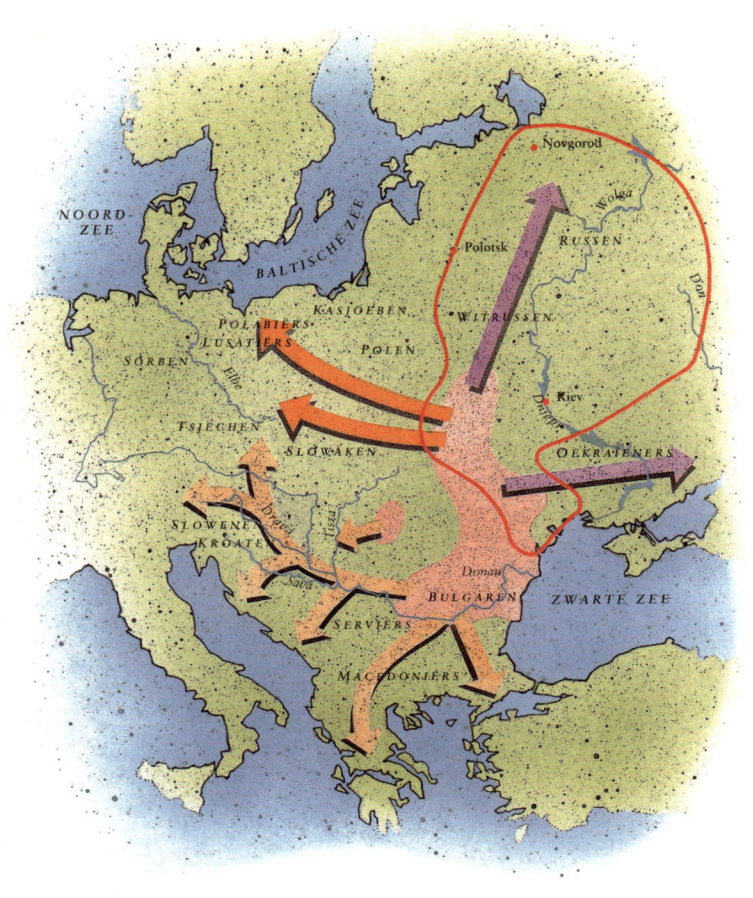

VERKLARING

- Gebied van Slavische vestiging, 6de eeuw
- Expansie van Westslaven, 5de-7de eeuw
- Expansie van Oostslaven, 6de-8ste eeuw
- Expansie van Zuidslaven, 7de eeuw
- Gebied van Oostslavische vestiging, 10de eeuw
- Volk: *RUSSEN*

SLAVISCHE TAALGROEPEN

De Slavische taalgroepen weerspiegelen de drie richtingen van de migratie – het westen, het zuiden en het oosten. In de tijd van de eerste geschreven teksten (9de-10de eeuw) vielen veel van de moderne Slavische etnische groepen al te onderscheiden. In het oostelijke gebied kwamen het Oekraïens en het Witrussisch als afzonderlijke talen pas op na de 13de eeuw.

WESTSLAVEN	ZUIDSLAVEN	OOSTSLAVEN
Polabiërs	Slovenen	Witrussen
Polen	Kroaten	Oekraïners
Kasjoeben	Serviërs	Russen
Lusatiërs	Bulgaren	
Tsjechen	Macedoniërs	
Slowaken		

DE OUDE SLAVISCHE GODEN

SVAROG Verwant met het Sanskritische woord *svarga* (hemel). In leeftijd de oudste natuurgod. Hij had twee zonen, DAZJBOG, een zonnegod, en SVAROZJITSJ, een vuurgod.

SVANTOVIT Een god verbonden met een vooroudercultus. Hij had vier hoofden die zijn grote macht symboliseerden en hij hield een hoorn vast die gevuld was met wijn; aan de hand van het peil daarvan voorspelde hij de oogst. Met behulp van een heilig wit paard voorspelde Svantovit de afloop van een oorlog. In Oostslavische streken werd Svantovit vertegenwoordigd door de vooroudercultus van ROD, een god van vruchtbaarheid, licht en schepping.

PEROEN Een god van donder, bliksem en oorlog, die aan het eind van de 10de eeuw in aristocratische kringen Rod verving.

VELES Of Volos, een god van de doden en beschermer van kudden en handel.

MAKOSJ Of Mokosj, grote godin van vruchtbaarheid, overvloed en regen, schijnt alleen bekend te zijn geweest bij de Oostslaven.

STRIBOG Voor de Oostslaven de god van de winden, is terug te vinden in het latere Russische geloof in stormwinden als voertuigen voor demonen.

DE ROZJANITSY Een moeder- en een dochtergodin van de vruchtbaarheid, wier feestdag het einde van de oogsttijd markeerde. Ze waren naaste verwanten van Rod.

DE ANDERE WERELD
Het driemaal tiende koninkrijk

De Andere Wereld, uitsluitend bereikbaar na een lange reis die door de held wordt ondernomen om het voorwerp van zijn zoektocht te veroveren, kan achter een ondoordringbaar woud of aan de andere kant van een woeste rivier, of achter of onder de zee, of boven of onder de aarde liggen. Om toegang te krijgen kan het nodig zijn een steile berg te beklimmen of af te dalen in een grot of een hol in de grond. Maar waar het ook ligt, het 'driemaal tiende koninkrijk' (zoals het in de Oostslavische volksverhalen wordt genoemd) staat in nauw verband met de zon. Het doel waarvoor de held zich inspant is bijna altijd het verkrijgen van gouden voorwerpen (gouden appels in een Bulgaars verhaal, terwijl in een ander verhaal een magische vuurvogel met vurige gouden veren, opgesloten in een gouden kooi, voorkomt). Paleizen zijn opgesierd met goud en zilver.

Het verre gouden koninkrijk herinnert aan het oude Slavische geloof dat de aarde een eiland is dat in het water drijft en dat er onder dat water een andere wereld ligt waar de zon 's nachts in wegzinkt. Het is ook mogelijk dat het idee van boven- en onderwerelden in de verte verwant is aan de sjamanistische ideeën over de Wereldboom waarvan de wortels diep in de aarde steken en de takken tot hoog in de hemel reiken. Geloofd werd dat wanneer de sjamaan in trance geraakte, hij naar de bovenwereld kon vliegen of kon afdalen om de ziel van een dode te vergezellen naar de Andere Wereld. Bijgevolg vertegenwoordigt de reis van de held de magische reis van de sjamaan naar het land van de doden en zijn terugkeer als een wijzer en krachtiger man. Een andere theorie ziet als bron van reizen naar de Andere Wereld initiatieriten waarbij, naar men geloofde, de geïnitieerde stierf voordat hij werd herboren in een nieuw stadium van zijn bestaan. Natuurlijk moest de held verschrikkelijke gevaren onder ogen zien voordat hij uit de Andere Wereld terugkeerde.

NACHTEGAAL DE BANDIET
De opmerkelijkste bovennatuurlijke vijand is Nachtegaal de Bandiet (hierboven in een traditioneel tegelontwerp), een wezen dat half vogel, half mens is en in een boom woont die de weg naar Kiev blokkeert. Hij kan een huilende, fluitende wind oproepen die bomen velt, bloemen neerslaat en mensen doodt. Ilia van Murom, een beroemde bogatyr (epische held), beveelt zijn paard de wind te negeren, schiet Nachtegaal in de rechterslaap en neemt hem mee naar Kiev.

Draken

De draak of slang komt zowel voor in volksverhalen als in het Servische en Russische volksepos. Bekend als de Vurige Slang is hij verbonden met vuur, water en bergen, alle grenzen van de Andere Wereld. In voorchristelijk Rusland geloofde men dat gekartelde bliksemschichten draken waren en dat zij waren verbonden met de dondergod Peroen. Dit kan het volksepos 'Dobrynia en de Draak' verklaren, dat in allegorische vorm de bekering van Rusland (eind 10de eeuw) beschrijft, door de overwinning van Dobrynia op een draak die het heidendom symboliseert en zijn oppergod Peroen. Typerend voor de Slavische draak is dat hij vrouwen ontvoert – waarbij hij óf een vrouw die dicht bij de held staat naar de Andere Wereld overbrengt, óf maagden onder verschrikkelijke terreur tot zijn slachtoffers maakt. Hij treedt gewoonlijk ook op als bewaker van de brug over de woeste rivier die leidt naar de Andere Wereld. In beide gevallen moet de held de draak verslaan en zo nodig de gevangene redden. Voordat hij probeert de draak te onthoofden, moet hij de angst overwinnen dat hij zal worden verslonden, en niet toegeven aan het verlangen te slapen.

Op deze bewerkte scheepsbalk (Novgorod, 11de eeuw) zijn de drakevormen voor de duidelijkheid in groen aangegeven.

DE BABA IAGA EN DE AMAZONEN

Vrouwelijke wezens in de volksverhalen

De bekendste figuur in de Slavische volksverhalen is de heks, de Baba Iaga. Ze heeft macht over vogels en andere dieren en reist in een vijzel waarbij ze zichzelf voortstuwt met een stamper en haar sporen uitwist met een bezem. Vaker komt men haar tegen in haar hut die op kippepoten midden in een dicht woud staat. Om binnen te komen moet de held of heldin een magische formule uitspreken, waarop de hut draait om de deur te onthullen. De Baba Iaga, een lelijk oud wijf wier lange neus tegen het plafond drukt, vult de hele hut terwijl haar gespreide benen de hele vloer in beslag nemen. Ze is zo broodmager dat ze op een skelet met scherpe tanden lijkt. De afgelegen plaats van het huis impliceert dat ze de poort naar de Andere Wereld bewaakt; het betreden van haar hut betekent met zekerheid de dood. Er is een duidelijk verband met prehistorische initiatieriten: in veel culturen wordt de initiatie tot mannelijkheid verricht in een speciaal gebouw buiten het dorp, en men gelooft dat geïnitieerden sterven voordat zij worden herboren. Dag en Nacht gehoorzamen aan de bevelen van Baba Iaga, wat suggereert dat zij van oorsprong een machtige godin van de Andere Wereld was.

Ook kennen de Slaven sporen van een geloof in machtige vrouwen van een ander type. Een Boheems sprookje uit de 11de eeuw verhaalt van een groep Amazonen die als mannen vechten en in de liefde het initiatief nemen. Deze vrouwelijke krijgers, aangevoerd door de dapperste van hen, Vlasta, wonen in een kasteel aan de oever van de rivier de Vltava. Gevechten met mannen lopen uiteindelijk uit op vrede en huwelijk. In het Russische volksepos zijn de *polenitsa*, zoals de Amazonen worden genoemd, figuren die alleen rondrijden. In het verhaal van Dobrynia en de Draak komt de held zo'n vrouw tegen en poogt hij haar te overwinnen. Zij grijpt hem bij zijn blonde krullen, trekt hem van zijn paard en stopt hem in haar zak. Uiteindelijk stemt ze erin toe hem vrij te laten op voorwaarde dat hij met haar trouwt – gewoonlijk worden Amazonen óf uiteindelijk gedood óf getemd door het huwelijk.

DE BABA IAGA EN MARIA MOREVNA

In een volksverhaal zoekt prins Ivan zijn vrouw, Maria Morevna, die door het monster Kasjtsjei is ontvoerd, maar hij ontdekt dat hij haar alleen kan redden als hij een paard vindt dat minstens even snel is als dat van zijn vijanden. Van Kasjtsjei hoort Maria dat de Baba Iaga, die achter de vurige rivier woont, zo'n kudde paarden heeft. Wanneer haar echtgenoot haar vindt, geeft Maria hem de kracht de rivier over te steken. Voordat de Baba Iaga toestemt in zijn verzoek hem een paard te geven, legt zij de prins de onmogelijke taak op haar kudde fokmerries drie nachten te bewaken. Op haar bevel galopperen de merries elke nacht weg, maar ze worden teruggedreven door dieren en insekten, die Ivan vriendelijk heeft behandeld. Ten slotte geven zij hem de raad het schurftige veulen te stelen dat op de mesthoop in de stal ligt en ervandoor te gaan. Dat doet hij, waarna hij wordt achtervolgd door de Baba Iaga in haar vijzel met stamper. Hij slaagt er echter in over de vurige rivier te ontkomen. Met het veulen, dat op wonderbaarlijke wijze harder rent dan Kasjtsjei's hengst, redt Ivan zijn geliefde.

Op deze houtsnede uit het begin van de 18de eeuw maakt de Baba Iaga, gezeten op een varken, ruzie met een 'krokodil'. Zij zwaait met een stamper, die ze meestal gebruikt om zich voort te bewegen in haar vijzel.

VOOROUDERS EN HUISGEESTEN

Ivan de Dwaas en de *domovoi*

GEESTEN VAN DE BOERENHOEVE
Nauw verwant aan de *domovoi* waren diverse boerderijgeesten – de *dvorovoi*, de *ovinnik* en de *bannik*. De activiteiten van de *dvorovoi* beperkten zich tot het boerenerf, maar verder gedroeg hij zich als de *domovoi* en leek hij op hem. De *ovinnik* (geest van de dorsvloer) stond veel vijandiger tegenover mensen, wat overeenkomt met de gevaren van de dorsvloer. Ook vijandig was de *bannik* (geest van het badhuis, een plaats voor waarzeggerij en magie). In Russische dorpen in Siberië gelooft men ook tegenwoordig nog in de *domovoi* en de *bannik*.

Alle Slavische groepen kenden uitvoerige ceremonies ter nagedachtenis van de doden (hoewel ze in de 19de eeuw alleen nog voorkwamen onder Slaven die orthodoxe christenen waren). Drie- of viermaal per jaar werden op vaste dagen de gestorven voorouders feestelijk herdacht, waarbij men bij hun graven at en dronk en een deel van het voedsel voor de doden achterliet.

Voorouderverering wordt in Russische volksverhalen ook weerspiegeld in de figuur van Ivan de Dwaas, wiens plaats in huis op de kachel is en die zelfs een roetachtig uiterlijk kan hebben. Ivan staat dichter bij zijn voorouders dan zijn oudere broers en hij is het die een beloning krijgt voor het in acht nemen van de wensen van zijn overleden vader. Van het wijdverbreide Slavische geloof in huisgeesten getuigt de *djedoesjka domovoi* ('grootvader-huisgeest': zo heet hij in het Russisch en er bestaan varianten in andere talen). De *domovoi*, die 's nachts actief is, moet door de familie met respect worden behandeld. Zij mag niet slapen waar hij wil slapen en moet elke avond een portie van zijn lievelingsvoedsel voor hem klaarzetten. Als dit wordt nagelaten, is de *domovoi* geneigd zich slecht te gedragen, met servies te gaan smijten of de dieren te kwellen. Meestal was hij onzichtbaar, maar degenen die hem te zien kregen, beschreven hem als een oude man en beweerden soms dat zijn lichaam helemaal behaard was. Zijn aanraking voorspelde geluk als zij zacht was en ongeluk of dood als zij koud en hard was. Nieuwe dieren op de boerderij werden aan hem voorgesteld en men deed moeite alleen dieren te houden in een kleur waarvan men dacht dat hij hem mooi vond. Huiselijke voorspoed hing af van zijn goede luim, en er moest extra moeite worden gedaan om hem te behagen als het slecht ging. Uitvoerige rituelen moesten de familie ervan verzekeren dat bij een verhuizing de *domovoi* meeging. Vaak werd hij daartoe verlokt door wat kooltjes uit het oude haardvuur – waaruit nogmaals het verband met de vooroudercultus blijkt.

De Zilveren Ruin

De opdracht van een oude man aan zijn drie zoons om na zijn dood drie nachten bij zijn graf te waken, wordt door zijn twee goedgeklede oudere zoons in de wind geslagen. In hun plaats zenden ze Ivan de Dwaas, die hele dagen op de kachel ligt en vies is. In de derde nacht verschijnt om middernacht de dode vader en hij beloont Ivan met de Zilveren Ruin, een paard met vuurspuwende ogen en neusgaten waar rook uit komt.

Als de tsaar verklaart dat degene die op een hoge heuvel de sluier van zijn dochter weet te grijpen met haar mag trouwen, zegt Ivan een toverspreuk om de Zilveren Ruin op te roepen, klimt in zijn oor en verandert in een schone jongeling. Hij wint de wedstrijd wanneer deze voor derde keer wordt gehouden en neemt vervolgens, zonder herkend te zijn, zijn vuile gedaante weer aan. De tsaar geeft feesten om de schone jongeling terug te vinden. Ivan, die achter de kachel in de feestzaal zit, veegt met de sluier zijn bierpul af en wordt herkend. Hij krijgt tot groot verdriet van zijn broers zijn verdiende beloning.

Een zadelornament uit Zuid-Rusland.

ZIELEGEESTEN VAN DE DODEN

De *roesalka*, *vila* en andere bezoekers

Veel Slaven geloven dat de ziel van het lichaam gescheiden kan worden en zowel tijdens de slaap als in de dood kan verschijnen. Dit wordt door de Serviërs Zdoechatsj genoemd. De zielen verzamelen zich op bergtoppen en strijden daar met elkaar. De overwinning in deze gevechten brengt de slapende bezitter voorspoed, maar als zijn ziel omkomt zal hij nooit meer wakker worden. In Rusland kunnen zielen de vorm aannemen van de *kikimora*, een klein vrouwtje met golvend haar dat net als de *domovoi* in huizen woont, maar wier rol als een orakel van rampspoed haar aanwezigheid minder welkom maakt. Als er iemand was overleden werden deuren en ramen van boerenhutten opengelaten om de ziel in de vorm van een vogel ongezien in en uit te laten fladderen. De zielen van mensen die ongedoopt stierven, nemen diverse vormen aan.

Een *nava* is de ziel van een ongedoopt of doodgeboren kind. Bij de Macedoniërs gelooft men dat zij de vorm aanneemt van een vogel die op zoek naar haar moeder rondvliegt en barende vrouwen aanvalt. Zij kan worden verlost door een doopdienst te houden. Veel bekender is de *roesalka*. In Zuid-Rusland en Oekraïne geloofde men veelal dat de *roesalka*'s de zielen van zuigelingen of verdronken maagden waren. Zij waren dol op zingen, en verdronken mannen zouden zijn verleid door de zang van de *roesalka*; men geloofde dat zij door de vorm aan te nemen van knappe meisjes die in bladeren gekleed gingen dorpsjongens weglokten naar hun onderwaterverblijven. In de late lente tijdens de Roesalnaja-week (de zevende week na Pasen) zouden ze uit het water komen en naar de velden en bossen gaan om hun slachtoffers van achteren aan te vallen en hen dood te kietelen. Ze moesten niets hebben van vrouwen en er zijn verhalen dat zij de zielen van onoplettende meisjes probeerden te stelen en vrouwen straften die zich bijvoorbeeld met plezier overgaven aan huiselijke bezigheden tijdens de Roesalnaja-week. Hoewel de *roesalka*'s in de 19de eeuw met de doden in verband werden gebracht, kan dit een latere ontwikkeling zijn; waarschijnlijk waren zij oorspronkelijk verbonden met vruchtbaarheid en vooral met het heidense feest van Roesalii dat in het 11de-eeuwse Kiev bekend was (en dat verbindingen heeft met het Romeinse rozenfeest of Rosalia).

DE *SIRIN*
De *sirin* is een paradijsvogel met het gezicht van een jong meisje. Anders dan andere mythische schepselen die de Slavische volkstraditie kent, is de *sirin* niet van Slavische oorsprong, maar is ze met het orthodoxe christendom meegekomen uit Griekenland. Duidelijk verwant met de Griekse Sirene (zie p. 147) was zij vooral populair in Rusland, waar haar beeld voornamelijk christelijke en volkse trekken kreeg. Net als haar Griekse voorbeeld zou zij prachtig zingen, hoewel zij meestal niet bekend staat als een schepsel dat zeelieden de verdrinkingsdood in drijft, maar als een vogel van geluk en schoonheid, die uit de hemel naar de aarde komt gevlogen als beloning voor een goed leven. Wie naar haar lied luistert, vergeet alles en sterft.

De *vila*

Net als de roesalka wordt de *vila* gezien als een eeuwig jonge en mooie vrouw met lang blond haar. Ook zij wordt in verband gebracht met de zielen van de gestorvenen – óf meisjes die ongedoopt zijn gestorven, óf frivole meisjes wier zielen tussen hemel en aarde op en neer vliegen.

De *vila* heeft een nauwe, soms vriendschappelijke relatie met de mens. In Zuidslavische landen is ze de bekendste mythische figuur, die eigenschappen aanneemt van andere geesten wier eigen identiteit elders bewaard is gebleven. De verhalende liederen van de Zuidslaven gaan vaak over de *vila*. In één lied bespiedt de held Marko een dansende *vila*-groep. Hij stuurt zijn valk om de vleugels en de hoofdtooi van Nadanojla, hun leidster, te stelen. Vervolgens gaat hij naar huis, gevolgd door de boze *vila*. Hij trouwt met haar. Maar wanneer hij op een dag zo dwaas is te pochen dat zijn vrouw een *vila* is, vliegt ze weg. Pas wanneer ze door Marko wordt teruggehaald, accepteert ze haar rol als Marko's vrouw.

BOOSAARDIGE GEESTEN

Bosgeesten, weerwolven en vampiers

WEERWOLVEN

Men geloofde dat kinderen die werden geboren met een geboortevlek, een wolfachtige kuif of de helm, weerwolven waren. De helm werd gewoonlijk opgerold en als amulet bewaard of in kleren genaaid. Overal meende men dat dit geluk bracht. Zowel bij de Serviërs als de Slovenen, alsmede in Noord-Polen en bij de Kasjoeben werden aan dergelijke kinderen en kinderen die bij hun geboorte veel haar of een geboortevlek hadden, magische krachten van helderziendheid en gedaanteverandering toegeschreven. Hoewel zij zich in verschillende dieren konden veranderen, geloofde men dat de brutale en bloeddorstige wolf hun voorkeur had, zoals de 16de-eeuwse prent van Lucas Cranach (rechts) laat zien. In de 16de eeuw voelde de kerk in Rusland zich genoodzaakt het geloof in de kracht van de helm en zijn 'wolf'-associaties te veroordelen.

Het geloof in de weerwolf wordt weerspiegeld in de diverse verhalen over Vseslav, de 11de-eeuwse prins van Polotsk (nu in Wit-Rusland). Vseslav en zijn familie bleven heidenen, in tegenstelling tot de andere prinsen van Roes, die zich in 988 tot het christendom bekeerden. Historische bronnen suggereren dat zijn geboorte, met de helm, samenviel met een zonsverduistering. Geboren uit een prinses die door een slang was verkracht, maakte de prins-weerwolf zich al vlug de magische vaardigheden, de kunst van het jagen en de krijgskunst eigen. Als volwassene verheugde hij zich in een wonderbaarlijk succes als een krijger die 'voortsnelde als een wild dier, te middernacht, gehuld in een blauwe mist', zoals in een 12de-eeuwse tekst beschreven wordt.

De *vila* (zie p. 211) is stervelingen vaak goedgezind, maar de Slaven geloofden dat de andere geesten die niet in de directe omgeving van het huis woonden, in het beste geval geneigd waren de mensen te bedriegen en in het slechtste geval zich vijandig tegenover hen gedroegen. Bij de Oostslaven is de *lesjii* of bosgeest de meest gevreesde. Hij is de heer van het bos en de bewaker van de dieren die er leven. Zo werd in 1859 een grote trek van eekhoorns dwars door de Oeral uitgelegd als zouden Siberische bosgeesten, nadat ze bij het kaarten hadden verloren van hun medegeesten uit Europees Rusland, hun dieren daarheen hebben gestuurd als betaling voor hun schulden. Van karakter op de mens gelijkend doet de *lesjii* zich voor als een boer, maar zijn lengte verschilt naar gelang zijn woongebied: hij kan zo groot zijn als de hoogste boom of zo klein als een grassspriet. Hij bezit het vermogen zich te veranderen in uiteenlopende dieren, maar kan om de mensen te bedriegen ook verschijnen in de gedaante van een verwant. Wee de boer die, vooral op bepaalde dagen, vergat voorzorgen te nemen wanneer hij het bos betrad, hetzij door ter bescherming van zichzelf een gebed uit te spreken, hetzij door zijn kleren binnenstebuiten te dragen.

In afgelegen streken van Rusland bestaat het geloof in bosgeesten nog steeds, terwijl het geloof in een bedreigende mannelijke watergeest sinds ruim een eeuw sterk afneemt. De *vodianoi* verschilt van de *roesalka*, niet alleen omdat hij een man is maar ook omdat hij lelijk is, met slijm bedekt, harig met klauwen of ook wel pafferig en wit. Hij heeft er plezier in mensen die hem hebben beledigd te verdrinken. In een dorp in Zuid-Rusland ging het verhaal over een boer die graag naar karpers dook in een diepe poel waar, naar men geloofde, de *vodianoi* leefde. Toen hij pochte dat hij het watermonster zelf boven water zou halen, verdronk hij.

In het hele Slavische gebied kwam vanaf oude tijden het geloof in weerwolven voor (lykantropie: zie marge, p. 212), dat in de loop van de tijd samensmolt met het geloof in vampiers. In Servische en Bosnische liederen over Zmaj Ognjeni Voek (vurige drakewolf) werd het idee van een weerwolf-held verbonden met een latere, 15de-eeuwse despotische koning, Despot Voek. Volgens de liederen was hij geboren met een wijnvlek (rood tot de schouder van zijn vechtarm, of in de vorm van een sabel), bestond zijn kuif uit wolvehaar en spuwde hij vuur. Hij groeide wonderbaarlijk snel op en werd een krijger, en hij was de enige die de draak (die hem misschien had voortgebracht) kon verslaan.

Vampiers

Van alle mythologische wezens waarmee de Slaven en hun buurvolken vertrouwd waren, is er geen beter bekend dan de vampier.

In de 19de eeuw kwam het geloof in vampiers meer voor in Oekraïne en Wit-Rusland dan onder hun Oostslavische buren de Russen, maar de vampier-overlevering had de grootste invloed onder de Westslaven (vooral de Kasjoeben, die aan de monding van de rivier de Vistula woonden) en onder de Zuidslaven. In Zuidslavische landen smolt de vampier samen met de weerwolf, zozeer zelfs dat het moderne woord voor vampier *voekovlak* (wolvehaar) is. Anders dan weerwolven zijn vampiers echter in wezen manifestaties van de rondspokende onreine doden. Bepaalde categorieën mensen veranderen na hun dood in vampiers, waartoe zowel weerwolven als tovenaars, heksen, zondaars en goddelozen worden gerekend. Op sommige plaatsen (in Bulgarije bijvoorbeeld) geloofde men dat moordenaars, rovers, prostituees en andere sociaal ongewenste mensen ook in vampiers veranderden. Zelfs niet-verdorven mensen die een normale dood sterven kunnen in vampiers veranderen, vooral als bij hun dood de begrafenisriten niet in acht zijn genomen, of als ze bijvoorbeeld door zelfmoord zijn gestorven. Ook mensen die worden verwekt of geboren op een heilige dag, doodgeborenen en mensen die worden geboren met een benige vergroeiing aan hun staartbeen of met tanden worden als vampiers aangemerkt.

Vampiers vergaan in het graf niet en zwellen vaak op, en er kunnen tekens zijn dat het lijk zich in de doodskist heeft bewogen (Macedoniërs geloofden dat het lichaam zich met het gezicht naar beneden draaide). Om middernacht bezoeken ze huizen om bloed te zuigen of seksuele omgang te hebben met de slapenden, vaak hun eigen familieleden, die vervolgens wegkwijnen en sterven. Ze kunnen ook op het vlees van hun eigen borst of op hun doodskleed zuigen, wat in beide gevallen tot gevolg heeft dat hun familieleden sterven. Vampiers zijn, op zoek naar hun slachtoffers, ook aan te treffen op kruispunten of begraafplaatsen, vaak met een lijkwade over hun schouder. Er zijn veel manieren om vampiers te bestrijden. Sommige zijn bestemd om de vampier in vrede te laten rusten, zoals wanneer men in het graf een kruisje van populierehout of vlas- of gierstekorrels legt opdat ze zich bezighouden met het tellen ervan. De bekendste strengere maatregel is het in het lichaam steken van een scherpgepunte hagedoorn- of espestok of het in het hoofd drijven van een stok of spijker. Ook werd het lichaam wel onthoofd (Westslaven) of in stukken gesneden (West- en Zuidslaven) of de hielen en enkels werden verminkt om te verhinderen dat het in beweging zou komen.

HET NOORDPOOLGEBIED

Op deze foto besluipen twee jagers een groep walrussen in Groenland. Veel poolvolken geloven ook tegenwoordig nog dat prooidieren een geschenk zijn van de Zeegeest, die hen in de winter door gaten in het ijs voedsel verschaft.

De mythologie van het Noordpoolgebied weerspiegelt een harde, gevaarlijke omgeving – een eenzaam, dunbevolkt landschap. Tegen deze sombere achtergrond is de dreiging van de hongerdood een gemeenschappelijk mythisch thema. Landbouw is onmogelijk en alle voedsel moet van dieren komen, die in de mythen optreden als helpers of bedriegers van de mens. Omdat dieren van beslissend belang zijn om te overleven, gelooft men dat zij een eigen ziel hebben en worden ze dienovereenkomstig gerespecteerd: iedere jager biedt het dier dat hij net bij de jacht heeft gedood zijn verontschuldigingen aan. Sommige Inuit gooien de blaas van een gedode zeehond weer in zee, zodat de zeehond opnieuw geboren kan worden en zichzelf in zijn volgende incarnatie aan dezelfde jager als prooi kan aanbieden.

Men gelooft dat de seizoenen, de gezondheid en vruchtbaarheid van mens en dier, en het rusten en woeden van de elementen afkomstig zijn uit de wereld van de geesten. De rol mensen te helpen in de gemeenschap succes te behalen en tegenspoed te voorkomen komt toe aan het geestenmedium ofwel de sjamaan, tot wiens ambt slechts weinigen worden geroepen (gewoonlijk, maar niet altijd, mannen). Door tijdens een rituele ceremonie op een speciale trommel te slaan, raakt de sjamaan in trance om met de geestenwereld in contact te treden. Terwijl hij bewusteloos is, reist zijn ziel tussen de geesten, om te weten te komen waar zich prooidieren bevinden, om te ontdekken welke geest ziekte veroorzaakt, of om de gestolen ziel van een zieke en daarmee diens leven te redden.

In verhalen over sjamanistische geneeskunde in Inuitculturen wordt beschreven hoe zieken eindeloos worden ondervraagd omdat de sjamaan moet zien te achterhalen waarom de geesten beledigd zijn. Misschien heeft de patiënt een verboden pijp gerookt of een bot gespleten dat niet had mogen worden aangeraakt. De sjamaan vraagt naar zulke mogelijke overtredingen en de hele gemeenschap schreeuwt om de bevrijding van de zieke.

HET NOORDPOOLGEBIED

DE INUIT

De Eskimo-sprekende volken van Alaska, de poolstreken van Canada en Groenland kunnen worden verdeeld in een aantal taalkundige en politieke groepen, waarvan de voornaamste de Kalaallit, de Inuit, de Inupiat en de Yupik zijn. De term Inuit ('echte mensen'), waarmee de Canadese groepen zichzelf aanduiden, wordt tegenwoordig voor al deze volken gebruikt. Behalve in zuidelijk Alaska en Labrador leven de Inuit allen ten noorden van de boomgrens, waar ze van oudsher een semi-nomadisch of nomadisch bestaan van jagen en vissen leiden, in groepen die zelden uit meer dan een paar honderd mensen bestaan. In de winter en de lente jagen ze aan de kust op zoogdieren (voornamelijk zeehonden, walrussen en zo mogelijk walvissen); in de zomer en de herfst leven ze soms in het binnenland en jagen ze op de kariboe (het Noordamerikaanse rendier), vissen en vogels. Sinds het contact met Europeanen is op dit bestaanspatroon een vitale economie van commercieel vallen zetten geënt.

DE VOLKEN VAN HET RUSSISCHE POOLGEBIED

Dit enorme gebied reikt van Finland tot de Stille Oceaan, en van zuid naar noord strekken zich in hoofdzaak twee landschapstypen uit: eerst de taiga met onafzienbare en vrijwel ononderbroken naaldbossen en vervolgens een boomloze toendragordel langs de kust van de Noordelijke IJszee. De talrijke inheemse volken behoren tot diverse taalfamilies, waarvan in het westen sommige verwant zijn aan het Fins (ook het Saami of Laps), en in het oosten andere aan de Turkse en de Toengoes-Mantsjoe-families. Terwijl de Ket-taal met geen enkele andere taal ter wereld kan worden vergeleken, zijn het Eskimo en het Aleoet verwant aan andere Eskimotalen in Alaska, Canada en Groenland. Deze volken, die altijd een nomadisch bestaan van jagen, vissen en het houden van rendierkudden hebben geleid, zijn zwaar getroffen door Russische kolonisatie, vooral sinds de Russische Revolutie. Behalve de Komi, Kareliërs en Jakoeten worden ze wegens hun geringe aantal allemaal als kwetsbaar beschouwd en daarom genieten ze speciale bescherming.

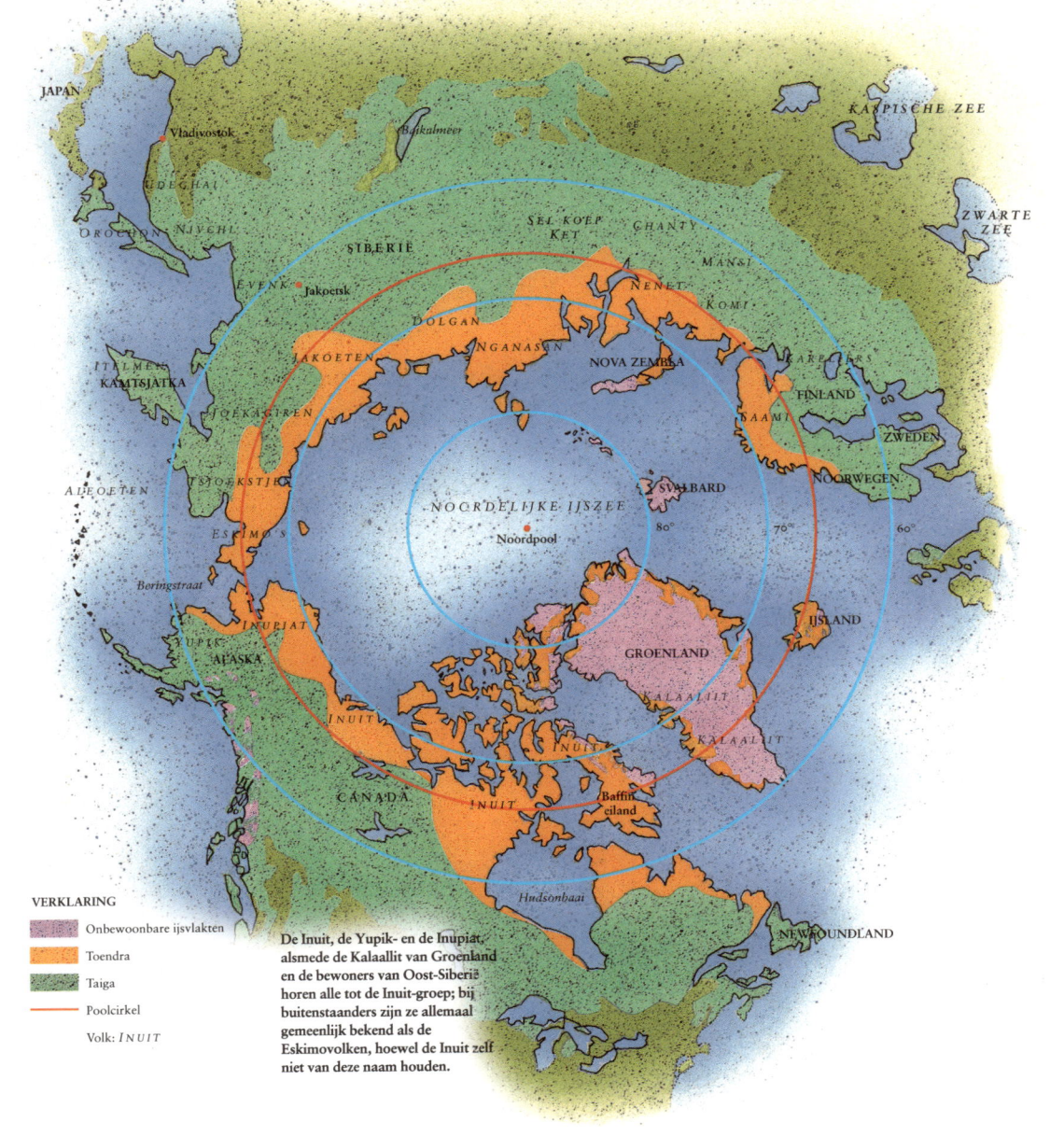

VERKLARING
- Onbewoonbare ijsvlakten
- Toendra
- Taiga
- Poolcirkel
- Volk: *INUIT*

De Inuit, de Yupik- en de Inupiat, alsmede de Kalaallit van Groenland en de bewoners van Oost-Siberië horen alle tot de Inuit-groep; bij buitenstaanders zijn ze allemaal gemeenlijk bekend als de Eskimovolken, hoewel de Inuit zelf niet van deze naam houden.

MYTHEN VAN DE INUIT

Zee- en hemelgeesten

DE MAANGEEST

Een van de belangrijkste geesten van de Inuit is de Maangeest (Tarqeq), die zich bemoeit met vruchtbaarheid en moreel juist gedrag en die, bij de Inuit van Alaska, de macht over dieren heeft. De Maangeest is een man, een geweldige jager, wiens woonplaats het land in de hemel is. Op de foto rechts staat een masker van een Maangeest uit West-Alaska. De witte rand rond het gezicht symboliseert de hemel, de hoepels geven de niveaus van de kosmos aan en de veren stellen sterren voor.

DE ZIELEN VAN DIEREN

Deze illustratie toont een beeltenis van een Groenlandse walvis, die is vastgesjord aan een boot. De Inuit geloven dat een prooi niet door de jager 'gegrepen' wordt, maar zichzelf aanbiedt om gedood te worden. Wanneer het dier sterft, volvoert de jager een korte ceremonie om ervoor te zorgen dat de ziel van het dier terugkeert naar de niet-aardse wereld om zich weer bij de gemeenschap der dieren te voegen – bereid te worden teruggezonden teneinde opnieuw als prooi te dienen voor de jager. In grote delen van Alaska houden de Inuit belangrijke feesten als dank voor de verschijning op aarde en om daarop invloed uit te oefenen. Zo is het 'Blaasfeest' een vijf dagen durend winterfeest op het hoogtepunt waarvan de opgepompte blazen van alle zeezoogdieren die gedurende dat jaar door de jagers van de groep zijn gevangen, door gaten in het ijs worden geduwd zodat de zielen van de dieren naar de geestenwereld kunnen terugkeren.

Het leven van de Inuit wordt beheerst door meer of minder belangrijke geestelijke krachten. De beroemdste is de Zeegeest van de Canadese en Groenlandse Inuit. Bekend als Sedna (ook als Nuliajuk en andere namen) heerst de Zeegeest over alle dieren die de mens tot voedsel dienen. In haar residentie op de bodem van de zee, van waar zij de dieren voor de jacht stuurt, neemt zij de vorm aan van een vrouw. Zelfs de sjamanen zijn bang voor haar. Een andere belangrijke geest is de Luchtgeest, in veel gebieden bekend als Sila ('weer', 'intelligentie'). Deze geest, die in bijna elk Inuit-gebied wordt erkend, bestuurt de regen, de sneeuw, de wind en de zee vanuit een domein hoog boven de aarde. Hoewel hij wordt gezien als een persoon, heeft de Luchtgeest geen lichamelijke vorm. De Maangeest is de derde van deze belangrijke geestelijke krachten. Hoewel ze allemaal in wezen vriendelijk zijn, zien de mensen hen, vooral de Zeegeest, toch als bedreigend omdat ze heel gevoelig zijn voor menselijk wangedrag, waarop ze reageren door slecht weer, slechte jachtresultaten en ziektes te sturen. Om zulke bezoekingen af te wenden zeggen mensen magische bezweringswoorden, zetten ze maskers op, gaan ze amuletten dragen (geliefd zijn de ledematen van dieren) en roepen ze de hulp in van hun sjamanen.

Van de zeer vele andere, mindere geesten, zowel welwillende als uiterst boosaardige, zijn de 'helpende geesten' het interessantst – geesten van dieren, dingen of dode mensen, waarmee de sjamanen tijdens hun lange leertijd in aanraking komen: door bezit te nemen van een sjamaan kan een helpende geest onmisbare hulp bieden bij alles wat de sjamaan onderneemt.

Het Inuit-geloof in landen in de hemel en onder het oppervlak van de aarde, elk rijk afgebakend door een oppergeest die er woont, vergemakkelijkt het concept van 'zielen' en het idee dat ze terugkeren op aarde. Een belangrijke gedachte is dat dieren een ziel hebben (zie marge), wat leidt tot een bijzonder respect voor de prooi. Het geestelijk wezen van de mens is ingewikkelder. Bij de lichamelijke dood gaat een deel van dit wezen misschien voor altijd naar de onderwereld of het land in de hemel, afhankelijk van de wijze waarop de persoon gestorven is. Een ander deel, dat wordt belichaamd in de naam van de persoon, zal weer worden opgenomen in een pasgeboren familielid.

Tegenwoordig hangen bijna alle Inuit het christendom aan, dat zij in het licht van hun traditionele geloofsovertuigingen gretig hebben overgenomen. Hoewel de traditionele Inuit-mythologie geen almachtige scheppingsgod kent, zien de Inuit niettemin een verband tussen de christelijke God en hun belangrijkste geesten en tussen de zendelingen en hun sjamanen. In delen van Zuidwest-Alaska belijden de Inuit het Russisch-orthodoxe geloof en houden zij een kerstceremonie die zij Selaviq noemen. Deze ceremonie, die voor de Inuit zowel christelijke als traditionele betekenis heeft, begint en eindigt met een kerkdienst. Zij kan wel tien dagen duren en er is een processie mee verbonden die van huis tot huis gaat, waarbij vooraf grote sterren worden gedragen die de geboorte van Christus verkondigen. Wanneer elk huis is bezocht, wordt er een lied gezongen en worden er talrijke geschenken uitgedeeld.

Processies die van huis tot huis gingen waren belangrijk in de traditionele religieuze praktijk van deze volken van Alaska. Zo werd voor het Blaasfeest (zie marge, p. 216) de mensengemeenschap geopend voor de geestenwereld door jongens van huis tot huis het dorp door te voeren.

DE RAAF

De Vader van de Raven, een sleutelfiguur in de mythologie van de Inuit van Alaska (evenals in die van de naburige Indiaanse en Siberische gemeenschappen), is de enige duidelijke Inuit-manifestatie van een gepersonifieerde schepper.

Neergedaald uit de lucht, schiep de Raaf eerst het vasteland en vervolgens een man en diverse dier- en plantesoorten; ten slotte schiep hij een vrouw als metgezellin voor de man. In menselijke gedaante was de Raaf ook een leraar. Omdat hij de man en de vrouw had geschapen, leerde hij hun hoe dieren te benutten, hoe voor kinderen te zorgen, hoe vuur te maken, enzovoort.

Een interessant aspect van deze mythologie is dat men geloofde dat de mens was voortgekomen uit de bast van een wijnstok die de Raaf had gemaakt. Later kwamen er uit deze bast meer mensen voort – een simpele verklaring voor de evolutie van het ras.

Na deze 'eerste tijden' oefende de Raaf later nog slechts een beperkte macht uit. In zijn verblijf in de hemel kan hij gunstig worden gestemd om voor goed weer te zorgen; en zou iemand een raaf doden, dan mag er zeker slecht weer worden verwacht.

De oorsprong van de Zeegeest

Een Canadese mythe vertelt over de oorsprong van de Zeegeest en van de zeedieren.

Een jong meisje wordt door haar vader gedwongen met een hond te trouwen. Het huwelijk begint goed, maar na de geboorte van een paar kinderen gaat alles slechter. De vader verdrinkt de hond en de kinderen proberen vergeefs wraak op hem te nemen. Vervolgens verschijnt er een stormvogel in de gedaante van een lelijke man, met wie het meisje als zijn vrouw meegaat in zijn kajak. Haar vader haalt haar terug, maar de vogel grijpt hem en veroorzaakt een storm waardoor hun boot bijna kapseist. De angstige vader probeert het meisje naar de vogel te gooi-

en, maar zij klampt zich vast aan de zijkant van de boot. Dus probeert haar vader haar vingers één voor één, kootje voor kootje af te hakken totdat zij uiteindelijk in zee glijdt. Zo werden de zeedieren geschapen – de kleinere zeehonden uit de vingertoppen van het meisje, de bebaarde zeehonden uit de middelste kootjes en de walrussen uit de laatste kootjes.

Het meisje laat zichzelf naar de bodem van de zee zakken waar zij de grote Zeegeest wordt, omringd door de dieren. Daar voegen haar vader, die overmand door verdriet in zee is gevallen, en haar eerste man, de hond, zich weer bij haar. De hond neemt de rol van haar bewaker op zich, terwijl haar vader de kwelgeest blijft van mensen die zondigen tegen de regels van het leven.

De zeehond die voortkwam uit de afgehakte vinger van de jonge vrouw die de Zeegeest werd. Deze voorraadkist stelt een zeehond voor die op zijn rug ligt. Het menselijke gezicht op het deksel is de ziel van de zeehond.

MYTHEN VAN SIBERIË

Dieren, bomen en sjamanen

Een oude foto van een Toengoes-sjamaan in ritueel gewaad, met zijn trommel. De details van het gewaad hadden een rituele betekenis.

Bij de jacht komt de relatie tussen mens en dier het duidelijkst tot uiting. In Siberië gelooft men dat dieren zich uit eigen vrije wil overgeven aan de jager die hen respecteert. Dieren zijn de gelijken van de jagers, en in de mythen veranderen ze vaak in mensen en trouwen ze met hen. De bruine beer, die wordt gezien als de heer van het woud, heeft een enorm grote zielskracht die gevaarlijk kan zijn, maar ook kan worden gebruikt om te genezen. Zelfs nu nog worden kwetsuren genezen door het gewonde lichaamsdeel te bestrijken met een bereklauw of het in te smeren met berevet. Een berejacht is omgeven met taboes en in veel streken moet de ziel van een gedode beer worden gesust door een uitgebreid ritueel. De ogen worden bijvoorbeeld dichtgenaaid om te voorkomen dat de beer de jager achtervolgt.

De Joekagiren vertellen over een voorouderlijke held die half mens, half beer was. In één versie wordt verteld over een man die zijn toevlucht zocht in het hol van een berin. In de lente kreeg ze een kind, dat later het dorp van zijn menselijke vader wilde bekijken. Maar het kind kon niet aarden in het dorp en vluchtte het bos in. Later, nadat hij onder de grond, waar hij voor zichzelf een vrouw vond, diverse magische vijanden had verslagen, ging de beer-man, rijdend op een adelaar, opnieuw terug naar de mensenwereld, waarbij hij voor zijn broer een bruid meebracht.

Er komen in de mythen niet alleen levende dieren voor. In de mythologie van de Evenk is de mammoet, waarvan men vaak overblijfselen in de grond vond, een van de heersers over de onderwereld. Hij gebruikte zijn slagtanden om modder uit het water te halen en zo het land te maken. Overal waar de mammoet liep, schiep hij rivieren; en waar hij ging liggen, schiep hij meren.

In heel Siberië geloofden de mensen van oudsher in verscheidene werelden, meestal drie, vijf of zeven, die boven elkaar zijn gelegen. Onze wereld is de middelste. De bovenwerelden zijn gewoonlijk het domein van goede geesten, terwijl in de onderwerelden boze geesten leven. De weg die deze werelden verbindt, wordt meestal gezien als een boom met zijn wortels in de onderwereld en zijn takken in de bovenwereld. Tijdens een trance vliegt of klimt de sjamaan naar deze andere werelden om met de geesten te onderhandelen of te vechten. Bij een magisch ritueel beklimt de sjamaan soms stap voor stap uitgehakte treden in een boomstam, waarbij hij bij elke stap zingt over zijn reis door de verschillende werelden en over zijn ontmoetingen met geesten.

Deze boom komt in de mythen steeds weer voor. Volgens de Nivch waren er eerst twee manen en twee zonnen, waardoor de wereld 's nachts te koud en overdag te warm werd. Niets bleef in leven behalve twee mezebroertjes. Deze mezen kwamen bij een reusachtige lariks die tot in de hemel reikte en aten daar voedsel dat was achtergelaten door een oude man die de heer van de boom was. Er verschenen twee vogels, een van zilver en een van goud, die de mezen uitdaagden tot een gevecht. De gouden vogel verhief zich in de lucht, achtervolgd door een van de broers. Om aan hem te ontsnappen veranderde de vogel zich in een beer, een zeehond, een vis en een mens, maar ook de achtervolger veranderde in deze dieren en hij ving haar elke keer weer. In haar menselijke gedaante was ze de dochter van een oude man aan wie de held, die eerst een mees was geweest, vroeg of hij met haar mocht trouwen. De oude man vond dat goed op voorwaarde dat de held eerst de tweede zon en de tweede maan zou doden. Daarbij werd de held geholpen door de heer van de zee, die hem opsloot in een ijzeren ketel en hem kookte; daarna schraapte hij de resten uit de ketel en daar vormde hij een nieuwe mens uit. Zo werd de held veranderd in de ijzeren man. Uitgerust met een ijzeren boog, ijzeren pijlen en een vliegend paard, schoot hij de tweede zon en maan dood en de aarde werd weer bewoonbaar.

Het koken en opnieuw vormen van de held zijn het onmiskenbare teken van sjamanistische initiatie. De geïnitieerde wordt door de geesten in een kookpot gestopt en vervolgens bot voor bot weer samengesteld als een opnieuw geborene met sjamanistische krachten. De kracht van ijzer is zo sterk dat de smid de enige persoon is voor wie de sjamaan bang moet zijn, omdat hij sterker is dan hijzelf.

Tot de Siberische oorsprongsmythen behoort een verhaal van de Evenk, waarin de opeenvolging van dag en nacht wordt toegeschreven aan een machtige eland die in de bovenwereld woont. Op een dag rende de eland het bos uit en de top van een heuvel op, waar hij de zon op zijn gewei spietste en hem mee terug nam naar het bos. De mensen van de middenwereld werden plots in duisternis gehuld. Een held met de naam Main deed een paar gevleugelde ski's aan en steeg op naar de bovenwereld waar hij de eland achtervolgde. Om middernacht haalde Main het wezen in en hij schoot hem neer met een pijl. De middenwereld kreeg haar daglicht weer terug. Main kwam echter niet terug naar zijn eigen wereld maar werd veranderd in een geest die de zon moest bewaken. Sindsdien wordt deze episode in de middenwereld steeds weer herhaald: elke avond neemt de eland de zon op zijn gewei en elke nacht pakt Main hem de zon weer af en geeft hij hem in de morgen aan de mensen terug.

Een in hout gesneden vogel met twee koppen, die het vermogen van de sjamaan om naar de bovenwereld te reizen uitbeeldt.

De sjamaan en de commissaris van politie

Sjamanen waren vaak verbonden met een bepaalde groep of stam, beschermden het gebied van die stam en zorgden voor de wedergeboorte van hun zielen. Stammenoorlogen leidden vaak tot felle conflicten over magie tussen rivaliserende sjamanen. Na de Russische Revolutie werden de sjamanen door de communisten vervolgd en werden oudere mythen over conflicten tussen rivaliserende sjamanen omgewerkt tot krachtmetingen tussen een sjamaan en de politiecommissaris die hem arresteert. Het volgende verhaal van de Jakoeten valt in deze categorie.

Een jonge politiecommissaris bedreigde een sjamaan met zijn revolver. De sjamaan waarschuwde hem niet met de revolver rond te zwaaien: 'Mijn zoon, doe dat niet, anders verwond je jezelf!' Vervolgens schoot de politieman zijn eigen duim eraf. Razend van woede stopte hij de sjamaan in de gevangenis, maar de sjamaan ontkwam. De politieman nam hem diverse malen opnieuw gevangen, waarbij hij hem elke keer in een cel stopte die strenger beveiligd was dan de vorige, maar elke keer kwam de gevangene er weer uit en liep hij door de voordeur weer naar binnen.

Uiteindelijk werd de sjamaan veroordeeld tot dwangarbeid in het bos, waar hij bomen tot brandhout moest hakken. Een inspectieteam bezocht hem daar in de zomer en zag hoe de bijl op magische wijze de open plek in het bos rondvloog, bomen velde en het hout in keurige stapels neerlegde. Toen de autoriteiten in het begin van de winter weer kwamen kijken, was zowel de sjamaan als het brandhout verdwenen. Het hout had zich weer aaneengevoegd tot levende bomen die er precies zo bij stonden als voordat de sjamaan zijn werk begon.

Sommige kinderen van sjamanen zijn in de recente geschiedenis dichter of chirurg geworden en men gelooft dat de gave van de sjamaan zich daarin voortzet.

De helm van een sjamaan met rendiergewei, vervaardigd van ijzer. Een dergelijke helm werd door een smid voor de sjamaan gemaakt nadat hij zijn krachten had bewezen. Het rendier was verbonden met de bovenwereld.

NOORD-AMERIKA

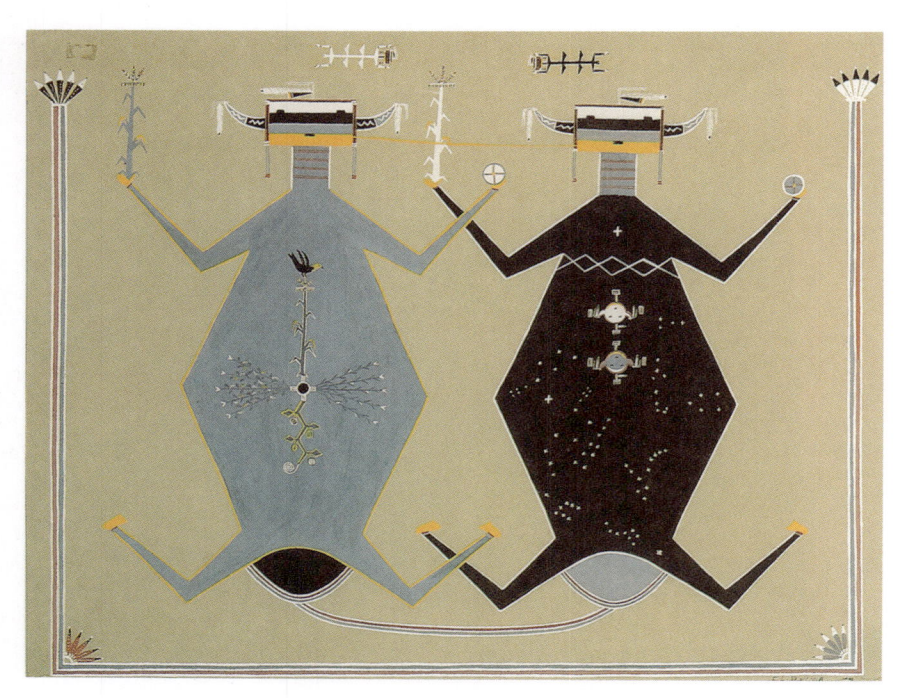

Een reproduktie van een Navajo-zandschildering met figuren van Moeder Aarde (links) en Vader Hemel, twee van de meest verbreide scheppingsgoden van de Indiaanse mythologie (zie p. 222)

Sinds de komst van hun voorouders in Noord-Amerika – volgens uiteenlopende schattingen tussen 12.000 en 60.000 jaar geleden – hebben de oorspronkelijke bewoners van het continent een veelheid aan kleinschalige, orale culturen ontwikkeld waarvan vele nog steeds voortleven in de reservaten, waar de meeste Indianen tegenwoordig leven. Omdat ze van oudsher in grote mate afhankelijk waren van de terreingesteldheid, reikten hun gemeenschappen van nomadische stammen, die de jacht beoefenden, tot stammen met een vaste woonplaats, die de landbouw beoefenden.

Voor de Indianen dringt de religie door in alle aspecten van het leven en de natuur. Mythen worden heilig genoemd: zij helpen de kosmische en sociale orde aan de mensen te verklaren, alsmede de relatie tussen mensen en goden. In spiritueel opzicht zijn de mythen die een gedetailleerde uitleg geven van de werkzaamheden van de goden de belangrijkste. Hiertoe behoren vooral scheppingsmythen en mythen die de grondstructuur van het heelal en de oorsprong van mensen, dood, maïs en jacht verklaren. Zulke mythen mogen vaak alleen worden verteld onder bepaalde omstandigheden of in bepaalde tijden van het jaar. Ook belangrijk zijn 'instellings'-mythen, waarin wordt verteld hoe de menselijke instellingen en cultuur zijn ontstaan – gewoonlijk door de activiteiten van een oerheld die de menselijke voorouders de eerste voorschriften gaf. 'Rituele' mythen vormen de basis voor gewijde ceremonies waarbij verhalen worden nagespeeld onder voorgeschreven rituele omstandigheden, bijvoorbeeld de Hopi-ceremonies waarbij delen van het ontstaansverhaal (zie p. 223) worden nagespeeld. Dergelijke mythen komen het meest voor in gevestigde agrarische gemeenschappen. 'Vermaaks'-mythen, die worden verteld voor het genoegen en om op een goedmoedige wijze morele voorschriften te geven, mogen door de verteller vrijer worden geïnterpreteerd. Ze gaan overwegend over bedriegers (zie p. 227).

NOORD-AMERIKA

TALEN EN VOLKEN
Van de ca. driehonderd talen die voor de komst van de Europeanen in Noord-Amerika bloeiden, zijn er nog ongeveer tweehonderd over, die worden gesproken door zo'n 750.000 mensen. Zij reiken van het Navajo met 160.000 sprekers, tot bedreigde talen als het Chinookan met niet meer dan dertig sprekers. De kaart toont de uitgestrekte cultuurgebieden van Noord-Amerika (die niet precies overeenkomen met de geografische gebieden) en de historische locaties van een aantal van de vele indianenvolken. Sinds de 19de eeuw wonen de meeste Indianen in de Verenigde Staten in reservaten; de grootste staan op de kaart aangegeven.

CHRONOLOGISCH OVERZICHT
60.000-12.000 jaar geleden De eerste mensen komen in Noord-Amerika over land of over een ijsbrug vanuit Noordoost-Azië
ca. 1000-1300 n. Chr. Athabaskisch-sprekende groepen (Apachen, Navajo) migreren vanuit Canada zuidwaarts tot in het zuidwesten
ca. 1600-1750 Volken als de Cheyenne en de Dakota trekken naar de prairies. Door de Spanjaarden geïntroduceerde paarden brengen op de prairies een omwenteling teweeg in de oorlogvoering en de jacht
1830-1840 De Amerikanen verdrijven de meeste Indianen die ten oosten van de Mississippi wonen naar het westen
1890 Tweehonderd Dakota worden bij Wounded Knee Creek in Zuid-Dakota door Amerikaanse cavalerie afgeslacht, waardoor er een einde komt aan het gewapende verzet tegen de blanke expansie

NOORDWESTEN
De volken van de kustcultuur van het noordwesten wonen in dorpen in grote houten huizen. Er heerst een mild klimaat en er is voedsel in overvloed (voornamelijk zalm), waardoor ze veel tijd kunnen besteden aan ceremonies en aan het vervaardigen van ceremoniële materialen. Elke stam heeft een dier als mythische stichter, die is afgebeeld op totempalen en andere kunstvoorwerpen. Raaf, Dondervogel en Mensenetende Geest zijn de belangrijkste mythische figuren.

PRAIRIES
De klassieke cultuur van de prairies, de woonplaats van vroegere nomadische bizonjagers, ontwikkelde zich pas na de introductie van het paard en de toestroom van migrerende volken uit de bosgebieden. Persoonlijke relaties met geesten zijn belangrijk, en de mythen weerspiegelen zowel het belang van goden van de elementen als het idee van een opperwezen. Een vooraanstaande plaats nemen mythen over dieren en over belangrijke instellingen als de heilige pijp in (zie p. 231).

ZUIDWESTEN
Van deze woestijncultuur maken de diverse Pueblo-volken deel uit, zo genoemd naar hun dorpen (*pueblos* in het Spaans). Zij delen ideeën die zijn ontleend aan de 'ontstaans'-mythologie (zie p. 223) en de landbouw, en gemaskerde personificaties van mythische geesten zijn belangrijk voor de religieuze beleving van de Pueblo-volken. Omstreeks 1400 kwamen de Apache en Navajo in dit gebied waarna zij, in verschillende mate, elementen van de lokale mythologie en rituelen overnamen.

BOSSEN & ZUIDOOSTEN
Een groot deel van het noorden en oosten van Noord-Amerika is bedekt met dichte bossen, onderbroken door meren en rivieren. De mythologie van het gebied weerspiegelt het landschap, met veel verhalen over bosgeesten, demonen en monsters. Ook zijn er natuurgoden en een opperwezen en men gelooft in een boven- en onderwereld. Grotendeels onder de druk van de kolonisatie vanuit Europa migreerde een aantal bosvolken naar de prairies.

VERKLARING
Cultuurgebieden:
- Westen en noordwesten
- Prairies
- Zuidwesten
- Bossen en zuidoosten
- Reservaten (VS)

Volk: *CHEROKEE*
Huidig land: CANADA

SCHEPPINGSMYTHEN
De Grote Geest en de Aardeduiker

Dit in 1913 gevonden masker (rechts) stelt een scheppingsvoorouder voor die, volgens de mythen van de Bella Coola in het noordwesten, naar de aarde kwam als een adelaar.

Ondanks de enorme diversiteit van culturen in Noord-Amerika zijn er relatief weinig mythen over de schepping van de wereld. De meeste indianenvolken schrijven het concept van het heelal, zo niet het scheppen van het heelal zelf, toe aan een hoogste godheid of 'Grote Geest'. Dit wezen, dat bijvoorbeeld de Algonquin uit de noordoostelijke bosgebieden als Gitchi Manitou en de Lakota van de prairies als Wakan Tanka kennen (zie p. 230), wordt diep vereerd maar is te passief en te vaag omlijnd om als een afzonderlijke persoonlijkheid te kunnen worden gezien. Zijn enige rol in de mythen is vaak duidelijker omlijnde figuren te scheppen, zoals de welbekende goden Moeder Aarde en Vader Hemel of de Zon en de Maan, die worden belast met verdere scheppingsdaden terwijl de hoogste god zich in de hemel terugtrekt. Deze figuren kunnen ook behulpzaam zijn bij de schepping van mensen (zie p. 223).

In de meeste scheppingsverhalen behoren tot de actieve goden ook dierfiguren: zo gelooft men bijvoorbeeld in verspreide delen van het westen dat de Spin een web heeft geweven dat uiteindelijk de aarde vormde. Maar verreweg de meest voorkomende scheppingsmythe is die van de Aardeduiker, een nederig schepsel dat tot op de bodem van de oerzee duikt en modder mee omhoog neemt, die vervolgens uitdijt om de aarde te vormen. Vaak wordt gezegd dat de wereld rust op het schild van een schildpad, een bekende figuur in de mythologie van de bosgebieden (zie marge). Net als verhalen over een zondvloed, die in sommige versies van het scheppingsverhaal voorkomen, heeft dit soort mythe zijn parallellen in Eurazië, wat doet vermoeden dat het met de migratie naar het oosten is meegekomen.

DE AARDEDUIKER
De op dit detail van een 19de-eeuws Cheyenne-schild afgebeelde schildpad (rechts) speelt een belangrijke rol in de Aardeduiker-mythen van veel volken. De Cheyenne-mythe bevat alle essentiële elementen van dit verhaal. Maheo, de 'Geest van het Al', schiep het Grote Water met de waterdieren en vogels. De vogels raakten vermoeid van het vliegen en vlogen al duikend rond om te kijken of er ergens land was. Ze konden niets vinden, tot de koet het ten slotte probeerde. Toen hij terugkeerde, liet de koet een balletje modder uit zijn snavel in Maheo's hand vallen. Terwijl Maheo de modder in zijn handpalmen rolde, dijde deze uit en al gauw was er zo veel, dat alleen oude Grootmoeder Schildpad het kon dragen. Op haar rug bleef de modder zich vermeerderen en zo werd het eerste land geschapen.

DE OORSPRONG VAN DE MENS

De schepping van de eerste mensen wordt toegeschreven aan een of meer van de goden die waren betrokken bij de schepping van de wereld. Zo vertellen bijvoorbeeld de Pawnee hoe Tirawa ('Hemelboog'), hun oorspronkelijke god, de zonnegod en de maangod opdracht gaf gezamenlijk de eerste man te scheppen, terwijl de morgenster en de avondster de eerste vrouw moesten scheppen. Bij sommige volken in het zuidwesten wordt gezegd dat de hoogste god de goden Moeder Aarde en Vader Hemel (zie p. 220) heeft geschapen, die op hun beurt paarden om de eerste levende wezens te scheppen, waaronder mensen. De Hopi vertellen hoe tweelinggoden eerst de dieren maakten en vervolgens uit klei mensen vormden en hen tot leven brachten met een ritueel lied. Volgens de Irokezen en de Huron was de eerste menselijke voorouder een vrouw, Ataensic, de nakomeling van de 'hemelmensen', goden die neerdaalden op aarde. Ook de Navajo geloven dat de mens afstamt van een vrouw.

De Pueblo-volken en sommige volken van de prairies bezitten in hun 'ontstaans'-mythen enkele van de meest uitgesproken verklaringen voor de komst van mensen in de tegenwoordige wereld. Vanuit de belevingswereld van een agrarische samenleving wordt in de mythen de aarde voorgesteld als een vruchtbare moeder en almachtige voedster die mensen, dieren en planten baart (zie het Hopi-voorbeeld rechts). De verhalen bevatten impliciete morele richtlijnen, omdat mensen als gevolg van hun slechte gedrag vaak worden gedwongen verder omhoog te trekken. In sommige versies leidt dit slechte gedrag tot de vernietiging van de lagere werelden, waarbij er maar weinig overlevenden zijn.

Afhankelijk van de plaats waar de mythen worden verteld, kunnen de mensen tijdens hun reis omhoog worden geleid door de Maïsmoeder of de Spinnevrouw, tweelinggoden of soms een heldenfiguur.

DE VIER WERELDEN
De ontstaansmythe van de Hopi van Arizona verhaalt hoe er na de schepping vier werelden waren: deze wereld en drie grotwerelden beneden. De eerste schepselen leefden in de onderste grot. Toen die overbevolkt en vervuild raakte, kwamen er tweelingbroers uit de hemel met alle planten van de wereld, in de hoop dat een ervan lang en sterk genoeg zou zijn om ieder wezen naar de bovenwereld te kunnen laten klimmen. Het riet bleek ideaal. Na verloop van tijd raakte ook de tweede grot vol en klommen de schepselen langs het riet naar de derde grot. Daar vonden de twee goddelijke broers het vuur en bij het licht ervan bouwden de mensen huizen en konden ze reizen. Maar er kwam een tijd van kwaad over hen en de mensen klommen, geleid door de tweelingbroers, op naar deze, de vierde wereld.

De zonnedans (Sun Dance)

De rol van de zon als een scheppingsgod en als bron van kracht in de mythologie van de prairies werd vroeger weerspiegeld in de zonnedans, het belangrijkste ritueel van de prairies. Bij sommige volken bestaat deze dans nog steeds, zij het in aangepaste vorm.

Elk jaar, meestal in de vroege zomer, placht een stam bijeen te komen om zijn religieuze overtuigingen te vieren met een reeks ceremonies, gezang en andere gewijde handelingen. Centraal bij dit feest stond de zonnedans (Sun Dance), waarbij degenen die in het bezit wilden komen van geestelijke kracht een rituele dans uitvoerden voor de stam. De stam verzamelde zich in een grote kring rond een paal die op symbolische wijze de wereld boven de aarde verbond met de wereld beneden. Rond deze paal volvoerden de dansers hun dans, vaak dagen achtereen, totdat ze in een diepe trance of van pure uitputting ineenzakten. Soms brachten de deelnemers zichzelf verwondingen toe, waarbij het scheuren van het vlees een bevrijding uit de boeien der onwetendheid symboliseerde.

De zonnedans van de Lakota. Het kruis suggereert een gekerstend ritueel: de meeste Lakota zijn tegenwoordig christenen.

GODEN EN HELDEN
Beschermgeesten en het zoeken naar een visioen

DE OORSPRONG VAN DE DOOD
Mythen over de oorsprong van de dood gaan vaak over onenigheid tussen twee wezens, zoals in het volgende verhaal dat wordt verteld door de Shoshone van de westelijke prairies.

In oude tijden waren de twee belangrijkste figuren Wolf en Coyote, die altijd tegen de wensen van Wolf probeerde in te gaan. Wolf zei dat als iemand stierf hij weer tot leven kon worden gewekt door een pijl in de aarde onder hem te schieten. Maar Coyote vond het een slecht idee om mensen weer tot leven te wekken omdat er dan te veel mensen zouden komen. Wolf stemde daarmee in, maar besloot in het geheim dat Coyotes zoon de eerste zou zijn die moest sterven en alleen al die wens leidde tot de dood van de zoon. Al gauw kwam de bedroefde Coyote aan Wolf vertellen dat zijn zoon was gestorven. Hij haalde Wolfs woorden aan dat mensen weer tot leven konden komen als er een pijl onder hen zou worden geschoten. Maar Wolf bracht hiertegen in dat Coyote zelf had gezegd dat de mens moest sterven. Sindsdien is dat altijd zo gebleven.

Een Kwakiutl-masker dat de zon voorstelt en het gezicht van een adelaar toont. Het wordt gedragen bij dansrituelen.

Terwijl de Grote Geest heerst over de hele schepping, wordt volgens de Indianen de dagelijkse gang van zaken in de wereld bestuurd door machtige goden en natuurhelden die de wereld van chaos bevrijdden en de mensen voorwerpen en vaardigheden gaven om te overleven. Het ontstaan van de sterren en planeten, de seizoenen, de dood, het vuur en de maïs wordt veelvuldig toegeschreven aan gepersonifieerde goddelijke of bovenmenselijke wezens, zoals Coyote in het zuidwesten, Nanabush, Glooskap, Grote Haas, Wisakedjak (verengelst tot 'Whiskey Jack') in de bosgebieden, en Raaf in het noordwesten. Deze cultuurhelden kunnen ook boosaardige bedriegers zijn (zie p. 227).

Mythen over ontstaan en ordening van het firmament komen in heel Noord-Amerika voor, vaak opgenomen in andere mythen. Sommige volken vertellen van de willekeur waarmee de sterren door een cultuurheld of bedrieger zijn uitgestrooid, terwijl anderen vertellen dat het firmament zorgvuldig en systematisch werd geordend. De Pawnee vertellen hoe Tirawa elk hemellichaam een plaats toewees en een deel van zijn macht gaf. Shakuru (de zon) moest in het oosten wonen, waar hij elke dag opkomt om licht en warmte te geven, en Pah (de maan) ging naar het westen om 's nachts licht te geven. Zo werd ook een plaats toegewezen aan de morgenster, de avondster, een 'ster van de dood' en vier sterren die de hemel omhooghouden.

De spin speelt vaak een belangrijke rol bij het scheppen van de wereld en kan ook een cultuurheld zijn, zoals in de Cherokee-mythe over de diefstal van het vuur. Oorspronkelijk was er geen vuur, maar de dondergod trof de voet van een esdoorn op een eiland met de bliksem, zodat de boom vlam vatte. Waterspin spon een draad in de vorm van een schaaltje dat zij op haar rug vastmaakte. Zij stak over naar de boom en deed één gloeiend kooltje in haar schaaltje en nam dit mee voor alle andere schepselen.

De meeste verhalen over de oorsprong van de dood accepteren de logica dat de ruimte op aarde beperkt is en dat de dood ruimte schept voor leven (zie marge, p. 224). Er zijn weinig mythen over het hiernamaals, omdat Indianen doorgaans meer bezig zijn met de huidige wereld dan met de volgende. In het algemeen wordt het hiernamaals beschouwd als een plaats die veel lijkt op deze wereld, alleen wordt er meer gejaagd. Het beste voorbeeld hiervan zijn de 'eeuwige jachtvelden' van de volken van de prairies.

Indianen geloven dat de natuurkrachten worden bestuurd door natuurgoden en -geesten aan wie de diverse vermogens van de Grote Geest zijn overgedragen; tot hen behoren de Zon, de Aarde, Zomer, Winter, Regen, Bliksem en de vier windstreken. Een van de machtigste krachten is Donder (zie kader). Veel prairievolken denken in termen van geesten als Aarde, Vuur, Water of Lucht (Donder is een luchtgod). De volken van de bosgebieden verdelen hun goden en geesten in die welke boven de aarde en het water wonen (zoals Dondervogel) en die welke eronder wonen. De onderwereldgeesten, met aan het hoofd draakachtige goden die gewoonlijk worden voorgesteld als panters of gehoornde slangen, worden doorgaans als boosaardig beschouwd. Ook de goden van de Pueblo-volken vallen uiteen in twee groepen: enerzijds natuurgoden en anderzijds *kachina's* genoemde vooroudergeesten, die als middelaars optreden tussen mensen en de goden.

Een masker van de dondervogel van de Haida (boven en onder) onthult wanneer het wordt geopend een menselijk gezicht. Dit symboliseert de nauwe verwantschap tussen mens en dier. Men gelooft dat er in de oertijd geen verschil tussen hen was en dat zij naar willekeur van gedaante konden wisselen (zie p. 232).

De dondervogel, koning van de hemel

*I*ndianen geloven dat de dondergeest zich op aarde manifesteert in de gedaante van de dondervogel. De snavel of de ogen van dit enorme, op een adelaar lijkende dier spuwen bliksem, terwijl het klappen van zijn vleugels wordt gehoord als donderslagen. Men kent hem ontzagwekkende scheppings- en vernietigingskracht toe.

Bij de Lakota is de dondervogel, Wakinyan, een helpende god, een manifestatie van het opperwezen: hij is voorwerp van een krachtige cultus, verbonden met de persoonlijke ervaring van ontmoetingen met hem. Voor de Irokezen neemt hij een menselijke vorm aan als Hino, de dondergeest, wachter van de hemel. Aan de noordwestkust behoort de dondervogel tot de voornaamste goden van de hemel en is hij groot genoeg om walvissen, waarop hij jaagt, mee te voeren. De volken in het westen geloven dat er vier dondervogels zijn, een in elk kwart van de wereld. In dit gebied en elders is de dondervogel in een voortdurend gevecht gewikkeld met de boosaardige geesten of slangen van de onderwereld, zoals de onderwaterpanter. Men gelooft dat hun gevechten de oorzaak zijn van heftige natuurverschijnselen zoals aardbevingen, overstromingen en zware onweersbuien.

Volgens de Indianen oefent alles wat door de bliksem van de dondervogel is getroffen een bepaalde geestelijke kracht uit, die men afhankelijk van de plaatselijke traditie uit de weg moet gaan of moet vereren.

DE OORSPRONG VAN DE MAÏS
Maïs is het belangrijkste voedsel van de Indianen, en er zijn veel verhalen in omloop over het ontstaan ervan. In de maïsmythe van de Mikasuki uit Florida komen twee gangbare ideeën samen: de belangrijke rol van twee broers of helden en de schepping van iets uit een deel van iets anders. Twee broers woonden bij hun grootmoeder en op een dag hadden zij genoeg van vlees en vroegen zij haar of ze niet wat anders te eten had. Vanaf dat moment kregen ze, wanneer ze van de jacht terugkeerden, wat maïs en dat vonden ze heerlijk. Omdat hun grootmoeder niet wilde zeggen waar het vandaan kwam, bespioneerde de jongste broer haar toen zij op een keer naar de voorraadkamer ging. Tot zijn grote schrik zag hij haar maïskorrels van haar eigen lichaam schrapen. Die avond weigerden de broers de maïs, en de oude vrouw wist dat zij haar geheim kenden. Ze kondigde de broers aan dat zij hen voor altijd moest verlaten, maar voort zou leven als de maïs die uit haar graf groeide.

SJAMANEN
Beschermgeesten en het zoeken naar een visioen

Direct contact met de goden- en geestenwereld is in de meeste traditionele Indianenculturen van groot belang. Dat contact wordt gelegd door het 'zoeken naar een visioen', een proces van vasten en bidden op een afgelegen plek. Zo hoopt iemand een visioen te krijgen van een beschermgeest die meestal verschijnt in de vorm van een vogel of een ander dier of als een van de elementen. Degenen die spontaan een dergelijke visionaire ervaring krijgen, kunnen vervolgens sjamaan worden, een genezer-priester, de belangrijkste bemiddelaar tussen mensen en geesten. Hoewel veel mensen kracht kunnen krijgen van beschermgeesten, kunnen alleen de sterksten een echte sjamaan worden. (Degenen die niet in het bezit zijn van alle sjamanistische vermogens worden meestal 'medicijnman'.) De weg tot de status van sjamaan begint wanneer het (meestal mannelijke) individu in zijn vroege jeugd ziek wordt en een visionaire dood en wedergeboorte ondergaat, waarbij hij geesten ontmoet en gewijde kennis verwerft (zie kader).

De relatie tussen een sjamaan en de geestenwereld komt bijna altijd neer op een persoonlijke geloofsrelatie. Het verhaal van de eerste ontmoeting met de geesten wordt de persoonlijke mythe van de sjamaan. De kracht van deze mythe is belangrijk voor de sjamaan om bij zijn stam de geloofwaardigheid te verkrijgen in naam waarvan zijn of haar bekwaamheden worden gebruikt om wild te lokaliseren, verloren voorwerpen te vinden en bovenal zieken te behandelen. Sjamanen kunnen naar willekeur in trance raken en naar de heilige wereld, het land van de doden, reizen. Zichtbare voorstellingen van de geesten zijn te vinden in de 'medicijnbundel' van de sjamaan, een verzameling kunstvoorwerpen met een spirituele betekenis, die worden gebruikt bij genezingsrituelen.

De beschildering op het trommelvel hieronder stelt een sjamanistische, gehoornde geest voor. De schilder behoorde tot de Assiniboine, die aan de Amerikaans-Canadese grens ten westen van het Winnipegmeer wonen.

Een sjamaan ontvangt zijn roeping

In dit verkorte verhaal vertelt een sjamaan van de Kwakiutl uit Brits Columbia zijn persoonlijke mythe, de visionaire ontmoeting die ertoe leidde dat hij sjamanistische vermogens kreeg.

'We hadden allemaal de waterpokken. Eerst dacht ik dat ik dood was. Ik werd wakker van de wolven die jankend en huilend in de tent kwamen. Twee likten mijn lichaam, ze braakten schuim en probeerden me er geheel mee te bedekken om me van alle korsten en wondjes te verlossen. De avond viel en de twee wolven gingen rusten. Ik kroop in een tent van sparrehout, waar ik de hele nacht bleef liggen. Ik had het koud. De twee wolven lagen ieder aan een kant van mij en likten me 's morgens helemaal schoon. Een figuur uit een vroegere droom, Harpoenierlichaam, spuwde schuim en drukte zijn neus tegen mijn borstbeen. Hij spuwde me magische kracht in en in een droom lachte hij en zei: "Vriend, zorg voor de sjamaankracht die in je is gekomen. Nu kun je de zieken genezen en in je stam diegenen ziek maken van wie je wilt dat ze sterven. Ze zullen je allemaal vrezen."'

'Een zielevanger', gebruikt door een sjamaan om de ziel van een zieke te redden. Hij werd gemaakt van been en schelpen door een Tlingit-kunstenaar uit het noordwesten, waar sjamanisme veel voorkomt.

und
BEDRIEGERS

Grappenmakers en onruststokers

De bovenmenselijke cultuurhelden uit de Noordamerikaanse mythologie (zie p. 224) kunnen zich ook gedragen als bedriegers. De bedriegersmythen bieden vertellers alle mogelijkheden ze te verfraaien en zijn ongetwijfeld de meest verbreide en populairste verhalen onder de Indianen. Eén figuur, de bedrieger Konijn uit het zuidoosten, kwam in de moderne Amerikaanse folklore terecht als Broer Konijn, nadat Westafrikaanse slaven hem hadden samengesmolten met hun eigen bedrieger Haas (zie p. 276).

Omdat de bedrieger gewoonlijk dezelfde is als de cultuurheld, wordt hij meestal bij dezelfde naam genoemd: Grote Haas, Nanabush of Glooskap in de bosgebieden, Konijn in het zuidoosten, Coyote op de prairies en in het westen, Spin op delen van de prairies, en Raaf, Blauwe Gaai of Mink aan de noordwestkust. Ondanks zijn verschillende vermommingen heeft hij op het hele continent dezelfde karaktertrekken, terwijl in ver uiteen gelegen gebieden dezelfde verhalen voorkomen. Hij kan een geslepen grappenmaker en een prutser zijn, die doorgaans het slachtoffer wordt van zijn eigen streken of bedrog en uiteindelijk gewond kan raken of zelfs de dood kan vinden – alleen maar om weer op te staan, kennelijk geen steek wijzer geworden van zijn ervaringen. De soms uiterst oneerbiedige en idiote daden van de bedrieger leggen op een vermakelijke wijze de nadruk op het belang van morele regels en grenzen. Veel bedriegersmythen zijn buitengewoon vulgair (zie marge, onder).

Soms worden de twee rollen van het personage, die van cultuurheld en die van bedrieger, in één verhaal gecombineerd. In een mythe van de Algonquin wordt verteld hoe Glooskap voor het eerst de zomer naar de bevroren noordelijke landen bracht. De held-bedrieger zwierf ten zuiden van het land van de ijsreus Winter en ontvoerde met gebruik van zijn listigheid de mooie Zomer, het opperhoofd van het kleine volk. Hij bracht haar naar de *tipi* van Winter, die in de aanwezigheid van haar warmte wegsmolt. Vervolgens liet Glooskap Zomer weer naar huis gaan.

Een kist van zacht leisteen (argilliet), bewerkt door een Haida-kunstenaar. Hij toont diverse menselijke en dierlijke bedriegersafbeeldingen en -motieven.

RAAF
De figuur van Raaf als bedrieger of cultuurheld neemt in de mythen van het verre noordwesten en langs de kust van de Stille Oceaan een belangrijke plaats in. Sommige volken, zoals de Tlingit van Zuid-Alaska, onderscheiden twee Raven: de cultuurheld en de bedrieger. Het walvisbenen mesheft uit het midden van de 19de eeuw (boven) van de Haida van Alaska toont het hoofd van Raaf. Hij wordt ook afgebeeld op totempalen en vooral op maskers die worden gebruikt bij lange winterrituelen.

DE PIJNLIJKE LES VAN GROTE HAAS
Het volgende verhaal wordt verteld door de Winnebago uit Wisconsin en is een goed voorbeeld van de bedrieger als prutser (in dit geval Grote Haas) en van de vulgariteit van veel bedriegersverhalen.

Grote Haas doodde twee eenden en legde ze op het vuur om ze te roosteren terwijl hij een dutje deed, en hij beval zijn anus er goed op te letten. Maar vossen stalen al het vlees, en toen hij wakker werd en zag dat al het voedsel weg was, zei hij boos tegen zijn anus: 'Heb ik je niet gezegd dat je op het vuur moest letten? Ik zal jou eens een lesje leren!' Hij nam een brandende tak en verbrandde de uitgang van zijn anus, schreeuwend van pijn terwijl hij dit deed.

Treurend over zijn eigen stommiteit strompelde Grote Haas weg. Hij vond een stukje vet op straat en begon het op te eten. Het smaakte heerlijk, maar hij begreep al gauw dat hij zijn eigen darmen opat, die uit zijn verbrande anus waren gevallen. 'De mensen hebben gelijk als ze me een idioot noemen!' riep hij uit en hij legde zijn darmen weer op hun plaats. Terwijl hij dat deed, trok hij de streng strak om rimpels te vormen, en daardoor heeft de anus van de mens zijn huidige gerimpelde uiterlijk.

NAVAJO-MYTHEN

Genezingsceremonies en coyoteverhalen

De Navajo van Arizona, Nieuw-Mexico en delen van Utah vormen tegenwoordig het grootste volk van de Indianen, met een bevolking van 160.000. Afgezien van enkele jachtmythen die van voor deze periode dateren en tegenwoordig steeds minder voorkomen, laat de Navajo-mythologie de invloed zien van de agrarische Pueblo-volken, zoals de Hopi, van wie zij de ontstaansmythe en een groot deel van hun symboliek overnamen (zie p. 223). Ceremoniële mythen beschrijven hoe één of meer heldenfiguren gewond of verdwaald raken en op zoek naar de goden gaan om genezing te vinden. Na te zijn genezen en ook nog de genezingsceremonie te hebben geleerd, keert de held terug naar huis om de ceremonie door te vertellen en gaat hij vervolgens weer weg om bij de goden te leven.

Een typisch ceremoniële mythe vertelt van tweelingbroers die de kinderen waren van een Navajo-meisje en een Yei-god die bekend was als de Sprekende God (zie marge). De jongens lopen altijd weg van huis en op een dag worden ze geraakt door een vallende rots. Door het ongeluk wordt de oudste zoon blind en de jongste kreupel. Ze worden een last voor hun arme familie en men vraagt hun het huis te verlaten. Ze gaan op zoek naar de goden. Sprekende God helpt hen en onthult ten slotte dat hij hun vader is, waarop de goden de jongens als familie begroeten en een genezingsceremonie voorbereiden in de zweethut (een soort sauna). Wanneer de kuur effect heeft, schreeuwen ze het uit van vreugde, waarmee ze het taboe doorbreken dat er in de zweethut niet mag worden gesproken. Alles verdwijnt en de jongens zijn weer blind en kreupel als tevoren. Zij maken een cadeau om de goden te verzoenen, die hen uiteindelijk genezen en hen net zo mooi maken als hun broeders. De tweelingbroers gaan terug naar huis en vertellen de genezingsceremonie door voordat ze vertrekken om wachtergeesten van het onweer en de dieren te worden.

Gekruiste slangen, detail van een Navajo-zandschildering. Slangen worden in verband gebracht met de bodem en vruchtbaarheid, die voor landbouwvolken in een woestijnomgeving natuurlijk erg belangrijk zijn.

DE YEI-GODEN

In de mythologie van de Navajo komt een groep goden voor die de Yei-goden worden genoemd. Zij speelden een belangrijke rol bij de schepping van de wereld en worden gepersonifieerd bij bepaalde genezingsceremonies. De maskers die bij deze ceremonies worden gebruikt zijn gemaakt van herten die zijn gestikt doordat men maïspollen in hun neusgaten heeft gestopt, zodat de hertehuid onbeschadigd kon blijven. Deze maskers worden gemaakt tijdens een ritueel van het Nachtlied, wanneer jonge Navajo's volgens de traditie worden ingewijd in de geheimen van de Yei. De maskers worden ritueel gewijd en 'tot leven gebracht' door ze een maïsmaal te 'voeren' en er rook overheen te blazen. Sprekende God is de leider van de Yei-goden, die zich alleen (tijdens ceremonies) of in groepen (tijdens dansen buiten het ceremoniële huis of *hogan*) manifesteren.

RITUELE ZANDSCHILDERINGEN

Deze kopie van een Navajo-zandschildering (rechts) stelt een van de ca. zeshonderd tekeningen voor die worden gebruikt bij genezingsceremonies zoals Coyoteway (zie marge, p. 229). De 'schilderingen' worden getekend op schoon zand, waarbij gebruik wordt gemaakt van gekleurde poeders, zoals houtskool en maïspollen, en beelden gestileerde scènes uit mythologie uit. Ze worden vanuit het oosten betreden (links op de illustratie) door deelnemers aan de ceremonie en na gebruik uitgeveegd. Elke genezingsceremonie heeft haar eigen mythe. Omdat het aantal ceremonies in deze eeuw is afgenomen, zijn veel van deze mythen verlorengegaan.

Coyote en de reus

Coyote behoort tot de populairste van alle mythologische figuren van de Indianen. Hij komt in het zuidwesten en westen en op de centrale prairies in allerlei rollen voor, onder andere in de rol van schepper, cultuurheld, bedrieger, tovenaar en minnaar. De coyote, lid van de hondenfamilie die is aan te treffen van Alaska tot Costa Rica, is sluw en snel, en eet bijna elke soort dier of plant. Een van zijn streken is dat hij net doet of hij dood is om aaseters te lokken, die hij vangt en opeet. Zijn listigheid wordt geïllustreerd door de volgende Navajo-mythe.

Lang geleden werd de aarde bevolkt door reuzen die het vooral heerlijk vonden kleine kinderen te vangen en op te eten. Toen Coyote op een dag een rotsachtige plek overstak, kwam hij een van de reuzen tegen en besloot hij hem een lesje te leren voor zijn wreedheid. Hij haalde het monster, dat erg dom was, over hem te helpen bij de bouw van een zweethut, en hij beweerde dat hij er net zo lenig door zou worden als Coyote zelf. Toen de donkere hut was gevuld met stoom, zei Coyote dat hij een wonder zou laten gebeuren door zijn eigen been te breken en het weer te helen. Hij nam een steen en gaf een paar flinke klappen op een van de huid ontdane hertepoot die hij stiekem in de zweethut had gegooid, totdat de poot met luid gekraak brak. De reus voelde aan de gebroken poot en Coyote spuwde erop en zong: 'Poot, word weer heel!' De reus boog zich voorover, voelde aan Coyotes echte poot en verbaasde zich erover dat hij weer heel was. Coyote stelde voor het wonder te herhalen met het been van de reus, en het monster stemde ermee in.

Al gauw was het been van de reus gebroken en Coyote zei tegen hem dat hij er alleen maar op hoefde te spuwen. De reus spuwde totdat zijn mond droog was, maar de pijn werd ondraaglijk en het been wilde niet helen. Ten slotte smeekte de reus om hulp. 'Gewoon door blijven gaan met spuwen,' zei Coyote geruststellend, waarop hij de zweethut uitsloop en de kindereter in doodsangst achterliet.

Andere mythen schrijven Coyote grote scheppende vermogens toe. Zo zijn er in de Navajo-versie van de ontstaansmythe van de Pueblo-volken drie scheppersfiguren, Eerste Man, Eerste Vrouw en Coyote. De mythe verhaalt hoe Coyote, toen zij uit vier ondergrondse werelden naar deze wereld kwamen, zaden meebracht uit de vierde wereld. Hij gaf ze aan de verschillende stammen toen die werden geschapen.

Deze Coyote-figuur werd geschilderd op een bord dat tussen 1050 en 1200 werd vervaardigd door mensen van de Mogollon-cultuur, die in het zuidwesten haar bloeitijd had van ca. 200 v.Chr. tot ca. 1200 n.Chr. Men heeft wel gedacht dat de gaten die vaak in zulke borden worden gevonden, werden gemaakt om de geesten van de afgebeelde figuren te bevrijden.

COYOTEWAY

Coyote is de beschermgeest van 'Coyoteway', een van de genezingsceremonies van de Navajo, waarbij gemaskerde personen goden moeten voorstellen. De ceremonie is noodzakelijk als een van de stamleden de 'coyote-ziekte' krijgt die het gevolg kan zijn van het doden van een coyote of zelfs het zien van zijn dode lichaam. Tijdens het ritueel neemt de patiënt de rol van de held van een ceremoniële mythe op zich en zit hij op een zandschilderij waarop een episode uit de mythe staat. Hij of zij 'ontmoet' Coyote, die verschijnt in de vorm van een gemaskerde persoon. De ceremonie herstelt de harmonieuze relatie van de patiënt met Coyote en de wereld en verzekert zo dat hij weer gezond wordt.

MYTHEN VAN DE PRAIRIES

Wakan Tanka en de heilige pijp

DE SCHEPPINGSMYTHE VAN DE LAKOTA

Het scheppingsverhaal van de Lakota begint met het opperwezen, Wakan Tanka (groot mysterie), wiens geest in de eerste god, Inyan (rots), woonde. Er bestond niets anders dan Han (zwart of duisternis). Inyan wilde zijn krachten tonen, maar er was niets waarop hij ze kon uitoefenen, dus schiep hij uit zijn bloed de godin Maka (aarde) en de blauwe wateren. Uit de wateren werd de grote blauwe koepel Skan (hemel) geschapen, waarvan de rand de begrenzing van de aarde vormde. Skan gebruikte zijn energie om aardse duisternis uit Han te scheppen, en schiep vervolgens Wi (de zon) uit Inyan, Maka, de wateren en zichzelf. Hij gaf Wi opdracht te schijnen en de wereld werd heet.

De vier goden Skan, Inyan, Maka en Wi kwamen bijeen. Skan, de machtigste, sprak tot de anderen: 'Hoewel wij vier in getal zijn hebben we maar één bron, Wakan Tanka, die niemand, zelfs de goden zelf niet, kan begrijpen. Hij is de God der Goden.'

De volken van de prairies hebben het klassieke beeld van de traditioneel Indiaanse leefwijze bepaald. Ze waren nomadisch en oorlogszuchtig, woonden in kampementen van *tipi's* en waren voor hun levensonderhoud afhankelijk van de jacht op groot wild, vooral de jacht op de enorme bizonkudden die over de grote grasvlakten trokken, die zich uitstrekten van Canada tot Zuid-Texas. Aan deze leefwijze, die in de twee eeuwen nadat de Spanjaarden omstreeks 1600 het paard hadden geïntroduceerd tot grote bloei kwam, kwam in de 19de eeuw een einde toen Europese kolonisten steeds verder naar het westen oprukten en de bizon door de jacht bijna was uitgestorven.

Sommige mythen van de prairies lijken op die uit de bosgebieden omdat een aantal volken, zoals de Cheyenne, uit het oosten wegtrok onder druk van de eerste Europese kolonisten. Net als in de bosgebieden is het geloof in een almachtige en verre Grote Geest wijdverbreid. Hij heeft verschillende namen, bijvoorbeeld Wakan Tanka bij de Lakota en Tirawa bij de Pawnee. Zijn krachten manifesteren zich in een aantal natuurgoden, vooral Zon, Maan, Morgenster, Wind en de dondervogel (zie ook p. 224-5).

De mythologie van de prairies weerspiegelt het karakter van een eentonig landschap dat wordt gedomineerd door het hemelgewelf. De macht van de zon werd erkend door de zonnedans (zie p. 223). Vooral de morgenster is machtig en wordt voorgesteld als een jonge man die verantwoordelijk is voor het leven op aarde. Veel mythen beschrijven ontmoetingen van menselijke voorouders met geesten die hun voor de jacht en het overleven belangrijke informatie gaven. Sommige verhalen gaan over de oorsprong van belangrijke ceremoniële voorwerpen zoals 'medicijnbundels' en heilige pijpen. Ook bedriegersverhalen komen veel voor; de bedrieger wordt vaak Oude Man Coyote of, bij de Lakota, de Spin (Inktomi) genoemd.

De aspecten van Wakan Tanka

Wakan Tanka, het 'Grote Mysterie', is het opperwezen van de Lakota. Hun scheppingsmythe verhaalt hoe de oppergoden (zie diagram), die ieder een aspect van Wakan Tanka vertegenwoordigen, zich eenzaam voelden en andere manifestaties van de god schiepen. In het gebed gebruiken de Lakota de term 'vader' wanneer zij zich tot een van deze aspecten richten. Het opperwezen wordt aangesproken met 'Grootvader'.

De oppergoden schiepen eerst de begeleidende goden (Maan, Wind, Vallende Ster en de dondervogel). Vervolgens zorgden zij voor de schepping van de verwante goden: Twee-Benige (mensen en beren, die werden gezien als verwant aan mensen), Bizon, Vier-Winden en Wervelwind. De vierde groep, de God-gelijken, staat in verband met de ziel, geestelijke essentie en heilige krachten: *Nagi* (schaduw of geest van de doden), *Nagila* (schaduwachtig), *Niya* (leven of adem) en *Sicun* (geestelijke kracht). Deze vier groepen van vier aspecten, of *Tob Tob* ('vier-vier') vormen samen Wakan Tanka, die zich in zijn zestien aspecten manifesteert, maar groter is dan hun som.

WAKAN TANKA

Oppergoden	Begeleidende goden	Verwante goden	God-gelijken
Zon	Maan	Twee-Benige	Nagi
Hemel	Wind	Bizon	Nagila
Aarde	Vallende Ster	Vier-Winden	Niya
Rots	Dondervogel	Wervelwind	Sicun

De heilige pijp

Het roken van de heilige pijp is een van de meest verbreide en oudste rituelen van de volken van de prairies en elders. Het gezamenlijk roken bevestigt de banden waarmee familie, stam en heelal zijn verbonden. De pijp zelf, die vaak is versierd met veren en tekeningen die de persoonlijke geesten en visioenen van de eigenaar weerspiegelen, symboliseert de schepping. De volgende mythe biedt een verklaring voor de oorsprong van de heilige pijp van de Lakota. Zij geloven dat de pijp nog steeds bestaat. Buiten de Lakota hebben maar heel weinig mensen hem ooit gezien.

Op een morgen naderde een mysterieuze vrouw, gekleed in wit herteleer met een bundel op haar rug, twee Lakota-jagers. Een van hen begeerde haar en werd onmiddellijk veranderd in een hoopje botten. De vrouw sprak: 'Ik wil met uw opperhoofd spreken. Ga naar hem toe en zeg hem dat hij een grote *tipi* gereed moet maken.' De jager gehoorzaamde.

Toen de vrouw de *tipi* binnenging, gaf ze haar bundel aan het opperhoofd en zei: 'Ik ben de Witte Bizonvrouw. Dit is heel heilig en geen enkele onreine man mag het ooit zien. Hiermee zult u in de komende winters uw stemmen naar Wakan Tanka sturen.' Ze nam een pijp en een kleine ronde steen uit de bundel en legde ze op de grond. Vervolgens zei ze, met de steel van de pijp naar de hemel wijzend: 'Met deze heilige pijp zult u over de aarde lopen; want de aarde is uw grootmoeder en uw moeder en zij is heilig. De kop van de pijp is gemaakt van rode steen; hij stelt de aarde voor. In de steen is een bizonkalf gesneden dat alle vierbenige dieren voorstelt. De steel van de pijp is van hout en stelt alles voor wat groeit. De twaalf veren die van de pijp afhangen, zijn van de Gevlekte Adelaar en stellen alle vliegende schepselen voor. De zeven cirkels op de steen stellen de zeven riten voor waarbij de pijp zal worden gebruikt' [zie marge]. Na over de eerste rite te hebben gesproken, kondigde Witte Bizonvrouw haar vertrek aan en ze zei dat ze op een dag terug zou komen en dat voor die dag de andere riten zouden worden onthuld. Toen ze van het volk wegliep, werd Witte Bizonvrouw eerst een jong, rood en bruin gevlekt bizonkalf en vervolgens een zwarte bizon. De bizon boog naar elk van de vier hoeken van het heelal en verdween over de heuvel.

Een 19de-eeuwse leistenen heilige pijp gemaakt door een lid van de Santee (oostelijke Sioux). Het paar en het paard zijn misschien geesten die in verband staan met pijprituelen.

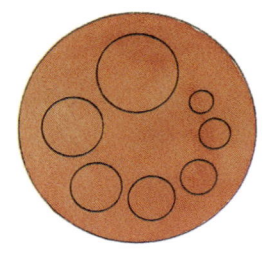

DE RITEN VAN DE LAKOTA-PIJP

Volgens de pijp-mythe van de Lakota waren in de ronde steen (hierboven gereconstrueerd) zeven cirkels gegraveerd, die de zeven riten voorstelden die met de pijp waren verbonden. De eerste rite, het 'bewaren en bevrijden van de ziel', wordt verricht om de ziel van een dode een aantal jaren te 'bewaren', totdat zij op de juiste wijze wordt bevrijd om op de juiste wijze terug te kunnen keren naar de geestenwereld. De tweede rite is de 'zweethut', een reinigingsrite die voor elke andere belangrijke rite wordt verricht. De derde, 'roepen om een visioen', duidt op het rituele patroon van de 'zoektocht naar een visioen' van de Lakota, wanneer iemand er alleen op uittrekt om een heilig visioen te zoeken. Het vierde ritueel is de gemeenschappelijke herscheppings-ceremonie die bekend is als de zonnedans (zie p. 223). Het vijfde is het 'maken van verwanten', een rituele vereniging van twee vrienden in een heilige band. Het zesde is de puberteitsceremonie van het meisje. Het laatste ritueel wordt 'gooien van de bal' genoemd, een spel dat Wakan Tanka en het verwerven van wijsheid symboliseert.

DIERENMYTHEN
De verwanten van de mensheid

Een huisscherm van de Tlingit in de vorm van een zittende beer. De ovale opening gaf toegang tot de heilige kamer aan de achterkant van het huis van opperhoofd Bevingen van Wrangell, Alaska.

TOTEMPALEN
Voorstellingen van mythische wezens aan de noordwestkust zijn bijzonder rijk aan uitdrukkingskracht, vooral op totempalen die de dieren voorstellen die de stam stichtten, hielpen en hem zijn kracht gaven. Totempalen zijn eigenlijk heraldische emblemen die status, rijkdom of bezit symboliseren. 'Herdenkingspalen' worden opgericht aan de waterkant van dorpen aan een meer (waar iedereen die over het water nadert ze kan zien) door een erfgenaam van een opperhoofd; dit maakt deel uit van de procedure van het erven van diens titel en prerogatieven.

Een ander type paal is de 'grafpaal' die bij het graf van een overleden opperhoofd wordt geplaatst. Het derde type is de aan de voorkant van het stamhuis opgerichte 'portaalpaal' waarop stamsymbolen staan afgebeeld. Er zit een grote opening in als de poort die de symbolische toegang tot de bovennatuurlijke wereld voorstelt. De illustratie hieronder toont de top van een totempaal aan de Alert-baai in Brits Columbia. De gebeeldhouwde figuur stelt een adelaar-voorouder voor.

Dieren spelen een grote rol in de Indiaanse mythologie omdat de Indianen geloven dat ze nauw verwant zijn aan mensen. Gezegd wordt dat mensen en dieren in oude tijden, voordat er een breuk ontstond die hun voor altijd hun huidige identiteit gaf, niet van elkaar te onderscheiden waren en dat ze wanneer ze maar wilden van gedaante konden wisselen. Zo geloven sommige volken van de noordwestkust dat hun voorouders dieren waren die op de stranden landden, waarna ze hun dierengedaante aflegden en mensen werden die de diverse stammen stichtten. Talloze mythen over huwelijken tussen mensen en dieren beschrijven hoe zij werden gescheiden.

De Indianen geloven dat geen dier dichter bij de mens staat dan de beer, die soms op twee poten loopt en net zo'n skelet heeft als de mens, alleen groter. In veel mythen worden beren afgeschilderd als een ras met een menselijke vorm, dat in het openbaar echter altijd zijn berenjas draagt. Een noordwestelijke mythe verhaalt hoe Rhpisunt, de dochter van een opperhoofd, op een dag bessen ging plukken en twee jongemannen ontmoette die haar naar een huis in het dorp brachten dat het huis van het berenvolk was. Binnen zat een reusachtige man, het opperhoofd van de beren, en overal hingen berenjassen. Rhpisunt trouwde met de zoon van het opperhoofd en baarde twee welpen.

Enige tijd later vonden de broers van Rhpisunt het huis waar zij met haar nieuwe familie woonde. Samen met haar welpen keerde zij met hen terug naar het dorp van haar vader, waar de tweelingen hun berenjas uittrokken en zich ontpopten als twee knappe jongens, die opgroeiden tot succesvolle jagers. Toen Rhpisunt oud was geworden en stierf, gingen haar zonen terug naar de beren. Later hadden Rhpisunts nakomelingen veel geluk bij het jagen wanneer zij de beren herinnerden aan hun verwantschap met Rhpisunt.

Het jagen en doden van dieren is omgeven met talloze belangrijke rituelen en mythen. Binnen de stam kan er een meester of meesteres van de dieren zijn, die de autoriteit bezit gevangen wild achter te houden als het relevante ritueel door de jagers niet naar behoren is uitgevoerd. Dieren worden beschouwd als een belangrijke bron van geestelijke kracht en Indiaanse sjamanen vertrouwen vaak op dierlijke helpers, die tijdens visionaire ontmoetingen hun vermogens aan hen doorgeven (zie kader, p. 226).

Hoe de jachtdieren werden bevrijd

Er zijn veel verhalen over de wijze waarop voor de komst van de mensen de jachtdieren werden bevrijd. De volgende versie wordt verteld door de Navajo.

Voordat de mensen werden geschapen, kwamen de Heilige Mensen in de zweethut bijeen om te bespreken hoe zij alle jachtdieren die waren verdwenen konden terugvinden. Een mysterieuze zwarte figuur kwam de hut binnen: niemand wist wie hij was. Twee van de Heilige Mensen verstopten zich en zagen dat hij de jas van een kraai aantrok en wegvloog. De vergadering besloot tot een expeditie om de jachtdieren terug te vinden. Ze zouden een van hen veranderen in een jong hondje en hem door de zwarte kraai laten wegvoeren. Kraai pakte het jonge hondje op en bracht het naar een plaats met de naam Rimheuvel waar Zwarte God woonde, aan wie alle jachtdieren toebehoorden.

De deurwachter van het huis van Zwarte God was Stekelvarken, die een turkooizen staf had om in het vuur te poken en de poort te openen. Het jonge hondje sloeg hem neer en opende de deur met de turkooizen staf. Binnen zag hij overal jachtdieren: ze waren allemaal bijeengedreven door Kraai, die in werkelijkheid Zwarte God in vermomming was. Toen ze zagen dat de poort open was, kozen alle dieren snel de vrijheid.

Vervolgens vertelt de mythe hoe, toen de eerste vier herten door de poort renden, het jonge hondje hen aanraakte tussen de poten om geuren te scheppen. Toen alle andere dieren door de poort gingen, raakte het jonge hondje hun neuzen aan met de wind om hen gevoelig voor deze geuren te maken. Zo komt het dat dieren kunnen voelen wat er nadert nog voordat het verschijnt.

De kraai is in de Indiaanse mythologie een wijdverbreide figuur. Hij wordt waarschijnlijk voorgesteld door de gestileerde dieren op deze Tlingit-deken, die de 18de-eeuwse Engelse ontdekkingsreiziger James Cook heeft meegenomen.

MESO-AMERIKA

De trappiramide met afgeplatte top is een vorm van gewijde architectuur die overal in Meso-Amerika voorkomt. In sommige culturen is zij een symbool voor de hemel, die men zich voorstelde en uitbeeldde als een reeks lagen, elk bezet door een godheid. Dit is een foto van een Tolteekse-Maya-piramide in Chichen Itza op Yucatan.

Historici gebruiken de term 'Meso-Amerika' voor het deel van Midden-Amerika dat geciviliseerd was voordat de Spanjaarden het in het begin van de 16de eeuw veroverden. Ondanks de verscheidenheid aan volken, talen en artistieke stijlen kent dit gebied, een verbazingwekkende eenheid van cultuur en religie. Eén gemeenschappelijk kenmerk was het gebruik van een ingewikkelde kalender, die was gebaseerd op een heilige cyclus van 260 dagen in combinatie met een zonnejaar van 365 dagen. Even wijdverbreid waren een grote kennis van astronomie, het gebruik van het hiërogliefenschrift, een balspel dat op basketbal lijkt en dat met een bal van hard rubber werd gespeeld op een speciaal veld, en een pantheon dat opvallend ingewikkeld was met onder anderen goden van de regen, de wind en de maïs.

Het gebied is een mozaïek van contrasterende landschappen, van de woestijnen in het noorden tot de regenwouden in het zuiden. Er was of te veel of te weinig regen, droge rivierbeddingen konden binnen een nacht in woeste stromen veranderen, aardbevingen schudden de grond. Deze achtergrond kan een verklaring bieden voor de Azteekse mythe van de vijf zonnen: elke zon was een kosmische wereld of kosmisch tijdperk en elk tijdperk eindigde door een natuurramp (zie p. 237-8).

De Azteken waren niet de eersten die de goden verzoenden door mensenoffers te brengen. De religie van de Tolteken was even bloeddorstig, zoals blijkt uit hun *chacmool*-beelden – achteroverleunende figuren die een schaal vasthouden om offergaven te ontvangen (in het midden op de foto boven). De praktijken van de Azteken zijn echter het uitvoerigst gedocumenteerd. Om de god Huitzilopochtli, als de zon, te helpen bij zijn dagelijkse strijd tegen de krachten van de nacht, was het nodig hem te voeden met mensenharten en -bloed. In de behoefte aan slachtoffers werd voorzien door mensen die bij militaire veldtochten gevangen waren genomen.

Men kan zeggen dat Azteken in zeker opzicht hun pantheon op dezelfde manier hebben verworven als veel andere volken: door de goden van vroegere volken over te nemen, zoals de regengod Tlaloc en de vuurgod Huehueteotl. Huitzilopochtli was echter de stamgod van de Azteken en was nergens anders bekend.

MESO-AMERIKA

TENOCHTITLAN
Dit was het centrum van de cultus van Huitzilopochtli: een stad op een eiland in een meer, met een oppervlakte van ruim tien km², kriskras doorsneden met kanalen en met het vasteland verbonden door dammen. De stad was het middelpunt van het Azteekse rijk totdat zij in 1521 werd verwoest door de Spanjaarden, die verbaasd stonden over haar grootse ontwerp. Boven op de hoofdpiramide in de Grote Tempel bevonden zich heiligdommen gewijd aan Huitzilopochtli en Tlaloc.

DE STAD VAN DE GODEN
Teotihuacan ('stad van de goden') in de Mexicaanse hooglanden was waarschijnlijk de grootste stad in de Nieuwe Wereld voor de komst van de Spaanse veroveraars. Zij bloeide van het begin van de christelijke jaartelling tot haar verwoesting omstreeks het jaar 650. Later bleven de Azteken haar gebruiken als een heilige plaats. Dit enorme complex, dat wordt gedomineerd door de piramiden van de Zon en de Maan en door een Weg der Doden, is tegenwoordig een van de mooiste archeologische vindplaatsen ter wereld. Men geloofde dat de goden hier waren bijeengekomen om de wereld voor de vijfde maal te scheppen. Nog in goede staat is de tempel van Quetzalcoatl, versierd met gebeeldhouwde slangekoppen afgewisseld met hoofden van de regengod Tlaloc.

VERKLARING
- ▲ Azteekse vindplaats
- ● Maya-vindplaats
- ■ Andere vindplaats
- Azteekse Rijk
- Gebied van Maya-invloed
- Dam (zie inzet)
- Volk: OLMEKEN
- Gebied: OAXACA
- Huidige land: MEXICO

VOORNAAMSTE MESOAMERIKAANSE BESCHAVINGEN

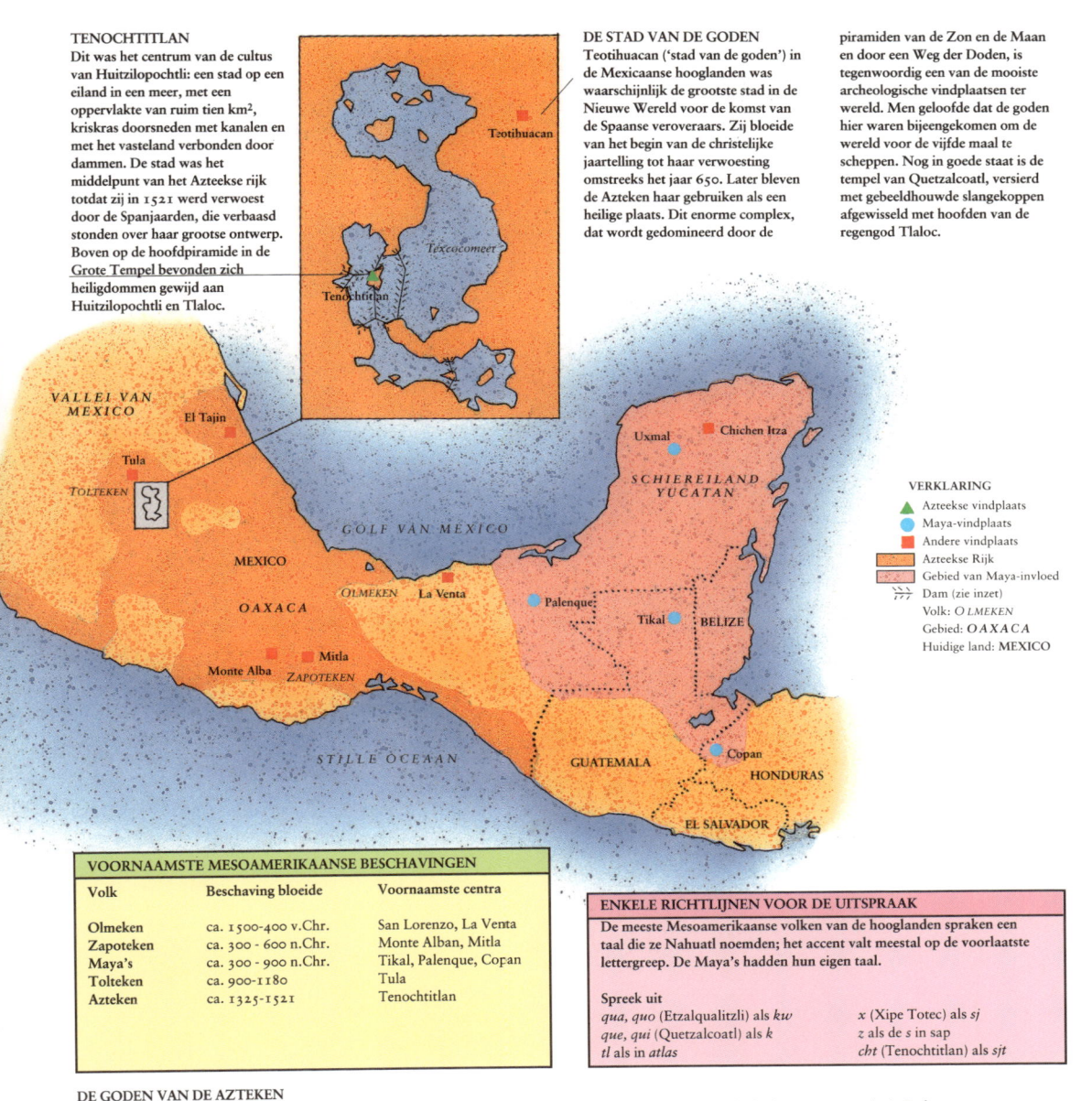

Volk	Beschaving bloeide	Voornaamste centra
Olmeken	ca. 1500-400 v.Chr.	San Lorenzo, La Venta
Zapoteken	ca. 300 - 600 n.Chr.	Monte Alban, Mitla
Maya's	ca. 300 - 900 n.Chr.	Tikal, Palenque, Copan
Tolteken	ca. 900-1180	Tula
Azteken	ca. 1325-1521	Tenochtitlan

ENKELE RICHTLIJNEN VOOR DE UITSPRAAK
De meeste Mesoamerikaanse volken van de hooglanden spraken een taal die ze Nahuatl noemden; het accent valt meestal op de voorlaatste lettergreep. De Maya's hadden hun eigen taal.

Spreek uit
qua, quo (Etzalqualitzli) als *kw*
que, qui (Quetzalcoatl) als *k*
tl als in *atlas*
x (Xipe Totec) als *sj*
z als de *s* in *sap*
cht (Tenochtitlan) als *sjt*

DE GODEN VAN DE AZTEKEN
De Azteken vereerden hun goden individueel (elk huis had een altaar) en collectief op heilige feesten. Iedere god was verbonden met een bepaalde kompasstreek of met de centrale as als een schotelvormige aarde omringd door water. Tot de voornaamste goden behoorden:
CHALCHIUHTLICUE (rok van jade). Verwant aan Tlaloc, godin van rivieren en meren.
CHICOMECOATL (godin van het voedsel). Een vruchtbaarheidsgodin.
COATLICUE (slangerok). Aardgodin en moeder van Huitzilopochtli.
HUEHUETEOTL (oude god). God van het vuur, de oudste godheid.
HUITZILOPOCHTLI (kolibrie van het zuiden). Stamgod van de Azteken, zowel oorlogsgod als zonnegod (zie p. 242-3).
MICHLANTECUHTLI (heer van de doden). Heerste, met Mictlancihuatl, over Mictlan, de onderwereld.
QUETZALCOATL (gevederde slang). Een van de vier scheppingsgoden. God van de morgen- en de avondster. Ook, als Ehecatl, god van de wind (zie p. 240-1).
TEZCATLIPOCA (rokende spiegel). Een van de vier scheppingsgoden. Verbonden met de nachtelijke hemel, de maan en de krachten van kwaad en vernietiging. Vaak afgebeeld als een jaguar (zie p. 239).
TLALOC (hij die dingen laat groeien). God van water en regen, geholpen door de vier Tlaloques. Bij de Maya's bekend als Chac, bij de Zapoteken als Cocijo (zie p. 244-5).
XIPE TOTEC (gevilde heer). God van het planten, de lente en de juweliers. Te zijner ere werden slachtoffers gevild en werden hun huiden door priesters gedragen.

DE OUDE GODEN
De jaguar en de vuurgod

De vroegste Mesoamerikaanse goden die in de kunst werden uitgebeeld, zijn die van de Olmeekse beschaving, die tussen ca. 1500 en ca. 400 v.Chr. bloeide in de moerassen van Oost-Mexico. Tekeningen in steen, keramiek en jade en op rotsen getuigen van de hoge beschaving van de Olmeekse samenleving, van het creatieve genie van haar handwerkslieden en de leidende invloed van haar priesters en heersers.

De Olmeekse nalatenschap aan latere Mesoamerikaanse religieuze tradities is veelomvattend, maar blijkt misschien het duidelijkst uit de grote en blijvende plaats die de jaguar in de voorstellingswereld innam. 'Weerjaguar'-figuren lijken verbonden met mythen uit zowel Midden- als Zuid-Amerika, waarin wordt verhaald van sjamanen die op magische wijze veranderen in katachtigen. Zulke jaguar-sjamanen werden vooral gevreesd als machtige tovenaars die de gevaarlijke krachten van de geestenwereld opriepen – een oud en wijdverbreid idee dat een diep en langdurig effect op Mesoamerikaanse geloofsovertuigingen had. Olmeekse weerjaguars worden vaak grommend en met open bek uitgebeeld. Het jaguar-thema is verbonden met koningschap, vruchtbaarheid en de aarde en is te vinden in de kunst van de Maya's, de Zapoteken en Teotihuacan; het keert op de meest dramatische wijze terug in de manifestatie van Tezcatlipoca, de Azteekse oppergod in jaguargedaante (zie p. 239). In de Olmeekse wereld werden echter ook andere magische invloeden gevoeld: uitbeeldingen van vogels, krokodillen, slangen en mensachtige figuren nemen alle een vooraanstaande plaats in onder de artefacten van deze cultuur. Sommige van deze wezens zijn vreemde bastaardvormen, waarin aspecten van de jaguar met een vogel of een slang zijn gecombineerd.

Onder de vele goden die in het Olmeekse pantheon zijn geïdentificeerd, zijn oervormen van Tlaloc (de regengod), een maïsgod, Quetzalcoatl (de gevederde slang, nog een god in de vorm van een bastaarddier), Tezcatlipoca en een vuurgod die in latere tijd bekend was als Huehueteotl of Xiuhtecuhtli.

Dat in de voorstellingswereld van de Olmeken mensachtige jaguarfiguren een grote plaats innamen, blijkt uit deze rituele bijl van jade die een half mens-, half katachtig bovennatuurlijk wezen voorstelt.

Huehueteotl

*D*e vuurgod, Huehueteotl, werd door de Azteken beschouwd als de Oude God en als de eerste metgezel van de mens.

Bij een van de Azteekse feesten joegen jongens op kleine moerasdieren zoals slangen, hagedissen, kikkers en zelfs larven van waterjuffers om ze aan oude mannen te geven die als bewakers van de vuurgod fungeerden. In ruil voor deze offers kregen ze voedsel van de priesters.

Bij dergelijke gelegenheden werd de god ceremonieel getoond in zijn jonge gedaante, getooid met turkoois en quetzal-veren. Later in de maand werd hij getoond als een oude, vermoeide man, opgesmukt met goud, zwart en rood, de kleuren van sintels.

Huehueteotl wordt getoond als een tandeloze, kromme oude man met op zijn hoofd een komfoor – in deze gedaante is hij in de kunst vanaf ca. 500 v.Chr. aan te treffen.

SCHEPPINGEN EN NATUURRAMPEN
De mythe van de zonnen

De Mesoamerikaanse kosmologie verdeelde het heelal in vijf delen – vier hoofdrichtingen en het centrum. Een bladzijde uit de Mixteekse Codex Fejervary-Mayer *illustreert dit kenmerkende wereldbeeld door de vier wereldrichtingen aan te geven als de kinderen van Ometecuhtli. Iedere hoofdrichting vertegenwoordigt belangrijke symbolische waarden. Het oosten (boven aan de bladzijde) werd bijvoorbeeld beschouwd als het gebied van vruchtbaarheid en leven waarvan de heilige kleur rood was, terwijl het noorden een koud en zwart gebied symboliseerde, dat was verbonden met de dood. Het belangrijkste gebied, het centrum, wordt hier bezet door de god Xiuhtecuhtli.*

In den beginne was Ometecuhtli, die ook in zijn mannelijke en vrouwelijke aspecten verscheen als Ometeotl en Omecihuatl. De kinderen van dit kosmische paar waren de vier Tezcatlipoca's. De Rode Tezcatlipoca of Xipe Totec (de gevilde god) was verbonden met het oosten, de Blauwe Tezcatlipoca of Huitzilopochtli met het zuiden, de Witte Tezcatlipoca of Quetzalcoatl met het westen en de Zwarte Tezcatlipoca ('heer van de nachtelijke hemel') met het noorden. Aan deze vier waren Tlaloc, de regengod, en zijn gade Chalchiuhtlicue, de godin van het water, toegevoegd.

De confrontaties tussen deze goden, leidden tot de schepping en de vernietiging van vijf opeenvolgende werelden of 'zonnen' – elke zon genoemd naar de natuurramp waardoor hij ten onder ging. De eerste zon werd geregeerd door Tezcatlipoca en was bekend als 'Vier-Jaguar'. Na 676 jaar duwde Quetzalcoatl Tezcatlipoca in het water en werd de aarde door jaguars verwoest. Vervolgens heerste Quetzalcoatl over de tweede zon, bekend als 'Vier-Wind', en dit tijdperk eindigde toen Tezcatlipoca wraak nam en Quetzalcoatl van zijn troon stootte, waarna deze door een zware wervelstorm werd meegevoerd. De derde zon, 'Vier-Regen', werd beheerst door vuur en geregeerd door Tlaloc. Hij kwam aan zijn einde toen Quetzalcoatl een regen van vuur zond die de aarde moest verwoesten. Daarna volgde de vierde zon, 'Vier-Water', die werd geregeerd door Chalchiuhtlicue. Op haar beurt kwam deze zon aan haar einde toen de wereld door een vloed werd verzwolgen. Na deze onvolmaakte werelden volgde de vijfde zon (zie p. 238).

OMETECUHTLI
Het idee van dualiteit doordringt het hele Azteekse denken en werd gepersonifieerd in Ometecuhtli, zelfgeschapen 'heer van de dualiteit' (onder) – het dualistische kosmische oerwezen dat vanuit zijn positie in de 'navel van de aarde' alle leven in stand houdt. Hij had zowel vrouwelijke als mannelijke aspecten (Ometeotl en Omecihuatl), waardoor hij als moeder en vader tegelijk de vier Tezcatlipoca's kon creëren.

De vijfde zon

De natuurrampen die de vier voorgaande zonnen verzwolgen (p. 237), lieten een leegte achter in de kosmische orde. Door de vijfde zon (het huidige tijdperk) te scheppen en in stand te houden boden de goden de volken van Meso-Amerika een laatste kans op leven.

De vijfde zon werd geschapen in Teotihuacan, toen de god Nanahuatzin zichzelf in een laaiend vuur wierp en op mystieke wijze veranderde in de opgaande zon. In het begin stond deze nog stil, zodat de andere goden hun bloed offerden om voor de energie te zorgen waardoor hij langs de hemel kon bewegen. Daarom heet het vijfde wereldtijdperk 'Vier-Beweging'. De unieke oorsprong ervan leidde tot een mythische traditie die ten grondslag lag aan het Azteekse idee dat het leven in het heelal alleen door offers kon worden verlengd. Dit was echter slechts een tijdelijke concessie van de goden, omdat zelfs de vijfde zon uiteindelijk door aardbevingen zou worden vernietigd.

Het teken 'Vier-Beweging' belichaamde het idee van de noodzaak mensen te offeren. De Azteekse religie was hiervan doordrongen en zij werd tot uitdrukking gebracht op de grote Azteekse kalendersteen – een stenen schijf van ongeveer vier meter doorsnee waarop in het midden het gezicht van de god Tonatiuh, omgeven door het teken 'Vier-Beweging', staat afgebeeld. Dit prachtig bewerkte artefact, dat in 1790 dicht bij de plaats van El Templo Mayor in het centrum van Mexico City werd ontdekt, laat de belangrijkste elementen van de vijfde schepping zien. De Azteken geloofden dat Tonatiuh een manifestatie was van de oorlogsgod van hun stam, Huitzilopochtli (zie p. 242). In deze ingewikkelde symboliek zien we hoe de Azteken de mythen manipuleerden om oorlog en offers te rechtvaardigen en aan deze aspecten van het leven in kosmologische termen uitdrukking te geven. Het gezicht van Tonatiuh wordt aan beide zijden geflankeerd door twee reuzenklauwen die elk naar een mensenhart grijpen, dat als voedsel moet dienen. Dit thema wordt verder uitgediept door de tong van de god, die een vuurstenen of lavaglazen offermes voorstelt, waarmee Azteekse priesters de harten van hun slachtoffers uitsneden. Naar Azteekse overtuiging bevatte menselijk bloed de kostbare vloeibare essence bekend als *chalchihuatl*, die als het enige passende voedsel voor de goden werd beschouwd. Rond de afbeelding van de zonnegod zijn vier omkaderde figuren te zien die de vier voorgaande zonnen voorstellen – die waren gewijd aan de jaguar, de wind, het vuur en het water. Ze worden omringd door de symbolen van de twintig-dagentekens van de heilige kalender of *tonalpohualli* en symbolische afbeeldingen van Tezcatlipoca, Quetzalcoatl en Tlaloc.

De kalendersteen, een sculpturaal meesterwerk, is geen echte kalender maar een in steen gehouwen voorstelling van de Azteekse kosmogonie, die bepaalde karakteristieken van het vijfde wereldtijdperk toont.

TEZCATLIPOCA

Heer van de rokende spiegel

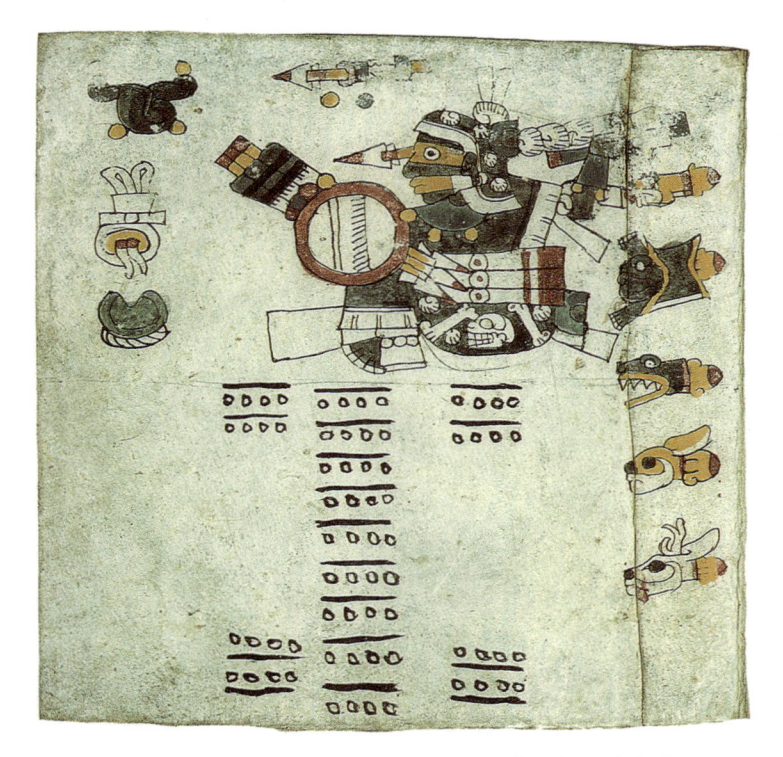

Deze illustratie uit een codex toont Tezcatlipoca in zijn zwarte hoedanigheid. De schedel en de botten duiden op zijn verbondenheid met de dood. Gewapend en gekleed als een krijger wordt hij omringd door kalendersymbolen.

Tezcatlipoca, 'heer van de rokende spiegel', wordt beschouwd als de oppergod van het Mesoamerikaanse pantheon. Alle andere scheppingsgoden waren slechts hoedanigheden van dit almachtige en alwetende wezen.

Zijn cultus werd tegen het einde van de 10de eeuw door de Tolteken naar Midden-Mexico gebracht. In de mythologie wordt hij beschreven als een god die de deugdzame god van de Tolteken, Quetzalcoatl (de 'gevederde slang'), corrumpeert door hem in te wijden in dronkenschap en zinnelijkheid. In het Azteekse tijdperk had Tezcatlipoca meer gedaantes en namen dan welke andere god ook. Zo blijkt uit het feit dat hij ook Yaotl (krijger) en Yoalli Ehecatl (nachtwind) werd genoemd, dat men hem in verband bracht met de dood, oorlog en het rijk der duisternis.

De Azteken vereerden hem als de beschermer van koningen en tovenaars. Zijn vooraanstaande status bleek uit zijn symbolische verbinding in de Azteekse voorstellingswereld met de jaguar en vooral uit zijn manifestatie als Tepeyollotli, het jaguar-'hart van de berg'. Tezcatlipoca, die beschouwd werd als een onzichtbare, altijd aanwezige god, was de heer van de schaduwen die met behulp van een magische spiegel de toekomst kon voorspellen en in de harten van de mensen kon kijken. De Azteken vreesden en respecteerden zijn grillige aard, die hem ertoe bracht ellende en dood maar ook rijkdom, voorspoed en geluk te brengen. Ze hadden een veelzeggende bijnaam voor de god: Titlacauan ('Wij zijn zijn slaven'). Hij heerste over het eerste tijdperk van de schepping (zie p. 237).

Tezcatlipoca kan zien in het duister, net als zijn alter ego de jaguar. In deze versierde Azteekse schedel symboliseren de ogen van gepolijst steen de alziende spiegel van de god.

QUETZALCOATL
De gevederde slang

Een gebeeldhouwd hoofd van Quetzalcoatl als de gevederde slang op een muur van de tempel die aan hem gewijd is in Teotihuacan, de 'stad van de goden'. In deze tijd werd Quetzalcoatl nog in verband gebracht met vruchtbaarheid, daarom werden de gevederde slangehoofden op de tempel afgewisseld met hoofden van de regengod Tlaloc. Sporen van blauwe, rode, gele en groene verf bewijzen dat zulke sculpturen eens bontgekleurd waren.

SLANGEAFBEELDINGEN
De slang – opgerold of kronkelend – is het diermotief dat het meest voorkomt in de Azteekse kunst. Behalve de gevederde slang zijn er veel afbeeldingen van de vuurslangen, de *xiuhcoatl*, die Huitzilopochtli hielpen zijn broer en zuster te overwinnen (zie p. 242). Hieronder staat een afbeelding van een gevederde slang, met veren die het hele lichaam bedekken en een gespleten tong uit zijn halfgeopende bek. Op andere afbeeldingen heeft de gevederde slang de staart van een ratelslang.

Quetzalcoatl (de naam betekent 'gevederde slang' maar ook 'kostbare tweeling') was in het Azteekse pantheon een oppergod die zijn oorsprong had in oudere Mesoamerikaanse beschavingen. Als een van de vier scheppingsgoden speelde hij een sleutelrol in de mythe van de vijf zonnen (zie p. 237). Hij komt ook in diverse andere gedaantes voor, in het bijzonder als de god van de wind, Ehecatl, de vriendelijke god van het onderwijs en de handvaardigheden, de god van de tweelingen en als gevederde of gepluimde slang, zijn meest vermaarde gedaante.

Het idee van de gevederde slang dateert uit de tijd van de beschaving van Teotihuacan (3de-8ste eeuw). In die periode werd Quetzalcoatl misschien gezien als een god van de plantengroei, verwant aan de regengod Tlaloc. De Tolteken (9de-12de eeuw) zagen hem als god van de morgen- en de avondster, en als zodanig werd hij vereerd in hun hoofdstad Tula.

De Azteken namen Quetzalcoatl over als hun god en vereerden hem als beschermer van de priesters, uitvinder van de kalender en beschermer van de ambachtslieden. Met zijn tweelingbroer Xolotl, de god met de hondekop, zou hij in de onderwereld zijn doorgedrongen (Mictlan) en daar de botten van een man en een vrouw hebben verzameld, die in de vier kosmische omwentelingen waren gestorven. Op de vlucht voor de toorn van de

Ehecatl, de god van de wind

*E*hecatl werd in verband gebracht met de vier streken van het kompas, omdat de wind blaast waarheen hij wil. Zijn tempels werden gebouwd volgens een cilindrisch plan om zo min mogelijk weerstand aan de wind te bieden.

Na de vernietiging van de vierde zon kwamen de goden bijeen in Teotihuacan, en daar sprongen Nanahuatzin en Tecciztecatl in het heilige vuur en werden ze de zon en de maan. Ze waren onbeweeglijk totdat Ehecatl hard op hen blies. Eerst bewoog alleen de zon, maar toen de zon onderging, begon ook de maan te bewegen.

Een afbeelding gebaseerd op de Codex Magliabechiano, *die Quetzalcoatl toont als Ehecatl met de symbolen van een reuzenschelp, een windtrompet, een masker en een quetzal – beroemd om zijn lange groene staartveren.*

Heer van de Dood liet hij de botten vallen, waarop ze versplinterden. Nadat hij de resten had verzameld, ontkwam hij daarmee naar de aardgodin Cihuacoatl (slangevrouw), die ze tot meel vermaalde, dat Quetzalcoatl besprenkelde met bloed van zijn penis. Op deze wijze werd het mensenras opnieuw geschapen.

De mythische Quetzalcoatl is moeilijk te onderscheiden van een echte Tolteekse priester-koning, Topiltzin-Quetzalcoatl, die ook met de gevederde slang in verband werd gebracht. Deze verwarring komt naar voren in het verhaal over de wedijver met Tezcatlipoca, de god van de nacht en het noorden.

Terwijl Quetzalcoatl van zijn onderdanen vreedzame offers verlangde, wilde Tezcatlipoca hun bloeddorstiger rituelen opleggen. Het kwam tot een botsing tussen hen, die tot gevolg had dat Quetzalcoatl in 987 uit Tula werd verdreven. Hij reisde met zijn gevolg naar de Golf van Mexico, offerde zichzelf op een brandstapel en werd wedergeboren als de planeet Venus.

Volgens een andere versie scheepte Quetzalcoatl zich in op een vlot van slangen en verdween hij achter de oostelijke horizon. Toen de Spaanse veroveraar Hernán Cortés in 1519 in Mexico landde, werd hij door de Azteekse koning Moctezuma gezien als Quetzalcoatl, die terugkwam om het koninkrijk in bezit te nemen.

QUETZALCOATL ALS VENUS
In de mythe van de gevederde slang daalt Quetzalcoatl af naar het 'goddelijke water' (dat wil zeggen, de Golf van Mexico), vast hij vier dagen en kleedt hij zich vervolgens in zijn fraaiste gewaden. Wanneer hij zichzelf daarna offert op de brandstapel, vliegen er vogels uit de vlammen en is te midden van hen zijn hart zichtbaar, dat opstijgt naar de hemel waar het verandert in Venus, de morgenster. Als Venus symboliseerde de god dood en opstanding.

HUITZILOPOCHTLI

God van de zon en de oorlog

Huitzilopochtli ('de kolibrie van het zuiden') was een unieke Azteekse god, die met geen identificeerbare voorgangers in de andere Mesoamerikaanse culturen kan worden vergeleken. Als stam-, oorlogs- en zonnegod van de Azteken was hij de voornaamste god van hun keizerlijke hoofdstad Tenochtitlan. Op prenten in de *Codex Magliabechiano* is zijn goddelijkheid te herkennen aan zijn blauwgeschilderde ledematen, de kolibrieveren aan zijn linkerbeen, de met donsveren versierde pijlen en een slangvormige *atl-atl* of speerwerper in zijn hand. Zijn rituele verbinding met oorlog en dood wordt weerspiegeld in zijn naam: kolibries werden beschouwd als de zielen van gestorven krijgers.

Of hij oorspronkelijk een god was of een heldenfiguur die langzamerhand tot god werd, is niet duidelijk. Hij wordt meestal beschouwd als degene die de omzwervingen van de Azteken vanuit een geboorteland bij Aztlan in Noordwest-Mexico leidde. De gebeurtenissen rond de geboorte van de god op Coatepec kunnen worden gezien als een vorm van mythische wedergeboorte – de transformatie van een mens tot een profetische, almachtige godheid.

Tijdens de grote migratie van de Azteken naar de Vallei van Mexico werden de Azteken geleid door vier priester-koningen die een groot beeld van Huitzilopochtli voor hen uit droegen. Dit magische beeld voorspelde toekomstige gebeurtenissen, adviseerde hun tot de naamsverandering van Aztec in Mexica, en besprak met hen in het geheim de route die ze moesten volgen. Volgens hun migratiemythen inspireerde Huitzilopochtli zijn volgelingen met de beloften dat ze alle volken zouden overwinnen en heersers van de bekende wereld zouden worden, en dat ze schatting zouden ontvangen in de vorm van edelstenen, quetzal-veren, koraal en goud.

Huitzilopochtli's verheffing door de Azteken tot dezelfde status als andere scheppingsgoden blijkt uit het feit dat hij in de mythe wordt vereenzelvigd met de Blauwe Tezcatlipoca, wiens heilige richting het 'zuiden' was.

DE NEDERLAAG VAN DE MAAN EN DE STERREN

Op Coatepec (de slangeheuvel) bij Tula werd Huitzilopochtli op magische wijze verwekt in de schoot van Coatlicue (slangerok), die was bevrucht door een donzen bal die uit de hemel neerdaalde. Van tevoren gewaarschuwd dat zijn zuster Coyolxauhqui en haar vierhonderd broers een aanslag op zijn moeder beraamden, sprong Huitzilopochtli geheel volgroeid en blauw geschilderd en zwaaiend met zijn vlammende vuurslang of *xiuhcoatl* uit de baarmoeder. Huitzilopochtli hakte het hoofd van Coyolxauhqui af en smeet haar lichaam van de heuvel, waarna hij zijn broers versloeg en op de vlucht joeg.

Hierboven een in steen gehouwen afbeelding van de onthoofde Coyolxauhqui aan de voet van de trap die naar Huitzilopochtli's heiligdom, El Templo Mayor te Tenochtitlan, voert.

Deze gebeurtenis wordt meestal symbolisch geïnterpreteerd: Huitzilopochtli als de zon versloeg Coyolxauhqui de maan en zijn vierhonderd broers de sterren en schiep daarmee de vijfde 'zon' ofwel het vijfde wereldtijdperk.

De stichting van Tenochtitlan

In de 12de eeuw begonnen de voorouders van de Azteken aan een reis naar het zuiden als onderdeel van de algemene migratie die volgde op de ineenstorting van de Tolteekse heerschappij. Een quasi-historische mythe beschrijft de diverse stadia van de tocht met inbegrip van de leiding die eraan werd gegeven door Huitzilopochtli, die ze voor zich uit droegen in een medicijnbundel. Op kritieke momenten sprak hij hun met een hoog, kwetterend stemmetje toe om hen raad en instructies te geven.

Het wel en wee van de Azteken bereikte een dieptepunt toen zij zich, na een reis van tweehonderd jaar, op een moerassig eiland in het Texcocomeer bevonden en elk vertrouwen in het doel van hun reis waren kwijtgeraakt. Hier zagen ze een enorme adelaar neerstrijken op een cactus die rood fruit droeg (een symbool van het menselijk hart). De adelaar was een zonnesymbool – dat wil zeggen Huitzilopochtli zelf. De god koos dit ogenblik uit om het volk toe te roepen: 'O Mexica, hier zal het zijn!' Dit was de toekomstige locatie van Tenochtitlan ('plaats van de cactusvrucht').

Offer in de Grote Tempel

De rol van Huitzilopochtli als de belichaming van de Azteekse offerideologie werd op een lugubere wijze geïllustreerd door het optreden van keizer Ahuitzotl, die in 1486 de Templo Mayor (Grote Tempel) in de eilandstad Tenochtitlan aan de god wijdde en ter gelegenheid daarvan misschien wel 60.000 slachtoffers ritueel liet offeren.

Vereerd als een kosmologische strijder die werd geïdentificeerd met de zonnegod Tonatiuh stond Huitzilopochtli in het middelpunt van de Azteekse offercultus. De Azteken beschouwden zichzelf als zijn uitverkoren volk: hun goddelijke opdracht was oorlog te voeren en het bloed van hun krijgsgevangenen te offeren om Tonatiuh te voeden en daardoor de vijfde zon in beweging te houden.

Huitzilopochtli's heiligdom boven op El Templo Mayor, versierd met witte schedels op een rode achtergrond, was de plaats waar met een mes van vuursteen of van lavaglas bij talloze geofferde slachtoffers het hart werd verwijderd. De harten werden geofferd aan de zon en verbrand in de *quauhxicalli* ('adelaarsvaas'). De levenloze lichamen werden vervolgens naar beneden gegooid op het beeld van Coyolxauhqui, waarmee Huitzilopochtli's heroïsche overwinning op Coatepec (zie marge, p. 242) werd nagespeeld.

Krijgers die in de strijd of op het offeraltaar het leven lieten, werden *quauhteca* ('de adelaarsmensen') genoemd. De Azteken geloofden dat deze krijgers na hun dood vier jaar lang deel uitmaakten van het schitterende gevolg van de zon, waarna ze voor altijd voortleefden in de lichamen van kolibries.

Het belang dat de Azteken hechtten aan bloed is ook te zien aan het gedrag van de priesters, die als boetedoening regelmatig aderlatingen op zichzelf uitvoerden door koorden met weerhaken door hun tong en oren te halen. De hogepriester van Huitzilopochtli, Quetzalcoatl Totec Tlamacacazqui ('gevederde slang', 'priester van onze heer'), deelde met de hogepriester van Tlaloc de leiding over de Azteekse priesters.

Een Spaanse visie op mensenoffers uit de 16de-eeuwse Codex Magliabechiano. *Het slachtoffer wordt over een steen gelegd om het verwijderen van het hart te vergemakkelijken.*

VRUCHTBAARHEIDSGODEN
Azteekse goden van de regen en de maïs

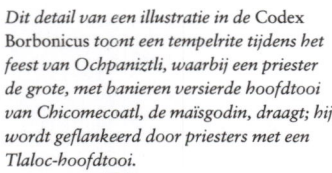

Dit detail van een illustratie in de Codex Borbonicus toont een tempelrite tijdens het feest van Ochpaniztli, waarbij een priester de grote, met banieren versierde hoofdtooi van Chicomecoatl, de maïsgodin, draagt; hij wordt geflankeerd door priesters met een Tlaloc-hoofdtooi.

Xipe Totec, de gevilde god van de lente, de zaden en de planten, werd meestal voorgesteld in de gevilde huid van een mens die was geofferd, zoals op dit beeldje. In deze gedaante symboliseerde hij het verschijnen van nieuw leven dat ontstaat uit het oude. In de mythologie van de Azteken werd Xipe Totec vereenzelvigd met de Rode Tezcatlipoca, die over de eerste 'zon' had geheerst – het einde van deze zon als gevolg van een natuurramp effende de weg voor de volgende scheppingen.

Alleen al door hun aantal domineerden de goden van de regen, de landbouw en de vruchtbaarheid het pantheon van de Azteken. In een valleigebied met grillige regens kwam het maar al te vaak voor dat gewassen nog voordat ze uitliepen waren verdord. Tijdens het bewind van Moctezuma I verwoestten late regens in combinatie met vroege vorst drie jaar achtereen de oogst, waardoor er hongersnood dreigde. In deze samenhang is het dan ook niet verwonderlijk dat de Azteken hun landbouw voorzagen van een complex spiritueel fundament.

De belangrijkste vruchtbaarheidsgod was Tlaloc, een oude regengod (zie kader, p. 245), die overal in Meso-Amerika onder allerlei namen werd vereerd – zoals Cocijo bij de Zapoteken en Chac bij de Maya's. Als heer van de regen heerste Tlaloc over een menigte verwante vruchtbaarheidsgoden; aan deze goden werden (ondanks de vooraanstaande plaats in de mythologie van goden als Huitzilopochtli en Tezcatlipoca) de meeste offerriten gewijd. Als een draad die het ingewikkelde web van Azteekse geloofsovertuigingen verbindt, kwam de symbolische gelijkstelling van bloed, water, mensenoffer en vruchtbaarheid overal voor. Maïskolven en aren die van de velden waren gehaald en thuis als goden werden vereerd, werden samen met quetzal-veren ook gebruikt als rituele versieringen voor krijgers.

Chalchiuhtlicue, de vrouw van Tlaloc, had geheerst over de vierde 'zon' en werd beschouwd als een zuster van de helpers van de regengod, de Tlaloques. Haar bijnamen, zoals 'vrouwe van de rok van jade' en 'vrouwe van de zee en de meren', geven enkele van haar diverse kwaliteiten aan. Zij had de macht wervelstormen op te roepen en dood door verdrinking te veroorzaken. Zij wordt meestal uitgebeeld met een halsketting met edelstenen en een blauwe rok versierd met schelpen, terwijl haar oren zijn bedekt met turkooizen mozaïeken.

In nauw verband met haar stonden de twee maïsgoden, Chicomecoatl (het vrouwelijk aspect) en Centeotl (het mannelijk aspect). Chicomecoatl vertegenwoordigde voedingsmiddelen in het algemeen, terwijl Centeotl specifiek verbonden was met maïs, zoals zijn naam 'heer van de maïskolf' getuigt.

Het kosmologische verband tussen vruchtbaarheid en mensenoffers komt beeldend tot uitdrukking in de figuur van Xipe Totec – 'de gevilde heer'. Deze god, die gezien werd als de god van de plantengroei en de vernieuwing van de lente, werd eer bewezen op het feest van Tlacaxipeualitztli; hierbij werden mensen die waren geofferd te zijner ere gevild, waarna de priesters van de god zich in hun huid hulden. Voor de Azteken symboliseerde dit de vernieuwing van het plantenleven, omdat gedroogde mensenhuid, gedragen door een priester, werd beschouwd als analoog aan een schil die een levende plant bedekt. In voor-Azteekse tijden was Xipe Totec een god van de Zapoteken en de Yopi-volken, en onder de Zapoteken werd hij beschouwd als een god van de plantengroei, die was verbonden met Quetzalcoatl.

Tot de andere goden die werden gezien als manifestaties van vruchtbaarheid behoorden Xochiquetzal, de godin van de bloemen (eerst de gade van Tlaloc maar later ontvoerd door Tezcatlipoca), en Xochipilli, de prins van de bloemen en het symbool van de zomer. Ook waren er de Tlaloques – mindere goden die het paradijs Tlalocan bewoonden. Zij voorspelden de regens door op hun watervaten te slaan en aldus donder te creëren. Een van deze goden, Opochtli, zou het visnet en de visdrietand (vispeer) hebben uitgevonden. Een andere god, Napatecuhtli, schonk het leven aan biezen en riet en werd daarom beschouwd als de uitvinder van het mattenvlechten.

Tlaloc, de regengod

Afbeeldingen van Tlaloc komen al voor in de cultuur van Teotihuacan (3de-8ste eeuw), maar pas in de Azteekse periode, 14de-16de eeuw, werd hij uiterst belangrijk. Zijn cultus breidde zich over heel Mexico uit. Als brenger van zowel dood als voorspoed in de landbouw kon hij twee soorten regen geven – regen die het land bevruchtte en regen die het verwoestte. Tlaloc was verbonden met bergen, waar zich regenwolken verzamelden, mist bleef hangen en rivieren ontsprongen. Hij had vier grote vaten (die elk een van de heilige wereldrichtingen vertegenwoordigde). Uit het vat dat met het oosten verbonden was schonk hij de bevruchtende regen, uit de drie andere goot hij ziekte, vorst en droogte.

Tlaloc in een Mixteekse weergave, met karakteristiek uitpuilende ogen.

Een symbool van Tlaloc met vier reuzentanden. In deze vorm lijkt hij op Chac, de Maya-god van de regen, met wie hij veel gemeen heeft.

Hoewel Tlaloc in de Azteekse cultuur een vooraanstaande plaats innam, was dat in de mythologie minder het geval. Hij was een belangrijke god aan wie vooral eer werd bewezen op de rituele feesten die werden gevierd in de maanden Atlcahualo en Tozoztontli, wanneer op bergtoppen jonge kinderen werden geofferd. Als de slachtoffertjes huilden, werd dit als een bijzonder goed teken beschouwd omdat hun tranen regen en vocht symboliseerden.

De hoge status van de god is af te zien aan zijn heiligdom, dat zich op de heilige top van El Templo Mayor bevond, naast dat van Huitzilopochtli. Tlalocs heiligdom was wit en blauw geschilderd, dat van de oorlogsgod wit en rood.

Als vruchtbaarheidsgod gaf Tlaloc zijn naam aan de Azteekse hemel – Tlalocan, die werd gezien als een aards paradijs waar voedsel, water en bloemen in overvloed waren. Alleen zij die door Tlaloc waren gedood, hetzij door verdrinking hetzij doordat de bliksem hen had getroffen, mochten er binnengaan. De Azteekse doden werden meestal gecremeerd, maar mensen die op een van deze manieren waren gedood of door bepaalde, met water in verband staande ziekten, werden begraven met een stuk gedroogd hout, dat in Tlalocan zou ontspruiten met een overvloed aan takken en bloesem.

GODEN VAN DE HEILIGE KALENDER

Heilige en zonnecycli

DE CEREMONIE VAN HET NIEUWE VUUR
Voor de Azteken werd het einde van de oude, 52 jaar durende cyclus en het begin van de nieuwe cyclus gemarkeerd door de Ceremonie van het Nieuwe Vuur (rechts). In de laatste uren van het oude jaar werden alle vuren gedoofd, afbeeldingen van de goden werden in het water gegooid, en kinderen en vrouwen werden verborgen. In gewaden waarin zij de goden moesten voorstellen, liepen de priesters naar de top van de 'Sterreheuvel' boven Ixtapalapa en wachtten zij tot de Plejaden door het zenith zouden gaan. Men dacht dat de wereld op dat moment dreigde te worden verwoest. Om deze catastrofe af te wenden werd er een mensenoffer gebracht door het hart van een gezond slachtoffer uit zijn lichaam te snijden. In de borstholte ontstak men met behulp van een vuurboor een nieuw vuur en dienovereenkomstig een nieuwe 52-jarige cyclus. Toortsen werden aan het menselijk vuur aangestoken en meegenomen naar El Templo Mayor in Tenochtitlan. Van hieruit werden de toortsen naar de tempels en steden gebracht, die rondom aan de kust van het oude meer waren gelegen dat de eilandhoofdstad omringde.

Een detail van een dagenboek in de Codex Borbonicus, *waarop goden die waren verbonden met de uren van de dag en hun heilige vogels staan afgebeeld.*

De zonnekalender, Haab genoemd door de Maya's en Xihuitl door de Azteken, omvatte achttien maanden van twintig dagen, waaraan vijf ongeluksdagen waren toegevoegd om op 365 dagen te komen. Deze kalender werd gebruikt om de jaren te tellen. Bij de Azteken werden jaren aangegeven door de getallen 1 tot 13 in combinatie met vier van de twintig dagsymbolen (te weten huis, konijn, riet en vuursteen), één rietjaar, enzovoort. Geen dag was gelijk aan de vorige tot het 52ste jaar (13 x 4) was verstreken.

Parallel met het zonnejaar en ermee verbonden als twee in elkaar grijpende tandwieltjes liep de heilige kalender, bekend als Tzolkin bij de Maya's en Tonalpohualli bij de Azteken. Deze bestond uit 260 dagen verdeeld in twintig 'weken' van dertien dagen. Elk van deze 'weken' werd beheerst door een bepaalde god of bepaalde goden, en ook had elke dag zijn eigen god of godin (zie tabel, p. 247). Zo begon voor de Azteken de eerste week van de cyclus met 'één krokodil' om dertien dagen later te eindigen op 'dertien riet'; de tweede week begon op 'één jaguar' en eindigde op 'dertien dood'. Voordat hetzelfde dagteken weer kon verschijnen, moesten er 260 dagen verstreken zijn. Het belang van de Tonalpohualli was gelegen in zijn gebruik bij waarzeggerij – iemands lot hing af van de goede of slechte hoedanigheden die werden toegeschreven aan de geboortedatum. 'Zeven regen' was bijvoorbeeld een gunstige dag, maar 'twee konijn' bracht ongeluk. Zowel bij de Maya's als bij de Azteken leidde het ineengrijpen van beide kalenders tot een 'kalendercyclus' van 52 jaar. De tijd en het lot van mens en samenleving werden als cyclisch beschouwd: aan het eind van elke periode van 52 jaar werden tijd en wereld symbolisch wedergeboren in de 'Ceremonie van het Nieuwe Vuur'. Op de illustratie uit de *Codex Borbonicus* (boven) zijn vier priesters bezig het nieuwe vuur te voeden met bundels oude jaren.

DAGGODEN VAN DE AZTEEKSE HEILIGE KALENDER *(Tonalpohualli)*

Dag	Symbool	God
1	Krokodil (*cipactli*)	Tonacatecuhtli, de heer van het voedsel
2	Wind (*ehecatl*)	Quetzalcoatl, de gevederde slang
3	Huis (*calli*)	Tepeyollotli, het hart van de berg
4	Hagedis (*cuetzepalin*)	Hueyhuecoyotl, de oude coyote
5	Slang (*coatl*)	Chalchiuhtlicue, de watergodin
6	Dood (*miquiztli*)	Tecciztecatl, de maangod
7	Hert (*mazatl*)	Tlaloc, de regengod
8	Konijn (*tochtli*)	Mayahuel, de godin van de *pulque*
9	Water (*atl*)	Xiuhtecuhtli, de vuurgod
10	Hond (*itzcuintli*)	Michlantecuhtli, heer van de onderwereld
11	Aap (*ozomatli*)	Xochipilli, prins van de bloemen
12	Gras (*malinalli*)	Patecatl, de god van de geneeskunst
13	Riet (*acatl*)	Tezcatlipoca, heer van de rokende spiegel
14	Jaguar (*ocelotl*)	Tlazolteotl, godin van liefde en vuiligheid
15	Adelaar (*cuauhtli*)	Xipe Totec, de gevilde heer
16	Gier (*cozcaquauhtli*)	Itzpapalotl, de lavaglazen vlinder
17	Beweging (*ollin*)	Xolotl
18	Vuursteen (*tecpatl*)	Tezcatlipoca, heer van de rokende spiegel
19	Regen (*quiauitl*)	Chantico, godin van de haard
20	Bloem (*xochitl*)	Xochiquetzal, godin van de bloemen

De Maya-kalender

Als twee in elkaar grijpende tandraderen zijn de 260 dagen van de heilige kalender verbonden met de 365 dagen van de zonnekalender om aldus de 'kalendercyclus' te vormen. Het voorbeeld hier is ontleend aan een Maya-kalender en laat zien hoe elke dag van een totaal van 18.980 dagen (dat wil zeggen, 52 jaar) een unieke datum werd gegeven.

Elke dag en maand had een eigen beschermgod die invloed uitoefende op mensen en gebeurtenissen. De zonnekalender omvatte achttien maanden van elk twintig dagen, plus vijf ongeluksdagen (*uayeb*). De laatste dag (20ste) van elke zonnemaand werd beschouwd als een dag waarop de invloed van de volgende maand al werd gevoeld. Daarom noemden de Maya's 'dag 20' de laatste dag van de lopende maand of de 'inhuldiging van' de volgende maand.

Daarnaast kenden de Maya's een 'lange telling' van jaren waarmee zij een datum fixeerden in een rechte lijn vanuit een mythisch beginpunt – 4 Ahau 8 Cumku, of 3113 v. Chr. Dit idee van historische tijd was gebaseerd op eenheden van jaren van 360 dagen of *tuns*. De cyclische kalender was al oud toen de Maya's hem overnamen. Het is mogelijk dat zich in prehistorische tijden een landbouwkalender ontwikkelde die berustte op een basiseenheid van 20 – het aantal vingers en tenen van het menselijk lichaam. Zeker is dat priesters in de Olmeekse periode een cyclus van 260 dagen hanteerden en dat de Maya's dit systeem overnamen en verfijnden. Misschien weerspiegelden 260 dagen een belangrijke tijdspanne in het leven van de Maya's. De gemiddelde duur van de zwangerschap bij de mens is 266 dagen, ongeveer even lang als de landbouwcyclus op het schiereiland Yucatan. De kalender kan dus met twee belangrijke vruchtbaarheidscycli te maken hebben.

De heilige kalender: het buitenste tandrad heeft twintig dagnamen; het binnenste tandrad heeft dertien daggetallen.

De zonnekalender: 18 maanden, elk van 20 dagen.

GODEN VAN DE MAYA'S
De drie niveaus van de kosmos

HET MAYA-PANTHEON
Niet minder dan 166 Maya-goden worden genoemd in een 18de-eeuws document dat bekend staat als het 'Ritueel van de Bacabs', en meer dan dertig van hen kunnen worden herkend in de nog bestaande Maya-wetten uit de precolumbiaanse tijd. Ons beeld van het Maya-pantheon is echter verre van duidelijk, omdat er verschillen zijn tussen de namen, tekens en attributen die in de klassieke, postklassieke en koloniale periode van de Maya-cultuur bij deze goden hoorden. Op deze bladzijde uit de *Codex Tro-Cortesianus* (rechts) staan talloze goden en hoogwaardigheidsbekleders afgebeeld.

Itzamna, heer van de hemel en oppergod van het Maya-pantheon, werd afgebeeld als een tandeloze oude man met een haakneus. Hij werd ook afgebeeld als een hemelse reuzenslang.

Het Maya-pantheon is onvoorstelbaar ingewikkeld door de vele gedaantes en titels die iedere god kon hebben. Iedere god was door een kleur verbonden met de vier hoofdrichtingen, velen hadden een tegenhanger van de andere sekse en sommigen bezaten ook onderwereld-gedaantes. Het heelal dat ze bewoonden werd gezien als opgebouwd in drie niveaus – een onderwereld met negen lagen (Xibalba), een door mensen bewoonde middenwereld en een hemelse bovenwereld ondersteund door vier krachtige goden, de Bacabs. Deze drie niveaus waren met elkaar verbonden door de *axis mundi* – een hoge *ceiba*-boom, waarlangs de goden en de zielen van de doden konden reizen.

De Maya's geloofden dat goden of geesten zich manifesteerden in bergen, rivieren en de lucht. De meeste goden waren echter het gemakkelijkst te identificeren in hun menselijke of dierlijke gedaante. De oppergod van het Maya-pantheon was Itzamna ('huis van de hagedis'). Itzamna, die beschouwd werd als de hoogste scheppingsgod, was de patroon van schrijven en leren; hij wordt gewoonlijk voorgesteld als een oude man met een haakneus. Zijn gade was Ix Chel ('vrouwe regenboog'), godin van de geneeskunst, het weven en de geboorte; zij kan ook de maangodin zijn geweest. De zonnegod, Ahau Kin, kon verschijnen als jonge of als oude man en reisde tussen zonsondergang en zonsopgang door de onderwereld als de Jaguargod. Tot de andere bovennatuurlijke bewoners van de onderwereld behoorden God L en God N of Pauahtun, die men vaak associeert met het schild van de schildpad. Ook belangrijk waren Gucumatz of Kukulkan, het Maya-equivalent van Quetzalcoatl, de gevederde slang (zie p. 240-1); een maïsgod, Ah Mun; en God K, die een berookte-spiegelembleem op zijn voorhoofd droeg. De vier vriendelijke regengoden of Chacs gaven van hun aanwezigheid blijk door donder en bliksem.

De Maya's geloofden in een reeks werelden voorafgaand aan de schepping van het huidige heelal. De goden voerden lange debatten over het beste materiaal om mensenvlees van te maken. De eerste mensen werden geschapen uit aarde, maar werden vernietigd omdat ze geen geest hadden.

Daarop volgde een ras dat van hout was, maar deze mensen werden ook vernietigd (door een overstroming of opgegeten door demonen), omdat ze geen ziel hadden en ze hun scheppers niet dankbaar waren.

Het laatste ras, de voorouders van de Maya's, werd geschapen uit een mengsel van witte en gele maïs. Omdat deze maïsmensen goddelijk inzicht hadden, besloten de goden hun 'ogen te pellen': dit veroorzaakte de vurige voortplantingsdrang bij de mensen.

Er bestaat een Maya-mythe over de zon die de maan het hof maakt. Zon valt voor een wuivend meisje, op wie hij indruk probeert te maken door elke dag een hert bij haar hut neer te leggen. Haar grootvader probeert de relatie te saboteren, waarop Zon zich in een kolibrie verandert die tussen de tabaksbloemen in de tuin van het meisje heen en weer vliegt. Zij vraagt haar grootvader de vogel dood te schieten, brengt Zon terug in mensengedaante, wordt zelf de maan en samen gaan zij ervandoor.

Terwijl zij in een kano wegvluchten, treft de regengod de geliefden met een bliksemflits. Zon verandert in een schildpad, Maan in een krab, maar Maan sterft ondanks de gedaanteverandering. Geholpen door libellen verzamelt Zon haar overblijfselen in dertien holle houtblokken. Dertien dagen later worden twaalf van de houtblokken geopend, waardoor gifslangen en insekten worden bevrijd, die sindsdien altijd op aarde zijn gebleven. In het dertiende houtblok zit Maan. Een hert trappelt op het blok en maakt met zijn hoef een vagina. Zon paart met zijn vrouw – de eerste paringsdaad.

In een andere versie worden Zon en Maan als gevolg van de vleselijke lust van Maan van de aarde naar de hemel overgebracht. Maanlicht is zachter dan zonlicht, omdat Zon Maan aan één oog blind maakte als straf voor ontrouw.

In de beeldhouwkunst van de Maya's wordt de god Ah Mun altijd afgebeeld met de hem typerende maïskolf, die uit zijn hoofd ontspruit.

De heldentweeling en het balspel

Het mythische verhaal over de heldentweeling bleef bewaard in de Popol Vuh – *het heilige boek van de Quiche Maya's.*

Doordat ze de goden van de onderwereld vervelden met hun voortdurende balspel, werden de tweelingen Hunahpu en Xbalanque uitgenodigd om tegen de goden te spelen in hun eigen helse rijk. Door toverij komen ze veilig door het Huis van de Messen en ze steken vuren aan om in het Huis van de Koude te overleven. In het Huis van de Jaguars temmen ze de dieren door hun botten te voeren in plaats van zichzelf, en vervolgens overleven ze ook het Huis van het Vuur. In het Huis van de Vleermuizen wordt Hunahpu door een van de beesten onthoofd. Terwijl hij de dieren betovert, overreedt Xbalanque een schildpad zich voor te doen als het hoofd van zijn tweelingbroer. Vervolgens doen de jongens net alsof zij met de goden het balspel spelen, waarbij Hunahpu's hoofd boven het veld zweeft. De goden gooien de bal naar het hoofd, maar het stuitert weg en terwijl dit gebeurt rent een konijn uit zijn hol, waardoor de goden worden afgeleid en Xbalanque de gelegenheid krijgt het schildpaddehoofd te ruilen voor het echte hoofd. Ten slotte foppen de tweelingbroers de goden door hun vermogen te demonstreren zichzelf in stukjes te snijden en weer samen te voegen. Wanneer de goden vragen of ze deze truc ook bij hen willen uithalen, snijden ze hen in stukken, maar ze laten hen zo achter. Dit was de laatste overwinning van de heldentweeling. Zij werden herboren als de zon en de maan.

De 'hoofdbandtweeling' kan een vroegere manifestatie van de heldentweeling zijn geweest. Ze worden vaak afgebeeld terwijl ze blaaspijpen afschieten.

Scènes van mensenoffers versieren het balveld te Chichen Itza, waarin de winnende spelers de verliezers onthoofden.

ZUID-AMERIKA

De spectaculair gelegen Inka-stad Machu Picchu in de Andes is een van de indrukwekkendste architecturale prestaties uit het Zuid-Amerika van voor Columbus – en een van de best bewaarde, omdat de stad nooit door de Spanjaarden werd ontdekt.

In het Zuid-Amerika van voor Columbus was beschaving een verschijnsel dat voornamelijk in de Andes bestond. Hoewel over de hele lengte van de bergketen diverse oude culturen bloeiden, waren ze het meest geconcentreerd in de centrale Andes van Peru, de aangrenzende kust en Noord-Bolivia. Dat neemt niet weg dat Indiaanse stammen het hele continent in bezit namen, vanaf het bergland via het Amazonegebied tot de zuidelijkste punt van Vuurland. Zowel voor prehistorische Indianenvolken als voor die uit recentere tijd was de leefomgeving het brandpunt van hun spirituele overtuiging: veel mythen gaan over goden die het dramatische berglandschap van de Andes schiepen en over geesten die de bergen bewoonden of personifieerden of die regen brachten en zodoende voor vruchtbaarheid zorgden.

De concentratie van oude beschavingen in de centrale Andes was deels te danken aan de geografische omstandigheden: in een relatief klein gebied bevonden zich de contrasterende landschappen van de kust van de Stille Oceaan, de hoge Andes en het regenwoud van de Amazone, wat leidde tot economische specialisatie en handelscontacten. Vanaf de vroegste tijden beïnvloedden de mythen en de religieuze overtuigingen van de volken in het Amazonegebied hun buren in de bergen, die technologisch op een hoger peil stonden. Deze invloed kwam in eerste instantie tot uiting in de kunst van de beschavingen van voor de Inka's, waarin dieren uit het regenwoud en mensachtige wezens een terugkerend thema vormen.

Ondanks hun verschillen hadden de beschavingen uit de Andes ook veel kenmerken gemeen, zoals voorouderverering en het geloof in een bezield landschap, alsmede het geavanceerde gebruik van goud, zilver en textiel – hetgeen allemaal een diepe religieuze betekenis had. Hoewel geen enkele Zuidamerikaanse cultuur een schriftsysteem ontwikkelde, bieden de rijkdom aan etnografische informatie over recente Indiaanse volken en de historische documentatie over de Inka-cultuur een overvloed aan bewijzen voor de mythen.

HET INKA-RIJK

Toen de Spanjaarden in 1532 Zuid-Amerika veroverden, regeerden de Inka's over een rijk dat zich vanaf de noordelijke grens van het huidige Ecuador langs de Andes en de kust van de Stille Oceaan uitstrekte tot Midden-Chili in het zuiden. In de 12de eeuw werd Cuzco gesticht als de hoofdstad van de Inka's. De keizer regeerde over de hem onderworpen volken met behulp van een aristocratische bureaucratie die was opgezet om de bevolking te dwingen tot hand- en spandiensten. Het uitgestrekte wegennet dat het keizerrijk doorkruiste (uitsluitend gebruikt voor militaire en bestuurlijke doeleinden) vergemakkelijkte de verovering door de Spanjaarden. Ondanks de macht van de staatsgodsdienst werden de geloofsovertuigingen van onderworpen volkeren getolereerd. De moderne nakomelingen van de Inka's zijn de Quechua-sprekende volken van de Andes, die bijna de helft van de bevolking van Peru vormen; zij praktizeren een katholicisme dat doortrokken is van het geloof in diverse inheemse goden en geesten.

CUZCO

De grote stad Cuzco in de zuidelijke Andes van Peru domineerde de beschaving van het Inka-rijk. Hier bouwde keizer Pachacuti de grote tempel van de Coricancha, het centrum van de staatscultus van de zonnegod Inti. Gebouwd (volgens sommige verhalen) in de vorm van een grote poema, was Cuzco het feitelijke en kosmologische centrum van het Inka-rijk van Tawantinsuyu – het 'land van de vier kwartieren' – en het brandpunt van politieke en religieuze activiteiten. Vanaf een ceremonieel plein dat werd geflankeerd door de paleizen van eerdere keizers, liepen vier brede wegen, een naar elke hoek van het keizerrijk. Volgens een oude Andes-traditie waren de stad en haar keizerlijke geslachten verdeeld in twee helften: boven- of *hanan*-Cuzco en beneden- of *hurin*-Cuzco.

RELIGIES VAN DE BOSVOLKEN

De stamculturen van Zuid-Amerika vormen een ingewikkeld mozaïek van religieuze overtuigingen en sociale systemen die uitdrukking vinden in honderden verschillende talen. Het leven in het tropische regenwoud wordt voor een groot deel bepaald door allerlei magische regels en voorzorgsmaatregelen. Zo denkt men bijvoorbeeld dat het perforeren van lippen en oorlellen en het beschilderen van het lichaam gezondheid en vruchtbaarheid bewaren. Ook gelooft men dat een stokje door het neustussenschot ziekte weghoudt. Zowel sjamanen als gewone stamleden gebruiken diverse drugs bij rituele handelingen, hoewel in sommige culturen hallucinogenen alleen mogen worden gebruikt door sjamanen. Bijna alle stammen geloven in een scheppingsgod, die na de kosmos en de mensheid te hebben geschapen nog maar weinig interesse in aardse zaken toonde. Sociale instituties, landbouwkundige vaardigheden en dergelijke zaken zijn vaak geschonken door één of meer cultuurhelden (soms de zon en de maan, voorgesteld als broers).

VERKLARING

- ● Centrum van de Chavin-cultuur
- ◆ Centrum van de Mochica-cultuur
- ▲ Centrum van de Nazca-cultuur
- ■ Centrum van de Tiwanaku-cultuur
- ● Centrum van de Chimu-cultuur
- ■ Centrum van de Inka-cultuur
- ── Grens van het Inka-rijk, ca. 1500
- Amazone-regenwoud
- Andesgebergte

Huidige land: **BOLIVIA**

ZUIDAMERIKAANSE BESCHAVINGEN

Volk	Beschaving bloeide	Voornaamste centrum
Chavin	ca. 800-200 v.Chr.	Chavin de Huantar
Mochica	ca. 1-750 n.Chr.	Moche
Nazca	ca. 1-650	Cahuachi
Tiwanaku	ca. 200-1000	Tiwanaku
Chimu	ca. 1000-1475	Chan Chan
Inka	ca. 1438-1532	Cuzco

OUDE RELIGIES
Geesten, offers en heilige reizen

Vanaf de vroegste tijden hadden de religieuze overtuigingen en de mythische voorstellingswereld van de oude Zuidamerikaanse beschavingen gemeenschappelijke kenmerken. Bovennatuurlijke betekenis werd toegekend aan planten, dieren, rivieren en bergen. Hoewel er plaatselijke en regionale verschillen waren (zoals het belang dat in sommige culturen al vroeg werd gehecht aan bepaalde vuurrituelen), kwamen de verering van een hoogste scheppingsgod, van voorouders en van semi-goddelijke heersers, mensenoffers (vooral door middel van koppensnellen) en heilige pelgrimages algemeen voor.

Deze oude beschavingen gaven aan hun religieuze en mythische overtuigingen uitdrukking in weefsels, gouden en zilveren voorwerpen, keramiek en steen. Een van de invloedrijkste culturen was die van Chavin de Huantar in de Andes (800-200 v. Chr.). Hier domineerden mythische wezens met grote slagtanden de verfijnde kunst van de Chavin, die befaamd was om opzienbarende beelden als de 'Glimlachende God' en de 'Hogere God'. De op artefacten van de Chavin afgebeelde bovennatuurlijke wezens hadden een blijvende invloed op vele latere beschavingen en kunnen worden gezien als de voorlopers van latere mythische wezens, zoals Ai apaec, de god met de slagtanden van de Mochica-cultuur aan Peru's dorre noordkust, en de 'Wenende God', die werd uitgehouwen in een stevig blok lava op de Poort van de Zon in het ceremoniële centrum van Tiwanaku (zie p. 254). In de tijd van de Inka's was Tiwanaku, dat uit omstreeks 500 n. Chr. dateerde, tot een ruïne vervallen. De mythen en de culturen van de diverse stammen die onder de heerschappij van het Inka-rijk vielen, werden echter opgenomen in de Inka-religie en de Wenende God wordt doorgaans gelijkgesteld aan Viracocha, de Schepper, die een centrale plaats ging innemen in de Inka-mythologie (zie kader, p. 257).

Heilige reizen naar bergen, bronnen en tempelpiramide-heiligdommen waren in prehistorische tijden duidelijk belangrijk en zijn dat ook tegenwoordig nog. Het beroemdste oude bedevaartsoord was het heiligdom van Pachacamac aan de centrale kust van Peru. Hier leidden priesters de cultus van een aard- en scheppingsgod wiens volgelingen het heiligdom verrijkten met goud, mensen- en dierenoffers brachten en op hun beurt orakelachtige voorspellingen te horen kregen. Pachacamac werd door de kustvolken beschouwd als de hoogste god en zijn invloed was zo groot dat toen de Inka's dit gebied veroverden, zij zijn belang erkenden en toestonden dat zijn heiligdom naast een tempel voor hun zonnegod Inti mocht blijven functioneren.

KUNST EN MYTHEN VAN DE CHAVIN
De invloed van de mythen en symboliek van het Amazonegebied op de cultuur van de Chavin in het bergland blijkt uit hun naturalistische en mensachtige tropischewoudwezens, zoals de jaguar, de kaaiman en de harpij. Hierboven staat een gebeeldhouwd jaguarwezen op de Oude Tempel afgebeeld, met zijn typische 'dikke lippen' en slagtanden.

Een pot van de Mochica-cultuur uit Peru met een afbeelding van een god met slagtanden die het opneemt tegen een zeedemon – mogelijk een erkenning van de grote betekenis die de dieren van de Stille Oceaan in het dagelijks leven en in het geloof in het bovennatuurlijke van deze kustbeschaving hadden.

MYTHEN VAN DE ANDES

De Inka's en hun voorgangers

De Andes was in de precolumbiaanse tijd het woongebied van velerlei volken en culturen. Dit imponerende landschap was doortrokken van geestelijke krachten. Deze traditie is tot op de dag van vandaag blijven voortbestaan; hoge bergen zoals de Ausangate worden vereerd als Apu of 'Heer' en men gelooft dat zij invloed uitoefenen op de vruchtbaarheid van dieren en gewassen. In een groot deel van de Andes zijn pelgrimages naar hoge bergtoppen nog steeds een wezenlijk kenmerk van de traditionele religie, die teruggaat tot de precolumbiaanse tijd. Dit aspect van de wereldbeschouwing van de volken in de Andes houdt ook verband met het idee van *huaca's*, over het landschap verspreide heilige plaatsen waar in de pre-Inka- en Inka-tijd offers werden gebracht aan plaatselijke goden (zie marge, p. 257) – en waar dat nog steeds gebeurt.

De oude gemeenschappen van de Andes geloofden in een veelheid van plaatselijke oorsprongsmythen. De komst van de Inka's leidde echter tot een politieke en religieuze heroriëntatie. Dit bleek uit het feit dat de oude plaatselijke mythen in een nieuwe vorm werden gegoten om te voldoen aan de nieuwe en imperialistische Inka-ideologie, waarin de scheppingsgod Viracocha een centrale rol speelde.

Zowel voor de Inka's als voor hun voorgangers lag de mythische plaats van de oorsprong aller dingen ten zuidoosten van Cuzco, in de omgeving van het Titicacameer. Hier schiep volgens één versie Viracocha eerst een we-

De oorsprongsmythe van de Inka's

De mythische voorouders van de Inka's kwamen te voorschijn uit drie grotten te Pacariqtambo ('de plaats van oorsprong') nabij Cuzco. Het waren drie broers en drie zusters die gekleed gingen in dekens en hemden van fijne wol en een aantal gouden vaten droegen.

Een van de broers, Ayar Cachi, wekte de toorn van zijn broers en zusters door zijn krachtsvertoon, waarbij hij zijn slingerstenen wegslingerde om het landschap te vormen. Jaloers op een dergelijke bekwaamheid verleidden zijn broers hem met een smoesje naar Pacariqtambo terug te gaan om een gouden beker en de heilige lama op te halen, waarna zij de grot achter hem verzegelden. Ayar Cachi wist echter te ontsnappen en verscheen aan zijn broers, die hij vertelde dat zij vanaf dat moment gouden oorringen moesten dragen als teken van hun koninklijke status. Hij vertelde hun ook dat zij hem konden vinden in zijn verblijf op de top van een berg met de naam Huanacauri. Zijn broers en zusters gingen op weg naar de berg, waar Ayar Cachi opnieuw verscheen om vervolgens, samen met een andere broer, in steen te veranderen. De derde broer, die zichzelf Manco Capac noemde, stichtte vervolgens de stad Cuzco (in sommige versies met behulp van een gouden staf) op de plaats waar later Coricancha, de Tempel van de Zon, werd gebouwd. De diverse varianten van deze mythe zijn eensgezind waar het erom gaat de privileges van de heersende Inka-dynastie te staven, zoals het privilege van de keizer zijn zuster te huwen, de uitrusting van de adel en de oorsprong van heiligdommen en pelgrimages naar heilige bergen.

Een Spaanse illustratie uit ca. 1560 (deel van een denkbeeldig wapen), die de drie grotten in Pacariqtambo toont waaruit de voorouders van de Inka's naar boven kwamen.

DE POORT VAN DE ZON

In de grote pre-Inka-stad Tiwanaku, die op de zuidelijke oevers van het Titicacameer lag, staat de monolitische 'Poort van de Zon', waarop gedetailleerd een mensachtige figuur met 'wenende ogen' is uitgehouwen (zie detail boven). Deze figuur draagt een hoofdtooi van zonnestralen, houdt twee staven met een condorkop vast en is omringd door rijen kleine gevleugelde figuurtjes die ook staven vasthouden. Het belang van Tiwanaku in de scheppingsmythen van de Inka's doet vermoeden dat de figuur een vroegere versie van Viracocha, de Schepper, voorstelt.

reld van duisternis, bevolkt door reuzen die hij gemaakt had uit steen. Deze eerste mensen waren hun schepper echter ongehoorzaam en werden gestraft doordat zij óf weer in steen werden veranderd, óf werden verzwolgen door een zondvloed. De enige overlevenden waren een man en een vrouw die op magische wijze werden weggevoerd naar het verblijf van de god in Tiwanaku. Bij zijn tweede poging maakte Viracocha mensen uit klei, beschilderde hij hen met de kleren die de volken onderscheidden en schonk hij hun hun eigen gebruiken, talen en liederen en de zaden die zij konden telen.

Nadat hij zijn schepselen leven had ingeblazen, beval Viracocha hun af te dalen in de aarde en uit grotten, meren en heuvels te voorschijn te komen; dat deden zij en alle volken richtten heiligdommen op ter ere van de god op de plaatsen waar zij de wereld opnieuw hadden betreden. Om licht in de wereld te brengen beval Viracocha vervolgens de zon, de maan en de sterren op te komen van het Eiland van de Zon in het Titicacameer, van waar zij opklommen naar de hemelen. Toen de zon zich in de lucht verhief, voorspelde Viracocha de Inka's en hun leider Manco Capac dat zij heren en veroveraars van vele landen zouden zijn. Manco Capac schonk hij een hoofdtooi en een strijdbijl als koninklijk onderscheidingsteken en wapen. Deze nieuwe koning leidde zijn broeders en zusters vervolgens de aarde binnen, waaruit zij weer naar boven kwamen in de grot van Pacariqtambo (zie kader, p. 253). Deze scheppingsmythe vertegenwoordigt niet alleen een Inka-bewerking van oude religieuze overtuigingen van de Andes, maar geeft waarschijnlijk ook blijk van christelijke invloed. Verhalen over een zondvloed en de eerste man en vrouw en de beschrijving van Viracocha als een blanke man wekken allemaal de indruk de vrucht te zijn van het onderricht van katholieke priesters in hun pogingen het inheemse heidendom te onderdrukken.

Volgens een contemporaine mythe van de Q'ero-gemeenschap nabij Cuzco was er, voordat de zon bestond, een tijd waarin de wereld werd bevolkt door sterke oermensen. Roal, de scheppingsgod, bood deze mensen zijn eigen kracht aan, maar zij antwoordden dat ze die niet nodig hadden. Om hen te straffen schiep Roal de zon. Ze werden verblind en hun lichamen droogden uit, maar ze stierven niet en soms komen ze bij zonsondergang en bij nieuwe maan nog steeds uit hun schuilplaatsen. De Apu's (berggeesten) schiepen vervolgens een man en een vrouw, Inkari en Collari. Inkari kreeg een gouden koevoet en hem werd bevolen een stad te stichten op de plaats waar de koevoet rechtop bleef staan wanneer hij werd gegooid. De eerste keer dat hij de koevoet gooide, kwam hij verkeerd terecht. De tweede keer bleef de koevoet schuin staan nadat hij was gegooid en hier bouwde Inkari de stad Q'ero, waarop de Apu's, boos over zijn ongehoorzaamheid, de oorspronkelijke mensen weer tot leven wekten. Deze rolden steenblokken naar hem in een poging hem te doden. Daarop vluchtte Inkari naar het gebied van Titicaca. Bij zijn terugkomst gooide hij de koevoet opnieuw: deze bleef rechtop staan en op die plaats stichtte hij Cuzco. Vervolgens stuurde Inkari zijn oudste zoon om in Q'ero een bevolking te stichten en zijn andere nakomelingen werden de eerste Inka's.

Eldorado

Een van de constante thema's van de Zuidamerikaanse mythologie is de legende van eldorado – een naam die in westerse geesten fantastische beelden oproept maar die gewoon 'de gouden man' betekent. Goud was voor veel beschavingen in de precolumbiaanse tijd een heilig medium. Dat had het deels te danken aan zijn stralende, onvergankelijke glans en deels aan zijn rituele en mythologische associaties met de zon, de geestenwereld en vruchtbaarheid. De gouden en zilveren schatten uit het Peru van de Inka's prikkelden de verbeelding en hebzucht van de Spaanse veroveraars. Gonzalo Pizarro, broer van de veroveraar van Peru, zette met Francisco de Orellana een expeditie op touw om het land te vinden van de koning wiens rijkdom zo enorm was dat hij elke dag werd ingesmeerd met kostbare harsen om het goudstof waarmee zijn lichaam was versierd vast te houden. In feite ontstond de eldorado-legende echter ten noorden van Peru onder de door opperhoofden geleide samenlevingen van Colombia, waar diverse verschillende stijlen van goudbewerking zijn geïdentificeerd.

De legende van eldorado kwam voort uit Indiaanse riten die oorspronkelijk plaatsvonden bij het Guatavitameer in het Colombiaanse bergland. Daar werd een ceremonie gehouden ter ere van de machtsovername door een nieuwe heerser die, die na een periode van afzondering in een grot, een pelgrimage naar het meer maakte om offers te brengen aan de hoogste god. Bij aankomst bij het meer werd de heerser in spe ontdaan van zijn sieraden en werd zijn lichaam bestreken met een kleverig hars waarop een glanzende laag fijn goudstof werd aangebracht. Zo voorbereid ging hij, vergezeld van zijn gevolg (dat uit vier ondergeschikte opperhoofden bestond), op een vlot het meer in, getooid met een fijnbewerkte gouden uitrusting. Het vlot zelf was rijkelijk verguld en vanuit vier komforen steeg de rook van heilige wierook ten hemel. Terwijl ze over het water voeren weergalmde de lucht van het geluid van fluiten, trompetten en gezang vanaf de oever. Toen ze het midden van het meer bereikten, kwamen de geluiden tot zwijgen en wierpen het nieuwe opperhoofd en zijn gevolg zijn goudschat in het meer. Vervolgens keerden zij terug naar de oever, waar de nieuwe heerser ceremonieel werd begroet.

Deze ceremonie maakte diepe indruk op de Europeanen die er getuige van waren. 'Hij ging rond geheel bedekt met goudpoeder, even achteloos alsof het zoutpoeder was,' schreef Gonzalo Fernandez de Oviedo in het midden van de 16de eeuw. Een gravure uit 1599 laat twee mannen zien die een nieuw Muisca-opperhoofd voorbereiden op zijn schitterende ambtsaanvaarding. Eén persoon smeert hars op het lichaam van het opperhoofd, terwijl een tweede met een pijpje goudstof over hem heen blaast. Deze afbeelding verraadt duidelijk Europese invloed, omdat de kunstenaar (Theodor de Bry) zelf nooit in Amerika is geweest en zijn informatie uit de tweede hand kreeg.

De ceremoniële uitbeelding van de eldorado-legende is vastgelegd in dit gouden kunstwerk van de Muisca-stam uit het gebied van het Guatavitameer. Het kunstwerk, dat eigenlijk een votiefoffer of tunjo is, toont een opperhoofd of een sjamaan op een gouden vlot, vergezeld van een aantal kleinere figuurtjes die kalebasvaatjes met citroen en opscheplepeltjes, ratels en maskers vasthouden.

Dit gouden beeldje van een zittende figuur, vervaardigd in de klassieke 'Quimbaya-stijl', diende waarschijnlijk als citroenvaatje voor een opperhoofd of sjamaan. Deze placht een lepeltje te gebruiken, om de citroen van het vaatje naar zijn mond te brengen waar de citroen de tot een trance leidende prop heilige cocabladeren activeerde, waarop bij belangrijke gelegenheden werd gezogen of gekauwd.

HET INKA-PANTHEON
Viracocha, Inti, Mama Kilya, Illapa

Een precolumbiaans zonnemasker. De Inka's en hun voorgangers hielden de zonnegod in hoge ere. Men dacht dat zonsverduisteringen het gevolg van de toorn van de god waren.

MAAGDEN VAN DE ZON
Een speciale plaats in de religie van de Inka's werd ingenomen door de Aclla's of 'uitverkoren vrouwen', die ook wel de 'Maagden van de Zon' werden genoemd. Onder leiding van een oudere vrouw met de naam Mama Cunas dienden deze jonge Inka-maagden de cultus van Inti en bedienden zij de keizerlijke familie. Zij woonden vanaf hun achtste jaar in kloosters (acllahuasi geheten), waar ze kleding maakten en voedsel en maïsbier bereidden voor staatsceremonies en het heilige vuur voor Inti Raymi – het zonnefeest dat werd gehouden tijdens de juni-zonnewende – bewaakten. Ook waren de Aclla's concubines voor de keizer en soms voor buitenlandse hoogwaardigheidsbekleders met wie de keizer politieke huwelijksverbintenissen wenste te sluiten.

De Inka-religie werd beheerst door een menigte machtige hemelgoden, van wie Viracocha de belangrijkste was (zie kader p. 257). Meer actief in het dagelijks leven waren drie belangrijke goden – Inti, de zonnegod; Mama Kilya, de maangodin; en Illapa, de god van de donder en het weer. Deze en andere goden speelden hun mythologische rol in een typisch Indiaans landschap dat was doortrokken van bovennatuurlijke krachten.

Inti werd beschouwd als de goddelijke voorvader van de keizerlijke familie van de Inka's en was als zodanig een unieke Inka-god en het cultische middelpunt van veel staatsrituelen: in de Inka-ideologie werd de keizer beschouwd als de 'zoon van de zon'. Inti zelf werd gewoonlijk voorgesteld als een grote gouden schijf omringd door zonnestralen en met een menselijk gezicht. De verering van deze godheid concentreerde zich in de Grote Zonnetempel of Coricancha in Cuzco, waar Inti's glinsterende zonnebeeld werd geflankeerd door de prachtig geklede mummies van gestorven keizers en omringd werd door muren bedekt met heilig bladgoud – 'het zoete van de zon'. De mythische samenhang tussen goud en Inka-ideologie bleek vooral uit de tempeltuin van Coricancha, waar edelsmeden gouden en zilveren afbeeldingen maakten van elke levensvorm die zij kenden.

Ondanks de overheersende plaats van de zonnecultus als officiële staatsreligie was Inti niet de enige belangrijke god die in de Coricancha-tempel werd vereerd. Ook belangrijk was Illapa, een god tot wie werd gebeden om vruchtbaar makende regen. Volgens de Inka's haalde Illapa water uit de hemel, vooral uit de Melkweg, die werd beschouwd als een hemelse rivier die door de nachtelijke hemel stroomde (zie p. 258-9). De regen werd bewaard in een vat waarvan Illapa's zuster de eigenares was en stroomde er pas uit wanneer Illapa het vat verbrijzelde met een slingersteen in de vorm van een bliksemschicht.

Mama Kilya, de maangodin en de gade en zuster van Inti, werd overal vereerd als de moeder van het Inka-ras. Zij was verantwoordelijk voor het toezicht op het verstrijken van de tijd en regelde bovendien de religieuze feesten van de rituele Inka-kalender. De Inka's geloofden dat tijdens een maansverduistering een grote slang of bergleeuw Mama Kilya's hemelse beeld probeerde op te eten en daarom plachten ze het schepsel af te schrikken door zoveel mogelijk lawaai te maken. Mama Kilya's beeld in de Coricancha werd geflankeerd door mummies van gestorven Inka-keizerinnen (*coya*'s) en het heiligdom zelf was bedekt met zilver, de kleur van de maan en de nachtelijke hemel.

In het religieuze denken van de Inka's nam ook een aantal mindere goden een belangrijke plaats in. Onder hen waren Cuichu, de regenboog, en een groep vrouwelijke bovennatuurlijke wezens – vooral Pacha Mama, de moeder van de aarde, en Mama Coca, de moeder van de zee.

Een tekening uit het begin van de 17de eeuw van Inka's die een kind offeren aan de mummie van een voorouder. Volgens de tekst is de berggrot een van de huaca's of heilige plaatsen (zie onder).

Viracocha, de hoogste schepper

Viracocha was de immanente maar onkenbare scheppingsgod, die het heelal bezielde door mensen, dieren, planten en mindere goden leven in te blazen. Als een enigszins afstandelijk bovennatuurlijk wezen liet hij de zaken van het dagelijks leven over aan actievere goden als Inti en Illapa.

Voor de Inka's had deze alomtegenwoordige god geen naam, maar in plaats daarvan werd hij aangeduid met een aantal titels die pasten bij zijn oerstatus. Ilya-Tiqsi Wiraqoca Pacayacaciq ('oud fundament, heer, leraar van de wereld') was de meest gebruikte titel, die in het Spaans meestal werd weergegeven als Viracocha. Als ultieme bron van alle goddelijke kracht werd Viracocha ook gezien als een cultuurheld die, na de wereld te hebben geschapen (zie p. 253-4), door zijn domeinen reisde om de mensen te leren hoe te leven en om het landschap vorm te geven. Mythen over zijn magische reizen vertellen hoe hij, toen hij Manta in Ecuador bereikte, begon aan een tocht over de Stille Oceaan, op een vlot of lopend op zijn cape (dit laatste verhaal kan onder christelijke invloed zijn ontstaan). Toen de Spanjaarden over zee aankwamen en in 1532 Peru ontdekten, werden ze beschouwd als de terugkerende afgezanten van de scheppingsgod en *viracocha's* genoemd – een respectvolle term die nog steeds wordt gebruikt door mensen die Quechua spreken.

Alleen bij zeer plechtige gelegenheden, zoals de kroning van een keizer, werden – als de belangrijkste offers – aan Viracocha en andere belangrijke goden mensenoffers gebracht. Vooral kinderoffers, die *capacocha's* werden genoemd, werden op prijs gesteld en voordat dergelijke offers werden gebracht, plachten de Inka-priesters een gebed tot Viracocha te zeggen. Er zijn offers (vaak van kinderen) gevonden die door de kou op de met sneeuw bedekte bergen en vulkanen van de Andes – de mythische verblijfplaatsen van goden en geesten – bewaard zijn gebleven.

HUACA'S: DE HEILIGE PLAATSEN
In de Inka-religie waren *huaca*'s plaatsen in het Andes-landschap die vol van mythische betekenis en bovennatuurlijke kracht zaten. Bij dergelijke van geest bezielde plaatsen ging het meestal om stenen of bronnen, maar het konden ook bergen, grotten en de graven van voorouders zijn. Vooral belangrijk waren *apacheta*'s – stapels stenen boven op bergpassen of bij kruispunten van wegen. Hier brachten reizigers aan plaatselijke goden offers van coca, stukjes kleding of een extra steen, voordat ze hun reis vervolgden. Het verband tussen *huaca*'s en de mythologie blijkt uit de legende van de stenen die zich kort in mensen veranderden om de Inka-keizer Pachacuti te helpen zijn vijanden te verslaan.

HET HEILIGE HEMELGEWELF
Dierenconstellaties en heilige lijnen

De 'zonnepaal' of intihuatana *in Machu Picchu. Priesters bonden de zon met een mystiek koord symbolisch aan de pilaar vast om te voorkomen dat hij zou verdwijnen.*

DE INKA-KALENDER
Net als andere oude beschavingen creëerden en gebruikten de Inka's hun kalender als een religieus en politiek instrument dat zijn gewijde status ontleende aan de mystieke traditie. Corresponderend met de eerste verschijning van de Plejaden voor zonsopgang, begon de siderische maankalender in de nacht van 8 op 9 juni en eindigde in de nacht van 3 op 4 mei. In de maand Ayrihua (april) werden ceremonies ter ere van de keizerlijke emblemen gehouden en werd een geheel witte lama, gekleed in een rood hemd, geleerd cocabladeren te eten en *chicha* (maïsbier) te drinken, als symbool van de eerste lama die na de zondvloed op aarde verscheen.

De heilige macht van hemelverschijnselen in het wereldbeeld van de Inka's uitte zich in een rijk scala aan opvattingen volgens welke aardse gebeurtenissen in verband stonden met die aan de nachtelijke hemel. Op typisch Indiaanse wijze werd aan astronomische verschijnselen een grote spirituele en mythische betekenis toegekend. Ook de Melkweg werd belangrijk geacht en de sterren zelf werden beschouwd als mindere goden en als de beschermers van bepaalde aardse activiteiten.

Van bijzonder belang in dit opzicht waren de Plejaden die bekend waren als Collca, 'de graanschuur', en werden beschouwd als de hemelse bewakers van de zaden en de landbouw. De Plejaden waren ook belangrijk voor het voorspellen van de vruchtbaarheid van landbouw en veeteelt. De sterrengroep die bekend was als Orqo-Cilay ('de veelkleurige lama') werd geacht de keizerlijke lamakudde te behoeden voor kwaad, en Chaska-Qoylor ('de woeste ster') werd vereenzelvigd met Venus, de morgenster.

Hoewel de Inka's zeker geen astronomen waren in de moderne zin van het woord, maakten zij nauwkeurige observaties van hemelverschijnselen als zonsopgang en zonsondergang en brachten zij deze in verband met de schijngestalten en bewegingen van de maan. Priester-astronomen van de Inka's observeerden de bewegingen van de zon om de data te berekenen van de twee belangrijkste rituele feesten die in Cuzco werden gevierd – de december- en de junizonnewende. Tijdens de decemberzonnewende werd het grote feest van Capac Raymi, het keizerlijke feest, gevierd, waarbij de initiatieriten van jongetjes van keizerlijke afkomst het middelpunt vormden. Bij die belangrijke gelegenheid werd de zon geobserveerd vanuit de Coricancha (de zonnetempel) in Cuzco.

Mythen, religie, astronomie, architectuur en het unieke *ceque*-systeem (zie marge) waren allemaal in het geloofssysteem van de Inka's verweven. Zo observeerden de Inka's de zonsondergang op 26 april vanaf plek van waar ze ook rond 15 april de ondergaande Plejaden observeerden – een plek op het centrale plein van Cuzco die Ushnuo werd genoemd. De zonsondergang werd bekeken tussen twee pilaren die op een nabijgelegen berg ten westen van de stad waren geplaatst, en deze twee pilaren werden zelf weer beschouwd als een heilige *huaca*, gelegen op een *ceque* waarop zich (achter de horizon) een heilige bron bevond die Catachillay heette – een andere naam voor de Plejaden.

Het meest kenmerkende van de Inka-astronomie is ongetwijfeld de interesse in de Melkweg en zijn aangrenzende 'donkere wolk'-constellaties die bestaan uit ondoorzichtige flarden interstellair stof (zie kader). Tot dergelijke constellaties behoren Yacana (de lama) en Yutu-yutu (de tinamoe, een patrijsachtige vogel). Overeenkomstig de mythologie geloofde men dat de hemelse lama, als hij om middernacht verdween, water dronk van de aarde en daardoor overstromingen voorkwam. Lama's behoorden tot de meest gewaardeerde offerdieren en werden bij nieuwe maan op bergtoppen geofferd. Zwarte lama's werden in oktober uitgehongerd om ze te laten huilen en daardoor de goden te bewegen regen te zenden.

HEILIGE LIJNEN
Het concept van *ceques* – rechte 'lijnen' die zich naar alle kanten uitstrekken vanaf de Coricancha – was uniek voor de mythologie, de astronomie en de religie van de Inka's. Van elke lijn dacht men dat er over de gehele lengte heilige *huaca's* op lagen: in de omgeving van Cuzco waren ongeveer 41 *ceques* met 328 *huaca's* erop. In 1551 beschreef de Spaanse kroniekschrijver Juan de Betanzos de zesde *huaca* die was gelegen op de zesde *ceque* van Antisuyu als 'het huis van de poema', waar de mummie van de vrouw van Inkakeizer Yupanqui kinderoffers werden gebracht.

De hemel boven Misminay

In het Quechua-sprekende Andes-dorp Misminay, zo'n 25 kilometer van Cuzco, oefenen de dierenconstellaties en de Melkweg ook tegenwoordig nog een grote invloed uit op het mythologische en kosmologische denken.

In Misminay wordt de rivier de Vilcanota niet alleen als de aardse weerspiegeling van de Melkweg of Mayu beschouwd, maar ook als een integraal deel van de kosmische circulatie van water van de aarde naar de lucht, waar het verdampt om vervolgens weer als regen op aarde terug te vallen. De Melkweg, die ook wordt gezien als de spil van het hemelgewelf, beweegt zich in een periode van 24 uur zodanig dat hij twee elkaar snijdende assen lijkt te vormen die de hemel in vieren verdelen. Elk vierde deel of kwartier wordt een *suyu* genoemd. Samen vormen de vier kwartieren een hemels raster, dat de inwoners van Misminay in staat stelt hemelverschijnselen tijdens hun beweging langs de hemel in kaart te brengen en te karakteriseren.

Misminay zelf wordt in vieren verdeeld door twee elkaar kruisende hoofdvoetpaden en de grootste twee irrigatiekanalen, die er parallel aan lopen. Deze voetpaden en kanalen kruisen elkaar bij een kapel die Crucero (het kruis) heet; deze zelfde naam is gegeven aan het punt aan de hemel waar de twee hemelse assen elkaar kruisen.

In 1571 schreef de Spaanse kroniekschrijver Polo de Ondegardo dat in het Inka-denken alle vogels en andere dieren hun evenbeelden aan de hemel hadden, en dat deze evenbeelden verantwoordelijk waren voor de voortplanting en de instandhouding van hun equivalenten op aarde. Karakteristiek voor de astronomie van Misminay en herinnerend aan vroegere Inka-opvattingen is de erkenning van 'donkere wolk'-constellaties zoals de Volwassen Lama, de Baby-Lama, de Vos, de Pad, de Tinamoe en de Slang. Deze constellaties worden samen Pachatira genoemd, waaruit hun samenhang blijkt met Pacha Mama, de moeder van de aarde, en met ideeën over aardse vruchtbaarheid. 'Donkere wolk'-sterrenbeelden zijn ook belangrijk wegens hun relatie met het weer. Het sterrenbeeld van de Slang is bijvoorbeeld aan de hemel zichtbaar tijdens het regenseizoen, maar is 'onder de grond' (in feite onder de horizon) tijdens het droge seizoen. In het Quechua-denken correspondeert dit met het schijnbaar uit de grond opkomen van regenbogen (beschouwd als veelkleurige slangen) na een regenbui.

GEESTENWERELDEN

Het getransformeerde universum

Een ceremoniële dans uitgevoerd door een van de volken uit het gebied van de Xingurivier in Brazilië. Volken uit het tropisch regenwoud voeren ingewikkelde puberteits-, vruchtbaarheids- en begrafenisriten uit. Mannelijke initiatierieten kunnen pijnlijk zijn: zo worden in Guyana jongens onderworpen aan de steken van giftige mieren en horzels. In sommige samenlevingen wordt bij meisjes al het haar uitgetrokken: de aangroei daarna symboliseert de volwassenheid.

Het enorme stroomgebied van de Amazone herbergt een buitengewone variatie aan Indiaanse samenlevingen die, hoewel zij technologisch nog in een primitief stadium verkeren, elk beschikken over een sociaal, economisch, ritueel en mythisch systeem waaruit een intieme verstandhouding met hun leefomgeving blijkt. Ook geven zij blijk van een grote wijsheid in de verklaringen die zij bieden voor hun wijze van mens-zijn en hun leefwijze. Hoewel ze allemaal afhankelijk zijn van de jacht, het verzamelen, de visvangst en de tuinbouw, kennen deze culturen geen gemeenschappelijke goden of overtuigingen. Toch vertonen hun lokale mythen een fundamentele eenheid en samenhang in die zin dat de mythen die tot één groep behoren zich ontwikkeld lijken te hebben uit mythen van een andere groep. Daardoor geven ze blijk van een gemeenschappelijke thematiek die met een gemeenschappelijke logica onder woorden is gebracht en wordt benaderd.

Voor een westerse geest is het Indiaanse universum een 'magische' wereld die deels wordt bepaald door de grillige daden van machtige maar ambivalente geesten en deels door de activiteiten van de sjamaan die met hen onderhandelt namens zijn samenleving (zie kader, p. 261). In dit wereldbeeld, waarin mensen veranderen in dieren en dieren in mensen, zijn er niet alleen open grenzen tussen de mensen- en de dierenwereld, natuur en bovennatuur, maar kan aan deze grenzen ook voortdurend een nieuwe interpretatie worden gegeven.

De Indiaanse mythen beschrijven een universum van transformaties, waarin, naar men gelooft, het sociale leven binnen de gemeenschap het resultaat is van een gecontroleerde vermenging van voor het overige wederzijds vijandige en gevaarlijke categorieën wezens – mannen en vrouwen, familie en schoonfamilie, jaguars en mensen. In de oertijd was de wereldorde omgekeerd en waren het de mannen die menstrueerden en de jaguars die het vuur bezaten en met pijl en boog jaagden. De mythen vertellen hoe deze eerste relaties werden omgekeerd en de huidige orde werd gevestigd. Wil de samenleving blijven bestaan, dan moeten de regels van sociaal gedrag en van de naleving van de riten, zoals zij werden vastgesteld door de mythische voorouders, in acht worden genomen om chaos en de uiteindelijke ondergang te voorkomen.

De ceremoniële huizen van de volken uit het tropisch regenwoud zijn diep symbolisch van ontwerp: vele werden ontworpen als een microkosmos van het kosmische en sociale universum van de stammen. Zo zijn de rondhuizen van de Venezolaanse Yekuana's ontworpen als imitaties van het oerhuis dat werd gebouwd door een incarnatie van de zonnegod Wanadi. Architecturale details weerspiegelen kenmerken van het hemelgewelf en de mythische geografie.

KOPPENSNELLEN EN ZIELENROOF
Voor sommige Indiaanse stammen was koppensnellen een activiteit vol bovennatuurlijke en rituele betekenis. Bij de Jivaro in Ecuador, waar koppensnellen tot in de jaren zestig voorkwam, was het privilege mensen hun hoofd af te hakken slechts voorbehouden aan een coterie van gevreesde krijgers die een gevestigde reputatie als moordenaars hadden. De Jivaro dachten dat doden en koppensnellen onlosmakelijk waren verbonden met het bezit van twee soorten zielen, de Arutam en de Muisak. Terwijl de eerste ziel zijn bezitter toestond mee te doen aan een koppensnel-expeditie, was het doel van de tweede ziel de dood van haar bezitter te wreken. Als het hoofd van een lijk echter was verschrompeld, werd de Muisak-ziel er onweerstaanbaar in getrokken en kon zij er met geen mogelijkheid meer uit ontsnappen.

Zuidamerikaanse sjamanen

In het wereldbeeld van de volken van het tropisch regenwoud heeft alles wat gebeurt zijn oorzaak in of gevolgen voor de geestenwereld. Almachtige geesten zijn gevaarlijk ambivalent en daarom heeft de sjamaan een sleutelrol als bemiddelaar tussen deze en de bovennatuurlijke wereld.

Dank zij zijn vermogen gevaarlijke geesten als gelijke te overreden of om te praten, treedt de sjamaan op als tovenaar, genezer, waarzegger, rechter en bewaker van de morele code. Sjamanen die zich vereenzelvigen met of zich op magische wijze veranderen in een jaguar – Zuid-Amerika's grootste en sterkste roofdier – zijn de meest gevreesde en gerespecteerde. Zij kleden zich in een jaguarvel, dragen een halsketting van jaguartanden en kunnen zelfs grommen als een jaguar tijdens ceremonies waarin zij de toekomst voorspellen, magische ziektes genezen, zorgen voor succes bij de jacht of optreden als 'bovennatuurlijke krijgers' door dood en ziekte naar vijandige dorpen te sturen.

Hallucinaire visioenen, die worden verkregen door het snuiven van *ayahuasca* of *vihoo*, zijn het venster van de sjamaan op de geestenwereld. In het noordwestelijke Amazonegebied placht men sommige drugs die voor ceremonies nodig waren jaguardrugs of jaguarsperma te noemen en te bewaren in een hol jaguarbot.

Het zoeken van de sjamaan naar een visioen is vaak vol mythische betekenis omdat het de oeractiviteiten van vooroudergeesten symboliseert.

In sommige samenlevingen blijven de vermogens van de sjamaan werkzaam na zijn dood en blijft hij zijn dorp beschermen tegen boosaardige geesten of tegen sjamanen uit andere dorpen.

Vaak denkt men echter dat de ziel van de dode sjamaan verandert in zijn gevaarlijke alter ego de jaguar en zijn de mensen er erg bang voor. Men gelooft dat een jaguar die men 's nachts bij een dorp of een begraafplaats ziet zwerven de getransformeerde ziel van de dode sjamaan is.

Een sjamaan uit de Colombiaanse Andes. De visioenen van de sjamaan worden doorgaans teweeggebracht door hallucinogene planten.

DE VOOROUDERS

Oorsprongsmythen van de woudvolken

De mythen van de Indiaanse woudvolken willen in de eerste plaats een verklaring bieden voor de oorsprong van de mensheid en de cultuur in tegenstelling tot de natuur. Als een weerspiegeling van dit achterliggende doel bestaan de afzonderlijke mythen uit vele lagen en omvatten zij allerlei thema's zoals de oorsprong van de tuinbouw, de relaties tussen eigen familie en schoonfamilie en ideeën over kennis en gebrek aan kennis.

De oorsprong van de mensheid is het onderwerp van veel mythen waarin dieren, stenen en klei een even belangrijke rol kunnen spelen. Volgens de Chibcha uit Colombia schiepen de Zon en de Maan de eerste man uit klei en de eerste vrouw uit riet. Verder naar het zuiden spreken de stammen uit de Choco-streek van een eerste mensenras dat door de goden werd vernietigd omdat het kannibalen waren, van een tweede generatie die in dieren werd veranderd, en van een derde die uit klei werd geschapen. Veel volken zoals de Warao van de Orinoco en de Toba van de Gran Chaco geloven dat mensen eens in de lucht woonden maar naar de aarde afdaalden om wild te stelen, waarop ze in de val liepen en hier voor altijd moesten blijven.

De aard van Indiaanse mythen als een soort heilig handvest dat de bestaande sociale orde moet handhaven, blijkt vooral uit mythen die betrekking hebben op de verschillen tussen mannen en vrouwen. Vrouwen worden meestal in verband gebracht met natuurlijke vruchtbaarheid, chaos en onwetendheid, mannen met culturele vruchtbaarheid, orde en gewijde kennis. Een wijdverbreide mythe, die met variaties wordt verteld van de Amazone tot Vuurland, legt uit hoe de wereld oorspronkelijk werd gedomineerd door vrouwen en niet door mannen. Volgens de Tupi van het Braziliaanse Amazonegebied werd de Zon zo boos over de heerschappij van vrouwen over de wereld dat hij besloot de situatie om te keren en uiteindelijk een volmaakte vrouw als zijn eigen metgezellin te nemen. Eerst zorgde hij ervoor dat een maagd met de naam Ceucy zwanger werd van het sap van de cucuraboom, waarop ze een kind baarde dat de naam Jurupari kreeg. Dit kind ontnam de vrouwen hun heerschappij en gaf deze aan de mannen, en het leerde de mannen regelmatig feesten te houden om hun monopolie op kennis en macht te vieren; het was alle vrouwen op straffe van de dood verboden deze feesten bij te wonen. Als een precedent voor een dergelijke straf zorgde Jurupari ervoor dat zijn eigen moeder stierf. Volgens de Tupi is hij nog steeds op zoek naar een volmaakte vrouw die het waardig is de vrouw van de Zon te worden.

De kosmologie van het Amazonegebied wordt vaak gekenmerkt door thema's die verbonden zijn met vuur. Men zag vuur dat niet in bedwang werd gehouden als een verwoestende kracht en sommige mythen vertellen over hele gebieden en gemeenschappen die door vuurzeeën werden vernietigd. Vuur wordt ook in verband gebracht met seksualiteit, geboorte en de menstruatiecyclus. De verwerving van vuur als een sleutelstadium in de evolutie van een samenleving vindt soms plaats door bedrog; in dat geval wordt de gebeurtenis in verband gebracht met verlies van onschuld.

Volgens de Kayapo uit Midden-Brazilië bezaten de mensen in het begin geen vuur, zodat ze hun groenten rauw aten en stukken vlees op rotsen in de zon verwarmden. Op een dag zagen een man en zijn jongere zwager Botoque hoog op een rotspunt het nest van een ara. Botoque beklom een geïmproviseerde ladder en gooide twee eieren naar zijn metgezel. De eieren veranderden echter in stenen en braken de hand van de man, waarop deze zo boos werd dat hij de ladder omver duwde en Botoque boven op de rotspunt liet zitten.

Deze mannen van de Kamiura-stam uit het gebied van de Xingu-rivier in Brazilië blazen op fluiten bij een heilig ritueel (zij geloven dat de geesten door hun muziek spreken). De gele hoofdtooien symboliseren de zon die wordt gezien als bron van mannelijke potentie.

De wereld van de Yanomami

De Yanomami uit Zuid-Venezuela proberen nog steeds hun traditionele leefwijze en denkwereld te beschermen tegen inbreuken uit de buitenwereld.

De Yanomami zeggen dat het bloed van Periboriwa (de maangeest) over de aarde werd uitgegoten en in mannen veranderde zodra het de grond raakte. Omdat zij uit bloed zijn gemaakt, zien de Yanomami zichzelf als woeste mensen en voeren zij voortdurend oorlog met elkaar. Later schonk een van de nakomelingen van Periboriwa het leven aan volgzamere mannen en vrouwen. De oorsprong van alles is te danken aan de welwillende scheppingsgod Omam. Aanvankelijk bestond de wereld uit twee lagen, maar nu zijn er drie. De derde laag verscheen toen de bovenlaag moe werd en een groot stuk van zichzelf afwierp, waarop zich twee mannen bevonden: een van hen was Omam. Terwijl Omam op een dag aan het vissen was, haalde hij uit de rivier een vrouw op die geen geslachtsdelen had, alleen een gaatje zo groot als de anus van een kolibrie. Met piranhatanden maakte Omam geslachtsorganen, waarna hij kinderen bij de vrouw verwekte – de voorouders van de Yanomami. Andere rassen werden gemaakt uit riviernevel of -schuim dat door een grote vogel zo werd gemanipuleerd dat er mannen van verschillende kleur ontstonden.

De Yanomami kennen een ingewikkeld systeem van geweld tussen de diverse groepen, dat is verbonden met hun mythische oorsprong uit het bloed van de maangeest.

Na een aantal dagen zag Botoque een jaguar die een pijl en boog en allerlei soorten wild droeg. De jaguar stortte zich op Botoques schaduw, maar toen hij zijn vergissing inzag, beloofde het dier dat hij hem niet zou opeten en zei dat hij hem zou adopteren als zoon en jachtgezel. Vervolgens zette hij de ladder weer rechtop zodat Botoque naar beneden kon komen.
Ondanks de vijandige houding van zijn vrouw nam de jaguar Botoque in huis, waar de jongen voor het eerst vuur zag en gekookt vlees at. Toen de jaguar echter op jacht ging, weigerde zijn vrouw Botoque geroosterd tapirvlees te geven en strekte zij haar klauwen zo dreigend naar hem uit dat hij een boom in vluchtte. Hoewel de jaguar bij zijn terugkeer zijn vrouw een schrobbering gaf, negeerde zij zijn waarschuwingen het kind met rust te laten. Uiteindelijk liet de jaguar Botoque zien hoe hij een pijl en boog kon maken om zichzelf te verdedigen. Toen de vrouw hem opnieuw bedreigde, doodde de jongen haar met een pijl en keerde hij, met medeneming van wat gekookt vlees, zijn wapens en een brandend kooltje vuur, terug naar zijn dorp.
Toen ze de geschenken van Botoque zagen, gingen de mannen naar het huis van de jaguar, waar ze niet alleen vuur stalen maar ook gekookt vlees, katoenen draad, en pijlen en bogen. De jaguar was woedend over de ondankbaarheid van zijn pleegkind en eet sindsdien zijn voedsel rauw en jaagt met zijn klauwen en scheurtanden, terwijl de mensen geroosterd vlees eten en jagen met pijl en boog. Tegenwoordig is de weerkaatsing van het verloren vuur van de jaguar nog te zien in zijn spiegelende ogen. In sommige versies van deze mythe pikte, toen de dorpelingen het gestolen vuur door het woud droegen, een groot aantal vogels de rondvliegende vonken op om een brand in de jungle te voorkomen. Enkele vogels verbrandden toen ze dat deden en daarom hebben de snavels en poten van sommige soorten zulke vurige kleuren.

KANNIBALISME EN KRACHT

Kannibalisme was een wijdverbreid aspect van de rituele overtuiging van de Indianen en in heel Zuid-Amerika zijn diverse vormen ervan historisch goed gedocumenteerd. Kannibalisme heeft niet zozeer te maken met het eten van mensen als voedsel, als wel met concepten van sociale identiteit, verwantschap en de overdracht van zielskracht van de ene mens op de andere.

'Exo-kannibalisme' betekende het feitelijk of symbolisch eten van het vlees van een vijand, als uitdrukking van krijgshaftige wreedheid en als de uiterste vernedering en wraak. Kannibalistische stammen waren bijzonder gevreesd omdat men geloofde dat hun krijgers waren bezeten door een woeste jaguar-geest die hen tot razernij bracht en hun aanspoorde hun prooi te verslinden.

'Endo-kannibalisme' had een respectabeler motivatie: het hield in dat men de beenderen van een dode vermaalde tot poeder, dat werd toegevoegd aan maniokbier dat vervolgens door de familie werd opgedronken. Men geloofde dat de beenderen van de dode vitale elementen van zijn geest bevatten, die konden worden bestendigd in het leven van degenen die deelnamen aan de rituele consumptie van de dode.

AFRIKA

Groot-Zimbabwe is het imponerendste bouwwerk ten zuiden van de Sahara; het land waar het staat is ernaar genoemd. Waarschijnlijk is het vanaf de 8ste eeuw gebouwd door voorouders van de Sjona. Als zo vaak bij dergelijke koninklijke enclaves in heel zuidelijk Afrika, verwijst de ovale vorm van de Grote Afscheiding (hierboven) zeer waarschijnlijk naar de mythe over het kosmische ei (zie p. 266). Zimbabwe betekent 'stenen plaats'.

In Afrika treft men veel culturen aan; de volken spreken er meer dan duizend talen, waarvan er veel nog onvolledig bekend of bestudeerd zijn. Maar de Afrikaanse mythologieën laten een brede eenheid zien. Zo zijn er van de Sahara tot aan de Kaap mythen over een kosmische slang (zie p. 277) en een grote toren (zie p. 273) te vinden. Ook het idee van een verre, gewoonlijk aseksuele scheppende godheid en het tweelingmotief komen veel voor.

Elk lokaal en inheems geloofsstelsel in Afrika kent een mythe over het ontstaan en de vroege geschiedenis van de mensen. Die weerspiegelen de grote interne migraties die Afrika tot aan de koloniale tijd kenmerkten. De Khoisan (de naam voor de Khoi of Hottentotten in het zuidwesten en de San of 'Bosjesmannen' in de Kalahari-woestijn) blijken bijvoorbeeld de nazaten te zijn van een volk dat ooit in de toen nog vruchtbare Sahara opdook, voordat dat gebied zo'n zevenduizend jaar geleden een woestijn werd. Ongeveer tweeduizend jaar geleden trokken de voorouders van de huidige Bantoe-sprekende bevolking van de Kameroense hooglanden richting de Kaap, waar ze pas in de 17de eeuw aankwamen. De Bantoetalen behoren tot de Niger-Kongo-familie die tenminste 890 talen omvat. De vaak relatief snelle migraties van de bevolking en brede verspreiding van taalfamilies verklaren mede de gezamenlijke draden die door de Afrikaanse mythologie lopen.

Door de verspreiding van de islam en van het christendom, en door de moderne economische ontwikkelingen, zijn de inheemse godsdiensten van Afrika ten onder gegaan. Maar veel volken, zoals de Yoroeba, hebben hun geloof hardnekkig behouden, evenals de mythen die daarbij horen.

AFRIKA

VOLKEN, TALEN EN MYTHEN
Op de kaart staan de belangrijkste inheemse taalfamilies van het Afrikaanse vasteland (zie legenda) en het gebied van enkele van de talloze volken. De voornaamste rivieren en bepaalde belangrijke geografische kenmerken zijn aangegeven, maar moderne politieke grenzen zijn omwille van de overzichtelijkheid weggelaten. Hier volgt een korte kenschets van de mythologie van de belangrijkste taalgebieden.

HAMITO-SEMITISCH
De mythologie van dit moslimgebied bevat veel pre-islamitische kenmerken, waaronder het concept van een kosmische slang wiens lichaam het materiaal voor het universum verschaft (zie ook p. 266). Een ander idee is de opdeling van de wereld in een goddelijke bovenwereld, een mensenrijk in het midden en een onderwereld voor overleden geesten.

NILO-SAHARISCH
De sprekers van deze talen zijn in hun mythologie matig geïnteresseerd in het begin van de wereld of in het lot van de ziel na de dood. Hun mythen gaan vooral over de oorsprong van de clan en verwantschapsgroepen die vaak met dieren in verband worden gebracht. Een bepaalde mythe van de Nuer voert bijvoorbeeld het ontstaan van de stam terug tot een vrouw die tweelingen baart bestaande uit een menselijke zoon en een wild dier.

NIGER-KONGO (BANTOE)
De mythologie van Bantoe-sprekend Afrika vertoont, net als die van het Nilo-Saharisch gebied, weinig belangstelling voor de schepping van het universum, die typisch wordt toegeschreven aan een oppergod die zich uit de wereld heeft teruggetrokken. Belangrijker is het begin van de sociale orde, vooral bloedverwantschap en de relaties met andere instituten, zoals het priesterschap. De mythen kunnen dergelijke instituten en natuurverschijnselen koppelen, zoals de maan, de regenboog (zie p. 271), en aan dieren, zoals de leeuw. Veel volken kennen uitgebreide voorouderculten.

NIGER-KONGO (NIET-BANTOE)
Het niet-Bantoe-gebied van het Niger-Kongo-taalgebied bevat enkele van de ingewikkeldste mythen ter wereld; de mythologieën van de Dogon, de Bambara en de Yoroeba kunnen het qua grandeur en subtiliteit opnemen tegen die van India en Midden-Amerika (zie p. 266). Een belangrijk idee is dat het hele leven bezield is door een dualiteit die het beste gesymboliseerd wordt door de relatie tussen tweelingen van verschillend geslacht.

KHOISAN
De naam Khoisan is een combinatie van de bijna verdwenen Khoi of 'Hottentotten' en San of 'Bosjesmannen'. De fragmentarische resten van hun mythologie wijzen op een fantasierijke levensfilosofie die verbeeld wordt met gepersonifieerde wilde dieren, waarvan de bidsprinkhaan de belangrijkste is (zie p. 276).

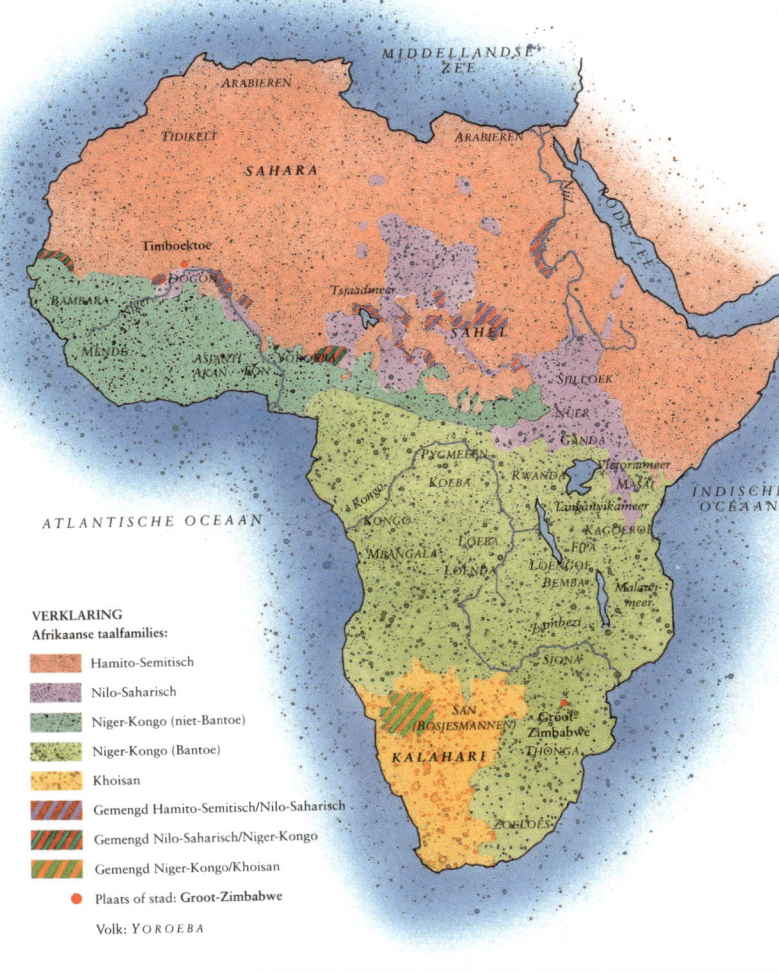

VERKLARING
Afrikaanse taalfamilies:
- Hamito-Semitisch
- Nilo-Saharisch
- Niger-Kongo (niet-Bantoe)
- Niger-Kongo (Bantoe)
- Khoisan
- Gemengd Hamito-Semitisch/Nilo-Saharisch
- Gemengd Nilo-Saharisch/Niger-Kongo
- Gemengd Niger-Kongo/Khoisan
- ● Plaats of stad: Groot-Zimbabwe

Volk: YOROEBA

CHRONOLOGISCH OVERZICHT

20.000 jaar geleden Mongolide volken trekken naar Noordoost-Afrika en de Sahara

10.000 jaar geleden Eerste negride volken verschijnen in de westelijke Soedan

7000 jaar geleden Eerste Khoi- en San-volken trekken naar het zuiden via oosterse savannegebieden en bereiken ca. 5000 jaar geleden zuidelijk Afrika

2000 jaar geleden Eerste Bantoe-sprekers van de Kameroense hoogvlakte trekken via tropische wouden naar de savannen van de Shaba in Zuidoost-Zaïre

1000 jaar geleden Tweede verspreiding van Bantoe, waarschijnlijk in samenhang met de verspreiding van de ijzerbewerking, vindt plaats van Zuidoost-Zaïre tot grote delen van Afrika beneden de Sahara

DE OORSPRONG VAN DE WERELD

De trillingen van het kosmische ei bij het begin van de schepping zijn op deze metalen doos met spiralen weergegeven; gebruiksvoorwerp van de Asjanti in Ghana om goudstof te bewaren.

HET KOSMISCHE EI
De Dogon in Mali denken dat de schepping begon met een wezen dat Amma heette, een ei dat het kosmoszaad was. Het trilde zeven keer voordat het openbarstte en een Nommo-schepper het licht deed zien. Die viel op de aarde, gevolgd door een tweelingzus en door vier andere Nommo-tweetallen. De Nommo's schiepen en organiseerden de hemel en de aarde, de opeenvolging van dag en nacht, de seizoenen en de menselijke samenleving. Het idee van een 'kosmisch ei' als bron van het universum komt in heel Afrika voor.

Deze Dogon-rotstekening (rechts) toont waarschijnlijk een Nommo die op de aarde valt. Beneden staan twee Nommo's (met de armen omhoog) op een kruk van een spirituele leider van de Dogon. De voet van de kruk stelt de aarde voor en de zitting de hemel.

Afrikaanse volken hebben veel verschillende ideeën over het begin van de wereld, van het geloof van de Akan in Ghana dat het universum gemaakt is door Nyame, een moedergodin van de maan, tot het wijd verbreide idee van een enorme slang die vaak met de regenboog wordt geassocieerd en die de oorsprong van de kosmos is. In zuidelijk Afrika wordt dit oerdier gewoonlijk Chinawezi genoemd en wordt als een grote python voorgesteld. Van Zuid-Algerije tot Timboektoe is het eerste dier dat geschapen werd de reusachtige slang Minia; uit zijn lichaam zijn de wereld en het leven gemaakt (zie ook p. 277).

Van de Dogon in Mali tot de Loengoe in Zambia wordt de schepping voorgesteld als trillingen van een kosmisch ei (zie links). In de mythe van de Dogon is het begin van de wereld het zaad van het universum, een ster met de naam voor *Digitaria exilis*, hun kleinste gecultiveerde graanplant. Volgens hen is deze ster de 'tweelingbroer' van Sirius, de Hondsster, en is ze de kleinste en zwaarste van alle. Ze is zo compact dat alle mensen op aarde samen nog geen stukje ervan kunnen optillen. Haar beweging om Sirius heen duurt vijftig jaar en houdt de schepping in de ruimte in stand. Vreemd genoeg heeft de moderne astronomie ontdekt dat Sirius inderdaad een metgezel heeft, Sirius B, die alleen met de krachtigste telescopen is waar te nemen en die vijftig jaar over een omwenteling doet en ook extreem dicht is – een 'ingestorte witte dwerg'. De Amerikaanse geleerde Roger Temple heeft daaruit geconcludeerd dat de Dogon-mythe een restant is van kennis die door intelligente bewoners van Sirius naar de aarde is gebracht. Maar volgens de Amerikaanse astronoom en kosmoloog Carl Sagan hebben de Dogon het verhaal van de kennis die westerse geleerden daar brachten vóór de mythe in de jaren dertig door een Franse antropoloog is vastgelegd.

Een van de ingewikkeldste scheppingsmythen is die van de Bambara, buren van de Dogon. Volgens hen bracht in het begin de leegte, *foe*, het weten voort, *gla gla zo*. Dit weten was gevuld met zijn leegheid en de leegheid was gevuld met zichzelf. Het weten was de eerste scheppende kracht van het universum; het zette een mysterieus proces in gang waarbij energie vrijkwam en weer opgenomen werd. Hierdoor ontstond het menselijk bewustzijn, het 'zaad' of principe van het universum. (Wegens de fundamentele wet van de tweeheid, die volgens de Bambara de hele schepping beheerst, schuilt er in elk mens het mannelijke en vrouwelijke, zowel fysiek als geestelijk.) Toen maakte de geest Pemba de aarde en de geest Faro maakte de hemel en elk vestigde de vier windrichtingen. Toen ontstond het leven op aarde. Faro maakte in de woestijn een tweeling en het eerste gras begon te groeien. Vervolgens verschenen het eerste water en een vis, die Faro en zijn kinderen mee naar de zee nam, waar hij de waterdieren maakte. Faro gaf alle schepselen op aarde een naam, hij bepaalde de seizoenen en in plaats van het oerdonker kwamen dag en nacht. Toen ordende hij alle levende wezens. De mensen werden ook allemaal benoemd en geclassificeerd, de rassen en stammen werden naar de kwaliteit van hun bloed ingedeeld, waarin Faro hun lot vastlegde. Toen keerde hij terug naar de hemel.

Veel Afrikaanse mythologieën zijn maar matig geïnteresseerd in speculaties over de schepping van de kosmos, maar beginnen met de komst van de mensen in een reeds bestaand universum. De Fipa in zuidwestelijk Tanzania en de Toetsi in Rwanda beweren dat halfgoddelijke voorouders uit de lucht op aarde vielen en de mensheid stichtten, terwijl volgens de Masai in Tanzania en Kenya de hemel en de aarde aanvankelijk met een touw verbonden waren waarlangs de Hoge God het vee naar beneden stuurde. De Yoroeba in West-Afrika beweren dat de oorspronkelijke aarde uit onbewoonbaar water en moeras bestond, totdat de godheid uit de hemel kwam om het vasteland te maken. Vervolgens werden in de hemel de mensen gemaakt, die via een spinneweb naar de aarde werden gezonden.

DE SCHEPPINGSMYTHE VAN DE SAN

Het volgende verhaal van de San (jagers-verzamelaars) in de Kalahari schrijft de schepping toe aan Dxoei:

'Dxoei was Dxoei, de eerste geest van de schepping. Hij deed veel. Als de zon opkwam, was Dxoei een bloem en 's nachts was hij een man. Als de dag kwam, was hij een andere bloem en 's avonds weer een man. De dag erna was hij een boom vol fruit. Toen de zon weer onderging, was hij Dxoei, een man. Toen Dxoei ontwaakte, zag hij voor het eerst de zon en hij merkte dat hij alleen was. Toen werd hij een boom vol fruit maar bedekt met doorns. Toen kwam de eerste vrouw die het fruit wilde meenemen, maar de boom verdween en de vrouw huilde, ging op de grond liggen en stierf.

Dxoei werd een vlieg en toen water en toen weer een bloem, een vogel, toen de vogelvanger en toen de vogeleter. Toen werd hij opnieuw een man en hij werd door andere mensen achtervolgd en zo werd Dxoei een grote vogel en vloog naar zijn vader en moeder. Toen zijn vader hem herkende, werd Dxoei een man. Hij stierf en werd een hagedis, het alleroudste schepsel.'

De hemelse smid

In de Afrikaanse mythologie prepareert een goddelijke smid vaak het nieuwe universum voor de mensheid. Gewoonlijk komt hij uit de hemel.

Volgens de Fon van Benin in West-Afrika was de hemelse smid Goe de oudste zoon van de scheppende tweelinggod Mawoe-Lisa. De mannelijke Lisa bracht hem naar de aarde als ceremonieel zwaard dat hij in zijn hand hield. Toen moet Goe de opdracht hebben gekregen de aarde voor de mensen bewoonbaar te maken, een taak die hij nooit heeft opgegeven. Goe onderwees het ijzersmeden en leerde mensen gereedschappen te maken voor de voedselvoorziening, voor kledij en voor de bouw.

Amma, de schepper van de Dogon (zie marge, p. 266), maakte de eerste geest-smid uit de placenta van een Nommo. Maar de geest had geen vuur en stal dus een stukje van de zon bij de hemelse Nommo-tweeling en daalde toen op aarde neer in een hemels schip. Andere mythen uit het Sahara-gebied vertellen hoe de eerste smid een schoffel uit de schedel van een hemelse antilope, Bintoe, vervaardigde zodat hij de mensen het cultiveren van gewassen kon bijbrengen.

Een Dogon-ruiterfiguur van ijzersmeedwerk; het is waarschijnlijk de smid die het vuur stal.

DE OMGEKEERDE WERELD
Het rijk van de levenden en van de doden

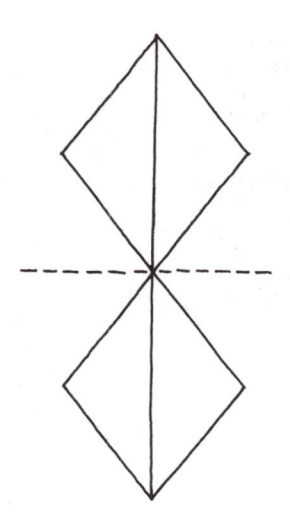

In het algemeen is het pasgeschapen universum tweeledig: een bovenste gedeelte voor de levenden en een onderwereld voor de doden. Volgens de volken aan de zuidelijke oevers van het Tanganyikameer is het dodenrijk een omgekeerde versie van de wereld der levenden, waar mensen overdag slapen en 's nachts bij maanlicht naar buiten gaan. Het is toegankelijk via het hol van een stekelvarken. In de Noordafrikaanse gebieden van de Sahara en de Sahel worden de twee domeinen voorgesteld als twee tegengestelde aspecten van een 'kosmische boom', die boven de vorm van een wijnstruik heeft en beneden die van een vijgeboom. De aarde, dat wil zeggen het middenstuk, is een grenadineboom. In de oasen van de Sahara planten de mensen representanten van de drie lagen van de kosmische boom: in het oosten een wijnstruik die naar de hemel verwijst, een grenadineboom die naar de aarde verwijst in het midden van het gecultiveerde gebied, en in het westen een vijgeboom voor de onderwereld.

In andere delen van Afrika wordt het dodenrijk voorgesteld als een hemelrijk en niet als een onderwereld. De Thonga in Mozambique verhalen over een meisje dat op weg naar de rivier haar waterpot brak. Toen ze begon te roepen, verscheen er vanuit de lucht een touw. Het meisje klom omhoog en kwam in een dorp waar de doden leefden. Een oude vrouw zei dat ze moest doorlopen en het advies van een mier die in haar oor was gaan zitten, ter harte moest nemen. Ze kwam bij een ander dorp, waar de ouderen haar lieten werken. Tevreden over haar werk lieten de ouderen haar enkele baby's zien, sommige in rode en andere in witte doeken gewikkeld. Toen de jonge vrouw een baby in het rood wilde uitkiezen, fluisterde de mier dat ze er een in het wit moest nemen. Toen ze terug naar huis ging, werd ze door haar familie goed ontvangen. Haar zus was echter jaloers en ging naar de hemel om voor zichzelf een kind te halen. Maar ze was brutaal tegen de oude vrouw en luisterde niet naar de mier. Toen ze een baby in het rood uitkoos, veranderde ze onmiddellijk in een skelet. Haar witte botten vielen neer op aarde.

Een oasebewoner in het Tidikelt-gebied van Zuid-Algerije tekende deze voorstelling van de boven- en de onderwereld en van de kosmische boom met zijn drie manifestaties. De ruitfiguren staan waarschijnlijk voor de vier richtingen in de wereld.

De kosmos van de Kongo

De Kongo in West-Zaïre beweren dat het universum twee gebieden heeft die door een oceaan gescheiden worden. Het bovengebied, waar de levenden verblijven, is als een berg. De onderwereld, waar de doden wonen is identiek, maar naar beneden gericht.

De hemel is wit, maar de aarde eronder is zwart tengevolge van het kwaad en de ongehoorzaamheid jegens de wil van de Hoge God. Tussen hemel en aarde staat de regenboog, die rood wordt weergegeven. Onder de zwarte aarde is de waterscheiding, de oorsprong van alle leven, die ook rood is; en daaronder bevindt zich de witte onderwereld. Net als het universum worden de afwisseling van dag en nacht en van de stadia van een mensenleven met rood, wit en zwart gesymboliseerd. Het rode ochtendgloren is als de geboorte, de witte middagzon is rijpheid en gerechtigheid, en de zonsondergang gaat vooraf aan de zwarte dood.

Dit masker van hout en raffia van de Pende van Zaïre stelt misschien de zon voor, en ook tegenstellingen als dag en nacht.

DOOD EN SEKS
De verloren onsterfelijkheid

Volgens veel Afrikaanse volken bestond de dood eerst niet; zijn bestaan wordt veelal toegeschreven aan een of andere overtreding van mensen of van een dier. De Nuer-herders in Zuid-Soedan vertellen dat een touw ooit de aarde met de hemel verbond en dat iedereen die oud werd, langs het touw omhoog klom en door de Hoge God weer jong werd gemaakt en naar de aarde terugkeerde. Maar op een dag klommen een hyena en een wevervogel via het touw naar de hemel. De Hoge God liet die twee goed in de gaten houden, opdat ze niet terug naar de aarde gingen, waar ze ongetwijfeld problemen zouden veroorzaken. Op een dag ontsnapten ze en gingen naar beneden, en toen ze vlak boven de grond waren sneed de hyena het touw door. Toen het bovenstuk werd opgetrokken, konden de mensen niet meer omhoog; als ze nu oud werden, gaan ze dood.

De Koeba verklaren de komst van de dood met een variant op de scheppingsmythe. De scheppende god Mboom, ofwel 'Oerwater', had negen kinderen, die allemaal Woot heetten en die om de beurt meehielpen bij de schepping. De Woot die alle stekelige dingen zoals vissen en doorns had uitgevonden, maakte ruzie met de Woot die alles aanscherpte en die het eerste mes maakte. Toen de Woot van de stekelige dingen door een scherp mes stierf, kwam de dood op aarde.

De Ganda aan de noordelijke oever van het Victoriameer vertellen dat Kintoe, een immigrant die de koninklijke dynastie van Boeganda had gevestigd, in de hemel een vrouw ging zoeken. Hij kreeg Nambi, een dochter van de Hoge God zelf, maar de kersverse schoonzoon moest wel met zijn vrouw naar de aarde terugkeren. Anders zou haar broer Waloembe, de Dood, meegaan. Kintoe nam haar mee, maar onderweg herinnerde ze zich dat ze het graan voor de kip die de Hoge God hun geschonken had, vergeten had. Vergeefs probeerde Kintoe haar tegen te houden, en toen ze mét het graan weer terugkwam, werd ze achtervolgd door haar broer de Dood; hij ging naast hen wonen. Sedertdien zijn alle mensen op aarde sterfelijk.

Ook in een mythe van de Dinka, veehouders in de zuidelijke Soedan, is de dood aan een vrouw te wijten. Volgens hen gaf de Hoge God in het begin elke dag aan een echtpaar – Garang en Aboek – een gierstkorrel, waar ze genoeg aan hadden. Maar Aboek zaaide uit hebzucht nog meer gierst, waarbij ze per ongeluk de Hoge God met haar schoffel raakte. De god was zo kwaad dat hij zich van de mensheid terugtrok tot op zijn huidige afstand; hij stuurde een vogel om het touw los te maken waarmee de aarde aan de hemel vastzat. Sinds die tijd moeten de mensen hard werken voor de kost, worden ze ziek en gaan ze dood.

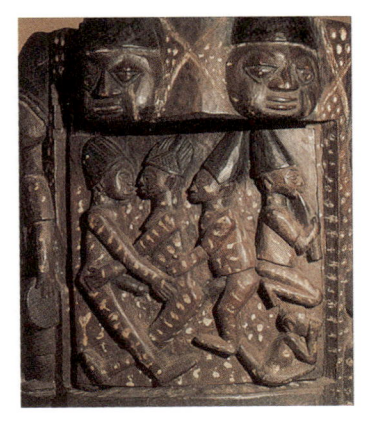

Houtsnijwerk van een Yoroeba-heiligdom met een erotisch vruchtbaarheidsthema uit Noord-Yoroebaland, Nigeria.

DE OORSPRONG VAN DE SEKSUALITEIT

Een verhaal dat in veel versies in Afrika verteld wordt, gaat over de Hoge God, die aanvankelijk mensen zonder geslachtsorganen maakte. Ze leefden een tijd helemaal gelukkig, maar ze werden ontevreden en vroegen de Hoge God om eens een ander soort mensen te sturen. Toen stuurde de god de mannelijke en vrouwelijke geslachtsorganen die aanvankelijk net als mensen hun eigen gang gingen. Op een dag deelden de eerste mensen zich in twee groepen op om het dagelijks werk beter te kunnen doen. Ze vroegen de geslachtsorganen zich bij een van de twee groepen aan te sluiten, en de mannelijke organen gingen naar de ene groep en de vrouwelijke organen naar de andere. Vanaf dat moment waren er twee groepen, mannen en vrouwen, en ze zagen dat ze van elkaar verschilden en sindsdien zijn ze altijd verdeeld en met elkaar in strijd geweest.

Een geverfd houten geestenmasker gemaakt door een Dan-vakman in Liberia. De kenmerkende spleetogen moeten de kracht intomen die uit de wereld van de dode geesten komt.

KONINGSCHAPSMYTHEN
De goddelijke afstamming van wereldse heersers

Tot de belangrijkste Afrikaanse mythen horen de verhalen over de afkomst van koninklijke heersers waarin de koningen steevast afstammen van goddelijke wezens. Zo vertellen de Zoeloes in Zuid-Afrika hoe een jongeman, de zoon van de Hoge God, uit de hemel werd verdreven omdat hij de lievelingskoe van de god had gestolen. Hij werd door een gat uit de hemel gegooid en via een navelstreng om zijn middel op aarde neergelaten. Na een maand kreeg de Hoge God met hem te doen en stuurde hem op dezelfde manier een vrouw, waarna hij de streng omhoog haalde en het gat afsloot. Die jongeman werd de eerste Zoeloe-koning. Wegens die goddelijke afstamming hebben de Zoeloe-koningen macht over de regen. Ook in de Yoroeba-mythologie wordt het koningschap aan het weer gekoppeld. De grootste koninklijke krijger, Sjango, werd god van de donder en van de regen nadat hij zich in een boom had opgehangen en ten hemel was opgestegen. Zijn vrouw was een meer dat Oja heette en dat na Sjango's dood de Niger werd.

Een soortgelijk verhaal wordt door de Rwanda in Oost-Afrika verteld. Daar meende men dat de heerser van de hemel, Nkoeba de Bliksem, een onvruchtbare vrouw had. Toen haar man op een dag weg was, stal ze een van zijn koeien, doodde haar en stopte het hart in een pot. Negen maanden gaf ze het hart melk en toen verscheen er een mannelijk kind in de pot. Het kind, Kigwa, groeide op in de hemel; toen het ten slotte op aarde neerviel, werd hij de eerste koning van Rwanda.

In veel gevallen verklaren de koningsmythen ook de oorsprong van de mensheid. De *reth* (koning) van de Sjilloek in de zuidelijke Soedan werd in de mythe en het koningsritueel gelijkgesteld met Nyikang, de voorouder van de koninklijke stamboom en stichter van de Sjilloek-staat. Nyikangs vader was de zoon van een hemels wezen en zijn moeder was een krokodil die Nyakaya heette. Na een ruzie met zijn halfbroer verliet Nyikang het thuisland. Onderweg bestreed en overwon hij de zon en hij spleet het water van de Witte Nijl, zodat hij deze met zijn vol-

SYMBOLISCHE KLEUREN
De kleuren rood, wit en zwart zijn voor veel Afrikaanse volken van grote betekenis, bijvoorbeeld als weergave van het universum (zie p. 268). Op bovenstaande wanschaal uit noordelijk Zambia hebben ze een tweeledige betekenis. Enerzijds symboliseren ze de mythologische oorsprong van de Loengoe: rood staat voor koningschap, wit voor spirituele kracht en priesterschap en zwart voor de gewone mensen. Anderzijds verwijst het rood naar de eerste menstruatie, het wit naar zaad en het zwart naar schaamhaar. Dergelijke wanschalen worden gegeven aan huwbare jonge vrouwen na hun rituele initiatie.

Net als elders symboliseert ook in Afrika de leeuw het koninklijk gezag. In veel mythen komt hij als koning der dieren voor, al wordt hem vaak de loef afgestoken door kleinere en slimmere dieren als de haas. Deze in hout gesneden leeuwefiguur komt uit het koninklijk paleis van de Fon van Benin (voorheen Dahomey) in West-Afrika.

gelingen kon oversteken. De erenamen van Nyikang en alle volgende koningen van de Sjilloek – die zijn incarnaties waren – verwijzen naar het universum van de Sjilloek: de hemel, de rivier en de aarde. Hij is god, halfgod en mens, en van zijn gezondheid hangt die van het land af. In prekoloniale tijden werd hij, toen zijn lichaamskracht afnam, ritueel gedood om plaats te maken voor een geschikte, krachtige opvolger.

Rituele koningsmoord is ook het thema in de mythe van koning Mwetsi, waarmee het geloof in de vierjaarlijkse rituele moord op de *Mambo* (koning) van Monomotapa in het middeleeuwse Zimbabwe wordt verklaard. Volgens de mythe woonde de eerste mens, die door Mwari, de Hoge God, gemaakt was, onder het water. Hij heette Mwetsi (Maan) en hij wilde op aarde wonen, waar het toen een en al woestijn was. Mwetsi begon te klagen en Mwari gaf hem een vrouw, de Morgenster, die het gras, de struiken en de bomen baarde. De bomen groeiden tot aan de hemel en toen begon het te regenen. In die overvloed bouwde Mwetsi een huis, maakte een schoffel en begon de aarde te bewerken. Maar na twee jaar nam Mwari Morgenster terug. Mwetsi klaagde acht dagen aan een stuk, totdat Mwari hem een nieuwe vrouw gaf, de Avondster, maar hij waarschuwde hem tegelijkertijd dat hij zijn ondergang tegemoet ging. Toen het donker werd, riep Avondster hem bij zich in bed. Daarna baarde ze kippen, schapen, geiten en antilopen en vervolgens jongens en meisjes die binnen een dag volwassen werden. Op de avond van de vierde dag woedde een krachtige storm en Avondster waarschuwde haar man dat hij in levensgevaar verkeerde. Desondanks paarde hij met haar en de volgende dag baarde ze leeuwen, luipaarden, slangen en schorpioenen. Op de avond van de vijfde dag weigerde ze naast haar man te gaan liggen. Ze zei hem dat hij zijn dochters moest nemen. Dat deed hij, en zijn dochters baarden de volgende ochtend kinderen die tegen de avond al volwassen waren.

Zo werd Mwetsi koning van een talrijk volk en Avondster sliep met een slang en werd onvruchtbaar. Mwetsi wilde haar terug, maar toen hij bij haar ging liggen werd hij door de slang gebeten. De gezondheid van het land was afhankelijk van die van Mwetsi; toen hij ziek werd van het gif,

GEHEUGENSTEUN VOOR VERTELLERS

Aan het koninklijk hof van de Loeba is het vertellen en vastleggen van de mythen over de Regenboogkoning en de geschiedenis van de Loeba-koningen toevertrouwd aan een groep ouderen (zie kader onder en p. 272). Zij gebruiken een merkwaardig apparaat, de *Loekasa* ofwel 'lange hand', om de belangrijkste kenmerken van een verhaal vast te leggen. Het bestaat uit een bord bezet met kralen en gegraveerd met symbolische patronen. Zo staat een blauwe kraal voor Mbidi Kiloewe en een grote, rode kraal tussen kleine gele kralen staat voor Nkongolo en zijn volgers. De verteller houdt de *Loekasa* tijdens het verhaal vast zodat hij de draad niet kwijt raakt.

Kalala Iloenga en de Regenboogkoning

*D*e Loeba in Zaïre geloven dat de stichter van een van hun koninkrijken Kalala Iloenga was. Zijn jonge jaren bracht hij door aan het hof van de Regenboogkoning, Nkongolo.

Op een dag kwam een prins uit het oosten, Mbidi Kiloewe, jagen in het land van Nkongolo, die het zijn gast naar de zin wilde maken. Hij leende hem zijn tweelingzussen en beiden raakten zwanger. Boelanda kreeg een zoon, Kalala Iloenga, en Mabela kreeg een tweeling, een jongen en een meisje. Nkongolo eiste Kalala Iloenga op als zijn eigen zoon en Mbidi Kiloewe moest terugkeren naar huis. De jongen werd de beste danser en loper van het land. Nkongolo benijdde zijn roem en besloot hem te doden. Hij liet op de dansvloer een kuil graven met aangescherpte stokken erin en nodigde Kalala uit voor een danswedstrijd. Kalala werd door zijn slagwerker gewaarschuwd en vluchtte naar zijn echte vader. Van Mbidi kreeg hij een leger om Nkongolo te verslaan, en deze vluchtte met zijn zussen naar het westen. Maar de zussen verrieden hem aan Kalala's mannen, die zijn hoofd afhakten. De geest van Nkongolo leeft voort als een slang en verschijnt soms als regenboog.

Een houten hoofdsteun van de Loeba in de vorm van tweelingzussen. Tweelingen spelen een belangrijke rol in het verhaal van Kalala Iloenga en in veel andere mythen.

hield het op met regenen, het water droogde op en de mensen werden door de dood bezocht. Om hun ellende te stoppen besloten Mwetsi's kinderen hun vader te vermoorden. Ze wurgden hem en kozen een andere koning.

Volgens de Koeba van Zaïre waren de eerste twee goden tevens koningen, Mboom en Ngaan, die elk de helft van de wereld beheersten, die toen donker en met water bedekt was. Toen ze ruzie kregen, verlieten ze de plek die ze geschapen hadden; Mboom ging naar de hemel, terwijl Ngaan onder water dook. Op een dag braakte Mboom de zon, de maan en de sterren uit. Onder de zon begon het water op te drogen en het land verscheen. Mboom braakte opnieuw, zodat alle dieren te voorschijn kwamen. Daarna waren de mensen aan de beurt, waaronder Woot, de voorvader van de koningen en van de Koeba, die met de andere mensen en de dieren in een dorp woonden. Ze konden het goed met elkaar vinden en spraken dezelfde taal. Toen werd Woot verliefd op zijn zus Mweel. Na hun vereniging baarde ze een zoon, Nyimi Lele, die de nabijgelegen stam Lele zou stichten.

Toen de mensen vernamen dat Woot incest had gepleegd, werden ze boos en verdreven hem uit het dorp. Woot nam wraak met een vloek. De gierst begon te rotten, de meeste dieren verwilderden en de zon kwam niet meer op. Mweel zond hem boodschappers met spijtbetuigingen en uiteindelijk gaf Woot toe, zodat de ochtendvogels de zon weer opriepen. Toen ging hij zijn volk voor in de uittocht. Onderweg schiep hij het landschap, planten en dieren en nog meer zoons, die de stichters van de verschillende stammen werden. Woot verdraaide hun tongen en sindsdien spreken ze verschillende talen.

Een masker dat de voorouderlijke held Woot voorstelt; het is versierd met kralen en schelpen. Het wordt gebruikt bij de initiatieriten van de Koeba. Alleen mannen met koninklijk bloed mogen het masker dragen

Chibinda Iloenga

Een mythe van de Mbangala in Angola vertelt het vervolg van de geschiedenis van de Loeba-dynastie die met Kalala Iloenga begon (zie p. 271). De hoofdpersoon is Chibinda Iloenga, een van de meest vereerde figuren in de mythologie van die streek.

Er kwam eens een jonge prins, een jager, naar het Loenda-koninkrijk. Hij heette Chibinda Iloenga en was de kleinzoon van Mbidi Kiloewe, de voorouder van de Loeba-koningen. Zijn gezicht glom en was blank als de maan. De prins had het land van de Loeba verlaten omdat de koning, die jaloers was op zijn jagerskunsten, hem beledigd had met de opmerking dat hij nog nooit oorlog had gevoerd. Op een dag ging de Loenda-koningin Lueji, die afstamde van Chinawezi – de oerslang en moeder van alle dingen (zie p. 277) –, naar de rivier in het bos en ontmoette de jagende prins. Onmiddellijk was ze in de ban van zijn hoffelijke manieren en ze nodigde hem uit bij haar te blijven. Al gauw trouwden ze en Lueji vertelde de ouderen in een toespraak dat Chibinda Iloenga in haar plaats zou regeren. Ook de prins sprak hun toe en vertelde dat hij als jager alleen dieren zou doden en geen mensen. Nadat Lueji hem de koninklijke ambtsketen had overgedragen, begon ze te menstrueren en zonderde ze zich af. Het duurde lang en de afzondering werd nadien Nkoela genoemd ('de boom met rood sap'), de term voor het ritueel dat sindsdien voor vrouwen met menstruatieproblemen wordt uitgevoerd. Door haar langdurige bloedverlies kon Lueji geen kinderen meer krijgen. Uiteindelijk gaf ze Chibinda Iloenga een andere vrouw, Kamonga, die wel vruchtbaar was.

Een houten beeldje uit Zaïre dat de Loeba-koning Chibinda Iloenga voorstelt.

TORENMYTHEN
De dwaasheid van de menselijke arrogantie

Verhalen over de bouw en de uiteindelijke vernietiging van enorme torens komen in heel zuidelijk Afrika voor, van Mozambique tot Angola, en gewoonlijk wijzen ze op de gevaren van grote ambities. Zo gaat een verhaal van de Loeba over het begin der tijden, toen de mensen in hetzelfde dorp woonden als de Hoge God. De schepper was hun ruzies beu en stuurde zijn menselijke buren naar de aarde, waar ze honger leden, last van de kou hadden en met ziekte en dood te maken kregen. Omdat ze volgens een waarzegger naar de hemel terug moesten om weer onsterfelijk te worden, begonnen ze een enorme houten toren te bouwen. Maanden later bereikten de bouwers de hemel en verkondigden met trommel en fluit hun succes, zodat de achterblijvers op aarde hen zouden volgen. Maar de mensen beneden waren te ver weg om het te horen. Toen de Hoge God de herrie hoorde, werd hij kwaad, vernielde de toren en doodde de musicerende bouwers.

Een torenmythe maakt ook deel uit van het verhaal van de Loeba over het gevecht tussen Nkongolo, de wrede Regenboogkoning, en prins Kalala Iloenga (zie p. 271). Men beweert dat Nkongolo op verschillende manieren zijn tegenstander probeerde te verleiden of te dwingen naar hem te luisteren, nadat Kalala uit de val was ontsnapt die de koning voor hem had opgezet. Eerst stuurde Nkongolo mannen in boten de rivier over met de opdracht om de voortvluchtige prins te grijpen maar het water steeg en voor ze de overkant van de rivier bereikten, waren ze verdronken. Toen probeerde Nkongolo het met een stenen dam in de rivier, maar de stenen deden niet wat hij wilde. Ten slotte liet hij een grote toren bouwen van waaruit het vijandelijk gebied goed zichbaar zou zijn. Toen de toren klaar was, stuurde Nkongolo de waarzegger Majiboe en nog een man, Moengedi, naar boven om de vluchteling terug te roepen. Maar met zijn toverkracht sprong Majiboe de ruimte in en kwam aan de andere kant bij Kalala terecht. Hij sloot zich bij prins Kalala aan en hielp hem met succes in de oorlog tegen zijn vijand. De toren viel om en Moengedi en veel andere volgelingen van de Regenboogkoning werden gedood.

DE TOREN VAN CHITIMOEKOELOE
Volgens de scheppingsmythe van de Bemba in Zambia probeerde de eerste koning, Chitimoekoeloe, met zijn twee broers een hoge toren te bouwen in het koningsdorp van hun moeder Moembi Moekasa, een nicht van de Hoge God. De toren stortte in en doodde veel mensen, en hun vader Moekoeloempe gaf bevel de drie broers te doden. Chitimoekoeloe vluchtte toen met zijn broers naar wat nu Zambia is

De kegelvormige toren is het opvallendste onderdeel van de ruïnes van Groot-Zimbabwe. Hij is meer dan negen meter hoog en maakt deel uit van een keten van dergelijke torens in heel zuidelijk Afrika. Men denkt dat ze verband houden met de bekende torenmythen.

ESJOE DE BEDRIEGER

De slimme bemiddelaar tussen hemel en aarde

Deze figuurtjes op een 19de-eeuws heiligdom van de Yoroeba tonen de populaire goddelijke bedrieger Esjoe in diverse gedaantes.

HET LIED VAN ESJOE
Er zijn heel veel onderhoudende liederen over de bedrieger Esjoe, vaak met opzettelijk absurde woorden erin. Hier volgt een voorbeeld van de Yoroeba:
'Esjoe sliep in huis, maar het huis was te klein voor hem.
Esjoe sliep op de veranda, maar de veranda was te klein voor hem.
Esjoe sliep in een noot en eindelijk kon hij zich uitrekken.
Esjoe liep door een aardnotenplantage – zijn haren waren net zichtbaar.
Als hij niet zo groot was geweest, was hij helemaal niet zichtbaar geweest.
Gisteren gooide hij een steen en vandaag doodt hij daarmee een vogel.
Als hij gaat liggen, raakt zijn hoofd het dak.
Staande kan hij niet in de kookpot kijken.
Esjoe verandert goed in kwaad, kwaad in goed.'

Het beroemdste bedriegerstype is de Westafrikaanse figuur die de Yoroeba kennen als Esjoe en die in Benin Elegba of Legba heet (hier gebruiken we alleen de naam 'Esjoe'). Hij schijnt verantwoordelijk te zijn voor alle ruzies tussen mensen onderling en tussen mensen en goden. Hij is de slimste god en wordt afgeschilderd als een thuisloze, zwervende geest die op de markt woont, bij kruispunten en op de drempels van huizen. Bij veranderingen en overgangen is hij van de partij.

In een bepaald verhaal haalt hij de zon en de maan over van huis te wisselen, waardoor de volgorde van alles verandert. Maar de bekendste mythe gaat over de manier waarop hij de levenslange vriendschap van twee mannen kapotmaakt. De twee bewerken hun landjes naast elkaar en ze zijn zo dik bevriend dat ze altijd samen zijn en zelfs dezelfde kleren dragen. Esjoe gaat langs het pad dat tussen beide huizen doorloopt. Hij draagt een hoed die aan de ene zijde wit en aan de andere zwart is. Hij steekt zijn pijp in zijn achterhoofd en haakt zijn knuppel over een schouder zodat die over zijn rug hangt. Als hij weg is, beginnen de twee vrienden te twisten over de vraag welke kant hij opging en over de kleur van de hoed. Ze raken zo verhit dat zelfs de koning het merkt en de twee mannen tot kalmte maant.

Terwijl ze elkaar voor leugenaar uitmaken, vertelt Esjoe aan de koning dat geen van beiden liegt en dat elk van beiden een sukkel is. Als hij zijn grap verraadt, wordt de koning razend en stuurt zijn mannen op Esjoe af, maar de god loopt sneller dan allemaal. Op zijn vlucht steekt hij talloze huizen in brand; terwijl de bewoners naar buiten komen met hun bezittingen, biedt hij aan op hun spullen te letten, die hij vervolgens aan voorbijgangers geeft. De bezittingen van de slachtoffers van de brand verdwijnen in alle richtingen.

In een ander verhaal vertelt Esjoe de Hoge God dat dieven zijn jamtuin willen plunderen. 's Nachts sluipt hij bij de Hoge God in en steelt zijn sandalen, doet ze aan en gaat ermee zijn tuin in om de jammen te stelen. Het had geregend en de voetstappen zijn goed te zien. 's Morgens gaat Esjoe de diefstal melden en zegt dat de dader gemakkelijk te identificeren is door de voetstappen. Iedereen moet opdraven, maar niemand heeft zulke grote voeten. Als Esjoe oppert dat de Hoge God misschien zelf tijdens het slapen de jammen heeft weggehaald, ontkent de godheid dat. Maar zijn voet past precies in de afdruk. De Hoge God beschuldigt Esjoe van bedrog en hij trekt zich voor straf onmiddellijk uit de wereld terug. Esjoe moet elke avond in de hemel verslag komen uitbrengen over wat er die dag beneden gebeurd is. En zo werd Esjoe boodschapper tussen de mensen en de Hoge God.

Esjoe en Ifa

Volgens de Yoroeba was Ifa een god die op aarde kwam om de mensen de geheimen van de geneeskunst en de waarzeggerij te leren. De volgende mythe laat zien hoe de bedrieger Esjoe en Ifa, de god van orde en beheersing, samenwerken in de wereld.

Esjoe en Ifa bereisden samen de wereld. Op een dag pochte Esjoe dat hij zijn metgezel te gronde zou richten. Ifa lachte en zei: 'Als jij een andere gedaante aanneemt, doe ik hetzelfde, en als ik sterf, sterf jij ook, want zo is het in de hemel geregeld.'

Op een avond verdween Esjoe uit het zicht. Bij een naburig huis haalde hij een haan weg, hakte hem zijn kop af en verborg de stukjes in zijn kleed; hij ging naar Ifa terug en schreeuwde: 'Word wakker! De dood komt eraan!' In de verte waren de boze dorpelingen te horen die hun haan kwijt waren. Ifa en Esjoe vluchtten en onderweg liet de bedrieger stiekem een bloedspoor achter. Ifa keek om en zag dat de dorpelingen knuppels en bijlen bij zich hadden. Esjoe klom in een hoge witte katoenboom. Ifa veranderde in een vogel, vloog op en streek naast de bedrieger neer, die zei: 'Zie je nou dat ik je kan doden!' Ifa antwoordde: 'Wat er met mij gebeurt, gebeurt ook met jou!' De dorpelingen hakten de boom om en snelden naar de plek waar de lichamen terecht waren gekomen. Maar ze vonden daar niet Esjoe en Ifa, maar alleen een grote steen en een plas koel, helder water. Ze staarden naar de steen en werden witheet van woede; pas zodra ze zich naar de waterplas keerden, verdween de hitte. Het dorpshoofd besefte dat er een wonder was gebeurd en knielde neer met de woorden: 'Wij van de wereld buigen in verering voor u neer.'

Steeds als mensen aan Ifa offeren moeten ze ook Esjoe een eerste offergave overhandigen, opdat hun werkzaamheden goed uitpakken.

Een toverstok die bij de Ifa-waarzeggerij gebruikt wordt (zie marge).

HET IFA-ORAKEL

Het beroemdste Afrikaanse waarzeggersstelsel is de Ifa van de Yoroeba. De waarzegger neemt zestien palmnoten van een boom die niet wordt gebruikt voor de palmwijn. Hij (de waarzegger is altijd een man) gaat voor een blad met de noten erop zitten en verdeelt de noten gelijkelijk over zijn beide handen. Dan worden de noten door elkaar geschud, zó dat de meeste van de linkerhand naar rechts verdwijnen; dat wordt herhaald totdat er nog een of twee in de linkerhand zitten. Als het er een is, worden twee streepjes in het stof op het blad gezet, en een enkel streepje als het er twee zijn. Dat wordt herhaald totdat er acht groepjes strepen op de rand van het blad staan. Ze vormen een figuur die *odoe* wordt genoemd, die de waarzegger wijst op een stel symbolische verhalen die hij uit zijn hoofd aan zijn bezoeker opdreunt. Daar gaat hij mee door totdat de bezoeker intuïtief het verhaal herkent dat op hem of haar van toepassing is. Er schijnen 256 (zestien in het kwadraat) combinaties in het Ifa-systeem te schuilen. Een soortgelijk, zij het eenvoudiger systeem wordt in zuidelijk Afrika gebruikt, waar vier stukjes bewerkt ivoor of bot samen zestien combinaties met een symbolische betekenis opleveren.

De Fon in Benin hebben het Ifa-systeem onder de naam Fa overgenomen. Volgens hen wordt het lot van ieder mens bepaald door de scheppende Hoge God, Mawoe, en kan het met het Fa-orakel geopenbaard worden. Maar Elegba heeft trucs en strategieën waarmee de strenge regels van Mawoe omzeild kunnen worden; daarom moet iedereen de Hoge God en de bedrieger in gelijke mate eren.

Een houten schaal waarvan de voet de vorm van een kruipende figuur heeft. Gebruikt bij de Ifa-waarzeggerij om palmnoten in te doen.

DIERENMYTHEN

Bedriegers, uitvinders en veranderaars

Dierenfiguren komen in de Afrikaanse mythen in veel verschillende vormen en rollen voor. Een van de geliefdste personages is de bedrieger die in West- en Centraal-Afrika als spin en in de oostelijke en zuidelijke steppegebieden als haas wordt opgevoerd. Anders dan goddelijke figuren als Esjoe (zie p. 274) hebben deze bedriegers zelf weinig betekenis en macht, maar ze gebruiken bij voorkeur hun verstand om sterkere dieren als de leeuw, de hyena of de olifant af te troeven.

In een verhaal van de Zande in Centraal-Afrika komt Toere de Spin een menseneter tegen die met een tweezijdige gong mensen in de val lokt. Om het vertrouwen van het monster te winnen biedt Toere aan om in de gong te gaan zitten, maar hij laat zijn armen eruit steken zodat het monster de gong niet dicht krijgt. 'Kun je me laten zien hoe het moet?' vraagt Toere. En terwijl het monster het voordoet, sluit Toere de gong en doodt hem.

In een andere mythe die op het hele continent bekend is, gaat de Haas (overigens een type dat met de Westafrikaanse slaven naar Amerika ging en daar 'Brer Rabbit' – Broer Konijn – werd) trouwen, maar hij is te lui om gierst voor zijn vrouw te telen. Daarom zint hij op een gemakkelijker manier en verdwijnt met een lang touw in de wildernis om Nijlpaard te zoeken.

'Oom,' zegt de Haas, 'ik wil proberen of ik je met dit touw kan wegtrekken. Als je het ziet bewegen moet je als een gek eraan rukken!' Nijlpaard antwoordt: 'Mij best, als je dat zo graag wilt. Maar met touwtrekken maak ik je in en daar krijg je spijt van!' Haas doet het touw om de nek van Nijlpaard en loopt met het andere eind naar Olifant, en vertelt hem hetzelfde verhaal. Dan gaat hij naar het midden van het touw en trekt naar beide

In Afrikaanse mythen is de haas een van de populairste dierlijke bedriegers. Hier staat hij afgebeeld op een masker van de Yoroeba.

De vuurdragers

*I*n Afrika wordt de beheersing van het vuur vaak toegeschreven aan dieren. De pygmeeën schrijven het toe aan een hond of aan chimpansees, terwijl volgens de Ila van Zambia het vuur van de Hoge God door een wesp naar de aarde is gebracht. In de volgende mythe van de San (Bosjesmannen) werd het vuur gestolen door de bidsprinkhaan, een dier dat door Afrikanen in het algemeen als heilig wordt beschouwd.

Op een dag merkte Bidsprinkhaan iets geks: op de plek waar Struisvogel at, rook het altijd lekker. Hij sloop op de etende Struisvogel af en zag dat deze vlees op een vuur aan het roosteren was. Na het eten verborg hij het vuur zorgvuldig onder zijn vleugel.

Toen verzon Bidsprinkhaan een list om het vuur te verkrijgen. Hij ging op Struisvogel af en zei: 'Ik heb een prachtige boom met heerlijk fruit gevonden. Als je meegaat, krijg je het te zien.' Struisvogel ging met Bidsprink- haan mee naar een boom met gele pruimen. Toen Struisvogel begon te eten, zei Bidsprinkhaan: 'Daarboven zitten de lekkerste!' Toen Struisvogel op zijn tenen ging staan moest hij voor het evenwicht zijn vleugels spreiden en Bidsprinkhaan pakte het vuur weg. Sindsdien heeft Struisvogel nooit meer geprobeerd te vliegen en steeds zijn vleugels langs zijn lichaam gehouden.

Later, aldus het verhaal, werd Bidsprinkhaan door zijn eigen vuur verbrand en uit zijn assen en botten ontstonden twee verschillende Bidsprinkhanen: een voorzichtige en bedachtzame en een moedige en ondernemende. Op een dag vermoordden de bavianen de zoon van de moedige Bidsprinkhaan en haalden zijn oog eruit. De geest van Bidsprinkhaan zag dat in een droom. Hij ging de bavianen te lijf, zegevierde en nam het oog terug. Hij dompelde het onder in water en er groeide een nieuw wezen uit.

kanten. Nijlpaard en Olifant beginnen te trekken. Tegen de avond hebben ze een groot deel van de wildernis omgewoeld, waar Haas kan zaaien voor een flinke oogst gierst.

In veel Afrikaanse mythologieën helpen heilige dieren bij de schepping van de wereld en bij het vormen van de menselijke cultuur. Goede voorbeelden zijn de 'kosmische slang' (zie marge) en de sprinkhaangeest bij de Khoisan in zuidwestelijk Afrika. Volgens de Khoisan heeft de mens de uitvinding van de woorden te danken aan de bidsprinkhaan, die de mensheid ook het vuur bracht door het van de struisvogel te stelen (zie kader, p. 276).

Ook Bleke Vos is een bekende veranderaar, met name in de scheppingsmythe van de Dogon van Mali, die vooral landbouwers zijn (zie ook p. 266). Bleke Vos heeft de landbouw uitgevonden toen hij bij de scheppende god Amma het zaad weghaalde en het in het lichaam van zijn moeder, de Aarde, zaaide. Het belangrijkste resultaat van zijn diefstal was dat de grond wegens zijn incestueuze handeling gezuiverd moest worden. Daartoe zaaiden de mensen zaad dat niet gestolen was, maar dat Amma hun voor dat doel had gegeven.

Bleke Vos vluchtte de wildernis in, die zijn thuis werd, maar de mensen gingen hem achterna en cultiveerden en beplantten nieuwe akkers. Op die manier zorgde de rondzwervende vos overal voor menselijke civilisatie en men zegt dat Amma de vos schiep om zowel orde als chaos op de wereld te brengen. Nu hij uit de menselijke wereld is verdreven, onderhoudt de vos contact via het zand-orakel, waarbij hij de mensen via zijn pootafdrukken de weg naar de toekomst wijst.

Elders in Mali danken de Bambara de uitvinding van de landbouw aan een ander dier, een oerantilope, een cultuurheld die door de schepper Faro vanuit de hemel gestuurd werd om mensen de landbouwtechnieken bij te brengen. In de hele regio komen afbeeldingen van deze goddelijke antilope-held voor.

DE GROTE SLANG

De slang of het serpent is een van de meest voorkomende dieren in de Afrikaanse mythologie. Vooral het concept van een kosmische slang als een oerkracht van de schepping is belangrijk. Zo geloven de Fon in Benin dat de biseksuele tweeling Mawoe-Lisa de wereld heeft geschapen met een creatieve kracht die zich als een reuzenslang beweegt en die Da Ayido Hwedo heet. Die kracht zit ook in de regenboog en in het water. In het begin rolde de kracht zich rond de amorfe aarde en hield die bijeen, wat hij nog steeds doet. Hij is voortdurend in beweging, waarbij zijn kronkelende stroming hemellichamen in beweging zet.

In zuidelijk en Centraal-Afrika wordt die rol toegeschreven aan de oerslang Chinaweji of Chinawezi, die in de mythologie van zuidoostelijk Zaïre Nkóngolo heet, de Regenboogkoning (zie p. 271). In Noord-Afrika vertelt een bekende mythe dat het eerste ding dat de schepper maakte de kosmische slang Minia was; zijn kop stak in de lucht en zijn staart in het onderaardse water. Het lichaam had zeven delen, waarvan de goden de wereld maakten (zie p. 266).

Een houten beeld van de Bambara dat de goddelijke antilope-cultuurheld voorstelt die de geheimen van de landbouw uit de hemel meebracht.

De bronzen kop van een slang uit het Westafrikaanse koninkrijk Benin, dat zijn bloeitijd had van de 15de tot de 18de eeuw.

AUSTRALIË

Ayers Rock, een massieve zandstenen dagzomende aardlaag die bij de aborigines Uluru heet, is een van de heiligste plaatsen van Australië. Hier spelen zich veel mythen af, zoals het verhaal van de gebroeders Klokvogel (zie p. 286).

Tegenwoordig wordt aangenomen dat Australië minstens vijftigduizend jaar bewoond is en dat de voorouders van de tegenwoordige aborigines tijdens de laatste ijstijd per boot uit Zuidoost-Azië zijn gekomen. Door de stijging van de zeespiegel die daarna plaatsvond moeten toen in het noorden de eerste nederzettingen zijn ondergelopen.

Totdat aan het einde van de 18de eeuw de Europese kolonisatie begon, waren de Australiërs bijna uitsluitend jagers-verzamelaars. Hun maatschappij was egalitair, niet-centralistisch en verdeeld over onafhankelijke clans van elk vijftig tot vijfhonderd leden van dezelfde afkomst. Dat systeem bestaat nog in het binnenland en, in aangepaste vorm, ook in de steden.

Ofschoon een groep verbonden was met een bepaald stuk grond waar men ook de eerste rechten op had, sloten buren zich onderling vaak aaneen om een groter gebied te bestrijken. De clans waren afhankelijk van de toegang tot elkaars gebied om een tijdelijk of een seizoensgebonden overvloed aan voedsel te exploiteren, en onderlinge huwelijken versterkten de clanbanden. Deze economische en sociale wederzijdse afhankelijkheid wordt weerspiegeld in een mozaïek van mythische elementen die de verschillende clans gemeen hebben.

Ondanks die onderlinge verbanden worden geen individuele mythen verteld die overal gelijk zijn. Een verhaal gaat meestal over de avonturen van een cultuurheld die over het gebied van een bepaalde clan zwerft. De naburige clan vertelt wat het personage op hun grondgebied allemaal gedaan heeft, enzovoort, in een keten van verhalen die wel honderden kilometers bestrijken. Geen enkele clan weet waarschijnlijk waar de zwerftocht van de held begint of eindigt. Pas toen mannen uit Centraal-Australië bijvoorbeeld als veehoeders naar Port Augusta gingen, ontdekten ze dat de Zeven Zussen daar terecht waren gekomen (zie p. 287). Er bestaat een theorie die suggereert dat de tochten van deze helden de routes weergeven waarlangs religieuze cultussen werden overgebracht.

DROOMTIJD

De wortels van de hele Australische mythologie zitten in de Scheppingstijd of Droomtijd, die bij de Worora in Kimberley wordt aangeduid met *Laliya*, bij de Yolngu in Arnhem Land met *Wongar* en bij de Pitjantjatjara in de Westelijke Woestijn met *Jukurpa*. Droomtijd (of 'het dromen') is zowel een periode als een zijnstoestand. Als periode is het een oertijd waarin de voorouders door Australië trokken en het landschap creëerden (zie p. 286-7), de maatschappij vormden en de geesten van ongeboren kinderen neerlegden. Als zijnstoestand is het dromen toegankelijk via rituelen waarin de deelnemers voor korte tijd hun voorouders worden, hun trektocht herbeleven en hun kracht bevrijden door heilige plaatsen aan te raken.

Aborigines maken doorgaans onderscheid tussen het heden, het verleden dat men zich herinnert en het verre verleden waarin de voorouders leefden. De grenzen daartussen zijn vaag en het bestaan van pasgestorvenen vloeit ongemerkt over in dat van de voorouders; het is een proces dat al vóór het sterven kan beginnen.

MYTHE EN RITUEEL

Er zijn twee hoofdvormen van aboriginal-riten. De ene vorm is een openbare herdenking, waarbij taferelen uit de Droomtijd opnieuw worden opgevoerd en die belangrijke gebeurtenissen zoals initiaties en begrafenissen begeleidt.

De andere vorm is het 'vermeerderings'-ritueel waar vaak maar een paar mensen aan meedoen. Het gebeurt op een heilige plaats, zoals een rots, die in de scheppende kracht van een voorouder gedrenkt wordt. Er wordt stof van die plaats in de lucht gegooid, de heilige rots wordt geslagen of er wordt rook tegen de rots geblazen. Hoe dan ook, het doel is de scheppende kracht van de voorouder los te krijgen en de diersoort waarmee hij of zij formeel verbonden is te begunstigen.

MYTHE EN KUNST

De aboriginal-beschaving kent het schrift nog maar kort. Daarom is kunst de belangrijkste niet-mondelinge bron van de Australische mythologie. In het noorden worden mensen, dieren en andere wezens afgebeeld met contouren (zie de illustraties op p. 280-1 en 284-5), een stijl die meer dan vijftienduizend jaar oud is. In Midden-Australië worden mensen en dieren afgebeeld met de sporen die ze in het zand achterlaten: dieren met hun pootafdrukken en mensen vaak met de indruk die men achterlaat na kleermakerszit (zie illustratie, p. 287). Deze gewoonte is tussen de tien- en dertigduizend jaar oud. De thema's van mythen worden ook op rotsen, het lichaam, de grond en in basttekeningen afgebeeld. Rotstekeningen hebben duizenden jaren overleefd en getuigen van de ouderdom van de aboriginal-cultuur.

Een schorstekening uit Kimberley van een wandjina, *een voorouderlijke geest uit de aboriginal-Droomtijd. Elke clan heeft een* wandjina *die wordt geassocieerd met een bepaald dier dat zijn beschermende voorouder is.*

HET VERTELLEN VAN MYTHEN

Aboriginal-mythen zijn vanouds mondeling doorgegeven. Er bestaat geen enkele orthodoxe versie van een mythe en elke verteller brengt zelf details aan. Over welke gebeurtenissen er wordt verteld, is afhankelijk van de status van het publiek (want veel mythen bevatten details die alleen ingewijden begrijpen) of van de verteller (jonge mensen mogen bijvoorbeeld hun kennis niet tonen in het bijzijn van ouderen). Een aboriginal-'mythe' in de zin van een proza-vertelling is vaak niet meer dan een samenvatting van een gedetailleerd verhaal dat in liederen van honderd en meer coupletten gezongen wordt, wat normaal gesproken alleen tijdens ceremonies voorkomt (zie p. 281).

Aangezien de aboriginal-talen uitsterven is de toekomst van deze orale cultuur onzeker. Van de waarschijnlijk tweehonderd talen uit de prekoloniale tijd zijn er nog zo'n vijftig over, die gebruikt worden door een kwart van de huidige aboriginal-bevolking van 160.000 mensen. De meest bloeiende talen zijn die van het midden en noorden, waar de Europese nederzettingen het dunst bevolkt waren.

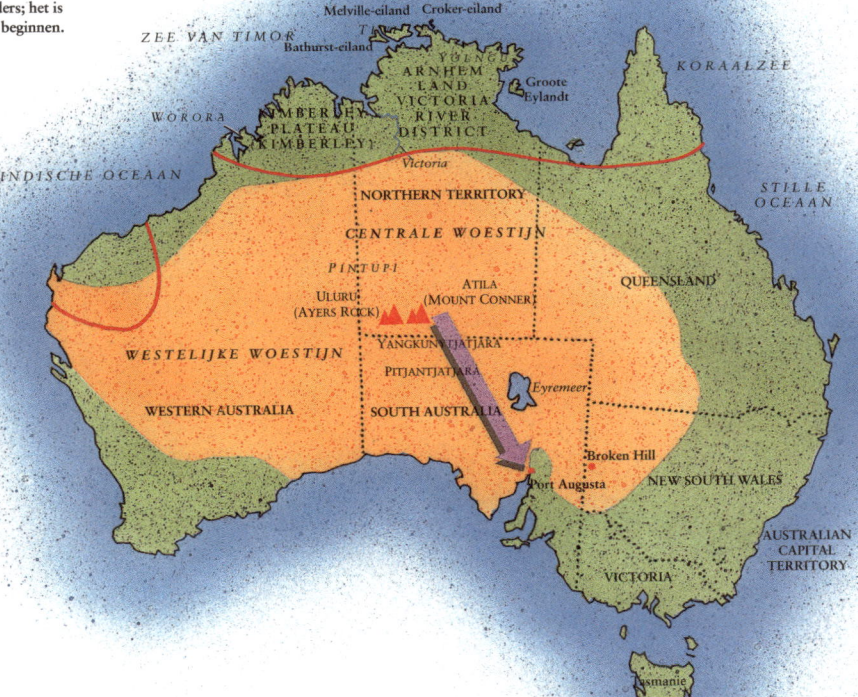

VERKLARING

- Zuidelijke grens van 'contouren'-stijl
- ▲ Heilige berg
- Aboriginal-volk: *TIWI*
- Streek: *ARNHEM LAND*
- Australische federale staat: QUEENSLAND
- Route van de Zeven Zussen
- Woestijngebied

DE ZONDVLOED

Oorsprongsmythen

Een rotstekening uit het Victoria Rivier District van een slang (misschien de slang van de zondvloed) met een kangoeroe, een dingo en verscheidene andere afbeeldingen.

De mythen van de aborigines over het begin van de wereld gaan niet over de schepping van de kosmos uit het niets, maar over de oorsprong en vorming van hedendaagse landschappen en maatschappijen in een reeds bestaande wereld. Verscheidene volken schrijven hun oorsprong toe aan een zondvloed die het vorige landschap en de oude samenleving heeft weggevaagd. Misschien berusten deze mythen op feiten, want archeologische vondsten wijzen op een stijgende zeespiegel die na de laatste ijstijd een enorm effect had op de samenlevingen van Noord-Australië, wat te zien is aan veranderingen in nederzettingspatronen en rotstekeningen. Men neemt aan dat de rotstekeningen van de reuzenslang van de zondvloed in West-Arnhem Land stammen uit de tijd dat het zeepeil na de ijstijd zich stabiliseerde en de huidige Noordaustralische kust vormde.

De zondvloed uit de oertijd wordt toegeschreven aan diverse menselijke en dierlijke wezens. Volgens de Worora uit Kimberley in het noordwesten veroorzaakten voorouderlijke helden die als de *wandjina* bekend staan (zie p. 279) een overstroming die de bestaande sociale orde wegvaagde. Vervolgens verspreidden de *wandjina* zich, elk naar een eigen land waar ze hun tekeningen op grotwanden aanbrachten en een nieuwe maatschappelijke orde vestigden. De Tiwi van de Melville- en Bathurst-eilanden, die voor de noordkust liggen, beschrijven hoe hun eilanden tijdens de Scheppingstijd of de Droomtijd van het vasteland werden gescheiden door een blinde oude vrouw, Mudungkala, die met drie kleine kinderen op de arm uit de aarde opdook aan de zuidoostelijke kant van Melville-eiland. Deze kinderen waren de eerste mensen, die de eilanden bevolkten. Terwijl de oude vrouw over het vlakke landschap kroop, borrelde in haar spoor het water op, waardoor de eilanden van het vasteland gescheiden werden.

In de oorsprongsmythen van een aantal volken heeft een grote slang die met de regenboog wordt geassocieerd, voor de zondvloed gezorgd. Dit dier zou nog steeds leven. Het komt voor in het verhaal van de gezusters Wawilak zoals de Yolngu in noordoostelijk Arnhem Land het vertellen. Het verhaal is typerend voor de mythen waarin bepaalde voorouders tijdens de Droomtijd het land doorkruist hebben dat nu aan verschillende clans toebehoort. Zoals gebruikelijk met dit soort mythen kennen de

Yolngu alleen dat gedeelte van de tocht van de gezusters Wawilak dat zich op hun eigen territorium afspeelde. Elke clan langs de route heeft bepaalde totemdieren, -planten en -voorwerpen die in verband worden gebracht met de gezusters en hun avonturen. Zo schijnt de Morgenster op te komen op de plaats waar hun reis begon, terwijl de mug – die het begin van het regenseizoen en van de overstromingen aankondigt – met Yurlunggur verband houdt, de slang die in de mythe een zondvloed veroorzaakt.

De gezusters begonnen ergens in het verre binnenland en reisden naar de noordelijke kust van Arnhem Land. De jongste was zwanger en de oudste droeg een kind in een bastpapieren wieg onder de arm. Onderweg joegen ze op hagedissen, buidelratten en borstelratten en verzamelden eetbare planten. Ze gaven elke plante- en diersoort een naam, evenals de plaatsen waar ze voorbijkwamen. Op een dag ontmoetten ze twee mannen en hadden gemeenschap met hen, ook al hoorden ze allemaal tot dezelfde maatschappelijke laag (zie p. 284). Toen de jongste vrouw op het punt stond een zoon te baren, verzamelde haar zus zacht schors voor een bed. Zonder het te weten liet de oudste zus menstruatiebloed in de waterput vallen, tot grote ergernis van Yurlunggur, een halfmenselijke python die daar woonde. Yurlunggur veroorzaakte een storm en een zondvloed. In een poging de slang te verdrijven begonnen de gezusters te zingen, maar als straf voor het bezoedelen van de put slokte hij hen en hun zoons op.

Toen de overstroming geweken was, daalde Yurlunggur, die zich boven het water verheven had, op aarde neer, en op de plaats waar hij neerkwam ontstond de eerste initiatieplaats van de Yolngu. Toen braakte de slang de gezusters en hun zoons weer uit en zij werden de eerste Yolngu-ingewijden. Twee andere mannen hadden de storm gehoord en kwamen kijken. Nadat ze de liederen van de gezusters hadden gehoord, voltrokken ze de eerste initiatierite van de Yolngu (zie kader).

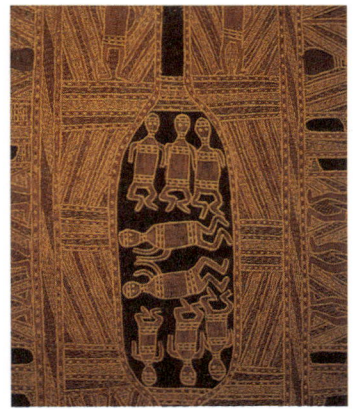

Mannen voeren zingend en dansend een mythe uit de Droomtijd op. Schorstekening uit Arnhem Land.

De Wawilak-mythe opnieuw beleefd

*T*ijdens de initiatieceremonie van mannelijke Yolngu-adolescenten wordt het opslokken van de gezusters Wawilak en hun zonen nagespeeld. Elk onderdeel van het ritueel, dat een symbolisch sterven voor de wedergeboorte als volwassene verbeeldt, wordt begeleid door liederen die zeer gedetailleerd het betreffende gedeelte van de zich ontvouwende mythe beschrijven. De liederen maken deel uit van een grote cyclus die vele honderden coupletten omvat.

Yolngu-vrouwen spelen de rol van de reizende zussen, en de begeleidende liederen herinneren aan wat er gebeurde bij de mijlpalen op hun reis, zoals waterputten en rotsen.

Later in de ceremonie 'slokken' de mannen – in hun rol van de slang Yurlunggur – de jongens op door hen op te tillen en mee te nemen naar de afgezonderde heilige initiatieplaats, waar de vrouwen niet mogen komen. Als de jongens na de initiatie terugkomen, zijn ze door de slang weer 'uitgebraakt'.

Ofschoon het verhaal van de gezusters Wawilak uitgebreid door antropologen is bestudeerd, is het slechts een van de zeer talrijke mythen die voor de Yolngu in spiritueel en ritueel opzicht van groot belang zijn.

De slang Yurlunggur op een moderne aboriginal-schorstekening door Paddy Dhatangu. Yurlunggur ligt opgerold rond de gezusters Wawilak en hun zonen, die tussen de voetafdrukken staan die de zusters hebben achtergelaten in hun pogingen om aan het dier te ontkomen.

DOOD EN ROUW
De oorsprong van de sterfelijkheid

In de mythen van de aborigines is de dood een gevolg van menselijke wandaden. Het was niet nodig geweest en de heldhaftige voorouderlijke wezens in de Scheppingstijd (p. 279) hebben de kans gehad om eeuwig te leven. Hoe dan ook, door boosaardigheid, domheid of hebzucht ontglipte hun het geschenk van de onsterfelijkheid en alleen de wassende en afnemende maan en de krab die zijn oude verweerde schild aflegt voor een nieuwe, hebben haar behouden.

Volgens de Worora in West-Kimberley stierf de eerste mens – een zekere Widjingara – in de strijd tegen *wandjina*-wezens (zie p. 279). Ze wilden een vrouw stelen die iemand anders als echtgenote beloofd was, en Widjingara had ervoor gevochten dat de huwelijksregels van Wodoy en Djunggun (zie p. 284) werden nageleefd. Zijn lijk werd in een kist van schors gedaan en de Zwartkoppige Python, zijn vrouw, begon te rouwen. Ze schoor haar hoofd kaal en wreef zich helemaal in met as en bepaalde daarmee de traditionele rouw van de aborigines.

Toen Widjingara met een hernieuwd lichaam uit het graf opstond, was de Zwartkoppige Python kwaad: 'Waarom ben je teruggekomen?' vroeg ze. 'Kijk dan! Ik heb me al kaalgeschoren en mijn hoofd met as ingesmeerd.' Widjingara werd door dit onhartelijke welkom eveneens kwaad en keerde verontwaardigd naar zijn graf terug; later veranderde hij in de inheemse kat (Dasyurus), een Australisch nachtbuideldier dat op de huiskat lijkt. Sedert die tijd is de kans op verjonging voorgoed verkeken. Iedereen gaat dood en de python ziet er altijd uit alsof hij in de rouw is. Totdat de missionarissen in het begin van de 20ste eeuw er een eind aan maakten, was het de gewoonte bij de Worora om een lijk op een verhoging te leggen tot het wegrotte, waarna de botten in een grot werden gelegd. Als de verhoging niet zorgvuldig was geconstrueerd, kon de inheemse kat – een manifestatie van Widjingara – bij het rottende lijk komen.

De Murinbata in het noordoostelijke Victoria River District vertellen hoe Kraai en Krab kibbelden over de beste manier van sterven. Krab wist wat en liet Kraai in hun kamp wachten tot ze terugkeerde. Ze vond een gat in de grond, wierp haar oude schild af en ging in het gat zitten wachten terwijl een nieuw werd gevormd. Kraai werd ongeduldig en ging na een tijdje kijken wat er aan de hand was. Toen Krab hem het gat in zag turen, zei ze dat hij nog even moest wachten. Uiteindelijk kwam ze met een nieuw schild terug in het kamp maar Kraai schreeuwde: 'Dat duurt te lang. Ik weet wel een snellere manier om dood te gaan!' Onmiddellijk rolde hij zijn oogballen naar achteren en viel achterover. 'Arme Kraai!' zei Krab. Met wat water probeerde ze Kraai weer bij te brengen, maar dat lukte niet omdat hij dood was. De Murinbata vergelijken beider manieren van sterven met de manier waarop twee mensen dansen. Elk van beiden kiest de dans die hem het best afgaat, en zo is de beste manier voor mensen om te sterven die van Kraai.

Ook de Tiwi op de Melville- en Bathurst-eilanden voor de kust van Northern Territory kennen een mythe over de dood. Ze wonen slechts 25 kilometer van het vasteland, maar men zegt dat de Tiwi al duizenden jaren losstaan van de andere aboriginal-samenlevingen. Hun verhaal luidt dat hun eiland bewoond werd door de nakomelingen van een oude vrouw, Mudungkala (zie p. 280). Haar zoon Purukupali trouwde (waar zijn vrouw vandaan kwam, is onduidelijk) en werd vader van een zoon. Purukupali deelde zijn kamp met Tjapara, de ongetrouwde Maanman die zijn zinnen op Purukupali's vrouw had gezet. Op een zeer warme dag ging

De schorstekening uit het noordoosten van Arnhem Land laat een begrafenisritueel zien voor drie personen die in hun graf liggen. De cirkels stellen watergaten voor, waaruit de geesten van de kinderen verschijnen en waar de geesten van de overledenen naar terugkeren met boten die uitgebeeld worden door de vorm van de graven. Een man (rechtsboven op de tekening) slaat met stokken de maat voor de ceremoniële liederen tijdens het ritueel. Andere rouwenden dragen papierbasten manden op hun hoofd. Het motief op de achtergrond geeft de clan van de overledene aan.

ze met Tjapara het woud in en liet haar zoon in de schaduw van een boom achter. Terwijl ze weg was, schoof de zon langs de hemel en scheen op het kind, dat door de hitte stierf. Purukupali was woedend en verklaarde dat vanaf nu iedereen zou sterven. Tjapara begon te onderhandelen: als hij het lichaam van de jongen drie dagen meekreeg, zou hij hem weer levend maken. Purukupali weigerde en na een gevecht met Tjapara griste hij het lijkje weg en liep de zee in. Op de plaats waar hij onder de waterspiegel verdween, ontstond een krachtige draaikolk. Tjapara veranderde zichzelf in de maan en ging de lucht in, bedekt met de littekens van de strijd tegen Purukupali. De andere oorspronkelijke bewoners kwamen bijeen en hielden de eerste begrafenisceremonie; ze maakten de grote versierde palen die bij alle Tiwi-begrafenissen gebruikt worden (zie kader).

In de oorsprongsmythen van de aborigines zijn de eerste wezens vaak nakomelingen of creaties van één ouder, zodat ze broers en zusters zijn. Hoe ze, na de onsterfelijkheid te hebben verloren, moeten huwen om voor toekomstige generaties te zorgen, wordt op verschillende manieren uitgelegd. In sommige versies stond het de broers en zussen toen vrij om met elkaar te trouwen omdat het idee van incest pas later zou zijn ontstaan. Andere mythen laten de oerheld of -heldin met nog een oerwezen paren waarvan de oorsprong gewoon niet verklaard wordt, zoals Purukupali's vrouw. In dergelijke gevallen acht men het niet nodig om van meer dan één oerwezen het bestaan te verklaren, omdat de mythe zich afspeelt in een wereld die verandert en die daarom niet beperkt wordt door de conventies van de huidige wereld.

Tiwi-begrafenismythen

De Tiwi zijn beroemd om hun begrafenispalen die, naar men zegt, voor het eerst werden opgericht na het conflict tussen Purukupali en Tjapara (zie boven).

Als iemand van de Tiwi sterft, wordt zijn of haar lichaam onmiddellijk begraven, maar het begrafenisritueel wordt maanden opgeschort, totdat het verdriet van de familieleden is afgenomen. Bij de begrafenis, ofwel de *pukimani*-ceremonie, worden kleurig gedecoreerde palen in de grond gezet om het graf te markeren; het aantal palen varieert naargelang de leeftijd en de status van de overledene. De palen symboliseren de schakel tussen de wereld van de levenden en die van de doden.

Pukimani-*palen van ijzerhout op een begraafplaats op Bathurst-eiland.*

HET HUWELIJK

Adelaarshavik en Kraai; Wodoy en Djunggun

In verschillende regionale mythen wordt de oorsprong van het huwelijk verklaard. In het zuidoosten hebben twee mannen, Adelaarshavik (Biljara) en Kraai (Wagu), naar men zegt het huwelijk gesticht door de bloedverwantschapsgraad te bepalen waarbinnen een relatie is toegestaan. Vaak probeerde Kraai Adelaarshavik te foppen. In één verhaal moest Adelaarshavik twee meisjes bewaken; hij verbood Kraai met hen te trouwen. Kraai vermoordde toen de zoon van Adelaarshavik en zei dat iemand anders het had gedaan, maar Adelaarshavik kende de waarheid en stopte Kraai en zijn dode zoon onder de grond. Maar Kraai ontkwam en de vete ging door.

Aboriginal-samenlevingen zijn gewoonlijk in twee helften opgedeeld die allebei een personage van de oorspronkelijke huwelijksmythe vertegenwoordigen, zoals Adelaarshavik en Kraai. Iemand mag alleen trouwen met een lid van de andere helft. Kinderen behoren tot de helft van de vader (zoals in Kimberley) of die van de moeder (zoals in het zuidoosten).

Wodoy en Djunggun

Deze mythe uit West-Kimberley lijkt op de Zuidamerikaanse mythen over rauw en gekookt voedsel die door de Franse antropoloog Claude Lévi-Strauss (zie p. 13 en p. 262-3) zijn geanalyseerd. Volgens hem is het koken van honing een metafoor voor incest (de honing van sommige Zuidamerikaanse bijen is zo zoet dat degenen die hem eten zich afvragen of ze een delicatesse proeven dan wel verbrand worden door het liefdesvuur).

Vroeger leefde men zonder onderscheid te maken tussen generaties of families, en incestueuze relaties waren normaal. Er waren eens twee mannen, Djunggun en Wodoy, die huwelijksregels opstelden, waarbij ze onderscheid maakten tussen zus en echtgenote. Ze gaven elkaar heilig houtsnijwerk en zeiden tegen elkaar: 'Laten we met elkaars dochter trouwen, zodat we elkaar kunnen respecteren en goed met elkaar kunnen opschieten.' (In Kimberley worden de clans tot op de dag van vandaag verbonden door regelmatige uitwisseling van houtsnijwerk, rode oker, papegaaiveren en huwbare vrouwen.) Djunggun verzamelde wat wilde honing, deed die in een lelieblad en bakte het in een kuil. Wodoy was geschokt door Djungguns domheid, want honing was volgens hem ongebakken veel lekkerder. Maar het was al te laat, de honing had gekookt. Wodoy proefde ervan en vond dat de honing bedorven was.

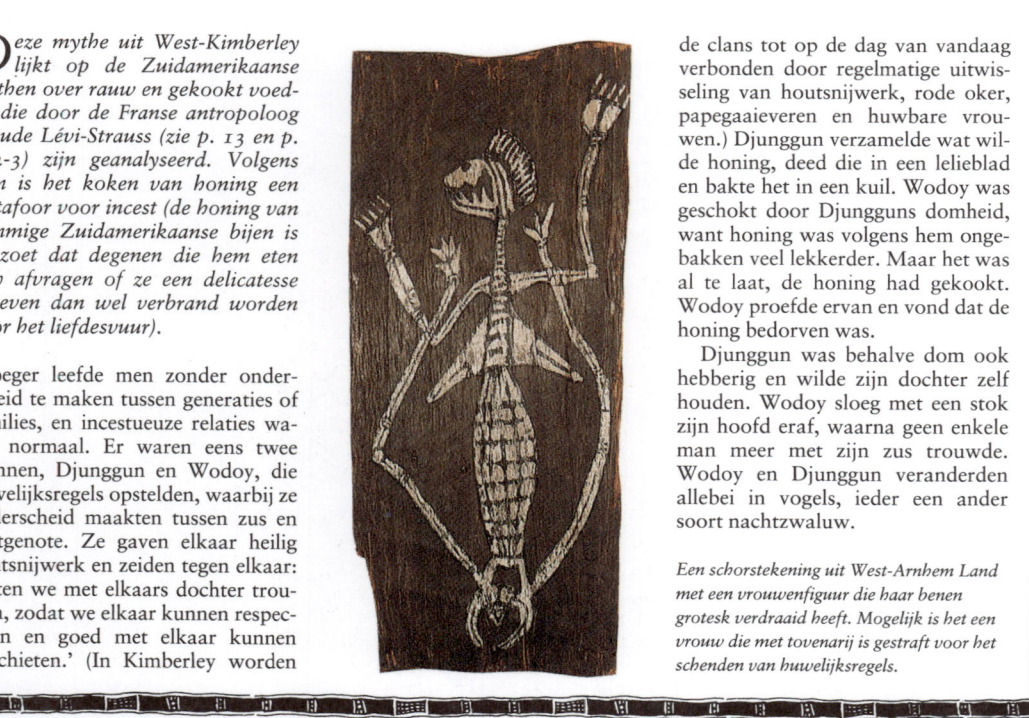

Djunggun was behalve dom ook hebberig en wilde zijn dochter zelf houden. Wodoy sloeg met een stok zijn hoofd eraf, waarna geen enkele man meer met zijn zus trouwde. Wodoy en Djunggun veranderden allebei in vogels, ieder een ander soort nachtzwaluw.

Een schorstekening uit West-Arnhem Land met een vrouwenfiguur die haar benen grotesk verdraaid heeft. Mogelijk is het een vrouw die met tovenarij is gestraft voor het schenden van huwelijksregels.

BEDRIEGERS
Het verbreken van de voorouderlijke orde

Op veel plaatsen vertellen de mythen over bedriegers die onvoorspelbare gebeurtenissen veroorzaken. Ze kunnen goedaardig zijn, maar vaker ondermijnen ze de voorouderlijke orde door voedsel te stelen of mensen aan te zetten tot stelen, vechten of anderszins tot het verwaarlozen van de sociale verplichtingen. Volgens sommige schrijvers staan deze bedriegers voor een laag in de aboriginal-mythologie die nog ouder is dan de voorouderlijke helden aan wie de opdeling van de samenleving in clans wordt toegeschreven.

In West-Kimberley zijn bepaalde rassen van bedriegers, de Ngandjala-Ngandjala en Wurulu-Wurulu, in de wildernis uit op streken. Ze vernielen de grotten waar de voorouderlijke helden rotstekeningen van zichzelf hebben achtergelaten door eroverheen te tekenen. In aboriginal-kunst lijken deze bedriegers erg op elkaar. De Ngandjala-Ngandjala zijn niet per se kwaadwillig, want ook al wordt gezegd dat ze de oogst stelen, ze zorgen ook voor een goede oogst en ze laten eetbaar fruit rijpen door het te koken. Tijdens de moesson zijn ze soms te zien in de wolken, en de mistkolom die na een regenbui uit de wildernis opstijgt, is de rook van hun kampvuur waar ze het fruit op koken. Zelf worden ze door een andere bedrieger gefopt, namelijk Unguramu, die eetbare wortels uit het vuur weghaalt. De Ngandjala-Ngandjala zetten het hem betaald door net zolang aan zijn staart te trekken tot hij zegt waar het gekookte eten verstopt is.

De Wurulu-Wurulu zetten de voorouderlijke orde op de kop door banksia-bloemen aan dunne stokken te binden waarmee ze honing uit het nest van wilde bijen halen. Als er ergens een nest leeg is, weet je dat een Wurulu-Wurulu je vóór is geweest.

Een andere bedrieger in West-Kimberley, Argula, heeft met tovenarij te maken. In deze streek kan asociaal gedrag worden gestraft door een kromme mensenfiguur op een grotwand te tekenen en er beledigende teksten voor te zingen, waardoor het slachtoffer gehandicapt of gedood zou kunnen worden. Soms worden die tekeningen aan Argula toegeschreven. Zo schrijven de aborigines de oude rotstekeningen van West-Arnhem Land – die volgens archeologen van voor de laatste ijstijd dateren, toen de zeespiegel nog niet gestegen was – toe aan een groep bedriegers, de *mimi*. De sierlijke en lenige figuren in de tekeningen zouden deze bedriegers zijn die in de barsten van de steile rotswand langs de kust wonen. De *mimi* worden boos als ze in de wildernis opeens door iemand verrast worden; om dat te voorkomen roept iedereen die daar iets komt halen, hen hardop aan, zodat ze weten dat er mensen in aantocht zijn. De *mimi* treffen iedereen die hen niet waarschuwt met een ziekte. Overigens zijn ze over het algemeen goedaardig: zo hebben ze de mensen geleerd om te jagen. Maar als een jager een kangoeroe tegenkomt die tam lijkt, kan hij het dier beter negeren: het kan een huisdier van de *mimi* zijn dat iedereen doodt die hem kwaad berokkent.

Er zijn ook meer sinistere bedriegers. Vooral de Namorodo in West-Arnhem Land worden gevreesd. Ze zijn vel over been en worden door pezen bijeengehouden. 's Nachts vliegen ze met een sissend geluid door de lucht en ze kunnen met een van hun lange klauwen iedereen doden die ze horen. Vooral zieken en gewonden zijn kwetsbaar. Als de ziel van een overledene door de Namorodo gepakt wordt, kan deze niet bij de totemvoorouders terugkeren en wordt zelf een kwaadaardig wezen dat door de wildernis dwaalt. De Namorodo worden in verband gebracht met vallende sterren en – op schorstekeningen – met tovenarij.

Een schorstekening uit Arnhem Land van een groep mannelijke en vrouwelijke geestelijke wezens, wellicht een afbeelding van mimi-bedriegsters. Soms zijn ze 's nachts te horen als ze een lied zingen of met stokken het ritme aangeven terwijl ze in de rotsen zitten.

HET LANDSCHAP
Mythen over zwervende voorouders

Door heel Midden-Australië lopen routes van talrijke voorouderlijke helden die vaak honderden kilometers hebben afgelegd; sommigen hadden een menselijke gedaante, anderen reisden als kangoeroes, wallaby's, hagedissen, slangen of vogels. Sommigen, zoals de gebroeders Klokvogel (zie kader), hebben niet meer dan honderd kilometer afgelegd en zijn vooral van lokaal belang. Waar ze kampeerden, joegen of vochten, hebben deze helden grotten, rotsen en riviertjes achtergelaten. Dergelijke plekken zijn heilig en doordrenkt met de creatieve energie van de voorouders.

Men gelooft dat de energie van een oerwezen vrij kan komen door over de plaats te wrijven waar hij of zij via de grond de wereld verliet, of door erop te slaan. Het voorouderlijke wezen dat met een bepaalde plek verbonden is, zou incarneren in degene die daar geboren wordt en die dan de beschermer van het heilige oord wordt.

Legenden over de reizen van de voorouders ondersteunen de regionale ceremonies en versterken de band tussen volken die verschillende talen spreken en die tijdens lange perioden van droogte gedwongen kunnen worden om samen te bivakkeren.

De gebroeders Klokvogel

De nadruk in een mythe kan variëren naargelang de plaats waar het verhaal wordt verteld. De volgende versies van de mythe over de gebroeders Klokvogel werden in 1976 verteld, de eerste door Pompy Wanampi en Pompy Douglas in Wangka Arkal, de tweede door Paddy Uluru in Uluru (Ayers Rock).

De twee gebroeders Klokvogel beslopen een emoe bij Antalanya, een vijver in de rotsen. Zonder dat ze het wisten zocht een jonge vrouw in de buurt bij Wangka Arkal naar wormen. Het rotsgewelf is haar voorhoofd en als iemand haar roept, wordt zijn stem weerkaatst alsof ze terugroept. Op haar hoofd droeg ze een bord op een ring van haren. Terwijl ze wormen at, gleed de lading van haar hoofd zodat de emoe geschrokken naar Uluru rende, achtervolgd door de broers. Aan de voet van de rots markeert een halve-cirkelvormige inham de plaats waar de hoofdring van het meisje gevallen is.

In de versie van Paddy Uluru stal Lungkata, de Hagedis met de Blauwe Tong, bij Antalanya van de gebroeders een vette emoe. Lungkata verborg het vlees in de grond bij Uluru – waar het in een rotspartij veranderde – en gaf de twee jagers er een magere emoe voor in de plaats. Kwaad geworden zette een van de broers Lungkata's hut in brand en verbrandde hem levend. De rook van het vuur is op Uluru's gezicht te zien en Lungkata zelf is een zwerfkei (links). De vader van Paddy Uluru zou de incarnatie van Lungkata zijn geweest. Hij zorgde voor de kei door hem vrij van begroeiing te houden en door zijn eigen zoons en andere jongemannen de mythe te vertellen.

Veranderd in deze zwerfkei ligt het lichaam van Lungkata met opgericht hoofd aan de voet van Uluru.

De Zeven Zussen

Het volgende verhaal is een aaneenrijging van incidenten die verteld worden over voorouderlijke heldinnen die bekend staan als de Kungarankaipa, de Zeven Zussen.

De Zeven Zussen vluchtten voor Nyiru, een wellustige vent die de oudste van hen wilde verkrachten. Ten oosten van Uluru wordt hun route gemarkeerd door een rij kleiholtes en rotsvijvers. Bij Witapula, ten westen van Atila, hielden ze halt om te overnachten en ze bouwden een windscherm, dat nu een lage rots is.

De volgende morgen doken ze de grond in en kwamen er bij Tjuntalitja, een bron, weer uit. Een zandheuvel in de buurt markeert de plaats waar Nyiru hen bespiedde. Van Tjuntalitja liepen de meisjes naar Wanukula, een gat in de rotsen waar het water zich verzamelt, en vandaar naar Walinya, een heuvel waar ze een nachthut bouwden. Hun hut is nu een grot in een vijgenbosje en de boom die daar wat afzijdig staat, is de oudste van de zussen. Hun zitplaatsen zijn gemarkeerd door sierlijke lijnen in de rotsen. Nyiru stond hen vanaf een hoop keien te bekijken en toen hij dacht dat ze sliepen, kwam hij de tent binnen, waarbij hij groeven in de rots maakte. Een lage opening achter in de grot toont waar de zussen door de wand verder vluchtten.

Toen ze uiteindelijk de kust bereikten (bij Port Augusta), sprongen de meisjes in zee. Door de schrik van het koude water vlogen ze de lucht in en werden daar het sterrenbeeld Kurialya, de Plejaden. Nyiru zit nog altijd achter hen aan en zijn voetafdrukken zijn in de lucht te zien: zijn tenen zijn de 'band' van het sterrenbeeld dat elders Orion heet, en zijn hiel is de punt van Orions 'zwaard'.

Bush Potato Dreaming, een moderne schorstekening van Victor Jupurrulla Ross. Het stelt de sporen voor die voorouderlijke helden in het landschap hebben achtergelaten. De boogjes stellen mensen die op de grond zitten voor en de cirkels plaatsen met de kracht van de voorouders.

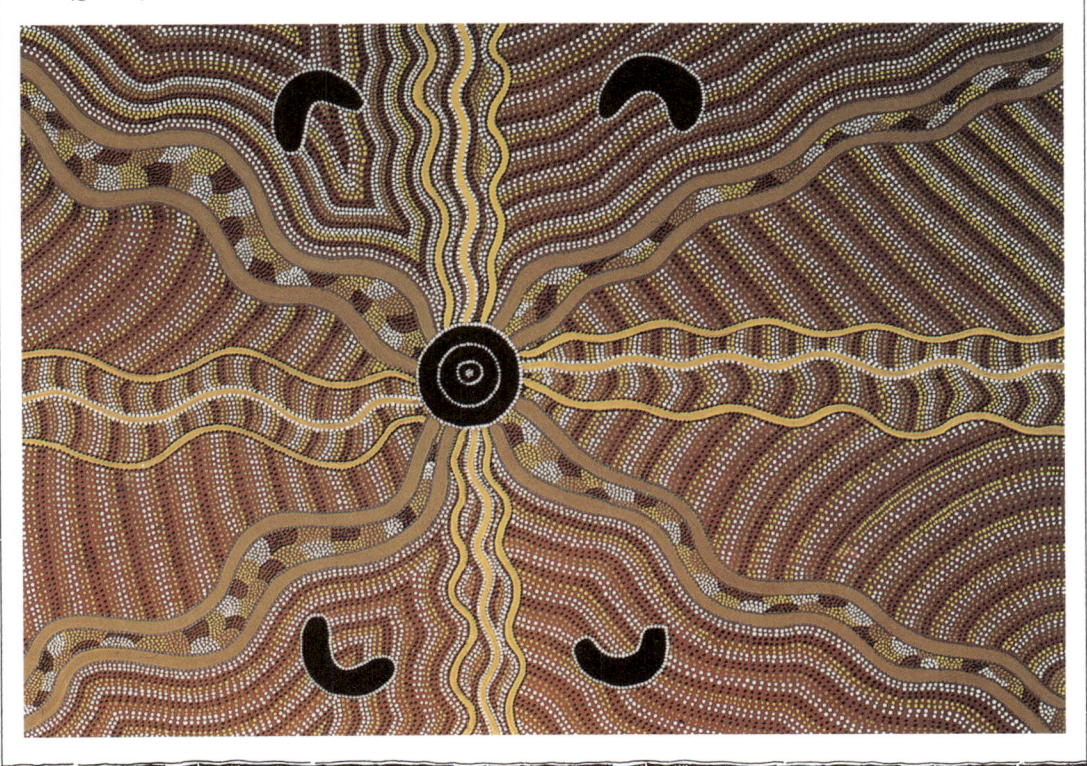

OCEANIË

Reconstructie van een huis ter nagedachtenis aan veertien voorouders in het dorp Medina te New Ireland, Papoea Nieuw-Guinea. De figuren zijn gemaakt in de zogenaamde malanggan-stijl, naar de plaatselijke begrafenisrituelen waar ze bij gebruikt worden. De stijl staat bekend om zijn techniek, kleurschakering en mythologische motieven.

Oceanië omvat drie verschillende gebieden – Melanesië, Micronesië en Polynesië – die een enorme diversiteit van talen en culturen herbergen. Voordat de mensen met Europeanen in contact kwamen, varieerden de samenlevingen van kleine Papoea-groepen van zo'n driehonderd mensen in patriarchale clans zonder leiding of sociale rang, tot grote complexe maatschappijen in Nieuw-Zeeland en Hawaii met uitgebreide politieke en sociale hiërarchieën en leiders van goddelijke afkomst.

In Melanesië bestaat geen aparte hiërarchie onder de goden, zoals in Polynesië, waar een soort pantheon bestaat (zie p. 294). Het zou niet correct zijn de belangrijke cultuurhelden als 'goden' te zien; deze helden zijn langs het zuiden van Nieuw-Guinea gereisd en hebben de mensen sterfelijkheid, seks, rouw en oorlog gebracht (zie p. 290). Geheime kosmogonische mythen, slechts bekend aan ingewijden, komen voor in de samenlevingen van de Melanesische kustbewoners, waaronder die van het Massim-gebied in Nieuw-Guinea. Mythen die in het binnenland van Nieuw-Guinea worden verteld, zijn vooral voorbeelden van morele en kosmologische dilemma's, op allegorische en niet-wereldse manier tot uitdrukking gebracht.

In het hele gebied komen verschillende thema's terug: bijvoorbeeld het idee dat het gedrag van voorouderlijke cultuurhelden onder hun levende nazaten levend en werkzaam blijft.

De context waarin mythen worden verteld, wisselt overal in Oceanië. Van oudsher komen ze het best en het meest zinvol tot leven in rituelen waarin 'het werk der goden' wordt vereerd. Vooral in Polynesië is dat zo, speciaal bij de Hawaiianen en de Maori; de beste voorbeelden zijn de rituele offers die in het prekoloniale Hawaii aan de goden Lono en Ku (zie p. 296) gebracht werden. De mythen van Micronesië worden meestal ter vermaak verteld, onafhankelijk van een ritueel. De Melanesische traditie is in dat opzicht een mengvorm: aan de kust hebben mythen een serieuzer doel dan in het binnenland.

OCEANIË 289

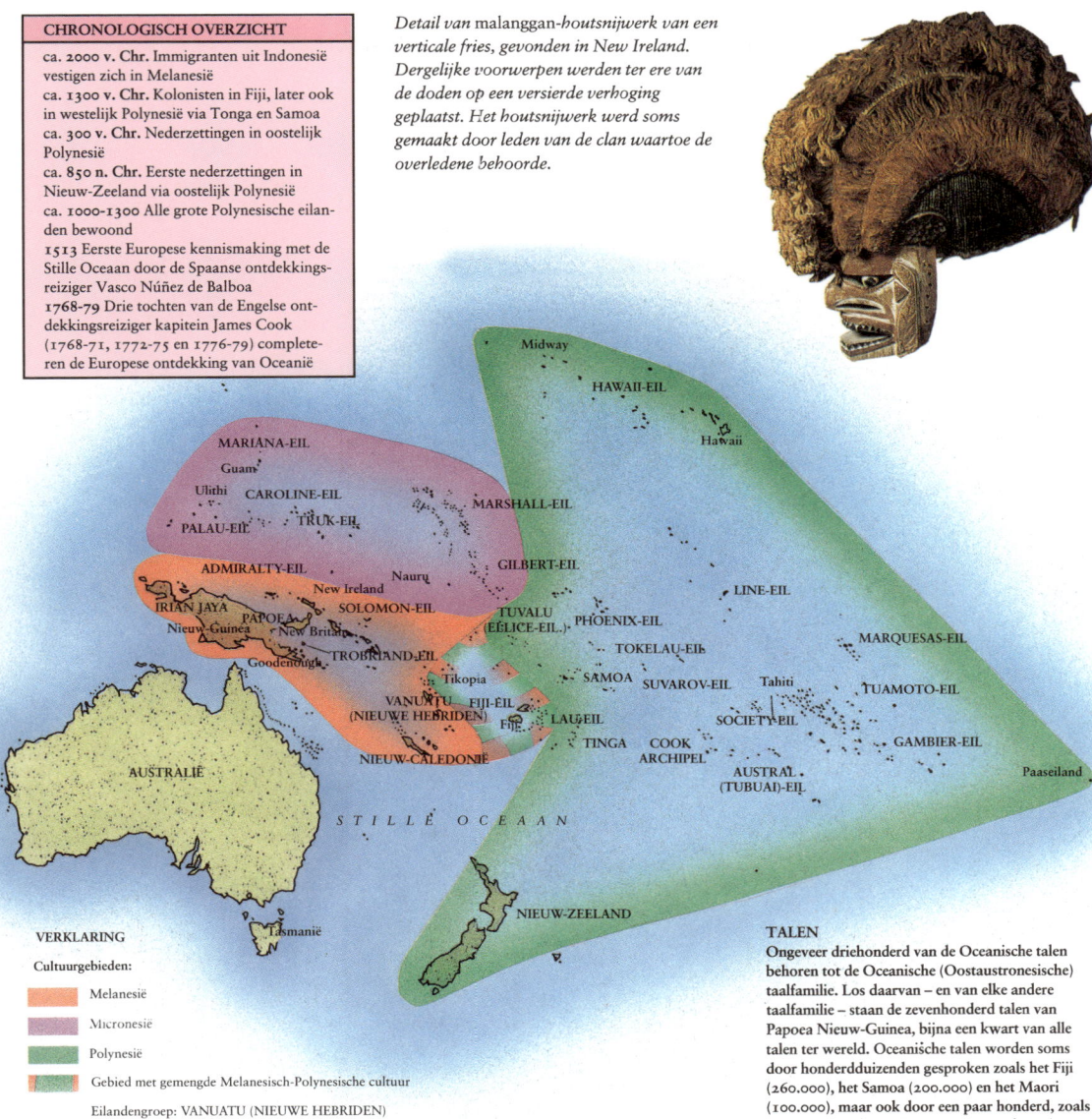

CHRONOLOGISCH OVERZICHT
ca. 2000 v. Chr. Immigranten uit Indonesië vestigen zich in Melanesië
ca. 1300 v. Chr. Kolonisten in Fiji, later ook in westelijk Polynesië via Tonga en Samoa
ca. 300 v. Chr. Nederzettingen in oostelijk Polynesië
ca. 850 n. Chr. Eerste nederzettingen in Nieuw-Zeeland via oostelijk Polynesië
ca. 1000-1300 Alle grote Polynesische eilanden bewoond
1513 Eerste Europese kennismaking met de Stille Oceaan door de Spaanse ontdekkingsreiziger Vasco Núñez de Balboa
1768-79 Drie tochten van de Engelse ontdekkingsreiziger kapitein James Cook (1768-71, 1772-75 en 1776-79) completeren de Europese ontdekking van Oceanië

Detail van malanggan-*houtsnijwerk van een verticale fries, gevonden in New Ireland. Dergelijke voorwerpen werden ter ere van de doden op een versierde verhoging geplaatst. Het houtsnijwerk werd soms gemaakt door leden van de clan waartoe de overledene behoorde.*

VERKLARING

Cultuurgebieden:
- Melanesië
- Micronesië
- Polynesië
- Gebied met gemengde Melanesisch-Polynesische cultuur

Eilandengroep: **VANUATU (NIEUWE HEBRIDEN)**
Eiland: **Tahiti**

TALEN

Ongeveer driehonderd van de Oceanische talen behoren tot de Oceanische (Oostaustronesische) taalfamilie. Los daarvan – en van elke andere taalfamilie – staan de zevenhonderd talen van Papoea Nieuw-Guinea, bijna een kwart van alle talen ter wereld. Oceanische talen worden soms door honderdduizenden gesproken zoals het Fiji (260.000), het Samoa (200.000) en het Maori (100.000), maar ook door een paar honderd, zoals veel Papoea-talen en het Hawaiiaans, dat ooit 100.000 sprekers had.

MICRONESIË

Micronesië, het dunstbevolkt van de drie gebieden van Oceanië, omvat de Caroline-, Marshall- en Mariana-eilanden en Kiribati (vooral de Gilbert-eilanden en de Phoenix). Veel Micronesische samenlevingen hebben belangrijke mythen over vreemdelingen van overzee, die de inheemse bewoners verslaan en de touwtjes in handen nemen. Deze verhalen verklaren de tegenwoordige maatschappelijke verdeling in afstammingslijnen van leiders en gewone mensen.

MELANESIË

Deze streek omvat Papoea Nieuw-Guinea en de eilanden in de zuidwestelijke Stille Oceaan tot Fiji. De mythen gaan soms over het ontstaan van de mensheid uit een plant of het landschap. Maar vaker wordt stilzwijgend aangenomen dat de mensen altijd bestaan hebben zonder een begin: de huidige orde is door voorouderlijke cultuurhelden ingesteld toen zij door het landschap dwaalden (zie p. 290).

POLYNESIË

Polynesië is het grootste gebied van Oceanië en omvat met name de eilandengroepen van Hawaii en Nieuw-Zeeland. Polynesië is veel rijker aan kosmologische mythen dan beide andere gebieden; de verhalen bij de Maori over de mannelijke hemel (Rangi) en de vrouwelijke aarde (Papa) zijn wellicht de bekendste (zie p. 294-5). Evenals in Micronesische samenlevingen zijn de verhalen over vreemdelingen die van overzee komen van belang.

OORSPRONGSMYTHEN
Scheppingsgoden en cultuurhelden

De belangrijkste Oceanische mythen over de schepping en de oorsprong van de wereld komen vooral uit Polynesië en Micronesië. Van de vele mythen uit deze streken waarin de oorspronkelijke scheiding tussen hemel en aarde wordt beschreven, is de bekendste het overwegend Polynesische verhaal waarin de twee goden Hemel en Aarde uit elkaar gedreven worden, zodat hun kinderen bevrijd worden (zie p. 294). Het thema komt ook in Micronesië voor, bijvoorbeeld op de Gilbert-eilanden, Kiribati, waar de oergod Nareau een paling overhaalde om de hemel en de aarde te scheiden. Op het naburige Nauru vond de oerspin Areop-enap een oesterschelp en vroeg een schelpdier om de oester open te wrikken. Dat lukte maar half en Areop-enap haalde er een rups bij. De rups kreeg de schaal open, maar spande zich daarbij zo erg in, dat hij op de bodem van de oester in zijn eigen zoute zweet van uitputting stierf. De opgelichte helft van de schelp werd de hemel en de dode rups werd de zon. Zijn zweet is de zee en het schelpdier is de maan.

Geschilderd houten masker uit de eilanden in het Nauw van Torres. Het stelt een voorouderlijke cultuurheld voor, waarschijnlijk Sida.

Melanesische oorsprongsmythen gaan zelden over een schepping van de wereld en van de mensheid door oergoden. De mythen gaan vaker over de wijze waarop het landschap en de begintoestand van de samenleving gevormd zijn door rondtrekkende voorouderlijke cultuurhelden. Dergelijke mythen komen ook in Australië voor (zie p. 286), en misschien zijn ze van daaruit naar Papoea Nieuw-Guinea gebracht. Aan de zuidkust van Papoea, langs de rivieren de Fly en de Purari en ook in het bergachtige binnenland, gaan veel mythen over een mannelijke cultuurheld die Sido wordt genoemd, maar die ook aanverwante namen heeft zoals Sosom, Soido of Souw. Elke gemeenschap eist hem op als háár held, maar men beseft dat Sido ook bij andere volken avonturen beleefde. Zijn reis is zichtbaar in een reeks geografische kenmerken die hij onderweg in het landschap aanbracht: een doorgang over een rots, een meertje waar hij plaste, enzovoort.

Op de meeste plaatsen maken de avonturen van de held deel uit van een geheim mannenritueel en worden ze alleen bij inwijdingsceremonies geopenbaard. Hij wordt overdreven mannelijk afgeschilderd met een zeer lange penis, en de verhalen over hem vertellen allemaal hoe hij beschaamd werd door vrouwen wegens zijn seksuele verlangen. Door deze schaamte heeft hij de mensheid, die tot dan onsterfelijk was geweest, tot de dood vervloekt. De Daribi vertellen hoe een jonge vrouw een slang tegenkomt die Souws penis blijkt te zijn. Als hij bij haar naar binnen wil, begint ze verschrikt te schreeuwen, zodat hij ervandoor gaat. De schande maakt hem kwaad en hij stuurt de dood, de oorlog en de tovenarij op de mensen af. Later trekt hij de hooglanden in en laat er haren achter, die in honden en varkens veranderen zodat de mensen er veel huisdieren hebben. In veel streken heeft de held ook voor visvoorraden en de eerste groenten gezorgd.

Een cultuurheld, gesneden in een van de vele verschillende stijlen van het gebied van de rivier de Sepik in Nieuw-Guinea. Heldere kleuren zouden de toverkracht van het werk versterken.

Stemmen van de geesten

In heel Oceanië spelen geluid-producerende instrumenten een belangrijke rol in de traditionele godsdienst en mythologie. De geluiden die ze maken worden vaak beschouwd als de stemmen van de wezens of goden die de schepping en de huidige sociale orde hebben gecreëerd.

In veel tempelcomplexen op Hawaii is het trommelhuis, waar de 'trommels van god' staan, het allerheiligste gedeelte. Trommels worden gebruikt om mensen naar de tempel te halen, om boodschappen te sturen, om tijdens ceremonies deelnemers van houding te laten veranderen en – vroeger – om mensenoffers te begeleiden. In Melanesië wordt bij de geheime mannelijke rituelen en de daarbij horende mythen groot belang gehecht aan instrumenten als het brom- of snorhout: een elliptisch stuk hout met aan één kant een gat waar een draad doorheen is getrokken: het wordt rond het hoofd geslingerd en maakt een luid jankend geluid dat de stem van de geest voorstelt. Waarschijnlijk is het bromhout uit Midden-Australië via Northern Territory en over het Nauw van Torres op Papoea Nieuw-Guinea terechtgekomen. Men zegt dat het door de cultuurhelden is gebracht die op de vorige pagina zijn beschreven.

Bij mannelijke initiatieriten moet het geluid van het snorhout de nieuwelingen bang maken. Door de fallische vorm is het ook een geschikt symbool voor de bevestiging van de mannelijke identiteit. Bij de Kiwai in zuidelijk Papoea Nieuw-Guinea is het woord voor snorhout *madubu*: 'ik ben een man'. Bij de Marindanim en verder oostwaarts in de Trans-Fly-streek werd het bromhout vroeger geassocieerd met homoseksuele initiatie, waarin jongens wat extra zaad kregen om echte mannen te worden. De geest van het bromhout heet in Trans-Fly Tokijenjeni, waardoor het instrument met een andere mannelijke activiteit verbonden wordt, omdat dat ook de naam is van de knuppel die bij het koppensnellen wordt gebruikt. Volgens een plaatselijke mythe was Tokijenjeni een zoon van Tiv'r, de cultuurheld van Trans-Fly. Tiv'r hoorde zacht iets in de buik van zijn vrouw snorren en stuurde er een paar vogels op af. Geen van de vogels kreeg het ding te pakken, totdat het een van hen lukte toen de vrouw wijdbeens voorover bukte. Het bleek het eerste snorhout te zijn.

Het snorhout wordt tot helemaal in het noorden bij het Kutubumeer gebruikt. Nog noordelijker, op de centrale hoogvlakte van Papoea Nieuw-Guinea, is de fluit het traditionele fallische instrument. Dwarsfluiten zijn op de gehele hoogvlakte verbonden met mannelijke initiatie, vooral in het oosten, waar de rite het meest verfijnd is. De mannen bliezen er alleen bij specifieke ceremoniële gelegenheden op en altijd in afzondering. Het bestaan en de vorm van de fluiten was hun diepste en best bewaarde geheim. Maar veel mythen uit deze samenlevingen vertellen dat de fluiten aanvankelijk van de vrouwen waren. De mannen hebben ze gestolen of afgetroggeld, waarna de vrouwen niets meer over de heilige instrumenten mochten weten. Men zegt dat een man vroeger een vrouw zou doden als ze alleen al naar een fluit kéék.

Niet alle mythen over heilige instrumenten zijn serieus van aard. In heel Melanesië worden humoristische verhalen verteld over een lelijke man die alleen knap wordt als hij op openbare ceremonies zijn fluit of mondharp bespeelt, wat hij erg goed kan. Van alle kanten komen de mooie vrouwen op hem af, en een van hen komt uiteindelijk achter zijn geheim.

Versierde trommel uit het gebied van de rivier de Sepik met de afbeelding van de geest van een voorouder die zich als mens en als vogel manifesteert.

MYTHEN OVER DE HEMEL
De mensenwereld en het hemelrijk

DE ZON EN DE MAAN
Op veel plaatsen op aarde wordt de maan gekoppeld aan vrouwelijkheid en de menstruatiecyclus, maar in Oceanië is de maan gewoonlijk mannelijk en de zon vrouwelijk. In grote delen van Nieuw-Guinea zijn de maan en de zon broer en zus, omdat de maan het mannen 's nachts mogelijk maakt met honden te jagen, terwijl het vrouwenwerk vooral overdag plaatsvindt. Ook in de mythologie van de Maori is de maan mannelijk. Volgens een bepaald verhaal gaat een mannelijke godheid, Rona, naar de maan om zijn verdwenen vrouw te vinden. Bij aankomst begint hij met de maan een gevecht dat nooit beëindigd is: beiden zijn voortdurend bezig elkaar aan te vallen en op te eten, wat de reden van de periodieke afname van de maan is. Als de maan weer toeneemt, verzamelen de strijdende partijen hun krachten voor de volgende ronde.

Een beschilderd malanggan-*houtsnijwerk van een mythisch hemelwezen in de vorm van een vogel, uit noordwestelijk New Ireland.*

In de Oceanische mythologie nemen de verhalen over contacten tussen de aarde en de hemel een belangrijke plaats in, vooral in Micronesië en Melanesië. In Melanesië zijn verhalen over luchtwezens heel gewoon, vooral in de Papoea-hooglanden. Volgens de Kewa hebben de luchtwezens meestal geen aardse beslommeringen, maar soms komen er hemelvrouwen op aarde om rode oker te halen voor hun lichaamsversiering. Wanneer donder, mist, wolken en bliksem hun komst aankondigen, begeven de Kewa zich niet in het woud.

In de hemelverhalen komen vaak spirituele of tovervogels voor. In een Melanesisch verhaal schiet een jongeman op een paradijsvogel, die met de pijl wegvliegt. Hij gaat erachteraan en ontdekt een pad naar een dorp in de lucht, waar een man op de veranda van het dorpshuis een doorn uit zijn voet zit te peuteren. De jager beseft dat het de vogel is die hij geraakt heeft. In een andere mythe denkt een man een felgekleurde vogel te hebben geschoten, maar hij ontdekt dat het een jonge vrouw is en hij trouwt met haar.

Iolofath of Olifat is de beruchtste bedrieger van Micronesië en speelt een belangrijke rol in de hemelverhalen van die streek. Op het atol Ulithi gaat het verhaal dat een vrouw een kind baarde van een man uit Lang, het hemelrijk. Op aarde wordt de man door de oudste zus van zijn moeder mishandeld en hij gaat terug naar de hemel waar Iolofath, de zon, hem adopteert. Hij gaat nog een keer naar de aarde om zich te wreken op zijn tante. Hij doodt haar en keert terug naar Iolofath.

VOEDSEL EN VRUCHTBAARHEID
Seks en de oorsprong van de groenteteelt

In de meeste Oceanische samenlevingen vormen de seksuele en huiselijke relaties tussen mannen en vrouwen het fundament van veel mythen over voedsel en tuinieren. Tijdens de *kawa*-ceremonie (een ritueel bij belangrijke gebeurtenissen waarbij het euforie-opwekkende *kawa* wordt gedronken) op Tonga wordt gezongen over een paling die met Hina paart, een edele en maagdelijke vrouw die alom vereerd en beschermd wordt. Als ze zwanger is en de mensen vertelt wat haar overkomen is, nemen zij de paling gevangen, hakken hem in moten en eten alles behalve de kop op, die door Hina wordt begraven. Uit die kop spruit de eerste kokosnoot.

Melanesische mythen gaan vaak over planten die in grond groeien die met zaad of menstruatiebloed is bevrucht. In een bepaald verhaal probeert Soido, de cultuurheld op het eiland Kiwai voor de zuidelijke Papoea-kust, met een vrouw te paren, maar zijn penis is zo lang dat hij haar doodt. Als hij ejaculeert, valt het zaad op het eiland, en overal waar het terechtkomt, groeien de diverse groenten. Op Kiwai wordt ook verteld dat een man een gat in de grond maakt en er zijn penis in steekt. Zonder het te weten bevrucht hij een onderaardse vrouwelijke geest. Zij baart de eerste jammen (zie ook kader).

De oorsprong van de jammen

De zoete aardappel of jam is het hoofdvoedsel van Oceanië. De twee volgende mythen geven er zeer verschillende verklaringen voor.

De Maori vertellen hoe de god Rongo-maui naar de hemel ging om zijn broer Wahnui, de beschermer van de zoete aardappel of jam, op te zoeken. Rongo-maui verborg de aardappel in zijn lendendoek, keerde naar de aarde terug en maakte zijn vrouw, Pani, zwanger. Later baarde ze de eerste jam, die aan de mensen werd gegeven.

In de binnenlanden van Nieuw-Guinea wordt verteld hoe ooit, toen er op aarde niets te eten was, een jongen en een oude vrouw een man in de beek zagen defeceren. Toen hij weg was, bekeken ze de uitwerpselen en zagen dat er een zoete aardappel in zat; die namen ze mee naar huis om te planten.

Stenen figuur van de Maori die een god in jamvorm voorstelt, waarschijnlijk Rongo-maui. De voorstelling heeft zowel op de fallus als op de baarmoeder betrekking en weerspiegelt het seksuele element.

MYTHEN VAN DE MAORI

Rangi, Papa en het Polynesische pantheon

Kenmerkend voor de mythologie van de Maori en andere volken is de groepering van de goden in een soort pantheon. Aan het hoofd staan twee opperwezens, de mannelijke hemel Rangi en de vrouwelijke aarde Papa. In de mythologie van de Maori waren zij aanvankelijk in de oerleegte met elkaar verbonden in een statische omarming. Tussen hen in zaten de kinderen vastgeklemd: de goden Tane, Tangaroa, Tu, Rongo, Haumia en Tawhiri. Zij wilden ontsnappen en overwogen hun ouders te vermoorden. Maar volgens Tane, de god van de wouden en de bomen, was het beter dat beiden uit elkaar werden gedreven. Zo probeerde elk van hen Papa en Rangi te scheiden. Rongo, de god van de groenteteelt, slaagde er niet in, evenmin als Tangaroa, de god van de zee, de vissen en de reptielen. Ook Haumia, de god van de wilde groenten en planten, faalde, evenals Tawhiri, de god van de wind en de elementen, en de oorlogsgod Tu. Toen bleef Tane over, en hij plaatste zijn hoofd tegen moeder aarde en zijn voeten tegen vader hemel, hij zette zich schrap en duwde beide langzaam uiteen tot hun huidige positie.

De anderen waren jaloers op zijn succes. Tawhiri liet de wind waaien en de storm razen en hij creëerde orkanen die de bomen in Tane's woud velden. De vissen, die eerst niet in zee maar in het woud leefden, vluchtten in de verwarring naar de oceaan van Tangaroa. Tane was boos over het verlies van zijn kroost en maakt nog steeds ruzie met Tangaroa: Tangaroa probeert het woud te overspoelen, terwijl van Tane's bomen de kano's worden gemaakt waarmee mensen de zee temmen.

Later ging Tane een partner zoeken. Eerst ging hij naar zijn moeder Papa, die hem afwees; toen maakte hij met verschillende wezens diverse nakomelingen, waaronder dieren, stenen, gras en beekjes. Maar Tane wilde een partner die, net als hij, menselijke vormen had. Daarom volgde hij

Een beeldhouwwerk uit vulkanisch gesteente uit noordelijk Taranaki op het Noordereiland, Nieuw-Zeeland. Waarschijnlijk stelt het de god Maui voor.

Maori-mythen en -architectuur

Bij de Maori heeft het hemelrijk twaalf terrassen; op het hoogste staat het goddelijke huis Rangi-atea. Het staat model voor de huizen van Maori-leiders. De bewerkte panelen op deze huizen hebben grote rituele en mythologische betekenis.

De Maori geloven dat de god Rua de eerste was die houtsnijwerk probeerde te maken. De figuren op hun panelen hebben altijd starende ogen, als die van een uil; dit stamt van Rongo af, die een uil aan de goden offerde en hem onder de achterwand in de grond stopte. De figuren hebben ook uitgestoken tongen en zwaar getatoeëerde lichamen. De tongen staan voor het spraakvermogen en de tatoeagepatronen geven de sociale positie van het personage aan.

Het bewerken van panelen zoals deze latei uit het huis van een Maori-leider gaat gepaard met toverformules en technieken die alleen toegankelijk zijn voor de groep architecten die voor de leiders werken.

Papa's advies op en maakte uit het zand van Hawaiki de eerste vrouw. Hij blies er leven in en zij werd Hine-hau-one, 'Aardemeisje', die een dochter baarde: Hine-titama, 'meisje van de dageraad'. Ook zij werd zijn vrouw, maar Hine-titama wist niet dat Tane haar vader was. Toen ze achter de waarheid kwam, vluchtte ze naar het donkere ondergrondse rijk. Tane achtervolgde haar, maar ze riep dat hij de streng van de wereld had losgemaakt. Daarom moest ze in de donkere onderwereld blijven en zou ze zijn kroost de dood in trekken. Zo is de mensheid sterfelijk geworden. Hine-hau-one is dus dubbelzinnig: ze is de bron van de eerste menselijke geboorte en van de eerste dood.

Tu, op Hawaii Ku genoemd (zie p. 296), was degene die had voorgesteld Rangi en Papa te doden, in plaats van ze te scheiden. Hij is de oorlogsgod aan wie ooit in Nieuw-Zeeland en in veel andere Polynesische rijkjes mensen werden geofferd. Tawhiri werd nu kwaad op Tu, maar deze trotseerde de toorn van zijn broer. Op zijn beurt wilde Tu op al zijn broers wraak nemen omdat ze hem niet hadden willen helpen tegen Tawhiri. Daarom maakte Tu diere- en visvallen waarmee de nakomelingen van Tangaroa en Tane gevangen werden. Ook haalde hij de planten van Haumia en Rongo uit de grond en at ze op. Om de nakomelingen van zijn broers in toom te houden – het weer, de planten, dieren, rijkdom – leerde Tu toverformules en bezweringen.

In de mythen van de Maori komen ook menselijke helden voor, van wie Tawhaki en Rata, wier heldendaden deel uitmaken van de mythologie van Nieuw-Zeeland, Tuomotu, Rarotonga, Tahiti en Hawaii, de bekendste zijn.

Hema is de zoon van Kaintangata, een hemelgodin, en Whaitiri, een kannibalenleider; hij trouwt met een godin die twee broers baart, Tawhaki en Kariki. Hema wordt door reusachtige menseneters gedood en Tawhaki gaat naar de plek des onheils om zijn vader te wreken. De gebeurtenissen van dit avontuur vormen het belangrijkste deel van de verhalencyclus. In veel verhalen staat de edele en succesvolle Tawhaki tegenover de lelijke en domme Kariki; het thema van contrasterende broers komt in alle Oceanische mythen voor. Onderweg vindt Tawhaki een vrouw en verwekt hij Wahieroa, die op zijn beurt Rata verwekt. Rata moet zijn vader gaan zoeken, die uiteindelijk uit jaloezie wordt vermoord door de hagedissen die zijn vijand Puna bewaken.

Rata is net zo dapper en sterk als Whaitiri, maar hij is niet zo wijs als zijn grootvader Tawhaki; met zijn onbezonnenheid brengt hij Tawhaki in moeilijkheden. Uiteindelijk haalt hij zijn vaders hoofd uit de buik van de grote haai Matuku en de rest van het lichaam uit de monsterhagedissen die mede aan zijn dood schuldig zijn. Op weg naar huis wacht Rata hetzelfde lot: hij wordt door de hagedissen van Puna gedood.

Houtsnijwerk van de god Tangaroa, afkomstig van de Austral- of Tubuai-eilanden, waar hij bekend staat als A'a. Hier is hij bezig andere goden te scheppen.

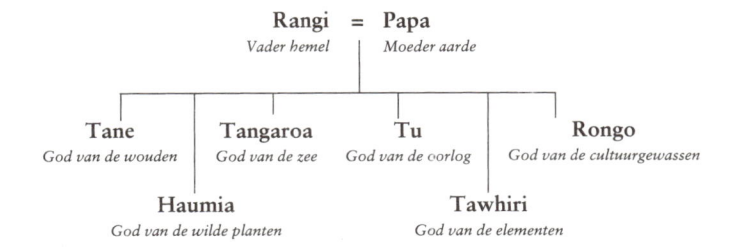

Het Maori-pantheon

```
                    Rangi   =   Papa
                 Vader hemel   Moeder aarde
    ┌───────────────┬──────────┬───────────────┐
   Tane         Tangaroa       Tu            Rongo
God van de    God van de    God van de    God van de
 wouden         zee          oorlog      cultuurgewassen
           Haumia                Tawhiri
       God van de wilde      God van de elementen
           planten
```

Beeld op een ontmoetingshuis in Rotorua, Noordereiland. De open mond weerspiegelt de rol van het huis als een plaats voor gedachtenwisseling.

KU EN LONO

De rituele cyclus op Hawaii

De traditionele taal en cultuur op Hawaii zijn door moderne ontwikkelingen op sterven na dood, maar voor de koloniale tijd had het eiland een van de grootste en verfijndste samenlevingen van Oceanië. Het jaar bestond uit een afwisseling van de rituele cyclus van Ku (de god van de aarde en de oorlog, elders Tu genoemd) en die van Lono (van de hemel, de vrede en teelt, elders Rongo genaamd).

De leiders van de eredienst van Lono werden geacht de vruchtbaarheid van het hele eiland in de hand te hebben. Tijdens de winter markeert de komst van de regen het begin van de Lono-periode, die werd gevierd tijdens het vier maanden durende Makihiki-feest dat door Lono zelf zou zijn ingesteld. Maar het was de god Paao die de offerrituelen instelde die aan het feest verbonden zijn. Men zegt dat hij uit een onzichtbaar en ver land naar Hawaii kwam om een nieuwe godsdienst en een nieuwe leidersdynastie te vestigen. Het idee dat de heersende klasse is gevestigd door vreemdelingen die de inheemse leiders hebben verdreven, is typisch Hawaiiaans, ook al komt het concept van vreemdelingen uit verre landen overal in Polynesië en Micronesië voor.

De rituele cyclus van Lono begon wanneer in de vroege herfst de Plejaden bij zonsondergang aan de horizon zichtbaar waren. In het begin van Makihiki voerde men in een optocht het beeld van de god langs de eilanden, in de richting van de klok. De richting van de tocht betekende dat de Hawaiiaanse koning de heerschappij behield. Onderweg werd de god ritueel 'gevoed' door de koningen en leiders van de eilanden, wier vrouwen geschenken meenamen in de hoop dat Lono een heilig kind terug zou geven. Wanneer de optocht rond was geweest en Lono's beeld bij zijn oorsprongstempel aan land was gezet, onderging hij een rituele 'dood' en keerde terug naar Kahiki, zijn onzichtbare land, terwijl de god Ku als ascendant achterbleef. Lono bleef onzichtbaar totdat de Makihiki-cyclus het jaar daarop weer begon.

Een beeldhouwwerk uit Hawaii van Kukailimoku ofwel Ku, de god van de aarde en de oorlog. Hij is afgebeeld met een karakteristieke kwade uitdrukking.

Lono en de dood van kapitein Cook

Sommige geleerden suggereren dat de Lono-mythe te maken heeft met de dood van de Engelse zeevaarder kapitein James Cook. Cook was de eerste Europeaan die de Hawaii-eilanden bezocht.

Cook kwam in november 1778 bij de eilanden aan, precies op het moment dat de cyclus van Lono zou beginnen, en voer met de klok mee om de eilanden heen. De Hawaiianen dachten dat dit jaar Lono zelf gekomen was, en toen Cook in Kealakekua voet aan wal zette, werd hij onmiddellijk naar de hoofdtempel van Lono meegetroond. Cook liet zich door de gastheren bepaalde rituele uitdrukkingen inprenten, zonder te beseffen dat het om de woorden van Lono ging, en bevestigde op die manier de mening dat hij de god zelf was. Toen het tijd werd dat Lono zou 'sterven', kondigde Cook aan dat hij naar Kahiki ging; daardoor wisten de leiders het zeker. Maar kort na zijn vertrek keerde Cook terug om bij Kealakekua een schip te repareren. Hij arriveerde op 11 februari 1779 en de Hawaiianen waren eerst stomverbaasd, toen boos en onbeschoft omdat Lono dood hoorde te zijn. Alle honderd leiders waren erop gebrand dat hun god ook echt dood was, en met de dolken die hij hun een paar maanden eerder had gegeven, werd 'Lono' gedood.

MAUI

De bedrieger en held van Oceanië

Misschien wel de bekendste van de Oceanische mythologische wezens is Maui, een Polynesische bedrieger en cultuurheld wiens opzettelijke en onopzettelijke handelingen de inspanningen van anderen te niet doen en die de huidige stand van zaken bepalen. Hij is een rebel en een verleider en hij zet de gevestigde orde op zijn kop. Maui spotte met de sociale gewoontes en met de tapu-regels (taboe). Hij stond voor de macht van de zwakke tegenover de sterke en die van de gewone of verstoten mensen tegenover de bevoorrechten.

Maui was te vroeg geboren. In de versie die verteld wordt op het atol Arawa wikkelde zijn moeder hem in een haarlok en gooide ze hem in de branding, maar hij werd gered door Tama van de hemel, ofwel de zon, en uiteindelijk weer met zijn moeder verenigd. Een van zijn eerste daden was het vertragen van de beweging van de zon door er met het betoverde kaakbeen van zijn overleden grootmoeder op te slaan. Daardoor beschikte zijn moeder over meer tijd om (schors)katoen – tapa – te maken. Elders wordt beweerd dat Maui dit deed om de mensen langer gelegenheid te geven om hun eten te koken.

Evenals Souw en Sosom in Melanesië heeft Maui een rol gespeeld bij het verlies van de menselijke onsterfelijkheid, wat te maken heeft met een seksueel beschamend incident. Maui reist naar de onderwereld en treft Hine-nui-te-po, de reuzengodin van de onderwereld en de dood, slapend aan. Hij gebiedt de vogels die hem vergezellen stil te zijn en nadat hij zijn kleding heeft uitgedaan, probeert hij bij haar binnen te dringen, in de overtuiging dat hij zo de dood zal verslaan. Maar een van de vogels kan zijn lachen niet houden als hij Maui in de reusachtige godin ziet vastzitten; ze wordt wakker en doodt hem. In de op Arawa vertelde versie laat zijn eigen vader hem geloven dat hij onsterfelijk zal worden als hij bij de slapende godin via de vagina binnengaat en via de mond eruit komt. Ook nu begint een vogel te lachen als hij bij de godin naar binnen dringt en ook nu wordt ze wakker en doodt hem. In beide gevallen is het resultaat gelijk: door Maui's overtreding kunnen mensen nooit de onsterfelijkheid bereiken.

Maui is niet altijd een ondermijnende figuur. Hij heeft ook het land geschapen door het met zijn vistouw uit de oceaan op te vissen. Een variant van dit verhaal wordt op de archipel van Tuomotuan verteld: Maui voegt zich bij zijn broers voor een diepzee-expeditie. Lange tijd waren ze vergeefs aan het vissen en uiteindelijk gingen ze naar bed; toen ze sliepen liet Maui zijn vistouw vieren. Toen de broers wakker werden, haalden ze Maui's touw binnen en was de vis zo groot, dat ze verbaasd uitriepen: 'Dat is geen vis maar een eiland!' Toen brak de vis het touw en waren ze hem kwijt. Hetzelfde gebeurde nog een keer, maar nu kon Maui een stuk van de vis te pakken krijgen; dit werd Hawaiki, ofwel Te-ika-a-Maui – de Vis van Maui (het eiland zou de vorm van een pijlstaartrog hebben). De kano waarmee deze tocht gemaakt werd, moet boven op de Hikurangi, de hoogste berg van het eiland, zijn gestrand. De vishaak van Maui is de Baai van Hawke geworden.

Een andere prestatie van Maui was de diefstal van het vuur bij de voorouder en heldin Mahui-ike, die in de onderwereld woonde. Hij kreeg haar zover dat ze haar brandende vingernagels – de vuurhaard – één voor één afstond totdat ze er nog maar een overhad, die ze op de grond gooide zodat er een vuur oplaaide. Maui riep de hulp van de regen in om de brand te blussen, maar Mahui-ike redde een paar vonken en gooide die op de bomen. Daardoor wisten de mensen dat ze met hout vuur konden maken.

In dit Maori-houtsnijwerk trekt de grote bedrieger en cultuurheld uit de Oceanische mythologie, Maui, het land uit de zee omhoog, zodat de mensen erop kunnen leven; het land is weergegeven als een vis.

CARGO CULTS ('VRACHT-RITUELEN')

Souvenirs met de afbeelding van prins Philip, de hertog van Edinburgh en echtgenoot van koningin Elizabeth II. Afkomstig van Tanna-eiland in Vanuatu, waar de prins het middelpunt is van een cargo cult.

Een niet-ontplofte bom uit de Tweede Wereldoorlog, in een hut op de Solomon-eilanden; het is een ritueel voorwerp van een cargo cult. Veel eilandbewoners dachten dat luchtaanvallen het nieuwe tijdperk van kago *aankondigden.*

Het contact met Europeanen en hun cultuur leidde in Oceanië tot nieuwe mythen en tot verandering van de bestaande mythen, om zo de plaats van de Europeanen in de kosmos te verklaren. De Melanesiërs en anderen waren het meest onder de indruk van de hoeveelheid spullen die de vreemdelingen in hun schepen bij zich hadden. In Nieuw-Guinea concludeerde men dat de Europeanen gedoemd waren hun cultuur mee te dragen en het Engelse woord 'cargo' werd verbasterd tot *kago*, 'spullen', 'bezittingen', 'rijkdom'.

Wegens die rijkdom dachten de Melanesiërs dat de westerlingen over bijzonder sterke tovenarij en rituelen beschikten, en in een poging die kunst zelf te verwerven, begonnen ze met 'cargo cults' – letterlijk vertaald: vrachtrituelen. De *kago* zou worden gebracht door een vooroudor, een god of een andere vereerde figuur (soms zelfs de Europese of Amerikaanse meerdere van de plaatselijke koloniale zetbaas) en zijn aankomst zou een nieuw tijdperk inluiden van overvloed, rechtvaardigheid en zelfs bevrijding van vreemde overheersing. Derhalve werden cargo cults door het koloniale gezag verboden.

Tijdens de Tweede Wereldoorlog dachten velen dat de Japanners door God gestuurd waren om de Europeanen te helpen verslaan, opdat de inheemse bevolking over de geheime bronnen van de *kago* kon beschikken. De mensen van Vanuatu waren voor de oorlog tot het christendom bekeerd. Tot die tijd geloofden ze in Karaperamun, uit wie alles in het leven voortsproot. In 1940 begonnen ze zich van de kerk te distantiëren en traditionele gebruiken nieuw leven in te blazen, omdat ze hadden gehoord dat een zekere 'John Frum', een incarnatie van Karaperamun, een nieuwe tijd van *kago* zou brengen. Tijdens een traditioneel en nachtelijk feest beweerde iemand dat hij een manifestatie van John Frum was. Hij zei dat er een natuurramp zou komen waarna een machtig koninkrijk zou verschijnen, het land zou vlak en vruchtbaar worden, ziekte en dood zouden verdwijnen en hard werken zou er niet meer bij zijn. De Europeanen zouden vertrekken en John Frum zou iedereen genoeg geld geven.

De oorlog in de Stille Oceaan verhevigde het jaar daarop en er verschenen vliegtuigen boven Vanuatu; men dacht dat dit de voertuigen waren die de *kago* en het beloofde nieuwe tijdperk brachten. Sedertdien hebben verschillende mensen zich voor John Frum uitgegeven, de bezitter van de *kago*-geheimen. Maar recente ontwikkelingen hebben de Melanesiërs langzaam doen beseffen dat men alleen maar *kago*-spullen krijgt door er naar Europese economische maatstaven voor te werken.

MYTHE EN MAGIE

Levende mythen op Goodenough-eiland

De Kalauna op Goodenough-eiland in Papoea Nieuw-Guinea beschikken over een verzameling mythen – de *neineya* – waarin hun belangrijkste toverformules staan die nodig zijn voor de beheersing van het weer, het succes van de oogst, het tuinieren en de onderdrukking van honger. De *neineya*-verhalen mogen alleen in het openbaar worden verteld als de spreker de geheime namen, formules en andere informatie met magische betekenis verzwijgt.

Deze mythen zijn het eigendom van individuele mannen, de uiterst belangrijke tovenaars van de Kalauna-clans, die ze aan hun erfgenamen doorgeven. Deze mannen heten de *toitavealata* ('zij die op het dorp passen') en nemen de persoonlijkheid aan van de figuren uit de mythen. Maar behalve bij hun zorg voor het collectieve welzijn gebruiken ze de tovenarij ook om hun vijanden met vraatzucht (*tufo'a*) en honger (*loka*) te treffen. De oorsprong van dit kwaad wordt toegeschreven aan een slangachtige god die Honoyeta heet. Hij liet zijn twee vrouwen elke dag werken; ondertussen legde hij zijn huid af en werd een knappe jongeling. Een van de vrouwen ontdekte zijn geheim en vernietigde de slangehuid. Uit wraak bezorgde de slangegod de mensen droogte, honger en dood.

Kannibalisme

De abutu-ruil van de hedendaagse bewoners van Goodenough-eiland is een wedstrijd om het grootste exemplaar uit de groentetuin; de oorsprong is een ritueel dat de honger van Malaveyoyo moest stillen, een woeste kannibaal die door de binnenlanden van het eiland zou hebben gezworven. De eilandbewoners dachten dat hij geen mensen zou eten als hij genoeg groente zou krijgen. Kannibalisme komt overal in Oceanië voor en wordt gekenmerkt door een grote vijandigheid tussen de seksen.

In Papoea Nieuw-Guinea gaan veel verhalen over de mannelijke held die een vrouw of een dier tot ver buiten het bewoonde gebied najaagt, totdat hij merkt dat hij in het land van de kannibalen is. De verhalen draaien om zijn geslaagde pogingen om uit hun klauwen te blijven. In Polynesië – op Tahiti en de Catham-eilanden ten oosten van Nieuw-Zeeland – zijn verhalen over kannibalistische vrouwen bekend. Op Tahiti gaat een verhaal over de vrouwelijke voorouder, 'Rona met de lange tanden', wier dochter Hina opgroeide tot een mooie jonge vrouw en toen verliefd werd op Monoi. Maar Monoi werd door Rona gevangengenomen en opgegeten. Toen vroeg Hina hulp aan de 'harige leider' – No'ahuruhuru –, die de vraatzuchtige kannibaal uitschakelde.

Een mand waarin een leider op de Fiji-eilanden gekookt mensenvlees werd aangeboden. Tot in de moderne tijd kwam kannibalisme voor in Melanesië en Polynesië.

ZUIDOOST-AZIË

De Pura Beji-tempel in Sangsit op Bali. De Balinezen praktizeren een versie van het hindoeïsme die vermengd is met boeddhistische en inheemse Maleisische overtuigingen.

Zuidoost-Azië is cultureel gezien een van de gevarieerdste gebieden ter wereld, en de mythologie weerspiegelt er de veelgelaagde culturele erfenis. Het hindoeïsme, dat zich al in de oudste tijden over het gebied verspreid had, werd in Laos, Thailand, Vietnam en Kampuchea (Cambodja) vanaf de 14de eeuw met de leerstellingen van het Theravada-boeddhisme overdekt. Nadat in de 16de eeuw de islam zich op Java had verspreid, werd deze religie de belangrijkste op de Zuidoostaziatische eilanden. Het hindoeïsme en boeddhisme hadden er een sterke invloed op, evenals het oudere animisme, dat men in de geïsoleerde binnenlanden van het gebied nog aanhangt.

Ondanks deze godsdienstige diversiteit heeft de Zuidoostaziatische mythologie door een paar terugkerende ideeën een eigen karakter. Het algemeenste idee is dat van een gelaagd universum, met gewoonlijk zeven lagen boven en zeven onder deze wereld (zie p. 303). De lagen van de samenleving worden vaak gezien als afspiegeling van de universele structuur, een idee dat vooral in Oost-Indonesië ontwikkeld is. In zekere mate leeft overal in het gebied het idee van de eenheid van alle levensvormen, het sterkst in het geloof van de inheemse bevolking van Borneo en Malakka (zie p. 305). Onder de schijnbare wereld moet een alomtegenwoordige geesteskracht liggen, die het mogelijk maakt te veranderen van een menselijke in een dierlijke of zelfs plantaardige vorm, en vice versa.

Voor veel inheemsen is het menselijk hoofd een speciale geestelijke krachtbron. In deze culturen worden vaak koppen gesneld en men gelooft dat krijgers die een vijandig hoofd bemachtigen, hun eigen geestelijke kracht enorm vergroten.

Afgezien van stadbewoners, een enkele groep nomadische planters en afgelegen jagers-verzamelaars die in de wouden van Maleisië, Thailand, Borneo en de Filippijnen leven, wonen de mensen grotendeels in dorpen en zijn ze afhankelijk van de natte rijstteelt. Dat komt in veel mythen over rijst tot uitdrukking (zie p. 307).

MENSEN EN TALEN

De eerste bewoners van Zuidoost-Azië waren negrito's die rond 23.000 v. Chr. uit het noorden naar het gebied trokken en die verwant zijn aan de Australische aborigines. Hun afstammelingen zijn jagers-verzamelaars die in de afgelegen woudgebieden leven in het binnenland van Maleisië, Thailand, Borneo en de Filippijnen. Veel later, vanaf 2500 v. Chr., verspreiden nog meer groepen immigranten vanuit het noorden zich over het Zuidoostaziatische vasteland en de eilanden. Daar overheerst momenteel hun taalgroep, de westelijke tak van de Austronesische taalfamilie (vroeger de Malayo-Polynesische taalfamilie genoemd). Door verdere migraties vormen sprekers van Austronesische, Austro-aziatische, Thaise en Sino-Tibetaanse talen op het vasteland de meerderheid (zie kaart). Immigratie van Chinees-sprekenden naar Maleisië, Borneo en de Filippijnen is van recenter datum.

VERKLARING

Belangrijkste taalgroepen

- Overwegend Austro-aziatisch (o.a. Vietnamees, Khmer)
- Overwegend Austronesisch (o.a. Maleis, Indonesisch, Filipijns)
- Thai (o.a. Thai, Lao)
- Sino-Tibetaans (o.a. Chinees, Birmees)
- Gemengd Austro-aziatisch/Thai
- .... Huidige grens

Streek, eiland of eilandengroep: *JAVA*
Huidige staat: LAOS
Volk: *DUSAN*

MYTHEN EN HUN OPVOERING

De dramatisering van mythen is op Bali en Java sterk ontwikkeld. Op Bali spelen gemaskerde dansers regelmatig de strijd na tussen de goede demonenkoning Barong en de kwade heksenkoningin Rangda (zie p. 306). Bijzonder belangrijk is de *wajang* of het schimmenspel, een rituele dramavorm op Java, waarbij bewerkte poppen achter een verlicht scherm worden bewogen. Hoewel het schimmenspel in veel streken van Zuidoost-Azië voorkomt, is het alleen op Java een belangrijk expressiemiddel geworden voor religieuze en mystieke ideeën. Men neemt aan dat de techniek in de 10de eeuw in India is ontstaan, wat waarschijnlijk verklaart waarom de populairste personages van het Javaanse schimmenspel uit de grote heldendichten van de hindoeïstische mythologie komen, het *Ramayana* en het *Mahabharata*, hoewel Java lange tijd overwegend islamitisch is geweest. Vooral de avonturen van de vijf heldhaftige broers Pandava zijn geliefd.

Opvoeringen duren de hele nacht en kunnen van beide zijden van het scherm bekeken worden. Traditioneel verschijnen de goede personages aan de rechterzijde (van voren als schaduw gezien) en de kwade aan de linkerzijde van het scherm. De *wajang*-spelen worden gewoonlijk opgevoerd bij vieringen of verjaardagen.

CHRONOLOGISCH OVERZICHT

50.000-25.000 jaar geleden	Zuidwaartse migratie van inheemse Negrito's naar Zuidoost-Azië	15de eeuw	Islamitische invloeden in het gehele gebied
4500 jaar geleden	Begin zuidwaartse migratie van Austronesiërs naar Zuidoost-Azië	1509	Portugese ontdekkingsreiziger Vasco da Gama in Malakka, Maleisië; begin van de Europese invloed en kolonialisatie
3de eeuw n. Chr.	Hindoe-koninkrijken in Cambodja, Maleisië en Indonesië	1600	Islamisering van Java voltooid
1100-1200	Theravada-boeddhisme bereikt Laos en Cambodja uit Sri Lanka via Birma	1945-57	Koloniale machten (Nederland, vs, Frankrijk en Groot-Brittannië) trekken zich bijna overal uit Zuidoost-Azië terug

OORSPRONGSMYTHEN
De schepping van de wereld en de mensheid

Zuidoostaziatische mythen schrijven het ontstaan van de wereld meestal toe aan een of andere scheppende godheid, vaak een vogel of een ander dier met scheppende vermogens. Zo wordt op Sumatra beweerd dat God in de oertijd in plaats van een vrouw een fabelachtige blauwe kip had, Manuk Manuk. Manuk Manuk legde drie reusachtige eieren, waar de drie goden uit kwamen die de drie lagen van het universum creëerden: de bovenwereld (hemel), de middenwereld (aarde) en de onderwereld.

In die tijd bestond de middenwereld alleen uit zee. De dochter van de schepper Batara Guru, Boru Deak Parudjar, sprong om de hofmakerij van de god Mangalabulan te ontwijken vanuit de bovenwereld in zee. Toen een zwaluw Batara Guru vertelde wat er gebeurd was, stuurde hij de vogel terug met wat zand dat hij op het water moest leggen. Het zand dijde uit tot land en Batara Guru strooide er zaad op, waaruit allerlei dieren ontstonden. Toen stuurde hij een heldhaftige incarnatie van zichzelf om de aarde te bevrijden van Naga Padoha, de slang die de onderwereld beheerst (een hindoe-figuur), en hem naar de onderlaag van het universum te verdrijven.

Zo'n machtige slang en het concept van een boven- en onderwereld treedt ook op in de scheppingsmythe van de Dayak, de inheemse niet-islamitische bevolking in de zuidelijke en westelijke binnenlanden van Borneo. Zij kennen een oertijd waarin 'alles nog in de bek van de opgerolde Waterslang zat opgesloten'. Toen verschenen de Goudberg, waar de oppergod van de lagere regionen zetelt, en de Juweelberg voor de oppergod van de hogere regionen. De bergen stootten een paar keer tegen elkaar aan, waardoor steeds een deel van het universum ontstond, te beginnen met de wolken. Daarna kwam het zwerk, de bergen en afgronden, zon en maan, de Havik van de Hemel en de grote vis Ila-Ilai Langit, de twee fabeldieren Rowang Riwo met het gouden speeksel en Didis Mahendera met edelstenen als ogen, en ten slotte kwam de gouden hoofdtooi van de god Mahatala, die met een rechtopstaand juweel werd gekroond. Dat was de eerste fase van de schepping. In de tweede fase verschenen de rivieren, en Jata, de goddelijke maagd, schiep het land en de bergen. In de derde fase verscheen de Levensboom met gouden bladeren en fruit van ivoor, waardoor de boven- en benedenwereld verbonden werden.

Een soortgelijk thema vormt de basis van de scheppingsmythe van de Dusun van Saba op Noord-Borneo. Volgens hen lag er aanvankelijk slechts een grote rots in het universele water. De rots spleet en er kwam een

Detail van een geborduurd kleed uit Indonesië met een gestileerde hoornvogel die een manifestatie is van hemelse geesten. Fabeldieren spelen een belangrijke rol in de scheppingsmythen van grote delen van Zuidoost-Azië.

SCHEPPINGSMYTHEN VAN DE IBAN
De Iban zijn een van de Dayak-volken op Borneo. Volgens hen begon de wereld met twee geesten, Ara en Irik, die als vogels over een eindeloze watervlakte vlogen. De vogels doken neer en haalden ieder een groot ei uit het water. Ara maakte van het ene ei de hemel en Irik van het andere de aarde. Maar de aarde was te groot voor de hemel, en de twee scheppende geesten drukten de aarde ineen tot de juiste maat, waardoor er rivieren en stroompjes ontstonden die de valleien en de vlaktes irrigeerden. Daarna ontstonden de bomen en planten.

Toen zagen de vogels dat er niemand in de nieuwe wereld woonde en ze besloten de mensheid te maken. Eerst probeerden ze het met de witte en rode sappen van de bomen, maar toen ze daar geen leven in kregen, probeerden ze het met de aarde zelf. Hiervan maakten ze de eerste mensen en met de kreten van de vogelgeesten brachten ze er leven in.

Een bronzen naga, een slang van hindoeïstische afkomst die in de Zuidoostaziatische mythologie veel voorkomt. Deze komt uit Angkor Wat in Cambodja.

mannelijke godheid uit, die smid was, en een godin die de hemel en de aarde maakte. De god schiep het zwerk met bogen als die van een paraplu en de godin vormde uit beider lichaamsvuil de aarde.

Vaak volgt meteen na de schepping van de wereld die van de mensen. In het Sumatraanse scheppingsverhaal kreeg de goddelijke held die Naga Padoha had verslagen, als beloning Parudjar, de dochter van Batara Guru, als metgezellin. Samen maakten zij de eerste mensen. Volgens de Dusun begonnen de twee goden aan de mensheid nadat ze eerst hemel en aarde hadden geschapen. Aanvankelijk probeerden ze het met gesteente, maar de stenen mensen konden niet praten. Toen werd het met hout geprobeerd, maar aangezien het hout te snel verweerde, vormden ze een mensenras uit aarde van een termietenhoop. Dat was een succes en de mensheid stamt van dit derde ras af. Ook andere volken in de streek vertellen hoe de mensen uit aarde werden gemaakt nadat één of meer pogingen waren mislukt.

De mythe over de menselijke oorsprong van de Carabaulo op Timor in Oost-Indonesië dient tevens als verklaring van de sociale orde. Aanvankelijk waren er geen mensen, alleen de zee. Uit het water rezen twee stukken land op die samen het hele eiland Timor vormden. Toen verscheen er een enorme vagina uit de grond, waaruit de voorouders van de huidige bevolking te voorschijn kwamen: eerst kwamen de aristocratische grondbezitters eruit en vervolgens hun personeel en het gewone volk. Om uit de vagina te komen trokken de eerste mensen zich aan de lianen van een boom omhoog. Er wordt beweerd dat die plek nog altijd zichtbaar is, maar niemand mag de tunnel die daar uitkomt betreden.

DE GELAAGDE KOSMOS

Het idee dat de kosmos uit verschillende niveaus bestaat, komt in bijna alle scheppingsmythen van Zuidoost-Azië voor. Zo menen de Kédang op de Indonesische Lembata-eilanden dat er zeven lagen boven en vijf onder de aarde liggen. Wie sterft wordt in de laag onder de zijne opnieuw geboren en verschijnt ten slotte als vis in de bovenste laag, waarna de cyclus van geboorte en dood zich herhaalt.

Volgens de Chewong in het regenwoud van Maleisië vormt de bodem van een laag in het universum het plafond van de laag eronder; de hemel van onze aarde – de Zevende Aarde – is dus de onderkant van Aarde Zes en bestaat uit gesteente die de aarde op twee plaatsen aanraakt, namelijk waar de zon opkomt en ondergaat. Als onze zon ondergaat, wordt ze de opkomende zon van van de Achtste Aarde, die onder de onze ligt.

De Ma'Betisék, eveneens een Maleisisch volk, zien het universum als een ui met zeven schillen die in water drijft. De aarde is de zesde laag. De zevende laag is de bovenwereld, waar onze doorzichtige voorouderlijke geesten verblijven. Kwaadaardige wezens, zoals kannibalen, wonen in de onderaardse lagen.

De slang en de schildpad

In hun scheppingsmythe vertellen de Balinezen dat aanvankelijk aarde noch hemel bestonden. Toen schiep de Wereldslang Antaboga door middel van meditatie de Wereldschildpad, ofwel Bedawang.

Boven op de oude Wereldschildpad lagen twee opgerolde slangen en de Zwarte Steen, die de deksel van een grot is – de onderwereld zonder zon en maan. De grot van de onderwereld wordt gedomineerd door de god Batara Kala en de godin Setesuyara; hier woont ook de grote slang Basuki. Kala schiep het licht en moeder Aarde, met erboven een laag water en daarboven een reeks koepels of luchten. Daar ligt de middenlucht en daarboven de drijvende lucht, waar Semara zetelt, de god van de liefde. Daarboven ligt de donkerblauwe lucht met de zon en de maan, en daarboven ligt de geurige lucht, prachtig en vol zeldzame bloemen: dit is het verblijf van Tjak, de vogel met het mensengezicht, van de slang Taksaka, die poten en vleugels heeft, en van de *awan*-slangen, vallende sterren. Nog hoger ligt de hemel van de voorouders, die vol vlammen is, en daarboven ligt de hoogste laag, het godenverblijf waar de mannelijke oppergod Tintiya heerst.

De goden schiepen Bali als een platte en onvruchtbare plaats. Maar toen het naburige Java in handen van de moslims viel (feitelijk een langdurig proces, ca. 1250-1600), verhuisden de hindoe-goden vol afschuw naar Bali en bouwden er op de vier belangrijke punten bergen die hoog genoeg waren voor hun verheven status. In het midden zetten ze de vulkaan Gunung Agung neer ('Grote Berg'), ook wel de 'Kosmische Berg' en 'Navel van de Wereld' genoemd.

Een schaduwpop uit ca. 1800 van de Wereldslang Antaboga uit de Balinese scheppingsmythe. Afkomstig uit Klung-klung, Bali.

MENSEN, GODEN EN GEESTEN

Het begin van de beschaving

DE OORSPRONG VAN DE NACHT EN HET VUUR

Volgens de Chewong in Maleisië waren er oorspronkelijk op deze aarde – de zevende van acht lagen – geen nacht en geen vuur. Als mensen tapioca wilden bereiden, zetten ze het gewoon op de grond en kookte het vanzelf. Op een dag verloor een jongen in een gat in de grond zijn mes; toen hij het terug wilde pakken, kwam hij in de achtste laag terecht, waar de mensen hem wat te eten gaven. Toen het donker werd, werd de jongen bang en de mensen maakten een vuur; maar ook dat kende hij niet en opnieuw werd hij bang. De vriendelijke mensen gaven hem de nacht en het vuur voor zijn eigen wereld en deden ze in een stuk bamboe. Toen leerden ze hem hoe hij eten moest koken en ze lieten hem met de geschenken weer naar zijn eigen wereld klimmen.

Steenfiguren van goddelijke en voorouderlijke cultuurhelden op de offerplaats van de Toba-Batak in Ambarita op Samosi in oostelijk Indonesië.

DE JAGER EN DE MAAN

De Ma'Betisék in Maleisië vertellen dat de mens aanvankelijk geen regels kende en zich voortdurend schuldig maakte aan moord, incest en kannibalisme. In die tijd hield een geest, Moyang Melur, die half mens, half tijger was en op de maan woonde, de gedragsregels geheim.

Op een nacht was hij zo gefascineerd door de wanorde op de aarde onder hem, dat hij te ver voorover leunde en op de aarde viel. Daar ontmoette hij een jager, Moyang Kapir, aan wie hij zwoer iedereen te zullen doden als hij niet snel terug kon naar de maan. Moyang Kapir wierp een touw naar de maan en zij klommen samen naar boven. Moyang Melur bereidde zich stiekem voor om Moyang Kapir te doden en op te eten, maar deze vluchtte via het touw naar de aarde. Hij nam de geheime zak met de regels voor menselijk gedrag mee, die hij onder een mat had gevonden. Daarna verspreidde Moyang Kapir de regels onder zijn verwanten.

Veel Zuidoostaziatische mythen verklaren hoe de regels van beschaafd gedrag door een voorouderlijke held zijn ontdekt of aan hem zijn geopenbaard nadat een godheid of geest ze in zijn bezit had gehad. De Chewong, Maleisische jagers-verzamelaars, verklaren hun *maro*, de gewoonte om voedsel te delen, met het verhaal over de jager Bujaegn Yed. Op een dag zat hij zijn vangst te koken en op te eten toen hij Yinlugen Bud zag, de geest van de boomstam die ouder is dan alle mensen. Deze waarschuwde de jager dat hij een gevaarlijke en misschien zelfs fatale overtreding beging door zijn eten niet te delen. Bujaegn Yed nam het vlees mee naar huis en gaf het aan zijn zwangere vrouw. Toen ze op het punt stond te baren, nam de jager een mes om, zoals toen gebruikelijk was, haar buik open te snijden, maar toen liet Yinlugen Bud hem zien hoe je een kind ter wereld moet brengen. Hij leerde het paar ook alle toverformules en regels voor de geboorte en borstvoeding. Sinds die tijd sterven moeders niet meer tijdens het baren en delen de mensen de buit van de jacht.

Op Borneo vertellen de Iban over een man, Surong Gunting, die naar zijn grootvader gaat, de geest Sengalong Burong. Onderweg leert hij van de sterren de jaarlijkse landbouwcyclus en zijn grootvader leert hem bepaalde rituelen en vogelorakels voor de landbouw en voor het koppensnellen (volgens de Iban geven vogels boodschappen van geesten door). Als Surong Gunting zijn tante Dara Chempaka Tempurong zwanger maakt, wordt hij uit grootvaders dorpshuis verdreven, nadat hem is uitgelegd dat het een ernstige overtreding is om met mensen uit vorige en volgende generaties te paren: dat kan een ramp voor de oogst betekenen. Hij keert naar zijn eigen dorpshuis terug en geeft zijn nieuwe wijsheid door aan de Iban.

De Thens en de drie grote mannen

In Laos en Noord-Thailand worden de oorsprong van de mensenwereld, de ambachten en de cultuur aan drie goddelijke voorouders toegeschreven, de Thens, en aan drie aardse voorouders, die soms gewoon de drie grote mannen worden genoemd.

Lang geleden waren er de aarde, de lucht en de planten. Boven de wereld, in het bovenste koninkrijk, woonden de Thens. De leiders van de benedenwereld waren drie grote mannen, Pu Lang Seung, Khun K'an en Khun K'et, die leefden van rijstbouw en visserij. In die tijd was de bovenwereld met de onderwereld verbonden door een brug van rotan.

Op een dag lieten de Thens de wereld weten dat de mensen voordat ze gingen eten als teken van respect hun een deel moesten geven. Maar de mensen weigerden en uit woede veroorzaakten de Thens een overstroming die de wereld verwoestte. Pu Lang Seung, Khun K'an en Khun K'et bouwden een ark met een huisje erop. Met hun vrouwen en kinderen reisden ze naar de bovenwereld, waar ze de koning van de Thens eerbiedig begroetten. Hij vroeg wat ze kwamen doen.

Nadat hij de geschiedenis had aangehoord, zei de koning dat ze in de hemel bij een van zijn familieleden moesten gaan wonen, grootvader Then Lo. Tegelijkertijd begon het water beneden te zakken, en toen de drie grote mannen dat zagen, zeiden ze tegen de koning: 'We kunnen in deze immateriële wereld niet rondlopen. We willen weer in de benedenwereld wonen, waar de grond plat en stevig is.' Ze kregen van de koning een buffel en werden naar de aarde gezonden.

Na drie jaar ging de buffel dood; kort daarna groeide er een kruipplant uit zijn neus, met drie pompoenen die een vreemd geluid maakten. Pu Lang Seung verhitte een boor en maakte in elke pompoen een gat. Er kwamen mensen uit. Zij waren de oorspronkelijke slaven en Pu Lang Seung leerde hun de plantenteelt volgens de primitieve kaalslagmethode. Maar er zaten nog veel meer mensen in de pompoenen en Khun K'an maakte met een schaar in elke pompoen een tweede gat. Drie dagen en nachten stroomden de mensen eruit, totdat de pompoenen eindelijk leeg waren. Degenen die uit de tweede opening waren gekomen, waren de Thai; zij kregen van de drie grote mannen les in het bewerken van de grond en het weven. (In werkelijkheid zijn de Thai in de 10de eeuw uit China gekomen.) Later stuurden de goddelijke voorouders de bouwer Then Teng en de ontwerper Pitsanukukan. Teng leerde de mensen de tijdberekening en de juiste volgorde voor het bewerken van het land, de boomgaard en de tuin. Pitsunukukan leerde hun hoe ze met metaal om moesten gaan en gereedschap konden maken en ook katoen en zijde weven, kleren maken en voedsel koken.

Daarna zond de koning van de hemel Sik'ant'apatewada, leider van de Gandharva, de goddelijke musici. Hij leerde de mensen hoe ze gongs konden maken, fluiten, trommels en alle andere instrumenten van het orkest, en ook leerde hij hun zingen en dansen.

Toen Sik'ant'apatewada klaar was en naar de hemel terugkeerde, werd de rotan brug vernietigd. Vanaf die tijd kunnen de goddelijke voorouders en de mensen elkaar niet meer bezoeken.

DE EENHEID VAN HET LEVEN

In de oorsprongsmythen van Zuidoost-Azië wordt verondersteld dat alles dezelfde bron heeft of in ieder geval nauw met elkaar verbonden is. Zo geloven de Dayak op Borneo dat mensen, dieren en planten allemaal van dezelfde geest afstammen en dus aan elkaar verwant zijn. Vooral onder de oudste inheemse volken leeft het idee dat elke levensvorm zo kan overgaan in een andere. De Chewong menen dat kinderen omgevormde bloemen zijn. De Bagobo op de Filippijnen beweren dat apen ooit het gedrag en het uiterlijk van mensen hadden: ze kregen hun huidige vorm toen de mensheid door de god Pamalak Bagobo als aparte soort werd gevormd. De affiniteit tussen beide soorten blijkt uit het feit dat sommige mensen naar believen aap kunnen worden.

De Ma'Betisék brengen hun gevoel voor de samenhang tussen alle levensvormen tot uitdrukking in het geloof in reïncarnatie. Goede mensen worden beloond met een wedergeboorte als mens, maar omdat ze vrij moeten zijn van hebzucht, ambitie, geweld en jaloezie, gebeurt dat zelden. De meeste menselijke zielen incarneren in een dier of soms in een plant. De Ma'Betisék vertellen ook hoe ze in een bepaald stadium van hun geschiedenis zo talrijk waren geworden dat er een catastrofaal tekort aan land was. Met toestemming van de mensen loste God het probleem op door de halve bevolking in bomen te veranderen.

MAGIE EN TOVENARIJ
Barbaren, demonen en heksen

Een algemeen thema in de mythologie van heel Zuidoost-Azië is de confrontatie met een toverkracht die vaak de representant is van duistere machten van het kwaad of barbarij, die tegenover de geciviliseerde samenleving staan. Gewoonlijk hebben die krachten een (half)menselijke gedaante, en ze kunnen mannelijk zijn, zoals Moyang Melur die half mens en half tijger is (zie p. 304), of vrouwelijk, zoals Bota Ili (zie onder).

De verschrikkelijke Balinese vrouwelijke volksdemon Rangda is de aanvoerster van een troep kwade heksen, wier tegenstander de onsterfelijke geest-koning Barong is. Gewoonlijk wordt ze bijna naakt afgebeeld met lang haar en klauwachtige nagels aan handen en voeten. De strijd tussen de twee toverkrachten wordt door gemaskerde dansers nagespeeld, waarbij Rangda meestal verslagen wordt (zie p. 301). Het woord *rangda* betekent weduwe; en volgens sommige geleerden stamt de naam af van een Balinese koningin uit de 11de eeuw, Mahendradatta, die door haar man, koning Dharmodayana, uit het hof verbannen werd wegens vermeende toverpraktijken tegen zijn tweede vrouw. Nadat koning Dharmodayana was gestorven, schijnt Mahendradatta hun zoon en troonopvolger, Erlangga, te hebben achtervolgd omdat die zijn vader niet had verhinderd een tweede vrouw te nemen. Ze moet geprobeerd hebben het koninkrijk met zwarte magie ten val te brengen. De bevolking was al door de pest gehalveerd toen ze door een heilige met sterkere toverkracht werd verslagen.

Beeld van de heksenkoningin Rangda in de vorm van een figuur uit de Balinese dans.

Balinees dans-masker dat Barong voorstelt, de tegenspeler van het kwaad en tegenstander van Rangda.

Bota Ili

De Kédang in Oost-Indonesië vertellen hoe de wilde vrouw Bota Ili geciviliseerd werd.

Bota Ili woonde op de top van een berg. Ze zat helemaal onder het haar en ze had zeer lange vinger- en teennagels. Ze leefde van reptielen en om kookvuur te maken, schuurde ze haar rug tegen de rotsen.

Een zekere Wata Rian woonde op het strand. Toen hij op een dag rook op de berg zag, wilde hij weten wie daar woonde. Op een ochtend ging hij vroeg op pad met vis en palmwijn voor onderweg. Om twaalf uur was hij boven en zag daar een stookplaats. Wata Rian ging in een boom zitten wachten totdat Bota Ili van de jacht terugkeerde met een maaltje slangen en hagedissen. Na wat gerust te hebben schuurde ze met haar rug tegen een rots om vuur te maken, maar het lukte niet. Toen zag ze Wata Rian zitten en riep woedend uit: 'Jij hebt mijn vuur gedoofd. Kom hier zodat ik je aan stukken kan bijten!' Wata Rian antwoordde: 'Probeer geen moeilijkheden te zoeken, want dan stuur ik mijn hond op je af.' Bota Ili bedaarde en Wata Rian kwam naar beneden. Nu lukte het haar wel vuur te maken en ze kookten hun eten. Hij gaf haar flink wat wijn en uiteindelijk viel ze beschonken om. Terwijl ze sliep, schoor hij haar en zag hij dat ze een vrouw was. Toen Bota Ili daarna kleren leerde dragen, bleven ze bij elkaar en trouwden.

DE SCHENKER VAN LEVEN
Mythen over rijst

In heel Zuidoost-Azië worden de 'levenskracht' van de rijst – het basisvoedsel van het hele gebied – en die van de mensheid met elkaar in verband gebracht. Volgens de Dayak op Borneo lossen de zielen van de overledenen in de onderwereld op in dauw, die in de rijstaren trekt en zo als voedsel deel gaat uitmaken van de levenden. Als de mensen sterven, wordt de cyclus herhaald. Een van de Dayak-volken, de Iban, offert aan Pulang Gana, de aardgeest, om zich ervan te verzekeren dat de rijst groeit. Volgens hen begonnen de mensen lang geleden het woud te rooien voor de eerste rijstteelt, maar de volgende morgen bleken de bomen er weer allemaal te staan. Na drie keer besloten ze het stuk grond opnieuw te rooien en 's nachts op te blijven. Vanuit hun uitkijkpost zagen ze dat Pulang Gana de bomen weer levend maakte en hen stevig liet schieten. Toen ze de geest wilden vangen, vertelde hij wie hij was, dat de aarde met alles erop en eraan van hem was en dat alleen hij de rijst kon laten groeien. De mensen vroegen wat ze moesten doen voor ze met de aanleg van een veld begonnen en Pulang Gana vertelde dat ze de rijst mochten telen, mits ze hem geschenken gaven zoals potten, kralen en sierschelpen.

In Noord-Thailand worden in de dorpstempels lange voordrachten gehouden om de rijstgroei te bevorderen en spirituele verdiensten te verwerven voor de boeddhistische monniken en het hele dorp. Voordat op Bali de oogst begint, modelleert elke familie een pop – de Rijstmoeder – van twee korenschoven van ongelijke lengte; de grootste van de twee is de Rijstman en de kleinste is de Rijstvrouw. Samengevoegd tot de Rijstmoeder wordt de pop aan de rand van het rijstveld aan een boom gebonden ter bevordering van de oogst.

Na de oogst worden alle Rijstmoeders in processie naar de plaatselijke tempel gebracht, waar een priester ze zegent. Daarna krijgt elke Rijstmoeder in de graanschuur thuis een houten troon om de oogst te beschermen. Niemand mag de schuur in als hij gezondigd heeft en van de rijstkorrels van de Rijstmoeder zelf mag niet gegeten worden.

Een Noordbalinese voorstelling van een rijstgodin, ca. 1800. Dergelijke figuren bevinden zich in tempels; op bepaalde feesten wordt de rijstgoden gevraagd naar binnen te gaan en de figuren tot 'leven' te wekken.

Sujata en de Boeddha

Een populair Thais verhaal gaat over Sujata, de dochter van een rijke grootgrondbezitter, die de god van de bo, ofwel vijgeboom (Ficus religiosa), in melk gedrenkte rijst offert uit dank voor de geboorte van haar zoon.

Sujata liet duizend koeien naar een groene grasweide brengen. Met de melk voedde ze vijfhonderd andere koeien, wier melk aan tweehonderdvijftig andere werd gegeven, enzovoort, totdat ze acht koeien had met bijzonder volle melk. Sujata deed die melk bij de rijst en ging met haar offergave naar de bo-boom. Onder de boom zag ze iemand zitten die volgens haar de boomgod moest zijn. Maar het was de Boeddha, die op die dag de verlichting zou bereiken. Opgetogen gaf ze hem de melkrijst en het rijke voedsel droeg bij tot zijn staat van verlichting, waarna hij er nog 49 dagen van leefde.

BIBLIOGRAFIE

Algemeen
Campbell, Joseph, *The Masks of God* (Penguin, Harmondsworth, 1982)
The Inner Reaches of Outer Space (Harper and Row, New York, 1988)
Dundes, Alan (red.), *The Sacred Narrative: readings in the theory of myth* (University of California Press, Berkeley, 1984)
Eliade, Mircea, *Cosmos and History: the Myth of the Eternal Return* (Harper and Row, New York, 1959 [herdruk 1985])
Lévi-Strauss, Claude, *Myth and Meaning* (Routledge, Londen, 1978)
Limet, H. en J. Ries (red.), *Le mythe. Son language et ses messages* (Louvain-la-Neuve, 1983)
Lurker, M. (red.), *Bibiographie zur Symbolik, Ikonographie und Mythologie* (Baden-Baden, 1968vv)
Maranda, Pierre, *Mythology: selected readings* (Penguin, Harmondsworth, 1972)
Propp, Vladimir, *Morphology of the Folktale* (University of Texas, Austin, 1968)
Schneidermann, L., *The psychology of myth, folklore and religion* (Chicago, 1981)

Egypte
Donadoni, S., *La religione dell' Egitto antico* (Milaan 1955)
Hart, G., *Egyptian Myths* (British Museum, Londen, 1990)
–, *A Dictionary of Egyptian Gods and Goddesses* (Routledge, Londen, 1986
Lurker, M., *The Gods and Symbols of Ancient Egypt* (Thames and Hudson, Londen, 1980)
Quirke, S., *Ancient Egyptian Religion* (British Museum, Londen, 1992)
Shafer, B, (red.), *Religion in Ancient Egypt: gods, myths and presonal practice* (Routledge, Londen, 1991)

Thomas, A.P., *Egyptian Gods and Myths* (Shire, 1986)

Het Midden-Oosten
Dalley, S. *Myths from Mesopotamia: Creation, The Flood, Gilgamesh and Others* (Oxford University Press, Oxford/New York, 1989)
Dhorme, P., *La religion assyro-babylonienne* (Parijs, 1910)
Droiton, E., Contenau, G. en Duchesne-Guillemin, J., *Les religions de l'Orient ancien* (Parijs, 1957)
Gray, J., *Near Eastern Mythology* (Hamlyn, Londen, 1969)
Kramer, S.N., *Sumerian Mythology. A study of spiritual and literary achievement in the third millennium B.C.* (Philadelphia, 1944)
Leick, G. *A Dictionary of Ancient Near Eastern Mythology* (Routledge, Londen/New York, 1991)
Pritchard, J.B., *Ancient Near Eastern Texts Relating to the Old Testament* (Princeton University Press, 1950)
Saggs, H.W.F., *The Greatness that was Babylon* (Sidgwick and Jackson, Londen, 1962)

India
Chatterlee, S.Ch., *The fundamentals of hinduism* (Calcutta, 1950)
Daniélou, Alain, *Hindu Polytheism* (Routledge, Londen, 1964)
Frummond, R.H., *Gautama the Buddha. An Essay in Religious Understanding* (Grand Rapids, Michigan, 1974)
Glasenapp, H. von, *Het boeddhisme* (Den Haag, 1971)
Ions, Veronica, *Indian Mythology* (Hamlyn, Londen, 1967)
Johanns, P., *La pensée religieuse de l'Inde* (Namen, 1952)
Kirfel, W., *Symbolik des Hinduismus und des Jainismus* (Stuttgart, 1959)
Mahadeven, T.M.P., *Outlines of Hindouism* (Bombay, 1960²)
Stutley, Margaret en James, *A Dictionary of Hinduism: Its Mythology, Folklore and Development, 1500BC-AD1500* (Routledge, Londen, 1977)

China
Birch, C., *Chinese Myths and Fantasies* (Oxford University Press, 1961)
Ch'en, K.K.S., *The Chinese transformation of Buddhism* (Princeton, 1973)
Christie, A.H., *Chinese Mythology* (Hamlyn, 1968)
Werner, E.T.C., *Myths and Legends of China* (Harrap, Londen, 1922)

Tibet en Mongolië
Altangerel, D., *How Did the Great Bear Originate? Folktales from Mongolia* (State Publishing House, Oelanbator, 1988)
Grünwendel, A., *Mythologie des Buddhismus in Tibet und der Mongolei* (Osnabrück, 1900 [Leiden, 1970])
Norbu, Namkhai, *The Necklace of Gzi, a Cultural History of Tibet* (Information Office of H.H. Dalai Lama, Dharamsala, 1981)
Tucci, Giuseppe, *The Religions of Tibet* (Routledge, Londen, 1980)

Japan
Chouchard, L., *Le Bouddhisme. Bouddhisme zen en bouddhisme tantrique* (Parijs, 1977)
Littleton, C. Scott, 'Some Possible Arthurian Themes in Japanese Mythology and Folklore', in: *Journal of Folklore Research*, 20, p. 67-81, 1983
–, 'Susa-no-wo Versus Yamato no Worochi: An Indo-European Theme in Japanese Mythology', in: *History of Religions*, 20, p. 269-80, 1981

Griekenland
Carpenter, T.H., *Art and Myth in Ancient Greece*, (Thames and Hudson, Londen, 1991)
Dodds, E.R., *The Greeks and the Irrational* (University of California Press, Berkeley, 1951)
Kerényi, K., *Die Heroen der Griechen* (Zürich, 1958)
Nestle, W., *Vom Mythos zum Logos. Die Selbstentfaltung des Griechischen Denkens vom Homer bis auf die Sophistik und Sokrates* (Stuttgart, 1940)
Rose, H.J., *A handbook of Greek mythology, including its extension to Rome* (Londen, 1960)
Schwab, G., *Griekse mythen en sagen* (Utrecht, 1988²⁵)
Stanford, W.B., *The Ulysses Theme* (Oxford University Press, 1963)
Suys-Reitsma, S.J., *Helleense mythos* (Utrecht, 1984 [Amsterdam, 1951])

Rome
Damsté, O., *Romeinse sagen en verhalen* (Utrecht, 1987⁷)
Dowden, K., *Religion and the Romans* (Bristol Classical Press, Londen, 1992)
Grant, M., *Roman myths* (New York, 1971)
Lepper, J.J.M. de, *De godsdienst der Romeinen* (Roermond, 1950)
Lyttleton, M., *The Romans, their gods and their beliefs* (Londen, 1984)
Ogilvie, R.M., *The Romans and their Gods* (Chatto, Londen, 1969)
Wardman, A., *Religion and Statecraft at Rome* (Granada, Londen, 1982)

De Keltische wereld
Duval, P.M., *Les dieux de la Gaule* (Parijs, 1957)
Green, Miranda J., *Dictionary of Celtic Myth*

and Legend (Thames and Hudson, Londen 1992)
Jarman, A.O.H., The Legend of Merlin (University of Wales Press, Cardiff, 1960)
Loomis, R.S. (red.), Arthurian Literature in the Middle Ages. A Collective History (Oxford University Press, 1959)
MacCana, Prionsias, Celtic Mythology (Hamlyn, Londen/New York/Sydney/Toronto, 1970; 1975³)

Noord-Europa
Davidson, H.R. Ellis, Gods and Myths of Northern Europe (Penguin, Harmondsworh, 1964)
–, Pagan Scandinavia (Hamlyn, Londen, 1984)
–, Lost Beliefs of Northern Europe (Routledge, Londen, 1993)
Dumezil, G., Les dieux des Germaine. Essai sur la formation de la religion scandinave (Parijs, 1959)
Jones, G., A History of the Vikings (Oxford University Press, 1984)
Todd, M., The Early Germans (Blackwell, Oxford, 1992)
Turville-Petre, E.O.G., Myth and Religion of the North (Weidenfeld, Londen, 1964)
Vries, J. de, Altgermanische Religionsgeschichte 1-2 (Berlijn, 1956-57)

Midden- en Oost-Europa
Ivanits, Linda J., Russian Folk Belief (M.E. Sharp, Inc., Armonk, New York/Londen, 1989)
Perkowski, Jan L., Vampires of the Slavs (Slavica, Cambridge, Mass., 1976)
Warner, Elizabeth, Heroes, Monsters and Other Worlds from Russian Mythology (Peter Lowe, Londen, 1985)

Het Noordpoolgebied
Damar, D., Handbook of North American Indians: Arctic (Smithsonian Institution, Washington, 1984)
Fienup-Riordan, Ann, Eskimo Essays (Rutgers University Press, Londen, 1990)
Rasmussen, Knud, Intellectual Culture of the Hudson Bay Eskimos (Nordisk Forlag, Copenhagen, 1929)
Weyer, Edward, The Eskimos (Yale University Press, New Haven, 1932)

Noord-Amerika
Burland, C.A. en M. Wood, North American Indian Mythology (Newnes, Londen, 1985)
Campbell, J., The Way of Animal Powers (Times, Londen, 1984)
Mariott, A. en C.K. Rachlin, American Indian Mythology (Mentor, New York, 1968)
–, Plains Indian Mythology (Thomas Crowell, New York, 1975)
Turner, F.W. (red.), Portable North American Indian Reader (Penguin, Harmondsworth, 1977)

Meso-Amerika
Carrasco, David, Ancient Mesoamerican Religions (Holt, Rinehart and Winston, New York, 1990)
Coe, Michael D., Elizabeth P. Benson en Dean Snow, Atlas of Ancient America (Facts on File, Oxford, 1985)
Townsend, Richard, The Aztecs (Thames and Hudson, Londen, 1992)

Zuid-Amerika
British Museum, The Hidden Peoples of the Amazon (British Museum Publications, Londen, 1985)
Coe, Michael D., Elizabeth P. Benson en Dean Snow, Atlas of Ancient America (Facts on File, Oxford, 1985)
Hadingham, Evan, Lines to the Mountain Gods (Heinemann, Londen, 1987)
Moseley, Michael E., The Incas and their Ancestors (Thames and Hudson, Londen, 1992)
Saunders, Nicholas J., People of the Jaguar (Souvenir Press, Londen, 1989)

Afrika
Davidson, Basil, Old Africa Rediscovered (Gollanz, Londen 1959)
Finnegan, Ruth, Oral Literature in Africa (Clarendon Press, Oxford, 1970 [herdruk 1976])
Forde, Daryll (red.), African Worlds: studies in the cosmological ideas and social values of African peoples (Oxford University Press, Londen, 1954)
Okpewho, Isidore, Myth in Africa: a study of its aesthetic and cultural relevance (Cambridge University Press, 1983)
Willis, Roy, There Was A Certain Man: spoken art of the Fipa (Clarendon Press, Oxford, 1978)

Australië
Layton, R,. Uluru: an Aboriginal history of Ayers Rock (Aboriginal Studies Press, Canberra, 1986)
Sutton, P. (red.), Dreamings: the art of Aboriginal Australia (Braziller, New York)
Utemorra, D. en anderen, Visions of Mowanjum (Rigby, Adelaide, 1980)
Western Region Aboriginal Land Council, The story of the falling star (Aboriginal Studies Press, Canberra, 1989)

Oceanië
Grey, Sir George, Polynesian Mythology (Whitcombe and Tombs, Londen en Christchurch, 1965)
Lawrence, P., Road Belong Cargo (Manchester University Press, Manchester, 1964)
Luomola, K., Maui-of-a-thousand-tricks (Bernice P. Bishop Museum, 1949)
Malinowski, B., Magic, Science and Religion (Anchor Books, 1954)

Zuidoost-Azië
Coedès, G., C. Archaimbault en T.W.R. Davids (red.), Buddhist Birth Stories, or, Jataka Tales (Trubner and Co., Londen, 1980)
Davis, R.B., Muang Metaphysics. A Study of Northern Thai Myth and Ritual (Pandora, Bangkok, 1984)
Izikowitz, K.-G., Fastening the Soul. Some Religious Traits among the Lamet (Göteborgs Högskolas Arsskrift, 47, 1941)

FOTOVERANTWOORDING

MH: Michael Holford
BM: British Museum, Londen
BAL: Bridgeman Art Library
JG: Japanese Gallery, 66D
Kensington Church Street, Londen
V&A: Victoria and Albert Museum, Londen
WFA: Werner Forman Archive
b: boven; o: onder; m: midden; l: links; r: rechts

1 WFA/Nationaal Museum van Antropologie, Mexico-Stad 2 MH/BM 3 Zefa/Damm
Inleiding
11 Zefa/Damm 12b Scala/Rome, Museum voor Oriëntaalse Kunst 12o MH/BM 15 BAL/BL 17 Hutchinson Library
De grote thema's van de mythen
18 MH/BM 20 Nationaal Museum, Kopenhagen/Kit Weiss 21 DBP/privé-collectie 23 BAL/Musée Condé, Chantilly 24 ET/Christie's Images 27 BAL/V&A 28 Axel Poignant Collection 29 MH 30 BM 31 BAL/Nationaal Museum, Delhi 32 WFA/Eugene Chestow Trust 33 BAL/Giraudon 34 MH 35 BAL/privé-collectie
Egypte
36 Zefa/Damm 38o MH 39l BAL 39r MH/BM 39o MH/Bm 40 MH 41 MH 42b BAL 42o MH/Bm 43 BAL/Louvre 44b MH/BM 44o BAL/BL 45 WFA/Cairo Museum 46b BAL/Giraudon 46o Giraudon/Egyptisch Nationaal Museum 47 Zefa 48b MH/BM 48o BAL/Louvre 49 MB 5ol Zefa/Damm 5o2 MH/BM 51 WFA/Cairo Museum 54 BM 55 BAl/BM 56 BAL/Louvre/Giraudon
Het Midden-Oosten
58 ET Archive 59 b BAL/BM 59o Pierpont Morgan Library, NY 6ob BM 6oo BM 61 MH/Louvre 62 BM 63 DBP 64 DBP 65 MH/Louvre 66b DBP 66o, 67b Mansell Collection 67o DBP
India
68 BAL/Nationaal Museum van India, New Delhi 7o WFA/Nationale Galerie, Praag 71 MH 72 BAL/V&A 73 BAL/V&A 74 V&A 75b BAL/Nationaal Museum van India 75o V&A 76 BAL/V&A 77 V&A 79 MH 80 V&A 81b Rajasthan Instituut voor Oriëntaalse Studies 81o MH 82b BAL/Nationaal Museum van India 82o MH 83 MH 84b BAL/V&A 84o MH/BM 85 MH 86 MH 87o BAL/Nationaal Museum van India 87b BAL/BM
China
88 Zefa/Scholz 9o MH/Wellcome Collection 91 DBP 92b Zefa/Damm 92o Robert Harding Library 93 DBP 94 BAL/BM 95 DBP 96 ET Archive/Nelson Gallery of Art, Kansas City 97 MH/Horniman Museum 98b en lo DBP 98ro Christie's Images 99b en o DBP 1oo Christie's Images 1o1 ET Archive

Tibet en Mongolië
1o2 DBP/privé-collectie 1o3 MH 1o4-6 DBP/privé-collectie 1o7l DBP/privé-collectie 1o7r met toestemming van Richard Williamson 1o8-9 DBP/privé-collectie
Japan
11o Spectrum/DJH 112 JG 115 JG 116 JG 118 JG 12o JG 121 Christie's Images 122 JG 123b BAL/Bl 123o MH
Griekenland
124 Scala 126b BM 126o Louvre/Réunion des Musées Nationaux 127 MH/BM 128 Archeologisch Museum, Istanboel 13o Scala/Gregoriaans-Etruskisch Museum 131 Ashmolean Museum, Oxford 132 Scala/Nationaal Museum, Athene 133b Scala/Olympia Museum 133o Virginia Museum of Fine Arts 135 MH 136b Louvre/Réunion des Musées Nationaux 136o BM 137b Nationaal Museum, Kopenhagen/Kit Weiss 137o Bildarchiv Preussischer Kulturbesitz 138b MH 138o Bildarchiv Preussischer Kulturbesitz 14o Antikensammlungen, München/Studio Koppermann 141b Bildarchiv Preussischer Kulturbesitz 141o Scala/Nationaal Museum, Napels 142 Scala/Akropolis Museum 143 MH 144 DBP 145 BM 146 Antikensammlungen, München/Studio Koppermann 147 Ny Carlsberg Glyptotek 148 Metropolitan Museum, NY/Joseph Pulitzer Bequest 149 MH 15obPuvre/Réunion des Musées Nationaux 15oo BM 151 BM 153 Scala/Ruvo di Puglia, Jatta 154 BM 156b MH 156 Bildarchiv Preussischer Kulturbesitz/Laurentius 157b BM 157o Scala/Museo Clementino, Vaticaanstad 158 BM 159 Scala/Gregoriaans-Etruskisch Museum 16o MH 161 Boston Museum of Fine Arts/Wm Frances Warden Fund 163b Universiteit van Tübingen 163o Scala/Gregoriaans-Etruskisch Museum 164 BM 165 Martin von Wagner Museum, Würzburg
Rome
166 Spectrum 168 Scala 169b MH/BM 169o Scala/Nationaal Museum, Napels 17o Scala/Vaticaanstad 171b WFA/Nationaal Museum, Rome 171o Scala Milano Museo Soprintendenza Antichità Siva 172 Scala/Nationaal Museum, Napels 173b Somerset County Museum Service 173o BAL 174b Leeds Leisure Services 175 Spink & Son
De Keltische wereld
176 WFA 178b Nationaal Museum, Kopenhagen/Kit Weiss 178lo Corinium Museum/Rex Knight 178ro WFA/Musée de Rennes 179 Nationaal Museum, Kopenhagen/Kit Weiss 181 Nationaal Museum, Kopenhagen/Kit Weiss 182 City of Bristol Museum & Art Gallery 184 Réunion des Musées Nationaux 186b Musée d'Alesia 186o WFA/Musée de Rennes 187 WFA/Nationaal Museum van Ierland 198 BAL/Bm, Ms Add1o294
Noord-Europa
19o Universitetets Oldsaksammling, Oslo/Foto Johnsen
192b MH/Musée de Bayeux 192o WFA 193b WFA 193o Gotlands Fornsal Museum/Raymond Hejdstrom 194 Arhus Kunstmuseum 196 WFA/Staats Historisch Museum, Stockholm 197b WFA 197o, 198b, 198o WFA/Staats Historisch Museum, Stockholm 199 WFA 2oob, 2ooo WFA/Staats Historisch Museum, Stockholm 2o1b WFA Vikingschip Museum 2o1o, 2o2 WFA/Staats Historisch Museum, Stockholm 2o4l WFA/Universitetets Oldsaksammling, Oslo 2o5 WFA
Midden- en Oost-Europa
2o6 DBP 2o8b-o DBP 2o9 DBP 21o-1 DBP 212 Metropolitan Museum of Art, NY
Het Noordpoolgebied
214 Robert Harding Library 216b WFA/Smithsonian Institute 216o WFA/Museum of Natural History, Chicago 217 WFA/Smitsonian Institute 218 American Museum of Natural History
Noord-Amerika
22o Wheelwright Museum of the American Indian 22ob WFA/Provincial Museum of British Columbia 22oo WFA/Field Museum of Natural History, Chicago 223 WFA/Haffenreffern Museum of Anthropology, RI 224 WFA/BM 225b-o WFA/Centennial Museum, Vancouver 226l WFA/Chandler Pover Collection 226r, 227b WFA/James Hooper Collection, Watersfield 227o WFA/Provincial Museum of British Columbia 228 Wheelwright Museum of Indian Art 231 WFA/Museum of the American Indian 232b WFA/Denver Art Museum 232o Zefa/Paolo Koch 233 WFA/BM
Meso-Amerika
234 BAL 236b ET Archive 236o St. Louis Museum of Art, geschenk van Morton B. Day 237b WFA/Liverpool Museum 237o WFA Museum für Völkerkunde, Basel 238 WFA/Nationaal Museum van Antropologie, Mexico-Stad 239b WFA Universiteitsbibliotheek, Bologna 239o WFA/BM 24ob MH 241b DBP/tekening gebaseerd op *Codex Magliabechiano* 241o WFA/Museum für Völkerkunde, Basel 243 E Archive 244b Bibliothèque Nationale de l'Assemblée 244o WFA/Museum für Völkerkünde 245l WFA/Philip Goldman, Londen 245r WFA/Nationaal Museum van Antropologie, Mexico-Stad 246b-o Bibliotheque Nationale de l'Assemblée 248b MH/BM 249b ET Archive
Zuid-Amerika
25o Zefa/Presho 252b South American Pictures 252o ET Archive 253 South American Pictures 254 South American Pictures 255o BAL/Bm 256 South American Pictures 258 Zefa/Luz 26o Robert Harding Picture Library 261 Hutchinson Picture Library 262 Robert Harding Picture Library 263 South American Pictures
Afrika
264 Dr. Georg Gerster/John Hillelson Agency 266lo WFA/Museum of Art, Dallas 266ro WFA 267 WFA/Museum of Art, Dallas 268 WFA/MRAC Terveuren 269b WFA/privé-collectie 269o WFA/Robert Sainsbury Collection 27oo WFA/Allan Brandt Collection 272o WFA 273 WFA/Robert Aberman 275l WFA/Entwisle Gallery, Londen 275r WFA/Freide Collection, NY 276 MH 277l WFA 277r BAL/BM
Australië
278 WFA/Tambaran Collection, NY 28o Zefa/Bagli 281b Robert Harding Picture Library 281o National Gallery of Australia c Paddy Dhatangu 282 Rebecca Hossack Gallery 283 National Gallery of Australia 284 WFA/Auckland Gallery of Art 285 WFA 286 Professor Robert Layton 287 BM
Oceanië
288 Color Photo Hans Hinz 289 BAL/Bonhams 29ol MH/BM 29or MH/BM 291 MH/BM 292 MH/BM 293 Axel Poignant Collection 294b WFA/National Museum of New Zealand 294o MH/BM 295b MH/BM 295o Robert Harding Picture Library/Israel Tabley 296 BAL/BM 297 Hamburgisches Museum für Völkerkunde
Zuidoost-Azië
3oo Spectrum 3o2 MH/Musée Guimet 3o3 WFA/Klung-klung, Bali 3o4 Zefa 3o6l MH/BM 3o6r WFA 3o7 WFA/privé-collectie

3I0

REGISTER

Vette paginacijfers verwijzen naar hoofdonderwerpen; *cursieve* paginacijfers verwijzen naar illustratiebijschriften.

A

aardbevingen, Griekse god van *zie* Poseidon
Aardeduiker, Cheyenne 222
Aarde Zeven 26
aardgoden
    Azteekse *zie* Cuhuacoatl; Coatliceu
    Egyptische *zie* Aker; Geb
    Griekse *zie* Gaia; Themis
    Inka- *zie* Pacha Mama
    Keltische *zie* Anu
    Maori *zie* Papa
    Micronesische *zie* Thilpelap
    Noordamerikaanse 222-3
    Scandinavische *zie* Wanen
    Zuidoostaziatische 303, 307
Aborigines *zie* Australië
Absyrtos 155
Abuk 269
Abydos 42
acatl 247
Acheloös 148
Achnaton, koning 46, 52
Achilleus 134, 145, 147, **158-9**, *159*, 161
Acht Onsterfelijken **98-9**, *98-9*
Achtvoudige Pad 69
Aclla's 256
Actaeon 170 *zie ook* Aktaion
Adad 57, 64, *65*
Adam 23, 24
Adapa 59
adelaars 59, 108, 132, 135, 138, 192, 194, 202, 222, 242
Adelaarshavik *zie* Biljara
Aditi 70-1
Aditya's 70
Adonis 61, 143
Adrasteia 128
Adriatische Zee 124
Aeneas 14, 34, 143, 158, **172-3**, *172-3*
Aeneis 14, 170, *172-3*
Aërope 162
Aesculapius 168-9 *zie ook* Asklepios
Afrika **264-77**
    dierenmythen 276-7
    Esjoe de bedrieger 274-5
    kosmologie 268
    oorsprong van seks en dood 269
    scheppingsmythen 266-7
    talen **265**
    torenmythen 273
    verwantschapsmythen 270-2
    volken en geloven 264-5
Agamemnon, koning 125, 134-5, 139, 157-8, 161, *161*, 162, 166
Agaue 141
Agenor, koning 135
Aglaia 134
Ahalya 73
Ahat 64
Ahau Kin 248
ahimsa 69
Ah Mun 248, *249*
Ahoera Mazda 67, *67*
Ahriman *zie* Angra Mainyoe

Ahuitzotl, keizer 243
Aiakos 146
Ai apaec 252
Aias, zoon van Oileus 158
Aias, zoon van Telamon 158, *159*, 161
Aietes, koning 152, 154-5
Aigeus, koning 150-1, 153
Aigisthos 161-2, *161*
Aigyptos 162
Aillil, koning 182
Aiolos 165
Airavata 72
Aischylos 125
Aison 152
Aither 128-9
Aithra 150
Akan 266
Aker 46
Akkad 56
Akrisios, koning 135
Akropolis 136, 151 *zie ook* Athene; Parthenon
Aksjobhya 87
Aktaion 139
Allahabad 69
Alaloe 66
Alamboesja 29
Alba Longa 172, 174
alchemie 94
Aleoeten 215
Alexander de Grote 14, 57, 125
Algonquin 222
Alkinoös, koning 145, 161
Alkmene 134, 135, *135*, 148
Alkyone 165
Alpheios 149
alt 247
Ama-no-iwato *zie* Hemelse Grot
Ama-no-izume 116-7
Amanominakanushi-no-kami 112
Amaterasu 27, 34, 110, 114, *115*, *115*, 116-7, *116*, 120, 122
Amaunet 38
Amazone 251, *252*, 260-1
Amazonen
    in Griekse mythen 149, 151, 164, *164*
    in Slavische mythen 209
ambachten en handwerk, goden van
    Griekse *zie* Hephaistos
    Keltische *zie* Creidhne; Goibhniu; Luchta
    Romeinse *zie* Vulcanus
Ambrosius 189
Ame-no-waka-hiko 120
Amenemhat III, koning 52
Amenhotep III, koning 52
Amer 33
Amerika
    Midden- *zie* Meso-Amerika
    Noord- *zie* Noord-Amerika
    Zuid- *zie* Zuid-Amerika
Amida 123
Amitabha 87, 96
Amma 18, 24, 266, 277
Amon 37-9, 47
Amon-Ra *zie* Amon
Amphion 134, 139
Amphitrite 137, *137*
Amphitryon, koning 134, 135, *135*
amrita 71
Amulius 174
Amykos, koning 155
An 57, 62, 63 *zie ook* Anoe
Anahita 67

Ananta (Sjesja) 19, 70, 71
Anat 51, *51*
Anath 64-5
Anchises 143, 172
Ancus Marcius 175
Andere Wereld,
    Keltische 32, 178, 181, 184, 187, 189
    Slavische 206-7, 208, 209
Andes *zie* Zuid-Amerika
Andromeda 134, **156**, *156*
Andvari 205
Angola 272
Angra Mainyoe 67
Anhur 50
Ani 44
Aniroeddha 79
Anoe (Mesopotamische god) 57, 59, 62, 66
Anoebis 42, 45, 53, *53*, 55
Antaboga 303, *303*
Antaios 273
antilope 277
Antiope 134, 151
Antoninus, keizer *170*
Anu (Keltische godin) 186
Aodh *zie* Goll
Apache 221
apen
    in Chinese mythen 100
    in Indiase mythen 77
    in Tibetaanse mythen 104
Apenkoning *zie* Sun Wukong
Apep (Apophis) 30, 32, 38, 45, 46, 47, 50
Aphrodite 34, 125, 129, 132, 134, 143, *143*, 145, 151, 157-8, *168*
Apophis *zie* Apep
appels van de Hesperiden 149
Apollo 125, 133-4, **138**, 139, *139*, 144, 158, 170, 178-9
Apsoe 62
Apu 253, 254
Aranyaka's 70 *zie ook* vedische hymnen
Arend *zie* Koeherder
Areop-enap 290
Ares 125, 132, 134, 143
Argo 152, 154-5, *154-5*
Argonauten 127, 148, 154-5
Argonautika 154
Argos (monster) 145, 165, *165*
Argos (scheepsbouwer) 154, *154*
Argos (stad) 125, 132, 134, 135, 141, 161, 162
Argula 285
Ariadne 150-1, 162
Arianrhod 188
Ariërs 72-3
Arisjta 78
Arjoena Karttavirya 76, *76*
Arkas 21, 139
Armagh 187
Arnhem Land 279, 280-1, 285
Artemis 125, 127, 133-4, 128, 139, *139*, 151, 157
Arthur, koning 14, 15-6, 189
Ascanius 172-3
Asen 190, 193-4, 200
Asgard (rijk) 193, **194**, 196, 198, 202
Asjera 64, 65
Asklepios 138, 168, 169
Asoera's 71-2, 74
Assoerbanipal, koning 57, 60

Assyrië 56, 57
Astarte 51, 64-5 *zie ook* Asjera
Asterios, koning 135
Ataensic 223
Atalanta 154
Athabaskisch 221
Athamas, koning 154
Athar 64
Athena 28, 124, 125-7, 130-1, 133-4, *133*, **136**, *136*, 137-8, 140, 145, *145*, 152, 154, *154*, 156-7, 161
Athene 124, *125*, 126, 130, 136-7, *141*, 150-1
Athribis 42
Atlas 129, *130*, 135, 149
Atoem *zie* Ra-Atoem
Atrachasis, koning 63
Atreus 162
Atropos 134
Attalus, koning 171
Attica 136-7, 142, 150-1 *zie ook* Athene
Augiasstallen 149
Augustus, keizer 167, 172, 174
Aulis 139, 157
Aurora 116
Ausangata, berg 253
Australië **278-87**
    bedriegers 285
    oorsprong van de dood 282-3
    oorsprong van het huwelijk 284
    vooouderomzwervingen 278-81, **286-7**
    zondvloedmythen 280-1
autochtonie 130
Avalambana-feest 96-7
Avalokitesjvara 87, *87*, 96, 104
avatara's van Visjnoe 35, **76-9**
Avesta 67
Avici-hel 97
avondster
    in Afrikaanse mythen 271
    in Noordamerikaanse mythen 223-5, 229
axis mundi zie Wereldboom
Ayar Cachi 253
Ayers Rock (Uluru) 278, 286, *286*
Ayodhya 69, 77
Azteken 15, 26, 234-5, **236-47**

B

ba 54
Baäl 64, 65
Baba Iaga 15, 209
Babel, Toren van 12
Babylon 27, 56, 57-8, 62
Babylonië *zie* afzonderlijke steden
Bacabs 248
bacchanten 140, *141*
Badhdh *zie* Bodhbh
Badon, slag bij Mount 14
Bagobo 305
Baikalmeer 109
Bakchai (tragedie) 141
Bakchos 140, 169 *zie ook* Dionysos
Baladeva 85
Balar 180, 184
Balarama 78, 85
Balbao, Vasco Nuñez de 289
Balder 191, 195, **197**, *197*, 201
Bali (Daitya) 76
Bali 300, 303, 306-7
balsemen, god van het *zie* Anoebis
Bambara 14, 19, 265, 267, 277,

277
Bana 79
bannik zie boerenhoeve, geesten van
Barong 301, 306, *306*
Bastet 50, *50*
Basuki 303
Bata 53, *53*
Batara Guru 302-3
Batara Kala 303
Bathurst-eiland 280, 282-3
Baugi 194
bavianen 38, 47-8, 50
Beann Ghulban (everzwijn) 184
Bebryken 155
Beda 191
Bedawang 303
Bedivere, Sir 189
bedriegers
   Afrikaanse 274-5, 276-7
   Australische 285, *285*
   Griekse (Hermes) 144-5
   Noordamerikaanse 28-9, 220, 227, *227*, 230
   Noordeuropese 195
   Oceanische 28-9, 292, 297
begeerte en seksualiteit, goden van
   Egyptische *zie* Bastet
   Griekse *zie* Aphrodite; Eros
   Mesopotamische *zie* Isjtar
Begeleidende Goden (Lakota) 230
begrafenispalen, Tiwi 283, *283*
Beker van de Zon 149
Beli de Grote 188
Bella Coola 222
Bellerophon 30
Bemba 273
Ben Bulben *zie* Beann Ghulban
Benares *zie* Varanasi
Benin 274-5
Benoe 38, *38*
Beowulf 205
beren 111, 139, 218, 232, *232*
berggoden, sjintoïstische 113
Berserks 196
Bes 48
Betanzos, Juan de 259
Bhagavata Poerana 78
Bhagiratha 69
Bhairavi 83
Bharata 77
Bhima 29
bidsprinkhaan 31, 265, 276-7
Biga-eiland 42
Biljara 284
Bintoe (antilope) 267
Blaasfeest 216
Blauwe Tezcatlipoca *zie* Huitzilopochtli
Bliksemvogel 30
Blodeuwedd 188
Bloedzuigerkind (Hiruko) 113
Boann 186
bodem, goden van
   Chinese 94
   Griekse *zie* Demeter; Persephone *zie ook* aardgoden
Bodhbh 183, 186
Bodhi-boom 86
bodhisattva's 85, 87, 96, 100, 123
   zie ook afzonderlijke namen
Boeddha 69, 73, 75, 76, 85, 86-7, 86, 96, 100, 105, 123, 307
boeddhisme
   Chinees 33, 88, 96-7
   Indiaas 69, 86-7
   Japans 110, 123, *123*
   Tibetaans en Mongools 102-4, 106, 107
   Zuidoostaziatisch 300-1
Boek van Thot 48
Boek der invallen 180
Boek van de verovering van Ierland zie Boek der invallen
Boek over de weg en zijn kracht, Het 98

boerenhoeve, geesten van 210
Boeto (Pe) 37, 43
Bohemen 207, 209
Boiotië 129, 135
Bolivia 250
Borneo 300-2, 304-5, 307
Boru Deak Parudjar 302-3
bosatsu 123 *zie ook* bodhisattva's
Bosjesmannen *zie* Khoisan
bosmythen
   Maori *zie* Tane
   Slavische 212
   Zuidamerikaanse 262-3
Bosnië 213
Bota Ili 306
Botoque 262-3
Boyne, rivier 185-6
Brahma *18*, 19, 24, 68, 68, 70, 74, 74, 80-1, 86
Brahmana's 70-1 *zie ook* vedische hymnes
Bran (hond) 185
Bran (reiziger) 187
Brân de Gezegende 188
Branwen 181, 188
Brauron 139
Brer Rabbit *zie* Broer Konijn
Bres 181
Brighid 178, 186, *186*
Briseïs 158
Brisingamen 202
Broer Konijn 16, 227, 276
Bron van Seghais 185
Brugh na Bóine 184
Bruine Stier van Cooley 182
Brynhild 205
Brythonisch 177
bSam-yas 103
Bue 28
buffel 82, 82, 98, 230, 305
Bujaegn Yed 304
Bulanda 271
Bulgarije 208, 211, 213
Burkert, Walter 10
Burma 301
Byblos 43

C

Caesar, Julius 176-8
Cailidín, kinderen van 183
Caílte 185
Calais 154-5
call 247
Camoenda 82
Can Nü *zie* Zijderups, mevrouw
Canada *zie* Noordpoolgebied; Noord-Amerika
Candi 83
Cao Guojiu 98, 99
Cao, keizerin 99
Caoilte *zie* Caílte
Capac Raymi-feest 259
Carabaulo 302-3
cargo cults, Oceanische 298, *298*
Caroline-eilanden 289
Carthago 171, 173
Castor 168 *zie ook* Kastor
Catachillay 259 *zie ook* Plejaden
Cathbhad, druïde 183
ceiba-boom 248
Cernunnos 179, *179*
Cessair 180
Ceucy 261
Chac 245 *zie ook* Tlaloc
chacmool-beelden 234
Chalchiuhtlicue 235, 237, 244, 247
Chanda 83
Chang E 95
Chaos (gapende leegte) 128-9
Chaos (Hun Dun) 90
chaos, dood van 90
Charon 32, 146
Charybdis 137, 161

Chaska-Qoylor 258
Chatham-eilanden 299
Chavin-cultuur 251, 252
Chemmis 49, 51
Chemnoe *zie* Hermopolis
Cheops, koning *zie* Choefoe
Chepry 47-8
Cherokee 28
Chewong 26, 303-5
Cheyenne 18, 221-2, 230
Chibcha 262
Chibinda Iloenga 272, *272*
Chichen Itza 249
Chicomecoatl 235, 244, *244*
Chile 251
Chimaira 137, *147*
Chimu 251
China 88-101
   boeddhisme 96-7
   dood van Chaos 90
   dynastieën 89
   heilige bergen 89
   hemellichamen 94-5
   huisgoden 101
   respect voor de ouders 101
   taoïsme 98-9
   Vijf Elementen 89
   volk en religies 88
   zondvloedmythen 91-3
Chinawezi 266, 272, 277
Chinookan-taal 221
Cheiron 152, 158, 164
Chitimoekoeloe, koning 273
Chnoem 39, 52-4
Choefoe (Cheops), koning 52
christenen
   in IJsland 198, 201
   in de Inuit-cultuur 216
   in de Keltische wereld 187
   in Noord-Europa 190-1
Chronos 128 *zie ook* Kronos
Chrysaor 137
Chryseïs 158
Chryses 158
Cinteotl 244
cipactli 247
Circe *zie* Kirke
Claudia Quinta 171
Coatepec 242
coatl 247
Coatlicue 235, 242
coca 255, 257
Cocijo 235, 244
Codex Borbonicus 244, 246
Codex Borgia 239
Codex Fejervary-Mayer 237
Codex Magliabechiano 241, 243
Codex Tro-Cortesianus 248
Coirbre 181
Collari 254
Colombia 261, 262
Conán de Kale 185
Conchobar, koning 182-3
confucianisme 88, 96, 98, 100
Confucius 94
Conla 187
Conn van de Honderd Veldslagen 187
Constantijn, keizer 167
Cook, James 233, 283, 296
Coricancha 251, 253, 256, 259
Cortés, Hernán 14, 241
Coyolxauhqui 242, *242*, 243
coyotes 16, 23, 224, 227, 229, 229
coyoteway 229
Creidhne 178
Crucero 259
Cú Chulainn 182-3, *182*, 186
cuauhtli 247
cuetzepalin 247
Cuichu 257
Culann de Smid 183
Culhwch 188
cultuurhelden 28-9
   Afrikaanse 267
   Griekse (Prometheus) 28, 131

Keltische 28, 182-5
Noordamerikaanse 28, 224-5, 227, 229
Noordeuropese (Beowulf) 28, 205
Oceanische 28-9, 290, *290*, 297, *297*
Romeinse (Aeneas) 28, 172-3
Zuidamerikaanse 28
Zuidoostaziatische 304, 305
Cumae 172
Cumhall 184
Cupido 168
Curtius 167
Cuzco 251, 253-4, 256-7, 258-9
Cybele *zie* Grote Moeder, Romeinse
cycli van vernietiging 26, 237-8
Cyclopen *zie* Kyklopen
Cyrus, koning 57

D

Da Ayido Hwedo (slang) 277
Da Derga, kookpot van *zie* kookpot van Da Derga
Da Gama, Vasco 301
dageraadgodinnen
   Griekse *zie* Eos
   Japanse *zie* Ama-no-uzume
dageraad, meisje van de 22-3, 295
Daghdha, de 178, 180, 181
Daidalos 150, 162
Daikokusama *zie* Okuninushi
Daitya-broers 74
dakini 106-7
Dakota 221
dalai lama 103, 104
Dal der Doven 183
Dame van het Meer 189
Danaë 134, *135*, 156, 162
Danaïden 162
Danaras 71
Daniël, patriarch 64
Danu 186
Dao De Jing 98, *98*
daoïsme *zie* taoïsme
Daphne 170
Dara Chempaka Tempurong 304
Daribi 290
Darius, koning 57
Dasjaratha, koning 69, 77
Dattatreya 76
Dayak 20, 302, 305, 307
Dazjbog 207
Deianeira 148
Deirdre 82, *183*
Delos 133, 138
Delphi *125*, *130*, 138, 149, 161, 163, 171, 177
Delphi, orakel van 138, 149
Delphinos 137
Demeter 129, 134, 142, 146
Demne *zie* Finn
demonen 24-5, 24, 42, 60, 75-6, 97, *97*, 102, 104-6, 113-4, 121, 187, 221, 306
   in Chinese mythen 97
   in Egyptische mythen 42
   in Indiase mythen 75-6, 79, 83
   in Japanse mythen 121
   in Keltische mythen 187
   in Mesopotamische mythen 56, 60
   in Noordamerikaanse mythen 221
   in Tibetaanse mythen 102-7
   in Zuidoostaziatische mythen 306
   zie ook geesten; monsters
Demophon 142
Dendara 151
Denemarken 190, 191, 192, 195, 205
Derimahatmya 82
Despot Voek 213

Deukalion 130
Deva's 70-1, 82
Devadatta 86
Devaki 78
Devi 68, 82-3, 99
Dhanvantari 71
Dharanendra 85
Dharmodayana 307
Di Jun 93-5
Dian Cécht 178, 181
Diana 168, 170
Diarmaid 178, 184-5
Didis Mahendera 302
Dido 173, *173*
dierenmythen 30-1
 Afrikaanse **276-7**
 Australische **282**, 284, 286
 Chinese 98, 100
 Egyptische 45
 Griekse 135-7, *136-7*, 139, 146-7, 149-50, *149*, 153, 156, *156*, 162, 164, *164*
 hindoeïstische 82
 Japanse 118-9
 Keltische 179, 184-5
 Mesopotamische 59
 Mongoolse 108-9
 Noordamerikaanse 221-2, 224-5, 232-3
 op de Noordpool 214-9
 Oceanische 290, 292, 295
 Romeinse 174, *174*
 Slavische 208-9
 zie ook afzonderlijke dieren
dierenoffers 69-70, 73, 81, 83, 103, 126, 126, 252, 259
Diktys 156
dingo 280
Dinka 22, 269
Diocletianus, keizer 167
Diomedes 149, 158
Dionysios van Halikarnasos 169
Dionysos 12, 125, 134-5, 140-1, *140*, 143, 145, 150
Dioskouren *zie* Kastor; Pollydeukes
Dis Pater 179
djedoesjka domovoi 210
Djoser, koning 54
Djunggun 282, 284
dmu-touw 105
Dobrynia en de Draak 208-9
Dodenboek 51, 55
Dodona 154
Doeat 42
Doemoezi 58, 61 *zie ook* Tammoez
Doerga 80, 82, *82*, 83
Dogon 15, 18, 21, 24, 265-7
dolfijnen 137, 140
domovoi 210
Dôn 186, 188
Donar 191
dondergoden en -geesten
 Chinese 93, *93*
 Inka- *zie* Illapa
 Keltische *zie* Taranis
 Noordamerikaanse *zie* Dondervogel
 Noordeuropese *zie* Thor
 Slavische *zie* Peroen
 zie ook stormgoden
Dondervogel 30, 221, 225, *225*, 230
Dongyue Dadi 100
Donn 178
dood, oorsprong van 22-3
 in Afrikaanse mythen 269, 275
 in Australische mythen 282-3
 in Inuit-mythen 23
 in Noordamerikaanse mythen 23, 224
 in Oceanische mythen 22-3, 290, 294, 297-8
dood, goden van de
 Azteekse 240-1

Egyptische (Osiris) 33, 42, 55, *55*
 Griekse *zie* Hades
 Japanse (Emma-ho) 121
 Keltische (Donn) 178
 Maya- 249
 Slavische (Veles) 207
Doppelgänger 32
Doris 137
Doso 142
Douglas, Pompy 286
dPal-Idan Iha-mo *102*
draken
 Chinese 92
 Griekse 149
 Mesopotamische 66
 Noordeuropese 201, 204-5, *205*
 Slavische 208, *208*
 zie ook dierenmythen; slangemythen
Drakenkoning van de Oostzee 99
Draupnir (ring) 194, 196-7
Drijvende Hemelbrug 112
droomreizen 33
Droomtijd (Australië) 279, *279*, 280, *281*
druïden 178, 183, 187
dualistisch geloof 18-9
 Afrikaans 265, 267
 Azteeks 237
 Egyptisch 37
 Perzisch 67
 Slavisch 207
 zie ook Yin en Yang
dualiteit, heer van de *zie* Ometecuhtli
Dubh Saingleann (de Zwarte) 183
Duisternis, Land der (Yomi) 113
Dun Aonghusa 176
Dundes, Alan 13
Duryodhana 79
Dusun 302
dvovoroi 210
dwergen 76, 194, 195, 199
Dxoei 267

E

E-temen-an-ki 57
Ea 57, 59, 59, 62-3, 66 *zie ook* Enki
Ebisu 121
Echidna 137, 147
Echo 142, 165
Echo's, rivier van de 197
Ecuador 251, 257, 261
Edda 191
eerste mensen *zie* mensheid, oorsprong van
Eerste Man en Eerste Vrouw (Navajo) 229
Egeïsche Zee 124, 151, 155
Egypte 36-55
 Anat, Astarte, Hathor, Taweret 51
 eerste goden 38-9
 Enneade 40
 goden en mensen 53
 god-koningen 52
 Horus en Seth 44-5
 Isis 43-4
 leven na de dood 55
 mythe en magie 48
 mythen en vindplaatsen 36-7
 Neth, Sechmet en Bastet 50
 nachtelijke reis van de zon 47
 onderwereld 55
 Osiris 52-4
 priester-magiërs 54
 Ra en de vernietiging van de mensheid 41
 slangen en schorpioenen 49
 zonnemythen 46
Ehecatl 235, 240, 241, *241*, 247
Eilanden der Gelukzaligen 33, 131, 146

Eiland van Vrolijkheid 187
Eiland der Vrouwen 187
Eiland van de Zon 254
Eileithuia 132-4
einde van de wereld 26
Eirene 134
eldorado 255, *255*
El 64, *64*, 65
el-Kab 37
Elegba *zie* Esjoe
Elektra 161
Elephantine-eiland 54
Eleusis 142, 150
Elfen 201
Elysische velden 146
Emishi 122
Emituofo *zie* Amitabha
Emma-ho 121
Enki 57, 60-3 *zie ook* Ea
Enkidoe 60
Enkimdoe 58
Enlil 57, 59, 62-3
Enneade 40, 44, 47-8, 51, 53
 zie ook afzonderlijke goden
Enosichthon *zie* Poseidon
Eochaidh mac Eirc 180
eo fis 185
Eoghan 182
Eos 116, 129
Epaphos 134, 165
Epimetheus 22, 129, 131
Epona 186, 188
Erebos 129
Erechtheus, koning 151
Erechthonios 130
Eresjkigal 61
Eridoe 59
Erigone 141
Erinyen *zie* Furiën
Eris 22, 157
Erlangga, koning 306
Eros 128, *128*, 129, 143, 144, 150
Erymanthische everzwijn 149
Erymanthos, berg 149
Esagila 57, 62
Esjoe 29, 274-5, *274*
Eskimo's *zie ook* Inuit
Etana 59, *59*
Euander, koning 172
Eufraat, rivier 27, 56, 63
Eunomia 134
Euphrosyne 134
Euripides 135, 141, 151
Europa (continent)
 Noord- *zie* Noord-Europa
 Oost- en Midden- *zie* Oost- en Midden-Europa
 zie ook Griekenland; Keltische Rome
Europa (prinses) 134, *135*, 168
Euryale 147 *zie ook* Gorgonen
Eurydike 113, 165
Eurynome 134
Eurystheus, koning 149
Eva 23, 34
Evenk 218
everzwijnen 44, 119, 122, 143, 149, 184, *184*, 188, 200; *zie ook* dierenmythen
Excalibur 189
Exekias 159
Ezechiël 61

F

Fafnir 204-5
familie, mythen over de 101, *101*
farao's 52-4
Faro 267, 277
Faunus 169
Faustina, keizerin 170
Faustulus 174
Fayyoem-oase 52
Feest van de Zwerfzielen 33
Feest van Goibhniu 181
Feniaanse mythen 184

fenix 38
Fenrir 195, 197
Fer Diadh 182
Ferghus 182, 186
Fianen (krijgers) 184
Fides 170
Fiji 289, 299
Filippijnen 300-1, 305
Finn 184-5, *185*, 189
Fintan mac Bóchra 180
Fionn 184
Fipa 14, 267
Fir Bholg 176, 180
Fjorgyn 199
Flidhais 186
Fo *zie* Boeddha
Fomhorianen 180-1
Fon 24, 267, 275
Frazer, J.G. 10
Frea 192
Freud, Sigmund 10
Freyja 191, 194, 199, *199*, 202, *202*
Freyr 191, 200, 201
Frigg 191, 197, 203
Frum, John 298
Furiën 126, 129, 146, 161
Fu Sang (boom) 94
Fu Xi 24, 90, 91-2, 93

G

Gabriël, aartsengel 25
Gaea *zie* Gaia
Gaia 19, 128, *128*, 129-30, 133, 137
Galatae (Kelten) 177
Galateia 137
Ganda 269
Gandhara 12
Gandharva's 68
Ganesja 68, 84, *84*
Ganga (Ganges), rivier 69, 80, 84
Ganymedes 133, 134
Garang 269
Garoeda 29, 70, 71, 73-5, 107, 108
Gayomart 67
gazellen 45
Ge *zie* Gaia
Geats 205
Geb 40-1, 41, 44, 51
geboorte, Griekse godin van *zie* Artemis; Eileithuia
geesten
 Afrikaanse 269
 Australische 279, 285
 Japanse 111
 Mesoamerikaanse 236, 248
 Noordamerikaanse 222, 224-6
 Noordeuropese 203, *203*
 Noordpool- 214, 216-7
 Slavische 207, 210-3
 Tibetaanse en Mongoolse 102, 108-9
 Zuidamerikaanse 252, 260, 248
 Zuidoostaziatische 302, 306
Gefion 202
Gefn 202
Geirrod 198
geiten 61, *198*, 201
Gemmei, keizerin 111
geneeskunst, god van
 Egyptische *zie* Imhotep
 Griekse *zie* Asklepios
 Romeinse *zie* Aesculapius
genezingsceremonies, Navajo 228
Geoffrey van Monmouth 14-5, 189
Gerd 200, *200*, 201-2
Germaanse mythen *zie* Noord-Europa
Geryon(eus) 149
Gesar, koning 106, *106*
Geschiedenis van de koningen van Brittannië, De 189
Gesjtinanna 61

Gesprekken van de oude mannen, De 184-5
gevederde slang zie Quetzalcoatl
gevilde god zie Xipe Totec
Gevlekte adelaar 231
Ghana 266
Gilbert-eilanden zie Kiribati
Gilfaethwy 188
Gilgamesj 59, 60, 60, 63
Ginnungagap 18, 194
Gitchi Manitou zie Grote Geest
Gizeh 54
Glaukos 158
Glooskap 224, 227
gnodsbyin 105
God K 248
God L 248
God N 248
Goddelijk Paard 186
goddelijke decreten, Soemerische zie me
Goddelijke spiegel 120
goden en godinnen zie afzonderlijke namen
God-gelijken (Lakota) 230
Goe 267, 267
Goede God zie Daghdha
Goewin 188
Goibhniu 178
Goidelisch 177
Goll 184
Gong Gong 91-2
Goodenough-eiland 298-9
gopi's 78, 78
Gorgonen 136, 147, 156 zie ook Medousa
Gortyna, Kreta 135
Goudberg 302
gouden appels van onsterfelijkheid 202
Gouden Tijd 131
Gouden Zaad 70 zie ook kosmisch ei
Govardhana, berg 73, 78
Graan, God van het (Chinese) 94
Graiai 147, 156
Gráinne 178, 184-5
Gram 205
Grani 204-5
Grasmaaier zie Kusanagi
Gratiën, de drie 134, 143
Grendel 205
Gri-gum, koning 103, 105
Griekenland 126-65
  Agamemnon, koning 161
  alfabet en taal 127, 127
  Apollo 138
  Ares en Aphrodite 143
  Artemis 139
  Athena 136
  Demeter en Persephone 142
  Dionysos 140-1
  gedaanteverwisselingen 165
  goden, stamboom van 128
  helden en monsters 147-9
  Hermes, Hestia en Hephaistos 144-5
  Iason 152-5
  Kentauren en Amazonen 164
  Medeia 153
  mythe en maatschappij 126-7
  Odysseus 160-1
  Oidpous 163
  onderwereld (Hades) 146
  oorsprong van de mens 130-1
  oorsprong van de wereld en de goden 128-9
  overtreders 162-3
  Perseus 156
  Poseidon 137
  steden 124-5
  symposium 124-5
  Theseus 150
  Trojaanse oorlog 157-9
  Zeus 132-5
Groenland 215-6

groenteteelt, oorsprong van 293
Gronw Pebyr 188
Groot-Zimbabwe 30, 264, 273
Grote Beer zie Ursa Major
Grote Dionysia 141
Grote Geest 222, 224-5, 230 zie ook Maheo; Tirawa; Wakan Tanka
Grote Haas 224, 227
Grote Moeder
  Egyptische zie Neith
  Romeinse 167, 171, 171
  zie ook Demeter
Grote Slang zie kosmische slangen
Grote Tempel (Azteeks) zie Templo Mayor
gter-ma 103
Guanyin 87, 96, 96, 100, 100
Guatavitameer 255, 255
Gucumatz 248
Gudrun 205
Gui Jujing 101
Guizhou, provincie 93
Gulden Vlies 12, 152, 152, 154-5
Gun 92
Gundestrup, kookpot van 178-9, 181
Gungnir 194
Gunung Agung (Berg Agung) 303
'guysers' 33
Gwales 188
Gwydion 188
Gymir, paleis van 200

H

Haab 246
haardgeesten en -goden
  Griekse zie Hestia
  Romeinse zie Vesta
  Slavische zie domovoi
Hachiman 121, 123
Hades (god) 10, 129, 132, 134, 142, 146, 146
Hades (onderwereld) 113, 142, 146, 146
Hagedis met de blauwe Tong zie Lungkata
hagedissen 295
Haida 225
Hainuwele 117
Hakon, Jarl 202
Halloween 33
Ham 181
Hammoerabi, koning 57
Han Zhongli 98, 99
Han Yü 99
Han Xiang 99, 99
Han 230
Hand van Atoem 39
Han-dynastie 89, 91
Hannibal 167, 173
Hanoeman 76-7, 77
Hapi 54
Haring, Lee 13
Hariti 83
Harivamsja 76, 78
Harlech 188
Harpijen 154-5
Hathor 11, 37, 39, 41, 45, 50, 51, 51
Haumia 294-5
Havik van de Hemel 302
Hawaii 288, 289, 291, 295-6
Hawaiki-eiland 22, 295, 297
Hawke, Baai van 297
hazen 16, 276
He Xiangu 99, 99
Hebe 132, 134, 148
heer van de dans (Sjiva) 81
heer van de nachtelijke hemel 25, 237
Heh 38
Heh-goden 40
Hehet 38
heilige pijp 230-1, 231

Heilige Graal 16
Heimdall 191, 195, 199, 201
Heka 38
Hekabe, koningin 125, 157, 159
Hekate 126, 142, 146
Heket 52
Hekla 195
heksen zie Baba Iaga; Rangda
Hektor 125, 158
Hel (god) 193, 195, 197
Hel (rijk) 193, 197
helden 28-9
heldentweeling 249
Helena van Troje 134-5, 157-8, 162
Heliopolis 38-9, 41, 50
Heliopolis, Negen Goden van zie Enneade
Helios 128, 129, 142-3, 153
Helle 154-5
Hellespont 154-5
Hema 295
Hemelboog zie Tirawa
Hemel, Chinese Heer van zie Di Jun
hemelgoden
  Egyptische zie Horus; Noet
  Griekse zie Ouranos; Zeus
  Mesopotamische 62
  Noordamerikaanse 222-3
  Noordeuropese 192, 193, 200
  zie ook Asen
  Oceanische 292, 292
  Romeinse zie Jupiter
  Slavische 207
hemelrijk
  Chinese 94-5, 100
  Egyptische 55
  Griekse 146
  Japanse 123
  Keltische zie Andere Wereld
  Mesoamerikaanse 245
  Noordamerikaanse 225
  Noordeuropese 196
  Slavische 208
  Zuidoostaziatische 302
Hemelse Grot 116
hemelse pilaar 112
Hemelse Rivier (Melkweg) 95
hemelse smid zie Goe
Hemelstier 60
Hengshan, berg 89
Hephaistos 125, 130-2, 131, 133, 136, 153, 145, 145
Hera 91, 125, 129, 132, 133, 134, 134, 135, 139-40, 145, 147-9, 152, 154, 157-8, 163, 165
Heraion 132
Herakles 12, 124, 131, 134-7, 146, 147, 148-9, 148, 151, 154-5, 164, 192
Herakliden 146
Hercules zie Herakles
Herfstfeest (China) 94
Hermaphroditos 143
Hermes 29, 125, 127, 131, 131, 134-5, 142-3, 144-5, 144, 146, 154, 160, 165, 165
Hermod de Dappere 197, 197
Hermopolis 38, 48
Herodotos 10, 57, 177
Hesiodos 127-8, 129, 130-1, 147
Hesperiden 149
Hestia 127, 129, 144-5
Hi, rivier 111, 118
Hiko-hoho-demi 114, 120, 122
Hikurangi, berg 297
Himalaja 69
Hina 293, 299
hinde van Keryneia 149
hindoeïsme 69-84, 70, 300
Hine-hau-one 295
Hine-titama 22-3, 295
Hino zie Dondervogel
Hippolyte, koningin 149
Hippolytos 151, 151

Hippolytos (tragedie) 151
Hirohito, keizer 111
Hiruko zie Bloedzuigerkind
Hittieten 66
Hjalprek 204-5
Hjordis 204-5
Hoe 38
Hoemba 60, 60
Hoenefer 55
Hoenir 191, 202
Hoewawa zie Hoembaba
Hoge God (Afrika) 268-70, 273-4
Homeros 127, 157
Homusubi 113
honden 104, 109, 182
Hondsster zie Sirius
Honinigi 114, 116, 120
Honos 170
Honosusori 120
Honoyeta 298
'hoofdbandtweeling' 249
Hoogvlakte van de Hemel 112, 116-7
Hopi 19, 22, 26, 220, 223, 228
Horai (Jaargetijden) 134
Horemheb, koning 11
Horon 64
Horus 11, 30, 34, 37, 42-3, 42-4, 44-5, 48, 49, 50, 52, 55
Hother 197
Hottentotten zie Khoisan
Hreidmar 205
Hrothgar, koning 205
Hrungir 193
Hu, keizer 90
huaca 253, 257, 259
Huanacauri, berg 253
Huashan, berg 89
Huehueteotl 234-5, 236, 236
Hueyhuecoyotl 247
huisgeesten en -goden
  Chinese 101
  Griekse 126, 144
  Romeinse zie Lares
  Slavische 210
Huitzilopochtli 234-5, 237-8, 242-3, 242-3, 245
Hun Dun 90
Hunahpu zie heldentweeling
Huray 64
huwelijk, mythen over 34, 284
Hydra van Lerna 135, 137, 147, 149
Hylas 148, 154
Hyllos 148
Hymir 199
Hymne aan Hermes 144
Hymne aan Zeus 132
Hyperion 129
Hypermnestra 162
Hypsipyle, koningin 155

I

Iambe 142
Iapetos 129
Iason 12, 152-5, 152
Iban 302, 304
ibissen 48
Ibuki, berg 121
Ida, berg 171
Idmon 154
Idun 194, 202
Ierland 178-87
Ifa 23, 275, 275
IJsland 190-1, 193
Ikarios 141
Ikaros (eiland) 141
Ikaros (zoon van Daidalos) 162
Ila 276
Ila-Ilai Langit 302
Illapa 256-7
Ilia van Murom 208
Ilias 125, 127, 145, 147, 157-60, 164
Ilion, Ilium zie Troje

Imbolg, feest van 186
Imhotep 54, 54
Inachos, koning 134
Inachos (riviergod) 165
Inanna zie Isjtar
Inari 121
incestmythen 22-3
   Afrikaanse 26-7
   Australische 284
   hindoeïstische 70
   Maori- 22-3
India 68-87
   boeddhistische mythen 86-7
   Brahma 74
   Daksja's offer 81
   Devi 82-3
   Doerga 82
   heilige plaatsen 69
   Indra 72-3
   jaïnistische mythen 85
   Kali 83
   Krisjna 78-9
   mythen en religies 68-9
   Rama 77
   Sjiva 80, 84
   Visjnoe 75-6
Indianen zie Noord-Amerika
Indonesië 301-2, 306
Indra 69, 71, 72-3, 72-3, 75, 77-8, 81
Ing 201
initiatieriten
   Australische 34, 281
   Inka- 259
   Oceanische 34, 291
   sjamanistische zie sjamanisme
   Slavische 208-9
Inka's 251-9
Inkari 254
Inki 61
Ino 154
instellingsmythen, Noordamerikaanse 220
Inti Raymi 256
Inti 251-2, 256, 256
Inuit 14, 214, 215, 216-7
Inupiat zie Inuit
Inyan 230
Io 134, 165, 168
Iokaste, koningin 163
Iolaos 135, 149
Iole 148
Iolkos 152-3
Iolofath 292
Iphigeneia 139
Iphikles 135, 148
Irak zie Midden-Oosten; afzonderlijke steden
Irik 302
Irokezen 223, 235
Ise 111, 115, 122
Isis 34, 40, 42, 42-3, 43, 44-5, 48-9, 49, 52, 55
Isjtar 51, 57-8, 59-60, 61, 61, 62, 65
islam 300-1
Isuke-yori-hime 122
Italië 124 zie ook Rome
Ithaka 160-1
Itsu-se 122
Itys 162
Itzamna 25, 248, 248
itzcuihtli 247
Itzpalotl 247
Ivan, prins 209
Ivan de Dwaas 210
Ix Chel (vrouwe regenboog) 25, 248
Ixion, koning 163
Ixtapalapa 246
Izanagi 34, 112-4, 112, 115
Izanami 34, 112-4, 112
Izumo 118, 118-9, 120, 122
Izumo-taisha 111
Izumo-takeru 122

J
jacht zie dierenmythen
jacht, godinnen van zie Artemis; Diana
Jadekeizer 100
jaguarsymboliek
   Indiaanse 28, 252, 252, 261-3
   Mesoamerikaanse 236, 239, 239
jaïnisme 69, 85, 85
jakhalsgod, Egyptische zie Anoebis
jakhalzen 47
Jakoeten 215, 219
Jamboedvipa 85
jammen, oorsprong van 293
Janaka, koning 77
Janus 168, 168
Japan 110-23
   Amaterasu en Susano 115-8
   boeddhistische mythen 123
   Izanagi en Izanami 112-4
   Jimmu-tenno en Yamato-takeru 122
   Okuninushi 118-20
   onderwereld 113
   religies, mythen en heilige plaatsen 110-1
Jata 302
Jataka-verhalen 87
Java 300-1, 307
Jeruzalem 61
Jigoku (onderwereld) 32, 121
Jimmu-tenno, keizer 16, 111, 120, 122, 122
Jin-dynastie 89
Jina zie Mahavira
Jizaro 261
Jizo 123
Jo-bo chen-po 105 zie ook Boeddha
Joejaka 87
Joekagiren 218
Jongeren, Land van de zie Andere Wereld, Keltische
Jotunheim (rijk) 193-4, 198-9, 202
Jung, Carl 10
Juno 168
Jupiter 168, 192, 198
Jurupari 262
Juweelberg 302

K
kabbala 20
kachina's 225
Kadmos, koning 125, 130, 134-5
Kadroe 71
kago zie cargo cults
Kagutsuchi 113
Kahiki 296
Kailasa, berg 69, 80, 83
Kaintangata 295
Kalaallit zie Inuit
Kalahari 'bosjesmannen' zie Khoisan
Kalala Iloenga 271, 273
Kalauna 298
Kalchas 158
kalenders
   Inka- 258
   Mesoamerikaanse 246-7
Kalendersteen, Azteekse 238, 238
Kali 80, 82, 83, 83
Kalighat 83
Kaliya 31, 71
Kalkin 76
Kalliope 165
Kallisto 21, 139
Klytaimnestra 134-5, 161, 162
Kalypso 161
Kamado-no-kami 121
Kamba 13
Kamimusubi 112, 120
Kamiura 262
Kamonga 272
Kampuchea 300-1
Kamsa, koning 69, 78-9

kangaroes 280
kannibalisme 263, 299, 299
Kannon 123, 123
Kanto-vlakte 111
Kanyakoemari 83
Karaperamun 298
Kareliërs 215
Kariki 295
karma 96, 100, 104
karmische wind 104
Karttikeya (Skanda) 69
Kasji 69 zie ook Varanasi
Kasjoeben 212-3
Kasjtsjei 209
Kassandra 138, 161
Kassiopeia, koningin 156
Kastor 134-5, 154 zie ook Castor
katholicisme 251
katten 109, 198, 202
Kayapo 262
Kédang 303, 306
Keiko 122
Keizerlijke Voorouders, Chinese 94
Kek 38
Keket 38
Kekrops, koning 136, 151
Keleos, koning 142
Keltische wereld 176-89
   Andere wereld 187
   Arthur-legende 189
   Cernunnos 179
   Cú Chulainn 182-3
   Daghdha's kookpot 181
   Feniaanse mythen 184-5
   godinnen 186
   Ierse mythen en goden 180-7
   talen 177
   Welshe mythen 188
Keltoi 177
Kentauren 127, 148-9, 151, 163, 164, 164
Kentauros 163
Kenya 13
Kepheus, koning 156
Kephisos 165
Kerberos 32, 137, 146, 147, 149
Keret, koning 59, 64
Kerkyon 150
Ket (taal) 215
Kewa 292
Keyx 165
Khoi zie Khoisan
Khoisan 18, 31, 264-5, 267, 276-5
Khori Tumed 109
Khri Srong-lde'u-btsan, koning 102-3
Khudar, rivier 109
Khun K'an 305
Khun K'et 305
Ki 62
Kigwa 270
kikimora 211
kikkers 38
kila 103, 107, 107
Kimon 151
Kingoe 62
Kiribati 28, 289-90
Kirke 155, 160-1
Kitsune 29
Kiwai 291
Klein-Azië 56, 66
Kloe 106
Klokvogel, gebroeders 278, 286
Klotho 134
Klymene 129
Klytaimnestra 134-5, 161, 162
Kodran 201
Koeba 26-7, 269, 272
Koedsjoe 51
Koeherder (Arend) 95
koeien 40, 194
Koemarbi 66
Koerma 76
Kogoshui 111

Koios 133
Kojiki 111-3, 116, 122
Kokytos, rivier 146
Kolchis 154-5
kolibries 263
Komi 215
Kong-jo, koningin 105
Kongo 268
konijnen 16, 118, 227, 245, 276
Koningin-Moeder van het Westen zie Xi Wang Mu
koningschap, mythen over 34
   Afrikaanse 265, 270-2
   Egyptische 52-3
   Griekse 157-61
   Japanse 122
   Keltische 186
   Mesopotamische 56, 58-9
   Romeinse 124-5
Koningslijst, Soemerische 59
kookpot van de Daghdha 181
kookpot van Da Derga 181
kookpot der wedergeboorte 181
koppensnellen 261
Kore zie Persephone
Korinthe 153, 163
kosmische boom 268
kosmische ei 18, 19, 38-9, 70, 72-3, 90, 264, 266-7 zie ook Gouden Zaad
kosmische rampen 26-7
kosmische pilaar 74-5
kosmische slangen 19, 24, 30, 71, 74, 254, 277 zie ook slangemythen
kosmologie 20-1
   Afrikaanse 21, 266-7, 268
   Chinese 21, 91-2
   Griekse 128
   Inka- 25-6
   jainistische 85
   Japanse 115
   Maori 294
   Mesoamerikaanse 19, 237, 237-8, 248
   Mongoolse 108-9
   Noordamerikaanse 19, 220, 222, 225
   Noordeuropese 193-4, 193
   Siberische 218-9
   Soemerische 62
   Zuidoostaziatische 300, 302-3
kraaien 122, 233, 282, 284
krabben 282
Kreon, koning 153
Kreta 11, 126 zie ook Europa; Minos; Minotauros
Kretenzische stier 149
Krisjna 25, 31, 69, 73, 76, 77-9, 79, 85
Krittika's 84
krokodillegod, Egyptische zie Sebek
krokodillen 42, 48, 51-2, 54, 118, 120, 265
Kroniek van Japan zie Nihonshoki
Kronos 129, 131-2
ksatriya's 74
Ku 288, 296, 296 zie ook Tu
Kuan-yin zie Guanyin
Kukailimoku zie Ku
Kukulkan zie Gucumatz
Kumano 111, 122
Kumaso-broers 122
Kungarangkalpa zie Zeven Zussen
Kunlun, berg 89, 95, 100
Kupe 28
Kurialya (Plejaden) 287
Kusa-nada-hime 118
Kusanagi 118, 122
Kutubumeer 291
Kvasir 194
Kyklopen 126, 129, 145, 160
Kyknos 148
Kythera 143
Kyzikos 155

L

Labyrint 151, 162
Lachesis 134
Laegh 183
Laërtes 160
Lailoken *zie* Merlijn
Laios, koning 163
Lakota 28, 223-5, 230-1
Laksjmana 25, 77, 77, 85
Lakshmi *zie* Sjri
Lamet 31
Lan Caihe 98, 99
landbouw
 Egyptische god van *zie* Osiris
 zie ook vruchtbaarheidsgoden
landgeesten, Scandinavische 201
Lang (hemelrijk) 292
Lanka 77
Lao Laizi 101
Lao tze 98, 98
Laos 31, 300-1, 305
Lapithen 148, 163-4, 164
Laps 215
Lares 168, 169, 170
Latinus, koning 172
Lavinia 172
Lavinium 173
Lebhorcham 182
Leda 134, 135
leeuwen 41, 50, 77, 84, 137, 140, 149, 205, 270
Legba *zie* Esjoe
legenden en mythen 15-6
Lele-stam 272
Lemnos 155
Lenaia 141
lesjii zie bosmythen, Slavische
Lethe, rivier 146
Leto 133, 134, 138-9
Levenden, Land van de *zie* Andere Wereld, Keltische
leven na de dood 32-3
Levens, Boom des *zie* Wereldboom
Lévi-Strauss, Claude 13, 284
Lha-tho-tho-ri, koning 103, 105
Li Xuan 98, 98
Li 90
Liath Macha (de Grijze) 183
Libanon 43
liefde, goden van
 Griekse *zie* Aphrodite
 Keltische *zie* Oenghus
 Romeinse *zie* Venus
 zie ook begeerte en seksualiteit, goden van
Lilith 24
linga 80
Linn Feic 185
Lisa 267
Livy 175
Llallogan *zie* Merlijn
lama's 258-9
Lleu Llaw Gyffes 188
Lleu *zie* Lugus
Llyr 188
Loeba 271-3
Loegalbanda 59
Loekasa 271
Loengoe 266, 270
Loki 16, 191, 193, 195, 195, 197-9, 197, 202-3, 205
Lo-ngam 103, 105
Longobarden 192, 196
Lono 288, 296
lotusbloemen 19, 38, 86-7, 107
Lotuseters 160
Lü Dongbin 99, 99
Luas Lurgann 185
Luchta 178
Luchtgeest 216
Lucretia, verkrachting van 175
Lueji, koningin 272
Lugeilang 292
Lugh 176-7, 180, 181, 184

Lugus *zie* Lugh
Lungkata 286, 286
Lupercalus 167
Lusios *zie* Dionysos
Lykourgos, koning 141
Lynkeus 154, 162

M

Maangeest (Periboriwa) 263
maangoden
 Australische 282
 Azteekse *zie* Tecuziztecatl
 Egyptische *zie* Thot
 Griekse *zie* Selene
 Indiaanse *zie* Periboriwa
 Inka- *zie* Mama Kilya
 Inuit- 216, 216
 Japanse *zie* Tsuki-yomi-no-mikoto
 Keltische *zie* Flidhais
 Maori- *zie* Rona
 Maya- *zie* Ix Chel
 Mesopotamische 57
 Micronesische 290
 Noordamerikaanse 223-5, 230
maanmythen 71, 94-5, 272
Ma-at 32, 38, 55
Mabela 273
Ma'Betisék 303-5
Mabinogion 176, 188
Mabon 186, 188
Macedonië 211, 213
Macha 178, 186
Machu Picchu 250, 258
Maddi 87
Madoerai, India 83
madubu *zie* snorhout
Mael Dúin 187
magatama-kralen 115, 120
Magh Tuiredh (Moytirra), slagen van 176, 180-1
magie 48, 54, 306 *zie ook* sjamanisme
Magna Mater *zie* Grote Moeder, Romeinse
Mahabharata 29, 68, 71, 73-4, 78, 81, 301
Mahadevi *zie* Devi
Mahamaya, koningin 86
Mahatala 302
Mahavira 69
Mahayana-boeddhisme 69, 86-7, 96
Mahendra, berg 76
Maheo 222
Mahisja (buffel) 82-3, 82
Mahui-ike 28, 297
Maia 134, 135, 144
mainaden *zie* bacchanten
maïsgoden
 Azteekse *zie* Chicomecoatl; Cinteotl
 Maya- *zie* Ah Mun
 Noordamerikaanse (Maïsmoeder) 223
 zie ook vruchtbaarheidsgoden
maïsmythen 225, 244-5, 249
Maitreya 86-7
Majiboe 273
Maka 230
Makihiki-feest 296
Makosj 206-7, 206
Maleisië 31, 300-1, 303-5
Mali 21, 266, 277
malinalli 247
Malinowski, Bronislaw 10, 13
Mama Coca 257
Mama Cunas 256
Mama Kilya 256-7
Mama Ocllo 26
Mananuán 178
Manasa 83
Manawydan 188
Manco Capac 26, 253-4

mandala 21
Mandara, berg 69, 71, 76, 85
Mandari 23
Mangalabulan 302
Manjoesjri 87
Manjusri 107
Mannen van Ierland 186
Mannen van Ulster 182
Manoe 26, 74, 76
Manta 257
Manuk Manuk 302
Maori-mythen 22-3, 288, 293, 294-5
Maponus 178
Mara 86
Marathon 150
Mardoek, koning 19, 57, 59, 62, 62
Margye Pongri (berg) 106
Mariana-eilanden 289
Marind-anim 291
Mariyamman 83
Marko en de *vila* 211
Mars 170, 174
Marshall-eilanden 289
Marsyas 136, 138
ma-sang-broers 105
Massim-archipel 299
Math 188
Mathoera 69, 79, 85
Matrika's 83
Matsya 76
Matuka 295
Maudgalyayana 96
Maui 28-9, 294, 297, 297
Mawoe *zie* Hoge God
Maya (antigod) 74
Maya's 236-7, 246-7, 248-9
mazatl 247
Mbangala 272
Mbidi Kiloewe 271
Mboom, koning 269, 272
mdos 102
me 58, 62
mede van de inspiratie 194
mededogen, Chinese godin van het *zie* Guanyin
Medeia 150, 152, 153, 153, 155
Medeia (tragedie) 153
Medhbh, koningin 182-3, 186
Medousa 30, 134, 136-7, 136, 147, 156, 156
Megara 146, 147
Melanesië 288, 289, 290-2, 298 *zie ook* afzonderlijke eilanden
Meleagros 154
Melkweg 33, 194, 257-9 *zie ook* Hemelse Rivier
Melville-eiland 280, 282
Memphis, Egypte 37, 39, 48
Mena 69
Mencheproera 52
Menelaos, koning 125, 135, 157-8, 162
Menoetius 129
Mensenetende Geest 221
mensenoffers 196, 234, 328, 243, 243-5, 245, 249, 252, 257, 295
mensheid, oorsprong van
 in Afrikaanse mythen 267, 270-1
 in Chinese mythen 91-2
 in Griekse mythen 130-1
 in hindoe-mythen 70, 74
 in Mesoamerikaanse mythen 241, 249
 in Mesopotamische mythen 62
 in Noordamerikaanse mythen 223, 228
 in Zuidamerikaanse mythen 254, 262
 in Zuidoostaziatische mythen 302, 305
 zie ook scheppingsmythen
Mercurius 47, 176, 179

Meretseger 49
Merlijn 189
Meroe, berg 69, 85
Merope, koningin 163
merries van Diomedes 149
Meschenet 52
Meso-Amerika 234-49
 beschavingen 234-5
 heilige kalender 246-7
 Huitzilopochtli 242
 Maya-goden en -mythen 248-9
 mythe van de zonnen 237-8
 oude goden 236
 Quetzalcoatl en Ehecatl 240-1
 Tezcatlipoca 239
 Tlaloc en vruchtbaarheid 244-5
 zie ook Azteken; Maya's; Olmeken; Tolteken; Zapoteken
Mesopotamië 56-65
Metamorfosen 168
Metaneira 142
Metis 129, 132, 133, 134, 136
Mexico *zie* Meso-Amerika
Miao 90, 93
Michaël, aartsengel 25
Michlantecuhtli 235, 247
Micronesië 288, 289, 290, 292 *zie ook* afzonderlijke eilanden
Mictlan (onderwereld) 235
Midden- en Oost-Europa 206-13
 Andere Wereld 208
 de Baba Jaga en de Amazones 209
 boosaardige geesten 212-3
 volken en geloven 206-7
 voorouders en haardgeesten 210
 zielegeesten 211
Midden-Amerika *zie* Meso-Amerika
Midden-Oosten 56-67
 Gilgamesj 60
 Hittitische mythen 66
 Isjtar in Tammoez 61
 Oegaritische mythen 64-5
 Perzische mythen 67
 scheppingsmythen 62
 Soemer en Babylon 58-9
 volken en beschavingen 56-7
 zondvloedmythe 63
mieren 187
Mikasuki 225
miko 116-7
Mimi-bedriegers 285
Mimir 197
Min 51
Minaksji 83
Minerva 168, 178, 186
Ming-dynastie 89
Minia 19, 266, 277
Minoërs 126
Minos, koning 134-5, 146, 150, 162
Minotauros 134, 150, 162
miquiztli 247
Misminay 259
Mithras 67
Miyazu-hime 122
Mjollnir 194
Mnemosyne 134
Mochica 251, 252, 255
Moctezuma 241, 244
Moeder Aarde 220, 222, 223
moedergodinnen
 Keltische 178 *zie ook* Anu; Danu; Dôn
 Mesopotamische *zie* Isjtar
 Romeinse 171
Moekoeloempe 273
Moembi Moekasa 273
Moirai (Schikgodinnen) 134
Mokosj *zie* Makosj
Mongolië *zie* Tibet en Mongolië
Monoi 299
Monomotapa 271
Month 37

Mopsos 154
Morevna, Maria 209
morgenster
   in Afrikaanse mythen 271
   in Mesoamerikaanse mythen 241
   in Noordamerikaanse mythen 223-5, 230
Morríghan 181, 186
Mot 64-5
Moyang Kapir 304, 306
Moyang Melur 304, 306
Moytirra *zie* Magh Tuiredh
Mozambique 268
Mozes 113
Mpu Bharada 307
Mudungkala 282
Muisca 255
Mulian 96, 97
Müller, Friedrich Max 10
Murinbata 282
musici, goddelijke *zie* Gandharva's
Muzen 134, 165
muziekinstrumenten, Oceanische 291
Mwari *zie* Hoge God
Mweel 26, 272
Mwetsi, koning 271-2
myal ba nag po zie Zwarte Ellende
Mykene 126
Myrddin *zie* Merlijn
mythen
   sporen 11
   overlevering 12
   theorieën 10
Mythologische Cyclus 178, 180-1

N

Naboe 57
Nachtegaal de Bandiet 208
nachtgoden
   Azteekse *zie* Tezcatlipoca
   Griekse 128-9
Nachtlied, ritueel van het 228
nacht, oorsprong van 304
Nadanojla 211
naga 302
Naga Padoha 302-3
Nagi 230
Nagila 230
Nahar *zie* Yam
Nammoe 62
Namorodo 285
Nanabush 224
Nanahuatzin 238, 241
Nanda 78
Nandin (stier) 68, 80
Nanna (Mesopotamische god) *zie* Sin
Nanna (vrouw van Balder) 197, 203
Nantosvelta 178
Naoise 183
Narasimha 76
Nareau 290
Narkissos 165
Nataraja *zie* Sjiva
Naumoetsji 73, 77
Naunet 38
Nauplios 154
Nauw van Torres 290, 291
Nauw van Uraga 111
nava 211
Navajo 221, 228-9
Naxos 150
Nazca 251
Neboekadnezar 57
Nechbet 37, 52
Nechtan 186-7
Nedyet 42
Negen Zonnen 94
Negen Goden van Heliopolis *zie* Enneade
Negrito's 301
Nehallenia 191-2
neineya-mythen 298

Neith 37, 39, 50, 51
Nemeïsche leeuw 137, 149, 149
Nemhain 186
Nemhedh 180
Nemty 44-5
Nennius 14, 189
Nephthys 40, 42, 42, 52, 55
Nereïden 137, 156
Nereus 137, 156
Nergal 57
Nerthus 191-2
Nessos 148, 164
Nestor 158
neushoornvogel 302
Newburgh, William van 14
Ngaan, koning 272
Ngaju 20-1, 31
Ngandjala-Ngandjala 285
Niamh 183
Nibelungen 205
Niet-Perfecte Berg 92
'niet te begrijpen'-tempel 102, 103
Nieuwe Hebriden *zie* Vanuatu
Nieuwe Vuur, Ceremonie van het 246
Nieuw-Zeeland 28, 288-9, 294
Niger, rivier 270
Nihonshoki 111, 115, 117
nijlpaarden 42, 45, 51, 177
Nijl, rivier 42, 48, 54
Nine-Nui-Te-Po 297
Ninivé 56, 60
Ninsjoeboer 61
Niobe 19
Niobiden 139, 139
Nippoer 58
Nirvana 69, 96, 123
Nivch 218
Niya 211
Njord 191, 201
Nkoeba de Bliksem 270
Nkoela 272
Nkongolo (Regenboogkoning) 271, 273
No'a-huruhuru 299
Noach 27, 27, 180
Noen 18, 38, 40-1, 50
Noet 39-41, 39-41, 47, 51
Nommo 21, 266-7, 266
Noord-Amerika 220-33
   bedriegers 227, 220-9 *zie ook* Noordpoolgebied
   dierenmythen 232-3
   heilige pijp 231
   goden en helden 224-5
   Navajo-mythen 228-9
   oorsprong van de mensheid 223
   scheppingsmythen 222-3
   sjamanen 226
   talen 221
   volken en mythen 220-1
Noord-Europa 190-205
   Balder 197
   Beowulf en Fafnir 204-5
   Freyr en de Wanen 200-1
   godinnen en vrouwelijke geesten 202-3
   Loki 195
   Odin 196
   Thor 198-9
   Viking-kosmologie 193-4
   volken en mythen 190-1
   vroege goden 192
Noordpoolgebied 214-19
   Inuit-mythen 216-7
   Siberische mythen 218-9
Noorwegen 190-1, 202
Norns 203
Nü Gua 24, 90-1, 91-2, 93
Nuadhu Airgedlámh 178
Nubië 50, 52
Nudd Llaw Eireint 178
Nuer 269
Numa 175, 175
Nürnberg-bijbel 27
Nyakaya 270
Nyame 266

Nyikang, koning 34, 270
Nyimi Lele 272
Nyiru 287

O

O-usu-no-mikoto *zie* Yamato-takeru
oceaan, het karnen van 71, 71, 73
Oceanië 288-99
   cargo cults 298
   hemelmythen 292
   kannibalisme 299
   Ku en Lono 296
   Maori-mythen 294-5
   Maui 297
   mythen en instrumenten 291
   mythe en magie 299
   oorsprongsmythen 290-1
   scheppingsgoden en helden 290
   voedsel en vruchtbaarheid 293
   volken en talen 288-9
   zie ook Melanesië; Micronesië; Polynesië; afzonderlijke eilanden
ocelotl 247
Ochpaniztli, feest van 244
od zer Idan *zie* Stralend Licht
Oddiyana, koning van 107
Odin 191, 193-5, 196-7, 202-5
Odyssey 127, 143, 145, 147, 155, 157, 160-1
Odysseus 28, 136, 147, 157-9, 160-1, 160
Oegarit en Oegaritische mythen 57, 59, 64, 65
Oekraïne 207, 211, 213
Oellikoemmi 66
Oenghus 178, 184, 186
Oepanisjads 70, 74 *zie ook* vedische hymnen
Oer 56, 58, 60
oerchaos 18, 62, 62, 70-1, 73, 90, 112
Oema 80 *zie ook* Parvati en Sati
Oepelloeri 66
Oetoe 57-8, 63, 63 *zie ook* Sjamasj
Oetpanisjtim 26, 60, 63
offers *zie* dierenoffers; mensenoffers
Ogdoade 38, 38, 41
Ogetsu-no-hime 117, 121
Oghma 178
Ogmios 178
Oidipous 10, 147, 163, 163, 166
Oikhon 109
Oisín 184
Oita, berg 148
Oja 270
Ojin, keizer 121
Okeaniden 137
Okeanos 128, 129, 134, 137, 142
Okuninushi 118-20
olifanten 82, 84, 86, 277
Olifat *zie* Iolofath
ollin 247
Olmeken 236
Olwen 188
Olympia 125, 125, 132, 138
Olympiërs 24, 125 *zie ook* afzonderlijke goden
Olympos, berg 125, 126, 129, 132-4, 148, 148
Omam 263
Omecihuatl 19, 237
Ometecuhtli 19, 237
Ometeotl 19, 237
Omori-kane-no-kami 116
onderwereld
   Afrikaanse 32, 268
   Azteekse 240
   boeddhistische 97, 104
   Egyptische 32, 42, 46-7, 55
   Griekse *zie* Hades (onderwereld)
   Inuit- 217
   jainistische 85
   Japanse 32, 113, 114, 121

Keltische *zie* Andere Wereld, Keltische
Mesopotamische 57, 59-60, 61, 65
Noordamerikaanse 224-5
Noordeuropese 193-4, 197
Oceanische 295, 299
Slavische *zie* Andere Wereld
Zuidoostaziatische 302-3
Oni 24, 121, 121
Ono Yasumaro 111
onsterfelijkheid, mythen over
   Afrikaanse 269, 273
   Australische 282
   Chinese 95, 98-9
   Egyptische 43
   Griekse 142
   Hindoe- 71
   Mesopotamische 59-60, 63
   Noordamerikaanse 224
   Noordeuropese 202
   zie ook dood, oorsprong van
ontstaansmythen *zie* mensheid, oorsprong van
Oog van Horus 44
Oog van Ra 50
Ooggodin, Egyptische 40-1, 50
oorlogsgoden
   Azteekse 235, 238, 242, 245
   Griekse *zie* Ares
   Japanse 121
   Keltische *zie* Bodhbh; Macha; Morríghan; Nemhain
   Mesopotamische 57-60, 61
   Oceanische *zie* Ku; Tu
   Perzische *zie* Mithras
   Romeinse *zie* Mars
   Slavische 207
oorsprong *zie* mensheid, oorsprong van; scheppingsmythen
Oostelijke Barbaren *zie* Emishi
Oppergoden (Lakota) 230
Orestes 161
orfisten 128, 146, 165
Orion (sterrenbeeld) 64, 139
Orpheus 113, 146, 164, 165
Oseberg 190, 191, 203
Osiris 22, 32, 34, 40-1, 42, 42, 43-5, 44, 47, 47, 49, 53, 53, 55, 55
Ouranos 19, 128-9, 133, 143
Ovidius 168, 171
ovinnik zie boerenhoeve, geesten van
ozomatli 247

P

paarden 116, 1498, 194, 202, 209
Paardentemmer *zie* Poseidon
paardgodin, Keltische *zie* Epona
Paaseiland 18, 289
Pacariqtambo 253-4, 253
Pachacamac 252
Pachacuti, keizer 251, 257
Pacha Mama 257, 259
Padmapani 87 *zie ook* Avalokitesjvara
Padmasambhava 102, 103, 103, 107, 107
Paeckce 110-1
Pah 224
Pamalak Bagobo 305
Pan 142-3, 165, 169
Panathenaia 126, 127, 138
Pandava, broers 29, 301
Pandion, koning 141, 162
Pandora 22, 34, 130, 131, 131
Panesje 54
Pan Gu 18-9, 24, 90, 117
Papa 18, 289, 290, 294
Papoea Nieuw-Guinea 288-92, 298-9
paradijs *zie* hemelrijk
Parasjoerama 76
Paris 125, 134-5, 157-9
Parsjavanatha 85

Parthenon 124, 125, 127, 136, 151, 164
Parvati 69, 80, 84, 84, 98-9
Pasiphaë 162
Pathalón 180
Patroklos 158-9
Pauahtun (God N) 248
Pawnee 223-5
Pegasos 30, 137
Peirithoös, koning 151, 164
Peleus, koning 134, 154, 157-8
Pelias 152-4
Pelion, berg 152
Peloponnesische oorlog 125
Pemba 267
Penates 168-9
Penelope 161
Penthesileia 158
Pentheus 141
Periboriwa 263
Perikles 125
Periklymenos 154
Peroen 207-8
Persephone 10, 116, 128, 134, 140, 142, 142, 146
Perses 129, 156
Perseus 28, 30, 112, 134-7, 156, 156, 162
Peru 250, 257
Perzië 56, 67
Phaidra 151, 151
Pheidias 124-5
Philippos van Macedonië, koning 125
Philoktetes 148, 159
Phineus 155
Phoibe 133, 138
Phoibos zie Apollo
Phoinix, koning 135
Pholos 164
pijpmythe zie heilige pijp
piramiden 234
Pitamaha zie Brahma
Pitjantjatjara 279
Pittheus, koning 150
Pizarro, Gonzalo 255
planten 30-1
Plejaden 21, 84, 135, 258, 287, 296
Ploutarchos 43
Poerana's 68, 71, 73, 85
Poeroesja 19, 70
Poetana 78
Polen 267, 211-3
Pollux 168 zie ook Polydeukes
Polybos, koning 163
Polydektes 156
Polydeukes 134-5, 154-5 zie ook Pollux
Polynesië 288, 289, 290, 297, 299 zie ook afzonderlijke eilanden
Polyphemos 137, 160, 160
Pompeii 168
pompoenkinderen 93
Pontos 129, 137
Poort van de Zon 254, 254
Popol Vuh 249
Port Augusta 278
Poseidon 125-7, 129, 132, 136, 137, 137, 145, 151, 156, 161-2
Pradyoemna 79
prairies, Noordamerikaanse 221, 223-5, 230, 231
Prajapati 70, 74, 81
Prativasoedeva's 85
Prayaga (Allahabad) 69
Prei, mevrouw 97
Priamos, koning 125, 138, 157-9
Priapos 143
Prokroustes 150, 150
Prometheus 12, 22, 28, 129-30, 130, 131
Proteus 141
Pryderi 188
Psyche 144

Ptah 39, 39, 42, 50-1, 54
Pu Lang Seung 305
Pueblo-volken 221, 223, 228
Pukara 254
Puketapu-pa 294
Pulang Gana 307
Puna 295
Purukupali 282
Pyrrha 130
Pythia 138
Pytho 138
Pytische spelen 138

Q

Q'ero 254
Quetzalcoatl 25, 235-9, 240-1, 240-1, 243, 247
Qufu 89
Quirinis 170

R

Ra 39, 41, 44, 46-8, 50-3 zie ook Amon; Ra-Atoem; Ra-Harachti
Ra-Atoem 24, 39-40, 47-8
Ra-Harachti 38, 47, 46
Radha 25, 78, 79
Radijs 96, 97
Ragnarok 195, 197, 198
Rahoe 71
Rahoela 86
Raksjasa's 72, 77, 85
Raktabija 83
Rama 25, 69, 76, 77, 77, 85
Ramayana 68, 73, 77, 301
Ramses II, koning 36, 54
Ramses VI, koning 47
Rangda 301, 306, 306
Rangi 18, 289-90, 294
Rangi-atea 294
Rata 295
Ravana, koning 77
raven 16, 28, 196, 217, 221, 224, 227
Rechters van de Doden 146
Regenboogkoning 271, 273
Regenboogslang 30
regengoden
  Azteekse zie Tlaloc
  Perzische zie Tisjtrya
Regin 204-5, 204
reïncarnatie 32-3, 97, 100, 214-7, 305
Reis naar het westen 100
Reizen, Ierse mythische 187
Remus 112, 167, 174
rendier 219, 219
Renenoetet 49
Resjef 64
respect voor de ouders (China) 101
reuzen 129, 137, 197-8, 197, 201-2, 229, 254
Rhadamanthys 134-5, 146
Rhea 129
Rhea Silvia 174
Rhiannon 186, 188
Rhpisret 232-3
Rietvlakte, Land van de 116-7, 119, 120, 122
Rigveda 72, 75
rijstgod, Japanse zie Inari
Rijstmoeder 31, 307
Ritueel van de Bacabs 248
riviergoden
  Azteekse zie Chalchiuhtlicue
  Griekse zie Inachos; Kephisos
  Keltische zie Nantosvelta
Rode Tezcatlipoca 25 zie ook Xipe Totec
Roeddjedet 52
Roedra 80
Roehanga 34
Roekmini 79
Roesalii-feest 211

Roesalka 211
Rokende Spiegel zie Tezcatlipoca
Rome 166-75
  goden en godinnen 168-70
  Grote Moeder 171
  koningen van Rome 174
  oorsprong 172-4
  Rome en het rijk 166-7
Romulus 112, 167, 169-70, 173, 174
Rona (god) 292
Rona (kannibaal) 299
Rongo 293-5 zie ook Lono
Roof van de runderen van Cooley zie Táin Bó Cuailgne
rouwgodinnen 42
rouwriten
  Australische 282-3, 282
  Egyptische 42
  Slavische 210
Rowang Riwo 302
Rozjanitsy 207
rta (kosmische orde) 72
Rua 294
runderen van de Zon 161
runderen van Geryoneus 149
Rusland 211-3, 215 zie ook Siberië
Ryobu-sjinto 123

S

Sa-skya 103
Sabijnen 174-5, 174
Salmakis 143
Samba 79
San zie Khoisan
Sanjaya, koning 87
Sanskriet 68, 71, 102
Sarasvati 69
Sarpedon 135, 147, 158
Sarutahiko 116
Sati 80-1 zie ook Parvati
sattva 68
satyrs 141, 141
Sawo-ne-tsu-hiko 122
scarabeeën 46, 47
scheppingsgoden zie scheppingsmythen
scheppingsmythen 18-9
Scheppingstijd (Australië) zie Droomtijd
Schikgodinnen 132, 134, 158
schildpadden 30, 222
schorpioenen 43, 49, 57
Sebek 50
Sechmet 41, 50, 50
Sédanta 183
Sedna 216, 217
Sekigahara 111
Selaviq 217
Selene 129
Selkis 43, 49
Semele 133-4, 135, 140
Sennacherib, koning 57
Senwosret III, koning 52
Servië 208, 211-3
Servius Tullius 175
Setesuyara 303
Seth 22, 37, 40, 42-3, 44-5, 44-5, 47, 49-51, 49, 116
Setna Chaemwaset, prins 48, 54
Sfinx 137, 147, 163, 163
sGrol-ma 104
Shakuru 224
Shang Di 88
Shoki 121
Shoshone 23, 224
Siberië 207, 210, 212, 218-9
Sibylle 172
Sicun 230
Sido 290

Sif 199
Sigmund 204
Sigrud de Volsung 204-5, 204
Sigyn 197
Sik'ant'apatewada 305
Sila zie Luchtgeest
Sinis 150
Sint-Augustinus 170
Sint-Patrick 185
Siosire 54-5
Sirenen 147, 161, 211
sirin 211
Sirius 139, 266
Sisyphos, koning 146, 160
Sita 25, 76-7, 77
Sitala 83
Sjalakapoeroesja's 85
sjamanisme 33, 114
  Midden- en Oost-Europa 206-7, 208
  Mongolië 108-9
  Noord-Amerika 226, 226
  Noordpoolgebied 214, 216, 218-9, 218-9
  Tibet 102-3, 106-7
  Zuid-Amerika 255, 260-1, 261
Sjamasj 57, 59
Sjango 270
Sjapasj 65
Sjasjti 83
Sjatroeghna 77
Sjesja zie Ananta
Sjilloek 34, 270
sjintoïsme 110-1
Sjiva 68, 68-70, 74, 80, 80-2, 81-4, 84
Sjoe 39-41, 41, 44, 50
Sjoerpanacha 77
Sjona 264
Sjri 70, 75, 75-6
Skadi 200-1
Skan 230
Skanda 69, 84, 84
Skanir 200
Skirnir 200
Skiron 150, 150
Skylla 137, 161
slangemythen 30-1
  Afrikaanse 264-6, 271, 277
  Australische 280-2, 280
  Azteekse 240-1 zie ook Quetzalcoatl
  Egyptische 38-9, 45-6, 48-50
  Griekse 130, 138, 147-9, 165
  Indiase 31, 71, 85
  Inka- 257, 263
  Japanse 119
  Keltische 179
  Mesopotamische 60, 66
  Noordamerikaanse 228
  Oceanische 290, 298
  Scandinavische 204-5, 205
  Slavische 208
  Tibetaans-Mongoolse 106, 108
  Zuidoostaziatische 302-3, 303
  zie ook dierenmythen; draken; kosmische slangen
Slaven zie Midden- en Oost-Europa
Sleipnir 194, 196, 197
Slovenië 212-3
Slowakije 207
snorhout 291
Soegriva 77
Soemer 56-7, 58-9, 62
Soerabhi 73
Soerya 68
Soevereiniteit, Keltische godin van 186
Soido zie Souw
Sokar 42
soma 72-3
Songshan (berg) 89
Sophokles 125, 163
Sosom zie Souw
Souw 290, 290, 297

Sparta 125, 134-5
sperwers 42, 43, 45
Spes 170
spijkerschrift 56
spinnen 22, 222-5, 227, 230, 284, 290
Sprekende God 228
sprookjes 15
Sreng 181
Srong-btsan sgam-po, koning 105
Stad der Goden *zie* Teotihuacan
St. Bride 179, **186**
steen van Fál 180
ster van de dood 224
sterregoden en -mythen 21 *zie ook* maangoden; zonnegoden
Stheno 147 *zie ook* Gorgonen
stieren 42, 53, 68, 80, 135, 137, 140, 149, 182
Stoïcijnen 132
stormgoden
 Japanse *zie* Susano
 Oegaritische *zie* Adad
 zie ook dondergoden
Stribog 207
Sturluson, Snorri 191, 199
Stymphalische vogels 149
Styx, rivier 32, 146, 158
Sualtamh 182
Sucellos 178
Sui-dynastie 89
Suiko, keizer 111
Sujata 307
Sumeru, berg 104
Sun Dance *zie* Zonnedans
Sun Wukong 100
Surong Gunting 304
Surt 195
Susano 27, 220-1, 114, 115, 117-8, 119
Suseri-hime 119
Sutton Hoo 191-2
Suttung 194
Svantovit 207
Svarog 207
Svarozjitsj 207
Syleus, koning 148
Symplegaden 155
symposium, Grieks 127
Syrië 56-7

T

Taboeboe 48
Tafel der Lotsbestemming 57, 59, 62
Taga 114
Tahiti 295, 299
Táin Bó Cuailgne 15, **182**
Taishan (berg) 89
Takachio, berg 111
Takamagahara 112
Takamimusubi 112
Taksaka 303
Takshaka 303
Talos 153, **155**
Tama van de hemel 297
Tammoez 61
Tane 22-3, 292, 294-5
Tang Seng 100
Tangaroa 294-5, **295**
Tantalos, koning 146
tantrisch boeddhisme 21
taoïsme 88-9, 94, 96, **98-9**, 100
Tara, Ierland 180-1
Tara *sGrol-ma
Taraka 84
Taranis 178
Tarpeïsche rots 175
Tarquinius de Oudere, koning 175
Tarquinius de Trotse, koning 175
Tartaros 129
Tarvaa 108
Tauris 139
Taweret 51, **51**
Tawhaki 295
Tawhiri 294-5

Tecciztecatl 241, 247
Tefnoet 39-40
tegenslag, oorzaken van 22
Teiresias 135, 160, 163, 165
Telemachos 161
Telepinoe 66
Tenochtitlan 235, **242**, 243
Teotihuacan 235, 238, 240, **240**, 241, 245
Tepeyollotli 239, 247
Tereus, koning 162
Tesjoeb 66, **66**
Tethys 137
Tevne 109
Tezcatlipoca 235-6, 238, 239, **239**, 241, 247
Thalia 134
Thebe, Griekenland 125, 130, 134, 141, 163
Thebe, Egypte 37, 39, 50-2
Theia 22
Themis 130, 132, 134
Thens, de 305
Theogonie 128-9
Theseus 150-1, **150**, 153, 162, 164
Thesmophoria-feest 143
Thespios, koning 148
Thetis 22, 134, 137, 141, 145, **154**, 157, 158
Thiazi 202
Thilefial 292
Thilpelap 292
Thoegs 83
Thoetmosis IV, koning 52
Thonga 268
Thor 191, 195, **198-9**, *199*
Thorgerd 202
Thot 44-5, 47-8, **48**, 50, 55
Thrinakia 161
Thrym 199
Thyestes 162
Tiamat 19, 62, **62**
Tian 88, 100
Tibet en Mongolië 102-9
 boeddhisme 103, 107
 Koning Gesar 106
 Mongools sjamanisme 108-9
 mythen over oude koningen 105
 Padmasambhava 102-3, **103**, 107, *107*
 scheppingsmythen 104
Tigris, rivier 27, 56, 63
Tirawa 223-4, 230
Tirthamkara's 85, **85**
Tiryns 134-5, 149
Tisjtrya 67
Titanen 24, 126, 128-31, 140 *zie ook* Atlas; Prometheus
Titicameer 254
Titus Tatius, koning 174-5
Tiwanaku 252, 254
Tiwaz 191-2
Tiwi 280, 282-3
Tjak 303
Tlacaxipeualitzltli, feest van 245
Tlaloc 234-5, 237-8, 240, **240**, **244-5**, 245, 247
Tlalocan 245
Tlaloques 244-5
Tlazolteotl 247
Tlingit 225
Toba 262
Toere de Spin 276
Toesjita-hemel 86
Toetanchamon, koning 11, 41, 46, 50
Toetsi 267
Tohan 26
Tokijenjeni 291
Tolteken 234-5, 239-40
Tonacatehuhtli 247
Tonatiuh 238, 243
Topilzin-Quetzalcoatl 241
torens, in Afrikaanse mythen 272, 273
totempalen 221, 232
trimoerti 68, 80

Trisjiras 73
Triton 137
Trobriand-eilanden 10, 13, 289
Troje 22, 125, 134, 136, 143, 157-9
Tros, koning 133
Tryggvason, Olaf 191
Tsimshian 224-5
Tsuki-yomi-no-mikoto 114, 117
Tu 294-5 *zie ook* Ku
Tuan mac Sdairn 180
Tuatha Dé Danann 180-1, 186
Tula 240-1
Tullus Hostilius, koning 175
Tuomotu(an) 295, 297
Tupi 262
Turnus 172
Tvasjtr 71
Twrch Trwyth 188
Tyr 191-2, 195
Tzolkin *zie* kalenders, Mesoamerikaanse

U

Ulster, Mannen van *zie* Mannen van Ulster
Uluru *zie* Ayers Rock
Uluru, Paddy 286
Ulysses *zie* Odysseus
Ursa Major (Grote Beer) 21, 42, 139
Utgard (rijk) 198

V

Vader Hemel 220, 221-3
Vairocana 107
Vajrakila 107
Vajrayana 107
Vala 73
Valin 77
Vallende Ster 230
Vamana 76
Vanaheim (rijk) 193
Vanuatu 298
Varaha 76
Varanasi 69, 107
Varro 169
Vasoedeva's 85
Vasoeki 71, **71**
Vayoe 67
vedische hymnes 70-1, 72
Veeroof van Cooley, De *zie Táin Bó Cuailgne*
Vega 95
Veii 167
Veles 207
Venus (godin) 168, 170, 172
Venus (planeet) 21, 47, 241, 258
Verboden Stad 92
Vergilius 14, 170
Verwante Goden (Lakota) 230
Vespasianus, keizer 170
Vessantara, prins 87
Vesta 166, 169
Vidar 197
Vidyadhara's 85
vier windstreken 21
Vijf Elementen 89
Vijf Heilige Bergen 89
Vijf Keizers van de Vroege Oudheid 91
vijf zonnen, Azteekse mythe over 237-8
Vikingen *zie* Noord-Europa
vila 211, 212
Viracocha 252-4, 256-7
Visjnoe 19, 25, 68-71, 68, 74, 75-6, 75-6, 77, 80-2
Visjnoe Poerana 78
Visjvakarman 70-1
Visjvamitra 73, 77
vissen 43, 76, 123, 297
Vlakte van de Twee Nevelen *zie*

Andere Wereld, Keltische
Vlakte der Verrukking 187
Vlasta 209
vodianoi zie watergoden en geesten, Slavische
voedselgoden
 Japanse 121
 Rijstmoeder 307
 zie ook maïsgoden; vruchtbaarheidsgoden
voedselmythen
 Oceanische 293, **293**
 Zuidoostaziatische 304-5, 307
 zie ook maïsmythen
vogels 18, 38, 42-3, 54, 116, 120, 149, 292, 302 *zie ook* afzonderlijke soorten
volksverhalen 13-5
Voluspa 195
vooroudergeesten
 Afrikaanse 31
 Australische 278-80, 286-7, 287
 Oceanische 288-91, 289-90, 295
 Pueblo- 224-5
 Slavische 206-7, 210
 Zuidoostaziatische 304
voorouderverering 34
 Indiaanse 250
 Chinese 101
 Slavische 210
Vortigern, koning 189
vossen 104, 121, 277
Vritra 71, 72, 73
Vrouwe Regenboog (Ix Chel) 24-5, 248
Vrouwe van de Wijnstok 61
vruchtbaarheidsgoden
 Azteekse *zie* Chicomecoatl; Tlaloc
 Egyptische *zie* Amon-Ra; Min
 Griekse *zie* Demeter; Persephone; Priapos
 hindoeïstische *zie* Sjri
 Keltische *zie* Cernunnos; Daghdha; Sucellos
 Mesopotamische *zie* Isjtar
 Noordeuropese *zie* Frea; Nerthus
 Oegaritische *zie* Anath; Asjera
 Perzische *zie* Anahita
 Slavische *zie* Makosj; Roda; Rozjanitsy
 zie ook maïsgoden; watergoden; zonnegoden
Vulcanus 145, 169
Vurige Slang 208
vuurgoden
 Chinese 91-2
 Griekse *zie* Hephaistos
 Japanse 113
 Mesoamerikaanse *zie* Huehueteotl
 Romeinse *zie* Vulcanus
 sjintoïstische 113-4
 Slavische *zie* Svarozjitsj
vuurmythen 28
 Afrikaanse 276
 Griekse 28
 Indiaanse 28, 262-3
 Oceanische 28, 297
 Zuidoostaziatische 304
Vuurschaduw *zie* Hiko-hoho-demi
Vuurschijn *zie* Honosusori
vuurslangen, Azteekse *zie* xiuhcoatl
Vuurvogel 208

W

Waanzin van Suibhne 189
waarzeggerij
 gele waarzeggersboek 109
 Ifa-orakel 275
Wadjet 37, 52
Wagu 282, 284
Wahiereoa 295
Wahnui 293
wajang 301

Wakan Tanka 24, 222, 230, 231
Wakinyan *zie* Dondervogel
Wales, mythen uit 188
Walhalla 33, 196, 203
Walinya 287
Walkuren 33, 196, 203, 203
Waloembe 269
Wanampi, Pompy 286
wandjina 279, 280
Wanen 190, 193-4, 200-1, 202
Wangka Arkal 286
Wang Mu Niangniang *zie* Xi Wang Mu
Wanukula 287
Wata Rian
Watatsumi-no-kami 120
watergoden en -geesten
   Chinese 93
   Egyptische 38
   Griekse *zie* Nereus; Okeanos; Pontos; Tethys
   Keltische *zie* Nechtan
   Maya- 248-9
   Mesopotamische 57, 59
   Slavische 213
Wawilak, gezusters 280-1
wedergeboorte, kookpot der *zie* kookpot der wedergeboorte
wedjat 44, 44, 46
weefzaal, heilige 115, 116
weerwolven 15, 212-3
Wenende God 252
Wereldboom 20, 30-1, 107, 193, 193, 195-6, 198, 208, 302
Wereldslang 193, 195, 198-9, 199 *zie ook* kosmische slang
Werken van Herakles 149, 149
Werken en dagen 129, 131
Whaitiri 295
Widjingara 282
wiel, god met 178
wijngoden *zie* Bakchos; Dionysos
wijsheid, goden van *zie* Athena; Enki; Minerva
windgoden
   Azteekse 235, 241
   Griekse *zie* Boreas
   Japanse 112
   Maori *zie* Tawhiri
   Noordamerikaanse 230
   Perzische *zie* Vayoe

Slavische 207
Winnebago 227
Winniles 192
Wisakedjak 224-5
Wit-Rusland 212-3
Witte Bizonvrouw 231
Wodan 191-2
Wodoy 282, 284
wolven 23, 196, 224
Woot 27, 269, 272, 272
Worora 279, 280, 282
Wurulu-Wurulu 285

X

Xi He 94
Xi Wang Mu 95, 98, 100
Xia-dynastie 88-9, 91-2
Xihuitl (zonnekalender) 246
Xipe Totec 25, 235, 237, 245, 244
xiuhcoatl 240, 242
Xiuhtecuhtli 247
Xochipilli 245, 247
Xochiquetzal 245
Xolotl 240, 247

Y

Ya-gami-hime 118
Yacana 159
Yadava's 79
Yam 64-5
Yama 97
Yamata-no-orochi 118
Yamato-hime 122
Yamato-takeru 111, 122
Yanomami 263, 263
Yao 26, 90, 93
Yatpan 64
Yei-goden 228
Yekuana 261
Yggdrasil (Wereldboom) 20, 193, 196
Yi 94-5, 95
Yima 67
Yin en Yang 88, 90, 90
Ymir 19, 25, 194
Yngling-dynastie 200-1
Yoalli Ehecatl *zie* Tezcatlipoca
Yoega's 85
Yolngu 279, 281

Yomi (dodenrijk) 113, 114
Yopi 245
Yoroeba 15, 23, 34, 264, 267, 270, 274-5
Ysbaddaden, Opperreus 188
Yu de Grote 92, 94
Yupanqui 259
Yurlunggur 27, 281
Yutu-yutu 259

Z

Zagreus (Dionysos) 128, 140
Zaïre 268, 269, 271-3
Zalm der Kennis 184, 185
Zambia 266, 273, 276
Zande 276
Zapoteken 236, 245
Zarathoestra 67
Zdoechatsj 211
zeegoden
   Egyptische 51
   Griekse *zie* Poseidon
   Inka- *zie* Mama Coca
   Inuit- *zie* Sedna
   Japanse *zie* Watatsumi-no-kami
   Oceanische *zie* Tangaroa
   Oegaritische *zie* Baäl
   Romeinse *zie* Neptunus
Zetes 154-5
Zeus 21-2, 28, 72, 91, 125, 132-5 en Griekenland, *passim*; 198
Zeven tegen Thebe (tragedie) 125
Zeven Zussen 278, 287
Zhang Guo 99
Zhongli Quan 99
Zhu Rong 91-2
Zhuangzi 90
zhva nag 107
ziekte
   ontstaan van 22, 59, 81, 83, 104
   Oegaritische goden van 64
ziggoerats 57, 62
Zijderups, mevrouw (Can Nü) 101
Zilveren Ruin 210
Zimbabwe 264, 271 *zie ook* Groot-Zimbabwe
Zioesoedra, koning 63
Zmaj Ognjeni Voek (vurige drakewolf) 213
Zoe 59

Zoeloes 270
zondvloed 12, 26, 222, 280, 280
Zondvloed (heilige koe) 51
zondvloedmythen 26-7, 27
   Australische 280-1
   Chinese 91-3
   Griekse 130
   hindoeïstische 76
   Keltische 180
   Mesopotamische 26, 59, 63
   Zuidoostaziatische 305
Zonnedans 223, 230
zonnegoden
   Azteekse 234-5, 237-8, 242-3, 245 *zie ook* Huitzilopochtli
   Chinese 94-5
   Egyptische 46-7, 46-7
   Griekse *zie* Helios
   hindoeïstische 71
   Inka- *zie* Inti
   Japanse 110, 114, 116-6
   Mesopotamische *zie* Sjamasj; Oetoe
   Noordamerikaanse 223, 230
   Oceanische *zie* Iolofath
   Slavische 207
zonnekalender, Mesoamerikaanse 246-7, 247
'zonnepaal' 258
zonsverduisteringen, mythen over 44, 116
Zuid-Amerika 250-63
   Andes-mythen 253-5
   beschavingen 250-1
   geesten 260-1
   hemellichamen 258-9
   Inka-goden 256-7
   oude religies 252
   woudvolken 262-3
Zuidoost-Azië 300-7
   barbaren, demonen en heksen 306
   oorsprongsmythen 302-5
   rijstmythen 307
   volken, talen en religies 300-1
Zwarte Ellende 104
Zwarte God, Noordamerikaanse 233
Zwarte Tezcatlipoca 25, 237
Zwartkoppige Python 282
Zweden 190, 191, 198